主编简介

齐树洁，河北武安人，1954 年 8 月生。1972 年 12 月自福建泉州一中应征入伍，1978 年 4 月从新疆军区 39487 部队退役，同年 7 月参加高考。1982 年 7 月毕业于北京大学法律系，获法学学士学位。1990 年 8 月毕业于厦门大学民商法专业，获法学硕士学位。2003 年 11 月毕业于西南政法大学诉讼法专业，获法学博士学位。曾在西南政法大学、中国人民大学、香港大学、澳门大学、台湾政治大学、菲律宾雅典耀（Ateneo）大学、英国伦敦大学、德国弗莱堡（Freiburg）大学、巴黎第二大学、美国佛罗里达大学研修和访问。现为中国法学会民事诉讼法学研究会副会长，中国法学会仲裁法学研究会副会长，厦门大学法学院教授、司法改革研究中心主任、博士生导师，澳门科技大学兼职博士生导师。

21世纪中国高校
法学系列教材

民事诉讼法（第五版）

主　编　齐树洁

撰稿人（以撰写章节先后为序）

齐树洁　王福华　刘学在　吴英姿

中国人民大学出版社
·北京·

前言

民事诉讼是典型的规范性纠纷解决方式，作为公力救济取代私力救济的结果，它是人类对于纠纷解决方式的革命性创造。诉讼制度的出现使纠纷的解决能够在和平、公正的环境下进行，而且，由于有了公权力机关的主导，诉讼程序更加专业化，纠纷解决的结果也更加确定，执行更有保障。在我国实行社会主义市场经济、依法治国的形势下，民事诉讼及其相关制度必须与时俱进，不断完善，才能适应社会经济发展的需要和民众多元化的利益需求，更有效地解决争议，保障人民的权益。

现行《民事诉讼法》制定于 1991 年。近三十年来，我国的社会经济基础发生了很大的变化，国家确立了建设社会主义市场经济和依法治国的目标，“人权入宪”，司法体制改革逐步深入。为适应保障人民权利和纠纷解决实践的需要，全国人大常委会将《民事诉讼法》的修改列入其立法计划，并于 2007 年 10 月 28 日、2012 年 8 月 31 日、2017 年 6 月 27 日三次通过了《关于修改〈中华人民共和国民事诉讼法〉的决定》。此外，国家还制定了一些与民事诉讼制度相关的法律、法规，例如，《海事诉讼特别程序法》《全国人大常委会关于完善人民陪审员制度的决定》《全国人大常委会关于司法鉴定管理问题的决定》《劳动争议调解仲裁法》《人民陪审员法》等。在一些民事、经济、行政法律、法规中，也有不少与民事诉讼制度相关的规定，例如，《专利法》《商标法》《著作权法》中关于“诉前禁令”的规定，《道路交通安全法》中关于交通事故损害赔偿争议处理程序的规定，《电子签名法》中关于数据电文证据效力的规定，《公证法》中关于公证文书证据效力、强制执行效力的规定，《侵权责任法》中有关污染者举证责任的规定等。这些法律、法规都属于广义的民事诉讼法，具有特别法的效力。此外，我国缔结或参加的国际公约中也有一些与涉外民事诉讼程序相关的规定，例如，我国 1997 年参加的《关于从国外调取民事或商事证据的公约》，2003 年缔结的《中华人民共和国和大韩民国关于民事和商事司法协助的条约》等。

为指导各级法院正确理解和统一适用民事诉讼法，最高人民法院制定了一系列有关民事诉讼的司法解释，例如，《关于人民法院执行工作若干问题的规定（试行）》《关于审理涉及人民调解协议的民事案件的若干规定》《关于适用简易程序审理民事案件的若干规定》《关于人民法院民事调解工作若干问题的规定》《关于适用〈中华人民共和国仲裁法〉若干问题的解释》《关于适用〈中华人民共和国民事诉讼法〉审判监督程序若干问题的解释》《关于适用〈中华人民共和国民事诉讼法〉执行程序若干问题的解释》《关于审理环境民事公益诉讼案件适用法律若干问题的解释》《关于适用〈中华人民共和国民事诉讼法〉的解释》《关于检察公益诉讼案件适用法律若干问题的解释》等。这些司法解释都属于“实践中的法律”（law in action），在学习本课程时应当予以特别重视。

深化司法体制改革，建设公正高效权威的社会主义司法制度，是推进“法治中国”建设的必然要求，也是政治体制改革的重要组成部分。2012 年 11 月召开的十八大对全面推进依法治国作出重大部署，强调进一步深化司法体制改革，坚持和完善中国特色社会主义司法制度。2014 年 10 月召开的十八届四中全会首次以全会的形式专题研究部署全面推进依法治国，审议通过《关于全面推进依法治国若干重大问题的决定》（以下简称《决定》）。《决定》对今后我国司法制度的改革提出了一些具体的要求。这些要求对于我国民事诉讼程序和制度的完善既是一个机遇，更是一个挑战。可以预见，《决定》对我国民事诉讼法的未来发展必将产生重大而深远的影响。这种影响涉及民事司法理念、民事诉讼立法、民事审判实务乃至民事诉讼法的教学和学术研究等诸多方面。

本书以我国2017年6月修正的《民事诉讼法》及相关的司法解释为依据，结合民事司法改革和审判实践，阐述民事诉讼的基本原理和主要程序制度，注重基础知识的完整性和准确性，体现最新的立法、司法和学术研究动态，力求做到理论联系实际，启发学生独立思考，培养学生分析问题、解决问题的能力。

本书的作者来自四所法律院校，均具有多年的民事诉讼法教学和研究的经验。作者简介及编写分工如下：

齐树洁 法学博士，厦门大学法学院教授、博士生导师，中国法学会民事诉讼法学研究会副会长，中国法学会仲裁法学研究会副会长。本书主编，撰写第一、十一、十二、十三、十九章。

王福华 法学博士，上海交通大学法学院教授、博士生导师，中国法学会民事诉讼法学研究会常务理事。撰写第二、十章。

刘学在 法学博士，武汉大学法学院教授、博士生导师，中国法学会民事诉讼法学研究会理事。撰写第三、八、九、十七、十八章。

吴英姿 法学博士，南京大学法学院教授、博士生导师，中国法学会民事诉讼法学研究会常务理事。撰写第四、五、六、七、十四、十五、十六章。

为了保证质量，在写作中，作者认真负责，精益求精，几易其稿，力求完美。但是，尽管如此，由于民事诉讼法的体系庞大，涉及面广，在近年的民事审判改革中出现了很多新做法、新经验，也产生了一些新问题，加上作者的水平、能力所限，本书存在错误和不足之处在所难免，恳请读者批评指正，以便将来修订教材时予以完善。

齐树洁　谨识

2020年2月28日

目　　录

第一章 民事诉讼法概述

内容提要

民事诉讼是解决民事纠纷的重要方式之一。为适应现代社会利益多元化的需要，在保障民众利用司法制度的前提下，应当建立多元化纠纷解决机制，并赋予当事人程序选择权。本章阐述民事诉讼的概念、特点及模式，民事诉讼法的概念、性质、效力以及民事诉讼法与相关法律部门的关系。

第一节 民事纠纷及其解决机制

一、民事纠纷

人类社会充满了各种各样的矛盾。在人们交往和合作的过程中，利益的冲突和纠纷的发生难以避免。在诉讼法学上，争议、纠纷、冲突等用语属于意义基本相同的表述。通常而言，纠纷是指社会主体之间的一种利益对抗状态。纠纷的发生意味着一定范围内的协调均衡状态或秩序被打破。从某种意义上说，纠纷是推动人类社会不断向前发展的一种动力。但是，不可否认，纠纷和冲突也给人类的正常生活秩序带来了一定的负面作用，因此，有必要通过有效的社会机制及时解决争议，防止矛盾的激化，消除纠纷的不利影响。

无论是人类文明的发展史，还是司法制度的演进史，都可以看成是一部纠纷解决方式的演化史。对于纠纷这一人类生活中的重要事实，人类社会曾经采用不同的应对方式，而这些方式也在不同的时期起到了解决纠纷的作用。从早期的氏族社会、习惯以及与此相联系的同态复仇、血亲复仇甚至战争，一直到法律诉讼和司法的出现，人类社会对于纠纷的解决方式产生了巨大变化。诉讼制度作为一种主要的纠纷解决机制的确立，标志着公力救济代替私力救济，文明的诉讼程序取代野蛮的暴力复仇，这一转变避免或极大地减少了给人类造成巨大灾难与恶性循环的暴力复仇现象。有学者将这种转变与国家的产生一并视为法的产生的主要标志。①

民事纠纷，又称民事争议，是法律纠纷的一种，通常指平等主体之间发生的以民事权利义务或者民事权益为主要内容的法律纠纷。与其他法律纠纷相比，民事纠纷具有下列主要特点。

1. 民事纠纷主体之间是平等的。民事纠纷的主体即民事主体，纠纷主体彼此之间的法律地位平等，不存在隶属关系或者管理与被管理的关系。

---

① 参见沈宗灵主编:《法理学》，84～85页，北京，高等教育出版社，1994。

2. 民事纠纷以民事权利义务或者民事权益为主要内容。民事纠纷主体之间争议的内容，主要限于他们之间的民事权利义务关系或者民事权益，若超出此范围，原则上不属于民事纠纷。在法律有特别规定时，民事纠纷的内容也包括对特定事实的争议，例如，德国、日本等国民事诉讼法规定，当事人可以提起要求确认证书真伪的诉讼。

3. 民事纠纷原则上具有可处分性。民事纠纷是私权（私法）纠纷，而私法的基本原则之一，即“私法自治”，因此，民事纠纷主体依法有权处分纠纷涉及的民事权益。应当注意的是，民事纠纷的可处分性主要是针对有关财产关系的民事纠纷而言的，有关人身关系的纠纷一般不具有可处分性。

【案例】新光化工厂因进口的处理污水设备被雷电击坏，加之工人慌乱之中处理不当，致使排放的污水污染了大片农田。128户受损害的农民联名向市环保局请求处理，要求化工厂赔偿农户损失共计50万元。市环保局经调查核实，根据《环境保护法》的有关规定，作出如下处理决定：(1) 对化工厂罚款10万元；(2) 责令化工厂赔偿128户农民经济损失20万元。化工厂和128户农民均对处理决定不服，并且先后在法定期限内向法院起诉。问：法院应如何处理？

在上例中，农户与化工厂之间的损害赔偿纠纷属于民事争议。由于我国尚未建立环境保护机关对于相关民事争议的行政裁决制度，市环保局对这一争议的处理在性质上属于行政调解，并不因此改变争议的性质；农户起诉后，应通过民事诉讼程序解决。农户人数众多，应推选代表人进行诉讼。市环保局对化工厂的罚款是一种行政处罚。化工厂不服市环保局的处罚决定，向人民法院提起诉讼。该争议属于行政争议，应通过行政诉讼程序解决。

社会生活的复杂多样性，决定了民事纠纷的多样性。按照不同的标准，可以将民事纠纷划分为不同的类型。一种常见的划分方法，即根据民事纠纷的内容，将其划分为两大类：一类是与财产关系有关的民事纠纷，如合同纠纷、损害赔偿纠纷等；另一类是与人身关系有关的民事纠纷，如赡养纠纷、名誉权纠纷等。在实践中，这两类纠纷往往交相并存，有些财产关系的民事纠纷和人身关系的民事纠纷的发生互为前提，有些民事纠纷则兼具财产关系和人身关系的性质，如继承权纠纷、股东权纠纷等。

二、民事纠纷解决机制

为了解决现实生活中层出不穷的各种矛盾和纠纷，修复被破坏的社会关系，使社会呈现和谐、稳定、有序的状态，在人类社会中逐渐形成了各种方式有别、功能互异的纠纷解决机制。其中，民事纠纷解决机制，是指在一定社会中实行的，用以缓解、消除民事纠纷的一整套制度和方法。从历史和现实的角度看，民事纠纷解决机制并不是单一的，而往往是多元的。在不同的历史时期，在不同的国家或地区，民事纠纷解决机制的具体形态和特征存在着很大的差异。

根据纠纷解决主体的性质，可以将民事纠纷解决机制区分为自力救济、社会救济与公力救济三种类型。

（一）自力救济

自力救济，又称私力救济，俗称“私了”，是指纠纷主体在没有纠纷以外的第三人的介入和帮助的情形下，依靠自身的力量解决纠纷。自力救济是最原始、最简单的民事纠纷解决机制，是人类早期社会主要的救济方法。

自力救济的典型方式即自决与和解。自决，是指纠纷主体一方强调凭借自己的力量使对方服从，如血亲报复、同态复仇等。自决往往表现为强者以其优势强行解决民事纠纷，弱者可能因此得到极不公正的结果。和解又称“交涉”，是指纠纷主体双方以平等协商、相互妥协的方式和平地解决纠纷。与自决相比，和解体现了双方的妥协和让步，注重的是情感和理智，因而比自决更有利于纠纷的彻底解决。

与其他民事纠纷解决机制相比，自力救济具有两大特征：(1) 最高的自治性。无论是自决还是和解，纠纷主体均是按照自己的意愿并凭借自身的力量来解决纠纷，没有任何第三者协助或者主持解决纠纷。只不过自决强调当事人一方凭借自己的力量使对方服从，而和解注重的是当事人双方的意思自治。(2) 非严格的规范性。自力救济的过程和结果不受也无须受规范的严格制约，既不受程序法规范的制约，也不受实体法规范的制约。但是，自力救济不受规范的严格制约，并不意味着完全不受任何限制。例如，就和解而言，纠纷主体之间的平等协商以及和解协议的合意，本身也就起到了规范的制约作用。

自力救济是一种纠纷主体个人之间解决纠纷的机制，缺乏外来力量的介入，其解决纠纷的能力相当有限。随着社会的发展，强力性的自决受到了严格限制，但和解作为一种纠纷解决的方法，在现代社会依然存在并发挥重要作用。不过，在现代社会，和解也受到了一定限制：首先，和解必须遵循合法原则，和解的过程和内容不得违背法律的禁止性规定和社会公共利益。其次，和解必须遵循公平与自治原则，和解的过程和结果必须以纠纷主体之间的真实意志为基础，不得强迫、欺诈、显失公平等。在通常情况下，和解协议并不具有强制执行力，但法律另有规定的除外。例如，根据我国《仲裁法》第 49 条的规定，当事人达成和解协议的，可以请求仲裁庭根据和解协议的内容作出裁决书。若仲裁庭根据和解协议作出裁决书，则该和解协议因被赋予仲裁裁决书的效力而具有强制执行力。在我国民事诉讼中，当事人之间达成和解协议，经法院作成调解书后，即具有法律上的强制力。①

（二）社会救济

社会救济，是指依靠社会力量（第三者）来解决纠纷的机制。调解（诉讼外调解）与仲裁是社会救济的主要类型。

调解，是指第三者（调解人）依据一定的社会规范，如习惯、道德、法律等，对纠纷当事人双方进行劝说、沟通，促成当事人双方相互谅解和让步，从而解决纠纷。从古至今，调解一直是我国普遍运用的民事纠纷解决方式。我国古代就有官府调解和民间调解以及两者相结合的“官批民调”制度，而民间调解又包括亲友、乡邻、族长、缙绅调解等。由于“厌讼”的传统根深蒂固，在很长一段时期内，调解一直是我国解决民事纠纷的主要机制。重视调解的传统一直延续至今，只是调解的形式产生了明显变化。我国现有的调解形式中，属于社会救济范畴的，主要有行政调解、人民调解、社会团体调解、行业协会调解等。②

调解具有三个主要属性：(1) 第三者的介入。调解由第三者介入，第三者的个人因素如德高望重、能力较强等，都有助于促成调解合意的形成。(2) 纠纷主体的合意性。第三者对于纠纷的解决和纠纷的主体没有强制力，只是以沟通、协调、说服等方式促成纠纷主体达成解决纠纷的合意。换言之，在调解的场合，民事纠纷的解决从根本上取决于纠纷主体双方的合意。(3) 非严格的规范性。与仲裁和诉讼相比，调解并不严格依据程序法规范和实体法规定来进行，而具有很大程度上的灵活性和随意性。调解的开始、步骤、结果常常随着纠纷主体的意志而变动、确定，具有较大的灵活性和随意性。但与和解相比，调解的规范性相对较高。在调解过程中，纠纷主体为了获得调解人的支持，往往有必要就自己主张的正当性进行论证；而调解

---

① 关于诉讼和解协议的效力，其他国家的做法与我国的有异：在英美法系国家，如果法院以判决方式将和解协议的内容记录下来（即合意判决），则该协议与法院判决的效力完全相同；在德国，将和解内容作为合同登记于法院案卷上，即产生强制执行力。

② 我国现行民事诉讼法中的法院调解，历来被视为一种诉讼活动，作为法院结案的一种方式，因而不属于社会救济的范畴。

人基于多种因素（如体现自己的公正、有利于解决纠纷等）的考虑，常常依据正当的社会规范（包括法律规范、道德规范、善良风俗等）来协调纠纷双方的利益冲突。[①]

仲裁，又称“公断”，是指民事主体在纠纷发生之前或者纠纷发生之后达成协议，或者根据有关法律的规定，将纠纷提交给中立的民间组织予以审理，由其作出有约束力的裁决的一种纠纷解决机制。仲裁源于古希腊和古罗马时期，最初主要用来解决商人之间的商务纠纷，在中世纪时成为一种法律制度。至19世纪末20世纪初，随着商品经济和国际贸易的发展，仲裁逐渐通行于各国，其适用范围，也由最初的商事争议扩展到各种民事纠纷，包括劳动争议、医疗纠纷、消费者纠纷、环境纠纷、知识产权纠纷等。在当今世界，几乎每个国家和地区都设立了仲裁制度，并且出现了国际性的仲裁机构和仲裁立法。

现代仲裁制度具有以下特点：(1) 民间性。作为第三者的仲裁机构可为常设性的，也可为临时性的[②]，无论其为何种形式，均非国家机关，而为民间组织或者社团法人。仲裁员主要是由当事人选定或约定的专家，并非国家公务人员。仲裁机构和仲裁员的仲裁权源于当事人的仲裁合意（特殊情况下源于法律规定），无权以国家强制力解决纠纷。(2) 自治性。仲裁充分地体现了当事人的意思自治，具体表现为：是否采用仲裁方式解决纠纷，取决于当事人的合意（特殊情况下的强制仲裁除外）；当事人自行商定值得信任并对纠纷处理较为便利的仲裁机构；当事人有权选定或约定仲裁员；当事人可以约定审理方式和开庭形式；仲裁程序的继续进行往往以当事人的意志为前提；当事人在仲裁中可自愿达成和解或调解协议；在一定情形下，当事人还可选择适用的程序规则和实体法规范。(3) 法律性。[③] 主要体现在两个方面：一是仲裁必须以最低限度的合法性为原则。仲裁的民间性和自治性并不能完全排除由当事人选定或者法律规定必须适用的仲裁程序法和民事实体法，尤其不得排除强行法的适用。二是在仲裁与诉讼的关系上，就我国而言，仲裁过程中的证据保全、财产保全以及仲裁裁决的执行，均只能借助于法院根据法律依靠国家强制力来实施，仲裁机构无权采取强制性措施；并且，法院可以通过撤销仲裁裁决的方式对仲裁程序进行司法监督。2018年，全国255家仲裁委员会共处理案件54万多件。[④]

总体而言，与自力救济相比，社会救济机制是依靠民间性的第三者的力量来解决纠纷的，不过，这个第三者是由纠纷主体双方自己选定的，体现了当事人的高度意思自治。社会救济机制的特点在于：一方面，纠纷解决的过程较为民主、公正，纠纷解决的成本低廉、迅捷便利、方式灵活，有利于调和当事人双方的矛盾；另一方面，社会救济机制解决纠纷的功能有着明显的局限性。就调解而言，调解的运用和调解协议的最终达成都必须依赖纠纷主体双方的合意，并且，调解协议一般不具有强制执行力[⑤]，只能依靠纠纷主体双方的自觉履行，这在很大程度

---

① 参见邵明：《民事诉讼法理研究》，38页，北京，中国人民大学出版社，2004。

② 我国《仲裁法》仅规定了常设仲裁机构，未规定临时仲裁制度，这是立法上的一个缺憾。临时仲裁具有方便、快捷、节省费用的特点，有利于尽快解决争议。有学者建议，将来修订《仲裁法》时，应当考虑临时仲裁的法律地位，给予其一席之地。参见赵秀文主编：《国际商事仲裁法》，2版，50～51页，北京，中国人民大学出版社，2014。

③ 应当注意的是，仲裁的法律性是仲裁成为法律制度之后才具有的属性。早期的仲裁具有纯粹的民间性和自治性，未渗入国家公权力和法律因素。随着仲裁制度的法律化，国家公权力渗入仲裁，仲裁具有了一定的法律性。

④ 参见张维：《仲裁已成为解决民商事纠纷主渠道之一》，载《法制日报》，2019-03-26，第10版。

⑤ 一些国家的法律规定，调解协议经过一定的程序（如将调解协议送交法院审核或者进行公证），确认其不违背法律禁止性规定和社会公共利益并遵循了最基本的自由和公平原则的，即被赋予确定力和执行力。在我国，根据最高人民法院《关于审理涉及人民调解协议的民事案件的若干规定》（2002年）第10条的规定，具有债权内容的调解协议，公证机关依法赋予强制执行效力的，债权人可以申请法院强制执行。2012年《民事诉讼法》增设“确认调解协议案件”的特别程序。

上限制了调解解决纠纷的功能。与调解相比，仲裁具有较大的权威性和强制性，仲裁裁决的作出无须纠纷主体双方的合意，仲裁裁决具有强制执行力。但是，通常情况下，仲裁的运用依然依赖于纠纷主体双方的合意，且仲裁机构解决纠纷缺乏相应的强制手段的支持（如不能直接采取证据保全、财产保全等措施），因而仍然存在自身的结构性缺陷。

（三）公力救济

公力救济，是指利用国家公权力来解决民事纠纷的机制。就民事纠纷而言，民事诉讼是最主要的公力救济机制。除民事诉讼外，民事纠纷的公力救济方式还包括行政裁决。在我国，根据某些法律的规定（如《土地管理法》第14条、《专利法》第57条、《商标法》第60条等）[①]，部分行政机关或具有行政职能的机构可以依职权或根据当事人的申请处理特定的民事纠纷，其处理方式包括行政调解和行政裁决。不过，通过行政裁决解决民事纠纷，仅限于法律有明文规定的情形；若法律没有明文规定，行政机关或具有行政职能的机构不得以行政裁决的方式处理民事纠纷。在通常情况下，以行政裁决处理的民事纠纷，往往具有一定的专业性和公益性。

民事诉讼是典型的规范性纠纷解决方式，作为公力救济取代私力救济的结果，它是人类对于纠纷解决方式的一项革命性创造。诉讼制度的出现使纠纷的解决能够在和平、公正的环境下进行，由于有了公权力机关的主导，诉讼程序更加专业化，纠纷解决的结果也更加确定，执行更有保障。

与其他民事纠纷解决机制相比，民事诉讼具有两大特征。(1) 国家强制性。民事诉讼是法定机关（法院）运用国家公权力（审判权）来解决民事纠纷的方式，其国家强制性主要体现为：民事诉讼的启动并不需要以纠纷主体双方的合意为前提，只要一方当事人提起诉讼，即可导致诉讼程序的启动；法院对纠纷的裁判是一种强制性判断，无须经过纠纷当事人的同意；在法律责任承担者不自觉履行裁判时，以国家强制执行权迫使其履行裁判；其他国家机关、社会团体和任何公民，都无权变更或撤销法院的裁判。(2) 严格规范性。首先，民事诉讼是由若干诉讼程序和诉讼阶段组成的，民事诉讼必须严格依照法律规定的程序有序地进行。其次，在诉讼中法官必须根据民事实体法律规范对纠纷作出最终裁判，虽然法院享有对于某些事项的自由裁量权，但其自由裁量必须保持在法律许可的范围内。

民事诉讼所具有的国家强制性，使民事纠纷能够得到最终解决，最终实现当事人的实体权益。因此，在现代民事纠纷解决机制中，诉讼成为解决民事纠纷的最终方式，诉讼结果具有终局的法律效力，此即“司法最终解决”原则。民事诉讼所具有的严格规范性，有利于限制法官的恣意、保护当事人的合法权益，有利于提高并保障纠纷解决结果的可预见性，有利于维护统一的法律秩序和社会秩序。与自力救济、社会救济机制相比，诉讼是解决民事纠纷最有效、最权威、最彻底的方式。

诉权是当事人获得司法救济并实现权利的前提和基础。没有救济的权利不是真正的权利。第二次世界大战后，许多国家通过修改宪法，确认接受司法裁判权是人民享有的一项由宪法保障的基本权利，诉权保障呈现宪法化的趋势。许多国际法文件对当事人的诉权保障作了明确规定，诉权由此上升为一种基本的人权，诉权保障呈现国际化的趋势。1966年《公民权利和政治权利国际公约》将“受公正审判的权利”（right to a fair trial）作为民主法治社会中公民所享

① 例如，《专利法》第57条规定：“取得实施强制许可的单位或者个人应当付给专利权人合理的使用费，或者依照中华人民共和国参加的有关国际条约的规定处理使用费问题。付给使用费的，其数额由双方协商；双方不能达成协议的，由国务院专利行政部门裁决。”

有的一项基本人权。①

我国《宪法》第 33 条规定："国家尊重和保障人权。"社会主义司法制度应当保障在全社会实现公平和正义。宪法赋予人民享有接受司法裁判权的法理依据在于：首先，在法治国家，人民的社会生活关系不受人的支配，而是受法的支配，为了解决人民之间因社会生活关系方面所发生的纠纷，就必须保障人民利用司法解决私权争议的权利。其次，国家权力相互分离及相互制约是一国政治制度的基础，为了保障人民的自由和权利不受违法的或不当的行政行为侵害，确立与行政相分离的司法权，并在此基础上赋予人民请求司法救济的权利，就成为贯彻法治主义的基本条件。最后，宪法是一国的根本大法，司法权属于国家权力的一个组成部分，由于国家权力的行使必须以法律为依据，因而，行使司法权进行的裁判必须是依法进行的裁判。通过法院的依法裁判以实现社会正义，是人民真正享有宪法所规定的其他基本权利的保障。

2012 年 6 月 11 日，国务院新闻办公室发布《国家人权行动计划（2012—2015 年）》，明确指出：我国将完善诉讼程序的法律规定，保障诉讼当事人获得公正审判的权利。

三、多元化纠纷解决机制

人类从野蛮到文明的演进过程，也是不同类型的纠纷解决机制形成和发展的过程。在国家出现以前，自力救济是纠纷解决的常态。在国家出现以后，合法的暴力由国家统一行使，公力救济在纠纷解决中占据主导地位，同时，基于私法自治的特点，也允许存在一定的社会救济空间，而自力救济则日趋式微。在现代社会，这三种纠纷解决机制仍依各自所占的或轻或重的地位并存着，从而构成了以诉讼为主导的多元化民事纠纷解决体系。

与其他民事纠纷解决机制相比，民事诉讼虽然有许多突出的优点，但是，也存在着一些难以克服的局限，例如，程序复杂、周期长、成本高等。如果一味追求通过诉讼的方式解决纠纷，势必造成一部分社会成员的利益无法得到保障的恶果。此外，民事诉讼严格的规范性和国家强制力在很大程度上限制了当事人的意思自治，不利于纠纷主体之间矛盾的调和。面对不断变迁的社会和日益多元的利益需求及其冲突，为了保障民众"接近正义"（access to justice）的权利，各国无不试图建立一个包括协商、调解、仲裁、诉讼等方式在内，能够满足社会主体多样化需求的程序体系和动态调整系统，即多元化的纠纷解决机制。在这个机制中，每一种具体的纠纷解决方式发挥着其独特的作用，并且相互联系，彼此相互协调。ADR（Alternative Dispute Resolution，即替代性纠纷解决机制）正是在这样一种背景下应运而生并得到蓬勃发展的。②

替代性纠纷解决机制除了传统的协商、调解、仲裁外，还包括法院附设的仲裁（court-annexed arbitration）、简易陪审团审理（summary jury trial）、早期中立评估（early neutral evalu-

① 《公民权利和政治权利国际公约》第 14 条第 1 款规定："所有的人在法庭和裁判所前一律平等。在判定对任何人提出的刑事指控或确定他在一件诉讼案中的权利和义务时，人人有资格由一个依法设立的合格的、独立的和无偏倚的法庭进行公正和公开的审讯"。（All persons shall be equal before the courts and tribunals. In the determination of any criminal charge against him，or of his rights and obligations in a suit at law，everyone shall be entitled to a fair and public hearing by a competent，independent and impartial tribunal established by law.）参见北京大学法学院人权研究中心编：《国际人权文件选》，20 页，北京，北京大学出版社，2002；Malcolm D. Evans（ed），*Blackstone's International Law Documents*，Blackstone Press Limited，1996，p. 146。

② ADR 的概念起源于美国，最初是指 20 世纪逐步发展起来的各种诉讼外纠纷解决方式，现已引申为对世界各国普遍存在的、民事诉讼制度以外的非诉讼纠纷解决程序或机制的总称。参见范愉主编：《多元化纠纷解决机制》，1 页，厦门，厦门大学出版社，2005。

ation）、小型审判或咨询法庭（mini-trial or executive tribunal）、调解—仲裁（med-arb）、聘请法官（private judging or rent-a-judge）等新型的纠纷解决方式。ADR的出现与发展不仅给特定纠纷的当事人，也给整个社会带来巨大的利益。作为一种以利益为基础的纠纷解决方式，ADR的产生促进了纠纷解决理念的变化，即从对抗走向对话，从价值单一化走向价值多元化，从胜负决斗走向谋求“双赢”，从而促进社会的和谐与发展。

近年来，我国多元化纠纷解决机制不断健全。2009年7月，最高人民法院公布《关于建立健全诉讼与非诉讼相衔接的矛盾纠纷解决机制的若干意见》，进一步鼓励行政调处、人民调解、商事调解、行业调解的发展，促进多元化纠纷解决机制的完善。2010年8月，全国人大常委会通过《中华人民共和国人民调解法》。该法首次规定了人民调解协议司法确认制度，突出调解优先，进一步完善了人民调解制度。

【改革前沿】多元化纠纷解决机制的构建

2014年10月，中共中央《关于全面推进依法治国若干重大问题的决定》提出要求：“健全社会矛盾纠纷预防化解机制，完善调解、仲裁、行政裁决、行政复议、诉讼等有机衔接、相互协调的多元化纠纷解决机制。加强行业性、专业性人民调解组织建设，完善人民调解、行政调解、司法调解联动工作体系。完善仲裁制度，提高仲裁公信力。健全行政裁决制度，强化行政机关解决同行政管理活动密切相关的民事纠纷功能。”

2019年2月，最高人民法院发布《关于深化人民法院司法体制综合配套改革的意见——人民法院第五个五年改革纲要（2019—2023）》（以下简称《五五改革纲要》），提出如下要求：深化多元化纠纷解决机制改革。创新发展新时代“枫桥经验”，完善“诉源治理”机制，坚持把非诉讼纠纷解决机制挺在前面，推动从源头上减少诉讼增量。完善调解、仲裁、行政裁决、行政复议、诉讼等有机衔接、相互协调的多元化纠纷解决体系，促进共建共治共享的社会治理格局建设。加大对行业专业调解工作的指导力度，完善多方参与的调解机制，健全完善律师调解机制，进一步发挥专业调解作用。对具备调解基础的案件，按照自愿、合法原则，完善先行调解、委派调解工作机制，引导鼓励当事人选择非诉方式解决纠纷。推动建立统一的在线矛盾纠纷多元化解平台，实现纠纷解决的在线咨询、在线评估、在线分流、在线调解、在线确认。推广线上线下相结合的司法确认模式，促进调解成果当场固定、矛盾纠纷就地化解。

2019年7月31日，最高人民法院发布《关于建设一站式多元解纷机制、一站式诉讼服务中心的意见》，提出如下要求：完善诉前多元解纷联动衔接机制。联合有关部门出台推进多元解纷文件，加强与调解、仲裁、公证、行政复议的程序衔接，健全完善行政裁决救济程序衔接机制。畅通与工会、共青团、妇联、法学会、行政机关、仲裁机构、公证机构、行业协会、行业组织、商会等对接渠道，加强数据协同共享，指派专人开展联络工作。促进建立调解前置机制，发挥人民调解、行政调解、律师调解、行业调解、专业调解、商会调解等诉前解纷作用。加强调解协议司法确认工作，进一步完善司法确认程序，探索建立司法确认联络员机制，推动司法确认全面对接人民调解等线上平台，实现人民调解司法确认的快立快办。根据地区纠纷类型和特点，在诉讼服务中心按需建立婚姻家庭、道路交通、物业纠纷、劳动争议、医疗纠纷、银行保险、证券期货、知识产权、涉侨涉外等专业化调解工作室。

四、当事人的程序选择权

在多种民事纠纷解决机制并存的前提下，赋予当事人充分的程序选择权是必要的。通过对不同纠纷解决机制的权衡与比较，让纠纷主体根据法律的规定和自身利益的需求，选择相应的纠纷解决机制，是现代司法的必然选择。

所谓民事程序选择权，是指当事人在法律规定的范围内自主选择纠纷解决方式以及在纠纷解决过程中选择相关程序事项的权利。民事程序选择权是从当事人的角度出发，为满足当事人的个性化的利益需要而设计的制度。[①] 民事程序选择权的主体是当事人，以存在两种以上可供选择的、功能相当的程序机制为前提，主要通过当事人之间在充分权衡其实体利益和程序利益的基础上所达成的合意来实现。

民事程序选择权直接源于程序主体性原则。所谓程序主体性，是指当事人在纠纷过程中应当居于主体而不是客体的地位，诉讼的进程应主要由当事人的诉讼行为而不是法院的职权行为推动。根据宪法的规定，公民是权利主体，依法享有生存权、自由权、财产权、诉讼权等基本权利。为了保障国民的这些基本权利的实现，必须在一定范围内肯定公民在法律上的主体性，赋予当事人在法律程序中的主体地位。诉讼当事人在诉讼中的利益，不仅包括实体利益，而且包括程序利益（如劳力、时间、费用等）。作为程序主体，当事人应不仅可以请求法院实现其实体利益，而且可以请求法院维护其程序利益。就法院而言，法院一方面应当赋予当事人发现真实（追求实体利益）的机会，另一方面也应当同时赋予当事人促进诉讼（追求程序利益）的机会。如果法院没有赋予当事人相当的机会，可能造成当事人实体利益和程序利益受损，有害于当事人的程序主体地位。近代以来，各国普遍赋予当事人充分的民事程序选择权。

从世界范围来看，民事程序选择权主要有如下几种：（1）选择民事纠纷解决方式的权利。各国民事程序法一般都承认，在发生民事纠纷时，当事人可自主选择调解、仲裁、诉讼等方式解决其纠纷。（2）选择管辖法院的权利。（3）选择简易程序与普通程序的权利，即对于依法应当适用普通程序审理的案件，当事人可以合意选择适用简易程序。（4）选择第一审程序与第二审程序的权利。其目的是避免上诉审因程序瑕疵而将案件发回一审，致使当事人遭受程序上的不利益。这种权利仅仅存在于上诉审程序中。（5）选择结案方式的权利。当事人在诉讼过程中，享有选择以判决、调解、和解、撤诉等方式结案的权利。（6）选择诉讼程序与非诉讼程序的权利。这类选择权最为典型的表现，即在某些债权债务案件中，债权人有权选择督促程序或诉讼程序来实现其债权。（7）某些案件中允许当事人合意选择言词审理或书面审理的权利。（8）其他民事程序选择权。这一类民事程序多见于商法中。例如各国普遍规定，在破产程序中，债权人有选择重整、和解或破产清算的权利。又如在票据丧失后，允许权利人选择票据诉讼、公示催告、挂失止付等程序予以补救。

我国立法赋予当事人一定程度的民事程序选择权。例如，根据《民法总则》《合同法》《物权法》《仲裁法》《民事诉讼法》等法律的规定，在民事纠纷发生后，当事人可以选择调解、仲裁或者诉讼方式解决民事纠纷，立法赋予了当事人对于民事纠纷解决方式的选择权。但是，应当看到，民事程序选择权的存在，必须以存在两种以上功能相当的程序为前提。从我国的现实国情来看，人民调解、行政裁决、仲裁制度都存在着一些制度上的不足，与诉讼制度缺乏有机的衔接，未能充分发挥其解决纠纷、保障权益的积极作用。在市场经济和依法治国的新形势下，传统的纠纷解决机制正受到严峻的挑战，亟待予以完善。此外，我国现有的诉讼外纠纷解决的渠道不够畅通，这实质上也限制了当事人的选择范围。

---

① 民事程序选择权并不追求对当事人权益的全面、充分的保障，与之相反，这种制度追求的是当事人个性化的诉讼需求的满足，由当事人在发现真实与促进诉讼之间权衡并作出相应的选择。

第二节 民事诉讼与民事诉讼法

一、民事诉讼

（一）民事诉讼的概念

民事诉讼是解决民事纠纷的一种公力救济方式，是国家为保护公民、法人和其他组织的民事权益而设立的一项司法制度。具体而言，是指法院受理原告的起诉，在当事人及其他诉讼参与人的参加下，审理民事纠纷案件的活动以及由此而产生的诉讼法律关系。

从民事诉讼的概念可以看出，民事诉讼涵盖了诉讼活动与诉讼法律关系两个方面的内容。诉讼活动既包括法院的审判活动，如受理案件、审核证据、采取强制措施、作出裁判等，也包括诉讼参与人的诉讼活动，如原告起诉、被告应诉答辩、证人出庭作证等。诉讼法律关系是指法院和一切诉讼参与人之间在诉讼过程中所形成的诉讼权利义务关系。例如，原告起诉后，法院经审查认为符合起诉条件，裁定予以受理，便与原告之间产生了诉讼法律关系；法院在受理后，在法定期限内将起诉状副本送达被告，便与被告之间形成了诉讼法律关系。

近年来，由于经济的发展和社会的变迁，各种矛盾和冲突错综复杂，民事纠纷的数量急剧增多。1984 年，各级人民法院处理的一审民事案件仅 80 余万件。① 到了 2006 年，地方各级人民法院全年审结的一审民事案件即多达 4 382 407 件，相当于 1984 年的 5 倍。② 最新的统计数据表明，2018 年，全国各级法院审结一审民事案件 901.7 万件，审结一审商事案件 341.8 万件。③

民事诉讼是解决民事争议的重要方式，但并非唯一的或最好的方式。在民事诉讼之外，协商（即谈判）、调解、行政处理、仲裁也是解决民事争议的有效方式。诉讼外的调解，是指非司法机关的第三者（包括行政机关、民间团体、行业组织及国际组织所设立的纠纷解决机构）依据一定的道德和法律规范，协调当事人双方之间的争议，促使双方在相互谅解和让步的基础上解决纠纷的活动。仲裁是指纠纷主体根据双方之间的协议，将争议提交一定的机构或个人居中裁决的纠纷解决方式。近年来，在西方的民事司法改革中，ADR 日益受到重视，已成为当代社会中与民事诉讼制度并行不悖、相互补充的重要社会机制。

（二）民事诉讼的特点

1. 民事诉讼具有纠纷解决的法定性。诉讼制度是国家司法制度的重要组成部分。为了达到公正解决纠纷的目的，民事诉讼法规定了严格的程序和方法，诉讼主体必须遵循法定的程序进行民事诉讼。无论是法院还是诉讼参与人，在诉讼中都必须依法行使诉讼权利，履行诉讼义务。

2. 民事诉讼具有纠纷解决的广泛性。法院作为国家唯一的审判机关，有权受理和裁判广泛发生于社会生活中的民事经济争议，现代社会中少有诉讼所不能涉及的领域。④ 随着市场经济的日益发达，各种新型案件不断涌现，当市场主体无法寻求其他的救济手段时，司法将责无

① 参见郑天翔：《最高人民法院工作报告》，载《最高人民法院公报》，1985（1）。

② 参见肖扬：《最高人民法院工作报告》，载《最高人民法院公报》，2007（4）。

③ 参见周强：《最高人民法院工作报告》，载《最高人民法院公报》，2019（4）。

④ 参见宋英辉、吴卫军：《诉讼法学研究：观念的更新与变革》，载《人民法院报》，2001－09－28，第 3 版。

旁贷。[①]

3. 民事诉讼具有纠纷解决的被动性。民事诉讼实行“不告不理”的原则，法院不主动审理案件，诉讼程序由当事人启动。这也是民事诉讼与刑事诉讼的显著区别之一。

4. 民事诉讼具有纠纷解决的权威性。根据“司法最终解决原则”，相对于其他纠纷解决方式，诉讼以国家强制力为后盾，居于优势地位，一旦纠纷被系属于诉讼，其他民事程序都应终止或中止；而且，法院审判的结果具有终局性。

5. 民事诉讼具有严格的程序性。其内容大体由第一审程序、第二审程序和执行程序组成，具体步骤如下：(1) 起诉与受理。此即当事人向法院提起诉讼和法院立案受理。(2) 审理前的准备。这是指法院为案件的开庭审理所做的各方面准备。(3) 开庭审理。由审判组织召集诉讼参加人和其他诉讼参与人对案件进行开庭审理，这是诉讼的核心环节。(4) 裁判。此即法院对案件的争议事实作出认定，并依据有关的法律对案件作出实体判决或程序上的裁定。(5) 二审。这是指当事人一方或双方不服一审法院的裁判而向上一级法院上诉，上诉审法院由此对案件进行审查的过程。(6) 执行。对不履行法院判决和其他法律文书的义务的当事人，法院可依申请或依职权通过法定的手段和形式强制其履行义务。除了这六个环节外，对于已经发生法律效力的裁判，如发现确有错误，还可按审判监督程序进行再审。需要说明的是，虽然上述六个阶段共同构成民事诉讼的整体，但并非每一个具体的民事案件都要经历这六个阶段。例如，有的案件在审理前的准备阶段，当事人达成和解协议或调解协议，以撤诉或调解方式结案，案件即告终结。又如有的案件，当事人在一审判决后，不再上诉，案件便由此终结。以上六个环节是一个完整的民事诉讼经历的全部阶段，各阶段必须依次进行。

二、民事诉讼模式

（一）民事诉讼模式的含义及意义

模式概念在不同的学科领域被广泛运用，其含义具有多重性，但均未偏离其基本含义，即模式是对某类事物或行为特征的概括或抽象，模式通过揭示该事物与他事物的本质属性来说明或表明此事物与彼事物的差异。民事诉讼模式，是指支持民事诉讼制度和程序运作所形成的结构中各种基本要素及其关系的抽象形式。它是对民事诉讼程序及制度结构的抽象和概括，是对特定的或者某一类型的民事诉讼体制基本特征的揭示和对民事诉讼中最基本要素和关系的描述。法院审判行为与当事人诉讼行为之间的关系模式，是民事诉讼模式中的核心问题。

在外国民事诉讼理论中，无论是大陆法系国家还是英美法系国家，极少有学者使用民事诉讼模式这一概念，也极少运用模式分析的方法去探讨各国民事诉讼体制的差异。在我国社会经济结构进入市场经济后，一些学者开始以诉讼模式来研究民事诉讼的基本特征，阐明民事诉讼模式与特定民事诉讼体制中各种具体诉讼制度中的相互关系。各国在不同历史文化背景、法律传统、政治经济体制等基础上形成了不同的民事诉讼模式。研究民事诉讼模式，对于揭示民事诉讼的运行规律，正确处理当事人和法院在民事诉讼中的关系，实现民事诉讼的价值目标以及

---

① 对公民诉讼权即接近正义（access to justice）权的保障，是各国司法改革的新动向。如何保障公民的诉讼权，使其能够接近法院，利用司法制度，是各法治国家关注的重点。许多国家的民事司法改革即以“接近正义”作为主题和口号。长期以来，我国对此一直未给予足够的重视，法律对当事人的起诉规定了较为严格的条件，法院也常以法无明文规定拒不受理案件，影响了民众对司法制度的有效利用。参见左卫民、朱桐辉：《公民诉讼权：宪法与司法保障研究》，载《法学》，2001 (4)。

推进我国民事司法的改革，进而建立先进的有中国特色的民事诉讼制度等方面，均具有重要意义。①

（二）当事人主义与职权主义

在民事诉讼法学领域，根据当事人和法院在诉讼程序的启动和继续、裁判对象的确定、证据资料的来源等方面的不同作用，通常将当今世界有代表性的民事诉讼模式分为当事人主义与职权主义两种模式。

【辨析】当事人主义与职权主义

所谓当事人主义，是指诉讼程序的启动和继续主要由当事人决定，裁判对象仅限于当事人请求的范围，证据资料主要由当事人提出。在当事人主义支配下，民事诉讼以当事人双方积极的诉讼活动为核心而展开，依当事人双方的主张举证而进行，法院只就当事人提出的请求并根据当事人提供的证据作出裁判。当事人主义诉讼模式有利于充分调动当事人的积极性，实现当事人的程序参与权，维护当事人的合法权益，体现诉讼的民主与公正。但是，在当事人主义体制下，法官的消极地位可能不利于发现事实真相，还可能导致诉讼效率的低下。

所谓职权主义，是指法院对诉讼程序的启动和继续、裁判对象的确定以及证据资料的调查收集等方面均具有主导权。职权主义侧重法院的职权，法官在诉讼中居于主导地位，控制诉讼的进程，诉讼以法官对案件的调查为主线而展开。职权主义诉讼模式有利于法官作用的发挥，有利于发现事实真相，有利于诉讼效率的提高；但与此同时，职权主义诉讼模式削弱了当事人的主体地位，容易导致法官的专横及裁判权的滥用，不利于对当事人权益的保护。

（三）我国民事诉讼模式的评价与完善

1991年之前，我国人民法院的审判活动在诉讼过程中，始终起着主导的作用，对诉讼的开始、发展和终结，具有绝对性的意义。因此，我国的民事诉讼模式属于职权主义的诉讼模式。在审判实践中，这一诉讼模式对于查明案件事实真相，避免当事人运用诉讼技能误导法官，实现实体公正具有一定的积极意义，但也逐渐暴露出法官权力滥用、当事人的程序权益保障不足、开庭审理形式化、诉讼不经济等较为明显的缺陷。为此，我国1991年4月9日颁布的《民事诉讼法》，在一定程度上弱化了法院的职权，当事人的地位则得到了加强，具体表现在强化当事人的举证责任，建立自愿调解的制度，在财产保全、先予执行及裁判执行上强调依当事人的申请等。

诉讼的成本、解决争议所需要的时间、司法制度发现事实真相和适用法律的正确程度，是评价一国民事司法的三个尺度。当事人主义的诉讼模式对于程序公正的保障与当事人主体性的尊重具有极其重要的作用，但在发达法治国家民事司法运行的过程中，当事人之间过度的对抗也彰显了诉讼迟延和诉讼成本过高的问题。因此，西方各国从20世纪70年代开始先后对民事司法制度进行改革，其特点是适当地强化法官对诉讼程序进行的控制权，其目的在于确保个人权利与社会权力之间的平衡，提高司法裁判的效率，保障诉讼能够迅速且井井有条地进行，并使更多的民众能够更公平地利用司法救济手段。当然，由当事人控制诉讼到法官控制诉讼的民事司法理念转变并不意味着有关国家民事诉讼模式发生了根本性的转变，而只是指在诉讼模式中法官控制诉讼或主导诉讼的色彩或倾向的明显增加。②

肇始于20世纪80年代末、90年代初的我国民事审判方式改革，则呈现了与上述发达国家民事司法改革相反的运作特征，它以弱化法院职权和强化当事人主体性为改革的切入点，其目

① 参见谭兵主编：《民事诉讼法学》，11页，北京，法律出版社，2004。

② 参见齐树洁主编：《民事司法改革研究》，3版，56页，厦门，厦门大学出版社，2006。

的在于克服原有司法制度及其运行过程中所显露的各种弊端，如重实体轻程序、漠视当事人权利、暗箱操作、落后的法官管理体制以及司法腐败等。审判方式改革以强化当事人的举证责任为突破口，并由此引发了诉讼制度及司法体制的改革。改革过程中对域外先进立法与司法经验的借鉴、公开审判的实质化、合议庭职责的落实等措施，为我国司法制度的完善注入了新的活力，为司法公正提供了必要的前提。从近年的发展趋势来看，我国的诉讼机制在向当事人主义倾斜的过程中，应当警惕西方国家司法制度中已经出现的弊端，合理地设计改革的路径。事实上，当事人主义与职权主义交错是当今许多国家在民事诉讼问题上形成的共识和共同的发展趋势；过度对抗的当事人主义并不符合我国的具体国情。①

三、民事诉讼法

民事诉讼法是调整民事诉讼关系的法律规范的总称。法院的民事审判活动，双方当事人和其他诉讼参与人的诉讼活动，都必须依照民事诉讼法规定的程序进行。

民事诉讼法有广义和狭义之分，或称实质意义与形式意义之分。狭义或形式意义的民事诉讼法，专指民事诉讼法典，即国家最高权力机关制定并颁布的关于民事诉讼的专门性法律。广义或实质意义的民事诉讼法，是指除了民事诉讼法典之外，其他法律中有关民事诉讼的规范。这些民事诉讼的法律规范，虽非以民事诉讼法典的形式出现，但对民事诉讼活动也有拘束力。

（一）民事诉讼法的制定与修改

我国民事诉讼法的制定经历了相当长的时间。1982 年 3 月 8 日，在总结多年审判实践经验的基础上，第五届全国人大常委会第二十二次会议通过了《中华人民共和国民事诉讼法（试行)》，并于同年 10 月 1 日起试行。此后，为适应改革开放、社会经济生活的重大变化并与《民法通则》等新颁布的民事实体法协调一致，立法机关对《民事诉讼法（试行)》进行了修改。1991 年 4 月 9 日，第七届全国人大第四次会议通过了《中华人民共和国民事诉讼法》（以下简称《民事诉讼法》)，同日公布并生效。

我国 1991 年《民事诉讼法》分为四编，共 29 章、270 条。与试行法相比，它更加适应改革开放与社会经济发展的需要，进一步保障当事人依法行使诉讼权利，便于人民法院依法正确、及时地审理民事案件，保证民事实体法律的贯彻执行。

1991 年《民事诉讼法》颁布至今已经 29 年了。作为法典文本，应当具有相对的稳定性，立法者在立法时也应尽可能地根据事物发展的规律，充分预见未来的发展，制定出具有超前性或前瞻性的法律规范。但是，从理论上讲，任何法律从产生之时起就已经属于历史。社会总是变化发展的，当社会的变化发展到一定程度时，就要求法律有相应的体现，否则将制约社会的发展。② 在最近十年中，我国社会经济基础发生了巨大的变化，民事审判制度改革的许多做法已经超越和突破了民事诉讼法的规定。现行法律的规制所形成的约束使司法改革处于这样一种窘境：要么系统地修改法律，实行真正意义上的“变法”，要么只能在法律框架内进行局部的调整。③

近年来，学界对于民事诉讼法修改的理论和实践问题进行了深入的探讨，取得了丰硕的成果。全国人大常委会于 2003 年将《民事诉讼法》的修改列入其立法计划。2007 年 10 月 28 日，第十届全国人大常委会第三十次会议审议通过了《关于修改〈中华人民共和国民事诉讼法〉的

① 参见齐树洁主编：《民事程序法》，8 版，23 页，厦门，厦门大学出版社，2013。

② 参见张卫平：《我国民事诉讼法的发展与体制性制约的分析》，载《法律科学》，2001（5）。

③ 参见顾培东：《中国司法改革的宏观思考》，载《法学研究》，2000（3）。

决定》。该决定共19条，自2008年4月1日起施行。根据立法机关的说明，这次修法集中在审判监督程序和执行程序两个方面，属于局部性的修正，其目的在于解决人民群众反映强烈的"申诉难"和"执行难"问题。

2012年8月31日，第十一届全国人大常委会第二十八次会议再次修改《民事诉讼法》。此次修法涉及面较广，引起了全社会的关注和讨论。修改后的《民事诉讼法》仍为四编，共27章、284条。本次修法的主要内容可归纳为如下10个方面：(1) 明确规定诚实信用原则，规范当事人的诉讼行为。(2) 设立公益诉讼制度，维护公共利益。(3) 设立小额诉讼制度，提高小额纠纷的解决效率，降低诉讼成本。(4) 扩大检察监督的领域，增加监督的方式，强化检察监督的职能。(5) 增设案外第三人撤销之诉，维护案外第三人的民事权益。(6) 对利用法律程序侵害他人合法权益、逃避义务履行的行为，规定了法律制裁措施。(7) 完善和发展民事证据制度。(8) 完善第二审程序。(9) 明确规定裁判文书公开制度，推进审判的公开化。(10) 对再审程序再修改，使得再审制度更加合理。

2017年6月27日，第十二届全国人大常委会第二十八次会议通过《关于修改〈中华人民共和国民事诉讼法〉和〈中华人民共和国行政诉讼法〉的决定》，增设检察机关提起公益诉讼和支持公益诉讼的规定。

为便于各级法院正确理解与执行民事诉讼法，最高人民法院制定了一系列有关民事诉讼的司法解释，例如，《关于适用〈中华人民共和国民事诉讼法〉若干问题的意见》(现已失效)、《关于民事经济审判方式改革问题的若干规定》(现已失效)、《关于人民法院执行工作若干问题的规定(试行)》《关于民事诉讼证据的若干规定》《关于适用简易程序审理民事案件的若干规定》《关于人民法院民事调解工作若干问题的规定》《关于适用〈中华人民共和国民事诉讼法〉的解释》(以下简称《民诉法解释》) 等。

《民诉法解释》于2014年12月18日由最高人民法院审判委员会第1636次会议通过，自2015年2月4日起施行。这份司法解释文件共23章，552条，6万余字。据介绍，它是最高人民法院有史以来参加起草的人员最多、条文最多、篇幅最长的司法解释，是最高人民法院贯彻落实中共中央《关于全面推进依法治国若干重大问题的决定》的重大举措。《民诉法解释》对公益诉讼、第三人撤销之诉、小额诉讼、行为保全、举证责任期限、专家辅助人、司法确认调解协议、实现担保物权、再审检察建议等民事诉讼新制度，细化了程序规范，增强了可操作性，确保这些新制度能够顺利落地，全面实施，发挥作用；针对司法实践中对《民事诉讼法》规定的不同理解、不一致的做法作了比较全面、系统的解释。①

(二) 民事诉讼法的性质

我国传统的民事诉讼法学理论一般认为，民事诉讼法的性质主要是部门法、基本法和程序法。所谓民事诉讼法是部门法，是指民事诉讼法调整的对象是民事诉讼活动和民事诉讼关系，这种特定的调整对象是其他法律部门代替不了的；所谓民事诉讼法是基本法，是指民事诉讼法是由国家最高权力机关制定的，是一切民事程序的基本法；所谓民事诉讼法是程序法，则是相对于实体法而言的。②

目前，越来越多的学者认识到，部门法和基本法并非民事诉讼法的性质。"部门法"只是说明了民事诉讼法调整的对象，"基本法"仅仅表明了民事诉讼法在整个法律体系中的效力和

---

① 参见沈德咏主编：《最高人民法院民事诉讼法司法解释理解与适用》，2页，北京，人民法院出版社，2015。

② 参见江伟主编：《民事诉讼法学原理》，25页，北京，中国人民大学出版社，1999。

地位，民事诉讼法的性质主要有程序性和公法性。[①]

1. 民事诉讼法具有程序性。一国法律除宪法外，大致可分为实体法和程序法两大类。民事实体法以现实生活中的民事行为和民事关系为调整对象，主要内容包括民事主体、民事权利义务以及民事责任等；而程序法则是操作性极强的技术性规范，诉讼法、立法程序法、选举程序法等均属程序法。民事诉讼法是法院和当事人、诉讼代理人等进行民事诉讼所必须遵循的程序规范，属于民事程序法的范畴。[②]

2. 民事诉讼法具有公法性。民事诉讼法是规范民事诉讼的法律，而民事诉讼的本质，即运用国家公权力来解决民事纠纷，具有很强的国家强制性：当事人不仅要遵守法定的诉讼程序，而且要受诉讼结果的约束，否则法院可能依法强制执行。法院与当事人之间的关系是公法关系，法院的审判权和强制执行权以及当事人的诉权和诉讼权利，均属公权，而诉讼结果所具有的效力，即为公法上的效力。诚然，民事诉讼解决的是私权纠纷，尊重当事人的意思自治是民事诉讼的原则之一，但不能因此而否认民事诉讼法的公法性质。

（三）民事诉讼法的任务

我国《民事诉讼法》第2条规定了民事诉讼法的基本任务，即保护当事人行使诉讼权利，保证人民法院正确行使审判权。具体而言，民事诉讼法的任务可分为以下几个方面。

1. 保护当事人行使诉讼权利。诉讼权利是当事人参加民事诉讼，制约和监督民事审判权，维护自身合法权益的根本手段。保护当事人行使诉讼权利，不仅是程序公正的要求，而且是实体公正的要求。

2. 保证人民法院查明事实，分清是非，正确适用法律，及时审理民事案件。查明事实，分清是非，正确适用法律，直接体现了实体公正的要求，因而属民事诉讼法的基本任务之一。及时审理民事案件，则体现了对民事裁判的效率要求。“迟来的正义非正义”，民事诉讼不仅要实现公正，而且要追求效率。

3. 确认民事权利义务关系，制裁民事违法行为，保护当事人的合法权益。民事纠纷的发生，源于纠纷主体之间的民事权利义务关系不明晰或者一方有违法行为，侵害了他方权益，因此，确认民事权利义务关系，制裁民事违法行为，保护当事人的合法权益，理所当然地成为民事诉讼法的根本任务。

4. 教育公民自觉遵守法律。民事诉讼法不仅要求法院解决民事纠纷，制裁民事违法行为，而且应使当事人以外的其他公民可以通过了解诉讼过程和结果受到法制教育，增强法制观念，从而起到预防纠纷、减少诉讼的作用。

5. 维护社会秩序、经济秩序，保障社会主义建设事业顺利进行。民事纠纷虽属私权纠纷，但大量民事纠纷的存在，必然带来负面影响，有碍社会与经济的稳定与发展。因此，从国家整体而言，民事诉讼法不仅应当解决私权纠纷、保护当事人合法权益，而且应当维护社会秩序、经济秩序，保障社会主义建设事业的顺利进行。

（四）民事诉讼法的效力

民事诉讼法的效力，即民事诉讼法的作用和适用范围，包括空间效力、时间效力、对人效力和对事效力四个方面。

1. 空间效力

民事诉讼法的空间效力，是指民事诉讼法适用的地域范围。我国《民事诉讼法》第4条规

---

① 参见张卫平主编：《民事诉讼法》，9页，北京，高等教育出版社，2006。

② 除民事诉讼法外，民事程序法还包括非讼事件法、强制执行法、公证法、仲裁法、破产法、调解法等法律部门。

定："凡在中华人民共和国领域内进行民事诉讼，必须遵守本法。"据此，民事诉讼法的空间效力范围，是我国整个领域，包括我国领土、领海、领空以及领土的延伸部分（如我国驻外使领馆、航行或停泊于国外或公海上的我国飞行器或船舶等）。应当指出的是，由于"一国两制"政策的实施，根据《香港特别行政区基本法》的有关规定，1997 年 7 月 1 日以后，全国性法律除该法"附件三"有明确规定者外，不在香港特别行政区实施。《澳门特别行政区基本法》也有类似的规定。因此，我国现行《民事诉讼法》并不适用于香港和澳门特别行政区。

根据《民事诉讼法》第 16 条的规定，民族自治地方的人民代表大会有权制定变通或补充规定。这些变通或补充规定，应当遵循宪法和民事诉讼法的基本原则，仍属于我国民事诉讼法的有机组成部分。因此不能误认为民事诉讼法的空间效力不包括民族自治地方。

2. 时间效力

民事诉讼法的时间效力，是指民事诉讼法在什么时间范围内有效，包括生效时间、失效时间以及是否具有溯及力等事项。

我国现行《民事诉讼法》的生效时间为 1991 年 4 月 9 日。现行《民事诉讼法》的时间效力范围，即从 1991 年 4 月 9 日开始，直至将来被废止之日。

《民事诉讼法》具有溯及既往的效力，即法院在《民事诉讼法》生效前受理的案件，若尚未审结，则应按新生效的《民事诉讼法》规定的程序审理。

3. 对人效力

民事诉讼法的对人效力，是指民事诉讼法对哪些人有约束力。根据《民事诉讼法》第 4 条的规定，凡在我国领域内参加民事诉讼的人，无论其国籍如何，都必须遵守我国民事诉讼法。具体而言，这些人包括：(1) 我国公民、法人和其他组织；(2) 居住在我国领域内的外国人、无国籍人以及在我国的外国企业和组织；(3) 在我国进行民事诉讼的外国人、无国籍人以及外国企业和组织。

根据我国《民事诉讼法》第 261 条的规定，对享有外交特权与豁免的外国人、外国组织或国际组织提起的民事诉讼，应当按照我国法律和我国缔结或参加的国际条约的规定办理。换言之，这些人员和组织一般享有民事司法豁免权，不受我国民事诉讼法约束，而只能通过外交途径解决。但是，在下列情形下，上述人员和组织不具有民事司法豁免权，应受我国民事诉讼法的约束：(1) 享有司法豁免权者的所属国明确宣布放弃司法豁免的；(2) 享有司法豁免权者因私人事务与对方当事人发生民事纠纷的；(3) 享有司法豁免权者提起民事诉讼而被反诉的。

4. 对事效力

民事诉讼法的对事效力，是指法院依照民事诉讼法审理的案件范围，即民事诉讼主管范围。我国《民事诉讼法》第 3 条规定："人民法院受理公民之间、法人之间、其他组织之间以及他们相互之间因财产关系和人身关系提起的民事诉讼，适用本法的规定。"此即民事诉讼法的对事效力范围。随着社会的发展和法律制度的完善，民事诉讼的对事效力范围将不断扩大。

四、民事诉讼程序繁简分流改革

为进一步优化司法资源配置，推进案件繁简分流、轻重分离、快慢分道，深化民事诉讼制度改革，提升司法效能，促进司法公正，2019 年 12 月 28 日，第十三届全国人大常委会第十五次会议作出《关于授权最高人民法院在部分地区开展民事诉讼程序繁简分流改革试点工作的决定》(以下简称《决定》)。该《决定》授权最高人民法院在北京、上海市辖区内中级人民法院、基层人民法院，南京、苏州、杭州、宁波、合肥、福州、厦门、济南、郑州、洛阳、武汉、广州、深圳、成都、贵阳、昆明、西安、银川市中级人民法院及其辖区内基层人民法院，北京、上海、广州知识产权法院，上海金融法院，北京、杭州、广州互联网法院，就优化司法确认程序、完善小额诉讼程序、完善简易程序规则、扩大独任制适用范围、健全电子诉讼规则等，开展民事诉讼程序繁简分流改革试点工作。该《决定》要求：试点工作应当遵循民事诉讼法的基本原则，充分保障当事人诉讼权利，促进提升司法效率，确保司法公正。试点具体办法由最高人民法院牵头研究制定，报全国人大常委会备案。试点期限为二年，自试点办法印发之日起算。最高人民法院应当加强对试点工作的组织指导和监督检查。试点过程中，最高人民法院应当就试点情况向全国人大常委会作出中期报告。试点期满后，对实践证明可行的，应当修改完善有关法律；对实践证明不宜调整的，恢复施行有关法律规定。

根据最高人民法院 2020 年 1 月 15 日发布的《民事诉讼程序繁简分流改革试点方案》，这次改革试点的主要内容如下。

1. 优化司法确认程序。健全特邀调解制度，加强特邀调解名册管理，完善诉前委派调解与司法确认程序的衔接机制。合理拓宽司法确认程序适用范围，经律师调解工作室（中心）等特邀调解组织、特邀调解员，或者人民调解委员会依法调解达成民事调解协议的，当事人可以按照程序要求，向人民法院申请司法确认。完善司法确认案件管辖规则，符合级别管辖和专门管辖标准的，由对应的中级人民法院和专门人民法院受理。

2. 完善小额诉讼程序。加强小额诉讼程序的适用，适当提高小额诉讼案件标的额基准，明确适用小额诉讼程序的案件范围。进一步简化小额诉讼案件的审理方式和裁判文书，合理确定小额诉讼案件审理期限。完善小额诉讼程序与简易程序、普通程序的转换适用机制。

3. 完善简易程序规则。对需要进行公告送达的简单民事案件，可以适用简易程序审理。明确简易程序案件庭审和裁判文书的简化规则，完善简易程序审限规定。

4. 扩大独任制适用范围。探索基层人民法院可以由法官一人适用普通程序独任审理部分民事案件，明确适用独任制审理第一审普通程序案件的具体情形。探索中级人民法院和专门人民法院可以由法官一人独任审理部分简单民事上诉案件，明确适用独任制审理第二审民事案件的具体情形和审理方式。建立独任制与合议制的转换适用机制。

5. 健全电子诉讼规则。明确诉讼参与人通过人民法院信息化平台在线完成诉讼行为的法律效力。当事人选择以在线方式诉讼的，可以以电子化方式提交诉讼材料和证据材料，经人民法院审核通过后，可以不再提交纸质原件。经当事人同意，适用简易程序或者普通程序审理的案件，均可以采取在线视频方式开庭。明确电子送达的适用条件、适用范围和生效标准，经受送达人同意，可以采用电子方式送达判决书、裁定书、调解书。

第三节　民事诉讼法与相关法律部门的关系

一、民事诉讼法与宪法的关系

民事诉讼法与宪法的关系极为密切。自第二次世界大战以来，民事诉讼法呈现出宪法化的特点：宪法明确地规定了民事诉讼的一些基本原则、当事人的程序基本权和法院的审判权；民事诉讼法严格遵从宪法的精神、原则和规范，是对宪法原则的具体实践。在此意义上，可以将民事诉讼法称为“被适用的宪法”。

宪法是国家的根本大法，在我国的法律体系中具有最高的法律效力。在民事诉讼法中如何充分实践宪法的精神、原则和规范，是完善民事诉讼制度所面临的问题。无论是民事诉讼目的的确立、民事诉讼基本原则的构建，还是当事人诉权和程序基本权的保障，都应当贯彻宪法的要求。

在一般情况下，法院并不直接援引宪法的规定裁判民事案件。我国各级人民法院在审理案件过程中，通常在裁判文书中只引用法律、行政法规、地方性法规、司法解释等作为裁判案件的具体法律依据。由于这些法律、法规等都是依照宪法的原则和精神制定的，法院在裁判案件时援引这些法律、法规，在某种程度上也可以看作是间接地适用宪法，贯彻落实宪法的规定；但是，还有部分宪法内容在司法实践中被长期“虚置”，并没有发挥应有的法律效力。因此，宪法的司法化成为一个重要课题。所谓宪法司法化，就是指宪法可像其他法律法规一样进入司法程序，直接作为法院裁判民事案件的法律依据。宪法的司法化已成为当今世界各国司法实践的普遍做法，许多国家建立了宪法诉讼的机构和程序。我国现行立法虽未明文确立宪法司法化制度，但已有相关案例出现。应当指出的是，宪法司法化的命题不仅关系法院能否以宪法作为裁判案件法律依据的问题，而且涉及合宪性审查制度这一更为根本的复杂的问题，我国现有的政治架构是否支持这一制度的运作，以及一旦建立该项制度后应由最高人民法院还是专门设立的机构行使合宪性审查权，都有待于从理论上作进一步的探讨。

二、民事诉讼法与民法、婚姻法、经济法等实体法的关系

民事诉讼法与民法、婚姻法、经济法等的关系是程序法与实体法的关系。民事实体法与民事程序法在对社会关系的调整中各自发挥着作用，彼此独立而又相辅相成。前者是国家制定的调整平等主体之间社会生活关系的规则，后者则是法院解决私权纠纷所应遵循的程序规则。在我国，传统的法律解释学将诉讼法看作是实现实体法内容的手段与方法。这一观念近年来已受到许多学者的质疑。学界普遍认为，不应当将诉讼法视为单纯的手段和工具，而应当充分重视其保障程序正义的独立价值。

研究民事程序法与实体法的关系对我国法治建设具有重要的现实意义。在我国，从 20 世纪 80 年代初期的人治与法治的讨论到近年来关于权利与人权问题的研究都反映了一种倾向，即“在考虑法制建设的时候，中国的法律家更侧重于强调令行禁止、正名定分的实体合法性方面，而对在现代政治、法律系统中理应占枢纽位置的程序问题则语焉不详。偶有论者，也并未把程序看作一个具有独立价值的要素”①。这也是我国长期以来“重实体、轻程序”的一个很重要的原因。我国在制定程序制度时，注重的往往是程序制度与实体法的协调一致，而不是把重点放在程序的合理性上。这与我国长期在法律结构上实体法与诉讼法不分、在诉讼组织和操作方式上司法与行政合一以及程序公正观的欠缺有着密切的关系。

事实上，程序一方面可以限制法官的裁量权，维护法的稳定性和自我完整性，另一方面也容许选择的自由，使法律系统具有开放的结构和紧缩的过程，包含着决定裁判成立的前提，存在着左右当事人在程序完成之后的行为态度的契机，并且保留着客观评价裁判过程的可能性。因此，实体法与诉讼法“如同一辆车的两个轮子，对诉讼都起作用，在它们之间不可能存在主从关系”②。

【辨析】民事程序法与民事实体法的关系

民事程序法与民事实体法之间是一种相互独立而又相辅相成的关系。二者的关系可以概括为两个方面：其一，民事程序法与民事实体法作为统一的法律体系的共同组成部分，二者相互

---

① 季卫东：《法治秩序的建构》，13 页，北京，中国政法大学出版社，1999。

② ［日］兼子一、竹下守夫：《民事诉讼法》，白绿铉译，8 页，北京，法律出版社，1995。

独立，互不从属。民事程序法在保证民事实体法的目标实现之外，还有着独立的价值和功能，即保障程序的正义。民事程序法和民事实体法在各保其功能独立性的同时，在形式上又有一体化的倾向，这有助于协调二者在实现特定法律价值时出现的冲突和紧张关系。其二，民事程序法与民事实体法相互依存，相辅相成。一方面，民事实体法作为一般的法律规则，其生命力必须通过民事程序法的保障作用来体现；而民事程序法因其浓厚的技术性色彩和强制性效力，必须以代表广泛民意的立法机关制定的民事实体法律为基准，以实现判决结论的正当化。另一方面，民事程序法通过对民事实体规范的选择适用、填补漏洞和矫正不足来推动民事实体法的发展；而民事实体法则通过更加精微、技巧的利益衡量对程序提出更高要求而推动程序法的进步。民事程序法与民事实体法之间这种相互独立而又相辅相成的关系，决定了两者之间不应有主次、轻重之分，而应建立一种协调互动机制，使当事人依民事实体法的规定（对实体权利的请求权）进入诉讼程序，法院依民事程序法的规定（正当程序）保障实体权利，两者配套实施，共同促进和实现对社会民事关系的规范和维护。

三、民事诉讼法与刑事诉讼法的关系

民事诉讼法和刑事诉讼法同属程序法，因此在形式上、审判制度和诉讼程序上有许多相同或交叉之处（例如刑事附带民事诉讼），但由于它们所调整的对象不同，二者之间仍存在明显的区别，主要表现如下。

1. 提起诉讼的主体不同。民事诉讼涉及私权纠纷，通常由与案件有直接利害关系的当事人提起诉讼，实行不告不理；而刑事诉讼旨在惩罚犯罪，保护人民，因而除自诉案件外，必须由检察机关提起公诉，实行国家干预。

2. 基本原则不同。当事人权利平等原则、处分原则、法院调解原则、辩论原则等是民事诉讼法特有的原则；而分工负责、互相配合、互相制约原则，犯罪嫌疑人和被告人有权获得辩护的原则是刑事诉讼法特有的原则。

3. 审理方式不同。民事诉讼可以在自愿和合法的基础上进行调解，并可以以调解方式结案，调解不成的，由法院及时作出判决。刑事诉讼除自诉案件外，公诉案件一律不能调解，必须采用判决方式。①

4. 刑事案件的证明标准高于民事案件的。我国法律对此未作明文规定，在外国（例如英国），刑事诉讼实行“排除一切合理怀疑”的证明标准，对于民事案件则实行“盖然性权衡”的证明标准。②

5. 执行方式不同。民事裁判大多由当事人自动履行，只有在当事人不履行时，才由法院强制执行。而刑事裁判通常由专门的机关执行，其方式多为限制和剥夺被告人的人身自由。

四、民事诉讼法与行政诉讼法的关系

《中华人民共和国行政诉讼法》（以下简称《行政诉讼法》）颁布于 1989 年 4 月 4 日，自

---

① 2012 年 3 月 14 日修改的《中华人民共和国刑事诉讼法》增设“当事人和解的公诉案件诉讼程序”。

② 《牛津法律词典》对 standard of proof（证明标准）的解释如下。

The degree of proof required for any fact in issue in litigation, which is established by assessing the evidence relevant to it. In criminal cases the standard is proof of beyond reasonable doubt; In civil cases the standard is proof on a balance of probabilities. See Jonathan Law & Elizabeth A. Martin (eds), *Oxford Dictionary of Law*, 7th edition, Oxford University Press, 2009, p. 524.

1990 年 10 月 1 日起施行。2014 年 11 月 1 日，第十二届全国人大常委会第十一次会议对《行政诉讼法》作了修改。2017 年 6 月 27 日，第十二届全国人大常委会第二十八次会议通过《关于修改〈中华人民共和国民事诉讼法〉和〈中华人民共和国行政诉讼法〉的决定》，增设检察机关提起行政公益诉讼的规定。

民事诉讼法与行政诉讼法都属于程序法，二者的关系较为密切。我国的行政诉讼制度脱胎于民事诉讼法，在《行政诉讼法》施行之前，行政案件依照民事诉讼法进行审理。《行政诉讼法》颁行之后，行政诉讼法未规定的事项，准用民事诉讼法的有关规定。因此，二者在审判制度、诉讼程序上有很多共同之处，但作为两个独立的法律部门，它们有着各自不同的任务、目的和调整对象，其主要区别如下。

1. 诉讼主体不同。民事诉讼旨在解决公民之间、公民与法人之间、法人之间财产关系和人身关系中产生的争议。在民事诉讼中，公民、法人和其他组织既可以作为原告，也可以作为被告。而行政诉讼旨在解决行政机关或其工作人员与公民、法人、其他组织之间在行政管理中发生的争议。在行政诉讼中，被告是特定的，只能是作出行政行为的行政机关；原告则是不服行政机关的行政行为的公民、法人或者其他组织。

2. 举证责任不同。在民事诉讼中，一般实行“谁主张，谁举证”，由提出主张的当事人承担举证责任，通常由原告首先举证。而行政诉讼实行举证责任倒置，由作为被告的行政机关负担举证责任。被告应当提供作出该行政行为的证据和所依据的规范性文件。

3. 审理方式不同。民事诉讼可以进行调解，以调解方式结案。而在行政诉讼中，作为被告的行政机关不能任意处分自己的行政权力，只有依法行政的义务。因此，对于行政争议案件（行政赔偿、补偿以及行政机关行使法定自由裁量权的案件除外），人民法院不能通过调解方式进行处理。①

五、民事诉讼法与仲裁法的关系

仲裁与民事诉讼同属于解决民事纠纷的形式，但仲裁具有非诉讼性质，由仲裁法调整。1994 年 8 月 31 日，第八届全国人大常委会第九次会议通过了《中华人民共和国仲裁法》（自 1995 年 9 月 1 日起施行，以下简称《仲裁法》）。根据《仲裁法》的规定，人民法院有权根据当事人的请求，对仲裁协议是否有效作出裁定，有权撤销违法的仲裁裁决；当事人申请财产保全、证据保全的，仲裁委员会应当将当事人的申请提交人民法院；仲裁裁决生效后，如果一方当事人不履行裁决，另一方当事人可以向人民法院申请强制执行。② 二者的主要区别有以下几方面。

1. 组织机构的性质不同。法院是国家的审判机关，而仲裁机构属于社团法人，多为民间社会团体，既不隶属于行政机关，也不从属于审判机关。

2. 受理的前提不同。民事诉讼以法律规定的当事人的诉权和法院的审判权为基础，在纠纷发生后，当事人向法院起诉，只要符合民事诉讼法规定的起诉条件，法院就应当受理；仲裁的提交必须以当事人之间存在仲裁协议为前提条件，若没有仲裁协议，仲裁机构无权行使仲

---

① 在近年来的司法实践中，一些法院尝试推行行政诉讼和解机制，促使当事人和解。这一做法得到了最高司法机关的肯定。参见最高人民法院 2007 年 3 月 1 日印发的《关于进一步发挥诉讼调解在构建社会主义和谐社会中积极作用的意见》第 6 条。

② 参见最高人民法院 2018 年 2 月 22 日公布的《关于人民法院办理仲裁裁决执行案件若干问题的规定》（自 2018 年 3 月 1 日起施行）。

裁权。

3. 当事人的选择权限不同。在民事诉讼中，诉讼的地点、法院及审判程序均由法律作出明确规定，当事人无权自由选择；而仲裁的地点、组织、仲裁员乃至仲裁程序都可以由当事人自由选择。

4. 具体程序步骤不同。例如，民事诉讼实行两审终审制，原则上必须公开审理；仲裁实行一裁终局，且原则上不公开进行。又如，《民事诉讼法》第 42 条规定：合议庭评议案件，实行少数服从多数的原则。而《仲裁法》第 53 条规定：仲裁庭不能形成多数意见时，裁决应当按照首席仲裁员的意见作出。

【司法解释】2006 年 8 月 23 日，最高人民法院公布《关于适用〈中华人民共和国仲裁法〉若干问题的解释》（自 2006 年 9 月 8 日起施行），对人民法院审理涉及仲裁案件适用法律的若干问题作出解释，表明了司法机关支持仲裁事业发展的态度。例如，其第 1 条规定：《仲裁法》第 16 条规定的“其他书面形式”的仲裁协议，包括以合同书、信件和数据电文（包括电报、电传、传真、电子数据交换和电子邮件）等形式达成的请求仲裁的协议。第 2 条规定：当事人概括约定仲裁事项为合同争议的，基于合同成立、效力、变更、转让、履行、违约责任、解释、解除等产生的纠纷都可以认定为仲裁事项。第 3 条规定：仲裁协议约定的仲裁机构名称不准确，但能够确定具体的仲裁机构的，应当认定选定了仲裁机构。第 13 条规定：依照《仲裁法》第 20 条第 2 款的规定，当事人在仲裁庭首次开庭前没有对仲裁协议的效力提出异议，而后向人民法院申请确认仲裁协议无效的，人民法院不予受理。仲裁机构对仲裁协议的效力作出决定后，当事人向人民法院申请确认仲裁协议效力或者申请撤销仲裁机构的决定的，人民法院不予受理。

六、民事诉讼法与公证法的关系

公证作为公证机构作出的一种具有法律效力的证明活动或证明行为，是预防纠纷、减少诉讼的有效方式之一。公证法调整公证机构的证明活动，具有非讼性。公证机构与当事人之间的关系是非讼法律关系。

2005 年 8 月 28 日，第十届全国人大常委会第十七次会议通过了《中华人民共和国公证法》（自 2006 年 3 月 1 日起施行，以下简称《公证法》，2015 年第一次修正、2017 年第二次修正）。根据该法的规定，公证是公证机构根据自然人、法人或者其他组织的申请，依照法定程序对民事法律行为、有法律意义的事实和文书的真实性、合法性予以证明的活动。公证机构是依法设立，不以营利为目的，依法独立行使公证职权、承担民事责任的证明机构。

在我国，公证法与民事诉讼法有着诸多联系，主要体现在以下几个方面。

1. 公证文书的特殊证明效力。《民事诉讼法》第 69 条规定：经过法定程序公证证明的法律事实和文书，人民法院应当作为认定事实的依据。但有相反证据足以推翻公证证明的除外。《公证法》第 36 条规定：经公证的民事法律行为、有法律意义的事实和文书，应当作为认定事实的根据，但有相反证据足以推翻该项公证的除外。

2. 诉讼前的证据保全。根据《公证法》第 11 条的规定，证据保全是公证机构的业务事项之一。当事人在起诉前，可以向公证机构申请证据保全；在起诉后，将公证保全的证据提交法院。根据《民事诉讼法》第 81 条第 2 款的规定，在紧急情况下，当事人可以在起诉前向法院申请证据保全。

3. 公证文书的强制执行效力。《民事诉讼法》第 238 条第 1 款规定：“对公证机关依法赋予强制执行效力的债权文书，一方当事人不履行的，对方当事人可以向有管辖权的人民法院申请执行，受申请的人民法院应当执行。”《公证法》第37条规定：“对经公证的以给付为内容并载明债务人愿意接受强制执行承诺的债权文书，债务人不履行或者履行不适当的，债权人可以依法向有管辖权的人民法院申请执行。”① 2008年12月22日，最高人民法院公布《关于当事人对具有强制执行效力的公证债权文书的内容有争议提起诉讼人民法院是否受理问题的批复》（现已失效），再次确认公证债权文书的强制执行效力。

思考与练习

1. 如何区分民事纠纷与行政纠纷？
2. 如何构建多元化纠纷解决机制？
3. 行政裁决与民事诉讼如何相互衔接？
4. 如何协调民事程序法与民事实体法的关系？

前沿问题探讨

在当今世界各国，非诉讼纠纷解决机制（ADR）被广泛运用，其功能不断扩大，地位日益提高，并已逐渐纳入法治的轨道，形成了以民事诉讼为主导的多元化纠纷解决机制。非诉讼纠纷解决机制有其优势和长处，但也存在一定的不足和弊端。如何使非诉讼纠纷解决机制制度化、规范化，扬长避短，并且与诉讼制度有机衔接，相辅相成，是我国司法改革中所面临的一个重要课题。

① 关于公证文书的强制执行效力问题，参见李浩主编：《强制执行法》，201～202页，厦门，厦门大学出版社，2005；张文章主编：《公证制度新论》，143～146页，厦门，厦门大学出版社，2006。

第二章 民事诉讼的基本理论

内容提要

民事诉讼目的、程序价值、诉权、诉与诉讼标的、诉讼法律关系等问题的基本原理涉及民事审判和诉讼活动的主要内容，从而构成民事诉讼的基本理论。价值论分析民事诉讼的价值取向问题；目的论探究民事诉讼法的立法导向；诉权理论阐述民事诉讼的出发点理论；民事诉讼法律关系揭示诉讼中各诉讼主体之间的关系；诉讼标的理论旨在限定诉讼保护的对象和范围。

民事诉讼法学是一门应用性很强的部门法学。我国民事诉讼法学一度偏重注释法学和对策法学的研究，在1982年《民事诉讼法（试行）》颁行后相当长的一段时期内，有关民事诉讼制度的研究都呈现出这种倾向。以1991年《民事诉讼法》颁行为标志，民事诉讼法学在社会主义市场经济的新形势下突破了注释法学的束缚，在经历了一段对策法学研究的过渡之后，理论法学在立法和司法中日益凸显出其重要价值，并获得长足的发展。

一个法律部门的完善需要成熟的理论指导，而一个法学学科的成熟则离不开其基本理论体系的建构，民事诉讼法学同样应当有自己的基本理论体系。在当今时代，社会主体活动的多样化、复杂化、快速化及价值多元化，要求民事诉讼法学相应地扩大其研究的对象领域；经济全球化也在一定程度上促进民事诉讼法的国际化趋势的发展。处于这样背景之下的民事诉讼法学理论体系应当是开放的，既要广泛吸收域外立法、司法的成功经验，也要积极总结我国民事审判和司法改革的实践经验。学者大多认为，构成我国民事诉讼法学学科体系基石且具有有机联系而形成一个统一整体的基本理论体系，应当包括民事诉讼目的论、程序价值论、诉权论、诉与诉讼标的论、诉讼法律关系论等。

第一节 民事诉讼程序价值

民事诉讼程序价值是指民事诉讼程序能够满足法律主体需要的属性。这一理论回答了民事诉讼程序为什么而存在、应以何种模式存在等民事诉讼法学的核心问题，从而为立法者进行制度设计、司法者从事审判行为以及当事人完成诉讼行为提供价值指引，因而，对民事诉讼程序价值的研究具有理论和实践上的重要意义。

首先，民事诉讼程序价值理论在民事诉讼的理论体系中居于核心地位。民事诉讼目的论、诉权论、诉讼标的论、既判力论等其他理论中都蕴涵着其制度的价值。例如，不同诉讼价值观决定不同的诉讼目的，不同的诉讼目的又决定着不同的诉讼模式类型。出于追求程序公正价值的需要，立法者就必然将程序保障奉为立法目的，而在诉讼模式上就会相应地采纳当事人主义。在民事诉讼中各主体要素的配置上，诉讼价值观又决定了诉讼标的、诉权、证明责任、既判力等基本理论的走向。民事诉讼中关于具体制度和程序的理论也是不同的诉讼价值观的反映。因此，要深刻理解、把握这些理论，离不开对诉讼价值的剖析。

其次，对于民事诉讼程序价值的探讨，有助于我们认识诉讼程序的独立意义，明确其价值取向，从而促进民事诉讼制度的完善。就我国而言，无论从法律传统来看，还是从近代法律改革来说，轻视程序的倾向都十分明显，在立法上意欲简化程序、实务中试图脱离程序的现象屡见不鲜，由此形成了“重实体、轻程序”的痼疾。探讨民事诉讼程序的诸种价值及其相互关系，能够在较高的层次上为民事诉讼法学提供指导，从而有利于矫正传统法律观念上的偏颇。在立法方面，民事诉讼价值理论也有助于推进民事诉讼法的现代化和科学化建构。这是因为民事诉讼价值内含于民事诉讼法之中，其实现的程度有赖于立法主体和司法主体对民事诉讼制度的科学设定与良好运作。

国内外诉讼法学界对诉讼程序价值的内容构成有着不同认识。有学者认为诉讼程序价值包括公正、效率和效益三方面内容[①]；有学者认为，诉讼程序应该追求的价值是正当、公正、迅速和经济。[②] 也有一些学者认为诉讼程序价值的内涵应包括公平、效率、民主、效益、真实、人权保障等。通说认为，民事诉讼当事人通过诉讼途径寻求解决纠纷，不外乎存在两个预期：一是要求得到公正的诉讼结果，二是要求审判过程中得到公正待遇。第一个要求与当事人的实体权益相联系，被称为实质公正或者实体性目的；第二个要求与当事人的程序利益相联系，因此被称为程序公正和诉讼效率，也被称为程序性目的。在此基础上，我们可将民事诉讼程序价值概括为内在价值和外在价值。

一、民事诉讼程序内在价值

民事诉讼程序内在价值作为民事诉讼程序的内在要求，主要包括程序公正和诉讼效率等价值。程序公正和诉讼效率既包括民事诉讼立法或制度上的公正和效率，即民事诉讼程序的设计符合公正和效率的要求；也包括适用上的公正和效率，即个案审判或诉讼符合公正和效率的要求，亦即将立法或制度上的公正和效率适用到具体案件的审判之中。[③]

（一）程序公正

程序公正观念萌芽于13世纪的英国，在近现代被美国法吸收后发展为一个成熟的理论体系。它着眼于诉讼过程自身的正当性，要求用来解决利益争端的法律程序必须公正、合理。

程序公正价值对于民事诉讼制度构建的意义在于：首先，追求程序公正价值，有助于限制诉讼中的恣意。程序是一种角色分配体系。程序的参加者在角色就位之后，各司其职，互相既配合又牵制，恣意的余地自然就受到压缩。[④] 公正的程序可以排除选择和适用法律过程中的不当偏向。其次，追求诉讼程序公正还意味着同类问题必须按同样的方式解决，形成同样的诉讼结果，表现出诉讼程序的既定力和自缚性，从而有利于纠纷主体心悦诚服地接纳诉讼结果。

就民事诉讼而言，其程序公正标准的核心在于当事人的充分参与并受到平等对待。强调诉

---

① 参见陈桂明：《诉讼公正与程序保障——民事诉讼程序之优化》，8页，北京，中国法制出版社，1996。

② 参见［日］谷口安平：《程序的正义与诉讼》，王亚新、刘荣军译，52～57页，北京，中国政法大学出版社，1996。

③ 参见邵明：《民事诉讼法理研究》，100～101页，北京，中国人民大学出版社，2004。

④ 参见季卫东：《法律程序的意义》，载《中国社会科学》，1993（1）。

讼的程序公正的意义在于，为诉讼程序的正当化提供独立于其运行结果（裁判结果）的标准。具体而言，程序公正的标准或要求包括以下内容。

1. 法官的中立性。包括法官与争议的案件没有关联性，在该案件中不存在法官的个人利益；法官不得对任何一方当事人含有个人价值偏向，对其予以歧视或偏爱。

2. 当事人的平等性。包括当事人的诉讼地位平等，享有平等的诉讼权利，承担同等的诉讼义务；法官应平等地保护当事人行使诉讼权利，使当事人双方享有均等的诉讼机会。

3. 程序的参与性。当事人必须有机会参与诉讼，而且其参与应当是自主的、自愿的，他们必须拥有影响诉讼过程和裁判结果的充分的参与机会。“因为各方一旦能够参与到程序过程中来，就更易于接受裁判的结果，尽管他们有可能不赞成裁判的内容，但他们却更有可能服从它们。”①

4. 过程的公开性。程序公开原则可以使司法过程置于当事人和社会公众的监督之下，增强法官的责任感和裁判公正性。

5. 程序的安定性。为提升当事人对程序的信赖程度，诉讼行为一旦生效，应尽量维持其效力，不能轻易否定其既定内容；诉讼程序一旦进行完毕，就不能轻易回复。

（二）诉讼效益

经济学语境中的效益，是指投入和产出或成本与收益的比例。这一经济学概念从 20 世纪六七十年代开始被引入法律领域，反映了在法制建设过程中人们对经济规律的重视。民事诉讼是一种解决纷争、保障民事权益的特殊的社会活动，在这一活动过程中，无论是代表国家的裁判者，还是作为程序主体的当事人，都投入一定的人力、物力和财力，因而也存在着有关诉讼效益的价值衡量。以尽量少的时间消耗和物质投入实现最大限度的公正，便成为现代诉讼制度的一个综合的理想要求。

对于诉讼效益与诉讼效率的关系，我国学界有三种观点：（1）将诉讼效益与诉讼效率视为同一概念，两者互相替代使用。②（2）诉讼效率与诉讼效益有明显区别，前者强调时间维度，减少诉讼时间的耗费，强调尽可能地快速解决、多解决纠纷，尽可能地节省和充分利用各种诉讼资源。③（3）将诉讼效率统摄在诉讼经济成本的理论框架之中，将诉讼效率视为程序效益内涵的一方面。④ 我们认为，诉讼效率的概念反映行为的快速、有效，即诉讼程序中各种主体行为的速度及有效性。⑤ 效率相当于效益中的时间成本，高效率则表明时间成本低。而诉讼效益在内容上既包括诉讼的时间成本，也包括通过裁判实现的当事人的经济利益、被挽回的经济损失，还包括法院通过诉讼对合法社会关系的保护、对法律程序的维护及对纠纷的预防和抑制作用等，其内涵比诉讼效率要宽泛得多。但应注意，诉讼效率与诉讼效益都在资源配置意义上强调利用和节约司法资源；两者所指向的资源都包括了时间、金钱、精力和智力等要素，所以诉讼效率和诉讼效益在结果上有相似的一面，只不过诉讼效益能够更全面地体现诉讼价值，在确定诉讼周期、诉讼费用、诉讼程序的繁简、裁判结果等诸多程序设计上均有导向意义。

从理论上讲，提高诉讼效益的路径是多种多样的，具体而言包括以下几点。

1. 科学设置诉讼程序。根据案件的性质和繁简而设置相应的繁简程序，简化诉讼程序，实行集中审理。案件在一审中得到公正的解决，将有效地减少上诉或再审；在一个诉讼程序中

① ［美］约翰·罗尔斯：《正义论》，何怀宏译，217 页，北京，中国社会科学出版社，1988。

② 参见王利明：《司法改革研究》，74 页，北京，法律出版社，2000。

③ 参见谭世贵、黄永锋：《诉讼效率研究》，载《新东方》，2002（2）。

④ 参见卓泽渊：《法的价值论》，205 页，北京，法律出版社，1999。

⑤ 参见陈桂明：《诉讼公正与程序保障——民事诉讼程序之优化》，8 页，北京，中国法制出版社，1996。

尽可能解决多宗纠纷，注重合理运用诉的合并程序制度。

2. 缩短诉讼周期。诉讼周期的时间跨度涵盖了整个诉讼过程，它的起点自案件系属于法院时起，至生效判决送达给当事人为止，能够全面地反映出诉讼过程的时间耗费。在其他变量相对恒定的前提下，诉讼周期的长短可直接用于表达诉讼中各主体经济成本耗费的高低。①

3. 裁判结果正确率。在审判实践中，裁判的公正受制于多种因素的影响，包括法官的公正性，法官的素质，法官对个案的认识；还包括双方当事人实施诉讼行为的质量，甚至同社会政治经济形势的总体变化相关。在纠纷当事人作出诉诸司法解决的抉择时，整个社会的司法信用度也有决定性影响。

4. 诉讼行为的有效性。当事者和审判者可能实施无效甚至错误的诉讼行为，如当事者滥用诉权，审判者选择诉讼程序失当（如本应适用简易程序而适用了普通程序）等。错误或无效的诉讼行为会增大诉讼的相关成本，造成诉讼资源的无谓浪费，且对诉讼目标的实现没有任何良性效应，甚至会产生负面影响。因此，实施有效而正确的诉讼行为也是诉讼经济的必要条件。

（三）程序公正和诉讼效率之间的冲突及解决

公正与效率是一脉相承、相辅相成的。司法的灵魂在于它的公正性，失去公正，司法也就丧失了生命力。然而公正并不是司法唯一的价值追求，在一定程度上，正义的第二种意义就是效率。但是，特定情况下在程序公正和诉讼效率之间还有着不协调甚至是冲突的情形，这是因为，追求公正可能以降低诉讼效率为代价；追求提高诉讼效率以实现效益最大化，又可能损害诉讼的公正性。在正常情况下，审判公正性的增强会直接导致司法成本的增大，以致降低审判活动的效率。由于实现公正就要求诉讼各方的权利都得到充分保护，诉讼程序的各个琐碎细节都不容忽略，因而必然导致审判速度的降低和成本的增加。

协调诉讼公正和诉讼效率关系的一般原则，是程序公正价值优先并兼顾诉讼效率，即在维护公正的前提下追求诉讼效率。然而，各类案件和各种程序平均占用诉讼资源是不合理的。对于重大、复杂的民事案件，当事人和国家都愿意支付更多的诉讼成本，应当适用程序保障比较健全完善的诉讼程序。在社会发展迅速和讲求经济的环境中，简便迅捷的程序是很必要的，对于简易案件尤其是小额纠纷，更应当强调低成本、高效率地解决纠纷。②

二、民事诉讼程序外在价值

外在价值是指公正地实现民事诉讼的实体目的（实体性目标）。民事诉讼程序外在价值是评价和判断一项民事诉讼程序在保护民事权利、解决纠纷以及维护法律秩序方面是否有用和有效的标准。

1. 实体公正。民事诉讼程序外在价值主要是指实体公正，通常是指裁判结果公正，主要体现为事实认定真实和法律适用正确。一般认为，实体公正难以构成程序评价的标准。这是因为：（1）虽然实体公正对正当程序有制约作用，但它却存在着模糊性、不确定性等固有缺陷，不能完全吸收当事人和社会公众对程序过程的不满。（2）以实体公正作为评价诉讼程序的标准

---

① 参见顾培东：《社会冲突与诉讼机制》（修订版），90页，北京，法律出版社，2004。

② 20世纪90年代中期，英国在民事司法改革中提出了“分配正义”的司法理念（philosophy of distributive justice），强调民事诉讼应当根据案件的不同情况“适当地分配法院资源”。参见齐树洁主编：《英国民事司法制度》，31页，厦门，厦门大学出版社，2011。

极易发生贬低诉讼程序的作用和漠视当事人诉讼权利的后果。

2. 秩序价值。这一价值反映了秩序的强制性和排他性，包括和平与安全两个方面，具体体现为社会关系的稳定性、行为的规则性、进程的连续性以及实际结果的确定性和自缚性。民事诉讼程序之所以具有秩序价值，能够达到维护司法秩序的目的，是因为程序是由一套明确、有序、普遍性的规范组成的，而程序规范又需要整个社会系统地、正式地使用其力量加以维持。①

三、民事诉讼程序内在价值与外在价值的关系

民事诉讼程序的内在价值与外在价值具有一致性，主要体现为两点：（1）程序公正是实现实体公正的前提。公正的程序总体上要比不公正的程序更能够产生公正的结果。公正的程序更有利于案件事实的正确认定，因而有利于正确适用法律；程序公正还具有巨大的示范效应，公众值得信赖的正当程序，能使裁判结果在社会公众中获得承认。（2）民事诉讼的内在价值与外在价值在通过诉讼解决纠纷、创制实体规则，以及发挥法制教育的功能上有着高度一致性。

民事诉讼程序的内在价值与外在价值也存在一定的冲突。主要表现为公正的程序并不必然产生公正的结果。这是由于按照程序公正标准运作的诉讼程序受到多方面的限制，且须谋求实体公正之外的诸多价值目标，比如上述当事人平等、程序安定等，这往往会影响实体公正的实现。例如，非法证据排除规则的存在就可能排除某些对认定案件事实具有重要意义的证据，从而使案件事实难以真实再现。从宏观上看，民事诉讼的程序价值确实能够保障实体价值的实现；但就个案而言，对程序价值的追求有时反而会影响实体价值的实现。

面对内在价值与外在价值的冲突，西方学者提出了两种对立的方案：一种是以程序外在价值吞并内在价值，即所谓“绝对工具论”；另一种是以程序内在价值吞并外在价值，即所谓“程序至上论”②。我们认为，在协调内在价值与外在价值的问题上，应当坚持以下观点：一是诉讼的内在价值是外在价值的保障，只有坚持诉讼的内在价值才能够在大多数案件中实现诉讼的外在价值。二是只有自由、公正、效率的程序才能够保障诉讼外在价值的实现。三是在个案中即使内在价值与外在价值的冲突并非由程序设计的瑕疵所造成的，也不能简单地对外在价值加以忽略。协调民事诉讼程序内在价值和外在价值的必由之路，是树立实体公正和程序公正并重的观念。当前尤为迫切的是弘扬民事诉讼程序的程序公正价值，确立民事诉讼程序应有的权威。

在程序价值与实体价值发生冲突时，需要权衡利弊得失作出选择。一方面，基于诉讼程序的独立价值，考虑到在获得实体公正的概率上正当程序远高于非正当程序，因此不应为了追求个案的实体价值而放弃程序价值。另一方面，如果为了维护程序价值而过分牺牲个案的实体公正，这样的程序是否具有合理性也值得怀疑。因此，需要根据具体案情作出合理选择。同时，在维护程序价值的前提下，可通过设置法定程序途径，纠正个案实体的不公正。例如，通过严格的再审程序纠正实体不公正的判决。③

---

① 参见章武生等：《司法现代化与民事诉讼制度的建构》，37～38页，北京，法律出版社，2000。

② 肖建国：《民事诉讼程序价值论》，471页，北京，中国人民大学出版社，2000。

③ 参见汤维建主编：《民事诉讼法学原理与案例教程》，26～27页，北京，中国人民大学出版社，2006。

第二节　民事诉讼的目的

一、研究民事诉讼目的的意义

民事诉讼目的是指民事诉讼制度是为了什么而存在或者设立的。作为国家主观意志的产物，民事诉讼制度的内容以及形式都取决于为这一制度所设定的目的，因此，民事诉讼目的的明确将能为民事诉讼的立法、司法提供指导，也会给民事诉讼法学研究提供理论上的出发点。正因为如此，大陆法系国家一直比较重视民事诉讼目的的研究，并形成了诸多学说。

从一定意义上说，民事诉讼目的是研究民事诉讼制度的前提和出发点。研究民事诉讼目的的意义有以下几点。

1. 对民事诉讼目的进行研究，有助于促进民事诉讼法学理论体系的完善。民事诉讼目的的确立，直接影响诉讼主体的确定，诉讼职能的划分，诉讼原则的设立和诉讼模式的构建等。因此，研究民事诉讼目的有利于促进民事诉讼理论向纵深发展。

2. 对民事诉讼目的进行研究，有助于民事诉讼法的制定、修改与完善。民事诉讼主体的多元化决定了民事诉讼立法既要考虑国家的需要和目的，更要关注诉讼参加者的目的，国家的目的必须与当事人的目的相契合。

3. 对研究民事诉讼目的进行研究，有助于民事诉讼法的贯彻实施，有助于促进司法人员和一般社会成员准确地理解民事诉讼法的精神实质，从而保证民事诉讼立法意图的充分实现。①

二、民事诉讼目的的学说

（一）国外的学说

民事诉讼目的是各国，尤其是大陆法系国家的学者长期研究的课题。由于时代背景与法律思想的不同，各国学者提出了多种关于民事诉讼目的的学说，归纳起来主要有以下几种。

1. 私权保护说。这一学说认为，既然国家禁止当事人通过自力救济来实现民事实体权利，那么就应当利用民事诉讼制度来对其进行保护，因此强调民事诉讼的目的在于保护民事权利。私权保护说适应了自由资本主义时期纠纷解决的理论需要。

2. 私法秩序维持说。此说认为，民事诉讼制度是国家司法制度的一部分，国家设立该制度的目的主要不在于保护个别人的私权，而在于调整维持国家设立的私法秩序，因而，在诉讼中国家的干预应当有所加强，“当事人进行主义”应受到必要的限制。“私法秩序维持说”较典型地反映了垄断资本主义时期资产阶级的愿望和社会需要，并与“社会本位主义”理念相适应。

3. 纠纷解决说。该学说认为解决纠纷的民事诉讼制度早于民事实体法而存在，后者不过是经多年民事审判积累的判例及经验的总结。因此，事实上民事诉讼制度不是为维持私法秩序而存在的，而应该是以解决纠纷为目的的。这一学说反映了现代资本主义社会快速处理纠纷，尤其是处理大量现代型纠纷的客观需要。

4. 程序保障说。该学说认为，国家设立民事诉讼制度，是为了确保当事人双方在诉讼中

① 参见杨荣馨主编：《民事诉讼原理》，15页，北京，法律出版社，2003。

的法律地位平等，并在诉讼中平等地进行进攻和防御。法院应从“以判决为中心”转向“以诉讼过程本身为中心”。程序保障说强调由对诉讼结果的单一关注转向结果与诉讼程序本身并重，重视诉讼程序自身的独立价值。

5. 多元说。多元说主张，从民事诉讼制度设立者的角度看，其目的指向是解决纠纷；而从该制度的当事人角度看，获得权利保护当然成为目的选择。因此，不能对民事诉讼目的作简单的归纳和概括，而以多元的目的来表达似乎更为恰当。因此，基于不同法律主体的目的诉求，纠纷的解决、私法秩序的维持以及私法权利的保护，都应当被视为民事诉讼制度的目的。

（二）我国学界的观点

我国民事诉讼法学者也对民事诉讼目的提出了自己的见解，这些观点包括以下内容。

1. 解决纠纷和保护民事权益说。该学说主张，民事诉讼制度具有解决纠纷和保护民事权益双重功能；只有在民主国家中，民事诉讼的双重目的——解决纠纷和保护民事权利才达到有机统一。①

2. 纠纷解决说。该学说认为，国家设立民事诉讼制度的目的在于解决民事纠纷。解决民事纠纷的目的体现了人民法院的民事审判权和当事人的民事请求权所追求的诉讼目的的契合。②

3. 民事诉讼目的多元说。该学说认为民事诉讼价值的多元化和相对性，决定了民事诉讼目的的多重性，民事诉讼目的具体包括：实现权利保障、解决民事纠纷，维护社会秩序，三者内容交叉，是相互依存，相互作用的统一体。③

4. 程序保障说。该学说认为，现代民事诉讼制度的一切功能都只有在程序的运作中才能得以发挥；其一切价值追求也只有在程序的不断完善中才能得以实现，因此，只有“程序保障”才能作为指导民事诉讼制度设计的核心理念。④

5. 利益保障说。该学说认为，民事诉讼制度的目的，应是利益的提出、寻求、确认和实现，即利益保障。⑤

三、简要的评价

民事诉讼目的理论的历史发展规律表现为：第一，任何一种目的理论都是特定历史时代的产物。第二，民事诉讼目的理论研究由一般社会理念转向对宪法理念的探求，以寻求合法性及正统性资源。第三，民事诉讼目的理论呈现由单一化向多元化的发展趋势，充分反映了现代社会价值观的多元化以及主体的多元化。同时，民事诉讼目的论还是一个发展中的理论，原因如下。

1. 既往各学说都存在不足。私权保护说忽略了国家设立民事诉讼制度的整体目的，因而显得比较片面；私法秩序维持说则淡化了对当事人私权的尊重，容易成为实行职权主义、滥用审判权的借口。上述两学说的共同缺陷是过分突出了民事实体法的地位，忽视了民事诉讼与民事诉讼法的独立价值。纠纷解决说则是以不存在完备的民事实体法为前提的，这在民事实体法日益完善的今天难以让人完全信服。至于程序保障说，尽管其张扬了正当程序的精神，但就诉

① 参见陈刚、翁晓斌：《论民事诉讼制度的目的》，载《南京大学法律评论》，1997年春季号。

② 参见刘荣军：《论民事诉讼的目的》，载《政法论坛》，1997（5）。

③ 参见何文燕、廖永安：《民事诉讼目的之界定》，载《法学评论》，1998（5）。

④ 参见章武生、吴泽勇：《论民事诉讼的目的》，载《中国法学》，1998（6）。

⑤ 参见李祖军：《民事诉讼目的论》，155～156页，北京，法律出版社，2000。

讼目的而言，它容易导向为诉讼而诉讼、为程序保障而诉讼的观点，不符合当事人参加诉讼和国家设立民事诉讼制度的真正目的。事实上，程序保障说的内容可以被诉讼价值论所包容。此外，也有人认为，关于民事诉讼目的的讨论没有意义，但这又未免过于偏激。

2. 民事诉讼的实际功能是多元的。首先，民事诉讼的直接功能在于解决纠纷，并保护民事主体的合法权益。其次，诉讼还能够确认、实现和发展法律规范，保证法律调整机制的正常运作和法制的统一，从而建立和维护稳定的私法秩序。此外，作为司法权的重要行使方式和法的实现的重要途径，民事诉讼还具有维护整个社会的政治经济秩序的功能。民事诉讼的目的应当反映其客观功能，因而不应以偏概全，强求以单一的目的来概括上述的多种功能。

3. 民事诉讼的目的是因案而异、因主体而异的。当事人利用民事诉讼的目的与法院主持进行民事诉讼的目的是不相同的，前者关心自己的个体权益的实现和特定纠纷的解决，而后者关注的可能是如何适用法律、如何维护法律秩序。这些目的之间是有所交叉的，但确实难以用一元的目的学说来概括。国家设立民事诉讼制度首先应当遵从当事人诉讼目的，至于私权保护、纠纷解决以外的目的则多由国家来考虑。对于基层法院而言，保护私权、解决纠纷更为突出和重要，而最高法院司法的目的重在宪法审查或统一法律适用。

因此，整体而言，现代民事诉讼的目的应当是多元的，私权保护、纠纷解决、维持私法秩序以及维护整个社会的政治经济秩序和国家权力的合法性等，都是设立民事诉讼制度的目的所在。但在对民事诉讼制度进行局部考察时，完全有可能主要以某种一元的目的论为指导。例如，在探讨简易程序和小额诉讼程序的建立和完善时，纠纷解决的一元目的论就可以成为理论研究和制度构建的主要出发点。

第三节　民事诉讼法律关系

一、民事诉讼法律关系的概念

法律关系是受法律规范调整的社会关系，不同的社会关系需要不同的法律规定来调整，从而决定了社会生活中不同的法律部门的存在。民事诉讼法律关系是受民事诉讼法调整的、存在于人民法院与一切参与人之间的诉讼权利和诉讼义务关系。

在 1868 年之前，并不存在民事诉讼法律关系的学说。当时，诉讼法学界认为诉讼只是各种诉讼行为的总和，只是各个诉讼阶段的相加。学者们对诉讼的认识停留在一系列手续和程序的组合，而不是从法律关系的角度对之进行研究。1868 年，德国法学家比洛夫（Büilowoskar）率先提出民事诉讼法律关系的概念。此后，这一学说在德、法、日等国产生重大的影响，逐渐形成了以下几种代表学说。

（一）一面关系说

该学说认为，民事诉讼存在法律关系是无可争议的，但它只是当事人双方之间的一种关系即原告与被告的关系。其理由在于：民事诉讼是当事人之间为权利归属而展开的斗争，法院只是处于第三者的地位，并未加入当事人之间的斗争，最后就双方争斗结果作出判决。因而，对法院而言无所谓权利义务。此说之赞成者较少。

（二）两面关系说

该学说认为，民事诉讼法律关系是法院与原告、法院与被告两个方面的关系。其理由在于：其一，原告请求法院保护，故原告与法院之间形成法律关系，原告为自己的利益所为的种种行为是其权利，法院运用国家权力保护原告是其义务。其二，法院接受原告起诉后，须将诉状送达被告，被告应诉，故被告与法院形成了法律关系。诉讼中双方的行为是对法院而为的。此说之赞成者较多。

（三）三面关系说

该学说认为，民事诉讼法律关系，不仅存在于法院与原被告之间，而且原被告之间也存在诉讼法律关系。例如，原告陈述时，被告不得阻止，反之亦然，此即当事人双方彼此忍耐的义务；而且，当事人胜诉后可以收回诉讼费用，败诉者有赔偿诉讼费用的义务，义务的反面即为权利。三面关系说在我国台湾地区颇有影响。

此外，还有若干种学说。例如，“法律状态说”认为，当事人参与诉讼过程、实施诉讼行为的目的，是诉讼终止时的状态有利于自己，即追求己方胜诉，对方败诉的诉讼状态。为了追求这种目的的实现，当事人必定会积极地实施诉讼行为，并通过这种诉讼行为的实施推动诉讼的逐渐深入。“多面系列关系”说认为，民事诉讼法律关系是一种多面系列关系，是“发生在法院同原告、法院同被告、法院同检察机关、法院同国家管理机关、法院同当事人的代理人、法院同每个诉讼参加人之间的。法院同所有上述个人和机关的关系，是法律性质的，也就是法律关系，因为它们都是由民事诉讼法律规范调整的”①。

我国传统的民事诉讼法学理论采纳两面关系说，认为民事诉讼法律关系是受民事诉讼法调整的法院和一切诉讼参与人之间的具体社会关系，其基本特点在于诉讼法律关系的主体一方为法院，另一方是当事人、人民检察院和其他诉讼参与人；当事人之间、当事人与其他诉讼参与人之间并不存在民事诉讼法律关系。然而，事实上，当事人之间、当事人与其他诉讼参与人之间发生诉讼法律关系是客观存在的。依我国民事诉讼立法和司法解释的规定，当事人之间可以协议选择管辖法院、合意选择适用简易程序、进行诉讼和解等，即说明当事人之间存在着一定的诉讼法律关系。大陆法上的诉讼契约也反映了当事人之间存在着诉讼法律关系。所谓诉讼契约，是指当事人之间对于诉讼程序的进行和事项以直接发生诉讼法上效果为目的而达成的合意或契约。② 从各国的规定来看，诉讼契约包括管辖合意、证据契约、放弃型诉讼契约、执行契约等。除当事人之间存在诉讼法律关系之外，当事人与其他诉讼参与人之间同样存在诉讼法律关系，如当事人委托诉讼代理人代为诉讼行为，在当事人与代理人之间也会形成诉讼上的权利义务关系。两面关系说强调了民事诉讼作为公力救济的本质以及法院在诉讼中的作用，克服了一面关系说的片面与武断，在世界各国均有较大影响。但是，两面关系说否认当事人之间具有诉讼法律关系，不符合民事诉讼的实际，且此说过于强调法院的主导作用，忽视了当事人的程序主体地位，因而也受到不少学者的批判。近年来，越来越多的学者修正了原先的观点，将民事诉讼法律关系的含义界定为“法院、当事人及其他诉讼参与人之间”的诉讼权利义务关系。

二、民事诉讼法律关系的特征

（一）民事诉讼法律关系是以法院为主导的法律关系

诉讼法律关系如同一个扇面，它由法院与各诉讼参与人分别发生的多个法律关系组合而成。原告起诉被受理后，法院与原告之间的诉讼法律关系由此生成；起诉状副本送达被告后，又形成法院与被告之间的诉讼法律关系。第三人参诉、证人作证等行为又形成了第三人、证人

① 田平安主编：《民事诉讼法学》，51页，北京，法律出版社，2005。

② 参见陈桂明、李仕春：《诉讼契约论》，载《清华法律评论》，第2辑，北京，清华大学出版社，1999；张卫平：《论诉讼契约化——完善我国民事诉讼法的基本作业》，载《中国法学》，2004（3）。

与法院之间的诉讼法律关系。值得注意的是，自 20 世纪 70 年代以来，“管理型司法”在西方各国兴起并不断发展，由此强化了法院在民事诉讼法律关系中的主导地位。在案件审理过程中，法官加强了对民事诉讼的“管理”，不仅与诉讼各方律师商议确定预审的日期，而且主动劝说双方协商让步，提出和解方案，积极与当事人沟通，以便尽快了结案件，避免过度的拖延和过高的费用。英美法系“管理型司法”的重点在于促进案件分流，法官的角色也逐渐从审判主持者转变为纠纷解决者；大陆法系民事司法则强调强化审前程序的作用，设置审前准备法官，促使案件审理更带有计划性，以控制诉讼的进程，使案件尽可能通过一次集中审理就得到解决。

（二）民事诉讼法律关系是具有一定权力性质的法律关系

法院为了使当事人之间的攻击防御活动能够充实而顺利地进行，从而公正迅速地审理案件，就必须在法律规定的程序框架内行使主持、管理诉讼的权力，即诉讼指挥权。例如，法官在诉讼中要对当事人提出主张和证据进行适当的提醒、修正或催促，以帮助当事人整理和形成审理对象，此即为涉及诉讼实体内容方面的诉讼指挥权。此外还要行使维持法庭秩序、主持程序进行，以及决定程序如何具体展开等诉讼上的指挥权。不仅如此，诉讼参与人行使权利的行为和方式往往要经过法院的认可才能产生应有的效力。此种法律关系与民事法律关系中的权利义务相对应性显有区别。

（三）各民事诉讼法律关系之间的分立与统一

同一诉讼中各种诉讼法律关系的主体、内容以及形成与终结的时间是不同的。同时，在同一诉讼中，人民法院与各诉讼参与人之间的诉讼法律关系也有主有次。在此意义上说，各种诉讼法律关系是彼此独立的、分立的。但是，各种民事诉讼法律关系都以同一诉讼活动为载体，并且，各种诉讼法律关系的存在都是为实现一个共同的目的，即解决当事人之间的实体权益之争，故这些彼此分立的关系之间又是统一的。当代民事诉讼中的协同主义理论也证明了这种分立与统一的诉讼关系。[①] 这其中，一方面是法院与当事人之间的关系，另一方面是当事人彼此之间的关系。诉讼使法院和当事人参加到同一法律关系中来，其目的在于实现诉讼目标，即确认和实现私权并恢复被破坏的社会关系，为此需要参与人之间的相互合作。

三、民事诉讼法律关系的要素

民事诉讼法律关系具有三要素，即主体、内容和客体。

（一）民事诉讼法律关系的主体

民事诉讼法律关系的主体是指依照民事诉讼法的规定参加诉讼，并享有诉讼权利和担当诉讼义务的公民、法人和其他组织。据此，法院、当事人及诉讼代理人证人、鉴定人、翻译人员等参与人都是民事诉讼法律关系的主体。

1. 人民法院。人民法院是依法行使审判权的机构，在诉讼中负责组织、主持、指挥诉讼进程，对案件作出裁判，并决定各种程序事项。其为当然主体。

2. 诉讼参加人。诉讼参加人是指当事人以及与当事人诉讼地位相同的人，包括原、被告，共同诉讼人，第三人，代理人，法定代表人。

3. 诉讼参与人。广义的诉讼参与人包括除法院以外的所有主体。狭义的诉讼参与人是指

① 协同主义是与辩论主义完全不同的一种崭新的诉讼结构，它强调法院、原告、被告三方之间的协同关系。参见唐力：《辩论主义的嬗变与协同主义的兴起》，载《现代法学》，2005 (6)。

证人、鉴定人、翻译人员、勘验人等。这类人虽与诉讼结果无直接利害关系，但在诉讼中也各有其法定地位，具有权利义务，亦为诉讼法律关系主体。

4. 人民检察院。人民检察院是国家的法律监督机关，有权对人民法院民事诉讼活动实行法律监督，有权提起民事公益诉讼。在一般情况下，人民检察院不参加诉讼，但在一定的条件下，它以提起公益诉讼或抗诉的形式参与诉讼。此时人民检察院依法享有诉讼权利，承担诉讼义务，从而成为特殊的民事诉讼法律关系的主体。

（二）民事诉讼法律关系的内容

民事诉讼法律关系的内容是指主体之间的诉讼权利和诉讼义务。主体不同，其享有的权利义务也不同。

人民法院作为审判机关，其权利义务表现为审判上的职责。依此职责，法院享有诉讼指挥权、事实查证权和对案件的裁判权。人民法院的诉讼权利和义务是以审判权为基础的，是审判职能在民事诉讼法上的特定化和具体化，其表现形式是审判案件的程序和方式。法院的权限分为民事审判权以及为实现民事审判权而必须具有的指挥诉讼权以及各种处分权。

当事人、共同诉讼人、诉讼代表人、诉讼中的第三人，其诉讼权利以诉权为基础，法律赋予其维护合法权益的手段和方式；其诉讼义务是法律对其在维护诉讼秩序方面的要求。

证人、鉴定人、翻译人员参与民事诉讼，有的是基于公民对国家应尽的义务，有的是基于一定业务或诉讼上的需要。法律上确定他们的诉讼权利和义务，其目的是保证他们更好地协助法院查明案件事实，解决民事纠纷。

（三）民事诉讼法律关系的客体

对于民事诉讼法律关系有无客体的问题，曾有过争议。一些学者否认民事诉讼法律关系客体的存在，但多数学者认为，诉讼关系作为法律关系的一种，不可能没有客体。不过由于民事诉讼中存在着多种诉讼法律关系，所以民事诉讼法律关系的客体也不只是一个，而是多个。

人民法院与诉讼当事人之间的权利义务主要是围绕案情事实和实体权利义务而展开的。当事人有权要求人民法院查明案件真相，并对实体权利的请求是否合法、正确作出判断。当事人也有义务对自己的主张事实和权利向人民法院作出证明。人民法院的审判职责在于查明争议事实，保护合法的请求。因此，人民法院与当事人诉讼法律关系的客体为案件事实和实体权利请求。

人民法院与证人、鉴定人、翻译人员之间诉讼法律关系的客体是案件事实。

四、民事诉讼法律关系发生、变更和消灭

与其他法律关系一样，民事诉讼法律关系发生、变更和消灭的原因是法律事实。与其他法律关系不同的是，引起民事诉讼法律关系发生、变更的消灭的法律事实必须是诉讼上的法律事实，其基本内涵是：在诉讼上存在并能产生一定法律后果的客观事实。诉讼上的法律事实包括两类：一是法律行为，二是事件。前者是诉讼法律关系主体在诉讼上所进行的有意识的诉讼行为，后者是不以诉讼法律关系主体的意志为转移的客观事实。

（一）诉讼上的法律行为

诉讼上的法律行为，也就是通常所说的诉讼行为。在通常情况下，民事诉讼法律关系的发生、变更或者消灭，都是由诉讼行为引起的，因此诉讼行为是诉讼中的主要法律事实。

应当明确的是，严格意义上的诉讼行为是合法的诉讼行为，即各民事诉讼法律关系主体为实现诉讼目的，按照民事诉讼法的规定所进行的合法活动。诉讼行为只有合法才能产生与该行

为相适应的法律后果，引起有关民事诉讼法律关系的发生、变更和消灭。不合法的行为不会产生相应的法律后果。例如，法院对当事人的起诉，符合条件的才能予以受理，由此在原告与人民法院之间产生诉讼上的法律关系。反之，如果当事人的起诉不符合法律的规定，人民法院则不予受理，诉讼程序无法开始，当事人与人民法院之间也就无从产生诉讼上的法律关系。

诉讼上的行为包括作为和不作为。作为是指诉讼法律的主体实施了法律规定的一定的诉讼行为，如原告申请撤诉，当事人不服一审判决而上诉等。不作为是指诉讼法律关系主体不实施一定的法律规定的有关诉讼行为。例如，一审判决后当事人不上诉，判决生效后权利人不申请执行等。诉讼行为中的作为和不作为都可能引起法律关系的发生、变更和消灭。由于民事诉讼法律关系主体不同，他们所实施的诉讼行为也有所不同。

人民法院以案件审判者的身份参加诉讼，其诉讼行为的目的是实现审判职能。以此为根据，法院的诉讼行为主要有两类：一是审理行为，即对民事案件进行审理的有关活动；二是裁判行为，即对民事诉讼中的程序问题和实体问题以及特定的事项作出裁定、判决、决定的活动。由于人民法院在民事诉讼法律关系中居于主导地位，因而其所进行的诉讼行为，对民事诉讼法律关系的发生、变更和消灭有着重大影响，甚至具有决定性的意义。

人民检察院参加民事诉讼，其目的在于实现法律监督职能。从现行民事诉讼法规定来看，检察机关可以实施的诉讼行为，主要是对法院作出的已生效的裁判在法定情形下提出抗诉并派员出庭支持抗诉、依法提起公益诉讼。

当事人是基于诉权而参加诉讼的，其目的在于维护自己的合法权益。一方面，基于国家法律对于当事人合法权益的保护，当事人进行诉讼行为应当以国家的法律为依据，才能产生相应的法律后果。另一方面，基于当事人对自己权利的处分权，当事人进行诉讼行为有很大的自主性，即是否进行诉讼以及如何进行诉讼行为，决定权在于当事人。当然，某项诉讼行为是否产生预期的法律后果，通常需要经过法院的审查批准。由于当事人是民事诉讼的主要参加者，案件处理结果与其有直接的利害关系，因而其行为对于民事诉讼的发生、变更和消灭有着实质性的作用。

诉讼代理人基于代理权参加诉讼，其参加诉讼的目的是维护被代理人的利益，因此他们的行为实际上是以被代理人的名义实施的，其后果由被代理人承担。

证人、鉴定人、翻译人员等诉讼参加人参与诉讼的目的在于协助人民法院查明案件事实，在诉讼中起辅助作用。

（二）诉讼上的事件

诉讼上的事件是指在诉讼过程中发生的，不以诉讼法律关系主体意志为转移而引起的诉讼法律关系发生、变更或消灭的客观事件。主要包括：当事人死亡、法人资格消灭、非法人团体被注销或资格消灭等。

第四节　诉与诉权

一、诉

（一）诉的概念与构成要素

诉是指原告针对特定被告而向法院提出的、审理其实体法主张的请求。诉是由原告以起诉的方式提起的，具有使诉讼程序开始、形成诉讼系属的功能。

诉的构成要素，是指构成一个独立的诉所必不可少的因素。研究诉的构成要素的意义，在于为诉的特定化提供标准。对于一个具体的“诉”，只要确定了其具体的构成要素，就可以实现以下目标：第一，使法院能够判断当事人的诉是否合法，从而决定是否受理及审理。第二，有助于法院确定诉的性质、案件的审理范围和处理方式。第三，有助于贯彻“一事不再理”原则。明确了一个诉的构成要素的内容，就可以判断此诉与彼诉是否同一，从而可以防止原告重复起诉。[①] 第四，便于双方当事人有针对性地进行诉讼。总之，诉的要素使诉具体化、特定化，它对人民法院是否受理该诉、采取什么审理方式解决当事人之间的争议，以及被告如何对原告提起的诉讼作出答辩，都有重大的影响，在一定程度上对特定的民事诉讼具有决定性的意义。通常认为，诉的构成要素有如下三点。

1. 诉讼当事人。在诉讼中，总是有具体的当事人起诉、应诉。没有当事人就没有诉讼。作为诉的构成要素中的当事人，是指当事人提出诉时，必须向法院明确所要求审理、裁判的纠纷，是在何者之间进行的，法院的判决应当对哪些人产生拘束力。当事人这一要素使诉的主体范围特定化，如缺少这一内容，法院将不能立案，也无法作出判决。因此，当事人是构成诉不可缺少的因素。

2. 诉讼标的。诉讼标的是起诉方当事人提起诉的动因，是双方当事人争执的焦点。民事法律关系在未发生争议或虽发生争执，但未提交给法院审判时，都不能成为诉讼标的。只有在当事人因民事权利义务关系发生争议并诉至法院，要求法院对此作出判决时，民事法律关系才能成为诉讼标的。因此，当事人提出诉，必须具备审理的对象——诉讼标的，诉才有意义，诉讼标的由此构成诉不可缺少的因素。

3. 诉讼理由。此即当事人提出的诉讼请求得以成立的根据，包括事实根据和法律根据两个方面：(1) 事实根据，是指起诉方当事人提出诉讼请求所根据的客观事实，包括引起当事人之间法律关系发生、变更或消灭的事实，以及民事权益受到侵犯或发生争议的事实。(2) 法律根据，是指诉方当事人提出诉讼请求所根据的法律规定。法律根据是诉讼理由的选择性要件，在某些情况下，当事人无须陈述具体的法律根据。但在有些情况下，法律根据却是确定民事案件争点的依据所在，例如在违约和侵权责任竞合的情况下，寻求不同的法律根据可能产生不同的法律后果。

（二）诉的种类

划分诉的种类的依据在于诉讼标的（诉讼请求）的性质和内容。据此可以将诉分为给付之诉、确认之诉和形成之诉。

1. 给付之诉

给付之诉是指原告请求法院判令被告履行一定给付义务的诉。例如，请求判令赔偿损失、给付赡养费、返还财产、赔礼道歉、停止侵权行为等。给付之诉成立的基础在于原告对被告享有民事实体法上的给付请求权。若给付之诉获得法院支持，法院所作出的判决即为给付判决。生效的给付判决具有强制执行力。

在给付之诉中可以主张的给付内容，包括物和行为，其中行为包括作为和不作为。

根据请求履行的义务是否已到履行期，可将给付之诉划分为现在给付之诉和将来给付之

① 《民诉法解释》第 247 条对重复起诉作了如下界定：“当事人就已经提起诉讼的事项在诉讼过程中或者裁判生效后再起诉，同时符合下列条件的，构成重复起诉：（一）后诉与前诉的当事人相同；（二）后诉与前诉的诉讼标的相同；（三）后诉与前诉的诉讼请求相同，或者后诉的诉讼请求实质上否定前诉裁判结果。当事人重复起诉的，裁定不予受理；已经受理的，裁定驳回起诉，但法律、司法解释另有规定的除外。”

诉。现在给付之诉，是指一旦法院作出的给付判决生效后，义务人一方应当立即向权利人履行给付义务的诉。将来给付之诉，是指在法院作出的给付判决生效后，还要等待义务的履行期到来或条件成熟时，义务人才向权利人履行义务的诉。

2. 确认之诉

确认之诉是指原告请求法院确认其主张的权利或与被告之间的民事实体法律关系是否存在的诉。请求确认法律关系存在的，被称为积极确认之诉，也被称为肯定的确认之诉，例如原告请求确认其与被告之间存在买卖合同关系。请求确认法律关系不存在的，被称为消极确认之诉，也被称为否定的确认之诉，例如原告请求确认其与被告之间不存在收养关系。

需要注意的是，能够成为确认之诉的请求内容的，一般只能是当时实体法律关系的存在与否。因此，过去或者将来的法律关系以及其他事实，不能成为请求确认的内容，除非法律有特别规定。

确认之诉与给付之诉往往是并存的。在当事人之间对于实体法律关系的存在与否存有争议时，原告通常请求法院确定其对于被告的实体权利的存在，同时请求在此基础上判令被告履行义务。

3. 形成之诉

形成之诉，又称变更之诉，是指原告请求法院变更或消灭某种民事实体法律关系之诉。变更法律关系之诉，例如请求变更未成年子女的监护关系；消灭法律关系之诉，例如请求解除婚姻关系。

在形成之诉中，当事人对于当时他们之间的该种法律关系的存在并无争议，而只是对该法律关系是否应当变更或消灭存有不同看法。原告提起形成之诉的目的，不在于维系现有的法律关系，而在于改变乃至消灭该法律关系，从而使形成之诉不同于确认之诉。在形成之诉中，原告若胜诉，则法院作出的判决称为形成判决，在该判决生效时，无须强制执行就可自动发生法律关系变动的效果。若原告败诉，其判决旨在维持民事法律关系的现状，因而为确认判决。

为了维系民事法律关系的稳定，对于形成之诉的提起，应当限于法律有明确规定的情形，一般应当基于实体法上的那些必须通过起诉才能实现的形成权。例如，债权人基于撤销权，可以提起撤销之诉；夫妻一方在婚姻关系破裂后，可以提起离婚之诉。

（三）诉的合并、分离与变更

1. 诉的合并

诉的合并，是指同一法院将两个或两个以上有关联的诉合并到一个诉讼程序中进行审理和解决。合理进行诉的合并，有利于简化诉讼程序，减少当事人的讼累，并可以防止法院对有关联的诉作出相互矛盾的判决。从诉的要素角度来看，诉的合并就是对两个或两个以上的诉所进行的合并审理，其前提是这些诉具有某些相同或有密切关联的要素。

诉的合并的情形，一般认为有三种：（1）诉的主观合并（或称诉的主体合并），是指在诉讼标的同一或同类的情况下，对当事人的合并，以必要共同诉讼为典型；（2）诉的客观合并（或称诉的客体合并），是指在当事人相同的情况下，对诉讼标的的合并，以同一原告对同一被告提出的数个诉的合并为典型；（3）诉的混合合并，即在案件事实同一或密切关联时，对诉的主体、客体同时进行的合并，以反诉和本诉的合并审理和第三人之诉的合并审理为典型。

2. 诉的分离

诉的分离，是指法院在审理案件的过程中，从案件中分离出两个或两个以上的诉，并分别进行审理和解决。诉的分离的原因在于合并审理会造成审理的复杂化，导致效益低下。在我国，诉的分离的情形有以下几种：将普通共同诉讼中的各诉分开审理；将第三人之诉从本诉中分离出来单独审理；将同一原告对同一被告提出的几个诉分别进行审理；将反诉与本诉分开审理；等等。

3. 诉的变更

狭义的诉的变更，是指原告以新的诉讼标的替换原诉的诉讼标的；广义的诉的变更，还包括诉的追加，即维持原来的诉讼标的而另外增加新的诉讼标的。立法上一般采纳广义概念。

原则上，诉讼标的一旦确定即不允许任意变更，否则，就会妨碍被告的及时防御，并造成诉讼的拖延。但诉的变更有利于纠纷的一次性解决，符合诉讼经济原则，因此，如果经被告同意，诉的变更即获得了正当性，原告可进行诉的变更，以免因另行起诉形成讼累。这里的被告同意既包括明示的同意，即以书面或口头方式对原告诉的变更表示明确的认可；也包括默示的同意，即被告明知原告已为诉的变更，但没有提出异议并对之进行抗辩。例外情况下，即使没有被告的同意，法院也可以准许诉的变更，例如，当事人补充或更正事实上或法律上的陈述，扩展或限制诉讼请求，因情事变更而需要变更诉讼请求，等等。

（四）反诉

1. 反诉的概念

所谓反诉，是指在已经开始的诉讼程序中，本诉的被告在同一诉讼程序中向本诉的原告提出的一种独立的反请求。

【辨析】反诉与反驳

我国《民事诉讼法》第 51 条规定，被告可以反驳原告提出的诉讼请求。反驳是指被告依据实体法和程序法提出事实和理由，以否定原告的诉讼请求。反诉与反驳的区别在于，反诉构成一个独立的诉，其诉讼请求是一种法律上的权利主张或效果主张而不仅仅是事实主张或理由。

2. 反诉的条件

反诉制度是民事诉讼当事人诉讼权利平等原则的体现；同时，通过反诉与本诉的合并审理，可以简化诉讼程序，节省诉讼费用，防止出现相互矛盾的裁判。《民诉法解释》第 233 条规定了反诉的条件："反诉的当事人应当限于本诉的当事人的范围。反诉与本诉的诉讼请求基于相同法律关系、诉讼请求之间具有因果关系，或者反诉与本诉的诉讼请求基于相同事实的，人民法院应当合并审理。反诉应由其他人民法院专属管辖，或者与本诉的诉讼标的及诉讼请求所依据的事实、理由无关联的，裁定不予受理，告知另行起诉。"

根据法律和司法解释的规定，反诉的成立应具备下列条件。

(1) 反诉须在法庭辩论终结前提起。在法庭辩论终结前提起反诉，与本诉尚有合并审理的机会。根据《民诉法解释》第 232 条的规定，在案件受理后，法庭辩论结束前，被告提出反诉，可以合并审理的，人民法院应当合并审理。

(2) 反诉只能向审理本诉的法院提起。向审理本诉的法院提起反诉，才能由同一法院对反诉与本诉合并审理，以达到反诉的目的。

(3) 反诉的诉讼标的及其防御方法须与本诉的诉讼标的及其防御方法有牵连。这里所谓反诉与本诉有牵连，是指反诉与本诉的诉讼请求基于相同法律关系，诉讼请求之间具有因果关系，或者反诉与本诉的诉讼请求基于相同事实，人民法院应当合并审理的情形。

(4) 反诉与本诉适用同类诉讼程序。如果反诉与本诉不能适用同类诉讼程序，则将徒增诉讼程序的复杂性。例如本诉适用简易程序审理，而反诉需适用普通程序审理，则因所适用的程序不同，不能合并审理，如合并反而会导致程序的拖延，不如另案处理更为妥当。

反诉的提起除前述条件外，还应符合起诉的一般条件，包括起诉的实质要件和形式要件。

【案例】 刘某与杨某是多年的朋友，一度关系密切。后来刘某与杨某在生意往来中发生纠纷，刘某起诉至法院，要求杨某给付货款30万元。法院受理案件后，杨某提出刘某的弟弟曾向其借款50万元，至今未还，要求用这笔款项抵债，并要求刘某偿还其余的20万元。问：杨某的诉讼请求是否构成反诉？

二、诉权

（一）诉权的概念与意义

诉权，是指当事人为维护自己的合法权益，要求法院对民事争议进行裁判的权利。原告和被告都享有诉权。对原告而言，诉权体现为原告提起诉讼请求，要求法院依法作出裁判的权利。原告对诉权的行使具有主动性。对被告而言，诉权体现为针对原告的诉讼请求进行抗辩的权利。被告对诉权的行使具有被动性。

诉权论关注的重点是“为什么可以提起诉讼”的问题，显然，这是一个与民事诉讼目的紧密关联的理论。在这个意义上，我们不能将民事诉讼的诉权论与目的论看成两个不同的主题，而应当将两者结合，并且使两者相互协调。首先，只有对诉权论有深入的了解，才能够比较完整地了解民事诉讼的制度和理论。其次，在立法和司法实务上对于民事诉权的正确认识，还有助于保障公民诉权的实现，抑制当事人对诉权的不当行使，从而实现民事诉讼的目的。最后，民事诉权论揭示的是民事诉讼法与民事实体法的合理关系，因而成为研究民事诉讼活动和诉讼法律关系的起点。就其发展的历史脉络而言，诉权由简单的功能发展成为有着哲学思维的丰富理论体系，促进学界对于民事实体法和民事诉讼法关系展开深入研究，从而带动了民事诉讼法学理论的发展。

（二）民事诉权论诸学说

诉权概念起源于罗马法。近代学者对诉权理论作了深入的研究，并先后形成三种不同的学说。

1. 私法诉权说（亦称实体诉权说），认为诉权是私权（指民事权利）的产物，是私法上的权利的作用和效果，是民事权利的组成部分，是在诉讼中行使和实现的民事权利，是每一项民事权利受到侵犯后便取得的一种特殊权利。此说在19世纪前半期盛行。私法诉权说的实质在于，不承认诉权是独立于实体权利之外的程序性权利，并将享有实体权利作为行使诉权的前提，这就等于要求原告必须享有实体权利才能起诉，法院在受理案件之前必须先查明原告有无实体权利。这显然不符合诉讼实际，也不利于保护当事人的权益。

2. 公法诉权说，认为诉权是对国家司法机关享有的请求救济的权利，是公法上的权利，独立于实体权利。公法诉权说的出现，为民事诉讼法与民事实体法相分离提供了理论基础，从而使民事诉讼法成为独立的法律部门。公法诉权说内部又有抽象诉权说、具体诉权说、权利保护请求权说等不同学说。

（1）抽象诉权说。此说认为诉权是纯粹的诉讼权利，是不依赖于任何实体权利而独立存在的一种权利，亦即任何民事主体不管其民事权利是否受到侵犯或发生争议，也不管起诉的理由正当与否，都有要求法院进行审判的权利。这种诉权观念实际上强调的是当事人起诉的自由，而不是具体的权利。

（2）具体诉权说。此说认为民事诉讼的目的在于保护私权。国家既然禁止私力救济，自应在权利人提出请求时使法院负有为保护该权利人的权利而进行裁判的义务。私人对于国家有权要求保护自身权利之请求权，其中诉权为请求依判决保护权利之权利。在诉讼中有此权利的人即可以获得法院的胜诉判决。对于某一具体事件而言，原被告仅一方有此权利。依此说，诉为要求利己判决之行为。若如此，则如基于原告之诉而判决其败诉，即不能说明其理由。

(3) 权利保护请求权说。此说认为人民得向法院起诉，系法治国家无论何人均享有之权利，而判决请求权乃要求法院为有利于己之判决之权利，法院认为原告之请求具备权利保护要件时，即应依原告之声明为对其有利之判决；若认为原告之请求不具备权利保护要件时，即认为被告具备权利保护要件，而为有利于被告之判决。此说乃当代最有力之学说。

3. “二元诉权论”。在我国民事诉讼理论界，一般认为诉权具有双重含义，即程序意义上的诉权和实体意义上的诉权。

(1) 程序意义上的诉权，是指原告向人民法院提起诉讼的权利和被告针对原告请求的事实和法律根据进行答辩的权利，通常称为起诉权和应诉权。

(2) 实体意义上的诉权则指原告对被告的实体上的要求有获得满足的权利，即胜诉权。依据这种诉权理论，在原告向法院起诉后，法院应对其是否享有诉权进行审查。如果法院无法查明起诉的人享有诉权的程序性权能，就意味着起诉行为不符合法定条件，即应裁定不予受理或驳回起诉。查明其享有诉权的程序性权能的，法院就其诉讼请求进行审查，也就是就其是否享有诉权的实体性权能进行审查。若查明原告享有诉权的实体性权能的，判决其胜诉，否则判决其败诉。

【辨析】诉权与诉讼权利

诉权与诉讼权利的联系，主要有以下几点：(1) 诉权的行使是当事人行使诉讼权利的前提条件，因为诉权的合法行使能够启动诉讼程序，在诉讼程序中当事人才能享有和行使诉讼权利。(2) 证明权、辩论权等诉讼权利的行使有助于实现诉权的实体内容或行使诉权的目的。

诉权与诉讼权利的区别，主要有以下几点：(1) 诉权是启动诉讼程序的权利，而诉讼权利存在于诉讼过程中。(2) 诉权主体是当事人，而诉讼权利主体包括当事人、法院和证人等诉讼参与人。(3) 与诉权主体相对的是法院，而与诉讼权利主体相对的可能是法院、对方当事人或证人等诉讼参与人。(4) 根据“一事不二讼”原则，同一纠纷的诉权通常仅可一次行使，而许多诉讼权利（如辩论权、申请回避权等）可由双方当事人多次行使。(5) 诉权的实体内涵使其有别于诉讼权利。①

（三）民事诉权的要件

民事诉权在客观上是为法律所规定的一切公民平等享有的请求诉讼救济的权利。这种意义上的诉权仅仅处于抽象的、静态的法律规定的层次，是一种观念上的诉权，可称为“法规诉权”。在主观上，只有具备法定的具体条件，特定的公民才能够现实地拥有和行使诉权，此种意义上的诉权处于具体的、动态的层次，是一种现实的诉权。“法规诉权”只有转化为“现实诉权”，对于诉讼主体才具有真正的价值。② 诉权从客观向主观、由静态向动态转化的媒介就是民事诉权的要件。

诉权要件包括两个方面：一是主体方面要件（主观要件），即有权请求诉讼救济的主体，涉及诉权主体适格问题，一般指当事人适格。二是客体方面要件（客观要件），即就特定的民事纠纷有运用诉讼救济的必要，亦即具有诉的利益。在大陆法系民事诉讼理论中，当事人适格和诉的利益属于诉讼要件和法院职权调查事项。

根据诉权理论，诉权与审判权都是国家公力救济制度的产物，审判权本质上并非国家对社

---

① 参见齐树洁主编：《民事诉讼法》，30页，北京，高等教育出版社，2007。

② 参见江伟、邵明、陈刚：《民事诉权研究》，166页，北京，法律出版社，2002。

会成员的权力，而是国家由于社会成员让渡出私力救济权而对社会成员承担的义务。国家必须通过行使审判权以保障社会成员诉权的实现，从而解决社会中的纠纷，维护并发展一定的社会秩序。

第五节　诉讼标的

一、诉讼标的的概念和意义

所谓诉讼标的，是指原告在诉的声明中所表明的具体的权利主张，或者是当事人之间发生争议并要求法院以裁判的形式予以解决的法律关系。在国外，学界还将诉讼标的称为“诉讼请求”“诉讼上的请求”“诉讼对象”“系争标的”“诉讼物”等。在大陆法系国家民事诉讼理论体系中，诉讼标的理论是其重要的组成部分。诉讼标的的概念、诉讼标的的识别、诉讼标的与实体请求的相互关系、诉讼标的与既判力的关系、诉讼标的与诉的合并及诉的变化的相互关系等在整体上构成了诉讼标的的理论体系。

对于诉讼标的的意义，可以从以下几个方面来认识。

1. 诉讼标的是法院审理和裁判的对象。法院的审理是围绕本案的诉讼标的进行的。法院对案件的实体裁决也是对本案诉讼标的的裁决。根据民事诉讼的处分原则，当事人没有主张的诉讼标的，法院不能加以审理和裁判。法院的终局判决是对本案诉讼标的的评断。

2. 当事人双方的诉讼活动是以诉讼标的为基础，以诉讼标的为中心展开的。民事诉讼中当事人诉讼活动的核心是证明和辩论，他们对自己主张的证明过程和辩论行为都是以本案的诉讼标的为中心的。

3. 一事不再理是民事诉讼的一项原则。即当事人不得就已经起诉的案件，在诉讼过程中再行起诉，即使提起了诉讼，法院也不得受理。判断是否再行起诉的根据就是前诉的诉讼标的与后诉的诉讼标的是否同一，如果两个诉讼标的同一就属于“一事两诉”，而应被禁止。

4. 无论在理论上还是在实务上，既判力与诉讼标的都有密切的关系。诉讼标的决定了既判力的客观范围，也就是说，判决中哪些判断事项具有既判力是由诉讼标的决定的。因而，诉讼标的是厘清既判力问题的前提。

5. 诉讼标的是判别诉的合并、分离、追加和变更的依据。所谓诉的合并、分离、追加和变更实际上是诉讼请求的合并、分离、追加和变更。按照通常的观点，诉讼请求与诉讼标的等质，诉讼标的就成了法院判别诉的合并、分离、追加和变更的依据。

由此可见，诉讼标的既涉及抽象的学理讨论，亦与实务运作相关。可以说，诉讼标的及其理论是民事诉讼的核心问题之一。

二、诉讼标的的识别

诉讼标的理论的核心问题是识别诉讼标的的根据，即以什么为根据区分不同的诉讼标的，这也是诉讼标的理论中最基本的问题。

（一）诉讼标的识别的学说

1. 旧诉讼标的理论（旧实体法说）

该说认为，识别诉讼标的之标准应以实体法上的请求权的多寡为标准。一个法律构成要件产生一个实体请求权，有多少个实体请求权就有多少个诉讼标的。这一学说的优点是便于依据实体请求权对诉讼标的作出认定，其缺陷则是在请求权竞合的情况下，无法解决同一案件可能存在两次给付的问题。说明这一问题的一个典型案例是德国学者设想的“电车事件”。具体案情如下：受害人甲在乘坐乙的电车时，因电车急刹车而受伤。对该案损害赔偿的实体请求权有两个，甲既可以依侵权行为产生的请求权要求乙赔偿，也可以依违约行为产生的请求权要求赔偿。这两个请求权构成了两个不同的诉讼标的，这就会导致虽然只发生一个违法事实，却要侵害人进行两次赔付，明显违背了“一事不再理”的法理。

2. 新诉讼标的理论（诉讼法说）

新诉讼标的理论是在批判旧实体法说的基础上发展起来的。它又分为二分肢说与一分肢说。

（1）二分肢说。该说认为诉讼标的不能以实体请求权为识别标准，而应当以诉的事实、理由和诉的声明的结合来作为诉讼标的的识别标准。诉的事实、理由和诉的声明中，任何一个要素为多数，则构成的诉讼标的即为多数。在上述“电车事件”的案例中，诉的事实为一，即乘客受伤，诉的声明也为一，即请求对方赔偿损失，故只构成一个诉讼标的。这一学说解决了请求权竞合的难题，避免了“一事两诉”的难题，但缺点则是使争讼的事实更不明确，而且割断了事实和实体权利的联系，致使因被告对诉讼标的的承认或允诺法院即应当判决原告胜诉的现象，无法得到合理的解释，也无法解释确认之诉的标的为什么也是实体法上的权利或法律关系。①

（2）一分肢说。这一学说是在对二分肢说修改的基础上形成的，认为诉讼标的只能以诉的声明作为识别标准，如果诉的声明只有一个，即使存在不同的事实、理由，诉讼标的仍只有一个。例如，在离婚案件中，可能存在多个离婚的事实、理由，但诉的声明只有一个，即解除婚姻关系的请求，诉讼标的是单一的。一分肢说的缺陷是未能处理好诉讼标的的识别与既判力客观范围的一致性问题。法院可能把当事人没有想要提交裁判的事实作为裁判的对象，从而使既判力范围过宽，违背了当事人主义的初衷，有过分强调职权主义之嫌。

3. 新实体法说

一些学者认为，以诉讼法说对诉讼标的加以识别仍存在着不能自圆之处，其最大缺点莫过于脱离了与实体法的联系，因此，应当回到实体法角度来研究诉讼标的识别的问题。他们提出：凡基于同一事实关系发生的，以同一给付为目的的数个请求权存在时，实际上只存在一个请求权，因为发生请求权的事实关系是单一的。在上文提到的“电车事件”中，基于侵权行为的赔偿请求权和基于债务不履行的赔偿请求权的所谓竞合，并不是真正的竞合，不过是请求权基础的竞合。但这种学说也存在问题，对于新实体法说的请求原因，在实体法中常有不同的规定；请求权竞合与请求权基础竞合的区分标准，在实体法理论中并不是很清晰，所以，这一理论仍然有它的不足。

（二）诉的种类与诉讼标的的识别

上述有关诉讼标的的诸多观点之争，并没有使诉讼标的的识别标准更加清晰。这也说明以诉讼请求本身作为识别标准并不能解决所有问题，在特定情况下还应当从诉的不同类型出发，结合具体案件的案件事实、诉的目的、诉的利益乃至民事诉讼之目的、价值等，具体确定诉讼标的，使诉特定化。

1. 给付之诉的诉讼标的是原告要求被告履行给付义务的诉讼请求，识别的标准是发生给付请求的具体事件或行为。因此，在请求权竞合的情形中，由于引发给付请求的行为或事件只

① 参见江伟主编：《中国民事诉讼法专论》，65～67页，北京，中国政法大学出版社，1998。

有一个，所以诉讼标的是单一的。至于当事人之间争议的实体法律关系则只是请求的依据，并非诉讼标的，也不是诉讼标的的识别标准。

2. 确认之诉的诉讼标的，是请求法院确认法律关系存在或不存在的主张。

3. 形成之诉的诉讼标的是要求变更或消灭特定法律关系或法律效果的主张。但在识别给付之诉和形成之诉的诉讼标的时，应当结合给付的原因事实（事实理由）和形成原因来进行。

三、我国的诉讼标的理论

在程序法层面，我国《民事诉讼法》仅在当事人制度（第 52、54、56 条）上使用了诉讼标的的术语，立法者并没有对其含义提供精确的解释。由于在诉讼标的识别标准方面缺乏共识，因而民事司法中在确定案由、诉的合并与变更、禁止重复起诉等方面难以规制法院和当事人的诉讼行为。

我国的民事实体法倾向于采纳实体法说。民事法律中甚至有专门解决实体请求权竞合的条款，这就使实践中以实体法律关系为诉讼标的识别标准所遇到的问题在相当程度上得到解决。请求权竞合，最多的情形当属侵权行为请求权和违约请求权的竞合。对此，1999 年颁行的《合同法》第 122 条规定：因当事人一方的违约行为，侵害对方人身、财产权益的，受损害方有权选择依照本法要求其承担违约责任或者依照其他法律要求其承担侵权责任。最高人民法院《关于适用〈中华人民共和国合同法〉若干问题的解释（一）》第 30 条进一步规定：债权人依照《合同法》第 122 条的规定向人民法院起诉时作出选择后，在一审开庭以前又变更诉讼请求的，人民法院应当准许。这一规定表明，我国在立法上认可的是旧实体法说，承认诉讼竞合情形，在发生违约责任和侵权责任竞合时，赋予当事人选择权，择一起诉。

思考与练习

1. 简述关于民事诉讼目的的主要学说。
2. 如何认识民事诉讼程序内在价值和外在价值的关系？
3. 简述诉的构成要素。
4. 简述诉讼标的的概念及其识别标准。

前沿问题探讨

英美法系民事司法将诉讼效益价值更精确地表述为程序均衡原则或折中原则，具体是指用于解决争议的程序应与案件价值、重要性和复杂性形成合理的比例，法院和法官要充分考虑案件投入的审判资源与可能的收益。均衡性原则被视为衡量诉讼成本的有效准则，通过对投入—收益的诉讼效益衡量来保证诉讼合理地开始和进行。从更广的范围看，自 20 世纪 60 年代以来，世界各国追求民事诉讼效益的各种立法改革包括：对民事案件实施管理、促进审理的集中化、降低起诉费用、简化诉讼程序、大范围推行替代性纠纷解决方式（ADR），以避免诉讼成本过高、诉讼迟延和程序复杂化的负面效应，帮助人们利用司法解决纠纷。这方面的改革措施和成功经验值得我们研究借鉴。

第三章 民事诉讼法的基本原则

内容提要

民事诉讼法的基本原则是体现民事诉讼的原理和特质、指导民事诉讼活动的基本准则。《民事诉讼法》所规定的基本原则与学理上概括的基本原则在范围上有所不同。本章主要阐述诉讼权利平等原则、法院调解原则、辩论原则、处分原则、检察监督原则和诚实信用原则。

第一节 民事诉讼法基本原则概述

一、民事诉讼法基本原则的概念和特征

(一) 民事诉讼法基本原则的概念

民事诉讼法的基本原则，是指在民事诉讼过程中起指导作用的基本准则。作为民事诉讼法精神实质的体现，基本原则反映了民事诉讼法的基本原理、内在规律和特有价值，它是制定、适用、解释民事诉讼法的基本依据，对于民事诉讼立法和实践具有普遍的指导意义。

对于民事诉讼法基本原则的具体含义，理论上的表述不尽一致，主要有以下几种：第一种观点认为，民事诉讼法基本原则是指在民事诉讼的整个阶段起着指导作用的准则。① 第二种观点认为，民事诉讼法基本原则是指能够指导民事诉讼活动正常进行的基本原理和基本规则，它规定在民事诉讼法之中，或者对诉讼的全过程起指导作用，或者只对某个诉讼阶段起指导作用。② 第三种观点认为，民事诉讼法的基本原则，是在民事诉讼的整个过程中，或者在重要的诉讼阶段起指导作用的准则。③

从现行《民事诉讼法》的规定来看，后两种表述与立法规定的较为贴近。我国民事诉讼立法所规定的众多基本原则，并非都能贯穿于整个民事诉讼程序而对诉讼各个阶段均起指导作用，也并非适用于所有的民事案件。例如，支持起诉原则仅在起诉受理阶段起指导作用；同等原则与对等原则仅适用于涉外案件。

(二) 民事诉讼法基本原则的特征

民事诉讼法的基本原则不同于民事诉讼法的具体规则，它具有以下主要特征。

---

① 参见常怡主编：《民事诉讼法学》，66 页，北京，中国政法大学出版社，1999。

② 参见李浩：《民事诉讼法学》，2 版，28 页，北京，法律出版社，2014。

③ 参见江伟主编：《民事诉讼法》，3 版，28 页，北京，高等教育出版社，2007。

1. 地位上的基础性。民事诉讼法的基本原则是制定民事诉讼法中各项具体程序和诉讼规则的基础，而具体程序和诉讼规则是基本原则的具体化，体现了基本原则的要求，但不得与基本原则相抵触。

2. 内容上的抽象性。民事诉讼法的基本原则是具有高度概括性的规范，其内容不像法律的具体规则那样明确地对诉讼主体的行为模式予以规范，而是概括性地规定民事诉讼法的价值内核。因而，对基本原则的适用需要通过裁判者的解释才能进行。

3. 效力上的指导性。民事诉讼法的基本原则能够在宏观上对民事诉讼的全过程或某个诉讼阶段起着指导作用。作为法律价值取向的体现，基本原则为法院的审判行为和诉讼参与人的诉讼行为指明方向，使之符合法律的基本精神和基本要求，从而保障诉讼活动的有序进行。

二、民事诉讼法基本原则的立法体例

尽管各个部门法实际上都存在能够反映其原理和精神的基本原则，但是否将这些原则抽象出来并明确规定在法律条文中，各国的做法往往大不相同。就民事诉讼法而言，各国在立法体例上主要有两种方式，即明文规定的方式与不明文规定的方式。

明文规定的立法例，是指在民事诉讼法典中对民事诉讼法的基本原则明确地加以规定。法国、俄罗斯等国家采取的就是这种立法例，即在民事诉讼法第一章对基本原则作出明确而具体的规定。[①] 我国采取此种体例。

不明文规定的立法例，是指在民事诉讼法典中不设专门的章、节或者条款对基本原则加以规定，而是将基本原则的内容和精神隐含于具体规范或者制度之中。德、日等许多国家采取这种立法例。

明文规定体例的优点在于鲜明地体现了立法者的指导思想，且所确立的基本原则容易被司法者及普通公民理解和掌握。其不足之处在于，这种立法方式由于在法典中的表述比较简练和笼统，可操作性差，因而，如果没有相应的具体规范和程序制度予以呼应和补充，则容易使基本原则流于形式。

不明文规定的体例由于将基本原则的内容和精神体现于具体的规范和制度之中，因而可以避免或减少形式化倾向。但也有其缺点，即由于没有明确的表述而需要司法者、律师和法学家从具体的规范、制度、程序以及司法判例中予以揭示，因而在理解上可能出现偏差。

三、我国民事诉讼法基本原则的种类

《民事诉讼法》第一章为“任务、适用范围和基本原则”，其中第5～16条被认为属于基本原则的规定。具体包括：(1) 同等原则；(2) 对等原则；(3) 民事审判权由人民法院行使的原则；(4) 人民法院对民事案件独立进行审判的原则；(5) 以事实为依据、以法律为准绳的原则；(6) 当事人平等原则；(7) 自愿、合法调解原则；(8) 合议原则；(9) 回避原则；(10) 公开审判原则；(11) 两审终审原则；(12) 使用本民族语言、文字进行诉讼的原则；(13) 辩论原则；(14) 诚实信用原则；(15) 处分原则；(16) 检察监督原则；(17) 支持起诉原则；(18) 民族自治地方制定变通或者补充规定的原则。

对于上述第8项至第11项原则，即合议、回避、公开审判和两审终审原则，大多数学者

---

① 参见《法国新民事诉讼法典》，第一章“诉讼的指导原则”，罗结珍译，4～66页，北京，法律出版社，2008；《俄罗斯联邦民事诉讼法、执行程序法》，第一章“基本原则”，张西安、程丽庄译，1～6页，北京，中国法制出版社，2002。

认为其属于民事诉讼法的基本制度，而不将其纳入基本原则范畴。本书也将这几项原则作为基本制度并予以专章介绍。

对于上述其他各项原则，最常见的一种分类方法即根据基本原则是由什么法律予以规定及其适用范围的不同，将其分为共有原则和特有原则两大类。共有原则是指根据诉讼制度的共同原理和规律确立的，在宪法、人民法院组织法、刑事诉讼法、行政诉讼法中作了相同或类似规定的原则，包括：（1）民事审判权由人民法院行使的原则；（2）人民法院对民事案件独立进行审判的原则；（3）以事实为依据、以法律为准绳的原则；（4）对当事人在适用法律上一律平等的原则；（5）使用本民族语言、文字进行诉讼的原则；（6）检察监督原则；（7）民族自治地方制定变通或者补充规定的原则。特有原则是指根据民事诉讼自身特点，仅在民事诉讼法中特别加以规定，反映民事诉讼制度的特殊原理和特殊规律的原则，包括：（1）诉讼权利平等原则；（2）自愿、合法调解原则；（3）辩论原则；（4）处分原则；（5）支持起诉原则；（6）同等原则与对等原则；（7）诚实信用原则。

【辨析】立法上的基本原则体系与学理上的基本原则体系

近年来，学界不再局限于民事诉讼法的规定，而试图从理论的角度重新界定民事诉讼法的基本原则体系。很多学者认为，《民事诉讼法》规定的上述基本原则，从诉讼理论上看，有很多并不能称之为“基本原则”，例如有些“基本原则”是关于诉讼制度的规定（合议、回避等），有些“基本原则”是关于人民法院与其他机关之间权限关系的规定（民事审判权由人民法院行使的原则），有些“基本原则”是关于立法技术的规定（民族自治地方制定变通或者补充规定的原则），等等。另有一些学者认为，有些内容本来应当作为基本原则在民事诉讼法中予以规定，而且民事诉讼法中的现有制度、程序也体现了其精神和要求，但目前还没有明确将其规定于法典之中，例如“直接原则”“诉讼安定原则”等。故从此角度看，基本原则又有实然的基本原则和应然的基本原则之分。

在理论探讨的基础上，有学者认为民事诉讼法的基本原则包括平等原则、辩论原则、处分原则和调解原则①；有学者则将民事诉讼法的基本原则归纳为平等原则、辩论原则、处分原则和诚信原则②；还有学者认为民事诉讼法的基本原则只有两个，即辩论原则和处分原则。③ 总体而言，目前多数学者认为不应将上述所谓“共有原则”纳入民事诉讼法基本原则的体系之中，并主张应当对民事诉讼法的基本原则与具体原则有所区分；至于民事诉讼法所特有的基本原则究竟应当包括哪些内容，则存在着较大的争论。

本章简要介绍诉讼权利平等原则、法院调解原则、辩论原则、处分原则、检察监督原则和诚实信用原则。

第二节　诉讼权利平等原则

一、诉讼权利平等原则的含义

诉讼权利平等原则又称当事人平等原则，是指在民事诉讼中，当事人应当平等地享有和行

---

① 参见陈桂明：《诉讼公正与程序保障——民事诉讼程序之优化》，64页，北京，中国法制出版社，1996。

② 参见张卫平《民事诉讼法》，3版，36～49页，北京，法律出版社，2013。

③ 参见肖建国：《民事诉讼程序价值论》，147～152页，北京，中国人民大学出版社，2000。

使民事诉讼权利，平等地履行其诉讼义务。《民事诉讼法》第8条规定：“民事诉讼当事人有平等的诉讼权利。人民法院审理民事案件，应当保障和便利当事人行使诉讼权利，对当事人在适用法律上一律平等。”第5条第1款规定：“外国人、无国籍人、外国企业和组织在人民法院起诉、应诉，同中华人民共和国公民、法人和其他组织有同等的诉讼权利义务。”据此，诉讼权利平等原则包括以下三个方面的内容。

（一）当事人的诉讼权利、义务具有平等性

民事诉讼当事人的诉讼地位是平等的，没有优劣之分和高低之别。在诉讼过程中，当事人应当平等地享有诉讼权利、平等地履行诉讼义务。平等性主要是通过对当事人的诉讼权利作同一性和对等性规定而具体化的。一方面，双方当事人享有某些内容完全相同的诉讼权利。例如，委托诉讼代理人、收集和提供证据、申请回避、进行辩论、请求调解、提起上诉等。另一方面，双方当事人所享有的某些诉讼权利虽然在具体内容上有所不同，或者说虽然由双方分别享有，但这些权利却具有彼此对应的关系而呈现出对等性。例如，原告享有起诉权，被告则享有反诉权；原告有权选择管辖法院，被告则有权提出管辖权异议；原告有权提出诉讼请求，被告则有权反驳诉讼请求。这些具有对等性的诉讼权利同样体现了当事人之间的平等性。因此，应当明确的是，诉讼权利的平等并不意味着当事人双方的诉讼权利完全相同。

（二）人民法院应当保障和便利当事人平等地行使诉讼权利

民事诉讼法赋予双方当事人平等的诉讼权利，但这只是当事人平等享有诉讼权利的前提。要使当事人能够真正地行使和实现这些诉讼权利，还有赖于法院在诉讼中切实地予以保障。因此，平等原则的另一重要内容在于，人民法院在诉讼过程中应当为当事人行使诉讼权利提供保障和便利，使当事人能够充分地、实际地行使法律所规定的诉讼权利。同时，人民法院对当事人行使诉讼权利的保障应当具有平等性，不能偏袒或者歧视任何一方。

为切实保障当事人平等地行使诉讼权利，人民法院在审理民事案件时应当注意以下几点：首先，充分尊重当事人的诉讼权利，对双方当事人一视同仁，及时、准确地告知当事人的诉讼权利，为当事人双方行使诉讼权利提供平等的机会。其次，在诉讼进程中，人民法院为防止当事人实施诉讼行为出现不均衡的结果，应当加强职权介入以保障当事人在实质上享有平等的诉讼权利。最后，人民法院应当尽可能为双方当事人行使诉讼权利提供方便。在司法实践中，一些客观原因往往造成当事人行使诉讼权利的障碍，如有的当事人不了解如何行使诉讼权利，有的当事人因缺少文化知识书写诉状有困难，有的不通晓当地语言文字，有的因经济困难无力交纳诉讼费用。人民法院应当排除障碍，为当事人指定代书人，提供翻译，给予司法救助等。值得注意的是，人民法院在引导当事人行使诉讼权利时，必须注意平等性，不能厚此薄彼。

（三）对当事人在适用法律上一律平等

这是为保证平等原则能够实现而对法院所作的另一要求。从广义上来说，“对当事人在适用法律上一律平等”既包括程序法的适用一律平等，也包括实体法的适用一律平等。而程序法的适用一律平等，主要表现为前述人民法院应当平等地保障和便利当事人充分地行使诉讼权利。因此，这里所谓“对当事人在适用法律上一律平等”，主要是指对当事人在适用实体法上一律平等，即不论当事人的身份和地位如何，其在享有民事权利、承担民事义务方面都应当具有平等性；人民法院对双方当事人在适用实体法上应当平等对待，应当公平地对案件作出裁判。

赋予外国人、无国籍人、外国企业和组织与本国公民、法人具有平等的诉讼权利和义务，已成为国际惯例和各国的普遍实践。外国人、无国籍的当事人在人民法院进行诉讼，其诉讼地位与我国当事人的相同。当然，给予不同国籍、无国籍的当事人平等的诉讼权利，有

一个前提条件，即该当事人所在国未对我国当事人在该国法院进行诉讼予以权利限制。我国《民事诉讼法》第5条第2款规定："外国法院对中华人民共和国公民、法人和其他组织的民事诉讼权利加以限制的，中华人民共和国人民法院对该国公民、企业和组织的民事诉讼权利，实行对等原则。"即如果外国当事人所在国的法律对我国公民或法人的诉讼权利给予一定限制，我国法院也对该国公民或法人的诉讼权利给予相应的限制，以体现"同等、对等原则"①。

二、诉讼权利平等原则的依据

（一）宪法规定的平等原则的要求

《宪法》第33条规定了"公民在法律面前一律平等"的原则，第4条和第48条又分别就民族平等和男女平等问题作了规定。这些规定落实到民事诉讼领域，必然要求贯彻诉讼当事人平等原则，要求当事人在诉讼中应当平等地享有诉讼权利，平等地履行诉讼义务，要求法院平等地对待双方当事人。因此，当事人平等原则是宪法中的平等原则在民事诉讼法中的具体化，只有确保当事人的诉讼地位和诉讼权利平等，才能真正实现公民在法律面前一律平等。

（二）民事主体平等原则与民事争议的性质的要求

在民事法律关系中，所有的民事主体在法律地位上都是平等的，应当平等地享有民事权利，平等地履行民事义务、承担民事责任。当民事主体的民事权利受到了侵犯或者与他人发生争执而诉诸法院时，在诉讼过程中就必然要求各方当事人以平等的地位进行诉讼，平等地享有和行使诉讼权利，否则，民事主体的平等和实体权利的平等就会成为一句空话。

（三）程序公正价值准则的必然要求

程序公正是现代民事诉讼法的一个基本价值准则，而程序公正最重要的内容之一就在于，在诉讼过程中，当事人各方应当平等地享有诉讼权利、履行诉讼义务，法院应当平等地对待当事人。因此，当事人平等原则是一项为实现程序公正并进而实现实体公正而确立的必不可少的诉讼原则。

第三节　法院调解原则

一、法院调解原则的含义

法院调解原则，是指在民事诉讼过程中，对于能够调解的案件，人民法院应当在当事人自愿和合法的基础上进行调解，尽可能以调解的方式予以解决。

追求"无讼"是我国古代政治与法制建设的重要价值取向，而调解则是实现息讼、无讼的重要手段。因此，以息讼、息事宁人、化解纠纷为目的的调解（包括官方调解和民间调解）在我国具有悠久的历史。这种注重调解的传统对我国现代民事诉讼的运作具有极为重要的影响。事实上，法院调解原则是我国民事诉讼法中的一项颇具特色的原则，它的确立和实行与我国近

① 例如，2007年4月1日起实施的《诉讼费用交纳办法》第5条第2款规定："外国法院对中华人民共和国公民、法人或者其他组织，与其本国公民、法人或者其他组织在诉讼费用交纳上实行差别对待的，按照对等原则处理。"

现代民事诉讼制度的确立几乎是同步的。法院调解既是民事诉讼中的一项基本原则，也是一项重要的审判制度。《民事诉讼法》第 9 条规定："人民法院审理民事案件，应当根据自愿和合法的原则进行调解；调解不成的，应当及时判决。"为规范全国法院的诉讼调解活动，最高人民法院于 2004 年 9 月发布了《关于人民法院民事调解工作若干问题的规定》（以下简称《调解规定》，2008 年修正），2007 年 3 月发布了《关于进一步发挥诉讼调解在构建社会主义和谐社会中积极作用的若干意见》（以下简称《调解意见》）。2016 年 6 月发布了《关于人民法院进一步深化多元化纠纷解决机制改革的意见》和《关于人民法院特邀调解的规定》，2020 年 1 月发布了《关于进一步完善委派调解机制的指导意见》。

作为一项重要的诉讼制度，民事诉讼中的法院调解，是指在审判人员或者法院依法委托的有关单位或个人的主持下，双方当事人就其民事争议自愿、平等协商，相互谅解，达成协议，从而解决纠纷、结束诉讼程序的诉讼活动和结案方式。因此，就其性质而言，法院调解是法院行使审判权与当事人行使处分权相结合以解决民事案件的纠纷处理方式；而调解的过程既是当事人进行诉讼的过程，也是受诉法院对案件进行审理的过程。

调解作为一种结案方式，较之于判决结案具有如下优势：(1) 可以促使当事人在友好协商和互谅互让的基础上解决纠纷，缓和当事人之间的对立情绪，使其保持和睦关系，有利于社会的和谐和稳定。(2) 在很多情况下，调解方式更加符合诉讼效率和诉讼效益的要求。(3) 可以促使当事人自觉地履行调解协议，有利于及时、彻底地解决民事争议。

【案例】 原告吴某与妻子韦某感情不和，多次闹离婚乃至分居。当吴某再次向法院诉请离婚时，邻居们都断言：这对夫妻这次离定了。原被告的女儿（17 岁）则找到承办法官，请求无论如何也要动员她父母和好，甚至还哀怨地说："如果父母离婚了，我也不想活了。"针对这种情况，法官通知这对夫妻到庭，分析了他们产生纠纷的原因，诚恳地指出他们的不足。在调解中，法官先后运用"消除隔阂法""唤起旧情法""批评教育法"等方法，引导当事人回忆初恋的时光、新婚的幸福，促使他们破镜重圆。法官还运用"亲情感化法"，把原被告的女儿带到他们面前，让女儿自己诉说她对父母离婚的感受及对父母的希望。女儿如泣如诉的陈述和迫切希望父母和好的真诚，使这对铁了心要离婚的夫妻抱头痛哭。法官趁热打铁，指出他们离婚有可能给女儿带来不幸，甚至可能使女儿走上绝路，影响女儿的前途，最终使这对夫妻幡然悔悟，握手言和。①

本案中法官采取多种调解方法，深入、细致地对似乎铁了心要离婚的原、被告进行说服教育和情绪疏导，动之以情，晓之以理，最终使双方重归于好，取得了良好的法律效果和社会效果。实践证明，法院调解在解决婚姻家庭纠纷方面具有明显的优势。

二、调解过程中应遵循的原则

为了规范调解活动，防止调解中的各种违法现象发生，有必要对调解活动本身设置一定的原则，供法院和双方当事人在调解活动中遵循。根据民事诉讼法的规定，法院调解必须遵守以下几项原则。

（一） 自愿原则

自愿原则是指在民事诉讼过程中，法院对案件进行调解，必须基于双方当事人的自愿。由于法院调解的实质在于当事人处分权的行使和双方合意的达成，故自愿原则乃是法院调解应予

① 案例来源：郭毅：《一个基层法院的调解艺术》，载《法制日报》，2008－01－09。

遵循的首要原则，其内容包括以下两个基本方面。

1. 程序上的自愿，即调解程序的开始和进行必须基于双方的自愿，不能违背当事人的意愿而强迫进行调解。这种自愿既可体现为当事人主动申请调解，也可体现为人民法院提出调解的建议，当事人同意进行调解，或者人民法院试行调解而当事人并未明确表示反对。

2. 实体上的自愿，即在法院调解活动中，当事人双方能否达成调解协议以及所达成的调解协议的内容必须是其真实的意思表示。

（二）查明事实、分清是非的原则

查明事实、分清是非的原则是指人民法院进行调解时，应当在事实清楚、分清是非的基础上进行。《民事诉讼法》第93条对此作了规定。人民法院在调解过程中，只有在事实清楚、是非分明的基础上，才能对当事人进行有理有据的说服劝解，更好地促使其平等协商、互谅互让，自愿达成调解协议。而且，在遵循此原则基础上达成的调解协议更具有实体上的正当性，使当事人更易于接受并自觉履行。①

（三）合法原则

合法原则是指法院和双方当事人的调解活动以及调解协议的内容，必须符合法律的规定，包括程序上合法与实体上合法两个方面。前者是指调解活动在程序上应当依照民事诉讼法的规定进行；后者是指调解协议的内容不得违反法律的禁止性规定。当事人进行虚假调解，企图侵害他人合法权益的，亦属于违反合法原则的行为，《民诉法解释》第144条就此作出规定：“人民法院审理民事案件，发现当事人之间恶意串通，企图通过和解、调解方式侵害他人合法权益的，应当依照民事诉讼法第一百一十二条的规定处理。”

（四）保密原则

保密原则是指除特定情形外，人民法院的调解活动不公开进行，调解协议的内容对外也不予公开。调解的进行主要是通过当事人之间的谈判协商来解决争议，在此过程中，当事人之间的妥协、让步、承认错误等行为，往往不愿意对外公开，为此有必要确立法院调解的保密原则。《民诉法解释》第146条规定：“人民法院审理民事案件，调解过程不公开，但当事人同意公开的除外。调解协议内容不公开，但为保护国家利益、社会公共利益、他人合法权益，人民法院认为确有必要公开的除外。主持调解以及参与调解的人员，对调解过程以及调解过程中获悉的国家秘密、商业秘密、个人隐私和其他不宜公开的信息，应当保守秘密，但为保护国家利益、社会公共利益、他人合法权益的除外。”②

（五）灵活性原则

灵活性原则是指调解活动在法律规定的程序范围内可以灵活安排。调解活动本身不是强制性的，具有很大的灵活性。按照《民事诉讼法》和《调解规定》等司法解释的规定，对调解启动的时间、调解的方式、调解的地点、主持调解的人员、调解协议生效的方式、是否制作调解书等事项，当事人可以自由选择。

---

① 对于这一原则，学界存在不同的看法。有人认为法律上规定这一原则没有必要，主张调解时不应强调查明事实、分清是非，只要使当事人达成调解协议即可。这种看法是不合适的。调解时如果事实不清、是非不明，审判人员对当事人就难以进行有理有据的调解，调解活动就难以避免盲目性、随意性；即使勉强说服当事人达成调解协议，往往也难以使其从内心上真正消除分歧，可能为纠纷日后的“死灰复燃”留下隐患。

② 根据《德国调解法》第4条的规定，调解员以及调解过程中涉及的相关人员都负有保密义务。该项义务涵盖他们在调解过程中所获悉的一切信息，除非法律对此另有规定。参见齐树洁主编：《外国调解制度》，466页，厦门，厦门大学出版社，2018。

三、法院调解的程序

（一）调解的开始

1. 调解程序的启动方式

调解程序的启动方式，主要有三种情形：一是因当事人一方或双方提出调解的申请而开始；二是因审判人员主动提出进行调解的建议，当事人同意而开始；三是对于某些法律规定的特殊案件，法院应当依职权主动进行调解。审判实践中，调解大多是由人民法院主动征求当事人的意见而开始。

关于法院应当依职权主动进行调解的案件范围，最高人民法院 2003 年 9 月 10 日发布的《关于适用简易程序审理民事案件的若干规定》第 14 条规定：下列民事案件，人民法院在开庭审理时应当先行调解：（1）婚姻家庭纠纷和继承纠纷；（2）劳务合同纠纷；（3）交通事故和工伤事故引起的权利义务关系较为明确的损害赔偿纠纷；（4）宅基地和相邻关系纠纷；（5）合伙协议纠纷；（6）诉讼标的额较小的纠纷。但是根据案件的性质和当事人的实际情况不能调解或者显然没有调解必要的除外。

有条件的人民法院可以在医疗卫生、不动产、建筑工程、知识产权、环境保护等领域探索建立中立评估机制，聘请相关专业领域的专家担任中立评估员。对当事人提起的民商事纠纷，人民法院可以建议当事人选择中立评估员，协助出具评估报告，对判决结果进行预测，供当事人参考。当事人可以根据评估意见自行和解，或者由特邀调解员进行调解。

2. 法院调解的阶段

法院调解原则贯彻于民事诉讼的全过程，在第一审程序、第二审程序和再审程序中都可以进行调解。至于法院调解的具体诉讼阶段，根据《调解规定》第 1 条的规定，一般是在答辩期届满后裁判作出前进行调解，但在征得当事人各方同意后，人民法院也可以在答辩期届满前进行调解。《调解规定》第 6 条规定：在答辩期满前人民法院对案件进行调解，适用普通程序的案件在当事人同意调解之日起 15 日内，适用简易程序的案件在当事人同意调解之日起 7 日内未达成调解协议的，经各方当事人同意，可以继续调解。延长的调解期间不计入审限。

此外，根据《调解意见》第 10 条的规定，在立案阶段也可进行调解。立案后并经当事人同意后，人民法院可以在立案阶段对案件进行调解。对于案情复杂并且当事人不同意调解的，或者找不到当事人的案件，应当及时移送审判庭审理。立案阶段的调解应当坚持以效率、快捷为原则，避免案件在立案阶段积压。适用简易程序的一审案件，立案阶段调解期限原则上不超过立案后 10 日；适用普通程序的一审案件，立案阶段调解期限原则上不超过 20 日。

3. 法院调解适用的案件范围

可以通过调解解决的民事案件范围极为广泛，《调解规定》第 2 条对其作了概括性的规定，即“对于有可能通过调解解决的民事案件，人民法院应当调解”。为便于实践操作，《民诉法解释》第 143 条对不适用调解的案件作出排除性列举的规定：“适用特别程序、督促程序、公示催告程序的案件，婚姻等身份关系确认案件以及其他根据案件性质不能进行调解的案件，不得调解。”

（二）调解的进行

1. 主持调解的人员。人民法院进行调解，可以由审判员一人主持，也可以由合议庭主持，并尽可能就地进行。在委托调解的情况下，则由受托的有关单位或个人主持调解。立案阶段从事调解的法官原则上不参与同一案件的裁判工作。在案件审理过程中，双方当事人仍有调解意愿的，从事裁判的法官可以进行调解。

2. 传唤和通知的方式。人民法院进行调解，可以用简便方式通知当事人、证人到庭。

3. 协助调解与委托调解。为便于调解协议的达成，人民法院可以邀请与当事人有特定关系或者与案件有一定联系的企业事业单位、社会团体或者其他组织，和具有专门知识、特定社会经验、与当事人有特定关系并有利于促成调解的个人协助调解工作。被邀请的单位和个人，应当协助人民法院进行调解。此外，经各方当事人同意，人民法院可以委托前述有关单位或者个人对案件进行调解，达成调解协议后，人民法院应当依法予以确认。经委托调解达成调解协议的，主持调解的单位或个人应当在调解协议上签名或者盖章；但是人民法院根据调解协议制作的调解书，主持调解的社会组织或者个人不签名或者盖章。

4. 调解的具体方式。《调解规定》第 7 条第 2 款规定："调解时当事人各方应当同时在场，根据需要也可以对当事人分别作调解工作。"据此可知，就法院调解的具体方式而言，应以"面对面"调解为原则，以"背对背"调解为例外。

5. 委托代理人参加调解。法院调解案件时，当事人不能出庭的，经其特别授权，可以由其委托代理人参加调解，达成的调解协议，可由委托代理人签名。对于离婚案件，当事人确因特殊情况无法出庭参加调解的，除本人不能表达意志的以外，仍应当出具书面意见。

6. 调解方案的提出。在调解过程中，当事人可以自行提出调解方案，主持调解的人员也可以提出调解方案供当事人协商时参考，但不能强迫当事人接受人民法院的调解方案。

7. 无独立请求权的第三人参加调解。人民法院调解民事案件，需由无独立请求权的第三人承担责任的，应当经其同意。该第三人在调解书送达前反悔的，人民法院应当及时裁判。

（三）调解的结束

法院调解程序的结束包括两种情形：一是因当事人达成了调解协议而结束。当事人达成调解协议的，人民法院应当制作调解书并送达给双方当事人；对于依法不需要制作调解书的，应当将调解协议记入笔录或者附卷，从而结束案件的审理程序。二是因调解无效而结束。根据《民事诉讼法》第 99 条的规定，调解未达成协议或者调解书送达前一方反悔的[①]，人民法院应当及时判决。

调解程序终结时，当事人未达成调解协议的，调解员在征得各方当事人同意后，可以用书面形式记载调解过程中双方没有争议的事实，并由当事人签字确认。在诉讼程序中，除涉及国家利益、社会公共利益和他人合法权益的外，当事人无须对调解过程中已确认的无争议事实举证。

经调解未能达成调解协议，但是双方当事人对争议事实没有重大分歧的，调解员在征得各方当事人同意后，可以提出调解方案并书面送达双方当事人。当事人在 7 日内未提出书面异议的，调解方案即视为双方自愿达成的调解协议；提出书面异议的，视为调解不成立。当事人申请司法确认调解协议的，应当依照有关规定予以确认。

四、调解协议与调解书

（一）调解协议

调解协议，是指经过法院调解，各方当事人就解决争议、确认彼此之间的民事权利义务关系并结束诉讼而达成的协议。《民事诉讼法》和相关司法解释对有关调解协议的事项作了如下

---

① 根据《民事诉讼法》第 99 条的规定，在调解书送达前当事人享有反悔权，但依照《调解规定》第 13 条和《民诉法解释》第 151 条的规定，在当事人各方同意在调解协议上签名或者盖章后协议即发生法律效力的情形下，当事人不能反悔。

规定。

1. 调解协议应遵循自愿和合法原则。《民事诉讼法》第96条规定，调解协议的达成，必须双方自愿，不得强迫。调解协议的内容不得违反法律规定。

2. 调解协议的内容可超出诉讼请求的范围。《调解规定》第9条规定："调解协议内容超出诉讼请求的，人民法院可以准许。"根据处分原则，法院裁判的范围应限于当事人诉讼请求的范围。而允许调解协议内容可超出诉讼请求的范围，与这一诉讼法理并不矛盾，因为在此情形下，实际上意味着一方当事人提出了新的诉讼请求并得到了对方当事人的承认。

3. 调解协议的审查与确认。经调解达成协议后，人民法院应当进行审查，并根据审查的结果予以确认或不予确认。调解协议具有下列情形之一的，人民法院不予确认：(1) 侵害国家利益、社会公共利益的；(2) 侵害案外人利益的；(3) 违背当事人真实意思的；(4) 违反法律、行政法规禁止性规定的。

4. 履行调解协议的保障机制。尽管多数调解协议能够得到当事人自觉地履行，进入强制执行程序的案件较少，但实践中也确实存在一些不愿履行的情形，这些情形影响了当事人（特别是享有权利的一方当事人）进行调解的积极性。为消除当事人的顾虑，促使其达成调解协议，《调解规定》规定了两种履行调解协议的保障机制。

(1) 民事责任机制。此即当事人可以在调解协议中约定一方不履行调解协议时承担额外的民事责任，经人民法院确认后，在一方不履行调解协议时，另一方当事人可以直接申请人民法院强制执行。但需注意的是，为了避免使不履行调解协议的一方当事人重复承担"惩罚性责任"，《调解规定》第19条第2款规定，不履行调解协议的当事人承担了调解书确定的上述额外的民事责任后，对方当事人又要求其承担《民事诉讼法》所规定的迟延履行责任的，人民法院不予支持。还应注意的是，虽然当事人可以在调解协议中约定一方不履行协议时所应承担的民事责任，但却不能在调解协议中约定一方不履行协议时另一方可以请求人民法院对案件作出裁判的条款，否则人民法院不予准许，因为这显然超出了当事人可以合意处分的事项范围。

(2) 调解担保机制。此即当事人可以为履行调解协议设定担保，一旦一方当事人不履行调解协议的情况产生，另一方可以向法院申请强制执行其担保财产或担保人的财产，以保证其债权得到及时的实现。

（二）调解书

调解书是指人民法院根据当事人依法达成的调解协议的内容所制作的法律文书。关于调解书的制作，《民事诉讼法》第97条规定："调解达成协议，人民法院应当制作调解书。调解书应当写明诉讼请求、案件的事实和调解结果。调解书由审判人员、书记员署名，加盖人民法院印章，送达双方当事人。调解书经双方当事人签收后，即具有法律效力。"根据《调解规定》的规定，当事人就部分诉讼请求达成调解协议的，人民法院可以就此先行确认并制作调解书；当事人以民事调解书与调解协议的原意不一致为由提出异议，人民法院审查后认为异议成立的，应当根据调解协议裁定补正民事调解书的相关内容。

调解达成协议并经人民法院审查确认后，原则上应当制作调解书，但依《民事诉讼法》第98条的规定，下列案件调解达成协议，人民法院可以不制作调解书：(1) 调解和好的离婚案件；(2) 调解维持收养关系的案件；(3) 能够即时履行的案件；(4) 其他不需要制作调解书的案件。[①] 对不需要制作调解书的协议，应当记入笔录，由双方当事人、审判人员、书记员签名

---

① 根据《调解规定》第13条、《调解意见》第15条和《民诉法解释》第151条的规定，当事人各方同意在调解协议上签名或者盖章后协议即发生法律效力，且在调解协议中记明该合意行为的，可以不制作调解书。

或者盖章后，即具有法律效力。

五、法院调解的效力

此处所谓法院调解的效力，是指调解成立而以调解方式结案时所具有的程序法和实体法上的效力。

（一）法院调解的效力渊源

根据《民事诉讼法》《调解规定》《民诉法解释》的相关规定，法院调解的效力渊源包括以下三种。

1. 调解书。除法律规定可不制作调解书的情形外，调解达成协议的，原则上人民法院应当制作调解书。因此，调解书是法院调解效力的主要渊源。

2. 调解笔录。根据《民事诉讼法》第 98 条的规定，对不需要制作调解书的案件，将调解协议记入笔录并由有关人员签名或盖章后，该调解笔录即成为法院调解的效力渊源。

3. 调解协议。根据《民诉法解释》第 151 条的规定，当事人各方同意在调解协议上签名或者盖章后协议即发生法律效力的，经人民法院审查确认后，可以将调解协议附卷，而不制作调解书。在此情形下，调解协议即成为法院调解的效力渊源。

（二）法院调解生效的时间

法院调解生效的时间因法院调解的效力渊源的不同而有所区别。

1. 调解书的生效时间。按照《民事诉讼法》第 97 条第 3 款、第 99 条和有关司法解释的规定，调解书经双方当事人签收后，即具有法律效力。调解书需经当事人签收后才发生法律效力的，应当以最后收到调解书的当事人签收的日期为调解书生效日期。调解书送达前一方当事人反悔的，调解书不发生法律效力，人民法院应当及时判决；但在《民诉法解释》第 151 条规定的情形下，当事人拒收调解书的，不影响调解协议的效力（即不影响法院调解的效力）。

2. 调解笔录生效的时间。对于调解达成协议后不需要制作调解书的案件，书记员将调解协议记入笔录并由双方当事人、审判人员、书记员签名或者盖章后，即具有法律效力。

3. 调解协议生效的时间。按照《调解规定》第 13 条和《民诉法解释》第 151 条的规定，当事人各方同意在调解协议上签名或者盖章后即发生法律效力的，经法院审查确认后，由当事人、审判人员、书记员签名或者盖章后即具有法律效力。

（三）法院调解的效力体现

由于法院调解是人民法院办理民事案件的一种方式，故总体而言，其与生效的法院判决具有同等的法律效力，主要体现在以下几个方面。

1. 结束本案诉讼程序。这是法院调解在诉讼程序方面的效力体现。因此，凡经法院调解结案的，人民法院即不得再行审理和另行判决。

2. 确认当事人之间的民事权利义务关系。这是法院调解在案件实体方面的法律效力。法院调解生效后，当事人之间的民事权利义务关系即得到确认，民事纠纷得以解决，任何一方当事人不得再就这一纠纷提起诉讼。

3. 强制执行的效力。具有给付内容的调解书、调解协议或调解笔录生效后，即产生与生效的给付判决同样的强制执行效力，负有给付义务的一方当事人如果不在规定的期间内自动履行给付义务，对方当事人可依法向人民法院申请强制执行。

4. 禁止上诉的效力。对于按照第一审程序审理的案件，如果是以调解方式结案的，则具有禁止当事人提起上诉的效力。这一效力与一审判决的存在明显不同。

六、法院调解与诉讼和解的比较

诉讼和解，又称诉讼中的和解、诉讼上和解，其含义有广狭之分。狭义上仅指审判程序中的当事人和解，即在诉讼过程中，当事人双方自愿平等协商、达成协议，以解决纠纷、终结诉讼的活动。广义上除包括审判程序中的和解外，还包括执行中的和解，即在执行程序中，双方当事人就如何履行生效法律文书所规定的义务达成和解协议。在民事诉讼理论和实践中，诉讼和解多数情况下指的是狭义的，而执行程序中的和解，往往直接被称为“执行和解”，以示区别。

对于诉讼和解问题，《民事诉讼法》的规定极为简单，仅在第50条作了“双方当事人可以自行和解”的原则性规定，而无具体程序上的安排。综合《民事诉讼法》和相关司法解释来看，双方当事人的诉讼上和解固然是以终结诉讼为目的，但在他们达成和解协议以后，并不能直接产生终结诉讼的效果，因此，在我国的民事诉讼中，诉讼和解尚未成为一种独立的结案方式。在审判实践中，当事人达成诉讼和解后，主要采取以下两种方式予以处理：(1) 以原告撤诉的方式结束诉讼程序。(2) 由法院根据其和解协议的内容制作调解书，以调解结案的方式处理。《调解规定》和《调解意见》均明确规定，当事人达成诉讼和解协议的，可以申请法院予以确认并制作调解书。关于达成和解协议或调解协议后，能否要求据此制作判决书的问题，《民诉法解释》第148条规定：“当事人自行和解或者调解达成协议后，请求人民法院按照和解协议或者调解协议的内容制作判决书的，人民法院不予准许。无民事行为能力人的离婚案件，由其法定代理人进行诉讼。法定代理人与对方达成协议要求发给判决书的，可根据协议内容制作判决书。”

【辨析】诉讼和解与法院调解

两者都是以双方当事人的合意处分为基础，但在以下几个方面存在区别：(1) 性质不同。法院调解是人民法院对民事案件行使审判权的方式之一；而诉讼和解则是当事人双方行使诉讼权利的一种行为。(2) 法院介入的程度不同。法院调解过程中，人民法院积极主动地对当事人进行说服、劝导，以促成调解协议的达成；而诉讼和解通常情况下是依靠当事人自行协商、达成协议，只有当事人在和解过程中申请人民法院对和解活动进行协调的情况下，人民法院才可以委派审判辅助人员或者邀请、委托有关单位和个人从事协调活动。(3) 是否属于独立的结案方式不同。法院调解是一种独立的结案方式；而诉讼和解目前尚不是一种独立的结案方式，不能直接产生终结诉讼的法律效果。(4) 效力不同。法院制作的调解书以及符合条件的调解笔录、调解协议具有强制执行的效力；当事人的和解协议不具有强制执行的效力。

从比较法的角度看，我国的法院调解与德国、日本等大陆法系国家民事诉讼法中的诉讼和解并无本质的不同。两者都是通过当事人合意解决纠纷，都是法院诉讼行为和当事人诉讼行为相互作用的结果，法官在调解或促进和解中均发挥着重要的作用，调解或和解成立后均产生与生效判决同等的效力。

第四节　辩论原则

一、辩论原则的含义和内容

《民事诉讼法》第12条规定：“人民法院审理民事案件时，当事人有权进行辩论。”据此，辩论原则是指在人民法院的主持下，当事人有权就争议的案件事实和法律问题，各自陈述自己的主张、意见和根据，互相进行反驳和答辩，以维护自己的合法权益。辩论原则是诉讼程序民主化的重要表现，也是程序公正的内在要求，同时，亦有利于人民法院查明事实，分清是非，正确适用法律，及时解决纠纷，实现实体裁判的公正。辩论原则的内容主要有以下几个方面。

（一）辩论原则确立了当事人的辩论权

辩论权是当事人享有的一项重要的诉讼权利，辩论原则对这一诉讼权利予以确立和保障。通过辩论权的充分行使，双方当事人可以更好地维护自己的合法权益。

（二）辩论的具体内容极为广泛

辩论的内容既可以是程序方面的问题，也可以是实体方面的问题。前者如当事人是否适格、诉讼代理人是否有代理权、受诉法院有无管辖权、是否属于在法定期间内不得起诉的案件等。后者是指对案件的实体问题进行辩论，如民事法律关系是否成立及是否有效、民事权利是否受到侵害、是否存在免责事由等。实体方面的问题往往是辩论的重点和焦点。

从另一角度看，辩论的内容既可以是案件的事实问题，也可以是法律问题。前者是指就当事人主张的事实是否真实、是否清楚，所提出的证据是否具有证据能力和证据价值以及是否确实、充分等方面进行辩论。后者是指对如何适用法律进行辩论，例如应当适用哪部实体法、应当适用哪项具体条款以及其含义应如何解释等。

（三）辩论的表现形式和方式具有多样性

辩论的形式既可以是口头的，也可以是书面的。在法庭辩论阶段，当事人的辩论主要是采取口头形式进行，而原告的起诉状、被告的答辩状等则属于书面形式的辩论。行使辩论权的方式也具有多样性，当事人既可以自己行使辩论权，也可以委托他人代为辩论。

（四）辩论原则贯穿于民事诉讼的全过程

辩论原则贯穿于民事诉讼的全过程，在第一审程序、第二审程序和再审程序中，当事人都有权进行辩论。就各种审判程序来说，在各个具体诉讼阶段均应贯彻辩论原则，例如在第一审程序中，从起诉与受理到审理前的准备，再到开庭审理，均应遵循辩论原则的要求。当然，开庭审理过程中的法庭调查和法庭辩论阶段，是当事人辩论最为集中的阶段，辩论原则的体现也最为明显和直接。

【辨析】辩论原则与辩护原则

民事诉讼中的辩论原则的主体是双方当事人，辩论的内容和范围十分广泛；而刑事诉讼中的辩护原则的主体仅限于犯罪嫌疑人、被告人，主要是就自己是否犯罪、罪行轻重、是否应受刑事处罚等问题进行辩护。民事诉讼中，双方当事人进行辩论时，被告可以对原告提起反诉；而刑事诉讼中的被告人则不能对公诉人提起反诉。

二、我国辩论原则与大陆法系国家和地区相关原则的比较

（一）大陆法系国家和地区民事诉讼中辩论原则的含义

在大陆法系国家和地区的民事诉讼中，辩论原则又被称为“辩论主义”，是指只有当事人在诉讼中所提出的事实，并且经过辩论才能作为法院判决依据的一项原则。它的基本内容包括以下几个方面。

1. 直接决定法律效果发生或消灭的事实必须由当事人主张，法院不得随意变更或补充当事人的主张，不得将当事人未在辩论中提出的事实作为裁判的依据。

2. 当事人一方主张的事实，为另一方所承认的，法院应当予以认定并作为裁判的依据。也就是说，法院应当受当事人的自认的约束。

3. 法院原则上只能就双方当事人在辩论过程中提出的证据进行调查。

可见，按照辩论主义的要求，当事人以什么样的事实作为请求的根据，以及以什么样的证据证明所主张的事实存在或不存在，都属于其意思自治的领域，法院应当充分尊重当事人在这一领域的自由，这就是辩论主义最根本的含义。所以，在民事诉讼理论上，辩论主义又被称为“当事人主导原则”或“关于形成审理对象方面的当事人主义”①。这一基本原则之功能的充分发挥，是以当事人双方的诉讼能力大致相当为前提的。然而，在实际的诉讼中，当事人双方的诉讼能力可能存在较大的差别，故为了实现实体裁判的公正，法院对当事人提供事实和证据的行为予以适当的指导就很有必要。有鉴于此，大陆法系国家和地区的民事诉讼法中普遍确立了法官的阐明权（也称释明权）制度，以克服辩论主义可能产生的弊端。

（二）辩论原则的比较

尽管我国和大陆法系国家的民事诉讼都实行辩论原则，但两者实际上存在较大的区别，表现在以下两点。

1. 二者所依附的诉讼模式不同。大陆法系的辩论原则依附于当事人主义的诉讼模式，是当事人的主导作用在审理对象问题上的反映。我国的辩论原则最初规定在 1982 年颁行的《民事诉讼法（试行）》中，是处于职权主义诉讼模式之下的辩论原则。现行《民事诉讼法》虽然弱化了职权主义因素，但距离当事人主义的要求仍有相当大的距离。

2. 对法院裁判的约束力不同。大陆法系的辩论原则对裁判的形成和法官的行为具有约束性，它要求裁判必须以当事人在辩论中提出的诉讼资料为基础，法官必须尊重当事人对审理对象所作的选择，不得在当事人主张的事实和提出的证据之外，主动提出事实和收集证据。我国的辩论原则虽然赋予当事人辩论权，并要求人民法院在诉讼过程中保障当事人充分行使辩论权，但却未规定当事人的辩论对裁判的形成有何影响，也未规定法院的审理对象须以当事人辩论中提出的事实和证据为限。正因为如此，有学者将大陆法系民事诉讼中的辩论原则称为“约束性辩论原则”，而将我国民事诉讼中的辩论原则称为“非约束性辩论原则”②。

其实，我国在进行法律的近代化改造过程中，也移植了大陆法系的民事诉讼制度，确立了约束性的辩论原则。但在新中国成立之后，由于各种原因，民事诉讼立法中仅保留了辩论原则中的“当事人享有辩论权”这一层含义，而抛弃了其核心内容，即作为裁判基础的诉讼资料应当由当事人提出、法院裁判应受当事人提出的事实和证据的约束的内容。不过，近年来的民事审判方式改革和有关司法解释的规定，强化了当事人在事实主张和证据提供问题上的权责，在一定程度上实现了向大陆法系本来意义上的辩论原则的回归。例如，最高人民法院 2001 年发布的《关于民事诉讼证据的若干规定》（2019 年修正）第 3 条、《民诉法解释》第 92 条对自认制度的规定，即体现了这一发展趋势。③

第五节　处分原则

一、处分原则的含义和依据

处分原则，是指当事人有权在法律规定的范围内，自由支配和处置自己的民事权利和诉讼

① ［日］谷口安平：《程序的正义与诉讼》，王亚新、刘荣军译，107 页，北京，中国政法大学出版社，1996。

② 张卫平：《我国民事诉讼辩论原则重述》，载《法学研究》，1996（6）。

③ 关于大陆法系国家民事诉讼中辩论原则的内容、根据、发展趋势以及我国民事诉讼辩论原则之改造等详细内容，可参见刘学在所著《民事诉讼辩论原则研究》（武汉大学出版社 2007 年版）中的相关论述。

权利。《民事诉讼法》第 13 条第 2 款对这一原则作了规定。

处分原则是最能够反映民事诉讼制度特点的一项原则。唯有在民事诉讼中，才实行处分原则，当事人才可以自由地支配和处置其民事权利和诉讼权利。在刑事诉讼和行政诉讼中，则没有处分原则的规定。[①]

在民事诉讼中，之所以贯彻和实行处分原则，是由民事权利和民事纠纷的性质所决定的。民事权利属于“私权”，具有可处分性，即民事主体有权根据自己的意愿依法支配和处分其民事权利；民事权利义务发生纠纷时，该纠纷因之也具有可处分性。在大多数情况下，国家并不干预民事主体对其民事权利的处分。民事权利和民事纠纷的这一特性反映到民事诉讼中，便是应当确立和贯彻处分原则。

二、处分原则的主要内容

（一）处分权的主体是当事人

处分原则是当事人可以自由支配和处置其民事权利和诉讼权利的原则，因而享有处分权的主体只限于当事人，其他诉讼参与人不享有处分权。诉讼代理人也不享有处分权，但在一定条件下可以代理当事人实施处分行为。

（二）处分权的对象是民事权利和诉讼权利

对民事权利的处分主要体现在三个方面：（1）原告在起诉时可以自由地确定请求司法保护的范围和选择保护的方法。例如，在侵害财产所有权的纠纷中，权利主体有权要求赔偿全部损害，也可以要求赔偿部分损害；可以请求返还原物，也可以要求折价赔偿。（2）在诉讼开始后，原告可以依法变更其诉讼请求，也可以扩大或缩小其诉讼请求的范围。（3）在诉讼过程中，原告可以放弃其诉讼请求，被告可以部分或全部承认原告的诉讼请求；当事人双方可以达成或拒绝达成调解协议；在判决未执行完毕之前，双方当事人随时可就实体问题自行和解。

对诉讼权利的处分体现在诉讼的各个方面，主要表现如下：（1）当事人的民事权益受到侵犯或者发生争执时，是否向人民法院起诉，由当事人自己决定。此即所谓的“不告不理”原则。（2）在诉讼开始后，原告可以申请撤回起诉，从而终结诉讼程序；撤诉后，还可以依法再次起诉。被告有权决定是否提起反诉来主张自己的实体权利。（3）在诉讼过程中，双方当事人都有权请求法院进行调解，谋求以调解方式解决纠纷。（4）一审裁判作出后尚未生效前，当事人有权决定是否提起上诉。（5）对于已经生效的裁判或调解书，当事人认为确有错误的，可以决定是否申请再审。（6）对生效裁判或其他具有执行力的法律文书，享有权利的当事人有权决定是否申请强制执行。此外，对诉讼权利的处分还表现在：当存在几个管辖法院时，原告有权选择其中的一个法院起诉；对于受诉法院的管辖，当事人有权决定是否提出管辖权异议；对于是否委托诉讼代理人，由当事人自己决定；对于普通的共同诉讼，当事人有权决定是否同意人民法院予以合并审理；等等。

应当注意的是，在诉讼中，当事人对民事权利的处分往往是通过对诉讼权利的处分来实现的。例如，当事人在诉讼中作出让步，放弃一定的实体权利而与对方达成调解协议，一般是通过对请求或同意调解这一诉讼权利的处分来实现的。当然，这并不是说处分诉讼权利就一定要同时处分实体权利。例如，原告撤回诉讼并不意味着他放弃了自己的实体权利；当事人放弃了

① 当然，在刑事诉讼和行政诉讼中，当事人对某些诉讼权利也享有一定的处分权，例如是否委托辩护人或诉讼代理人、是否申请法官等人员回避等；在某些情形下，对有关的实体权利也享有处分权，例如刑事诉讼中的自诉案件，行政诉讼中的行政赔偿请求等。但这些行使处分权的行为，还不足以构成诉讼中的一项基本原则——处分原则。

委托诉讼代理人的权利，亦仅仅是对诉讼权利的处分，不涉及实体权利问题。

（三）处分原则贯穿于民事诉讼的全过程

处分原则贯穿于民事诉讼的全过程，在第一审程序、第二审程序、再审程序乃至执行程序中，当事人都可以依法处分其民事权利和诉讼权利。

（四）处分权的行使不能超出法律规定的范围

处分权的行使不是绝对的，法律在赋予当事人处分权的同时，对其范围也作了一定的限制，即不得违反法律的禁止性规定。在诉讼中，如果当事人的处分行为违反了法律的禁止性规定，人民法院就应当依法加以干预，认定该处分行为无效。

三、处分权与审判权的关系

与当事人处分权相对应的是法院的审判权。民事诉讼活动就是在当事人处分权与法院审判权的相互作用下展开并逐步发展的。因此，为了在民事诉讼中正确地贯彻、落实处分原则，应当正确地认识和处理处分权与审判权的关系。

（一）处分权对审判权的合理制约

法律在赋予民事诉讼当事人处分权的同时，也就意味着审判权应当受到处分权的制约，否则，处分权的行使就会空洞化。从处分原则的内容来看，审判权的开始行使取决于原告是否提起诉讼；审判权的作用范围通常受当事人诉讼请求和争议事实的制约；审判权往往还因为当事人提出撤诉申请而停止行使。这些都说明处分权对审判权构成了合理的制约。

处分权对审判权的制约存在着程度上的差异。某些处分权具有绝对性，法院必须接受当事人行使处分权的结果，例如当事人对起诉与否、上诉与否、请求或接受调解与否的处分。某些处分行为虽然也构成了对审判权运作的制约，但不具有绝对性，往往需要经过法院批准后方能产生预期的法律效果，如我国《民事诉讼法》规定的申请撤诉。①

（二）审判权应当指导、监督处分权的行使

《民事诉讼法》第 8 条规定："人民法院审理民事案件，应当保障和便利当事人行使诉讼权利"，而为当事人行使诉讼权利提供保障和便利的一项重要内容就是为当事人正确行使处分权等诉讼权利提供必要的指导，帮助其了解如何行使处分权及其法律后果。为此，《民事诉讼法》和有关司法解释作出了一些具体规定。例如，《民事诉讼法》第 137 条第 2 款规定，开庭审理时，审判长应告知当事人有关的诉讼权利义务，询问当事人是否提出回避申请。第 148 条第 3 款规定："宣告判决时，必须告知当事人上诉权利、上诉期限和上诉的法院。"《关于民事诉讼证据的若干规定》第 2 条规定："人民法院应当向当事人说明举证的要求及法律后果，促使当事人在合理期限内积极、全面、正确、诚实地完成举证。"

为了确保当事人的处分行为不超越法律规定的范围，法院对当事人的处分行为应进行必要的监督。发现当事人的处分行为违反法律规定，损害国家、社会利益或他人合法权益时，人民法院应依法予以干预，使其处分行为不发生法律效力。

（三）审判权应当保障处分权的实现

当事人的处分权能否在诉讼中得以实现，很大程度上取决于法官能否正确对待当事人的处分行为。如果审判权过度扩张，不当侵入应由当事人自由处分的领域，处分权就会受到侵害甚

① 应当注意的是，在大多数国家，申请撤诉不需要经过法院的批准，因而其撤诉权的行使对审判权的制约也具有绝对性。

至化为乌有。诉讼实践中存在着一些侵害当事人处分权的现象，例如，对于某些案件，有的法院以种种借口拒绝受理当事人符合法定条件的起诉；有的法官为提高结案率而动员当事人撤诉；有些法官违反自愿原则进行调解，强迫当事人接受其提出的调解方案；等等。因此，应当充分重视处分原则的重要性，促使法官尊重当事人的处分行为，保障处分权的顺利实现。

第六节　检察监督原则

一、检察监督原则的含义

我国《宪法》第 134 条、《人民检察院组织法》第 2 条规定：人民检察院是国家的法律监督机关。与此相适应，《民事诉讼法》第 14 条确立了民事检察监督原则，即“人民检察院有权对民事诉讼实行法律监督。”第 235 条规定：“人民检察院有权对民事执行活动实行法律监督。”在民事诉讼中确立检察监督原则，有助于提高人民法院的民事审判、民事执行工作的质量，保证人民法院正确行使民事审判权，保护当事人的合法权益，维护国家法制的统一。

二、检察监督的对象和内容

按照《民事诉讼法》第 14 条的规定，检察监督的对象和内容是“民事诉讼”。民事诉讼包括民事审判活动和民事执行活动。对于“民事审判活动”，理论上主要有两种理解：一种认为，应当是指审判人员的审判行为；另一种认为，既包括审判人员的审判行为，也包括当事人及其他诉讼参与人的诉讼行为。我们认为，后一种理解较为恰当。这是因为，立法上并没有将“民事诉讼”限定为审判人员（或人民法院）的审判行为，而且从实际情况看，“民事诉讼”是由审判人员的审判行为和当事人及其他诉讼参与人的诉讼行为共同构成的。在有些情况下，作为检察监督对象的审判活动，很难说是单一的审判人员的审判行为或当事人的诉讼行为，而是二者的混合体。例如，当事人恶意串通，虚构事实，而法院审查不严并据此作出了错误的裁判，检察机关依照审判监督程序对该裁判提出抗诉。当然，检察监督的主要对象或者说监督的重点，应当是审判人员的审判行为。

对于执行程序中的检察监督，最高人民法院曾持否定态度，这一点在最高人民法院 1995 年 8 月 10 日发布的《关于对执行程序中的裁定的抗诉不予受理的批复》这一司法解释中有所反映。该司法解释规定：“根据《中华人民共和国民事诉讼法》的有关规定，人民法院为了保证已发生法律效力的判决、裁定或者其他法律文书的执行而在执行程序中作出的裁定，不属于抗诉的范围。因此，人民检察院针对人民法院在执行程序中作出的查封财产裁定提出抗诉，于法无据。对于坚持抗诉的，人民法院应通知不予受理。”2012 年修正的《民事诉讼法》对执行程序中的检察监督作了原则性规定。最高人民检察院 2013 年 11 月 18 日公布的《人民检察院民事诉讼监督规则（试行）》对执行程序中检察监督的范围、程序、方式等问题作了具体规定。2016 年 11 月 2 日，最高人民法院、最高人民检察院发布《关于民事执行活动法律监督若干问题的规定》，该规定自 2017 年 1 月 1 日起施行。

三、检察监督的方式

国内一些学者认为，概括各国的立法规定，民事检察监督的方式大致有以下几种：（1）提起民事诉讼。此即检察机关可以以当事人身份提起诉讼。对于涉及国家利益或社会公共利益的案件，检察机关有权代表国家向法院提起民事诉讼，以维护国家利益或社会公共利益。(2) 参加并监督民事诉讼。此即检察机关有权参加民事诉讼程序，对法院的民事审判活动和诉讼参与人的民事诉讼活动进行监督，使之依法进行。(3) 参加诉讼并依法提起上诉。此即检察机关有权参与有关的民事诉讼程序，如认为法院尚未发生法律效力的裁判有错误，可以依照上诉审程序提出上诉。(4) 对已生效的民事裁判提出抗诉。此即对于已经生效的民事裁判，检察机关发现有错误的，可以按照审判监督程序提出抗诉，由法院对案件进行再审。

根据《民事诉讼法》第208条的规定，我国检察机关监督民事审判活动的方式为按照审判监督程序对生效裁判及调解书提起抗诉或提出检察建议。其主要内容是：(1) 最高人民检察院对各级人民法院已经发生法律效力的判决、裁定，上级人民检察院对下级人民法院已经发生法律效力的判决、裁定，发现有《民事诉讼法》第200条规定的情形之一的，或者发现调解书损害国家利益、社会公共利益的，应当按照审判监督程序提出抗诉。(2) 地方各级人民检察院对同级人民法院已经发生法律效力的判决、裁定，发现有《民事诉讼法》第200条规定的情形之一的，或者发现调解书损害国家利益、社会公共利益的，可以向同级人民法院提出检察建议，也可以提请上级人民检察院按照审判监督程序提出抗诉。(3) 人民检察院提出抗诉的案件，人民法院应当再审；人民法院再审时，应当通知人民检察院派员出席法庭。

应当注意的是，国内有些学者所概括出的国外的一些民事检察监督方式，例如检察机关对某些案件可提起民事诉讼等，严格说来，将其称为“民事检察监督”并不准确。其准确的表述应当是“检察机关参与民事诉讼的方式”。实际上，国外检察机关参与民事诉讼与我国的“民事检察监督原则”并非同一概念，也不是基于同样的法学理论背景和制度框架。在国外，检察机关参与民事诉讼时，更强调的是其诉讼当事人的角色，即检察机关作为代表国家利益或社会公共利益的一方当事人参加诉讼，而非我国民事诉讼理论和检察理论中强调的对法院审判活动进行监督的专门的“法律监督者”角色，因而国外检察机关参与民事诉讼活动，并不是民事诉讼法中的一项基本原则；而且，在有些国家，检察机关参与民事诉讼时，并非一定充当原告或所谓的“监督者”，有时可能是以被告的身份参与诉讼。例如，日本《人事诉讼程序法》第2条规定：“夫妻一方所提出的婚姻无效或撤销之诉，以其配偶为对方当事人。如第三人提出前款之诉时，应以其夫妻作为对方当事人；如夫妻一方死亡时，则以其生存者为对方当事人。当依前两款规定应成为对方当事人的死亡后，将检察官作为对方当事人。”上述将检察官作为被告的情形，究其原因，一是基于维护社会公共利益的考虑，二是为了维护“对抗与判定”式的民事诉讼基本结构。[①]

第七节 诚实信用原则

一、诚实信用原则的含义

民事诉讼中的诚实信用原则，是指法院、当事人及其他诉讼参与人在审理民事案件和进行民事诉讼时应当公正、诚实和善意。

---

① 关于“对抗与判定”的民事诉讼结构，可参见王亚新所著《对抗与判定——日本民事诉讼的基本结构》（清华大学出版社2002年版）中的相关论述。

诚实信用原则最早作为私法上的一项原则，是指民事主体在民事活动中，应当讲究信用，恪守诺言，诚实不欺，在不损害他人和社会利益的前提下追求自己的利益。20 世纪以来，诚实信用原则在整个法学领域都得到了很大的重视，已经不再区分公法与私法、实体法与程序法而开始被广泛适用于不同的法律领域，并且，诚实信用原则成为高层次的理念而为人们所信奉和遵循。①

在民事诉讼领域引入诚实信用原则，是随着社会的发展而逐渐完成的。近代民事诉讼法学理论一般认为，私法关系与诉讼关系存在着本质上的差异，在私法领域适用的诚实信用原则，并不适合于民事诉讼这一公法领域；对诉讼中当事人和法院等诉讼主体的诉讼行为的评价，应以明确的程序法律规范为依据，而不应基于“诚实信用”这一道德规范。然而，随着社会的变迁，特别是进入 20 世纪以后，私法中的私权自治、个人主义、自由主义受到了一定的限制。与此相对应，在民事诉讼领域中，以个人主义为中心的诉讼观念得到了一定的修正，认为对于当事人违反信义、不诚实进行诉讼从而影响诉讼程序的安定和对方当事人权益保护的行为，亦应予以合理地规制。在诉讼中，当事人的诉讼行为不仅要符合明确的程序法规范的要求，也应受道德规范的约束，于是，诚实信用原则在民事诉讼法中的基本原则地位得以凸显，并逐渐得到了理论上的认可和立法上的确认。

从比较法的角度来看，自 19 世纪末 20 世纪初开始，很多国家在其民事诉讼法中对体现诚实信用原则的“当事人之真实陈述的义务”作了规定。例如，1895 年的奥地利《民事诉讼法》、1911 年的匈牙利《民事诉讼法》、1933 年修改后的德国《民事诉讼法》等先后对此作了规制。日本 1998 年实施的《民事诉讼法》第 2 条则明确规定了这一原则，即：“法院应为民事诉讼公正并迅速地进行而努力；当事人进行民事诉讼，应以诚实信用为之”。

我国 1991 年《民事诉讼法》没有明确规定诚实信用原则，也未对当事人的真实陈述义务作出直接规定，但在理论上，近年来很多学者认为该原则具有其他原则所不可替代的独立价值，应当作为民事诉讼法的一项基本原则，并认为现行立法中的一些规定也体现了诚实信用原则的精神。② 1999 年颁布的《海事诉讼特别程序法》关于“禁反言”的规定，即充分体现了诚实信用原则。③ 2012 年修改后的《民事诉讼法》第 13 条第 1 款规定：“民事诉讼应当遵循诚实信用原则。”诚实信用原则的法定化必将对我国民事司法制度产生深远的影响。

最高人民法院 2019 年 12 月颁布的修改后的《关于民事诉讼证据的若干规定》，通过诸多具体的证据规则，进一步强化了诚实信用原则在民事诉讼中的适用。

二、诚实信用原则的适用

关于诚实信用原则适用于哪些主体，特别是法院应否受其约束的问题，德、日民事诉讼理论中存在一定的争论，但通说认为法院应受其约束。在我国，大多数主张这一原则的学者认为，诚实信用原则不仅适用于当事人，而且适用于法院，同时，这也是规范和约束其他诉讼参与人的诉讼行为的原则。

（一）诚实信用原则对当事人的适用

诚实信用原则要求当事人在实施诉讼行为时必须诚实和善意，其对当事人的诉讼行为的规

① 参见刘荣军：《程序保障的理论视角》，208 页，北京，法律出版社，1999。

② 参见王福华：《民事诉讼诚实信用原则论》，载《法商研究》，1999（4）；熊跃敏、吴泽勇：《民事诉讼中的诚信原则探究》，载《河北法学》，2002（4）；汤维建：《论民事诉讼中的诚信原则》，载《法学家》，2003（3）。

③ 《海事诉讼特别程序法》第 85 条规定：“当事人不能推翻其在《海事事故调查表》中的陈述和已经完成的举证，但有新的证据，并有充分的理由说明该证据不能在举证期间内提交的除外。”

制主要表现在以下方面。

1. 禁止滥用诉讼权利。此即要求当事人不应违背诉讼权利设置的目的而行使诉讼权利，以达到拖延诉讼或给对方当事人造成损害等不正当目的。例如滥用申请回避权、滥用管辖异议权等程序异议权、滥用上诉权等。

2. 禁止恶意制造诉讼状态。此即要求当事人不得以不正当的手段形成有利于自己的诉讼状态。例如，不得以不正当的手段骗取利己的审判管辖，不得以虚假的理由获得财产保全等。

3. 诉讼上的禁反言。此即要求当事人的陈述应当前后一致，而不应故意作相互矛盾的陈述。在诉讼中，如果一方当事人作相互矛盾的陈述，而对方当事人因相信其先前的陈述而采取了相应的行为，认可相矛盾的后一陈述将会给对方当事人造成损害时，法院可依诚实信用原则否定该当事人后一陈述的效力。

4. 诉讼上权利的丧失。此即一方当事人长期怠于行使诉讼上的权利时，为了保护与不行使的行为有利害关系的对方当事人的信赖，可以基于诚实信用原则不再允许当事人行使该权利，即产生失权的后果。

5. 真实陈述义务。此即要求当事人在诉讼中应当作真实的陈述，禁止编造谎言、实施虚假陈述。但作为当事人而言，对于不利于己的事实应有权保持沉默，要求其对不利于己的事实作完全的真实陈述乃强人所难，不近情理，故真实义务并不是以“让当事人陈述客观真实”之积极性义务为内容的，而仅仅具有“禁止当事人在不知的前提下提出主张或作出否认”之消极性内容。① 换言之，真实义务的合理界限在于：当事人不得主张自己明知是不真实的事实，不得在明知对方提出的事实为真实时予以否认。

对于当事人违反诚实信用的诉讼行为，法院不予支持并根据其情节作出相应的处理。② 例如，根据《民诉法解释》第 102 条的规定，对于当事人因故意或者重大过失逾期提供的证据，人民法院不予采纳。若该证据与案件基本事实有关的，人民法院应当采纳，但应依照《民事诉讼法》的相关规定予以训诫、罚款。

（二）诚实信用原则对法院的适用

诚实信用原则要求法院应本着诚实信用的心态，公正、合理地对案件进行审理和裁判。主要表现如下。

1. 禁止滥用自由裁量权。由于大多数立法都具有一定的弹性与模糊性，为了将法律有效地、妥当地适用于具体实践，有必要赋予法官一定的自由裁量权。法官在对实体问题和程序问题进行自由裁量时，应当本着诚实善意的心态行使裁量权，不得滥用司法裁量权。

2. 尊重当事人的程序权利，为当事人创造平等的诉讼条件。法官在诉讼中应当诚实地对待双方当事人，与双方保持同等的“距离”，并为双方提供平等的行使诉讼权利的机会。在证据的评价方面，法院应当一视同仁，只要是真实、合法的证据都应当加以认定。在案件事实的认定上，应当按照诚实信用原则的要求予以判断。

---

① 参见［日］高桥宏志：《民事诉讼法：制度与理论的深层分析》，林剑锋译，378 页，北京，法律出版社，2003。

② 司法实践中已有不少有关法院适用诚实信用原则作出裁判的案例。例如，在一个申请再审的案件中，最高人民法院作出“驳回再审申请”的裁定，其裁判摘要指出：“民事诉讼应当遵循诚实信用原则。当事人提出诉讼请求并经人民法院作出生效判决后，又否认其据以提起诉讼请求的基本事实，并以此为由申请再审，违背诚实信用原则，人民法院不予支持。”参见《天津市滨海商贸大世界有限公司与天津市天益工贸有限公司、王锡锋财产权属纠纷案》，载《最高人民法院公报》，2013（10）。

3. 禁止突袭性裁判。所谓突袭性裁判，是指诉讼审理过程中，裁判者在没有给予或没有充分给予当事人攻击、防御的机会或条件，没有为当事人提供充分的程序保障的情况下，对案件作出裁判。为避免形成突袭性裁判，法院应当保障当事人充分辩论的机会，不仅对于事实问题，而且对于有关的法律问题也应当给予当事人进行辩论的机会；在诉讼过程中适时、适当地公开心证。

（三）诚实信用原则对其他诉讼参与人的适用

对于其他诉讼参与人，诚实信用原则要求其在实施诉讼行为时也应当本着诚实善意的心态来进行。例如，诉讼代理人不得在诉讼中滥用和超越代理权；证人不得提供虚假证言；鉴定人不得故意或重大过失地作出与案件事实和科学原理不符的鉴定意见等。

思考与练习

1. 试述处分原则在民事诉讼中的具体体现。
2. 简述调解协议履行的保障机制。
3. 如何完善我国的民事检察监督制度？
4. 简述诚实信用原则在民事诉讼中的适用。

前沿问题探讨

1. 基于我国《民事诉讼法》规定的辩论原则与大陆法系国家和地区民事诉讼中的相应原则（即辩论主义）的区别，学界往往将前者称为“约束性的辩论原则”，而将后者称为“非约束性的辩论原则”。在进行比较、分析的基础上，很多人主张我国的辩论原则应实现向辩论主义的转换。但应当注意到，绝对化的辩论主义本身亦存在诸多缺陷。现代大陆法系各国往往通过引入法官的阐明权（亦称释明权）制度以弥补辩论主义的缺陷。此外，在大陆法系国家民事诉讼理论中，存在用所谓“协同主义（协同原则）”取代辩论主义的主张，但考察其理论上的研讨和实务上的操作，所谓法官与当事人之间的“协同主义”，仍然限于阐明权制度范围之内的“协同”，不可能取代辩论主义的基本原则地位。在探讨我国民事诉讼辩论原则的改造时，对上述情况不能不察。

2. 在构建社会主义和谐社会的过程中，如何通过民事审判，特别是其中的法院调解方式应对各种社会矛盾，妥善协调各方面的利益关系，有效排解各种冲突与纷争，这是民事审判理论和实践面临的重要任务。最高人民法院提出“能调则调，当判则判，调判结合，案结事了”的要求，作为新时期的民事审判工作指导原则。这一原则在强调法院调解的重要性的同时，要求审判人员将调解与判决有机地结合起来，以充分发挥调解和判决这两种不同的结案方式各自的功能。为此，应当借鉴外国经验，立足我国国情，妥善地处理好调判关系，从制度上对法院调解进行合理的规范。这一问题的解决有待于不断总结经验，与时俱进，有所创新。

第四章 民事审判的基本制度

内容提要

民事审判基本制度是规范人民法院审判行为、保障当事人程序权利、实现司法公正的重要程序规则。我国民事诉讼法规定的民事审判基本制度包括合议制度、回避制度、公开审判制度、两审终审制度等。其中，合议制度包含人民陪审员制度。合议制度是关于民事案件审判组织形式的规范；回避制度的目的在于确保审判的公正性；公开审判制度立足于程序的透明和可预见性；两审终审制度旨在保障当事人的审级利益。

民事审判基本制度，是指人民法院进行民事审判活动应当遵循的基本程序规则。《民事诉讼法》第 10 条规定："人民法院审理民事案件，依照法律规定实行合议、回避、公开审判和两审终审制度。"这是关于民事审判基本制度的规定。据此，我国民事诉讼中的基本制度有四项：合议制度、回避制度、公开审判制度和两审终审制度。

【辨析】基本制度与基本原则

民事诉讼法的基本原则是人民法院和当事人进行民事活动必须遵循的基本准则，具有高度的概括性和抽象性，体现民事诉讼法的基本精神，起着指导思想的作用，贯穿于民事诉讼过程之始终。民事审判的基本制度是有关审判活动的具体程序规则，涉及审判组织的组成方式与活动规则，是按照民事诉讼基本原则的要求制定的，是基本原则的具体化、制度化。基本原则立足于指导所有诉讼主体（包括法院、当事人和其他诉讼参与人）的诉讼活动，而基本制度主要是从规范法院审判权行为的角度来规定的。

民事诉讼法还规定了管辖、调解、送达、保全等多项制度，但能够称得上是基本制度的只有合议制等四项制度。相对于民事诉讼具体制度，基本制度具有重要性和基础性，体现了《宪法》和《人民法院组织法》规定的审判原则，因此被规定在《民事诉讼法》的总则部分。刑事诉讼法和行政诉讼法均以这四项制度作为基本制度。

《民事诉讼法》没有将陪审制度列为基本制度，本书考虑到合议制度涉及人民陪审员制度，而且，完善人民陪审员制度是当前司法制度改革的重要环节，因此予以专门介绍。

第一节 合议制度

合议制是指由三名以上审判人员组成审判组织，以人民法院的名义对案件进行审理、裁判的制度。它是民主原则和集体负责制的活动原则在司法中的体现。

与合议制对应的是独任制。独任制即由审判员一人对案件进行审理和裁判的制度。根据《民事诉讼法》的规定，人民法院审理第一审民事案件，除适用简易程序审理简单的民事案件可以采用独任制外，都应当适用合议制。我国《民事诉讼法》选择合议制作为审判组织的基本形式，旨在将合议制作为民主集中制原则在人民法院审判活动中的标志。由数个审判人员组成合议庭审理案件，能够发挥集体的智慧和力量，弥补个人知识上的缺陷和业务能力上的不足，保证办案质量。

一、合议制的基本特征

合议制的基本特征是民主评议，包括以下三层意思。

1. 多人参与。多人参与是指合议庭的组成人员为多人，他们共同参与对案件的审理。参与意味着所有合议庭成员的真正介入，充分陈述自己的判断和裁决意见。合议庭成员对案件审理中需要评议的问题均有陈述个人意见和理由的权利。

2. 成员地位平等。合议庭成员在法律地位上平等，在整个诉讼过程，包括法庭审理阶段、评议阶段和作出判决阶段等享有同等的参与权利，即平等地参与案件的审理，平等地发表意见，平等地行使表决权。任何成员没有凌驾于他人之上的权力。

3. 共同决策，即合议庭成员对裁判事项集体作出决定。共同决策要求合议庭全体成员必须参与决策而不能弃权。共同决策过程包括充分评议、独立表决、多数决定三个重要的要素。合议庭成员对认定案件事实、确定权利义务以及程序事项应当进行充分讨论、交换意见，然后按照自己的理性和良心，独立地形成自己对案件事实和法律问题的判断。判断的形成应当充分尊重各个成员的自由意志。最后以多数人的意见作为合议庭的决定。

二、合议庭的组成

合议庭至少应由三名以上审判人员组成，而且必须是单数。共同决策不一定要求所有合议庭成员达成一致意见，而是根据多数意见作出判决。为了能够形成多数意见，法律规定合议庭的组成人员必须是单数。此外，根据我国《民事诉讼法》的规定，在不同的审级，合议庭的组成具有不同的要求。

1. 第一审合议庭。根据《民事诉讼法》第 39 条的规定，第一审合议庭有两种组成形式，一种是由审判员和人民陪审员组成；另一种全部由审判员组成合议庭。第一审合议庭的组成有以下特点：第一，可以吸收人民陪审员参加，也可以不吸收人民陪审员参加。是否邀请人民陪审员参加合议庭，由人民法院根据民事案件的具体情况决定。在司法实践中，人民法院在审理一些涉及知识产权、医疗纠纷等专业性、技术性比较强的案件时，往往邀请有专门知识的人民陪审员参加审理，而在审理婚姻家庭纠纷、劳动争议案件时，则邀请在妇联、工会工作的人民陪审员参加合议庭。第二，《民事诉讼法》对第一审合议庭吸收人民陪审员参加合议庭的人数没有限制性规定，具体的人数由法院视情况决定。

2. 第二审合议庭。《民事诉讼法》第 40 条第 1 款规定："人民法院审理第二审民事案件，由审判员组成合议庭。"第二审合议庭不吸收人民陪审员参加，由审判员组成合议庭对案件进行审理。其立法意图与民事诉讼法对第二审程序的功能定位有关。我国民事诉讼第二审程序有两个方面的任务：一是对第一审法院的审判活动进行指导和监督，纠正第一审裁判的错误；二是保证法律适用的统一。因此，立法要求第二审合议庭完全由审判员组成，以便更好地实现上述功能。

3. 重审、再审合议庭。重审，是指第二审法院审理上诉案件，依据法定程序，将第一审裁判发回原审法院重新审理。再审，是法院对已经发生法律效力的裁判，在出现法定事由时，依照法定程序再次审理。尽管发回重审和再审程序是两种完全不同的诉讼程序，但在纠正原审裁判错误方面具有相似的功能，而且都可能由原审法院来审理。为了避免原来承担案件审理的审判人员受先入为主印象的影响，对发回重审和再审案件，人民法院应由另外的审判员组成合议庭。《民事诉讼法》第40条第3款规定："审理再审案件，原来是第一审的，按照第一审程序另行组成合议庭；原来是第二审的或者是上级人民法院提审的，按照第二审程序另行组成合议庭。"

三、合议庭的内部关系

合议庭的内部关系即合议庭成员之间的相互关系，它体现了合议庭成员之间的权利、义务与合作方式。

1. 审判长。合议庭是一个审判集体，其中一名成员担任审判长。审判长由院长或者庭长指定审判员一人担任。院长或庭长参加合议庭时，由院长或者庭长担任。审判长的职责是主持合议庭的审判工作，包括控制庭审进程、主持法庭调查、指挥当事人按照顺序进行陈述辩论、召集合议庭评议，等等。

2. 合议庭成员地位和权利平等。合议庭成员，无论是审判员还是人民陪审员，在对案件进行审理和评议时，具有同等的权利，地位平等，但法律另有规定的除外。每个成员都享有充分发表意见的机会，在认定事实和适用法律方面交换意见，共同讨论，得出裁判结论。

四、合议庭活动的原则

1. 秘密评议。合议庭在评议时，应当在不公开的场合进行，其评议过程不允许有非合议庭成员旁听。秘密评议是大陆法系国家诉讼法普遍遵循的一项程序规则。该规则包括两项内容：一是评议过程不公开；二是对每一位成员在评议中发表的意见和表决结果予以保密。该规则的意义主要在于保证合议庭成员畅所欲言，避免合议庭成员在公开场合可能受到的压力。

2. 按多数意见作出裁判。合议庭对案件的评议，实行少数服从多数的原则。少数服从多数并不意味着持少数意见的人必须放弃自己的意见，相反，每个合议庭成员都有保留自己意见的权利。多数人的判断并不一定是绝对真理。选择多数人的判断作为最后的决策，只是在有限的条件下，多数人的意见被推定为最佳结论。但"按多数意见作出裁判"并不要求持少数意见者改变其观点。为体现对持少数意见者的尊重，在采用多数意见作出裁判的同时，应当将少数意见如实记录下来。《民事诉讼法》第42条规定：对于评议中的不同意见，必须如实记入笔录。

在合议庭评议中保留异议，不仅是对持异议者的尊重，更是对多元法律思想的承认。它体现的正是民主评议制的精髓。从某种意义上说，尊重和保留异议是法治发展的生命力所在。美国法院甚至在判决书中公布少数意见。而一些少数人的意见在后来的颠覆性判决中发挥了决定性作用。强调"法律的生命在于经验而从来不是逻辑"的霍姆斯大法官就被美国法律界誉为"伟大的异议者"①。法律的原则和精神是随着社会发展而不断调整改变的。在某一时期，少数成员的意见或许是保守的，也可能是激进的，但它为法律发展提供了更多的反思，或许会在将

① 林劲松：《我国合议庭评议制度反思》，载《法学》，2005（10）。

来的类似审判中成为多数人的意见，进而推动法治的进程。

【改革前沿】合议制是民事诉讼法规定的基本制度，应当是民事审判通常采用的审判组织形式。但长期以来，法院为解决“案多人少”压力，采取承办人包揽案件审理主要工作，合议庭成员仅在开庭时“出个场”的方式。合议制“形合实独”现象十分普遍，甚至二审程序也是如此。合议制度事实上处于失灵状态。这不仅对审判质量带来威胁，而且导致审判权责不明。为了进一步加强合议庭的审判职责，充分发挥合议庭的职能作用，2010 年 1 月 11 日，最高人民法院公布了《关于进一步加强合议庭职责的若干规定》。2015 年 2 月 4 日修订后公布的《关于全面深化人民法院改革的意见——人民法院第四个五年改革纲要（2014—2018）》（以下简称《四五改革纲要》）提出要健全合议庭办案机制。首先，选拔政治素质好、办案能力强、专业水平高、司法经验丰富的审判人员担任主审法官和合议庭审判长。改革完善合议庭工作机制，明确合议庭作为审判组织的职能范围，完善合议庭成员在交叉阅卷、庭审、合议等环节中的共同参与和制约监督机制。其次，完善合议庭办案责任制。按照权责利相统一的原则，明确主审法官、合议庭及其成员的办案责任与免责条件，实现评价机制、问责机制、惩戒机制、退出机制与保障机制的有效衔接。主审法官作为审判长参与合议时，与其他合议庭成员权力平等，但负有主持庭审活动、控制审判流程、组织案件合议、避免程序瑕疵等岗位责任。科学界定合议庭成员的责任，既要确保其独立发表意见，也要明确其个人意见、履职行为在案件处理结果中的责任。

五、合议庭与审判委员会的关系

审判委员会是设置在法院内部的一个对审判工作进行领导和业务指导的机构。《人民法院组织法》第 10 条规定，审判委员会的主要任务是总结审判经验，讨论重大的或者疑难的案件，以及其他与审判工作相关的事项。

我国审判委员会制度脱胎于新民主主义革命时期革命根据地的审判制度。各革命根据地学习苏联司法制度，强调党对审判工作的具体领导，以避免法官独断。各地中华苏维埃建立的审判机关采取“合一制”，即由各级裁判部兼理司法行政工作，各省、县、区裁判部设部长、副部长、书记、裁判员若干人，并设立裁判委员会。[①] 这是审判委员会制度的雏形。不过，裁判委员会在本质上并不是纯粹的法院审判组织，而是集行政、司法于一体，掌管司法决定权的政府机构。中华人民共和国成立后，1954 年第一届全国人民代表大会制定的《人民法院组织法》规定，法院组织体系实行四级三审制，确立了审判机关独立行使职权等基本原则，并在各级人民法院设立审判委员会，其任务是总结审判经验，讨论重大、疑难案件和其他有关审判工作的问题。1955 年 3 月，最高人民法院审判委员会成立，并制定了一系列审判委员会的工作制度。随后，全国各级法院都相继组建了审判委员会。至此，审判委员会作为一项制度被确立下来。

合议庭与审判委员会的关系是业务上的指导与监督关系。审判委员会不是具体案件的审判组织，不直接参与具体案件的审理过程，与合议庭也不存在行政关系上的领导关系。但是，当合议庭对案件裁判有意见分歧，不能形成多数意见时，可以提交审判委员会讨论。审判委员会对案件的处理决定，合议庭必须执行。此外，法院院长发现本院作出的已生效法律文书确有错误时，应提交审判委员会讨论决定再审。

【改革前沿】审判委员会作为具有中国特色的司法制度安排，有其存在的历史渊源和现实

① 参见蒲坚：《中国法制史》，345 页，北京，光明日报出版社，1987。

必要性。在长期的司法实践中，审判委员会在解决疑难复杂问题、指导法官审判业务、保障审判质量等方面发挥了重要作用。但从司法的正当程序角度来看，审判委员会的制度缺陷也是很明显的。例如，审判委员会主要依靠听取承办法官汇报获得案件信息，并据此进行讨论和作出裁判决定，与诉讼上的直接言词原则、法官亲历案件审判的要求是不相符的。又如，法律并未规定应当告知当事人审判委员会组成成员，无形中出现了回避制度的“死角”，有可能为司法腐败提供特殊的通道。更重要的是，这一制度违背了审判公开、保障当事人参与的要求。

有鉴于此，2013 年 11 月中共中央《关于全面深化改革若干重大问题的决定》要求：“改革审判委员会制度，完善主审法官、合议庭办案责任制，让审理者裁判、由裁判者负责。明确各级法院职能定位，规范上下级法院审级监督关系。”2015 年 2 月，最高人民法院发布的《四五改革纲要》提出，要改革审判委员会工作机制，合理定位审判委员会职能，强化审判委员会总结审判经验、讨论决定审判工作重大事项的宏观指导职能。为此，要建立审判委员会讨论事项的先行过滤机制，规范审判委员会讨论案件的范围。除法律规定的情形和涉及国家外交、安全和社会稳定的重大复杂案件外，审判委员会主要讨论案件的法律适用问题。完善审判委员会议事规则，建立审判委员会会议材料、会议记录的签名确认制度。建立审判委员会决议事项的督办、回复和公示制度。建立审判委员会委员履职考评和内部公示机制。《关于深化人民法院司法体制综合配套改革的意见——人民法院第五个五年改革纲要（2019—2023）》（以下简称《五五改革纲要》）再次强调完善审判委员会制度。具体要求如下：强化审判委员会总结审判经验、统一法律适用、研究讨论审判工作重大事项的宏观指导职能，健全审判委员会讨论决定重大、疑难、复杂案件法律适用问题机制。建立拟提交审判委员会讨论案件的审核、筛选机制。深化审判委员会事务公开，建立委员履职情况和讨论事项在办公内网公开机制。完善审判委员会讨论案件的决定及其理由依法在裁判文书中公开机制。规范审判委员会组成，完善资深法官出任审判委员会委员机制。规范列席审判委员会的人员范围和工作程序。2019 年 8 月 2 日，最高人民法院发布《关于健全完善人民法院审判委员会工作机制的意见》，提出“审判委员会讨论案件的决定及其理由应当在裁判文书中公开，法律规定不公开的除外”。

第二节　陪审制度

一、陪审制度的功能

陪审制是司法机关吸收法官以外的普通人组成审判组织，参与案件裁判活动的制度。陪审制度最早出现于古希腊和古罗马，是在古代审判制度上发展起来的一项诉讼制度。当时在雅典设置了被称作“赫里埃”的公民陪审法庭，在古罗马也设置了类似的陪审法庭，专门负责审理刑事案件。英美法系陪审制经历了一个由协助司法到决策司法，由证人到裁判者的角色转变过程。陪审员的功能由证人向事实调查者的角色转化；从普通民众中挑选出适当人选组成陪审团，听取证词、查看证据，根据他们的生活经验和常识进行讨论，最终作出有罪或无罪的判断。① 大陆法系国家主要采用参审制，即公民与职业法官结为一体，以合作方式进行审判。在认定事实、适用法律方面，公民与职业法官有相同的权限。我国目前的人民陪审制虽然使用了“陪审”一词，但其运作特点更接近于参审制。

① 参见吴明童、段莉琼：《人民陪审制的理念与发展》，载《中国司法》，2004（8）。

现代陪审制度在本质上是国家司法机关吸收普通公民参加审判活动的重要途径。陪审首先是一种政治制度安排。作为一种政治制度，陪审制的价值在于通过普通公民参与案件审理，扩大司法民主，保证审判机关正确实施法律。这一古老的制度走过了近千年的历程，在不同时期和不同的法律传统、文化的影响下发展、积淀。但作为其理念核心的诉讼参与原则以及司法公正价值始终没有被动摇过。陪审制成为现代司法民主的标志和公民参与社会管理权利的重要渠道。

陪审制的功能是避免法律和司法脱离社会。现代社会法律及其运作体系已越来越专业化、技术化，其成为律师、检察官和法官等职业法律人把持的专门知识。如果任其发展，司法制度和法律职业容易走向封闭，审判可能变得过于追求学术探究和理论论证而逐渐脱离社会。而法律与社会是不可分开的，脱离社会的土壤，不了解民意，法律与司法的生命力会有枯竭的危险。陪审制的优势就在于非专业化的陪审员比职业法官更接近大众生活，更具有基层工作和生活的经验，更重要的是，他们拥有社会一般人关于公平与正义的朴素观念。他们的参审使审判更贴近社会，使法院的裁判能够与民意相沟通，更容易获得社会的支持与认同。因此，陪审制不仅是一种具体的审判制度，更是一种审判权力结构的配置制度，是一种国家制度和社会制度，它关系到司法权的正当行使，关系到纠纷解决过程中的社会利益与基本价值。陪审制还有其他一些优势，比如，陪审员不依赖司法当局的恩惠而生存，也没有必要为职务升迁而屈从于政治干预。他们往往比职业法官少一些偏私和顾忌，能够更公平地判案。

二、我国人民陪审制的历史

我国的人民陪审制创建于革命战争时期。1932 年，中华苏维埃中央执行委员会借鉴苏联审判经验，制定《裁判部暂行组织及裁判条例》，其中规定了陪审员参加审判的制度。1954 年《宪法》规定了人民陪审制度，同年颁布的《人民法院组织法》对适用人民陪审的案件范围、人民陪审员的任职资格及其产生方式、人民陪审员的诉讼地位及其权利义务，以及人民陪审员执行职务的物质保障四个方面作了规定。“文化大革命”期间，司法制度被破坏殆尽，人民陪审制名存实亡。1975 年《宪法》取消了人民陪审制的规定。1978 年通过的《宪法》重新确立人民陪审制，规定人民法院审判案件，依照法律实行群众代表陪审的制度。但是，1982 年《宪法》取消了该条规定。1982 年颁布的《民事诉讼法（试行）》将人民陪审制作为一种供法院选择适用的审判组织形式。1983 年的《人民法院组织法》、1991 年的《民事诉讼法》都规定，人民法院适用一审普通程序审理民事案件，可以由审判员组成合议庭，也可以由审判员和人民陪审员组成合议庭进行。

实践中，人民陪审制的运作也出现了明显的问题：第一，缺少广泛代表性。按照我国法律的规定，我国的人民陪审员采用任期制，而非个案制，且可以连选连任。实践中，有的人民陪审员连续担任人民陪审员长达 10 年甚至 20 年之久。有的法院为方便起见，邀请特定几个人民陪审员常年在法院“上班”，成了“专职陪审员”“陪审专业户”。“陪审专业户”中不乏退休法官，对审判工作已经形成思维定式。一方面，这种做法有悖于设立陪审制的初衷，削弱了陪审的意义。另一方面，人民陪审员的任期太长不仅不利于调动和保持其参加审判的积极性，也剥夺了其他公民参与陪审的权利，限制了人民陪审员的代表性。第二，人民陪审员的参与程度有限，“陪而不审”问题突出。这表现在人民陪审员在评议时很少发表不同意见，即便发表不同意见也很少影响裁判结论。人民陪审员的工作得不到法官应有的尊重。有些案件审判长甚至不召集人民陪审员参加合议庭评议，仅让人民陪审员事后在“合议笔录”上签名了事。由于陪审的价值得不到体现，在一定程度上影响了人民陪审员的积极性。第三，人民陪审员经费保障不足。人民陪审员因参加陪审而误工、误餐及交通费用，应当得到适当的经济补助。但是由于审判机关属于国家行政预算拨款单位，长期以来案件剧增、经费不足，已成为法院（尤其是基层法院）普遍存在的一个难题，不能保障人民陪审员的补助费用。人民陪审员补助没有固定标准，法院自定的标准普遍偏低，有的连贴补路费都不够。这或多或少影响了民众参与审判的热情。

三、我国人民陪审制的完善

司法作用的充分发挥，必须以民众的广泛理解和支持为条件；而保障普通民众广泛参与司法运作过程，有助于扩大司法的社会基础，促进社会对司法的理解与认同。在这方面，人民陪审制的作用是不可替代的。因此，对于人民陪审制的问题，不是保留与取消的问题，而是如何改革完善的问题。

人民陪审制的改革是司法改革的重要组成部分。2004 年 8 月 28 日，全国人大常委会通过了《关于完善人民陪审员制度的决定》（以下简称《决定》，现已失效），于 2005 年 5 月 1 日正式实施。该《决定》为进一步加强和完善我国人民陪审员制度提供了法律依据，也赋予了这项古老的制度新的生命力。

2014 年 10 月中共中央《关于全面推进依法治国若干重大问题的决定》提出，要保障人民群众参与司法，完善人民陪审员制度。《四五改革纲要》提出，要落实人民陪审员“倍增计划”，拓宽人民陪审员选任渠道和范围，保障人民群众参与司法，确保基层群众所占比例不低于新增人民陪审员三分之二。进一步规范人民陪审员的选任条件，改革选任方式，完善退出机制。明确人民陪审员参审案件职权，完善随机抽取机制。改革陪审方式，逐步实行人民陪审员不再审理法律适用问题，只参与审理事实认定问题。加强人民陪审员依法履职的经费保障。建立人民陪审员动态管理机制。2015 年 4 月 24 日，第十二届全国人大常委会第十四次会议通过《关于授权在部分地区开展人民陪审员制度改革试点工作的决定》。试点期限为二年，后延长一年。2018 年 4 月 27 日，第十三届全国人大常委会第二次会议通过《中华人民共和国人民陪审员法》，同日公布，自公布之日起施行。

四、陪审制度的具体规定

人民法院审理第一审民事案件，由法官、人民陪审员共同组成合议庭或者由法官组成合议庭。人民陪审员和法官组成合议庭审判案件，由法官担任审判长，可以组成三人合议庭，也可以由法官三人与人民陪审员四人组成七人合议庭。人民陪审员在参与审判期间，除法律另有规定外，与审判员有同等的权利。

公民担任人民陪审员，应当具备下列条件：（1）拥护中华人民共和国宪法；（2）年满 28 周岁；（3）遵纪守法、品行良好、公道正派；（4）身体健康。担任人民陪审员，一般应当具有高中以上文化程度。但是，人民代表大会常务委员会的组成人员，监察委员会、人民法院、人民检察院、公安机关、国家安全机关、司法行政机关的工作人员和执业律师、公证员等人员不能担任人民陪审员。因犯罪受过刑事处罚，被开除公职，被吊销律师、公证员执业证书，被纳入失信被执行人名单的人员不得担任人民陪审员。人民陪审员人选确定后，由基层人民法院院长提请同级人民代表大会常务委员会任命。其任期为 5 年，一般不得连任。

依法参加审判活动是人民陪审员的权利和义务。人民陪审员依法参加审判活动，受法律保护。人民陪审员参加三人合议庭审判案件，对事实认定、法律适用独立发表意见，行使表决权。人民陪审员参加七人合议庭审判案件，对事实认定，独立发表意见，并与法官共同表决；对法律适用，可以发表意见，但不参加表决。合议庭评议案件时，实行少数服从多数的原则。人民陪审员同合议庭其他组成人员意见分歧的，应当将其意见写入笔录，必要时，人民陪审员或者法官可以要求合议庭将案件提请院长决定是否提交审判委员会讨论决定。

人民陪审员参加审判活动，应当遵守法官履行职责的规定，保守审判秘密，注重司法礼仪，维护司法形象。人民陪审员具有回避事由时，应当回避。人民陪审员有下列情形之一，应当由基层人民法院院长提请同级人民代表大会常务委员会免除其人民陪审员职务：（1）本人因正当理由申请辞去人民陪审员职务的；（2）具有《人民陪审员法》第 6 条、第 7 条所列情形之一的；（3）无正当理由，拒绝参加审判活动，影响审判工作正常进行的；（4）违反与审判工作有关的法律及相关规定，徇私舞弊，造成错误裁判或者其他严重后果的。

2019 年 4 月 24 日，最高人民法院发布《关于适用〈中华人民共和国人民陪审员法〉若干问题的解释》（自 2019 年 5 月 1 日起施行）。

第三节　回避制度

一、回避制度概述

回避制度，是指在民事诉讼中，审判人员及其他人员遇有法律规定的情形，可能影响本案的公正审理的，退出本案审理程序的制度。

回避制度是通过保持法官的中立性，保证案件得到公正审理的一项审判制度。现代司法制度不是依赖法官的高尚品德来实现公正，也不指望每个法官都具有“大义灭亲”的品格，而是要求法官不偏不倚，没有偏私。因此，回避制度设计的基本原理在于将参与案件处理过程的人视为“理性人”，即受利益驱动，为自身利益最大化的一般人，或者可能受感情、情绪影响的普通人。当这些人与案件处理结果有某种利害关系，或者与当事人有某种特殊社会关系时，他可能会出于自身利益考虑或者受感情因素影响，动摇其中立的立场，由此导致当事人对其产生不信任。因此，法律要求他退出本案的审理。可见，回避制度突出体现了现代司法的形式正义特征和正当程序的基本要求：“任何人都不能做自己案件的法官。”

二、回避制度的适用对象与回避的事由

适用回避的人员是在审判活动中具有一定审判职能或代行某种职能的人。现行法律规定适用回避的对象包括审判人员、书记员、翻译人员、鉴定人、勘验人。检察人员参与民事诉讼应否实行回避制，我国民事诉讼法无明确规定。我们认为，从回避制的根本目标出发，检察机关因抗诉派员参加诉讼，也应当实行回避制度，以保证检察监督的公正性。

回避事由即法律规定应当回避的情形，亦称回避的法定事由。我国《民事诉讼法》第 44 条第 1 款规定了审判人员回避的三种情形：（1）是本案当事人或者当事人、诉讼代理人的近亲属。所谓近亲属，一般是指配偶、父母、子女、兄弟姐妹、祖父母、外祖父母、孙子女、外孙子女等。（2）与本案有利害关系。所谓利害关系，是指案件的处理结果会直接或间接涉及审判人员本人的利益。（3）与本案当事人、诉讼代理人有其他关系，可能影响对案件公正审理的。所谓其他关系，是指除了上述关系以外的其他亲密社会关系或者恩怨关系。前者如同学关系、同事或朋友关系，后者如双方曾发生过纠纷，相处不和睦等。此时，根据该条第 2 款的规定，

审判人员接受当事人、诉讼代理人请客送礼，或者违反规定会见当事人、诉讼代理人的，当事人有权要求他们回避。《民诉法解释》第 47 条规定："人民法院应当依法告知当事人对合议庭组成人员、独任审判员和书记员等人员有申请回避的权利。"

《民诉法解释》第 43、44 条规定，审判人员有下列情形之一的，应当自行回避，当事人有权申请其回避：(1) 是本案当事人或者当事人近亲属的；(2) 本人或者其近亲属与本案有利害关系的；(3) 担任过本案的证人、鉴定人、辩护人、诉讼代理人、翻译人员的；(4) 是本案诉讼代理人近亲属的；(5) 本人或者其近亲属持有本案非上市公司当事人的股份或者股权的；(6) 与本案当事人或者诉讼代理人有其他利害关系，可能影响公正审理的。

审判人员有下列情形之一的，当事人有权申请其回避：(1) 接受本案当事人及其受托人宴请，或者参加由其支付费用的活动的；(2) 索取、接受本案当事人及其受托人财物或者其他利益的；(3) 违反规定会见本案当事人、诉讼代理人的；(4) 为本案当事人推荐、介绍诉讼代理人，或者为律师、其他人员介绍代理本案的；(5) 向本案当事人及其受托人借用款物的；(6) 有其他不正当行为，可能影响公正审理的。

三、回避的程序

第一，适用回避的对象。《民事诉讼法》第 44 条规定，回避适用于审判人员。审判人员包括参与本案审理的人民法院院长、副院长、审判委员会委员、庭长、副庭长、审判员。书记员和执行员适用审判人员回避的有关规定。

第二，《民事诉讼法》规定的回避方式包括主动回避和申请回避两种。主动回避是指审判人员和相关人员发现自己有需要回避的情形时，主动退出审理程序；申请回避是指当事人认为某审判人员或相关人员有应当回避的情形，申请该人员回避。《民诉法解释》第 46 条还规定了法院依职权决定回避的方式："审判人员有应当回避的情形，没有自行回避，当事人也没有申请其回避的，由院长或者审判委员会决定其回避。"

第三，回避的申请程序。当事人申请审判人员等回避，必须在案件开始审理时或法庭辩论终结前提出，并说明理由。

第四，回避的审批程序。院长担任审判长时的回避，由审判委员会决定；审判人员回避，由院长决定；其他人员的回避，由审判长决定。无论是否同意回避，法院均应作出口头的或书面的决定。从当事人提出回避申请到法院作出决定的期间，除案件需要采取的紧急措施外，被申请回避的人员，应暂时退出本案的审理程序，停止执行有关本案的工作任务。当事人不服有关回避的决定，可以在接到决定时申请复议一次。在复议期间，被申请回避的人员不停止本案的审理工作。《民诉法解释》第 45 条规定："在一个审判程序中参与过本案审判工作的审判人员，不得再参与该案其他程序的审判。发回重审的案件，在一审法院作出裁判后又进入第二审程序的，原第二审程序中合议庭组成人员不受前款规定的限制。"

四、违反回避制度的法律后果

违反回避制度属于严重违反程序规则的行为。《民诉法解释》第 325 条将违反回避制度规定为"严重违反法定程序"的情形之一。根据《民事诉讼法》第 170 条第 1 款第 4 项、第 200 条第 1 款第 7 项的规定，违反回避制度将产生以下法律后果。

1. 裁定撤销原判，发回重审。如果当事人以人民法院在第一审中违反回避制度为由提起上诉，或者在第二审审理中，二审法院发现一审法院违反回避制度的规定，可以裁定撤销原判，发回重审。

2. 引起再审程序的发生。对已生效的法律文书，如果发现在审理中法院违反回避制度的规定，当事人可据此申请再审，人民法院可据此决定对案件进行再审。

第四节　公开审判制度

一、公开审判的含义

公开审判制度，是指人民法院审判民事案件的活动应当依法向社会公开进行。该制度要求人民法院审判民事案件的过程应当向群众公开，向社会公开；不公开审理的案件，也应当公开宣判。

公开审判的具体内容包括以下几个方面：(1) 人民法院应当在开庭审理前将案件当事人的姓名、案由、开庭审理时间、地点等信息向社会发出公告。(2) 除法律另有规定外，允许公众旁听案件的开庭审理过程。(3) 允许新闻记者对庭审过程作采访，并允许其对审理过程作报道，将案件向社会披露。(4) 人民法院对案件的判决应当公开宣告。(5) 裁判文书公开。人民法院将生效的法律文书（主要是裁判文书）通过网络、期刊等形式向社会公开。

《民事诉讼法》第136条规定："人民法院审理民事案件，应当在开庭三日前通知当事人和其他诉讼参与人。公开审理的，应当公告当事人姓名、案由和开庭的时间、地点。"第148条第1款规定："人民法院对公开审理或者不公开审理的案件，一律公开宣告判决。"第152条第1款规定："判决书应当写明判决结果和作出判决的理由。"第156条规定："公众可以查阅发生法律效力的判决书、裁定书，但涉及国家秘密、商业秘密和个人隐私的内容除外。"据此，公开审判制度包括如下内容：第一，开庭前公告当事人姓名、案由和开庭的时间、地点。第二，开庭时允许群众旁听和允许新闻记者采访报道。根据《人民法院法庭规则》的规定，未成年人（经人民法院批准的除外）、精神病人及醉酒的人，不得参与旁听。新闻记者经人民法院许可可以记录、录像、摄影、转播庭审实况。外国人和无国籍人持有效证件要求旁听的，参照我国公民旁听的规定办理。外国记者的旁听按照我国有关外事管理规定办理。第三，公开宣告判决。对案件的处理结果向社会公开，是公开审判制度的必然要求。人民法院对公开审理的案件或者不公开审理的案件，判决结果一律公开宣告。第四，判决书应当公开说明作出判决的理由。第五，判决书、裁定书对社会公众公开。

二、公开审判的意义

法谚云："正义不但要实现，而且应当以看得见的方式实现。"审判公开是近代思想家在现代司法构建过程中，针对封建时代的秘密审判和专横而提出的理性要求。审判公开制度体现了司法民主，同时反映了司法文明。公开是防止私欲和监督权力的有效手段，其积极意义是多方面的。

第一，公开审判将法院的审判活动置于社会公众的监督之下，促使审判人员加强依法办案、秉公执法的责任感，严格遵守民事诉讼法规定的程序规则，保证审判行为和裁判结论的正当性。在这个意义上，公开审判是强化程序规则对审判权的约束力的有效方式。"阳光是最好的防腐剂。"落实公开审判能够控制审判权，防止审判权滥用和司法腐败。

第二，公开审判是保障当事人诉讼参与权的有效机制，其实质是裁判理由的公开，包括法官认定事实的理由（即心证过程）公开和法律适用理由（即法律解释）的公开。裁判理由充分公开是对当事人异议权的保障。只有充分公开裁判理由，当事人上诉或申请复议才能有的放矢。此外，及时、全面地公开审判信息，有利于当事人了解审判组织的组成、诉讼程序的进展，做好行使诉讼权利的准备，充分参与诉讼过程，维护自己的合法权益。

第三，公开审判还有助于当事人依法行使诉讼权利，防止滥用诉讼权利的行为，保证诉讼程序顺利进行。审判在向社会公开的状态下，易于形成社会舆论，对当事人和其他诉讼参与人等也有一定压力，促使其按照诚实信用原则行使诉讼权利、履行诉讼义务，为案件的顺利解决创造条件。

第四，公开审判还有助于预防纠纷，提高司法公信力。公众在旁听案件开庭审理的同时，可以接受一场生动的法制教育，了解法律规定，培养依法从事民事活动的观念，可以起到预防纠纷、减少诉讼的作用。同时，审判公开还有助于民众了解司法工作，对法院和法官产生信任感，提高司法公信力。

三、不公开审理的情形

公开审判也有例外。对一些涉及当事人隐私、国家秘密的案件，如果实行公开审理，可能损害某些重要的权利或者破坏重要的价值，甚至危及国家安全、社会稳定。为此，《民事诉讼法》规定了两类不宜公开审理的案件，一类是一律不得公开审理的案件，另一类是依当事人申请可以不公开审理的案件。

1. 不得公开审理的案件。这类案件包括两种：一是涉及国家秘密的案件。《保守国家秘密法》第 2 条规定："国家秘密是关系国家安全和利益，依照法定程序确定，在一定时间内只限一定范围的人员知悉的事项。"二是涉及个人隐私的案件。主要是指涉及男女关系方面和其他私生活方面隐私、不宜公开审理的案件。

2. 可以不公开审理的案件。主要是离婚案件和涉及商业秘密的案件，当事人不愿意公开审理的案件。这些案件常常涉及当事人感情、个人隐私等私人生活方面的情况，或者涉及当事人的商业利益，人民法院可以根据当事人的申请，决定不公开审理。

最高人民法院《关于严格执行公开审判制度的若干规定》（1999 年发布）对公开审判制度作了具体的解释：除了法律规定不公开审理的案件外，第一审案件一律公开审理，第二审案件除因违反法定程序发回重审和事实清楚依法径行判决、裁定的案件外，也都应公开审理；公开审理的案件，证据的举证、质证都必须在公开开庭时进行。应当公开审理的案件没有公开审理的，判决未生效，当事人提出上诉的，第二审法院应裁定撤销原判，发回重审；判决已生效的，当事人申请再审或人民检察院提出抗诉的，法院应当再审。

为进一步落实审判公开，最高人民法院于 2007 年 6 月 4 日发布了《关于加强人民法院审判公开工作的若干意见》（以下简称《审判公开意见》），要求各级人民法院充分认识审判公开的重大意义，按照"依法公开、及时公开、全面公开"的原则，切实做到审判公开。《审判公开意见》提出，人民法院应当以设置宣传栏或者公告牌、建立网站等方便查阅的形式，公布各类案件的立案条件，由当事人提交的法律文书的样式、诉讼费用的收费标准及缓、减、免交诉讼费的基本条件和程序，案件审理与执行工作流程等事项。人民法院决定由适用简易程序转为适用普通程序的，应当在作出决定后及时将决定的内容及事实和法律根据告知当事人。依法公开审理的案件，我国公民可以持有效证件旁听，人民法院应当妥善安排好旁听工作。因审判场所、安全保卫等客观因素所限发放旁听证的，应当作出必要的说明和解释。对群众广泛关注、有较大社会影响或者有利于法治宣传教育的案件，可以有计划地通过相关组织安排群众旁听，邀请人大代表、政协委员旁听。对办案过程中涉及当事人或案外人重大权益的事项，法律没有规定办理程序的，对当事人、利害关系人提出的执行异议、变更或追加被执行人的请求，人民法院应当根据实际情况举行听证。人民法院公开审理案件，庭审活动应当在审判法庭进行。裁判文书的制作应当符合最高人民法院颁布的裁判文书样式要求，包含裁判文书的必备要素，并按照繁简得当、易于理解的要求，清楚地反映裁判过程、事实、理由和裁判依据。此外，《审判公开意见》还就建立案件办理情况查询机制、审判工作的声像档案、生效裁判文书上网公布，便利当事人查询，以及执行工作中的公开等作了详细规定。

【改革动态】2015 年 3 月 10 日，最高人民法院召开新闻发布会，发布关于《中国法院的司法公开》（白皮书）。“白皮书”指出：“人民法院一直高度重视司法公开，始终把推进司法公开作为深化司法体制和工作机制改革的重要内容，采取各种有力措施不断拓展司法公开的广度和深度，创新司法公开的形式和渠道，着力构建开放、动态、透明、便民的阳光司法机制。”

当今社会的发展已进入信息时代、网络时代、新媒体时代，民众对审判公开提出了新要求。人民法院落实审判公开应当适应时代发展的新变化、新需要。为此，人民法院在审判公开技术、公开平台、保障机制等方面采取了很多措施。

《五五改革纲要》提出，要进一步深化司法公开，不断完善审判流程公开、庭审活动公开、裁判文书公开、执行信息公开四大平台，全面拓展司法公开的广度和深度，健全司法公开形式，畅通当事人和律师获取司法信息渠道，构建更加开放、动态、透明、便民的阳光司法制度体系。

第五节　两审终审制度

一、审级制度的意义

审级制度是关于法院级别结构和各级法院审理上诉案件适用的程序的制度。审级制度的内容包括确定法院的纵向结构和权限划分，包括法院组织系统、审理上诉案件的权限配置、上下级法院之间的关系以及终审判决的审级等。

审级制度以法院的级别为基础。我国的法院组织法规定了法院的级别，确定上下级法院的层级及纵向关系。案件的审级程序属于程序规则，由诉讼法规定。诉讼法在赋予各级法院具体受理和审判民事案件的权限的同时，确定当事人可以上诉的次数、上诉审法院审理的范围以及判决在发生既判力之前可以经过的法院级别。

审级制度的目的应当服从于民事诉讼法“公正解决纠纷”的目的，同时，也是当事人提起上诉所追求的目的与国家设置上诉审程序的目的的交叉点。当事人之所以提起上诉，通常是因为他们认为法院的裁判有错误，希望通过上诉纠正错误裁判；而国家设立上诉审程序首先是为了显示对当事人的程序保障更加周到，赋予案件多次审理的机会，以吸收当事人的不满；其次是通过较高层级的法院终审案件，实现司法的统一。因此，审级制度的功能有二：纠错（吸收不满）与司法（法律适用）统一。而无论是纠错还是司法的统一，均有使纠纷解决结果获得正当性的功能。这与民事诉讼“公正解决纠纷”的目标是相吻合的。

为了实现上述目标，审级制度在配置上诉程序的具体功能和各级法院的上诉审理范围时，必须在满足服务于当事人上诉目的与实现国家目的之间寻找平衡点，同时考虑国家司法资源的配置情况。审级制度功能发挥的原理有两个要点：一是上下级法院数量的安排。法院的纵向分布结构呈金字塔形，初审法院数量众多，高级法院数量较少，最高法院全国只有一个。通过将案件最终的法律解释权集中在最高法院来保证法律适用的统一。二是不同审级法院功能分化，各有侧重。中层和基层法院主要承担解决纠纷、服务于当事人的诉讼目的的功能，在审判程序上更多关注争议事实等个性化的问题；高级和最高法院服务于统一法律适用等公共目的方面的功能，在审理程序上集中精力于法律解释等具有普适意义的问题。因此，各国诉讼法在审级制度设计上的一个共性就是：尽可能将事实问题交付一审程序解决，最高法院一般只审查法律问题。这样可以保障各级法院受理的案件数量由下而上递减，使上级法院有限的审判力量足以应对上诉案的审理，并有可能对下级法院进行业务指导与监督，而最高法院也得以在保持较小规模的前提下实现维护司法统一的职能。①

各国的审级制度基于各自的历史、文化、社会、经济条件、司法资源等因素而有差异。目前已知的审级制度模式有四级三审制、四级两审制、三级三审制、三级一审制等模式。例如，美国联邦法院系统实行三级三审制，其法院分为地方法院、上诉法院和最高法院三级，案件经由初审法院审理后，当事人可以有两次上诉机会，直到最高法院。德国的法院层级包括联邦法院、州高等法院、州法院与初级法院四级，实行四级三审制。但对特定案件，比如小额简易案件，实行一审终审制。日本的法院体制基本上仿效德国的，由最高法院、高级法院、地方法院和简易法院四级构成，一个案件最多经过三级法院审理即发生既判力，因此是四级三审制。60万日元以下的金钱支付请求的案件当事人没有上诉的机会，实行一审终审制。②

审级制度的意义在于：(1) 给予当事人多重审级的救济，更好地保障当事人的程序权利，同时吸收当事人的不满，增强法院裁判的正当性。(2) 及时纠正错误裁判，提高司法的可信度，使法院的裁判更容易获得当事人和社会的认可。(3) 通过高层级的法院的法律解释，保障法律适用的统一。(4) 形成上下级法院之间的相互制约与业务指导关系。

二、我国的两审终审制

我国的法院级别分为最高人民法院、高级人民法院、中级人民法院和基层人民法院四级，实行两审终审制，即一个案件最多经两级人民法院审判即告终结。当事人不服第一审法院对民事案件所做的判决、裁定，可以上诉至上一级法院。上诉审法院所做的裁判是终审裁判，当事人不得再提起上诉。两审终审也有例外：人民法院依照小额诉讼、特别程序、督促程序、公示催告程序、企业法人破产还债程序所审理的案件，实行一审终结。

中华人民共和国成立之前，我国曾经实行过三审终审制。1949 年颁布的《中央人民政府最高人民法院试行组织条例》和 1951 年颁布的《人民法院暂行组织条例》均规定了以三级法院体制和两审终审制为原则，以三审终审、一审终审为例外的审级制度，还曾允许某些案件的当事人如不服上诉审判决，可以上诉至最高人民法院。1954 年《人民法院组织法》在总结审判工作经验的基础上，确立了两审终审制度。1979 年颁布的《人民法院组织法》规定了两审终审制。1982 年《民事诉讼法（试行）》对该规定加以细化，1991 年《民事诉讼法》沿袭了这一规定。

审级制度的确定与多种因素有关，诉讼的传统、发案的多少、地域的大小、法官的素质以及司法体制的制约等，都是确定审级制度时所必须认真考虑的。在 20 世纪 80 年代制定《民事诉讼法（试行）》时，立法者之所以选择了两审终审制，主要是考虑到下列因素：(1) 我国地

① 参见江伟主编：《民事诉讼法专论》，346～347 页，北京，中国人民大学出版社，2005。

② 参见杨荣馨主编：《民事诉讼原理》，326～327 页，北京，法律出版社，2003。

域辽阔，交通不便，若审级太多，当事人往返不易，浪费人力物力，不利于生产和工作，而且会使滥用诉权者利用可乘之机，拖累对方。实行两审终审，绝大多数民事案件都在地方两级人民法院得以解决，当事人就近打官司，有利于正常的工作和生产，也有利于人民法院提高审判效率。(2) 两审终审可以保证审判质量：其一，我国民事诉讼中的上诉审既是事实审，又是法律审，能够充分发挥上诉审的作用；其二，我国审判监督制度可以弥补审级较少的不足，对于人民法院已经发生法律效力的判决和裁定，如果确有错误，还可以通过审判监督程序予以纠正。(3) 可以使高级人民法院和最高人民法院审理具体案件的负担控制在合理范围内，集中精力搞好司法解释和业务指导。在相当长一段时间内，两审终审制度被认为是符合中国国情，便利民众诉讼，也便于人民法院行使管辖权的一项制度。

随着国家经济发展和社会结构转型，两审终审制原有设计所据以存在的社会基础已经不存在。比如“交通不便”的情况已经得到根本改观，甚至于在某些地区，当事人到高级法院、最高法院的交通比去中级法院更为便利。再比如，“地域辽阔”导致地方发展不平衡，经济发展地区差异很大，更加需要多重审级来确保法律适用问题可以集中到高级法院或最高法院来解决，这样才能实现司法的统一，等等。近年来的司法实践表明，两审终审制度越来越不适应目前民事诉讼的需要。具体表现如下：其一，两审终审制能够为当事人提供的审级保障明显不足，不能完全吸收当事人不满。大量经过二审法院裁判的案件又进入了再审或者信访，结果不但造成“终审不终”，而且导致再审程序功能变异，担当了弥补审级不足的功能，成为事实上的“三审”。高级法院和最高法院疲于应付申诉与信访，牵扯了大量的审判力量，也影响了司法解释与业务指导的工作。其二，终审法院级别低，无法实现法律适用统一。基层法院受理了绝大多数的一审案件，客观上导致终审案件大多集中在中级人民法院。由于地区差异大，加上地方保护主义的干扰，司法统一的效果不佳。其三，请示汇报、内部函等工作方式导致审级制度失灵。长期以来，上级法院在指导下级法院业务工作过程中形成了两种工作方式：一种是请示汇报，即下级法院在具体案件审理过程中遇到事实认定或法律适用方面的问题，可以逐级向上级法院请示，上级法院针对请示问题予以业务指导；还有一种是内部函，即上级法院使用第二审程序审理上诉案件，认为应当裁定发回重审的，可以就一审存在问题提出改进建议，该建议以内部函的形式与案件一同发回一审人民法院，指导案件的重审。在实践中，由于错案追究的压力，下级法院法官常常利用请示汇报来规避错案风险，减少自己所判案件被二审发回或改判的概率。请示汇报和内部函的做法事实上导致当事人的上诉失去效用，损害了当事人的程序异议权，也削弱了审级制度的纠错功能。其四，终审法院的所在地靠近案发地，法官与当事人之间、法院与地方政府之间存在千丝万缕的联系，难以克服人情因素和地方保护主义对司法的影响，损害了司法公正和裁判的可信度。基于此，改革我国审级制度的呼声日渐高涨，多数观点是构建符合我国国情的以三审终审为核心的多元化审级制度。①

针对司法实践中的问题，最高人民法院《关于审判工作请示问题的通知》（1999 年发布）强调，案件请示只能就法律的适用问题进行请示，不得就事实、证据认定或者裁判结果向上请示；在请示的形式上要求书面请示，不得口头、电话请示等规定。2011 年 1 月 28 日，最高人民法院公布了《关于规范上下级人民法院审判业务关系的若干意见》。该“意见”旨在明确

① 参见杨荣新、乔欣：《重构我国民事诉讼审级制度的探讨》，载《中国法学》，2001 (5)；章武生：《我国民事审级制度之重构》，载《中国法学》，2002 (6)；齐树洁：《论我国民事上诉制度的改革与完善——兼论民事再审制度之重构》，《法学评论》2004 (4)；傅郁林：《民事上诉程序的功能与结构——比较法视野下的二审上诉模式》，载《法学评论》，2005 (4)。

上下级法院业务关系，确保在法律规定的职权范围内，履行各自职责，保持审级独立的司法原则。其中一项是请示汇报的诉讼化改造，即改案件请示改为“提级审理”，规定：基层、中级法院对于已经受理的重大、疑难、复杂、新类型或具有普遍法律适用意义的案件，以及有管辖权的法院不宜行使审判权的案件，可以根据相关法律规定，书面报请上一级法院审理。

【改革动态】《五五改革纲要》提出：优化四级法院职能定位。完善审级制度，充分发挥其诉讼分流、职能分层和资源配置的功能，强化上级人民法院对下监督指导、统一法律适用的职能。健全完善案件移送管辖和提级审理机制，推动将具有普遍法律适用指导意义、关乎社会公共利益的案件交由较高层级法院审理。推动完善民事、行政案件级别管辖制度。

思考与练习

1. 如何进一步完善我国的人民陪审制？
2. 简述民事诉讼中的回避制度。
3. 如何在审判公开、接受社会舆论监督与审判独立之间保持合适的张力？
4. 试就中外审级制度进行比较与评析。

前沿问题探讨

我国审判委员会制度是由历史和政治两重因素共同作用的结果。20世纪90年代以来，由于审判方式改革和现代司法理念的影响，特别是法律制度的日趋完善、法官职业化进程的推进，审判委员会存在的条件发生了巨大变化，其功能也从业务指导变异为法官规避“风险”的工具。更重要的是，审判委员会讨论的一些制度特征与现代司法制度有关程序保障和公正的原理（比如审判公开、法官独立、司法的亲历性等）不符合，许多人呼吁改革甚至取消审判委员会。但是，审判委员会因其功能发生变化而具有“存在合理性”：在经济体制转轨、社会转型时期，新问题、新纠纷层出不穷，社会矛盾性质、种类日趋多样化、复杂化，立法滞后或存在一些“真空地带”，许多案件法律依据不足，一些案件的处理还涉及社会稳定和公共政策等重大问题，超出了法官的承受能力。法官因此离不开审判委员会的保护。这在一定程度上能够解释，为什么司法改革已经触及审判组织的许多细节，却唯独没有对审判委员会产生实质性影响。在司法体制没有根本性变革之前，审判委员会将维持现状。作为一种过渡性的改革思路，可以从严格限定审判委员会的职权范围，防止和消除审判委员会对审判过多的干预等方面来规范审判委员会的运作。审判委员会应当定位为总结审判经验，为审判工作提供业务咨询的一个内部机构，而不是决定案件裁判结果的审判组织。审判委员会的工作重点应放在探索新型案件的法律问题、总结审判经验、为法院的审判活动提供宏观的指导上。对于重大、疑难案件，合议庭难以形成多数意见时，可以向审判委员会咨询；审判委员会可提供咨询意见，而不是作出最终的裁决。

第五章 主管与管辖

内容提要

主管是人民法院行使裁判权审理民事案件的职权范围，即法院与其他国家机关在处理纠纷方面的分工与权限的界定。平等主体之间的法律争议属于法院主管的对象。管辖是各法院之间受理第一审民事案件的分工和权限。管辖权是人民法院对具体民事案件行使审判权的前提。民事案件管辖的确定主要依据法律规定，也可以通过当事人协议或法院裁定确定管辖。当事人对法院管辖有不同意见的，可以提出管辖权异议。

第一节 民事诉讼主管

一、主管的概念

“主管”是一个具有中国特色的概念，一般指人民法院行使裁判权审理民事案件的职权范围，即人民法院民事裁判权的界限。民事裁判权的范围是指法院可以行使审判权作出裁判、解决纠纷的职权范围。法院与其他国家机关处理纠纷的分工与权限的界限在于，纠纷是否属于法律争议。只有涉及法律问题的争议才能成为法院裁判的对象。那些与法律问题无关的事项，比如单位内部的人事变动、干部晋升、工资调整等，即不在裁判权的范围之内。从这个意义上说，裁判权适用范围从一个侧面反映了法律在一个国家社会生活中的地位作用，也折射出这个国家司法机能的大小。

法院内部的分工即按照纠纷性质把案件分为刑事案件、民商事案件、行政案件，分别由刑事审判庭、民事审判庭、行政审判庭等业务庭主管。

二、民事诉讼主管的范围

【案例】上海的杨女士通过打电话向惠民公司预订了一张去厦门的机票，并言明要在虹桥机场登机。惠民公司给她订了一张南方航空公司的机票，并于第二天送到杨女士住处。杨女士按时到达虹桥机场时，被告知该航班是在浦东机场登机，由此导致杨女士误机。杨女士认为，机票上载明的出发地是“上海PVC”，一般人并不能明白其所代表的就是“浦东机场”的意思；惠民公司工作人员在送票时也没有提示登机地点，因此南方航空公司和惠民公司二公司对其误机、退票产生的损失应当承担责任。杨女士向法院提起诉讼，请求：(1) 判令南方航空公司和惠民公司承担赔偿损失责任。(2) 判令二被告在其出售的机票上用中文标明登机地点。问：杨女士的诉讼请求是否属于民事裁判权主管的范围?

民事裁判权主管的范围主要是平等主体之间有关财产权利和人身权利的纠纷，以及法律规定适用民事诉讼程序处理的案件。根据《民事诉讼法》第3条的规定，属于人民法院主管的民事案件有以下几种。

一是平等主体之间因民事法律关系发生的争议，包括民法、经济法等法律调整的财产关系、人身关系发生的争议。大量的民事案件涉及的是民事主体之间的财产关系和人身权利关系纠纷。财产关系纠纷如借贷、买卖、租赁、加工承揽、侵权等纠纷；人身权利纠纷如名誉权、肖像权、姓名权等纠纷。

二是涉及身份关系和劳动关系的纠纷，即婚姻法、劳动法调整的婚姻家庭关系纠纷案件、劳动争议案件。婚姻家庭关系纠纷案件也是常见的民事纠纷案件，包括离婚、抚养、赡养、继承、收养、亲子关系等纠纷。劳动争议案件是指劳动者与用人单位在履行劳动合同过程中发生的纠纷，包括劳动合同解除、工资福利待遇、工伤赔偿、劳动保险等纠纷。按照我国《劳动法》《劳动争议调解仲裁法》的规定，这类纠纷必须先经劳动争议仲裁委员会仲裁。当事人对仲裁裁决不服的，可以在接到裁决书之日起15日内向人民法院起诉。人民法院对劳动争议案件适用民事诉讼程序处理。

三是法律规定适用民事诉讼法审理的其他案件，例如选民资格案件、宣告失踪案件、宣告死亡案件、支付令案件、公示催告案件等。

三、法院主管与人民调解的关系

人民调解委员会是调解民间纠纷的群众性自治组织。人民调解委员会处理的纠纷主要是民事纠纷。除了劳动争议等特殊纠纷外，一般财产权利和人身权利纠纷都可以由人民调解委员会调解处理。就所处理纠纷的性质而言，人民调解委员会与人民法院没有本质的区别。但是，由于两者在解决纠纷方面的机制不同，法院主管范围与人民调解不会发生重叠或冲突。

首先，人民调解委员会受理民事纠纷基于当事人的合意，即只有在双方都自愿的前提下，人民调解委员会才能受理并调解当事人之间的纠纷。而人民法院受理民事案件不需要双方同意，只要纠纷一方当事人向法院提起诉讼，法院就可以受理。

其次，人民调解委员会处理民事纠纷不影响法院的主管。当事人向人民调解委员会申请调解后，一方又向法院提起诉讼的，法院应当受理。经人民调解委员会调解，当事人达成协议后，一方反悔又向人民法院起诉的，人民法院也应当受理。

最后，人民调解协议经司法确认后即具有强制执行力。《人民调解法》首次通过立法确立了人民调解协议的司法确认制度，即对经人民调解委员会调解达成调解协议后，双方当事人认为有必要的，可以自协议生效之日起30日内共同向人民法院申请司法确认；人民法院确认调解协议有效后，一方当事人拒绝履行或者未全部履行的，对方当事人可以向人民法院申请强制执行。这是近年来人民调解工作的一项重要制度创新，是运用司法机制对人民解调给予支持的重要保障性措施。2011年3月23日，最高人民法院公布《关于人民调解协议司法确认程序的若干规定》。2012年修改《民事诉讼法》时，增设关于确认调解协议案件的程序规定。

四、法院主管与民商事仲裁的关系

仲裁委员会是民间性的纠纷解决机构。根据我国《仲裁法》的规定，对于平等主体之间因合同关系和其他财产关系发生的纠纷，可以通过仲裁的方式解决。因此，在主管的纠纷类型上，商事仲裁与民事诉讼有交叉之处。二者之间的关系是通过以下途径来界定的。

1. 仲裁范围。根据《仲裁法》第 2 条和第 3 条的规定，仲裁机构只能受理平等主体的公民、法人和其他组织之间发生的合同纠纷和其他财产权益纠纷。婚姻、收养、监护、扶养、继承纠纷以及依法应当由行政机关处理的行政争议不能通过仲裁方式解决。

2. 协议仲裁。仲裁机构受理案件以当事人达成仲裁协议为前提。当事人就将纠纷提交仲裁方式解决，以及裁决事项、仲裁程序等达成协议的，仲裁机构对该纠纷才有仲裁权。当事人没有仲裁协议或者仲裁协议无效的，仲裁机构不得裁决，当事人可以向法院起诉。

3. 或裁或审。当事人选择仲裁方式解决纠纷之后，就丧失了向法院起诉的权利。有效的仲裁协议排除法院对该纠纷的主管权。

4. 一裁终局。仲裁法规定了一裁终局制度，即仲裁裁决一经作出立即生效，当事人不得上诉或申请复议。仲裁裁决的效力相当于生效判决的效力，即具有既判力和执行力。当事人就同一事项再向法院起诉的，法院不予受理。

5. 裁决的撤销和不予执行。对仲裁机构作出的裁决，若具备法定事由，当事人可以向人民法院申请撤销或不予执行。法院作出撤销或不予执行仲裁裁决的裁定后，当事人可以向法院起诉，也可以在重新达成仲裁协议之后申请仲裁。

五、法院主管与政府部门处理民事纠纷的关系

基层人民政府拥有解决纠纷的职能。乡（镇）基层人民政府处理的纠纷范围是《人民调解法》规定的民事纠纷，即公民之间有关人身权、财产权的纠纷，特别是在日常生活中发生的邻里纠纷、家庭纠纷等。乡镇人民政府大多设有司法所，配备司法助理员。司法助理员的身份是基层人民政府的司法行政工作人员，负责调解处理民事纠纷。

相对于人民调解而言，政府处理民事纠纷具有一定的主动性和强制性。这是由于政府主要是以管理社会事务为的目的出发干预社会纠纷解决的。为此，基层人民政府采取多种措施预防和解决纠纷，比如设立纠纷信息员，及时收集和排查纠纷，发现纠纷苗头设法早期介入，防止纠纷激化，避免民事纠纷转化为刑事纠纷等。但是，这并不意味着政府在解决纠纷方面优先于法院的主管。无论政府是否介入纠纷，只要当事人一方向法院起诉的，法院即有管辖权。民事纠纷经基层政府处理后，当事人又起诉到法院的，法院也有管辖权。例如，《商标法》第 60 条规定，因侵犯注册商标专用权行为引起纠纷的，商标注册人或者利害关系人可以向人民法院起诉，也可以请求工商行政管理部门处理。

根据我国一些行政法规的规定，政府职能部门对某些特定的民事纠纷也有主管权（即行政处理权）。总的来说，行政机关与人民法院在主管民事纠纷的关系上有两种类型：一是行政机关专管。例如，《土地管理法》第 14 条规定，土地所有权和使用权争议，由当事人协商解决；协商不成的，由人民政府处理。单位之间的争议，由县级以上人民政府处理；个人之间、个人与单位之间的争议，由乡级人民政府或者县级人民政府处理。当事人对有关人民政府的处理决定不服的，可以向人民法院提起行政诉讼。二是人民法院和行政机关共管，行政处理为前置程序。如按照《劳动法》第 79 条的规定，劳动争议发生后，当事人必须首先向劳动争议仲裁委员会申请仲裁。对仲裁裁决不服的，可以向人民法院提起诉讼。

六、复合型争议的主管

有的争议对象可能既涉及民事关系又涉及行政关系，有的侵权行为可能涉嫌犯罪，由此引

发的纠纷在性质上具有复合型特征。对于复合型纠纷的主管问题需要确立相应的规则，既要有利于纠纷的彻底解决，又要有利于保护当事人的合法权益。关于复合型争议的主管，涉及法院内部各业务庭的分工，同时也存在适用何种诉讼程序的问题。

（一）民事行政复合型争议

某些争议涉及的法律关系既受民事法律的调整，又受行政法律的调整。比如不动产纠纷，可能涉及房地产管理部门的登记是否正确的争议；再比如股权转让与变更纠纷，可能涉及相关主管部门审批是否正确的争议；还有因行政机关工作人员在执行职务过程中实施了民事侵权行为引发的纠纷；因绿化树倒下致行人死亡、受伤引发的纠纷；因市政设施施工致人损害；等等。这些纠纷既有财产权和人身权关系，又有行政管理关系，属于复合型争议。

民事行政复合型争议究竟应适用何种诉讼程序解决，关键是对争议性质的界定，同时还要看纠纷解决程序是否有独立性。一些纠纷尽管具有行政因素，但是，当事人争议的焦点是经济赔偿等民事责任问题，纠纷的解决不需要经过行政诉讼程序的，可以单独通过民事诉讼程序解决。如果纠纷的解决以行政关系争议的解决为前提，而且行政争议的处理必然影响民事纠纷的解决的，这种争议在本质上还是行政争议，应当适用行政诉讼程序解决。如果复合型争议可能分为两个独立的争议，而民事诉讼程序需要以行政诉讼程序的结果为依据的，可以先进行行政诉讼，再进行民事诉讼。如果法院在受理民事案件后才发现该情况的，应当告知当事人提起行政诉讼，同时中止本案诉讼程序，待行政诉讼程序完结后再恢复民事案件的审理。

（二）民事刑事复合型争议

在一些纠纷中，当事人的行为既涉及违约或侵权，又涉嫌犯罪。比如不履行合同义务与合同诈骗，人身损害侵权与故意伤害，交通事故损害侵权与交通肇事，等等。对这类纠纷，《刑事诉讼法》规定了刑事附带民事诉讼程序，即已经对行为人提起刑事诉讼的，受害人可以同时提起附带民事诉讼。审判实务中一般按照“先刑后民”的原则，即先审理刑事诉讼部分，再审理民事诉讼部分。由于纠纷当事人不一定了解民事违法行为与犯罪行为之间的界限，因而在有关机关尚未启动刑事诉讼程序之前，应当允许当事人提起民事诉讼。如果当事人已经提起了民事诉讼，后发现当事人涉嫌犯罪的，应当按照“先刑后民”的原则，先将案件移送公安机关或检察机关立案侦查，然后根据刑事案件处理结果来决定是否恢复民事诉讼程序。如果当事人被提起公诉的，原来的民事诉讼可以作为刑事附带民事诉讼程序并入刑事诉讼程序；如果刑事案件的处理结果认定当事人不构成犯罪的，法院即恢复对民事案件的审理。①

第二节　管辖概述

一、管辖的概念

民事诉讼中的管辖，是指各级法院之间和同级法院之间受理第一审民事案件的分工和权限。它是在法院内部具体落实民事审判权的一项制度。

【辨析】主管与管辖

这是民事诉讼中具有密切联系的两个概念。主管先于管辖发生，它是确定诉讼案件管辖法院的前提。管辖则是对属于法院民事诉讼主管范围案件的具体落实。两者又是不同的概念。主

① 参见李浩：《民事诉讼法学》，2版，64～65页，北京，法律出版社，2014。

管是划定民事裁判权的范围，即解决哪些纠纷可以作为民事诉讼受理的问题；而管辖是解决具体民事诉讼案件由哪个法院来受理的问题。

在民事诉讼法中对管辖作出明确、具体的规定，为合理地确定案件审理法院提供依据，对民事诉讼程序的有序运作和对当事人的程序保障均具有重要意义。

第一，管辖权是司法权的重要内容之一，某些案件还涉及国家主权和国际关系问题。完整而有效的司法管辖权是国家主权的体现，也是保护公民、法人和其他社会组织的合法权益的需要。

第二，正确确定管辖是诉讼程序顺利进行的前提条件。管辖权的确定是诉讼的首要环节之一。管辖的确定可以使各人民法院明确本院受理第一审民事案件的权限，将民事案件的审判权落实到具体法院。防止因管辖权不明造成法院之间的相互推诿或者争夺。管辖的确定还可以使原告知道应当向哪一级、哪一个法院提起诉讼，正确行使起诉权；使被告得以判断受诉人民法院对案件有无管辖权，及时行使异议权。避免因管辖不明而造成当事人告状无门的情况发生。

第三，合理确定管辖权，有利于方便当事人进行诉讼，方便法院审理和裁判，减少当事人的诉讼成本，节约司法资源，提高诉讼效率。

二、确定管辖的原则

我国《民事诉讼法》依据下列原则确定民事案件的管辖。

1. “两便”原则。“两便”是指既要便于当事人进行诉讼，又要便于人民法院审理案件和执行裁判。尽可能为当事人提供诉讼上的便利，鼓励当事人通过诉讼解决纠纷，是我国民事诉讼立法的指导思想。法院在诉讼中需要实施一系列的审判行为。为使审判工作有效率地进行，确定管辖时必须为法院实施诉讼行为提供便利。按照“两便”原则，法律在确定管辖时综合考虑了当事人住所地、诉讼标的物特点、法律事实发生地等因素与法院辖区之间的密切程度。为此，《民事诉讼法》将大多数案件规定由当事人所在地或者标的物所在地人民法院管辖。

2. 均衡法院工作负担原则。各级人民法院的职能不同，任务也不同。基层人民法院的任务较为单纯，仅负责审理第一审案件。中级以上的人民法院既要审理上诉案件，又要负责指导、监督下级人民法院的审判工作。法院的级别越高，指导、监督工作的量就越大。因此，在确定管辖时，应考虑各级人民法院职能和任务上的区别，使它们的工作负担尽可能均衡，更重要的是保障审级制度功能的发挥。《民事诉讼法》将大多数第一审民事案件划归基层人民法院管辖，中级以上的人民法院级别越高，管辖的第一审民事案件越少，便是反映了这一原则的要求。

3. 国家主权原则。司法权是国家主权的重要组成部分，其中管辖又是与国家主权有最为紧密的联系的问题。无论对纠纷的裁判，还是对裁判的执行，都涉及一个国家的主权完整与尊严。在尊重国际惯例的基础上，在合理的范围内，尽可能拓宽我国法院对民事案件的管辖权，以维护国家主权和我国公民的利益，抵制外国司法权对我国国内事务的干涉，是非常必要的。关于专属管辖的规定和涉外民事诉讼管辖的规定集中体现了这一原则。

4. 管辖法定原则。民事诉讼案件管辖的确定以法律规定为原则，以当事人协议选择为例外。诉讼上的管辖有明显的强制性，这是诉讼程序区别于仲裁程序的一大特点。但是，诉讼中可能出现一些特殊情况，使法定的管辖法院不便于审理。为最大限度保证案件得到公正审理，法律也规定了一些变通规则。例如，裁定管辖就是允许上级法院根据个案的具体情况，以裁定方式处理管辖问题。

三、管辖恒定

管辖恒定，是指案件的管辖权一旦确定，即应保持到诉讼终结，不因诉讼过程中据以确定管辖的因素发生变化而受影响。这是诉讼经济的要求，它既可以避免因管辖变动造成的司法资源的浪费，又有助于减轻当事人的诉讼成本，尽快解决纠纷。

管辖权的确定一般是在原告起诉、法院受理之时。除因法定事由需要通过移送管辖、管辖权转移改变管辖法院外，法院对某个案件的管辖权自其受理当事人诉讼之日起即告确定。即便诉讼过程中当事人变更了诉讼请求、增加或减少了诉讼标的额或者迁移了住所地等，均不能因此改变案件的管辖。《民诉法解释》第 37 条至第 39 条列举了几种适用管辖恒定规则的情形：(1) 案件受理后，当事人住所地、经常居住地变更，受诉人民法院的管辖权不受影响；(2) 有管辖权的人民法院受理案件后，不得以行政区域变更为由，将案件移送给变更后有管辖权的人民法院；(3) 人民法院对管辖异议审查后确定有管辖权的，不因当事人提起反诉、增加或者变更诉讼请求等改变管辖，但违反级别管辖、专属管辖规定的除外。第一审程序管辖法院确定后，第二审程序、再审程序、发回重审程序的管辖法院都以此确定。一审判决后的上诉案件和依审判监督程序提审的案件，由原审人民法院的上级人民法院进行审判；上级人民法院指令再审、发回重审的案件，由原审人民法院再审或者重审。人民法院发回重审或者按第一审程序再审的案件，当事人提出管辖异议的，人民法院不予审查。

管辖恒定在实践中的应用不仅涉及级别管辖、地域管辖问题，还可能涉及反诉的管辖问题。在诉讼过程中，被告依法提起反诉并被法院受理的，审理本诉案件的法院因此获得对反诉案件的管辖权。即使本诉原告撤回起诉，也不影响法院对反诉的管辖权。

四、管辖的确定

《民事诉讼法》对确定管辖的方法和路径作了明确规定。

1. 确定管辖的方法。《民事诉讼法》规定了法定管辖、裁定管辖和协议管辖等确定管辖的方法。法定管辖就是以法律规定确定管辖，包括级别管辖、地域管辖、专属管辖等。裁定管辖是通过法院裁定确定管辖的方法，包括移送管辖、管辖权转移和指定管辖。协议管辖是当事人协商选择管辖法院的方法。其中，法定管辖是最主要的确定管辖的方法，其他方法起补充作用。《民事诉讼法》对协议管辖和裁定管辖的适用范围和适用条件均有限制性规定。

2. 确定管辖的路径。确定管辖如同在坐标系上确定一个点，要按照一定的顺序和参照系来进行。在确定某个案件的管辖法院时，应当按照先级别管辖后地域管辖的顺序，首先按照当事人诉讼标的额大小、案件影响的范围等确定级别管辖，其次分析案件的各个因素，参考诉讼标的、当事人住所地、法律事实发生地等与法院辖区的关系，确定地域管辖。

3. 共同管辖。按照法律规定确定管辖的时候，往往发生两个或两个以上的人民法院对同一案件均具有管辖权的情形，理论上称之为“共同管辖”。共同管辖既可以因诉讼主体的因素而产生，也可以因诉讼客体的因素而产生，前者如同一诉讼的几个被告的住所地在两个或两个以上人民法院辖区内，后者如不动产纠纷中作为诉讼标的物的不动产跨越不同的人民法院辖区。共同管辖并不意味着一个案件可以由两个以上法院共同审理。任何一个民事案件只能由一个法院审理，只能产生一个判决，即所谓“一案一判”。因此，具体案件的管辖权最终只能落实在一个法院上。两个以上法院都有管辖权的案件，由最先立案的法院管辖。《民诉法解释》第 36 条规定：“两个以上人民法院都有管辖权的诉讼，先立案的人民法院不得将案件移送给另一个有管辖权的人民法院。人民法院在立案前发现其他有管辖权的人民法院已先立案的，不得重复立案；立案后发现其他有管辖权的人民法院已先立案的，裁定将案件移送给先立案的人民法院。”

4. 合并管辖，亦称牵连管辖，是指对某一案件有管辖权的人民法院，因另一案件与该案件存在着牵连关系，而对两个案件一并管辖和审理。适用合并管辖的主要情形是原告增加诉讼请求，被告提出反诉，第三人提出参加之诉，等等。合并管辖的实质是人民法院基于牵连关系将另一原本无管辖权的案件并归自己管辖。如人民法院对另一诉讼原来就有管辖权，则不发生合并管辖问题。

第三节　级别管辖

一、级别管辖的概念

级别管辖，是指各级人民法院之间受理第一审民事案件的分工和权限。

我国法院分为四级，每一级都可以受理第一审民事案件。级别管辖的意义就在于对不同级别的人民法院审理第一审民事案件的权限进行分工。其特点在于级别管辖的分工是在总体意义上的，并不直接落实到具体法院。

二、确定级别管辖的标准

《民事诉讼法》根据以下三个方面的标准来确定案件的级别管辖。

1. 案件的性质。此即诉讼标的所涉及的法律关系的性质。案件性质不同，审理的难易程度也不同。比如专利案件、海事海商案件专业性强，重大涉外案件要考虑更多的政治与国际关系因素，等等。这些性质特殊的案件，往往审理难度较大，由较高级别的人民法院管辖比较合适。

2. 案件的影响。案件的处理结果会对社会产生一定的影响。有的案件仅在基层人民法院的辖区内有一定的影响，有的案件则在全省、自治区、直辖市范围内有重大影响。案件影响范围越大，对审判质量的要求就越高，所以要根据案件影响范围的大小来划分级别管辖，将影响范围大的案件分配给级别较高的人民法院。

3. 诉讼标的额。此即在财产纠纷类的诉讼中，当事人争讼的财产价值金额的大小。

三、级别管辖的规定

《民事诉讼法》第 17 条至第 20 条分别规定了各级人民法院管辖的第一审民事案件。

（一）基层人民法院管辖的第一审民事案件

《民事诉讼法》第 17 条规定：“基层人民法院管辖第一审民事案件，但本法另有规定的除外。”根据此条，第一审民事案件原则上由基层人民法院管辖。这一规定实际上把大多数民事案件都划归基层人民法院管辖。基层人民法院是我国法院系统中最低级别的法院，不仅数量多，而且遍布各个基层行政区域。由基层人民法院管辖第一审民事案件，既便于当事人参与诉讼，又便于人民法院审理案件。

（二）中级人民法院管辖的第一审民事案件

根据《民事诉讼法》第 18 条的规定，中级人民法院管辖的第一审民事案件有三类。

1. 重大的涉外案件。涉外案件，是指具有涉外因素的民事案件。根据《民诉法解释》，重大涉外案件包括争议标的额大的案件、案情复杂的案件，或者一方当事人人数众多等具有重大影响的案件。

为了保证涉外民商事案件的审判质量，依法保护中外当事人的合法权益，最高人民法院对部分涉外案件实行集中管辖，这部分涉外案件不再适用《民事诉讼法》关于级别管辖的规定，也不再依据被告住所地、合同履行地等与法院地之间的联系来确定地域管辖。

最高人民法院《关于涉外民商事案件诉讼管辖若干问题的规定》（2002年发布）规定，以下涉外民商事案件适用集中管辖：（1）涉外合同和侵权纠纷案件；（2）信用证纠纷案件；（3）申请撤销、承认与强制执行国际仲裁裁决案件；（4）审查有关涉外民商事仲裁条款效力的案件；（5）申请承认和强制执行外国法院民商事判决、裁定的案件。但不包括发生在与外国接壤的边境省份的边境贸易纠纷案件、涉外房地产案件和涉外知识产权案件。

有权管辖第一审涉外民商事案件的法院包括：（1）国务院批准设立的经济技术开发区法院；（2）省会、自治区首府、直辖市所在地的中级法院；（3）经济特区、计划单列市的中级法院；（4）最高人民法院指定的其他中级法院；（5）高级法院。中级法院的区域管辖范围由其所在的高级法院确定。

2. 在本辖区有重大影响的案件。这是指在中级人民法院辖区内引起广泛的社会关注，其处理结果可能产生重大社会影响的案件。

3. 最高人民法院确定由中级人民法院管辖的案件。这是指最高人民法院根据审判工作的需要，将某些案件确定由中级人民法院作为第一审法院。目前这类案件主要有：（1）海事、海商案件。海事、海商案件由作为专门法院的海事法院管辖。我国在广州、厦门、上海、武汉等地设立了10家海事法院，海事法院的级别相当于中级人民法院，其受案范围由最高人民法院确定。（2）专利纠纷案件。专利纠纷案件有两类：一类是专利行政案件，属于行政诉讼的受案范围；另一类是专利民事案件，属于民事诉讼的受案范围。专利民事案件主要包括专利申请公布后、专利权授予前使用发明、实用新型、外观设计的费用的纠纷案件；专利侵权的纠纷案件；转让专利申请权或者专利权的合同纠纷案件；等等。《民诉法解释》第2条规定："专利纠纷案件由知识产权法院、最高人民法院确定的中级人民法院和基层人民法院管辖。"（3）著作权纠纷案件。著作权纠纷案件亦包括民事案件与行政案件两类，其中民事案件包括：著作权及与著作权有关权益、权属、侵权、合同纠纷案件；申请诉前停止侵犯著作权、与著作权有关的权益行为，申请诉前财产保全、诉前证据保全案件；其他著作权、与著作权有关权益的纠纷案件。著作权民事案件主要由中级人民法院管辖。（4）重大的涉港、澳、台民事案件。（5）诉讼标的金额大或者诉讼单位属省、自治区、直辖市以上的经济纠纷案件。（6）证券虚假陈述民事赔偿案件。这类案件由省、直辖市、自治区人民政府所在的市、计划单列市和经济特区中级人民法院管辖。

【改革动态】知识产权法院及其管辖

为推动实施国家创新驱动发展战略，加强知识产权司法保护，健全技术创新激励机制，2013年11月中共中央《关于全面深化改革若干重大问题的决定》决定设立专门审理知识产权纠纷的审判机构。2014年8月31日，第十二届全国人大常委会第十次会议通过《全国人大常委会关于在北京、上海、广州设立知识产权法院的决定》，在北京、上海、广州设立知识产权法院。根据该决定，知识产权法院管辖的范围包括：（1）一审民事、行政案件。有关专利、植物新品种、集成电路布图设计、技术秘密等专业技术性较强的第一审知识产权民事和行政案件由知识产权法院管辖。不服国务院行政部门裁定或者决定而提起的第一审知识产权授权确权行政案件，由北京知识产权法院管辖。(2) 实行跨行政区划管辖。知识产权法院受理知识产权纠纷案件实行跨区域管辖。在知识产权法院设立的三年内，可以先在所在省（直辖市）实行跨区域管辖。(3) 二审案件。知识产权法院所在市的基层人民法院第一审著作权、商标等知识产权民事和行政判决、裁定的上诉案件，由知识产权法院审理。知识产权法院第一审判决、裁定的上诉案件，由知识产权法院所在地的高级人民法院审理。由此可见，知识产权法院管辖范围有两个特点：一是跨行政区划。其目的很明显，是排除地方保护主义对司法的干扰。二是同时有权受理一审和二审案件。因此，其在级别管辖的意义上类似于中级人民法院的。

（三）高级人民法院管辖的第一审民事案件

高级人民法院的主要任务是对本辖区内中级人民法院和基层人民法院的审判活动进行指导和监督，审理不服中级人民法院判决、裁定的上诉案件。因此，对高级人民法院管辖第一审民事案件的数量应作限制，仅限于管辖在本辖区内有重大影响的第一审民事案件。《民事诉讼法》第 19 条规定："高级人民法院管辖在本辖区内有重大影响的第一审民事案件。"在高级人民法院辖区内有重大影响的案件，是指案情复杂，涉及的社会关系面广，案件的处理结果影响范围大，超出了中级人民法院辖区的范围，波及整个省（自治区、直辖市），不宜由中级人民法院进行一审的案件。

（四）最高人民法院管辖的第一审民事案件

最高人民法院是国家最高审判机关，其主要任务是对地方各级人民法院和各专门法院的审判工作进行指导、监督，对审判中适用法律时遇到的疑难问题作出司法解释，对下级人民法院的请示作出批复，还要审理因不服高级人民法院一审裁判而提出上诉的案件。最高人民法院又是最高司法机关，其判决为终审判决。以上种种因素决定了最高人民法院管辖的第一审民事案件只能是极少数特别重大的案件。《民事诉讼法》第 20 条规定："最高人民法院管辖下列第一审民事案件：（一）在全国有重大影响的案件；（二）认为应当由本院审理的案件。"

最高人民法院管辖在全国有重大影响的案件和认为应当由本院审理的案件，这体现了我国独特的管辖制度，即每一级法院都有权受理第一审案件。但最高人民法院为一审的案件在客观上将导致当事人无法行使上诉权。因此，最高人民法院十分谨慎地行使这一权力。迄今为止最高人民法院未受理过第一审民事案件。

为适应经济社会发展和民事诉讼需要，准确适用修改后的民事诉讼法关于级别管辖的相关规定，合理定位四级法院民商事审判职能，最高人民法院于 2015 年 4 月 30 日发出通知（法发〔2015〕7 号），调整高级人民法院和中级人民法院管辖第一审民商事案件标准。新标准自 2015 年 5 月 1 日起施行。

2019 年 4 月 30 日，为适应新时代审判工作发展要求，合理定位四级法院民事审判职能，促进矛盾纠纷化解重心下移，最高人民法院再次调整高级人民法院和中级人民法院管辖第一审民事案件标准，主要内容如下。

1. 中级人民法院管辖第一审民事案件的诉讼标的额上限原则上为 50 亿元，诉讼标的额下限继续按照最高人民法院《关于调整地方各级人民法院管辖第一审知识产权民事案件标准的通知》（法发〔2010〕5 号）、最高人民法院《关于调整高级人民法院和中级人民法院管辖第一审民商事案件标准的通知》（法发〔2015〕7 号）、最高人民法院《关于明确第一审涉外民商事案件级别管辖标准以及归口办理有关问题的通知》（法〔2017〕359 号）、最高人民法院《关于调整部分高级人民法院和中级人民法院管辖第一审民商事案件标准的通知》（法发〔2018〕13 号）等文件执行。

2. 高级人民法院管辖诉讼标的额 50 亿元以上（包含本数）或者其他在本辖区有重大影响

的第一审民事案件。

3. 海事海商案件、涉外民事案件的级别管辖标准按照（法发〔2015〕7号）执行。

4. 知识产权民事案件的级别管辖标准按照（法发〔2015〕7号）执行，但最高人民法院《关于知识产权法庭若干问题的规定》第2条所涉案件类型除外。

【改革动态】最高人民法院设立巡回法庭

为方便当事人诉讼，防止和克服地方保护主义，推动审判工作重心下移，党的十八届四中全会决定提出，最高人民法院设立巡回法庭，审理跨行政区域重大行政和民商事案件。2015年1月28日和1月31日，最高人民法院第一巡回法庭、第二巡回法庭先后在广东省深圳市、辽宁省沈阳市正式挂牌成立并开始运行。巡回法庭是最高人民法院派驻地方的常设审判机构，主要职能是办理应当由最高人民法院受理的部分案件，其作出的判决、裁定和决定为最高人民法院的判决、裁定和决定。根据最高人民法院2015年1月发布的《关于巡回法庭审理案件若干问题的规定》，第一巡回法庭的巡回区为广东、广西、海南三省区。第二巡回法庭的巡回区为辽宁、吉林、黑龙江三省。巡回法庭审理或者办理巡回区内应当由最高人民法院受理的以下案件：(1) 全国范围内重大、复杂的第一审行政案件；(2) 在全国有重大影响的第一审民商事案件；(3) 不服高级人民法院作出的第一审行政或者民商事判决、裁定提起上诉的案件；(4) 对高级人民法院作出的已经发生法律效力的行政或者民商事判决、裁定、调解书申请再审的案件；(5) 刑事申诉案件；(6) 依法定职权提起再审的案件；(7) 不服高级人民法院作出的罚款、拘留决定申请复议的案件；(8) 高级人民法院因管辖权问题报请最高人民法院裁定或者决定的案件；(9) 高级人民法院报请批准延长审限的案件；(10) 涉港澳台民商事案件和司法协助案件；(11) 最高人民法院认为应当由巡回法庭审理或者办理的其他案件。

2016年12月下旬，最高人民法院第三、第四、第五、第六巡回法庭相继在江苏南京、河南郑州、重庆、陕西西安挂牌成立并开始运行。

第四节 地域管辖

一、地域管辖的概念

地域管辖，是指确定同级人民法院之间受理第一审民事案件的分工和权限。

地域管辖是在确定级别管辖之后的“二次分配”，当地域管辖确定后，某一案件的管辖权就落实到了具体的法院。

地域管辖是按照各人民法院的辖区与民事案件的关系来确定的。我国民事诉讼法确定地域管辖的参照标准主要有两个：一是诉讼当事人的所在地（尤其是被告的住所地）与法院辖区之间的联系；二是诉讼标的、诉讼标的物或法律事实与法院辖区之间的联系。其中，以当事人住所地为标准确定管辖法院是最常用，也是最一般的方法，因此其被称为“一般地域管辖”；如果确定管辖时不仅考虑当事人住所地与法院辖区的关系，而且考虑诉讼标的、诉讼标的物或法律事实与法院辖区之间的关系的，就是“特殊地域管辖”。

二、一般地域管辖

一般地域管辖，是指以当事人的所在地与法院的隶属关系来确定管辖的规定。

（一）原则规定——被告所在地人民法院管辖

民事诉讼法关于一般地域管辖确立的原则是“原告就被告”，即以被告所在地法院为管辖法院。《民事诉讼法》第21条规定：“对公民提起的民事诉讼，由被告住所地人民法院管辖；被告住所地与经常居住地不一致的，由经常居住地人民法院管辖。”“对法人或者其他组织提起的民事诉讼，由被告住所地人民法院管辖。”《民诉法解释》规定，公民的住所地是指公民的户籍所在地，法人或者其他组织的住所地是指法人或者其他组织的主要办事机构所在地。法人或者其他组织的主要办事机构所在地不能确定的，法人或者其他组织的注册地或者登记地为住所地。公民的经常居住地是指公民离开住所地至起诉时已连续居住一年以上的地方，但公民住院就医的地方除外。当事人的户籍迁出后尚未落户，有经常居住地的，由该地人民法院管辖；没有经常居住地的，由其原户籍所在地人民法院管辖。双方当事人都被监禁或者被采取强制性教育措施的，由被告原住所地人民法院管辖。被告被监禁或者被采取强制性教育措施一年以上的，由被告被监禁地或者被采取强制性教育措施地人民法院管辖。

此外，《民诉法解释》针对不同情形确定被告所在地有如下解释：(1) 对没有办事机构的个人合伙、合伙型联营体提起的诉讼，由被告注册登记地人民法院管辖。没有注册登记，几个被告又不在同一辖区的，被告住所地的人民法院都有管辖权。(2) 被告被注销户籍的，依照《民事诉讼法》第22条规定确定管辖；原告、被告均被注销户籍的，由被告居住地人民法院管辖。(3) 夫妻双方离开住所地超过一年，一方起诉离婚的案件，由被告经常居住地人民法院管辖；没有经常居住地的，由原告起诉时被告居住地人民法院管辖。

实行“原告就被告”原则主要是从平衡当事人双方的诉讼地位角度考虑的。由于诉讼是由原告主动发起的，被告是被动应诉，因而在参加诉讼的主动性、积极性方面存在明显差异。确定被告所在地法院有管辖权，要求原告到被告所在地法院起诉，一方面可以照顾被动应诉的被告的诉讼利益，另一方面也有利于法院向被告送达法律文书、调查案件事实、通知被告参加诉讼。

（二）例外规定——原告所在地人民法院管辖

对于某些特殊情形，案件由被告所在地人民法院管辖既不便于当事人诉讼，也不便于法院审理的，可以由原告住所地人民法院管辖。

《民事诉讼法》第22条规定，下列民事诉讼，由原告所在地人民法院管辖：(1) 对不在我国领域内居住的人提起的有关身份关系的诉讼。所谓有关身份关系的诉讼，是指诉讼标的涉及与人的身份相关的各种关系，如婚姻关系、亲子关系、收养关系等。(2) 对下落不明或者宣告失踪的人提起的有关身份关系的诉讼。(3) 对被采取强制性教育措施的人提起的诉讼。(4) 对被监禁的人提起的诉讼。

《民诉法解释》对于由原告所在地法院管辖，补充规定了以下几种情形：(1) 追索赡养费、抚育费、扶养费案件的几个被告住所地不在同一辖区的，可以由原告住所地人民法院管辖。(2) 夫妻一方离开住所地超过一年，另一方起诉离婚的案件，可以由原告住所地人民法院管辖。(3) 中国公民双方在国外但未定居，一方向人民法院起诉离婚的，应由原告或者被告原住所地人民法院管辖。

此外，《民诉法解释》对以下特殊情况确定管辖法院作出规定：(1) 不服指定监护或者变更监护关系的案件，可以由被监护人住所地人民法院管辖。(2) 双方当事人均为军人或者军队单位的民事案件由军事法院管辖。(3) 在国内结婚并定居国外的华侨，如定居国法院以离婚诉讼须由婚姻缔结地法院管辖为由不予受理，当事人向人民法院提出离婚诉讼的，由婚姻缔结地或者一方在国内的最后居住地人民法院管辖。(4) 在国外结婚并定居国外的华侨，如定居国法院以离婚诉讼须由国籍所属国法院管辖为由不予受理，当事人向人民法院提出离婚诉讼的，由一方原住所地或者在国内的最后居住地人民法院管辖。(5) 中国公民一方居住在国外，一方居住在国内，不论哪一方向人民法院提起离婚诉讼，国内一方住所地人民法院都有权管辖。国外一方在居住国法院起诉，国内一方向人民法院起诉的，受诉人民法院有权管辖。(6) 已经离婚的中国公民，双方均定居国外，仅就国内财产分割提起诉讼的，由主要财产所在地人民法院管辖。

三、特殊地域管辖

特殊地域管辖又称特别管辖，通常指不仅以被告所在地，而且特别考虑引起诉讼的法律事实的所在地、诉讼标的所在地等因素与法院辖区的关系来确定诉讼的管辖法院。

《民事诉讼法》第 23 条至第 32 条规定了十种特殊地域管辖。

1. 因合同纠纷提起的诉讼，由被告住所地或者合同履行地人民法院管辖。合同履行地，是指合同规定的履行义务的地点，主要是指合同标的物的交付地。合同履行地应当在合同中明确约定。对履行地约定不明确的合同，应当根据《合同法》第 62 条的规定确定履行地，即“履行地点不明确，给付货币的，在接受货币一方所在地履行；交付不动产的，在不动产所在地履行；其他标的，在履行义务一方所在地履行”。《合同法》对供用电、水、气、热力合同的履行地点作了规定。根据该法第 178 条、第 184 条的规定，这类合同的履行地点，按当事人的约定确定；当事人没有约定或约定不明确的，供电、供水、供气、供热力设施的产权分界处为履行地点。

确定合同履行地在实践中是个相当复杂的问题，当事人之间、法院之间常常对如何确定合同履行地产生分歧，并由此引发管辖权争议。《民诉法解释》第 19、20 条规定了以下几种合同的履行地：(1) 财产租赁合同、融资租赁合同以租赁物使用地为合同履行地。合同对履行地有约定的，从其约定。(2) 以信息网络方式订立的买卖合同，通过信息网络交付标的的，以买受人住所地为合同履行地；通过其他方式交付标的的，收货地为合同履行地。合同对履行地有约定的，从其约定。

合同没有实际履行，当事人双方住所地都不在合同约定的履行地的，由被告住所地人民法院管辖。

2. 因保险合同纠纷提起的诉讼，由被告住所地或者保险标的物所在地人民法院管辖。保险合同是投保人与保险人约定保险权利义务关系的协议。投保人是与保险人订立保险合同，并按照保险合同负有支付保险费义务的人。保险人则是指与投保人订立保险合同，并承担赔偿或者给付保险金责任的保险公司。这类诉讼，被告住所地和保险标的物所在地人民法院都有管辖权。《民诉法解释》第 21 条规定，因财产保险合同纠纷提起的诉讼，如果保险标的物是运输工具或者运输中的货物，可以由运输工具登记注册地、运输目的地、保险事故发生地人民法院管辖。因人身保险合同纠纷提起的诉讼，可以由被保险人住所地人民法院管辖。

3. 因票据纠纷提起的诉讼，由票据支付地或被告住所地人民法院管辖。票据是指以无条件支付一定金额为基本效能的有价证券。《票据法》规定的票据包括汇票、本票和支票三种。在票据关系中，持票人享有向票据债务人请求支付票据金额的权利，票据债务人则负有向持票人支付票据金额的义务。票据纠纷通常是指因票据的签发、取得、使用、转让、承兑、保证等引起的纠纷。票据诉讼由票据支付地或被告住所地人民法院管辖。票据支付地，是指票据上载明的付款地，如未载明付款地，则以票据付款人（包括代理付款人）的住所地或主营业所所在地为票据付款地。

4. 因公司设立、确认股东资格、分配利润、解散等纠纷提起的诉讼，由公司住所地人民法院管辖。

公司住所地是指公司主要办事机构所在地。公司办事机构所在地不明确的，由其注册地人民法院管辖。因股东名册记载、请求变更公司登记、股东知情权、公司决议、公司合并、公司分立、公司减资、公司增资等纠纷提起的诉讼，依照《民事诉讼法》第 26 条的规定确定管辖。

5. 因铁路、公路、水上、航空运输和联合运输合同纠纷提起的诉讼，由运输始发地、目的地或被告住所地人民法院管辖。运输合同包括客运合同与货运合同两大类。运输中的始发地，是指旅客或货物的最初出发地，目的地则是指最终到达地。水上运输或水陆联合运输合同纠纷发生在我国海事法院辖区的，由海事法院管辖。铁路运输合同，由铁路运输法院管辖。其他运输合同纠纷，由始发地、目的地或被告住所地人民法院管辖。

6. 因侵权行为提起的诉讼，由侵权行为地或者被告住所地人民法院管辖。侵权行为地，包括侵权行为实施地、侵权结果发生地。一般情况下，侵权行为实施地和结果发生地两者相一致，但也存在不一致的情况。在两地不一致时，针对该侵权行为提起的诉讼可能存在三处管辖法院，侵权行为实施地、侵权结果发生地和被告住所地的人民法院都有权管辖。《民诉法解释》针对信息网络侵权行为引发的纠纷，规定侵权行为实施地包括实施被诉侵权行为的计算机等信息设备所在地，侵权结果发生地包括被侵权人住所地；针对因产品、服务质量不合格造成他人财产、人身损害提起的诉讼，规定产品制造地、产品销售地、服务提供地、侵权行为地和被告住所地人民法院都有管辖权。

7. 因铁路、公路、水上和航空事故请求损害赔偿提起的诉讼，由事故发生地或者车辆、船舶最先到达地，航空器最先降落地或者被告住所地人民法院管辖。这是针对车辆、船舶、航空器在运行过程中发生事故造成他人财产或人身损害引起诉讼规定的管辖。航空器泛指一切在天空运行的人造物体，包括飞机、飞艇、热气球、卫星等。航空事故是指航空器在空中碰撞、坠毁，在飞行中抛物、排油而引起的事故。事故通常发生在一定的行政区域内，发生在哪一行政区域内，该行政区域的人民法院就有管辖权。最先到达地是指车辆、船舶最先到达的车站、港口。最先降落地指第一次降落的机场或其他地点，或者坠毁的地点。对这类事故引起的侵权赔偿诉讼，包括被告住所地在内的上述地点的人民法院都有管辖权。

8. 因船舶碰撞或者其他海损事故请求损害赔偿提起的诉讼，由碰撞发生地、碰撞船舶最先到达地、加害船舶被扣留地或者被告住所地人民法院管辖。船舶碰撞是指船舶在航行过程中因接触和碰撞而造成的损害事故。其他海损事故是指船舶在航行中因触礁、触岸、失火、爆炸、沉没等造成的事故。不论哪国的船舶发生了碰撞或其他海损事故，只要发生在我国领海海域内，我国人民法院就可以对请求损害赔偿的诉讼行使管辖权。将因海损事故引起的损害赔偿诉讼规定由上述四个地点的人民法院管辖，充分考虑了这类案件的特殊性，既有利于当事人根据案件的具体情况选择其中一个人民法院提起诉讼，也有利于人民法院对案件的审理和判决的执行。

9. 因海难救助费用提起的诉讼，由救助地或被救助船舶最先到达地法院管辖。海难救助是指对遭遇海难的船舶及船舶上的人员、货物给予的救助。救助行为实施后，救助人有权根据救助的事实和效果要求被救助方支付救助费用。双方对此可能出现纠纷，引起诉讼，这类诉讼由实施救助行为地点的法院或者被救助船舶最先到达地法院管辖是各国的通例。

10. 因共同海损提起的诉讼，由船舶最先到达地、共同海损理算地或者航程终止地人民法院管辖。共同海损，是指船舶在海运中遭受到海难等意外事故时，为了排除危险，挽救船舶、人员和货物而作出的牺牲或支付的费用。因共同海损作出的牺牲或支付的费用应当根据一定的规则进行理算，并由受益各方分摊。目前国际上通用的理算规则是《约克—安特卫普规则》。我国于1975年颁布了《中国国际贸易促进委员会共同海损理算暂行规则》（简称《北京理算规则》），并在北京设立了共同海损理算处。发生共同海损后，如在我国理算，理算地即为北京。航程终止地，是指发生共同海损的船舶航程终止的地点。共同海损发生后，如船舶最先到达我国的某一港口，或者有关当事人同意在北京理算，或者船舶的航程终止地在我国某一港口，上述地点的人民法院对由此提起的诉讼有管辖权。

特殊地域管辖同时考虑当事人住所地、诉讼标的、法律事实等多种因素，因此常常导致一个案件数个法院都有管辖权，即共同管辖的情形。出现这样的情形时，原告即享有选择管辖法院的主动权。

四、专属管辖

专属管辖，是指法律规定某些特殊类型的案件只能由特定的法院管辖，其他法院无权管辖的规定。

专属管辖是一种强制性最高的法定管辖，其特点是排他性，表现在以下三个方面：（1）排除任何外国法院对诉讼的管辖权；（2）排除诉讼当事人以协议方式选择其他法院管辖；（3）排除适用一般地域管辖或特殊地域管辖的有关规定。《民事诉讼法》第33条规定的专属管辖案件有以下三类。

1. 因不动产纠纷提起的诉讼，专属于不动产所在地人民法院管辖。不动产纠纷是指因不动产的权利确认、分割、相邻关系等引起的物权纠纷。不动产一般是指不能移动或移动后会降低乃至丧失其价值的财产，如土地及土地上的建筑物、河流、滩涂、海面等。不动产纠纷是指因不动产的权利确认、分割、相邻关系等引起的物权纠纷。在司法实践中，这类诉讼常常需要进行勘验，由不动产所在地法院管辖，既便于对案件的审理，也便于对不动产进行保全和执行。不动产中的土地又是国家领土的组成部分，关系到国家的主权。通过立法将因不动产纠纷提起的诉讼规定为专属管辖，是各国的通行做法。《民诉法解释》第28条第2款规定："农村土地承包经营合同纠纷、房屋租赁合同纠纷、建设工程施工合同纠纷、政策性房屋买卖合同纠纷，按照不动产纠纷确定管辖。"不动产已登记的，以不动产登记簿记载的所在地为不动产所在地；不动产未登记的，以不动产实际所在地为不动产所在地。

2. 因港口作业发生纠纷提起的诉讼，专属于港口所在地人民法院管辖。在港口作业中，可能因为装卸、驳运等发生纠纷，或因违章作业等行为损坏港口设施或造成其他人身或财产的损害引起侵权纠纷。这两类纠纷都由港口所在地人民法院管辖。

3. 因继承遗产纠纷提起的诉讼，专属于被继承人死亡时住所地或主要遗产所在地人民法院管辖。遗产继承纠纷相当复杂，既涉及被继承人立遗嘱时有无民事行为能力，被继承人死亡的时间，继承人对被继承人的赡养情况，又涉及遗产的种类、数额等问题。因此，《民事诉讼法》规定这类案件专属于以上两个地点的人民法院管辖。当遗产有多处且分布在不同人民法院辖区时，还需要区分主要遗产和非主要遗产。遗产既有动产又有不动产的，一般以不动产所在地作为主要遗产地，动产有多项的，则以价值高的动产所在地作为主要遗产地。由被继承人死亡时住所地或者主要遗产所在地人民法院管辖继承遗产的诉讼，便于人民法院查明被继承人、继承人和遗产的有关情况，有利于人民法院对案件作出正确的处理。

【辨析】专门法院管辖与专属管辖

专门人民法院是按特定的组织或审理特定领域案件需要而专门建立的审判机关。根据《人民法院组织法》的规定，目前我国的专门人民法院包括军事法院、海事法院、铁路运输法院、知识产权法院等。专门人民法院管辖的案件由单行法律及司法解释规定。比如军事法院审判现役军人、军队在编职工的刑事案件和当事人双方均为军人或军队单位的民事案件；海事法院管辖当事人因海事侵权纠纷、海商合同纠纷（包括海上运输合同、海船租用合同、海上保赔合同、海船船员劳务合同等），因船舶排放、泄漏、倾倒油类或者其他有害的物质，海上生产、作业或者拆船、修船作业造成海域污染损害提起的诉讼，海洋勘探开发合同纠纷等海事诉讼案件；铁路运输法院主要管辖涉及铁路运输、铁路安全、铁路财产的民事纠纷案件和刑事案件。可见，专门法院管辖与专属管辖不是一个概念。在专门法院受理的案件中，也存在专属管辖。比如海上港口作业发生的纠纷，专属于港口所在地海事法院管辖。

第五节　协议管辖

协议管辖，又称合意管辖或约定管辖，是指以双方当事人协商一致，约定管辖法院的方式确定管辖，可分为明示协议管辖与默示协议管辖。协议约定管辖法院既是当事人的一项程序选择权，也是民事诉讼处分原则的体现，其特点是以双方当事人的合意为基础。

一、明示协议管辖

我国《民事诉讼法》第 34 条规定："合同或者其他财产权益纠纷的当事人可以书面协议选择被告住所地、合同履行地、合同签订地、原告住所地、标的物所在地等与争议有实际联系的地点的人民法院管辖，但不得违反本法对级别管辖和专属管辖的规定。"此为明示协议管辖的规定。据此，协议管辖须具备以下条件。

1. 在审级上，协议管辖仅适用于第一审民事案件。当事人在纠纷发生前或发生后，可达成协议确定第一审管辖法院。对第二审民事案件，只能向法律规定的二审法院上诉，而不能以协议决定第二审法院。

2. 在表现形式上，当事人应以书面合同的形式选择管辖法院，包括书面合同中的协议管辖条款或者诉讼前以书面形式达成的选择管辖的协议。用口头形式约定管辖的，其约定无效。格式合同中协议管辖的效力取决于提供合同一方当事人是否履行了告知义务。为保护消费者合法权益，《民诉法解释》第 31 条规定："经营者使用格式条款与消费者订立管辖协议，未采取合理方式提请消费者注意，消费者主张管辖协议无效的，人民法院应予支持。"

3. 在选择范围上，仅限于本案的被告住所地、合同履行地、合同签订地、原告住所地和标的物所在地等与争议有实际联系的地点的法院，而不能选择与争议没有实际联系地点的法院。如果合同的双方当事人选择管辖的协议对管辖法院约定不明确的，仍应由被告住所地或合同履行地人民法院管辖。

4. 在管辖类型上，当事人只能协议变更第一审的地域管辖，而不能协议变更级别管辖和专属管辖。例如，应由基层人民法院为第一审案件管辖法院的，不能选择中级人民法院为第一审管辖法院；合同标的物是不动产的，只能由不动产所在地人民法院管辖，不允许当事人以协议方式变更管辖法院。

5. 协议管辖约定的法院必须明确。所谓明确，即原则上当事人因在合同中约定选择一个具体的法院。根据《民诉法解释》第 30、32 条的规定，根据管辖协议，起诉时能够确定管辖法院的，从其约定；不能确定的，依照民事诉讼法的相关规定确定管辖。管辖协议约定两个以上与争议有实际联系的地点的人民法院管辖，原告可以向其中一个人民法院起诉。另外，管辖协议约定由一方当事人住所地人民法院管辖，协议签订后当事人住所地变更的，由签订管辖协议时的住所地人民法院管辖，但当事人另有约定的除外。

二、默示协议管辖

《民事诉讼法》第 127 条第 2 款规定："当事人未提出管辖异议，并应诉答辩的，视为受诉人民法院有管辖权，但违反级别管辖和专属管辖规定的除外。"此即默示协议管辖规定。该项规定包含以下内容：(1) 本条所指的"人民法院"，可以是对案件有管辖权的人民法院，也可以是对案件没有管辖权的人民法院。(2) 所谓"未提出管辖异议"，是指被告在答辩期内没有就受案法院对案件的管辖提出反对意见。(3) 只在被告既"未提出管辖异议"，又"应诉答辩"时，才能发生默示协议管辖的效力。还应说明的是，"应诉答辩"是指被告对案件实体问题的答辩。如果被告仅对程序问题提出答辩，不构成默示协议管辖。《民诉法解释》第 223 条第 2 款规定："当事人未提出管辖异议，就案件实体内容进行答辩、陈述或者反诉的，可以认定为民事诉讼法第一百二十七条第二款规定的应诉答辩。"

第六节 裁定管辖

裁定管辖是指依据法院的裁定确定管辖的方法。裁定管辖是法定管辖的必要补充。《民事诉讼法》规定的裁定管辖有三种：移送管辖、指定管辖和管辖权转移。

一、移送管辖

移送管辖，是指人民法院在受理民事案件后，发现自己对案件并无管辖权，依法将案件移送给有管辖权的人民法院审理。移送管辖是为人民法院受理案件发现错误时提供的一种纠错办法，它只是案件的移送，而不是管辖权的移送。移送管辖通常发生在同级人民法院之间，用来纠正地域管辖的错误。受移送的人民法院认为受移送的案件依照规定不属于本院管辖的，应当报请上级人民法院指定管辖，不得再自行移送。

此外，在两个以上人民法院对案件都有管辖权时，法院如在立案前发现其他有管辖权的法院已先立案的，不得重复立案，如在立案后发现其他有管辖权的人民法院已先立案的，应将案件移送到先立案的人民法院。当事人基于同一法律关系或同一法律事实而发生纠纷，以不同诉讼请求分别向有管辖权的不同人民法院起诉的，后立案的人民法院在得知有关法院先立案的情况后，应当将案件移送先立案的人民法院合并审理。

二、指定管辖

指定管辖，指上级人民法院以裁定方式指定其下级人民法院对某一案件行使管辖权。依据《民事诉讼法》第 36、37 条的规定，指定管辖适用于以下三种情形。

1. 受移送的人民法院认为自己对移送来的案件无管辖权的，应报请上级人民法院指定有管辖权的法院管辖。

2. 有管辖权的人民法院由于特殊原因，不能行使管辖权。比如法院的全体法官均需回避，或是因有管辖权的人民法院所在地发生了严重的自然灾害等不可抗力的情形，人民法院应报请上级人民法院指定其他法院管辖。

3. 法院之间发生管辖权争议的。法院之间发生管辖权争议后，应尽可能通过协商解决。协商不成的，应报请它们的共同上级人民法院指定管辖。如双方为跨省、自治区、直辖市的人民法院，先由双方的高级人民法院协商，协商不成的，由最高人民法院指定管辖。管辖权争议包括两种情形：一是两个以上的人民法院均认为自己对某一案件有管辖权，相互争管辖的；二是两个或两个以上的人民法院都认为自己对某一案件无管辖权的。人民法院指定管辖的，应当作出裁定。

对报请上级人民法院指定管辖的案件，下级人民法院应当中止审理。指定管辖裁定作出前，下级人民法院对案件作出判决、裁定的，上级人民法院应当在裁定指定管辖的同时，一并撤销下级人民法院的判决、裁定。

法院之间如果对案件的地域管辖发生争议，有关人民法院应立即停止对案件进行实体审理。在争议解决前，任何一方人民法院均不得对案件作出判决。违反此要求抢先作出判决的，上级人民法院应以违反程序为由撤销其判决，并将案件移送或指定其他法院审理，或自己提审。

上级人民法院指定管辖后，应通知报送的人民法院和被指定行使管辖权的人民法院，后者应及时告知当事人。

三、管辖权转移

管辖权转移，是指将案件的管辖权从有管辖权的人民法院转移至无管辖权的人民法院。管辖权转移是在上下级人民法院之间进行的，是对级别管辖的适当变通和个别调整。

根据《民事诉讼法》第 38 条的规定，管辖权转移的情形有两种。

1. 向上级法院转移。这是指管辖权从下级人民法院转至上级人民法院。有两种情况可以适用管辖权向上级法院转移：一是上级人民法院认为下级人民法院管辖的第一审案件由自己审理更为合适时，有权决定提审；二是下级人民法院认为自己管辖的第一审案件需要由上级人民法院审理时，报请交由上级人民法院审理。

2. 向下级法院转移。这是指上级人民法院将自己管辖的第一审案件交给下级人民法院审理。上级人民法院受理案件后，认为由下级人民法院审理更便于当事人参与诉讼和法院调查案情，或者案件中涉及的法律问题在某基层法院辖区有一定的普遍性，由下级人民法院管辖和审理更有利于在当地进行法制宣传和教育的，可以将管辖权转移给下级人民法院。在司法实践中，个别法院利用该规定规避级别管辖规定，任意降低案件的级别管辖，从而弱化案件应有的级别管辖的程序保障，损害诉讼当事人的权益。为此，2012 年修正《民事诉讼法》时，作出如下规定：“确有必要将本院管辖的第一审民事案件交下级人民法院审理的，应当报请其上级人民法院批准。”

《民诉法解释》第 42 条第 1 款规定：“下列第一审民事案件，人民法院依照民事诉讼法第三十八条第一款规定，可以在开庭前交下级人民法院审理：（一）破产程序中有关债务人的诉讼案件；（二）当事人人数众多且不方便诉讼的案件；（三）最高人民法院确定的其他类型案件。”为了规范管辖权转移的程序，防止法院为地方保护而滥用管辖权转移制度，该条第 2 款还规定：“人民法院交下级人民法院审理前，应当报请其上级人民法院批准。上级人民法院批准后，人民法院应当裁定将案件交下级人民法院审理。”

【辨析】管辖权转移与移送管辖

两者都属于裁定管辖，但有着本质上的区别，主要体现在以下三个方面：（1）移送和转移的对象不同。管辖权转移所转移的是案件的管辖权，而移送管辖移送的是案件。（2）目的与作用不同。管辖权转移是对级别管辖的调整，即根据具体案件的实际情况改变案件的一审法院级别，是上下级法院之间对个案管辖权的调整，目的也因案而异，有的是便于法院审理，有的是在法律适用方面给类似案件的审判起示范作用，有的可能是进行法制宣传、教育民众，等等。而移送管辖的目的在于纠正法院错误行使管辖权，是一种补救措施。(3) 移送和转移的方式不同。管辖权转移可以在上下级法院之间转移，而移送管辖是在平级法院之间移送。

第七节 管辖权异议

一、管辖权异议的概念

管辖权异议是指人民法院受理案件后，当事人认为该人民法院没有管辖权，而要求将管辖权移送其他人民法院管辖的主张和意见。

【案例】全椒分公司经营安徽省全椒县与江苏省南京市之间的中巴车客运业务，途经江苏省江浦县。某日，杨某从江浦县境内上车，购票乘坐全椒分公司从全椒县始发开往南京市的皖MT30 635号中巴客车。该车行至南京市浦口区境内，与曹某驾驶的车辆相撞，致杨某受伤。南京市交警大队对该起交通事故作出责任认定，曹某负全部责任。事后，杨某起诉至南京市浦口区人民法院，要求全椒分公司承担赔偿责任。浦口区人民法院受理此案后，以运输始发地为江浦县为由，将此案移送至江浦县人民法院。江浦县人民法院查明全椒分公司非独立法人，系滁州总公司的分支机构，故追加滁州总公司为被告。滁州总公司在法定期限内，以本案中的运输始发地应为安徽省全椒县，目的地为南京市，江浦县人民法院对本案无管辖权为由，向江浦县人民法院提出管辖权异议。

由于确定管辖的因素比较复杂，当事人对管辖权的归属理解不一定准确。一方面，法院仅仅根据原告单方面提供的材料审查立案，可能会受理了自己本无管辖权的案件。因此，赋予对方当事人管辖异议权是具有现实意义的。另一方面，允许被告提出管辖权异议也有利于实现双方当事人诉讼权利的平等。被告是被动应诉的一方，在选择管辖法院方面处于被动状态。赋予被告管辖异议权，就是赋予被告抗衡原告的力量，对抗原告滥用诉讼权利的行为。在我国，由于司法地方保护主义问题，赋予被告管辖异议权，在一定程度上也有助于缓解地方保护主义给当事人造成的对法院的不信任。

为了正确审理民事级别管辖异议案件，维护诉讼秩序和当事人的合法权益，最高人民法院于2009年11月12日公布了《关于审理民事级别管辖异议案件若干问题的规定》。根据这一司法解释文件的规定，被告在提交答辩状期间提出管辖权异议，认为受诉法院违反级别管辖规定，案件应当由上级法院或下级法院管辖的，受诉法院应当审查，并在受理异议之日起15日内作出裁定：(1) 异议不成立的，裁定驳回；(2) 异议成立的，裁定移送有管辖权的法院。提交答辩状期间届满后，原告增加诉讼请求金额致使案件标的额超过受诉法院级别管辖标准，被告提出管辖权异议，请求由上级法院管辖的，法院应当按上述规定审查并作出裁定。

二、管辖权异议的条件

当事人提出管辖权异议应当满足下列条件。

1. 提出异议的时限。当事人对管辖权有异议的，应当在提交答辩状期间提出。这一条件是为了促使当事人及时行使管辖异议权，如果案件已经进入实质审理阶段，当事人再提出异议，必将导致司法资源的浪费和诉讼拖延。因此，当事人逾期提出管辖权异议的，人民法院不予审查。

2. 异议主体。在实践中，通常是本案被告提起管辖权异议。但是，在被告提出反诉的时候，原告也可以针对反诉管辖问题提出异议。若反诉属于专属管辖的案件，法院就不能受理该反诉。此外，第三人不能作为管辖权异议的主体。这是因为第三人属于参加之诉的当事人，参加之诉的本质在于以承认他人之间的诉讼系属（包括管辖权）为前提。此外，法律规定的诉的合并不以受诉法院对所有被合并的诉都有管辖权为前提。故即使受诉人民法院对有独立请求权第三人提起的诉讼原本无管辖权，受诉人民法院也可基于合并受理取得对参加之诉的管辖权。

3. 管辖权异议的对象。当事人提出异议只能针对第一审民事案件的管辖权，在二审程序中不得提出管辖权异议。管辖制度是针对第一审民事案件设立的，作为管辖制度组成部分的管辖权异议只能适用于一审案件；同时，由于上诉案件的管辖权取决于一审案件的管辖权，因而在一审程序中给予当事人提出管辖权异议的机会就足够了。

三、法院对管辖权异议的处理

受诉人民法院收到当事人提出的管辖权异议后，应当进行审查。经审查认为异议成立的，裁定将案件移送有管辖权的人民法院审理。当案件属于共同管辖时，在移送前应征求原告的意见，否则会剥夺原告选择管辖的权利。认为异议不能成立的，应裁定驳回异议。裁定应当送达双方当事人。当事人不服的，可以在 10 日内向上一级人民法院提起上诉。当事人未提出上诉或上诉被驳回的，受诉人民法院应通知当事人参加诉讼。当事人对管辖权问题申诉的，不影响受诉人民法院对案件的审理。

思考与练习

1. 如何划分人民法院与政府职能部门在主管民事纠纷方面的界限?
2. 简述协议管辖的概念及其成立条件。
3. 如何确定买卖合同纠纷案件的管辖法院?
4. 移送管辖与管辖权转移有何区别?

前沿问题探讨

国外民事诉讼制度关于第一审案件的管辖大致有两种类型：一种是将所有第一审案件都划归基层法院受理，上级法院原则上不受理一审案件，如俄罗斯、美国联邦法院等均属此种类型。这种类型实际上不存在级别管辖问题。另一种是将第一审案件交给基层法院及其上一级法院审理，通过级别管辖在这两级法院之间确定各自的分工和权限，如德国、日本等属此种类型。这种类型仅在两级法院之间对受理一审案件的权限作出分工，因而级别管辖问题相对来说较为简单。相比较而言，我国的级别管辖涉及面宽，划分标准也更为复杂。按照《民事诉讼法》关于级别管辖的规定，我国四级法院均有一审案件管辖权，而且确定级别管辖的标准具有相对性和不确定性。在实践中，高级人民法院审理了大量一审案件，这不仅增加了最高人民法院上诉案件审理工作量，而且削弱了最高人民法院和高级人民法院在统一法律适用和司法解释等方面的职能。近年来，最高人民法院大幅度调整民商事案件的级别管辖标准，该举措对于完善民事诉讼管辖制度、理顺各级法院的分工关系具有一定的意义，但其成效还有待于进行实证研究。

为保障司法权公正独立行使，杜绝地方政府对司法工作的干预，最高人民法院提出要建立与行政区划适当分离的司法管辖制度。跨行政区划管辖制度改革的目的是克服司法权地方化问题及其给司法公正带来的冲击，最终目的是探索构建司法权良性运作机制的路径。最高人民法院提出的系列改革举措将在重大民商事案件、知识产权诉讼、公益诉讼、行政诉讼等领域，突破原有的法院管辖与行政区划完全重合的格局，在一定程度上有利于绕开地方行政权力的干扰；加上即将推行的司法人财物省级统管的保障，审判权在这些领域独立公正行使是可以期待的。其成功经验将对管辖制度的根本改革乃至提高司法公信力都产生重要意义。但是，管辖制度的完善事关司法体制改革问题，跨行政区划的管辖制度涉及各级司法机关与地方人大的关系，司法机关党组与地方党委的关系，上下级司法机关之间的关系等，可谓牵一发动全身。改革的涉及面广，利益结构复杂，难度很大，需要统揽全局的顶层设计和精细的可行性论证。

第六章
当事人与诉讼代理人

内容提要

公民、法人和其他组织可以成为民事诉讼当事人，包括原告、被告、共同诉讼人、第三人等。人数众多的当事人可以推选代表人进行诉讼。有诉讼行为能力的当事人可以以自己的行为独立进行诉讼，也可以委托诉讼代理人代为诉讼。没有诉讼行为能力的人应当由其法定代理人代理诉讼。2012 年修法时，增设公益诉讼制度和第三人撤销之诉。

第一节　当事人概述

【案例】某日，怀孕 6 个多月的裴某在散步时，被骑摩托车的邻居钱某撞倒。当天晚上，裴某出现先兆性流产，被紧急送往医院，由此导致孩子提前两个月早产。裴某之女小颖出生时，体重只有 2 千克，健康状况被评为差。由于小颖体内各脏器没有发育成熟，免疫功能低下，被放进了保温箱住院治疗，其家人因此承受了极大的精神负担和经济负担。刚出生 33 天的小颖和她的父母将邻居钱某告上了法庭，要求法院依法判决被告赔偿孩子的生命健康权伤害费、孩子父母亲的医药费、护理费及精神损失费，共计 83 000 元人民币。在庭审中，双方对婴儿小颖能不能作为诉讼主体产生了争议。原告认为，早产儿是不健康的婴儿。小颖提早出生就是受到伤害，对方应予赔偿。而被告认为，小颖在事件发生时尚在母体中，因此没有民事诉讼权利行为能力，不能索赔。问：小颖能否作为本案的当事人？

一、当事人的概念

民事诉讼当事人，是指以自己的名义请求法院行使审判权解决民事纠纷或者保护民事权益的人及其相对人。简言之，凡是以自己的名义起诉或应诉的人，即为当事人。起诉的人为原告；原告的相对方，即应诉的人，为被告。

就大多数情形而言，当事人是发生争执的民事法律关系的主体，是为保护自身的权益参加诉讼的，与案件审理结果有直接的利害关系，法院所作的判决、裁定、调解书对他们产生拘束力。传统的当事人概念从实体规范出发，强调当事人必须是与争讼的实体权利义务有直接利害关系的人，被称为“实体当事人”概念。随着民事法律制度的发展，失踪人财产代管人制度、遗嘱执行人制度、破产制度等的确立，民事诉讼当事人出现了新情况：当事人起诉或被诉，不一定是由于本人的民事权益发生了纠纷，可能是因为依据法律的规定对他人的民事权益负有照管、保护的职责。例如清算组织为破产债务人进行诉讼；失踪人的财产代管人或者遗嘱执行人为保护所管理的财产进行诉讼；为保护死者名誉权而提起诉讼的死者的近亲属；公民或社会组织为维护公共利益而提起诉讼等。这类当事人并非有争议的民事权利义务关系的主体，他们虽然以自己的名义进行诉讼，但目的却在于保护他人的民事权益或公共利益。因此，“程序意义当事人”概念逐渐被越来越多的人所接受。程序意义当事人，是指以自己的名义起诉或者应诉，要求法院就具体的民事争议进行审理并作出裁判的人。以程序意义上的当事人概念取代实体意义上的当事人概念，是德国学者在19世纪中叶以后的创新。按照此概念，确定当事人的根据不是该当事人是否属于实体权利义务关系的主体，是否在客观上实际享有实体权利、承担实体义务，而是以形式上是否向法院提起诉讼请求和请求人在主观上以谁为相对人。

按照程序意义当事人的概念，当事人的特征如下。

1. 以自己的名义进行诉讼。这是确定当事人的一个基本标准，衡量某人是否为诉讼当事人，首先要看他是否以自己的名义起诉或应诉。如果某人以他人的名义进行诉讼，则为诉讼代理人。

2. 因为民事权利义务发生争执。民事权利义务发生争执是民事诉讼的起因，从原告来说，是因为同被告发生民事纠纷才提起诉讼，寻求司法保护的，就被告而言，也是基于同样的原因才应诉的。

3. 能够引起民事诉讼程序发生、变更或消灭。这一特征表明了当事人民事诉讼主体的地位。唯有当事人才能够引起民事诉讼程序的发生、变更或消灭。当事人以外的人虽然也以自己的名义参加诉讼，但却不能引起诉讼程序的上述变动。

当事人有广义和狭义之分：狭义的当事人指原告和被告。原告，是指为了保护民事权益或者解决与他人的民事争议，以自己的名义向法院提起诉讼，从而引起民事诉讼程序发生的人。被告，是指被原告诉称侵犯其民事权益或与其发生民事权益争议而应诉的人。原告和被告是民事诉讼中最基本的当事人。广义的当事人包括原告和被告、共同诉讼人、诉讼代表人、第三人。

原、被告两造的诉讼结构，是民事诉讼构造的基本形态。共同诉讼、第三人参加诉讼，是多数当事人参加的诉讼，适用原、被告两造诉讼结构的基本原理。

二、当事人能力与诉讼能力

（一）当事人能力

当事人能力，是指能够以当事人身份进行诉讼、享有民事诉讼权利和承担民事诉讼义务的法律上的资格，又称民事诉讼权利能力。当事人能力是抽象的作为民事诉讼当事人的资格。

当事人能力与民事权利能力有密切的关系，在通常情况下，有民事权利能力的人，才具有民事诉讼当事人能力，但是，特殊情况下，两者也可能出现不一致，没有民事权利能力的人，也可以具有诉讼当事人能力，成为民事诉讼当事人。我国《民事诉讼法》第48条规定：“公民、法人和其他组织可以作为民事诉讼的当事人。法人由其法定代表人进行诉讼。其他组织由其主要负责人进行诉讼。”该规定中的公民和法人既具有民事权利能力又具有民事诉讼当事人能力，而其他组织（如合伙企业、分公司等）则只具有当事人能力。

【辨析】民事权利能力与当事人能力

两者之所以会出现不一致，是因为民事实体法与民事程序法在处理当事人的这一问题时立足点有所不同。民事实体法为了防止民事责任的划分出现混乱，对现实生活中存在于公民、法人以外的“其他组织”的民事主体资格一般持否认立场。然而，尽管实体法未承认其民事主体的资格，但“其他组织”依然会以自己的名义进行各种民事活动，并由此产生各种各样的民事纠纷。民事诉讼法对待“其他组织”的立场与民事实体法的不同，它着眼于诉讼上的便利。为了方便起诉和应诉，民事诉讼法赋予符合一定条件的“其他组织”以当事人能力，使它们在发生纠纷时能够作为当事人参加诉讼。

公民（自然人）的当事人能力始于出生，终于死亡；法人和其他组织的当事人能力始于依法成立，终于其终止。根据《民法总则》第16条的规定，在涉及遗产继承、接受赠与等胎儿利益保护的案件中，胎儿视为具有民事权利能力。

1. 公民（自然人）

公民是最为常见的民事诉讼主体。公民在民事活动中与他人发生纠纷，可以作为原告起诉或被告应诉。

民事纠纷主体多种多样，有的是自然人，有的是个体工商户，有的受用人单位指派从事民事活动，还有的是冒用法人或其他组织的名义从事民事活动等。《民诉法解释》根据司法实践总结了以下一些应当以公民（自然人）为当事人的情形：(1) 个体工商户以营业执照上登记的经营者为当事人。有字号的，以营业执照上登记的字号为当事人，但应同时注明该字号经营者的基本信息。(2) 个体工商户、农村承包经营户雇用的人员在进行雇佣合同规定的生产经营活动中造成他人损害的，其雇主为当事人。(3) 法人或其他组织应登记而未登记，行为人即以法人或其他组织名义进行民事活动，或者他人冒用法人、其他组织名义进行民事活动，或者法人或其他组织依法终止后仍以其名义进行民事活动的，以直接责任人员为当事人。(4) 行为人没有代理权、超越代理权或者代理权终止后以被代理人名义进行民事活动的，但相对人有理由相信行为人有代理权的除外。(5) 当事人之间的纠纷经人民调解委员会调解达成协议后，一方当事人不履行调解协议，另一方当事人向人民法院提起诉讼的，应以对方当事人为被告。(6) 对侵害死者遗体、遗骨以及姓名、肖像、名誉、荣誉、隐私等行为提起诉讼的，死者的近亲属为当事人。

2. 法人

法人，作为法律上的拟制人，拥有作为当事人进行诉讼的资格。法人作为当事人，由其法定代表人进行诉讼。法定代表人一般指法人的正职负责人，如工厂的厂长、公司的董事长等。在没有正职负责人的情况下，则由主持工作的副职负责人担任法定代表人。《民诉法解释》第50条第1款规定：“法人的法定代表人以依法登记的为准，但法律另有规定的除外。依法不需要办理登记的法人，以其正职负责人为法定代表人；没有正职负责人的，以其主持工作的副职负责人为法定代表人。”

法定代表人的诉讼行为视为法人的行为。法定代表人更换不影响诉讼主体的同一性。在诉讼过程中，法定代表人如发生更换，则由新的法定代表人继续进行诉讼。此前原法定代表人实施的诉讼行为对新法定代表人具有约束力。《民诉法解释》第50条第2款规定：“法定代表人已经变更，但未完成登记，变更后的法定代表人要求代表法人参加诉讼的，人民法院可以准许。”

法人作为诉讼当事人的情形还包括：(1) 法人因工作人员的职务行为或授权行为发生诉讼时，由该法人作为当事人。(2) 企业法人合并的，因合并前的民事活动发生的诉讼，以合并后的企业法人作为当事人。

3. 其他组织

作为民事诉讼当事人的其他组织，是指合法成立，有一定的组织机构和财产，但又不具备法人资格的组织。民事诉讼的目的在于公正地解决纠纷，维护当事人的合法权益。因此，当事人能力的有无，原则上应当以该主体是否具有实体法上的权利能力为基础。但在实际的民事活动中，有许多社会组织虽然不是法人，却在事实上成为经济交往的一方。不承认这些主体的当事人能力，既不利于维护这些团体的合法权益，也不利于纠纷的解决。为此，许多国家的法律规定，非法人组织在一定的条件下有当事人能力。不具备法人资格的组织获得民事诉讼当事人资格应当符合两个条件：(1) 依法成立；(2) 有一定的组织机构和财产。第二个条件是其他组织履行生效裁判确定的义务、承担民事责任的物质保证。

【司法解释】《民诉法解释》第52条列举了一些常见的可以作为当事人进行诉讼的其他组织：(1) 依法登记领取营业执照的个人独资企业；(2) 依法登记领取营业执照的合伙企业；(3) 依法登记领取我国营业执照的中外合作经营企业、外资企业；(4) 依法成立的社会团体的分支机构、代表机构；(5) 依法设立并领取营业执照的法人的分支机构；(6) 依法设立并领取营业执照的商业银行、政策性银行和非银行金融机构的分支机构；(7) 经依法登记领取营业执照的乡镇企业、街道企业；(8) 其他符合本条规定条件的组织（例如村民委员会、村民小组）。

其他组织参加诉讼，由其主要负责人作为法定代表人。

（二）诉讼能力

诉讼能力，又称诉讼行为能力，是指当事人以自己的行为行使诉讼权利和承担诉讼义务的法律上的能力。

当事人的诉讼行为能力分为有诉讼行为能力与无诉讼行为能力两种。完全民事行为能力人当然具有诉讼行为能力；限制民事行为能力人和无民事行为能力人不具有诉讼行为能力。可见，当事人的诉讼行为能力与民事行为能力并不完全对应。

当事人具有诉讼能力是诉讼行为有效的必要条件。有当事人能力而无诉讼能力的人，虽然可以成为民事诉讼的当事人，但却不能独立进行诉讼行为，而应由诉讼代理人代为诉讼。

在通常情况下，有诉讼行为能力人往往也有诉讼权利能力，但有诉讼权利能力人并非必然有诉讼行为能力，例如，限制民事行为能力人和无民事行为能力人有诉讼权利能力，但并无诉讼行为能力。

三、当事人适格

（一）当事人适格及其判断

当事人适格，是指在具体的诉讼中作为本案当事人起诉或应诉的资格。适格的当事人又称正当当事人。在诉讼实务中，为了使诉讼具有实际意义，法院裁判能真正解决民事争议，都要求原告或被告是正当当事人。

【辨析】当事人能力与当事人适格

当事人能力是抽象的作为诉讼当事人的资格，它与具体的诉讼无关。当事人能力的有无，取决于民事权利能力之有无。当事人适格针对具体诉讼而言，它所要解决的问题是特定的人在特定的诉讼中能否作为本案的当事人。

为了使诉讼能够在适格的当事人之间进行，同时也为了使法院的裁判有实际意义，需要用一定的标准来衡量起诉人和被诉人是否为本案的正当当事人。目前关于当事人适格比较有影响的理论是“诉的利益”概念。据此，当有关当事人可以通过审判获得一定的正当利益（包括个人利益或者公共利益，也包括物质利益或者精神利益），从而有司法保护的必要性时，都可以作为正当当事人进行诉讼。① 这种正当利益或者必要性就是诉的利益。判断当事人是否适格，

① 参见肖建华：《民事诉讼当事人研究》，104页，北京，中国政法大学出版社，2002。

主要是看利用民事诉讼制度者是否具有这种必要性以及诉讼的进行是否具有实效性。

1. 在一般情况下，适格当事人即为所争议法律关系的主体。判断当事人适格与否，应将起诉人与所提起的诉讼联系起来，分析当事人与特定诉讼的诉讼标的之间的关系。一般而言，起诉人必须与诉讼标的有直接的联系，当事人方为适格。例如，甲起诉要求法院判决解除乙、丙之间的婚姻关系，由于甲与乙、丙之间的婚姻关系无关，其作为原告也无法解决乙、丙之间的纠纷，因而甲不是本案的适格当事人。多数案件可以以当事人是否为发生争议的民事法律关系（本案的诉讼标的）的主体作为判断当事人适格与否的标准。根据这一标准，凡民事权利或民事法律关系的主体，以该权利或法律关系为诉讼标的进行诉讼时，一般都被认定为适格的当事人。

2. 在特殊情况下，适格当事人可以是与争议标的有其他利益关系的人。根据法律或司法解释的规定，某些非民事权利主体可以成为适格的当事人，如对他人的权利或法律关系依法享有管理权的第三人。继承诉讼中的遗产管理人、遗嘱执行人，破产程序中的清算组织以及失踪人财产代管人等非权利主体，当受其管理的权利或法律关系涉讼时，可作为当事人起诉或应诉。

3. 在确认之诉中，适格当事人是对诉讼标的有确认利益的人。所谓对诉讼标的有确认利益，不是看当事人是否为争议的法律关系的主体，而是看该当事人对争议的解决是否有法律上的利害关系。在积极的确认之诉中，适格当事人一般是争议法律关系的主体。但在消极的确认之诉中，如果要求原告和被告是发生争执的法律关系的主体，则与这种诉讼的性质相悖。因此，在消极的确认之诉中，如果法院对双方是否存在法律关系的裁判对原告有诉的利益，他就是适格的当事人，而被告只要与原告对诉讼标的有争执，就能够成为适格的被告。

【司法解释】《民诉法解释》总结司法实践经验，对下列情形的适格当事人作出如下规定：(1) 法人非依法设立的分支机构，或者虽依法设立，但没有领取营业执照的分支机构，以设立该分支机构的法人为当事人。(2) 以挂靠形式从事民事活动，当事人请求由挂靠人和被挂靠人依法承担民事责任的，该挂靠人和被挂靠人为共同诉讼人。(3) 法人或者其他组织的工作人员执行工作任务造成他人损害的，该法人或者其他组织为当事人。(4) 提供劳务一方因劳务造成他人损害，受害人提起诉讼的，以接受劳务一方为被告。(5) 在劳务派遣期间，被派遣的工作人员因执行工作任务造成他人损害的，以接受劳务派遣的用工单位为当事人。当事人主张劳务派遣单位承担责任的，该劳务派遣单位为共同被告。(6) 在诉讼中，个体工商户以营业执照上登记的经营者为当事人。有字号的，以营业执照上登记的字号为当事人，但应同时注明该字号经营者的基本信息。(7) 营业执照上登记的经营者与实际经营者不一致的，以登记的经营者和实际经营者为共同诉讼人。(8) 在诉讼中，未依法登记领取营业执照的个人合伙的全体合伙人为共同诉讼人。个人合伙有依法核准登记的字号的，应在法律文书中注明登记的字号。全体合伙人可以推选代表人；被推选的代表人，应由全体合伙人出具推选书。(9) 当事人之间的纠纷经人民调解委员会调解达成协议后，一方当事人不履行调解协议，另一方当事人向人民法院提起诉讼的，应以对方当事人为被告。(10) 下列情形，以行为人为当事人：法人或者其他组织应登记而未登记，行为人即以该法人或者其他组织名义进行民事活动的；行为人没有代理权、超越代理权或者代理权终止后以被代理人名义进行民事活动的，但相对人有理由相信行为人有代理权的除外；法人或者其他组织依法终止后，行为人仍以其名义进行民事活动的。(11) 企业法人合并的，因合并前的民事活动发生的纠纷，以合并后的企业为当事人；企业法人分立的，因分立前的民事活动发生的纠纷，以分立后的企业为共同诉讼人。(12) 企业法人解散的，依法清算并注销前，以该企业法人为当事人；未依法清算即被注销的，以该企业法人的股东、发起人或者出资人为当事人。(13) 借用业务介绍信、合同专用章、盖章的空白合同书或者银行账户的，出借单位和借用人为共同诉讼人。(14) 村民委员会或者村民小组与他人发生民事纠纷的，村民委员会或者有独立财产的村民小组为当事人。(15) 对侵害死者遗体、遗骨以及姓名、肖像、名誉、荣誉、隐私等行为提起诉讼的，死者的近亲属为当事人。

应当注意的是，对于当事人是否适格的判断属于实体问题的审查判断，应避免在没有程序保障的情况下进行。因此，法院不能在起诉立案阶段就断定当事人适格与否，并且不能以当事人不适格为由拒绝受理。正确的做法应当是在案件受理后，发现当事人可能不适格的，在听取当事人对此问题的陈述、辩论之后作出判断，并保障当事人的异议权。

(二) 当事人的更换

当事人的更换，是指诉讼进行中，将不适格的当事人更换为适格的当事人。

不适格的当事人之间不存在真正的民事权利义务争议，审理当事人不适格的案件不仅对当事人无益，而且浪费司法资源。因此，法院在受理诉讼后发现当事人不适格时，有必要在诉讼中更换当事人。法院应当行使阐明权，将不适格的情形告知当事人，由当事人作出更换与否的选择。如原告或被告不适格，而原告拒绝退出诉讼或不同意更换被告，法院应驳回原告的起诉。更换被告，无须适格的被告同意。法院传唤适格的被告参加诉讼，该被告如无正当理由而拒不到庭，法院可依法作出缺席判决，必要时还可采取拘传的方式强制其到庭参加诉讼。

当事人是诉的主体，当事人变更势必引起诉的变更。因此，在更换当事人后，诉讼应重新开始，原当事人的诉讼行为对更换后的当事人不产生程序效力。

四、当事人的诉讼权利和诉讼义务

为了使当事人的诉讼活动能够受到程序法的充分保障，我国《民事诉讼法》赋予当事人广泛的诉讼权利，同时也为当事人设定了一定的诉讼义务。当事人应当依法行使诉讼权利并履行相应的诉讼义务，人民法院应当保障双方当事人充分实现其诉讼权利，督促双方当事人履行诉讼义务。

(一) 当事人的诉讼权利

1. 程序发动权。向法院提起诉讼是当事人享有的请求司法保护的权利。当事人行使程序发动权是民事诉讼程序启动的前提。典型的程序发动权如原告的起诉权、被告的反诉权、权利人的申请执行权，等等。

2. 公正裁判请求权。例如，当事人有权申请审判人员回避；对因客观原因不能自行收集的证据材料，当事人有权要求法院调查收集；对可能灭失或今后难以取得的证据材料，当事人有权要求法院采取证据保全措施；等等。

3. 陈述与辩论的权利。当事人有权提供书面起诉状、答辩状，并在诉讼中向法院提供证据证明自己的主张；在庭审过程中有权陈述自己的诉讼请求和案件事实，有权就对方的主张进行抗辩，对对方提供的证据进行质证；等等。在保障当事人参与的意义上，当事人的陈述辩论权须对法院裁判有实质性影响。比如，按照证据规则，对未经当事人质证的证据材料，法官不能用作定案的根据。

4. 程序选择权。这是以当事人的处分权为核心的程序权利。当事人有权在法律规定的范围内选择案件的诉讼程序及程序事项。例如，当事人在诉讼中有权选择以调解或和解的方式终结诉讼程序，有权协议选择适用普通程序或简易程序，协议选择管辖法院，协议变更执行方式，等等。

5. 程序异议权。当事人对法院作出的涉及其程序权利和实体权利的处理决定，有权表示不同意见，申请法院改正不当的诉讼行为或错误裁判。程序异议权包括上诉权、申请复议权、申请再审等权利。

6. 其他诉讼权利。比如当事人有权委托诉讼代理人代为进行诉讼，有权查阅、复制本案有关材料，有权查阅庭审笔录，等等。

对当事人依法享有的诉讼权利，法院在诉讼中负有保障其实现的职责。

（二）当事人的诉讼义务

1. 依法行使诉讼权利。当事人必须按照《民事诉讼法》的规定正当行使其诉讼权利，不得滥用诉讼权利，损害他人权益。在诉讼中，当事人应当遵循诚实信用原则，就案件事实作真实、完整的陈述。

2. 遵守诉讼秩序。当事人必须遵守法庭秩序，服从法庭指挥。

3. 履行生效的法律文书。对生效的法院判决书、裁定书和调解书所确定的义务，当事人必须自觉履行。负有义务的当事人拒不履行其义务的，法院可依法强制执行。

五、诉讼承担

诉讼承担，或称诉讼承继，是指诉讼进行中，由于某种特殊原因的出现，当事人的诉讼权利和义务转移给案外人，由案外人作为本案当事人继续进行诉讼的制度。

通常情况下，一个案件的当事人是恒定不变的，即使当事人将争议标的转让给第三人，也不会因此丧失当事人资格。此为"当事人恒定"原则。该原则体现了诉讼程序安定的必然要求。如果在诉讼过程中，当事人因故丧失了民事主体资格，其权利义务被他人继受，诉讼权利义务的主体也应当做相应的变动。否则诉讼将因缺少一方当事人而无法进行。在审判实务中，引起诉讼承担的情形主要有以下几种。

1. 一方当事人死亡。在诉讼进行中，一方当事人死亡，其实体权利义务随遗产继承而由继承人继受的，法律规定应由继承当事人遗产的人作为当事人继续进行诉讼。被继承人生前的诉讼行为对继承人有效。如果实体权利义务是专属于当事人的，即属于不可转移的人身性质权利义务，则不发生诉讼承担问题。

2. 法人合并与分立。法人发生合并或分立后，其民事权利和义务由变更后的法人享有和承担。因此，当作为诉讼当事人的法人出现合并或分立时，就要由变更后的新的法人承担原法人的诉讼权利义务。

3. 法人解散、依法被撤销或宣告破产。作为诉讼当事人的法人出现上述情形时，通常由清算组接管法人的财产，负责对法人的债权债务进行清理。因此，清算组可以以诉讼承担的方式，作为当事人进行诉讼，行使诉讼权利、履行义务。

诉讼承担的结果是诉讼程序继续进行而不是重新开始。原当事人的诉讼行为对新当事人都有约束力，新当事人必须承认其程序效力。《民诉法解释》第55条规定："在诉讼中，一方当事人死亡，需要等待继承人表明是否参加诉讼的，裁定中止诉讼。人民法院应当及时通知继承人作为当事人承担诉讼，被继承人已经进行的诉讼行为对承担诉讼的继承人有效。"

诉讼承担只发生在作为当事人的自然人死亡，或者作为当事人的法人的合并、分立、解散，并有继受者的情形。如果当事人自身没有上述情况，仅仅是作为诉讼标的的民事权利义务发生转移的，并不必然发生诉讼承担。因为这涉及对方当事人的利益，也事关程序安定与诉讼效率问题。不过，法院对诉讼标的作出的裁判在事实上会影响到受让人，即判决效力对案外人的扩张。为保障受让人的合法权益，《民诉法解释》第249条第1款规定："在诉讼中，争议的民事权利义务转移的，不影响当事人的诉讼主体资格和诉讼地位。人民法院作出的发生法律效力的判决、裁定对受让人具有拘束力。”受让人在接受与诉讼标的有关民事权利义务后，就与诉讼案件具有了法律上的利害关系，裁判结果可能涉及他的利益。为保障受让人的合法权益，应当允许其参加诉讼。受让人申请替代当事人进行诉讼的，人民法院可以根据案件的具体情况决定是否准许其替代；受让人申请以无独立请求权的第三人身份参加诉讼的，人民法院应当允许。《民诉法解释》第249条第2款规定：“受让人申请以无独立请求权的第三人身份参加诉讼的，人民法院可予准许。受让人申请替代当事人承担诉讼的，人民法院可以根据案件的具体情况决定是否准许；不予准许的，可以追加其为无独立请求权的第三人。”

人民法院准许受让人替代当事人承担诉讼的，应当裁定变更当事人。变更当事人后，诉讼程序以受让人为当事人继续进行，原当事人应当退出诉讼。原当事人已经完成的诉讼行为对受让人具有拘束力。

第二节　共同诉讼人

一、共同诉讼概述

共同诉讼，是指当事人一方或双方为二人以上（包括二人）的诉讼。在学理上，原告方为二人以上的称为积极的共同诉讼，被告方为二人以上的称为消极的共同诉讼，原、被告均为二人以上的称为混合的共同诉讼。

民事诉讼设立共同诉讼的目的，一是防止矛盾裁判，实现纷争的统一解决；二是节约司法资源，实现诉讼经济。但诉讼主体为二人以上的多数当事人这一特征给诉讼带来一些问题，如共同诉讼人中一人参加诉讼，当事人是否适格，共同诉讼人中一人的诉讼行为对其他共同诉讼人有何影响，共同诉讼人是否可以与对方当事人和解或达成调解协议，等等。关于这些问题的解决规则就构成了共同诉讼制度的具体内容。

多数人共同参加诉讼必须具备一定的要件，包括共同诉讼当事人之间在实体法上的牵连性，即作为共同原告的诉讼请求有实体法上的牵连，或者共同被告对原告人所请求的民事责任有连带性或牵连性。我国民事诉讼法根据共同诉讼当事人之间诉讼标的关系不同，规定了必要共同诉讼和普通共同诉讼两种类型的共同诉讼。

二、必要共同诉讼

（一）必要共同诉讼的概念与特征

必要共同诉讼，是指当事人一方或者双方为二人以上，诉讼标的是共同的，法院必须合并审理并在裁判中对诉讼标的合一确定的诉讼。

【案例】陈某等六人合伙购买了一艘渔船，并推举陈某担任船长。该渔船因在一次出海捕捞中网具丢失而无法生产。六人商量由陈某出面向郑某借款50万元购置网具以维持生产。半年后，陈某向郑某借款，并出具一张借条，载明：“今借到郑某款项人民币50万元，用于××号船购置网具，月息2%，定于当年年底还清。借款人：陈某。”该款项用于购置网具。此后在生产过程中，因渔船较小无法到深海捕捞而经常亏损，六人为生产问题也经常发生矛盾，遂泊船停业。郑某因追索欠款无着，以陈某为被告，向人民法院起诉，要求偿还欠款及利息。法院经审理认为，本案系必要共同诉讼，应追加其他五个合伙人参加诉讼。

必要共同诉讼具有下列特征。

1. 当事人一方或双方为二人以上。

2. 多数当事人之间的诉讼标的是共同的，即具有同一诉讼标的。诉讼标的同一性意味着共同诉讼人是同一权利义务关系的主体。这是必要共同诉讼的实体依据。具体而言，有以下几种情形。

（1）共同诉讼人对于诉讼标的具有共同的、不可分割的利益。在这种情况下，形成的共同诉讼是不可分之诉，它要求由当事人全体对起诉请求的利益有共同管理权或处分权，必须共同实施诉讼行为，否则这一方当事人就不“适格”。典型的如共有财产关系、合伙关系等。《民诉法解释》第 60 条规定：“在诉讼中，未依法登记领取营业执照的个人合伙的全体合伙人为共同诉讼人。个人合伙有依法核准登记的字号的，应在法律文书中注明登记的字号。全体合伙人可以推选代表人；被推选的代表人，应由全体合伙人出具推选书。”该解释第 72 条规定：“共有财产权受到他人侵害，部分共有权人起诉的，其他共有权人为共同诉讼人。”此外，这类诉讼还可以包括：第一，数人依法定或约定的事项必须共同行使职务进行的情形，如因遗产管理人有数人而产生的共同诉讼；第二，形成权应由数人（或对数人）共同行使的情形，如债权人行使对其债务人与第三人订立合同的撤销权而提起的共同诉讼。

（2）因连带债权和连带债务引起的诉讼。对于这类必要共同诉讼，当事人可以进行共同诉讼，也可以不进行共同诉讼。法律并不强制要求作为共同原告或被告起诉、应诉。但是一旦共同进行诉讼，即应当作为必要共同诉讼处理。常见的如连带债权人共同起诉，或者将数个连带债务人一并作为被告。又如委托代理关系，原告起诉被代理人和代理人承担连带责任的，被代理人和代理人为必要共同诉讼人。《民诉法解释》第 71 条规定：“原告起诉被代理人和代理人，要求承担连带责任的，被代理人和代理人为共同被告。”再如，保证合同关系中的连带保证责任，债权人可以向保证人和被保证人一并提起诉讼，保证人和被保证人即为必要共同诉讼人。如果是一般保证，保证人享有先诉抗辩权，即在主合同纠纷未经审判或者仲裁，并就债务人财产依法强制执行仍不能履行债务前，保证人对债权人可以拒绝承担保证责任。因此，如果债权人仅起诉保证人的，人民法院应当通知被保证人作为共同被告参加诉讼。如果债权人仅起诉被保证人的，可以只列被保证人为被告。《民诉法解释》第 66 条规定：“因保证合同纠纷提起的诉讼，债权人向保证人和被保证人一并主张权利的，人民法院应当将保证人和被保证人列为共同被告。保证合同约定为一般保证，债权人仅起诉保证人的，人民法院应当通知被保证人作为共同被告参加诉讼；债权人仅起诉被保证人的，可以只列被保证人为被告。”

（3）基于同一事实或法律原因而形成的共同诉讼。如数名继承人因继承遗产而共同起诉、被诉；共同侵权行为引起的侵权损害赔偿之诉；企业分立对分立前发生的债务分担而共同被诉；等等。但是，基于同一法律事实引起的共同诉讼未必都是必要共同诉讼，法官应根据具体情况决定。关键看当事人对诉讼标的是否具有共同的权利义务关系，是否必须共同进行诉讼才能正确确定各当事人的权利义务。《民诉法解释》第 70 条规定：“在继承遗产的诉讼中，部分继承人起诉的，人民法院应通知其他继承人作为共同原告参加诉讼；被通知的继承人不愿意参加诉讼又未明确表示放弃实体权利的，人民法院仍应将其列为共同原告。”

（4）基于法定代理关系而形成的共同诉讼。如无民事行为能力人、限制民事行为能力人造成他人损害的，其监护人应当共同参加诉讼。《民诉法解释》第 67 条规定：“无民事行为能力人、限制民事行为能力人造成他人损害的，无民事行为能力人、限制民事行为能力人和其监护人为共同被告。”

3. 法院必须在一个诉讼程序中审理，作出一个裁判结论。

以上三个特征也是构成必要共同诉讼的条件。

在司法实践中，由于民事主体及其相互关系的复杂性和多元化，一些民事案件在确定当事人时存在一定的困难。为彻底解决纠纷，保障当事人合法权益，法院对下列情形原则上按照必要共同诉讼处理。

(1) 挂靠。个体工商户、个人合伙或私营企业挂靠集体企业并以集体企业名义从事生产经营活动的，在诉讼中，该个体工商户、个人合伙或私营企业与其挂靠的集体企业为共同诉讼人。

(2) 个体工商户。个体工商户实际经营者与营业执照上登记的业主不一致的，以业主和实际经营者为共同诉讼人。

(3) 企业法人分立。企业法人分立的，因分立前的民事活动发生的纠纷，以分立后的企业为共同诉讼人。

(4) 借用业务介绍信等。当事人借用业务介绍信、合同专用章、盖章的空白合同书或者银行账户的，出借单位和借用人为共同诉讼人。

(二) 必要共同诉讼人的追加

必要共同诉讼是不可分之诉，因此，全体共同诉讼人必须一同起诉或应诉。这样法院才能够以同一判决确定当事人之间的权利和义务。但在诉讼实务中，存在着只有部分共同诉讼人起诉或应诉的情况，如在继承遗产的诉讼中，只有部分继承人起诉；在共同共有财产致人损害中，原告只起诉部分共有人。此时，就需要追加当事人。

追加当事人可以由人民法院依职权追加，也可以根据参加诉讼的当事人的申请追加。根据《民诉法解释》第73条的规定，人民法院受理案件时，如果发现只有部分必要共同诉讼人起诉或应诉，应当依职权通知未参加诉讼的共同诉讼人参加诉讼。但对已经明确表示放弃实体权利的原告，可不予追加。参加诉讼的共同诉讼人也可以向法院申请追加当事人。对当事人的申请，人民法院审查后认为有理由的，应同意追加，以书面形式通知被追加的当事人参加诉讼；否则，裁定驳回申请。人民法院追加当事人时，应通知其他已参加诉讼的共同诉讼人。

人民法院通知未参加诉讼的共同诉讼人参加诉讼后，被通知的人可能不愿意参加诉讼。对此，人民法院应区分原告与被告分别作出处理。应当追加的原告明确表示放弃实体权利的，可不予追加；既不愿参加诉讼，又不放弃实体权利的，仍应追加为共同原告。该原告不参加诉讼，不影响人民法院对案件的审理和判决。被追加的被告不愿参加诉讼的，人民法院可以对其作出缺席判决。对符合拘传条件的被告，还可以通过拘传强制其到庭参加诉讼。

【案例】王某有两间平顶房屋。县电力公司架设的高压电线从王某房屋上方穿过。电线与屋顶垂直距离大于4米。王某未经批准，将平顶屋加层为三层楼房，三楼阳台扶手与高压电线之间最近距离约40厘米。2013年暑假，王某的外甥女张某到王家度假，在阳台乘凉时被高压电所吸而触电受伤。张某向法院提起诉讼，要求县电力公司承担赔偿责任。县电力公司认为高压电线的高度符合规定，张某触电受伤是王某擅自翻建楼房所致，故应由王某承担赔偿责任。法院追加王某为共同被告，并判决王某与县电力公司分别承担赔偿责任。问：法院在什么情况下可以追加当事人?

根据法律的规定，只有在必须一同诉讼的必要共同诉讼人没有参加诉讼时，法院才能依职权追加当事人。在张某诉县电力公司的案件中，王某与电力公司不是必要共同诉讼人关系。法院在原告没有起诉王某的情况下，依职权追加王某为共同被告，超过了诉权行使的范围，侵犯了当事人的处分权。

(三) 必要共同诉讼人的内部关系

必要共同诉讼人都是独立的诉讼主体，独立实施诉讼行为，对自己的诉讼行为承担法律后果。与此同时，由于诉讼标的的统一性，任何一个必要共同诉讼人的行为必然对其他共同诉讼人的利益产生影响。为避免共同诉讼人任意处分权利，《民事诉讼法》第 52 条第 2 款规定，必要共同诉讼人其中一人的诉讼行为需经其他共同诉讼人承认，才能对其他共同诉讼人发生效力。

三、普通共同诉讼

（一）普通共同诉讼的概念与特征

普通共同诉讼，是指当事人一方或者双方为二人以上，其诉讼标的是同一种类，法院认为可以合并审理，当事人也同意合并审理的诉讼。

与必要共同诉讼相比，普通共同诉讼具有以下特征。

1. 普通共同诉讼的诉讼标的是同一种类的，而必要共同诉讼的诉讼标的是同一的。这是普通共同诉讼与必要共同诉讼最主要的区别，也是普通共同诉讼的基本特征。

2. 普通共同诉讼是数个诉的合并，而必要共同诉讼仅是诉讼主体的合并。普通共同诉讼是将数个同种类的诉合并在一个诉讼程序中审理，这些诉在诉讼主体、诉讼标的、诉讼请求上都是相互独立的。必要共同诉讼有数个当事人，共享一个诉讼标的，共同提出诉讼请求。

3. 普通共同诉讼是可分之诉，而必要共同诉讼是不可分之诉。普通共同诉讼的合并审理并不具有必然性，也不是唯一的选择。对此当事人有程序选择权。法院也要根据案件具体情况，决定是否有必要合并审理。必要共同诉讼的诉是一个整体，无法拆分为数个案件来审理。

（二）普通共同诉讼的构成要件

构成普通共同诉讼，必须具备下列条件。

1. 两个以上的当事人就同一种类诉讼标的的案件向同一法院起诉。同一种类的诉讼标的是指同一类型的民事法律关系，如甲、乙、丙三人均购买了丁公司的电脑，后因质量问题向丁提起诉讼。这三个诉讼起因于三个独立的买卖合同关系，但它们是同一种类的民事法律关系，所以诉讼标的是同一种类的。再如，甲依租赁合同对乙主张清偿所欠房租，甲又依另一租赁合同对丙主张清偿所欠房租。这两个诉的诉讼标的不同，但是同为房屋租赁合同引起的给付租金诉讼，如果许可甲同时以乙、丙为共同被告提起诉讼，则属于诉讼标的为同种类的共同诉讼。诉讼标的如果不是同一种类的，即使被告是同一个人，也不能构成普通共同诉讼。例如，甲因房屋租赁合同纠纷向丙提起诉讼，乙因房屋买卖合同纠纷也向丙提出诉讼，就不能构成普通共同诉讼。

2. 属于同一法院管辖，适用同一诉讼程序。管辖权是法院合法行使审判权的前提，因此，只有当法院对诉讼标的为同一种类的数个诉讼均有管辖权时，才能够将它们合并审理。在属于同一法院管辖的前提下，数个诉讼都适用同一种诉讼程序，才有可能构成普通共同诉讼。如果有的诉讼应适用简易程序，有的诉讼应适用普通程序，就不能将它们合并审理。

3. 法院认为可以合并审理。普通的共同诉讼属于数个独立的诉的合并，法院需要审查以共同诉讼形式合并审理是否符合诉的合并的目的。民事诉讼法主要是出于诉讼经济的考虑才设立普通共同诉讼制度的，如果合并审理不能够达到节约人力、物力和费用的目的，反而会导致案件复杂化，增加纠纷解决的难度，导致诉讼延滞，浪费司法资源，那么合并审理就没有正当性。

4. 当事人同意合并审理。民事诉讼法将当事人同意作为普通共同诉讼的构成要件之一，体现了对当事人的程序选择权的尊重与保障。如果当事人认为合并审理会有损自己的利益，有权予以拒绝。法院不能不顾当事人的选择依职权合并审理。

（三）普通共同诉讼人之间的关系

普通共同诉讼是将数个诉讼标的为同一种类的相互独立的诉合并到一个诉讼程序中审理，但合并审理并未改变诉的独立性的本质。普通共同诉讼中每个共同诉讼人的行为也是独立的。他们虽然被合并在一个程序中进行诉讼，但其诉讼行为只对自己有程序效力。每个诉讼主体实施的诉讼行为，无论是有利的还是不利的，均只对本人产生效力，不会影响其他共同诉讼人。《民事诉讼法》第 53 条第 2 款中规定："对诉讼标的没有共同权利义务的，其中一人的诉讼行为对其他共同诉讼人不发生效力。"例如，共同原告中一人放弃诉讼请求或撤回诉讼，并不会对其他共同诉讼人产生不利的影响。

但是，普通共同诉讼人诉讼行为的独立性也不是绝对的。普通共同诉讼人实施的诉讼行为也可能会对其他共同诉讼人产生有利的影响。例如，甲、乙、丙三人分别对丁提起侵权赔偿诉讼，诉讼的理由是丁厂排出的废水污染了他们各自的鱼塘，造成塘里的鱼大量死亡。甲、乙均就鱼遭废水污染而死提供了充分的证据，由于甲、乙、丙三人的鱼塘相邻，都受到丁排出的废水污染，甲、乙提供的证据也有助于法院认定丙所主张的事实。

第三节　诉讼代表人

一、诉讼代表人的概念

【案例】 在某职业中学就读的杨某等在经纬寻呼台实习。因有员工向经纬寻呼台负责人反映有财物失窃情况，经纬寻呼台负责人布置对公司各处及全体员工进行搜查。这些培训生被培训老师带进更衣室，在未征得她们同意的情况下，被责令打开更衣箱、提包、工作服口袋等接受检查，后又被要求脱下工作服，部分培训生还被要求解开内衣进行检查。被搜查的培训生人数达 120 余人。在得知杨某将诉诸法院请求精神损害赔偿之后，68 名受害少女表示要参加诉讼。问：当一个案件的当事人人数众多时，诉讼应如何进行才能既保障当事人的诉讼权利和实体权益的实现，又保证诉讼效率？

诉讼代表人，是指经由人数众多的一方当事人推选，代表该方当事人进行诉讼的人。这是为解决多数人纠纷所设计的一种诉讼当事人制度。诉讼当事人一方或双方人数众多时，即使当事人之间在法律或事实上有牵连关系，这个诉讼群体也并不构成一个固定的组织，所以无法将其视为一个当事人来进行诉讼。又由于一个诉讼空间无法容纳这么多的诉讼主体，为了一并解决众多当事人与另一方当事人之间的利益冲突，达到诉讼经济的目的，民事诉讼有必要建立群体性纠纷解决制度。

关于解决众多当事人纠纷的诉讼制度，国外有不同的立法模式。美国的"集团诉讼"将人数不确定但各个人所具有同类争议事实或法律关系的当事者拟制为一个群体。群体中的一人或数人提起诉讼视为代表整个群体所提起。判决效力扩及群体中的每个个体。日本的"选定当事人诉讼"则是扩大原有共同诉讼制度的适用，并通过当事人适格的扩张，在任意的诉讼担当理论基础上，由全体共同诉讼人选出能够代表他们的当事人，通过委托授权使多数人诉讼通过选定的当事人进行。德国的"团体诉讼"则将具有共同利益的众多法律主体提起诉讼的权利"信托"给具有公益性质的社会团体，由该社会团体提起符合其章程、设立目的的诉讼。判决是针对该团体及其被告作出的，有利判决的效力间接地惠及于团体的成员，产生"事实上的既判力”。可见，各国群体诉讼的解决机制既有相似之处又有所不同，但是，由于现代型诉讼所面临的问题大同小异，各国群体诉讼制度有相互影响、相互借鉴的趋势。

我国的诉讼代表人制度是在整合共同诉讼制度和诉讼代理制度的基础上建立的一项新制度。首先，诉讼代表人制度是以共同诉讼制度为基础的。这表现为，采用推选代表人方式进行的诉讼与共同诉讼的基本条件一样，或者诉讼标的是同一的，或者是同一种类的。如果当事人不是共同诉讼人，就不能在诉讼中推选代表人代为实施诉讼行为。诉讼活动由代表人进行而不是由全体当事人进行，这是诉讼代表人制度的显著特点，也是代表人诉讼与共同诉讼的区别。在代表人诉讼中，人数众多的一方当事人只要推选出了诉讼代表人，就可以脱离具体诉讼事务，将诉讼事宜交由代表人实施。共同诉讼则不同，全体共同诉讼人均应参加诉讼。其次，从诉讼行为的效力来说，诉讼代表人也不同于共同诉讼人，除法律另规定外，诉讼代表人实施的诉讼行原则上对全体被代表的当事人有约束力。必要共同诉讼人的诉讼行为须经其他当事人同意后才对其他当事人有效，普通共同诉讼人的诉讼行为相互独立，其中一人的行为对其他当事人不发生效力。

同时，诉讼代表人制度运用了诉讼代理制度的机理。诉讼代表人相当于其他当事人的诉讼代理人，只不过他是以包括自己在内的全体当事人的名义进行诉讼活动。可见，诉讼代表人具有双重身份，他既是诉讼当事人，又是代表人。这是诉讼代表人的又一显著特征，也是诉讼代表人与单纯代理当事人实施诉讼行为的诉讼代理人的区别之所在：其一，诉讼代表人本身是本案的利害关系人，与本案的诉讼结果有直接的利害关系；诉讼代理人与本案则没有直接的利害关系。其二，诉讼代表人实施诉讼行为不仅是为了被代表的当事人，同时也是为了自己的利益。其三，诉讼代理人实施诉讼代理行为必须有被代理人的特别授权；诉讼代表人实施诉讼行为时，在当事人人数不确定的情况下，可由部分当事人推选，由部分当事人授权，其诉讼行为的效力及于全体利害关系人。由于诉讼代表人本人也是当事人，所以他们与诉讼结果、与被代表的当事人具有共同的利害关系，这就决定了诉讼代表人在保护全体当事人共同利益的同时，也保护了自身的合法利益，这也决定了诉讼后果要由诉讼代表人和被代表的当事人共同承担。而诉讼代理人与诉讼没有直接利害关系，也不承担诉讼后果。

诉讼代表人制度使众多诉讼主体的诉讼行为通过诉讼代表人集中实施，扩大了诉讼的容量，避免了因众多当事人直接参与诉讼可能带来的诸多问题。

二、代表人诉讼的种类

我国民事诉讼法规定了两种代表人诉讼，一种是起诉时人数确定的代表人诉讼，另一种是起诉时人数不确定的代表人诉讼。

（一）人数确定的代表人诉讼

人数确定的代表人诉讼，是指由起诉时人数已确定的众多的共同诉讼人推选出来作为代表，代替全体共同诉讼人参加诉讼，实施诉讼行为。

构成人数确定的代表人诉讼，须符合以下四个条件。

1. 当事人一方人数众多。当事人一方人数众多，如果全体当事人都参加诉讼，无论对当事人行使诉讼权利还是对法院审理案件都有困难，因此有必要以推选代表人的方式减少出庭参加诉讼的人数。对于“人数众多”的标准，《民事诉讼法》未作规定。《民诉法解释》第75条规定，民事诉讼法所规定的人数众多，一般指10人以上。

2. 在起诉时原告的具体人数已经确定。

3. 人数众多的一方当事人诉讼标的同一或诉讼标的为同一种类。

4. 当事人能推选出代表人。

（二）人数不确定的代表人诉讼

人数不确定的代表人诉讼，是指人数众多且起诉时原告人数不能确定的代表人诉讼。

构成人数不确定的代表人诉讼，须具备下列条件。

1. 当事人一方人数众多且具体人数在起诉时尚未确定。常见的是同一种侵权行为或标准合同引起的诉讼，受害人多，分布地域广，因而起诉时当事人的人数不易确定。如某制药厂生产的质量不合格的药品，使服用此药品的人身体受到伤害，因而众多受害者提起诉讼的案件。

2. 诉讼标的为同一种类，即多数当事人之间没有共同的权利或义务关系，不存在共同的诉讼标的，但各当事人的诉讼标的属同一种类。

3. 推选出诉讼代表人。以一定的方式产生诉讼代表人，是进行代表人诉讼的前提。由于起诉时当事人的人数尚未确定，因而不可能由全体共同诉讼人来推选代表人，代表人只能从部分当事人（向人民法院登记的那部分权利人）中产生。

三、诉讼代表人

（一）诉讼代表人的选定

根据《民事诉讼法》和《民诉法解释》，诉讼代表人产生的方式有以下几种：(1) 选定。此即从向人民法院登记的那部分权利人中选出诉讼代表人。(2) 商定。在权利人推选不出代表人时，由人民法院与权利人通过协商方式产生代表人。(3) 指定。在协商不成的情况下，由人民法院在权利人中指定代表人。其中，起诉时人数确定的，诉讼代表人应当由全体当事人推选产生。推选不出代表人的，当事人都可以参加诉讼。《民诉法解释》第 76 条规定："依照民事诉讼法第五十三条规定，当事人一方人数众多在起诉时确定的，可以由全体当事人推选共同的代表人，也可以由部分当事人推选自己的代表人；推选不出代表人的当事人，在必要的共同诉讼中可以自己参加诉讼，在普通的共同诉讼中可以另行起诉。"至于起诉时人数不确定的情形，当事人在推选代表人时上述三种方式都可以采用。《民诉法解释》第 77 条规定："根据民事诉讼法第五十四条规定，当事人一方人数众多在起诉时不确定的，由当事人推选代表人。当事人推选不出的，可以由人民法院提出人选与当事人协商；协商不成的，也可以由人民法院在起诉的当事人中指定代表人。"

诉讼代表人的基本条件如下：(1) 诉讼代表人应当是共同诉讼人或诉讼标的为同一种类的诉讼当事人。(2) 诉讼代表人具有诉讼行为能力。(3) 诉讼代表人具备与进行该诉讼相适应的能力，例如，具有一定的法律知识和文化水平。(4) 能够善意地履行诉讼代表人的职责。

当事人可以推选 2 至 5 名诉讼代表人，每位代表人可以委托 1 至 2 人作为诉讼代理人。

（二）诉讼代表人的权限

诉讼代表人的权限相当于未被授权处分实体权利的诉讼代理人。代表人在诉讼中实施诉讼行为或接受诉讼行为，原则上对被代表的全体当事人产生法律效力，但代表人在实施处分被代表的当事人的实体权利的行为时，如变更或放弃诉讼请求、撤回诉讼、与对方当事人达成和解或调解协议等，则必须取得被代表人的当事人同意。民事诉讼法对代表人的权利作上述限制，目的在于防止代表人滥用诉讼权利，保护被代表的当事人的权益。

（三）诉讼代表人的更换

代表人产生后，一般可以作为代表人进行诉讼至诉讼终结。如出现特殊情况，可以更换代表人。特殊情况包括代表人死亡或丧失行为能力，代表人因不尽职责或与对方当事人恶意通谋，损害了被代表人利益，被代表人要求更换，等等。在需要更换代表人时，人民法院应裁定中止诉讼，然后由法院召集全体被代表人，以推选、协商等方式重新确定诉讼代表人，待新的代表人产生后，再恢复诉讼。

四、人数不确定的代表人诉讼的程序规则

民事诉讼法针对起诉时人数不确定的代表人诉讼的特点，为最大限度地发挥同一程序尽可能多地解决纠纷的功能，从平等保护所有已经明确的当事人和潜在的当事人的合法权益出发，专门规定了以下审理程序。

（一）公告

人民法院在受理案件后，应当发出公告。在公告中说明案件情况和诉讼请求，通知尚未起诉的权利人在规定期间内来法院登记。公告的方式包括在报纸、电视等媒体上发布信息，在当事人所在地区张贴公告等。公告的期限由法院视案件具体情况决定，但不得少于 30 日。

（二）登记

人民法院对见到公告后前来参加诉讼的权利人进行登记。登记的目的是确定当事人的人数，以便为进一步的诉讼活动做好准备。根据《民诉法解释》第 80 条的规定，申请登记者应当提供证据，证明其与本案有利害关系，是本案的当事人。无法证明的，人民法院将不予登记。不予登记的后果仅限于当事人不能以原告身份参加本案诉讼活动，并不影响当事人的实体权利和诉权。

登记产生以下法律效果：其一，登记后获得本案当事人身份，有权参与推选诉讼代表人或作为诉讼代表人参加诉讼。没有登记的权利人无权推选诉讼代表人，也不能被推选为诉讼代表人。其二，接受人民法院对本案的生效裁决的拘束，即人民法院对该诉讼所作出的判决、裁定对参加登记的权利人发生既判力。

（三）裁判效力

人民法院对人数不确定的代表人诉讼作出裁判后，裁判的效力及于参加登记的所有当事人。该裁判虽然对未参加登记的权利人无直接拘束力，但具有预决效力。未参加登记的权利人在诉讼时效期限内提起诉讼，法院认定其请求成立时，将裁定直接适用该生效裁判，而无须另行作出裁判。《民诉法解释》第 80 条规定，人民法院对代表人诉讼的裁判“在登记的当事人范围内执行。未参加登记的权利人提起诉讼，人民法院认定其请求成立的，裁定适用人民法院已作出的判决、裁定”。

第四节　民事诉讼第三人

一、民事诉讼第三人的概念和特征

【案例】原告吴某与被告赵某签订房屋租赁合同，约定赵某将其商业用房出租给吴某，出租期限为 2 年，租金 10 万元。一年后，赵某与孙某签订买卖该房屋的协议。孙某支付了买房款后，赵某办理了产权过户手续。原告吴某向法院提起诉讼，要求判决在她承租期间，被告赵某未经其同意出卖该房屋属无效民事行为。被告答辩称在出售房屋之前已通知了原告，在原告表示不买的情况下，才卖给孙某。如果原告愿意继续履行租赁合同，那是原告与孙某之间的

事。孙某要求作为第三人参加诉讼，认为其与被告的合同是有效的。

（一）民事诉讼第三人的概念

民事诉讼第三人，是指对他人之间的诉讼标的有独立的请求权，或者虽然没有独立的请求权，但与案件的处理结果有法律上的利害关系，而参加诉讼的人。我国《民事诉讼法》规定了两种第三人：有独立请求权的第三人和无独立请求权的第三人。前者对他人之间的诉讼标的提出全部或部分独立的权利主张，后者对他人之间的诉讼标的没有独立的请求权，但诉讼结果可能与之有法律上的利害关系。

一个诉讼中当事人争议的诉讼标的，如果与诉讼外的其他民事主体有牵连关系，法院针对该诉讼标的判决不可避免地涉及第三人，影响第三人的权利和义务或法律上的利益。为了使当事人的权利得到更好的保障，就需要引进与该案有牵连关系的第三人参加诉讼。第三人也可主动参加诉讼以维护自己的利益。

（二）第三人的特征

第三人参加诉讼与共同诉讼一样，也是一种诉的合并。但是，第三人参加诉讼形成与共同诉讼完全不同的诉讼结构。第三人具有下列特征。

1. 参加他人正在进行的诉讼。第三人是相对于本诉的当事人而言的，相对于本诉的原告和被告，参加诉讼的当事人为第三人。因此，如果不是参加到他人已开始的诉讼中去，就不会发生第三人的问题。

2. 与正在进行的诉讼有法律上的利害关系。这种利害关系有两种情形：一种是原、被告争执的诉讼标的侵害了第三人的民事权益；另一种是法院对诉讼的处理结果影响到第三人与一方诉讼当事人的法律关系，导致第三人的权利或者义务有增减。

3. 在诉讼中具有独立的地位。第三人参加诉讼后，具有独立的诉讼地位，他们或者以原告身份、以本诉的双方当事人为被告进行诉讼，或者站在其中一方当事人一边，辅助该当事人进行诉讼。即使辅助一方进行诉讼，其目的也是维护自身的利益，其诉讼行为也具有相当的独立性。这一特征使第三人区别于共同诉讼人。

（三）第三人制度的作用

1. 有利于维护利害关系人的合法权益。当他人之间的诉讼涉及案外第三人的民事权益，影响到第三人民事权利义务时，让第三人参加诉讼程序，使他有机会向法庭提出主张和陈述意见，从程序公正和程序保障的要求来看，这无论如何是必要的。

2. 有利于防止法院作出互相矛盾的裁判。在当事人之间的诉讼标的涉及案外人的权益或者牵连到与案外人的另一个法律关系时，如果不让案外人作为第三人参加诉讼，而是在处理当事人之间的诉讼后再来审理当事人与案外人之间的纠纷，就很有可能作出内容相冲突的裁判。当案外人对诉讼标的提出独立的诉讼请求时尤其如此。

3. 有利于实现诉讼经济。诉讼经济要求尽可能发挥诉讼程序的效率，使程序的利用最大化而使诉讼成本最小化。第三人制度能够使两个相互牵连的纠纷通过一次诉讼得到解决。从法院方面来讲，将对一个诉讼中有牵连关系的民事主体引进诉讼，通过其陈述或举证抗辩，从而获得解决本案更多的证据材料，有利于查明案件真实，作出公正的裁判。这样，通过一次诉讼，将多个当事人的纠纷一次解决，可以减少诉讼成本，节约司法资源，提高诉讼效益。

4. 有利于防止诈害诉讼。诈害诉讼或者恶意诉讼，是民事主体滥用诉权的表现之一。典型的如原、被告恶意串通，用诉讼方式侵害第三人的合法权益。允许第三人以本诉当事人的诉讼结果可能损害自己的利益为依据而参加诉讼，可以防止诈害诉讼的发生。

在现代社会，权利主体对权利处分的方式越来越复杂，第三人参与诉讼的情况不断增多，第三人制度日益受到立法与司法的重视。现代司法的一个趋势是尽可能地通过一个诉讼解决更多的纠纷，提高诉讼效益。由于第三人参与诉讼的依据是第三人与本案当事人争议的诉讼标的有牵连关系，而实体法上牵连的形式多种多样，在程序上如何做到既保障参加诉讼的第三人的当事人程序主体权，又不致拖延诉讼、影响本诉当事人的合法权利的实现，是各国民事司法所关注的问题。

二、有独立请求权的第三人

有独立请求权的第三人，是指在他人已经开始的诉讼中，就诉讼标的的全部或部分主张独立的请求权，从而加入诉讼中的人。

（一）有独立请求权的第三人参加诉讼的条件

作为有独立请求权的第三人参加诉讼，必须符合下列条件。

1. 对本诉原、被告争议的诉讼标的主张独立的请求权。所谓“独立的请求权”，指的是第三人所享有的独立于本诉原、被告之外的请求权，既不与本诉原告主张的请求权相同，也不能与被告的反诉请求权合并。第三人主张独立的请求权有两种情形：一种是对本诉诉讼标的主张全部的实体权利，即主张双方当事人争执的民事权益，既不归原告所有，又不归被告所有，而是全部归自己所有。另一种是仅主张部分实体权利。请求权的独立性是有独立请求权第三人的本质特征，也是他能够参加到他人之间诉讼中的实质要件。但这种独立性还不足以使请求权人成为既存诉讼的第三人，这种请求权还必须与本诉的诉讼标的有牵连性。即第三人的请求权应以本诉原、被告之间争议的法律关系为请求对象，或者以与其争议的法律关系有牵连的其他法律关系为请求对象。第三人可以主张本诉中原告的请求权不存在，也可以主张与本诉原告的请求权相排斥的请求等。

提出独立的请求权是程序性质的要件，与提出者所主张的实体权利是否有事实和法律依据无关。因此，只要案外人对本诉的诉讼标的提出了独立的诉讼请求，就满足了作为有独立请求权的第三人的条件，法院既无须做实体审查，也不得以第三人不是本诉利害关系人为由拒绝其参加诉讼。

【辨析】诉讼法上的第三人请求权与实体法上的请求权不是一个概念。实体法上的请求权是民事主体对另一民事主体提出的权利请求。请求权只是民事权利类型之一。民事权利按照作用不同可以分为请求权、支配权、形成权、抗辩权等。[①] 诉讼法上的第三人请求权不限于实体法上的请求权，还包括形成权等在内的任何一种民事权利。例如，对于他人之间独立的合同享有解除权、撤销权的人，也可以享有诉讼法上的第三人请求权。

2. 本诉正在进行。本诉正在进行是时间方面的条件。它是指第三人欲参加的诉讼已经开始而尚未终结。具体是指法院受理诉讼后，作出裁判前。第三人一般应在第一审程序中参加诉讼。法院也可以允许第三人直接在第二审程序中参加诉讼。《民诉法解释》第 81 条第 2 款规定：“第一审程序中未参加诉讼的第三人，申请参加第二审程序的，人民法院可以准许。”但考虑到当事人审级利益保障要求，二审法院在对第三人在第二审程序参加诉讼的案件应当进行调解。经调解达不成协议的，应当撤销一审判决，发回重审。

3. 以起诉的方式参加。第三人对本诉的双方当事人提出了独立的诉讼请求，提出了与本诉的诉讼标的有紧密关联的新的诉，所以应当以起诉方式参加诉讼。第三人提起的诉讼必须符

---

① 参见梁慧星：《民法总论》，65～67 页，北京，法律出版社，1995。

合民事诉讼法关于起诉和受理条件的规定，审理本诉的法院才能够受理。

（二）有独立请求权的第三人的诉讼地位

有独立请求权的第三人在诉讼中的地位相当于原告的。他对本诉当事人争执的诉讼标的提出了独立的诉讼请求，既反对本诉中原告的主张，又反对被告的主张，认为他们的主张均侵犯了自己的合法权益，因而将他们置于被告的地位。此外，有独立请求权的第三人是以提起诉讼的方式参加诉讼的。在起诉时，要履行与原告相同的手续，如提交起诉状、预交诉讼费用等。因此，在参加之诉中，有独立请求权的第三人的诉讼地位与原告的完全相同，享有原告的诉讼权利。

虽然在提起诉讼时，有独立请求权的第三人将本诉的双方当事人均作为被告，但在参加之诉中，居于被告地位的本诉原告与被告并非共同诉讼人，因为他们对诉讼标的具有对立的而不是共同的利益。

三、无独立请求权的第三人

无独立请求权的第三人，是指对他人正在进行的诉讼没有独立的请求权，但裁判结果可能与他具有法律上的利害关系而参加诉讼的人。

（一）无独立请求权的第三人参加诉讼的条件

1. 与案件处理结果有法律上的利害关系。这是衡量第三人能否作为无独立请求权的第三人参加诉讼的主要标准。法律上的利害关系是指权利义务关系。这不同于“事实上的关系”。事实上的关系仅是前一个法律关系对后一个法律关系在事实上产生了一定影响。例如，A公司与B工厂签订一份合同，A公司向B工厂购买一批水泥，而B工厂与C工厂签订了合同，B工厂向C工厂购买原料。前一个合同到期后，A公司没有支付B工厂货款，而因此B工厂不能履行与C工厂订立的合同。这就仅仅是一种事实上的关系。第三人同他人之间的诉讼结果有法律上的利害关系，表现为法院对本诉的裁判直接影响到第三人的权利义务的增减。比如农村土地承包合同纠纷案件中，当发包方所属的半数以上村民，以签订承包合同时违反法律规定的民主议定原则，主张承包合同无效时，承包方可以作为第三人参加诉讼。这类案件的处理结果与承包方就有利害关系。因为如果发包方败诉，会导致承包方失去承包经营权，并负担交还所承包的土地的义务。

2. 他人之间的诉讼正在进行。无独立请求权第三人参加诉讼，时间须在法院受理诉讼后作出裁判前，一般也应在第一审程序中参加诉讼。

3. 申请参加诉讼或由法院通知其参加诉讼。依照《民事诉讼法》第56条第2款的规定，作为无独立请求权第三人参加诉讼的方式有两种，一种是由第三人主动申请参加，另一种是法院依职权通知第三人参加。

（二）无独立请求权的第三人的诉讼地位

无独立请求权的第三人参加诉讼，是为了维护自己的合法权益，即避免本诉一方当事人败诉而影响自身的权益。他并未向法院提出任何诉讼请求。因此，无论他参加原告一方还是参加被告一方进行诉讼，都不具有与原告或被告相同的诉讼地位。

无独立请求权的第三人的诉讼地位既有从属性的一面，又有独立性的一面。无独立请求权的第三人是参加一方当事人进行诉讼，参加诉讼的目的是帮助被参加的一方赢得诉讼，因而不得实施与参加人地位和参加目的相悖的诉讼行为，如不得提起管辖异议，不得申请撤回诉讼或放弃诉讼请求，不得提起反诉，不得承认对方当事人的诉讼请求，不得在被参加一方反对的情况下同意调解。但另一方面，无独立请求权的第三人作为广义的当事人，又享有一些独立的诉讼权利，如有权委托代理人进行诉讼，有权向法庭陈述自己的意见，有权提供证据并参加质证活动，有权参加法庭辩论等。一旦法院判令其承担民事责任，无独立请求权第三人即获得当事人地位，享有独立的上诉权。《民事诉讼法》第56条规定："人民法院判决承担民事责任的第三人，有当事人的诉讼权利义务。"《民诉法解释》第82条规定："在一审诉讼中，无独立请求权的第三人无权提出管辖异议，无权放弃、变更诉讼请求或者申请撤诉，被判决承担民事责任的，有权提起上诉。"

【辨析】两种第三人的区别

有独立请求权的第三人和无独立请求权的第三人虽然都是作为第三人参加他人之间正在进行的诉讼，但他们之间存在着以下区别。

1. 参加诉讼的根据不同。与他人之间案件的处理结果有法律上的利害关系，是无独立请求权的第三人参加诉讼的根据。而有独立请求权的第三人参加诉讼的根据则是对他人之间的诉讼标的主张独立的请求权。

2. 参加诉讼的方式不同。无独立请求权的第三人，以申请参加或法院通知其参加的方式参加诉讼。有独立请求权的第三人则以向法院提起诉讼的方式参加诉讼。

3. 诉讼地位不同。无独立请求权的第三人在诉讼中一般处于辅助人的地位，辅助被参加的一方当事人进行诉讼，因而不享有与处分实体权利有关的诉讼权利。只有在法院判决其承担民事责任时才享有当事人的地位。有独立请求权的第三人在诉讼中处于原告的地位，享有原告的诉讼权利。

第五节　公益诉讼

一、公益诉讼的概念

公益诉讼，是指法律规定的主体为保护公共利益而向人民法院提起的诉讼。近年来，随着我国经济社会的快速发展，出现了环境污染、损害众多消费者权益等一些严重损害公共利益的行为。传统的诉讼制度无力应对这些损害公共利益的行为，社会各界强烈呼吁建议建立公益诉讼制度。司法实务对此进行了积极的探索。立法者认识到，保护公共利益不仅是促进经济发展和社会进步的需要，而且有助于弥补行政监管能力的不足。在2012年修改《民事诉讼法》时，确立了公益诉讼制度。《民事诉讼法》第55条规定："对污染环境、侵害众多消费者合法权益等损害社会公共利益的行为，法律规定的机关和有关组织可以向人民法院提起诉讼。"这是我国立法上首次作出关于公益诉讼的明确规定，具有重大的法治意义。

公益诉讼具有如下功能：(1) 成为国家治理的社会参与渠道，弥补国家作为公共利益代表在维护公益过程中存在的局限性。国家的组成和运作必须维护公共利益，制止、纠正和惩罚损害公共利益的行为。但是，国家公共事务繁杂，国家代表公共利益的行为不可避免地存在漏洞和偏差。而且，由于国家机关及其组成人员具有部门利益和个人利益，有可能为牟取部门利益或个人利益而损害公共利益。公益诉讼作为一种公共利益的补充代表机制，有助于增强维护公共利益的力量。(2) 及时制止损害公共利益的违法行为。公益诉讼的提起不以实际发生损害为前提，也不以直接利害关系者为提起要件，因而能够及时制止违法行为，有效地防范损害后果的发生或者进一步扩大。这是传统事后救济方式所不具备的预防性功能。(3) 保障民众的诉权，扩大司法解决纠纷的功能。在这个意义上说，公益诉讼制度的设立标志着诉权的社会化。

二、公益诉讼的特征

与普通民事诉讼相比，公益诉讼具有以下主要特征。

1. 诉讼标的不同。这是公益诉讼与普通民事诉讼最显著的区别。普通民事诉讼的诉讼标的是当事人之间争议的民事权利义务关系，即特定主体之间的权利义务关系。而公益诉讼的诉讼标的是公共利益。所谓公共利益，是指不特定多数人共同享有的利益。公益诉讼形成的原因是当事人认为公共利益受到侵害，其诉讼标的主要目的是解决涉及公共利益的争议。当事人双方争议的焦点通常围绕公共利益的界定和被告是否具有损害公共利益的行为而展开。

2. 诉讼主体的特殊性。在普通民事诉讼中，当事人必须是与案件处理结果有利害关系的人，即系所争议的权利义务关系的主体。然而在公益诉讼中，由于公共利益的主体是不特定的多数人，当公共利益遭受损害时，一方面受到侵权行为影响的人数众多，另一方面又很难确定一个合适的主体来主张权利，甚至常常出现主体缺位的情形。因此，需要通过法律专门明确相应的诉讼主体，即有权提起公益诉讼的原告。多数国家法律规定由特定的机关或社会组织担任公益诉讼原告，如环保公益组织可以为环境污染引发的公共利益争议提起诉讼，消费者权益保护官有权对严重侵害众多消费者权益的行为提起诉讼等。

3. 判决效力具有扩张性。公益诉讼往往由国家机关或公益组织代表民事公益受害人进行诉讼，这种代表资格是由法律规定的，无须得到被害人的同意或授权。法院的裁判不但对参加诉讼的当事人有拘束力，而且对社会公众、特定的国家机关、公益组织均有拘束力，均产生法律效力。

涉及公共利益争议的案件的特殊性，使司法裁判具有特别的复杂性。普通民事诉讼主要涉及具体民事主体之间的利益争议，权利范围或边界较易界定。这是由于民事实体法的主要内容就是确定权利义务关系，大多数情况下，法官只要根据法律规定就能处理好这类争议。然而，对公共利益争议的审理和判断却是司法的一大难题。首先，由于利益主体的不特定性和人数众多，法律很难界定公共利益的边界。其次，由于公共利益争议涉及的往往是一些大规模的侵权行为，如环境污染的损害具有广泛性、严重性和长期性。有些损害可能是隐形的，需要经过相当长的时间才慢慢显现。而及至显现出来时，这些损害已经给环境资源与生态造成不可逆转的破坏。例如，海上石油开采作业漏油事故对海洋生态的破坏，有可能导致某些物种的灭绝；再如，核工业生产事故造成的核泄漏对人类及其生存环境造成的毁灭性破坏；等等。这些损害的后果不是通过判决行为人承担损害赔偿就可以挽回的。最后，涉及公共利益的问题往往与公共政策有关，有些损害行为可能就是公共决策的结果，这使公益纠纷的解决异常复杂。在现实生活中，某些损害公共利益的行为造成了巨大的损害，但如何界定损害的结果，如何确定责任的主体及其相应的责任，如何计算赔偿数额，如何通过裁判解决争议等，都是非常复杂的问题。由此可见，公共利益的保护不仅需要司法救济途径，还要求相关公共决策部门和行政管理部门强化公共意识，在作出决策时最大限度地保护公共利益；在日常执法检查中恪尽职守，防微杜渐，防患于未然；当发现损害公共利益的行为时应严格执法，及时制止并予以制裁。

三、公益诉讼的原告资格

从理论上讲，任何人都可以成为公益诉讼的提起者。2012 年修改的《民事诉讼法》对公益诉讼制度的规定，是对传统的当事人适格理论和制度的重大突破。根据2012年修改的《民事诉讼法》的规定，法律规定的非实体利害关系人具有为公共利益提起民事诉讼的主体资格。这就表明我国已经从立法上承认公益诉讼当事人适格的扩张，其意义十分重大。不过，立法者基于对我国的现行管理体制的理解以及司法状况的认识，倾向于对起诉主体的范围进行限制，其目的在于防止一些人滥用诉权，确保公益诉讼制度有序推行，健康发展。为此，《民事诉讼法》第55条规定，可以提起公益诉讼的主体限于"法律规定的机关和有关组织"。至于哪些机关和组织具有公益诉讼主体资格，则有待法律的进一步明确。不过，无论是国家机关还是社会组织，能够作为某项公共利益纠纷的诉讼原告的，应当是其职能或宗旨与所争议的公共利益存在关联性的那些机关或组织。例如，对环境污染引发的公益诉讼，原则上应当由环保组织提起；对侵害众多消费者利益引发的公益诉讼，可以由消费者协会提起；等等。

有人认为，《民事诉讼法》第55条规定的"有关机关"指的是行政机关，理由在于，行政主管部门作为公共利益的主要维护者和公共事务的管理者，是公共利益的最佳代表者。由行政机关作为提起公益诉讼的主体，既可以促使其依法积极行政，也可以利用诉讼救济的方式弥补其行政手段的不足。同时，提起公益诉讼的机关原则上应当与涉及的公共利益相关联，例如，对污染海洋环境行为提起公益诉讼的机关应当是环境保护部门、海洋主管部门等相关机关。其依据是《海洋环境保护法》第89条第2款的规定："对破坏海洋生态、海洋水产资源、海洋保护区，给国家造成重大损失的，由依照本法规定行使海洋环境监督管理权的部门代表国家对责任者提出损害赔偿要求。"但反对者认为，维护公共利益是有关行政部门的职责，对于损害公共利益的行为，该行政部门应当积极采取行政措施，包括及时制止损害行为，对行为人科以行政处罚，修改或制定新的公共政策，进一步加大对公共利益的保护力度等。如果说，出现了损害公共利益的行为，相关职能部门不是履行职责而是作为原告提起诉讼，无异于将自己的责任推给法院，这不仅是严重失职的行为，而且导致了司法权与行政权的混同。

2013年10月25日修改、自2014年3月15日起施行的《消费者权益保护法》在第47条明确了对侵害众多消费者合法权益的行为，有资格提起公益诉讼的社会组织为中国消费者协会以及在省、自治区、直辖市设立的消费者协会。2014年4月24日修改、自2015年1月1日起施行的《环境保护法》第58条规定，对污染环境、破坏生态，损害社会公共利益的行为，有资格提起环境公益诉讼的主体为具备下列条件的环境公益组织：（1）依法在设区的市级以上人民政府民政部门登记；（2）专门从事环境保护公益活动连续5年以上且无违法记录。最高人民法院2015年1月发布的《关于审理环境民事公益诉讼案件适用法律若干问题的解释》（以下简称《环境公益诉讼解释》）第2条规定："依照法律、法规的规定，在设区的市级以上人民政府民政部门登记的社会团体、民办非企业单位以及基金会等，可以认定为环境保护法第五十八条规定的社会组织。"2016年4月24日，最高人民法院发布《关于审理消费民事公益诉讼案件适用法律若干问题的解释》。该司法解释文件自2016年5月1日起施行。

2017年6月27日，第十二届全国人大常委会第二十八次会议决定修改《中华人民共和国民事诉讼法》。此次修法增设如下规定，作为《民事诉讼法》第55条第2款："人民检察院在履行职责中发现破坏生态环境和资源保护、食品药品安全领域侵害众多消费者合法权益等损害社会公共利益的行为，在没有前款规定的机关和组织或者前款规定的机关和组织不提起诉讼的情况下，可以向人民法院提起诉讼。前款规定的机关或者组织提起诉讼的，人民检察院可以支持起诉。"新规定自2017年7月1日起施行。

检察机关提起公益诉讼，有利于发挥法律监督职能作用，健全对国家利益和社会公共利益保护的法律制度。2018年3月1日，最高人民法院、最高人民检察院公布《关于检察公益诉讼案件适用法律若干问题的解释》，该司法解释文件自2018年3月2日起施行。

四、公益诉讼的适用范围

关于公益诉讼的适用范围，即哪些案件应当属于公益诉讼，一直是国内外学者争论的话题，迄今尚没有定论。在理论上，可以认为凡属于“损害公共利益”的案件均可被纳入公益诉讼的适用范围。但是，何谓“公共利益”，仍是一个模糊不清的概念。随着社会的不断发展进步，社会利益呈多元化趋势发展，公共利益在外延上越来越具有不确定性，与个人利益在边缘上呈交织状态。

《民事诉讼法》第55条将公益诉讼的适用范围主要限于环境保护和消费者权益保护两类案件。立法者的意图是通过控制公益诉讼适用范围，保障尚处于初步建立阶段的公益诉讼制度能够平稳发展，有序推进。就公共利益纠纷的现实而言，目前污染环境、侵害众多消费者合法权益等行为较为多发，对公益诉讼的要求较为迫切，理论界和实务界的认识也较为一致。立法者意在以此作为建立公益诉讼的突破口。因此，立法采取了列举形式，明确“污染环境、侵害众多消费者合法权益”两类案件可以提起公益诉讼。同时，该条款是开放性的，并没有禁止上述两类案件之外的其他公益诉讼案件。这样的规定既可突出对环境和消费者权益的保护，也可在时机成熟时逐步扩大公益诉讼的适用范围。

五、公益诉讼的程序规则

根据《民诉法解释》和《环境公益诉讼解释》的有关规定，人民法院审理公益诉讼的程序规则主要包括以下内容。

1. 审查起诉与受理

人民法院在接到原告提起的公益诉讼后，应当按照《民事诉讼法》第55条和第119条的规定进行审查。具体审查内容包括：(1) 原告是否为环境保护法、消费者权益保护法等法律规定的机关和有关组织。其中，社会组织提起的诉讼所涉及的社会公共利益，应与其宗旨和业务范围具有关联性。比如，判断提起环境公益诉讼的原告是否是“专门从事环境保护公益活动”的社会组织时，主要审查其章程确定的宗旨和主要业务范围是否为维护社会公共利益，且从事环境保护公益活动。(2) 诉讼标的是否属于《民事诉讼法》第55条规定的范围，即是否属于对污染环境、侵害众多消费者合法权益等损害社会公共利益的行为提起的诉讼。(3) 被告是否明确。(4) 是否有具体的诉讼请求。(5) 有社会公共利益受到损害的初步证据。由于公益诉讼事关公共利益，涉及面广、审理难度较大，为防止起诉人滥用诉权，人民法院有必要就证据材料进行初步审查。这与普通民事诉讼人民法院对原告起诉仅作形式审查的登记式立案制度有所不同。考虑到环境污染侵害公共利益行为的特点，根据《环境公益诉讼解释》第8条第2项的规定，当事人有初步证据证明，污染环境、破坏生态的行为具有损害社会公共利益重大风险的，也符合该条件。(6) 属于人民法院受理民事诉讼的范围和受诉人民法院管辖。如果当事人提出的诉求属于行政机关职权处理范围的事项，人民法院应当向起诉者做必要释明，告知其向有关行政机关提出。如果受诉法院没有管辖权，该法院应当告知当事人向有管辖权的法院提起诉讼。

经审查，起诉符合上述条件的，人民法院应当受理，并告知相关行政主管部门。这是因为公益诉讼的目的在于保护公共利益，而行政职能部门是保护公共利益的直接责任主体。行政执法是保护公共利益的一种更为高效、低成本的途径。人民法院受理公益诉讼后告知有关行政主管部门，一方面提示有关部门切实履行法定职责，制止、制裁侵害公共利益的行为；另一方面便于在审理和执行方面获得相关部门的配合、协助。《民诉法解释》第286条规定："人民法院受理公益诉讼案件后，应当在十日内书面告知相关行政主管部门。"《环境公益诉讼解释》第12条规定："人民法院受理环境民事公益诉讼后，应当在十日内告知对被告行为负有环境保护监督管理职责的部门。"

人民法院受理公益诉讼，并不影响受侵害公益行为波及的受害人的诉权。《民诉法解释》第288条规定："人民法院受理公益诉讼案件，不影响同一侵权行为的受害人根据民事诉讼法第一百一十九条规定提起诉讼。"该诉讼属于普通民事诉讼。

2. 管辖法院

公益诉讼第一审管辖法院原则上为中级人民法院。《民诉法解释》第285条规定："公益诉讼案件由侵权行为地或者被告住所地中级人民法院管辖，但法律、司法解释另有规定的除外。"《环境公益诉讼解释》第6条第1款规定："第一审环境民事公益诉讼案件由污染环境、破坏生态行为发生地、损害结果地或者被告住所地的中级以上人民法院管辖。"同时考虑到民事诉讼法确立管辖的原则，为方便人民法院审判、方便当事人诉讼，该条第2款规定："中级人民法院认为确有必要的，可以在报请高级人民法院批准后，裁定将本院管辖的第一审环境民事公益诉讼案件交由基层人民法院审理。"

侵权行为地包括侵权行为实施地和侵权行为结果发生地。如环境污染引发的公益诉讼，排污行为实施地和污染导致损害结果发生地人民法院都有管辖权。《民诉法解释》第285条第2款针对海洋环境污染公益诉讼管辖法院进一步明确规定："因污染海洋环境提起的公益诉讼，由污染发生地、损害结果地或者采取预防污染措施地海事法院管辖。"

为保障公益诉讼能够得到公正、及时处理，考虑到侵害公益行为地往往有跨行政区划、涉及面广的特点，在必要时，两个以上有管辖权的人民法院可以报请其共同上级法院指定管辖。《民诉法解释》第285条第3款规定，原告"对同一侵权行为分别向两个以上人民法院提起公益诉讼的，由最先立案的人民法院管辖。必要时由它们的共同上级人民法院指定管辖"。《环境公益诉讼解释》第6条第3款规定："同一原告或者不同原告对同一污染环境、破坏生态行为分别向两个以上有管辖权的人民法院提起环境民事公益诉讼的，由最先立案的人民法院管辖，必要时由共同上级人民法院指定管辖。"

3. "一事不再理"原则的适用

公共利益主体的不特定多数的特点决定了公益诉讼的原告通常是多元的。为保证诉讼程序顺利进行，尽可能发挥一次诉讼在保护公共利益方面的作用，《民诉法解释》第287条规定："人民法院受理公益诉讼案件后，依法可以提起诉讼的其他机关和有关组织，可以在开庭前向人民法院申请参加诉讼。人民法院准许参加诉讼的，列为共同原告。"由于诉讼标的是公共利益争议，法院的判断具有"整体性"。因而，人民法院对其他适格原告因同一侵权行为提起的公益诉讼适用"一事不再理"原则，不再另行立案受理，但可以将他们列为共同原告。为了让所有具备原告资格的机关或组织及时知悉人民法院受理公益诉讼情况，《环境公益诉讼解释》第10条规定，人民法院受理环境民事公益诉讼后，应当在立案之日起5日内发布公告，公布案件受理情况。同时规定，有权提起诉讼的其他机关和社会组织可以在公告之日起30日内申请参加诉讼，经审查符合法定条件的，人民法院应当将其列为共同原告；逾期申请的，不予准许。《民诉法解释》第291条规定："公益诉讼案件的裁判发生法律效力后，其他依法具有原告资格的机关和有关组织就同一侵权行为另行提起公益诉讼的，人民法院裁定不予受理，但法律、司法解释另有规定的除外。"所谓另有规定，例如《环境公益诉讼解释》第28条规定的两种情形：（1）前案原告的起诉被裁定驳回的；（2）前案原告申请撤诉被裁定准许的。其中，如果原告申请撤诉是因为在诉讼开始后，负有环境保护监督管理职责的部门依法履行监管职责而使原告诉讼请求全部实现的，则不在此列。此外，该条第2款规定："环境民事公益诉讼案件的裁判生效后，有证据证明存在前案审理时未发现的损害，有权提起诉讼的机关和社会组织另行起诉的，人民法院应予受理。"这种情形属于根据新事实、新的理由提起的诉讼，不违反一事不再理原则。

4. 对当事人处分权的限制

由于公益诉讼的诉讼标的是公共利益，而法律禁止任何个人擅自处分公共利益，因而在诉讼过程中，当事人的处分权是有限的。具体表现在以下几个方面。

（1）对当事人和解、达成调解协议的限制。此即当事人和解、达成调解协议不得违反法律强制性、禁止性规定，不得以牺牲公共利益为代价。对当事人之间的和解协议，人民法院必须进行审查。对人民法院主持调解达成的协议，则有必要引入社会监督。《民诉法解释》第289条规定："对公益诉讼案件，当事人可以和解，人民法院可以调解。当事人达成和解或者调解协议后，人民法院应当将和解或者调解协议进行公告。公告期间不得少于三十日。公告期满后，人民法院经审查，和解或者调解协议不违反社会公共利益的，应当出具调解书；和解或者调解协议违反社会公共利益的，不予出具调解书，继续对案件进行审理并依法作出裁判。"

（2）对原告撤诉的限制。由于人民法院受理公益诉讼后，其他适格原告不得以同一诉讼标的另行起诉，因而必须限制公益诉讼原告的撤诉权。首先，原告申请撤诉的，人民法院必须进行审查。只有在其撤诉不影响公共利益的情况下才能准许。比如《环境公益诉讼解释》第26条规定："负有环境保护监督管理职责的部门依法履行监管职责而使原告诉讼请求全部实现，原告申请撤诉的，人民法院应予准许。"其次，原告撤诉的时间必须在法庭辩论结束之前。《民诉法解释》第290条规定："公益诉讼案件的原告在法庭辩论终结后申请撤诉的，人民法院不予准许。"此外，原告不得以跟对方达成和解为由申请撤诉。《环境公益诉讼解释》第25条第2款规定："当事人以达成和解协议为由申请撤诉的，不予准许。"

（3）被告不得提起反诉。由于公益诉讼的原告代表的是不特定多数人，决定了反诉的被告是不明确的。而反诉的诉讼标的不可能是公共利益，无法与本诉合并审理。《环境公益诉讼解释》第17条规定："环境民事公益诉讼案件审理过程中，被告以反诉方式提出诉讼请求的，人民法院不予受理。"

（4）原则上不适用自认。根据自认证据规则，一方当事人对对方当事人主张的事实明确表示承认的，对方当事人无须举证证明，人民法院应当予以认定。自认是当事人行使处分权的方式之一。如果原告的自认有损于公共利益，人民法院不得确认其法律效力。《环境公益诉讼解释》第16条规定："原告在诉讼过程中承认的对己方不利的事实和认可的证据，人民法院认为损害社会公共利益的，应当不予确认。"

5. 执行规则

人民法院对公益诉讼作出的生效裁判应当得到及时执行，以发挥公益诉讼在维护公共利益方面的实效。因此，在判决生效后，需要采取强制措施的，人民法院应当依职权移送执行，不以当事人申请执行为前提。《环境公益诉讼解释》第32条规定："发生法律效力的环境民事公益诉讼案件的裁判，需要采取强制执行措施的，应当移送执行。"

根据《人民陪审员法》的规定，人民法院审判民事公益诉讼第一审案件，由法官和人民陪审员组成7人合议庭进行，包括法官3人和人民陪审员4人。人民陪审员参加7人合议庭审判案件，对事实认定问题独立发表意见，并与法官共同表决；对法律适用问题可以发表意见，但不参加表决。

根据《关于检察公益诉讼案件适用法律若干问题的解释》的规定，人民检察院以公益诉讼起诉人身份提起公益诉讼，依照民事诉讼法、行政诉讼法享有相应的诉讼权利，履行相应的诉讼义务，但法律、司法解释另有规定的除外。人民检察院在履行职责中发现破坏生态环境和资源保护、食品药品安全领域侵害众多消费者合法权益等损害社会公共利益的行为，拟提起公益诉讼的，应当依法公告，公告期间为 30 日。公告期满，法律规定的机关和有关组织不提起诉讼的，人民检察院可以向人民法院提起诉讼。人民检察院提起的民事公益诉讼案件中，被告以反诉方式提出诉讼请求的，人民法院不予受理。民事公益诉讼案件审理过程中，人民检察院诉讼请求全部实现而撤回起诉的，人民法院应予准许。人民检察院不服人民法院第一审判决、裁定的，可以向上一级人民法院提起上诉。

第六节　第三人撤销之诉

第三人撤销之诉，是指未参加他人之间诉讼而又与该诉讼结果有利害关系的第三人为维护自己的合法权益，向法院提起要求撤销他人之间诉讼判决的制度。近年来，在我国民事司法实践中，当事人通过恶意诉讼、虚假调解等方式，侵害他人合法权益的情况时有发生。如何有效保护受恶意诉讼损害的第三人利益，成为立法者必须考虑的问题。这是 2012 年修法时增设第三人撤销之诉制度的主要动因。《民事诉讼法》第 56 条第 3 款规定：有独立请求权第三人或无独立请求权第三人因不能归责于本人的事由未参加诉讼，但有证据证明发生法律效力的判决、裁定、调解书的部分或者全部内容错误，损害其民事权益的，可以提起撤销该生效裁判的诉讼。

一、第三人撤销之诉的特征

第三人撤销之诉不同于再审之诉，也不同于执行异议之诉。兹分析如下。

1. 诉讼主体不同。第三人撤销之诉的诉讼主体是《民事诉讼法》第 56 条规定的两种第三人。提起再审之诉的主体是当事人。执行人异议之诉的主体则是对执行标的有异议的案外人或当事人。

2. 诉讼标的不同。第三人撤销之诉的诉讼标的是生效裁判是否有错误的争议，而再审之诉的诉讼标的仍然是原审的诉讼标的，即当事人之间权利义务关系的争议。执行异议之诉的诉讼标的则是案外人与申请执行人对执行标的的争议。

3. 诉讼目的不同。第三人撤销之诉的目的在于保护第三人合法权益不至于受到自己未参加的诉讼程序的裁判突袭。而再审程序的目的在于补救原审程序的严重瑕疵，恢复程序的正当性与既判力的合法性。执行异议之诉的目的在于解决申请执行人与案外人之间的财产争议，保障执行的顺利进行和执行程序的正当性。

可见，第三人撤销之诉的目的与功能是特定的，具有再审之诉和执行异议之诉所不可替代的功能。尤其是在应对恶意诉讼方面，该制度具有独立的价值。

二、第三人提起撤销之诉的条件

《民诉法解释》292 条规定，第三人提起撤销之诉时，应当向人民法院提供相应的证据材料，证明其起诉符合以下条件。

1. 因不能归责于本人的事由未参加诉讼。所谓“不能归责于本人的事由”是指没有被列为生效判决、裁定、调解书当事人，且自身无过错或者无明显过错的情形。比如无从知晓相关诉讼信息而不可能参加诉讼，再如因不可抗力而无法参加诉讼。《民诉法解释》295条列举了几种属于“不能归责于本人的事由”的情形：(1) 不知道诉讼而未参加的；(2) 申请参加未获准许的；(3) 知道诉讼，但因客观原因无法参加的；(4) 因其他不能归责于本人的事由未参加诉讼的。

2. 有证据证明发生法律效力的判决、裁定、调解书的部分或者全部内容错误。这里所说的判决、裁定、调解书的“部分或者全部内容”，是指判决、裁定的主文，调解书中处理当事人民事权利义务的结果。

3. 有证据证明内容有误的生效判决、裁定或调解书损害其民事权益。

4. 第三人应当自知道或者应当知道其民事权益受到损害之日起6个月内提起该诉讼。这里的“6个月”属于法定期间，即不可变期间，不适用诉讼时效中断、中止、延长的规定。

5. 第三人应当向作出生效判决、裁定、调解书的人民法院提出诉讼请求。法律这样规定第三人撤销之诉的管辖法院，是考虑到作出原生效裁判、调解书的人民法院比较了解案情，有利于案件的审理；同时可以充分发挥原审法院的自身纠错功能；避免出现上级法院撤销或者变更下级法院作出的生效裁判、调解书的情况。

与一般民事诉讼的起诉条件相比，法律对第三人撤销之诉的要求显得比较苛刻：第三人在起诉时就要提供证据，不仅要证明其请求撤销的裁判或调解书存在错误，而且要证明自己的民事权益因此而遭受了损害。此外，法律还规定了6个月的除斥期间。从立法意图来看，提高第三人撤销之诉的起诉门槛旨在防止第三人滥用诉讼权利，从而维护既判力的稳定性和司法的权威性。

三、第三人撤销之诉的受理

第三人撤销之诉是一个独立的诉讼程序，尽管其诉讼请求针对的是另外一个案件的裁判结果，但诉讼标的是独立的，应当按照一审普通程序进行审理。对一审裁判不服的，当事人可以提起上诉。

根据《民诉法解释》第293条的规定，人民法院受理当事人撤销之诉的程序如下：(1) 送达诉状和证据材料。人民法院应当在收到起诉状和证据材料之日起5日内送交对方当事人。(2) 答辩。对方当事人可以自收到起诉状之日起10日内提出书面意见。(3) 审查。人民法院应当按照《民事诉讼法》第56条第3款规定的起诉条件和《民诉法解释》第295条的规定，对第三人提交的起诉状、证据材料以及对方当事人的书面意见进行审查。必要时，可以询问双方当事人。(4) 立案或裁定不予受理。经审查，符合起诉条件的，人民法院应当在收到起诉状之日起30日内立案。不符合起诉条件的，应当在收到起诉状之日起30内裁定不予受理。

为避免第三人滥用撤销之诉损害公共利益或其他人的合法权益，维护社会秩序的稳定，最大限度地维护确定判决的权威，《民诉法解释》第297条对第三人撤销之诉的范围作了限定，对下列情形提起第三人撤销之诉的，人民法院不予受理：(1) 适用特别程序、督促程序、公示催告程序、破产程序等非讼程序处理的案件。这是因为宣告失踪或死亡、宣告财产无主等非讼类案件不涉及当事人之间的权利义务争议，只涉及法律事实的认定。当事人对法律事实有争议的，应当按照特别程序，请求法院作出新判决，撤销原判决。(2) 婚姻无效、撤销或者解除婚姻关系等判决、裁定、调解书中涉及身份关系的内容。这是因为这些案件的裁判生效后，当事人之间的婚姻关系即告解除。当事人可能另行缔结婚姻关系。这是一种不可逆转的法律效果。(3)《民事诉讼法》第54条规定的未参加登记的权利人对代表人诉讼案件的生效裁判。这是因为按照法律规定，权利人可以另行起诉。(4)《民事诉讼法》第55条规定的损害社会公共利益行为的受害人对公益诉讼案件的生效裁判。公益诉讼本身并不排斥受害人另行提起诉讼。从严格意义上说，损害公共利益行为的具体受害人并不属于《民事诉讼法》第56条规定的第三人。

人民法院决定立案受理第三人撤销之诉的，并不当然导致生效裁判的执行中止。但是，原告提供相应担保的，人民法院可以根据具体情况决定是否中止执行。《民诉法解释》第299条规定："受理第三人撤销之诉案件后，原告提供相应担保，请求中止执行的，人民法院可以准许。"

四、第三人撤销之诉的审理

1. 第三人撤销之诉的当事人。第三人撤销之诉的原告是认为生效裁判或调解书损害其民事权益的第三人，被告应当是该生效裁判文书上所列的全体当事人。其中，生效裁判确定承担民事责任的无独立请求权第三人应列为第三人。《民诉法解释》第298条规定："第三人提起撤销之诉，人民法院应当将该第三人列为原告，生效判决、裁定、调解书的当事人列为被告，但生效判决、裁定、调解书中没有承担责任的无独立请求权的第三人列为第三人。"

2. 第三人撤销之诉与再审程序竞合的处理。第三人提起撤销之诉后，就不能再申请再审。但人民法院在受理当事人撤销之诉后，可能出现人民法院认为该生效裁判确有错误，应当启动审判监督程序再审的情形。对此，《民诉法解释》第301条规定："第三人撤销之诉案件审理期间，人民法院对生效判决、裁定、调解书裁定再审的，受理第三人撤销之诉的人民法院应当裁定将第三人的诉讼请求并入再审程序。但有证据证明原审当事人之间恶意串通损害第三人合法权益的，人民法院应当先行审理第三人撤销之诉案件，裁定中止再审诉讼。"

由于第三人撤销之诉适用第一审普通程序，而再审程序既可能是第一审程序也可能是第二审程序，当人民法院决定将第三人诉讼请求并入再审程序审理时，必须考虑到两种程序合并对当事人诉讼权利带来的影响，避免剥夺当事人的诉讼权利。根据《民诉法解释》第302条的规定，人民法院应当分别不同情形分别处理：(1) 再审程序是按照第一审程序审理的，人民法院应当对第三人的诉讼请求一并审理，所作的判决可以上诉；(2) 再审程序是按照第二审程序审理的，人民法院可以调解，调解达不成协议的，应当裁定撤销原判决、裁定、调解书，发回一审法院重审，重审时应当列明第三人。

3. 第三人撤销之诉与执行异议竞合的处理。第三人提起撤销之诉后，如果没有申请中止生效判决、裁定、调解书的执行，还可能依据民事诉讼法关于执行异议的规定提起执行异议。对此，《民诉法解释》第303条第1款规定："第三人提起撤销之诉后，未中止生效判决、裁定、调解书执行的，执行法院对第三人依照民事诉讼法第二百二十七条规定提出的执行异议，应予审查。第三人不服驳回执行异议裁定，申请对原判决、裁定、调解书再审的，人民法院不予受理。"值得注意的是，根据民事诉讼法的规定，有权提起执行异议的案外人不是《民事诉讼法》第56条规定的第三人。在异议内容上，案外人是对执行标的主张权利的，目的是排除人民法院对执行标的的执行，与原判决、裁定无关。如果案外人针对的是作为执行依据的生效裁判提出异议，认为该生效裁判有错误损害其合法权益的，可以按照《民诉法解释》第423条的规定提起再审。因此，《民诉法解释》第303条第2款规定："案外人对人民法院驳回其执行异议裁定不服，认为原判决、裁定、调解书内容错误损害其合法权益的，应当根据民事诉讼法第二百二十七条规定申请再审，提起第三人撤销之诉的，人民法院不予受理。"

4. 第三人撤销之诉的审理与判决。根据《民诉法解释》第300条的规定，人民法院对第三人撤销或者部分撤销发生法律效力的判决、裁定、调解书内容的请求进行审理后，按下列情形分别处理：(1) 请求成立且确认其民事权利的主张全部或部分成立的，改变原判决、裁定、调解书内容的错误部分。(2) 请求成立，但确认其全部或部分民事权利的主张不成立，或者未提出确认其民事权利请求的，撤销原判决、裁定、调解书内容的错误部分；原判决、裁定、调解书的内容未改变或者未撤销的部分继续有效。(3) 请求不成立的，驳回诉讼请求。法院对第三人撤销之诉的裁判属于一审裁判，当事人不服的可以提起上诉。

第七节 诉讼代理人

一、诉讼代理人概述

（一）诉讼代理人的概念与特征

民事诉讼代理人，是指依据法律的规定或者当事人的授权，在民事诉讼中为当事人的利益代当事人进行诉讼活动的人。诉讼代理人具有如下特征。

1. 以被代理人的名义实施诉讼行为。这是由诉讼代理人的身份所决定的。民事诉讼发生在双方当事人之间，诉讼代理人参与诉讼的目的是维护所代理的当事人的利益，帮助当事人进行诉讼。由于诉讼的后果要由当事人承担，而法律后果须和名义保持一致性。所以，诉讼代理人只能以被代理的当事人的名义实施诉讼行为。

2. 在代理权限范围内实施诉讼行为。代理人进行诉讼活动的权利来自代理权，而代理权源于法律的规定或当事人的授权。诉讼代理人必须在代理权限范围内代理当事人实施诉讼行为，超越代理权限范围的行为不能产生代理效果。

3. 诉讼代理行为的法律后果由被代理人承担。代理的后果既可能因代理人的积极行为而产生，又可能因代理人的消极行为而产生。代理的法律后果包括程序性后果和实体性后果。如诉讼代理人申请回避而导致法院作出回避决定，系积极行为产生的程序性后果；诉讼代理人对对方当事人主张的事实未表示反对致使法院认定该事实的，系消极行为产生的实体性后果。有效的代理行为无论其是积极行为还是消极行为，也不论是否有利于被代理人，被代理人均应当承认。

（二）民事诉讼代理制度的作用

诉讼代理是民事诉讼中一项不可或缺的制度，它的作用表现在以下三个方面。

1. 保证民事诉讼的正常进行。无民事行为能力人和限制民事行为能力人无诉讼能力，但作为民事主体，他们难免要与他人发生民事纠纷，需要起诉或应诉。如果没有诉讼代理制度，无诉讼行为能力人的诉讼就无法进行。

2. 有助于诉讼当事人行使诉讼权利。诉讼行为由一系列专业性活动组成，包括证据规则和法律解释等。对于没有受过法律职业训练的一般诉讼当事人而言，往往因不了解法律规定而很难充分行使诉讼权利。诉讼代理人的帮助，尤其是具有法律专业知识、熟悉诉讼程序和技能的律师的帮助是极为重要的。在这层意义上说，诉讼代理制度的设置是当事人诉讼权利保障机制的有机组成部分。

3. 有利于增强诉权约束审判权的力量，促进人民法院公正、高效行使审判权。由于律师谙熟程序规则和实体法律，能够帮助当事人充分而有效地行使各项诉讼权利，特别是针对审判行为的异议权，客观上增强了当事人诉权力量，有助于与审判权形成相互制约关系。这样可以保障诉讼程序合法、有序地进行，发挥程序规则对审判权的约束作用，防止审判权滥用。

我国《民事诉讼法》规定了法定代理人和委托代理人两种诉讼代理人。

二、法定代理人

（一）法定代理人及其范围

法定代理人，是指根据法律规定，代理无诉讼行为能力的当事人实施诉讼行为的人。法定代理人作为诉讼代理人并不取决于被代理人本人的意愿，而是基于法律的规定。这一制度主要是为无诉讼行为能力的当事人设立的，因此法定代理人的范围一般与监护人的范围一致。《民事诉讼法》第57条规定："无诉讼行为能力人由他的监护人作为法定代理人代为诉讼。"根据《民法总则》第27、28条的规定，当事人的配偶、父母、成年子女及其他近亲属都可以成为监护人。所谓"近亲属"包括（外）祖父母等直系血亲、兄弟姐妹等三代以内旁系血亲、近姻亲关系以及其他有抚养、赡养关系的亲属。《老年人权益保障法》针对老年人的特点，扩大了监护人产生的社会关系范围。除了近亲属，老年人还可以在与自己关系密切的人或组织中选择确定自己的监护人。这体现对老年人自主决定权的尊重。该法第26条规定："具备完全民事行为能力的老年人，可以在近亲属或者其他与自己关系密切、愿意承担监护责任的个人、组织中协商确定自己的监护人。监护人在老年人丧失或者部分丧失民事行为能力时，依法承担监护责任。老年人未事先确定监护人的，其丧失或者部分丧失民事行为能力时，依照有关法律的规定确定监护人。"

当出现监护人之间互相推诿，或者当事人以监护人为被告，或者诉讼已经开始而监护人尚未确定的情况时，根据《民诉法解释》第83条的规定，可由有监护资格的人协商确定；协商不成的，由人民法院在他们之中指定诉讼代理人。当事人如果没有配偶、直系血亲及近亲属作为监护人的，人民法院可以依照《民法总则》的规定，请未成年人的父、母的所在单位或者未成年人住所地的居民委员会、村民委员会在近亲属中指定代理人；或者指定由未成年人的父、母的所在单位或者未成年人住所地的居民委员会、村民委员会、民政部门等有监护职责的组织担任诉讼期间的法定代理人。

（二）法定代理人的代理权限与诉讼地位

法定代理是一种全权代理。法定代理人是代理无民事行为能力或限制民事行为能力的当事人进行诉讼，这样的当事人因年龄或精神方面的原因通常无法出庭参加诉讼，即使出庭也因为欠缺诉讼能力而不能实施诉讼行为。为了充分发挥诉讼代理人的作用，也为了使诉讼能够顺利地进行，同时有效地保护被监护人的合法权益，有必要让法定代理人处于与当事人类似的地位。法定代理人享有包括起诉、应诉、反诉、放弃或变更诉讼请求、与对方和解等处分被代理人的实体权利在内的广泛的诉讼权利。在这层意义上说，法定代理人可以按照自己的意志为诉讼行为，其具有类似于当事人的诉讼地位和诉讼权利。但是，法定代理人与当事人仍然是存在区别的：首先，法定代理人必须以当事人的名义进行诉讼，人民法院的裁判是针对当事人而不是他们作出的。其次，法定代理人在诉讼过程中死亡或丧失行为能力对诉讼程序的影响不同于当事人的，人民法院可另行指定监护人代理诉讼而不必终结诉讼。最后，法定代理人必须从维护被代理人的利益出发为诉讼行为。如果代理人损害被代理人利益的，应当承担赔偿责任。

（三）法定代理权的取得与消灭

法定代理人的基本特征在于，其代理权的获得不是基于当事人的意思表示，而是根据法律的规定或法院的指定直接获得。

法定代理人的代理权的发生有两种情况：一种是诉讼发生前便存在。对于无民事行为能力人和限制行为能力人而言，其法定代理人的诉讼代理权源于他的监护人身份，是监护权的内容之一。换言之，诉讼代理权是监护权的应有之意。另一种是诉讼发生后才获得。经人民法院指定成为诉讼代理人的便属于这种情形。

诉讼代理权的有无直接关系到代理人诉讼行为的效力，因此人民法院在进入实体审理前需要核实代理人的资格。当法定代理人身份产生疑问时，人民法院还会要求代理人提供身份证明。法定诉讼代理人的身份可以用户口簿，居民委员会、村民委员会的指定文书或证明，以及人民法院的裁决来证明。

法定代理人的代理权因监护权的消灭而消灭。根据《民法总则》的有关规定，引起监护权消灭的情形包括：(1) 被监护人取得或恢复完全民事行为能力；(2) 监护人丧失监护能力；(3) 被监护人或者监护人死亡；(4) 人民法院认定监护关系终止的其他情形。

如果法定代理人在诉讼过程中丧失了监护权，应及时将这一情况告知人民法院，并退出诉讼。但在被监护人死亡的情况下，如法定代理人不知其死亡继续实施诉讼行为，则应当认为诉讼行为依然有效。如果为了被监护人的继承人的利益需要继续进行诉讼的，应当允许该法定代理人继续代理行为。

三、委托代理人

(一) 委托代理人及其特点

委托代理人，是指受当事人或其法定代理人的委托，以当事人的名义代为诉讼行为的人。

民事诉讼中的委托代理人具有不同于法定代理人的一些特点。

1. 代理权来源不同。委托代理人的代理权源于当事人或其法定代理人的授权委托行为；而法定代理人的代理权源于法律的直接规定。

2. 代理权限不同。委托代理人代理权的范围和事项取决于当事人、法定代理人的授权委托，因而不同的诉讼代理人有代理权大小之别；法定代理人都具有相当于当事人的诉讼权利，他们之间的代理权限是相同的，无大小之别。

3. 证明代理权的方式不同。委托代理人证明其代理权的方式是向人民法院提交由被代理人签署的授权委托书；法定代理人证明代理权的方式则是出具证明其为监护人身份的证件或文书。

(二) 委托代理人的范围

委托代理人的范围涉及哪些人可以接受委托代理民事诉讼的问题。为了保护被代理人的利益和保证诉讼的顺利进行，各国法律对诉讼代理人的资格均有所限制。归结起来，有两种立法模式：一种是采用律师强制主义或代理人法定的模式，如日本《民事诉讼法》第 79 条对诉讼代理人的资格专门作了规定，除根据法令可以做裁判上行为的代理人外，其他人不得作为诉讼代理人。作为例外，经过简易法院准许，可以由非律师作为诉讼代理人。另一种是不对委托诉讼代理人的资格作出限制，律师和非律师均可以作为委托诉讼代理人。总体上看，我国民事诉讼法关于委托代理人范围的规定是宽泛的。2012 年《民事诉讼法》修正时，对公民担任委托代理人进行了一定的条件限制。

根据《民事诉讼法》第 58 条第 2 款的规定，以下人员可以担任委托代理人：(1) 律师、基层法律服务工作者。接受当事人的委托，代理民事诉讼，是律师和基层法律服务工作者的一项主要业务。(2) 当事人的近亲属或者工作人员。(3) 公民担任委托代理人，即当事人所在社区、单位以及有关社会团体推荐的公民。为进一步规范公民担任委托代理人的行为，《民诉法解释》第 87、88 条对委托公民担任诉讼代理人的主体资格和程序进行了具体规定。首先，有关社会团体推荐公民担任诉讼代理人的，应当符合下列条件：(1) 社会团体属于依法登记设立或者依法免予登记设立的非营利性法人组织；(2) 被代理人属于该社会团体的成员，或者当事人一方住所地位于该社会团体的活动地域；(3) 代理事务属于该社会团体章程载明的业务范围；(4) 被推荐的公民是该社会团体的负责人或者与该社会团体有合法劳动人事关系的工作人员。第 87 条第 2 款还专门规定："专利代理人经中华全国专利代理人协会推荐，可以在专利纠纷案件中担任诉讼代理人。"其次，公民担任诉讼代理人的，除向人民法院提交由委托人签名或者盖章的授权委托书外，还应当提交其本人的身份证件和推荐组织的证明材料。

无民事行为能力的人、限制民事行为能力的人或者可能损害被代理人利益的人以及人民法院认为不宜作诉讼代理人的人，不能作为诉讼代理人。

对当事人可以委托多少诉讼代理人，多数国家未作限制性规定，由当事人根据案件的具体情况和自己的财力来决定。我国民事诉讼法对代理人的人数作了限定。《民事诉讼法》第 58 条第 1 款规定："当事人、法定代理人可以委托一至二人作为诉讼代理人"。如当事人委托两位诉讼代理人的，应当在授权委托书中分别载明各个代理人的代理事项和代理权限。

委托代理人不能同时接受对立双方当事人的委托代理进行诉讼。但是，代理人能否同时代理共同诉讼中一方数个当事人进行诉讼呢？这要看数个共同诉讼人之间的利益是否存在着冲突。如果共同诉讼人之间的利益存在着现实的或潜在的冲突，一个代理人就不得同时代理他们进行诉讼。如在共同侵权的诉讼中，诉讼代理人就不得代理两个或两个以上的被告。因为尽管在反对原告的主张这一点上共同被告的利益具有一致性，但在侵权责任大小问题上他们之间是存在着利益冲突的。如果共同诉讼人之间不存在利益冲突，应当允许诉讼代理人代理几个共同诉讼人进行诉讼。

（三）授权委托书与代理权限

委托诉讼代理人的代理权产生于当事人、法定代理人的授权委托行为。从形式上看，民事诉讼中的授权委托不同于民法中的授权委托。民法中的委托代理除法律规定应当用书面形式的外，也可以用口头形式。诉讼行为不同于民事行为的特点之一就是，只有符合诉讼法规定的行为才能发生诉讼法上的效力。为保证诉讼程序的稳定与程序经过所发生的法律效力，《民事诉讼法》规定授权委托代理诉讼必须以书面方式进行，以避免因授权的不确定性和代理权限不明晰而影响程序效力。因此，当事人或委托代理人应当及时将授权委托书送交人民法院。《民诉法解释》第 89 条规定，如果当事人直接向法院提交委托授权书的，应当在开庭审理前提交。这在简易程序中可以有例外。简易程序审前准备程序比较灵活、简便，双方当事人同时到庭，法庭当即开庭审理的，可以当场口头委托诉讼代理人，由人民法院记入笔录。

侨居在国外的我国公民从国外寄交或者托交的授权委托书，必须经我国驻该国的使领馆证明；没有使领馆的，由与我国有外交关系的第三国驻该国的使领馆证明，再转由我国驻该第三国使领馆证明，或者由当地的爱国华侨团体证明。

港澳居民从香港、澳门地区提交人民法院的授权委托书，须按以下规定办理证明手续，方为有效：(1) 内地驻港澳的机构（包括新华社香港分社、澳门分社等单位）的工作人员，由他们所在机构出具证明；(2) 香港工会联合会、澳门工会联合会等社会团体的成员，由他们所在的团体出具证明；(3) 其他港澳居民可由我国司法部委托的香港律师或澳门律师办理证明。自 1981 年至 2012 年，已有 10 批共计 427 名香港律师获得司法部的授权，取得委托公证人资格。

2006年2月8日，林秀云等5名澳门律师成为司法部在澳门委托的第一批公证人。

台湾居民从台湾地区提交人民法院的授权委托书，如有台湾地区公证机关的证明，人民法院承认其效力。如果没有这方面的证明，可由他们在大陆的亲友辨认笔迹，经人民法院审查无误后，确认其效力。

委托诉讼代理人代理权限的大小，取决于被代理人的授权。当事人在民事诉讼中的权利大体可分为两大类：一类是纯程序性质的或者与实体权利有一定联系的诉讼权利，如申请回避、提出管辖权异议、申请复议、陈述案情、提供证据、进行质证和辩论等。另一类是实体权利或与实体权利紧密相关的诉讼权利，如代为承认、变更、放弃诉讼请求，进行和解，提起反诉或者上诉。当事人在授予代理权时，可以只授予第一类权利而保留第二类权利，法律上称之为“一般授权”。当事人也可以在授予第一类权利的同时，将第二类权利中的部分或全部授予诉讼代理人，法律上称之为“特别授权”。由于第二类权利对当事人的利益关系重大，民事诉讼法对代理行使处分这类权利的行为持慎重态度，明确规定除非经过委托人的特别授权，诉讼代理人不得在诉讼中实施这类行为。因此，对需要特别授权的事项，当事人必须在授权委托书中用列举的方式逐一写明。如果当事人在授权委托书代理权限一项中只概括地写上“全权代理”，人民法院应视为一般授权，诉讼代理人不得代理当事人为承认、放弃、变更诉讼请求，进行和解，提出反诉或者提起上诉。

此外，由于第一审程序和第二审程序、执行程序、再审程序是相对独立的，当事人不一定提起上诉启动第二审程序，更不一定申请执行或再审。因此如果当事人在授权委托书中没有特别写明代理人在第二审程序等其他程序中有代理权，则代理人的代理权仅限于第一审程序。当事人需要委托代理人进行其他诉讼程序的，应另行办理委托授权手续。

（四）委托诉讼代理人的诉讼地位

委托诉讼代理人在诉讼中的地位如何，要依据他所具有的代理权限和委托人是否参与诉讼这两大因素而定。如果当事人及其法定代理人以特别授权的方式委托诉讼代理人，且本人不亲自参与诉讼的，委托诉讼代理人就处于与当事人相当的诉讼地位。如果当事人、法定代理人仅仅把代理诉讼所必需的权利授予委托诉讼代理人而保留那些需要特别授权的权利，则委托诉讼代理人与当事人的诉讼地位相去甚远，他仅仅是帮助当事人进行诉讼的诉讼参加人而已。

当事人委托诉讼代理人后，本人可以出庭参加诉讼，也可以不再出庭。有不少当事人之所以委托代理人进行诉讼，就是为了使自己能够从诉讼中解脱出来，因此允许当事人不参加诉讼是合理的。但离婚诉讼是一个例外，这类诉讼涉及夫妻感情是否破裂以由哪一方抚养子女更为合适等问题，尤其是对离与不离的问题，由诉讼代理人表达意见是不合适的。此外，人民法院对离婚诉讼通常要进行调解，当事人本人如不出庭参加诉讼，调解就无从进行。因此，《民事诉讼法》第62条对离婚诉讼的代理问题作了特别规定。按此规定，委托了诉讼代理人的离婚诉讼的当事人，本人除不能表达意思的以外，仍应当出庭参加诉讼；确因特殊情况无法出庭的，必须向人民法院提交书面意见。此外，由于当事人陈述属于民事诉讼法规定的证据形式之一，如果当事人不亲自出庭就无法查清事实的，当事人也应当亲自实施出庭等诉讼行为。

（五）委托诉讼代理权的变更与消灭

委托代理关系在诉讼过程中可能会发生变化，由于各种原因，诉讼代理人可能会辞去委托，委托人也可能变更代理权限的范围或者取消委托。是否变更代理权，是当事人的权利，可以由当事人单方面作出决定。当事人在作出变更或解除代理权的决定后，必须用书面形式告知人民法院，并由人民法院通知对方当事人。诉讼代理人在代理权变更或解除前实施的诉讼行为，其效力不受代理权变更或解除的影响。

委托诉讼代理权因下列原因之一而消灭。

1. 诉讼结束。代理权便因诉讼任务的完成而消灭。如当事人委托代理人代理进行第一审诉讼的，代理权在第一审法院裁判送达时便告终结。案件进入第二审后，当事人如希望由原来的诉讼代理人继续代理诉讼，须另行授权委托。

2. 代理人死亡或者丧失诉讼行为能力。

3. 代理人辞去委托或被代理人取消委托。委托代理关系的基础是委托人和代理人之间的相互信任。代理人辞去委托和委托人取消委托均是单方的行为，无须征得对方同意，也不构成违约。代理人辞去委托应及时通知被代理人，以便被代理重新委托代理人或自己参加诉讼。在新代理人或当事人本人接替诉讼之前，对具有紧迫性的诉讼行为，诉讼代理人仍然应当为当事人的利益而实施代理行为。

四、法律援助

（一）法律援助的含义

法律援助制度，也称法律救助，是指国家在司法制度运行的各个环节和各个层次上，对因经济困难及其他因素而难以寻求法律救济的社会弱势者，减免收费提供法律帮助的一项法律保障制度。

现代意义上的法律援助制度形成于 20 世纪中叶。它是世界经济发展、社会文明进步的必然产物。法律援助制度在资本主义国家的发展大体经历了两个阶段：初期通常被认为是律师为了公共利益而基于职业道德义务，自发地向穷人提供援助的一项慈善行为，体现的是律师高尚的职业道德。20 世纪中后期，法律援助被确认为一项国家责任。它成为政府为保障社会平等，实现社会正义而专门设立的司法保障制度，体现的是政府对社会大众生存权利的保障责任。现代法律援助制度的基本标志，是将法律援助从传统的律师个人慈善和社会道义行为，发展为国家对公民的一项司法救济和保障措施。目前，法律救助已为世界上 150 多个国家的宪法和一些国际公约所确认，成为保障公民权利、实现社会正义和司法公正的一项基本原则，在一国的司法体系中占有十分重要的地位。

（二）我国法律援助制度概况

我国 1996 年《刑事诉讼法》第 34 条规定："公诉人出庭公诉的案件，被告人因经济困难或者其他原因没有委托辩护人的，人民法院可以指定承担法律援助义务的律师为其提供辩护。被告人是盲、聋、哑或者未成年人而没有委托辩护人的，人民法院应当指定承担法律援助义务的律师为其提供辩护。被告人可能被判处死刑而没有委托辩护人的，人民法院应当指定承担法律援助义务的律师为其提供辩护。"这是我国立法史上首次将"法律援助"明确写入法律，具有重要的意义。我国 1996 年《律师法》对法律援助的有关内容作了专章规定。1996 年《律师法》第 41 条规定："公民在赡养、工伤、刑事诉讼、请求国家赔偿和请求依法发给抚恤金等方面需要获得律师帮助，但是无力支付律师费用的，可以按照国家规定获得法律援助。"第 42 条规定："律师必须按照国家规定承担法律援助义务，尽职尽责，为受援人提供法律服务。"该法明确了公民获得法律援助的范围和律师必须依法承担的法律援助义务，并为今后制定法律援助的专门立法奠定了法律基础。

2003 年 7 月 16 日，国务院通过了《法律援助条例》（自同年 9 月 1 日起施行）。该条例在总则中明确规定，"法律援助是政府的责任"，即国家责任。根据该条例，国务院司法行政部门监督管理全国的法律援助工作，中华全国律师协会和地方律师协会应当按照律师协会章程对依据本条例实施的法律援助工作予以协助。

可以从事法律援助的专业人员包括律师、公证员、基层法律工作者。律师主要提供诉讼法律援助（包括刑事辩护、刑事代理和民事诉讼代理等）和非诉讼法律援助；公证员主要提供公证事项的法律援助；基层法律工作者主要提供法律咨询、代书、民事纠纷调解等普通非诉讼事项的法律援助。

（三）援助范围

1. 援助对象。在援助对象上，规定申请援助的主体仅限于公民，不包括法人及其他组织。申请法律援助的公民必须具备两个条件：一是申请人有充分理由证明为保障自己的合法权益需要法律帮助；二是确因经济困难无能力支付法律服务费用。公民经济困难的标准，由省、自治区、直辖市人民政府根据本行政区域经济发展状况和法律援助事业的需要规定。申请人住所地的经济困难标准与受理申请的法律援助机构所在地的经济困难标准不一致的，按照受理申请的法律援助机构所在地的经济困难标准执行。

2. 援助事项。在适用的案件范围上，法律援助仅限于刑事诉讼、民事诉讼、行政诉讼中直接与当事人基本权利和切身利益密切相关的那部分案件。有关民事诉讼中的法律援助，《法律援助条例》第 10 条规定，可以向法律援助机构申请法律援助的事项包括：（1）依法请求国家赔偿的；（2）请求给予社会保险待遇或者最低生活保障待遇的；（3）请求发给抚恤金、救济金的；（4）请求给付赡养费、抚养费、扶养费的；（5）请求支付劳动报酬的；（6）主张因见义勇为行为产生的民事权益的。

（四）法律援助的程序

1. 申请程序。民事诉讼当事人请求法律援助的，应当按照下列规定提出。

（1）请求国家赔偿的，向赔偿义务机关所在地的法律援助机构提出申请。

（2）请求给予社会保险待遇、最低生活保障待遇或者请求发给抚恤金、救济金的，向提供社会保险待遇、最低生活保障待遇或者发给抚恤金、救济金的义务机关所在地的法律援助机构提出申请。

（3）请求给付赡养费、抚养费、扶养费的，向给付赡养费、抚养费、扶养费的义务人住所地的法律援助机构提出申请。

（4）请求支付劳动报酬的，向支付劳动报酬的义务人住所地的法律援助机构提出申请。

（5）主张因见义勇为行为产生的民事权益的，向被请求人住所地的法律援助机构提出申请。

申请人为无民事行为能力人或者限制民事行为能力人的，由其法定代理人代为提出申请。无民事行为能力人或者限制民事行为能力人与其法定代理人之间发生诉讼或者因其他利益纠纷需要法律援助的，由与该争议事项无利害关系的其他法定代理人代为提出申请。

2. 审查程序。法律援助机构收到法律援助申请后，应当进行审查；认为申请人提交的证件、证明材料不齐全的，可以要求申请人作出必要的补充或者说明，申请人未按要求作出补充或者说明的，视为撤销申请；认为申请人提交的证件、证明材料需要查证的，由法律援助机构向有关机关、单位查证。对符合法律援助条件的，法律援助机构应当及时决定提供法律援助；对不符合法律援助条件的，应当书面告知申请人理由。

申请人对法律援助机构作出的不符合法律援助条件的通知有异议的，可以向确定该法律援助机构的司法行政部门提出。司法行政部门应当在收到异议之日起 5 个工作日内进行审查，经审查认为申请人符合法律援助条件的，应当以书面形式责令法律援助机构及时对该申请人提供法律援助。

3. 法律援助的实施。法律援助机构可以指派律师事务所安排律师或者安排本机构的工作人员办理法律援助案件；也可以根据其他社会组织的要求，安排其所属人员办理法律援助案件。对人民法院指定辩护的案件，法律援助机构应当在开庭3日前将确定的承办人员名单回复作出指定的人民法院。办理法律援助案件的人员，应当遵守职业道德和执业纪律，提供法律援助不得收取任何财物。

办理法律援助案件的人员遇有下列情形之一的，应当向法律援助机构报告，法律援助机构经审查核实的，应当终止该项法律援助：(1) 受援人的经济收入状况发生变化，不再符合法律援助条件的；(2) 案件终止审理或者已被撤销的；(3) 受援人又自行委托律师或者其他代理人的；(4) 受援人要求终止法律援助的。

思考与练习

1. 如何理解“程序意义当事人”？
2. 如何区分必要共同诉讼人与普通共同诉讼人？
3. 简述有独立请求权第三人的特征。
4. 试评述我国无独立请求权第三人制度。
5. 如何完善我国诉讼代表人制度？
6. 第三人撤销之诉与案外人申请再审制度有何联系与区别？
7. 如何完善我国的公益诉讼程序规则？

前沿问题探讨

我国的无独立请求权第三人制度在制度设计上存在内在冲突，因此在理论与实务中出现了许多困惑与问题。该制度的内在矛盾表现如下：(1) 无诉却有裁判。无独立请求权第三人参加诉讼，不能主张请求权，本诉当事人也没有对他提出单独的权利主张，但是法院不仅可以依职权追加无独立请求权第三人参加诉讼，而且可以直接判令他承担民事责任。这与“有诉才有裁判”的诉讼基本原理是相悖的。(2) 无独立请求权第三人的地位与判决承担民事责任之间的矛盾。法院可判决无独立请求权第三人承担民事责任，法律又否定其独立的当事人地位，因此必然产生诉讼法律关系中第三人诉讼权利义务的不均衡。由于主体地位的模糊，无独立请求权第三人没有被赋予作为当事人应有的程序权利，比如程序异议权、处分权等。在这样的情况下被判令承担责任，并必须接受裁判的约束力，这与程序保障的要求是相冲突的。(3) 诉讼经济与司法公正之间的矛盾。立法确立无独立请求权第三人制度的目的是一次诉讼程序解决多个纠纷，以节约司法资源，实现诉讼经济。但是因为忽略了对无独立请求权第三人主体地位的保障，第三人缺乏足够的权利和力量对审判权形成制约，导致法院在运用该制度中的无约束状态。司法的任意性伴随着大量的第三人诉讼权利无保障与实体权利被损害，严重损害了诉讼公正。上述矛盾皆源于立法没有明确无独立请求权第三人的当事人地位，即诉讼主体地位。因此，应当从诉权保障出发，以第三人的主体性和诉权的主动性为核心，明确第三人的诉讼地位和相应的诉讼权利与诉讼义务。一些国家民事诉讼法规定的准独立第三人和辅助参加第三人制度值得我们借鉴。

准独立第三人由于与本诉的一方当事人存在权利义务关系，以向一方当事人提起诉讼或被一方当事人起诉的方式参加本诉。准独立第三人具有独立的当事人地位。不过，这种第三人的参加之诉对本诉仍有依附性：(1) 参加之诉须与本诉合并审理。(2) 本诉当事人争议的事实认定和双方责任的确定，往往成为该第三人权利与义务判断的基础，即先决法律关系。(3) 法院不能直接判决该第三人承担民事责任。只有他的对方当事人败诉并被判令向本诉对方当事人承担给付义务时，法院才可判决该第三人承担责任。

辅助参加的第三人是真正意义上的无独立请求权第三人。他参加诉讼的目的是知悉本诉的情况，参加的后果是产生参加的效力。所谓“参加的效力”，是指在他所辅助的本诉当事人向其提起诉讼时，该第三人不得就本诉判决认定的事实提出相反的主张或新的证据。如果本诉当事人希望本诉判决对第三人产生拘束力，就有义务通知该第三人参加诉讼。辅助参加的第三人，只能站在本诉当事人一边辅助其进行诉讼。第三人的辅助诉讼行为包括提供证据、进行辩论等。但他不得提出同主当事人相冲突的主张和抗辩，不能与对方当事人和解，不能请求撤诉，也无上诉权。法院不得在本诉程序中判决其承担责任。

第七章 诉讼保障制度

内容提要

本章介绍一组为保障民事诉讼有序进行而设立的制度。保全是法院对涉案财产采取强制性保护措施，以保证将来判决能够实现的制度。先予执行是人民法院在作出判决之前，裁定一方当事人先履行一定义务的制度。对妨害民事诉讼的强制措施是人民法院对实施妨害民事诉讼行为人采取的排除妨害强制手段。期间是诉讼主体完成某种诉讼行为的期限和日期。送达是人民法院依照法定的程序和方式，将诉讼文书送交给当事人和其他诉讼参与人的行为。诉讼费用是指当事人进行民事诉讼及相关活动依法应当交纳的费用，包括案件受理费和其他费用。符合条件的当事人可以申请司法救助。

第一节 保　全

一、保全的概念

保全是指人民法院在诉讼开始前或诉讼过程中，为使将来的生效判决得以顺利执行，依申请或依职权对有关财产采取保护性措施，或责令有关当事人为或不为一定行为的制度。①

保全制度包括财产保全和行为保全。1991 年《民事诉讼法》仅规定了财产保全制度。2012 年修法时增设行为保全制度。财产保全，是指法院对当事人的财产或争议标的物采取限制其处分或转移的强制性保护措施。行为保全，是指人民法院对被申请人的行为发出禁令，制止其实施某种行为，或者要求其实施某种行为的保护性措施。

2018 年 12 月 12 日，最高人民法院发布《关于审查知识产权纠纷行为保全案件适用法律若干问题的规定》，该《规定》自 2019 年 1 月 1 日起施行。

【辨析】财产保全与行为保全的不同

两种保全制度的不同之处在于：(1) 提出保全案件的类型不同。财产保全的对象是双方争议的标的物，或者与争议有关的财物，提出财产保全的案件必须是给付之诉，或者包含给付之诉的诉讼。而无论在给付之诉，还是在确认之诉、形成之诉中，当事人都可以申请行为保全。

① 在英美法系国家和地区，这类临时性救济措施一般称为“禁令”(injunction)。参见江伟、肖建国主编：《民事诉讼法》，8 版，237 页，北京，中国人民大学出版社，2018；Jonathan Law & Elizabeth A. Martin (eds), *Oxford Dictionary of Law*, 7th edition, Oxford University Press, 2009, p. 283。

(2) 申请目的不同。申请财产保全的主要目的在于保证将来的生效判决能够得以执行，顺利实现债权，为此有必要立即制止债务人正在实施或者准备实施的转移、隐匿财产等行为。申请行为保全的目的主要在于避免债权人遭受其他不可弥补的损害，为此有必要立即制止债务人正在实施的侵权行为，或者要求债务人实施一定行为进行补救。(3) 执行内容不同。保全裁定具有执行性，且需立即执行。财产保全的核心是防止债务人处分财产，最常见的执行措施是查封、扣押、冻结。行为保全的核心是限制债务人的行为，裁定债务人必须为一定行为或者不为一定行为。①

当事人通过诉讼解决纠纷需要耗费一定的时间，在这个过程中，当事人的权利不能及时实现，而随着时间的推移，因标的物自身的原因或当事人的行为，有可能导致当事人的财产发生损耗甚至灭失，影响到将来权利的实现，法院判决也可能因此成为没有实际效果的一纸空文。民事诉讼法设置保全制度的目的在于保证将来判决的实现，维护法院生效判决的权威性和严肃性，同时切实维护胜诉一方当事人的合法权益。

其他大陆法系国家的民事诉讼法规定的保全制度主要是假扣押和假处分两种。根据我国《民事诉讼法》的规定，保全可分为诉讼保全和诉前保全。

二、保全的条件

保全是对当事人财产采取强制性的保护措施。法院一旦裁定保全并对某项特定财产采取保全措施，当事人在诉讼期间就不能对该项财产行使权利，这必然影响当事人的财产权利。由于保全的裁定是在判决前作出的，申请保全的一方当事人并不一定能够胜诉，错误的保全势必给对方当事人的合法权益造成损失。为防止滥用保全制度，民事诉讼法对保全的适用规定了一定的条件。

1. 采取保全的案件必须是给付之诉。给付之诉具有给付内容。给付之诉的判决未来存在需要强制执行的可能，可能出现判决生效后不能或难以给付的问题，因此有诉讼保全的必要性。如果是确认之诉和变更之诉，因其无给付内容，不存在判决生效后执行的问题，所以没有必要采取保全措施。

2. 存在采取保全措施的必要性。此处的必要性，是指因当事人一方的行为或者其他原因，使损害扩大、判决不能执行或难以执行。当事人可能使判决不能执行或难以执行的行为，主要是指当事人一方为逃避履行义务而将标的物出卖、转移、隐匿、毁损或者将自己的财产无偿转让他人、低价抛售、挥霍抽逃资金等行为。可能导致损害的扩大、判决不能执行或难以执行的其他原因，主要是指由于客观上的原因，使争议的标的物无法保存。例如，诉讼标的物是季节性商品、鲜活、易腐烂变质以及其他不宜长期保存的物品，若不及时采取保全措施，将会造成更大损失，等等。

三、保全的程序

(一) 保全的开始

通常情况下，法院根据当事人的申请裁定采取保全措施；必要时也可由人民法院依职权裁定采取保全措施。

① 参见全国人大常委会法制工作委员会民法室：《2012 民事诉讼法修改决定条文释解》，136～137 页，北京，中国法制出版社，2012。

当事人申请保全或法院依职权裁定保全通常是在诉讼开始后，判决作出之前，但是不排除在上诉期间也有必要采取保全措施的情形。根据《民诉法解释》第161条的规定，在当事人提起上诉、第二审人民法院接到报送的案件之前，当事人有转移、隐匿、出卖或者毁损财产等行为，必须采取保全措施的，当事人也可以申请财产保全，人民法院也可以依职权裁定保全。这时，当事人仍然应当向第一审人民法院提出申请。第一审人民法院作出保全裁定的，应当及时报送第二审人民法院。

当事人申请保全一般应当采用书面形式，采用书面形式确有困难的，也可以口头方式提出申请，由人民法院记录在卷，由当事人签名或盖章。申请书或者笔录中要载明请求保全财物的名称、数量或价额、财物所在的地点、需要保全的原因等。

（二）责令提供担保

采取诉讼保全措施，人民法院认为必要时，可以责令申请人提供担保。人民法院责令利害关系人或者当事人提供担保的，应当书面通知。申请人不提供担保的，人民法院将驳回其申请。提供担保的价值应相当于请求保全的数额。担保的形式可以是保证人保证、金钱担保以及其他财物担保等。

（三）保全的裁定

人民法院接受当事人诉讼保全的申请后，经过审查符合法律规定的，应当适时作出保全裁定。如果情况紧急，必须在48小时内作出裁定。裁定采取保全措施的，应当立即开始执行。

保全的裁定一般采用书面形式。一经作出，立即发生法律效力。当事人不服的，不得上诉，但可以申请复议一次。对当事人不服保全裁定提出的复议申请，人民法院应当及时审查。认为裁定正确的，通知驳回当事人的申请；裁定不当的，作出新的裁定以变更或撤销原裁定。复议期间不停止对裁定的执行。保全裁定的法律效力一般维持到生效的判决执行时止。

四、诉前保全

诉前保全，是指在提起诉讼前或申请仲裁前，人民法院根据利害关系人的申请，对被申请人的有关财产或行为采取的强制性措施。

诉前保全是在起诉前作出的，采取保全措施后申请人是否一定会起诉，提起的诉讼是否符合起诉条件事先都无法确定。为了减少或避免诉前保全可能给被申请人造成的损害，《民事诉讼法》第101条对诉前保全规定了相应的条件。

1. 必须有采取保全措施的紧迫性。紧迫性意味着情况紧急，不立即采取保全将会使申请人的合法权益受到难以弥补的损害。这里所谓的情况紧急，是指利害关系人的相对人的恶意行为（如即将实施或正在实施转移、隐匿、毁损财产的行为），或者其他客观情况，使利害关系人的合法权益受到损害的危险迫在眉睫。一旦紧急情况发生，将给其合法权益造成实际损害，若等到案件受理以后再申请诉讼保全，已无实际意义。

2. 必须由利害关系人向人民法院提出申请。诉前保全发生在起诉之前，案件尚未进入诉讼程序，诉讼法律关系还未发生，法院没有依职权采取保全措施的权力。只有在利害关系人提出申请后，法院才能够采取保全措施。诉前保全的管辖法院是财产所在地、被申请人住所地或对案件有管辖权的法院。

3. 申请人必须提供担保。诉前保全发生在诉讼程序开始之前，与诉讼中的保全相比，法院对是否存在保全的必要性和会不会因申请不当而给被申请人造成损失难以把握。为了防止诉前保全可能出现错误，申请人必须提供担保。申请人不提供担保的，人民法院将驳回其申请。

担保的数额应当相当于请求保全的数额。情况特殊的，人民法院可以酌情处理。申请诉前行为保全的，担保的数额由人民法院根据案件的具体情况决定。

人民法院接受利害关系人诉前保全的申请后，必须在 48 小时内作出裁定。法院裁定采取保全措施的，应当立即开始执行。申请人应当在人民法院采取保全措施后 30 日内向人民法院起诉或申请仲裁。申请人超过期限不起诉或申请仲裁的，人民法院应当解除保全。

五、保全的对象

1. 财产。《民事诉讼法》第 102 条规定："保全限于请求的范围，或者与本案有关的财物。"所谓"限于请求的范围"中的"请求"，是指诉讼请求，即被保全的财物的价额应在当事人的诉讼请求数额范围之内，或者说，请求保全的标的物与诉讼请求在价额上应大致相等。所谓"与本案有关的财产"，是指保全的财物是本案的标的物或者与本案标的物有牵连的其他财物。《民事诉讼法》之所以规定保全的范围或限制，主要是为了在满足一方当事人利益需求的同时，也注意维护另一方当事人以及案外人的合法权益，避免因保全的范围过宽而给相关当事人造成不必要的财产损失。

2. 行为。我国《专利法》《著作权法》《商标法》《海事诉讼特别程序法》规定了行为保全制度。《专利法》第 66 条规定："专利权人或利害关系人有证据证明他人正在实施或者即将实施侵犯其专利权的行为，如不及时制止将会使其合法权益受到难以弥补的损害的，可以在起诉前向人民法院申请采取责令停止有关行为的措施。"这种措施被称为"诉前禁令"。《著作权法》第 50 条和《商标法》第 65 条均有类似规定。最高人民法院还发布了有关诉前禁令程序的司法解释。[①]《海事诉讼特别程序法》第四章规定的"海事强制令"也是一种行为保全制度。因被请求人实施了违反法律规定或者合同约定的行为，情况紧急，不立即制止将给海事请求人造成损害或者使损害扩大的，海事请求人可以向有管辖权的人民法院申请海事强制令，采取强制措施责令被请求人作为或者不作为，以保护其合法权益免受侵害。

六、保全的措施

我国《民事诉讼法》第 103 条规定的财产保全的措施包括查封、扣押、冻结或者法律准许的其他方法。

1. 查封。查封是指人民法院清点财产、粘贴封条、就地封存，以防止他人处理和移动的一种财产保全措施。这种措施主要适用于不动产。

2. 扣押。扣押是指人民法院对需要采取财产保全措施的财物就地扣留或异地扣留保存，在一定期限内不得动用和处分。这种措施主要适用于动产。

3. 冻结。冻结是指人民法院依法通知有关银行、信用合作社等单位，不准被申请人提取或转移其存款的一种财产保全措施。人民法院依法冻结的款项，任何人（包括银行和信用合作社）都不准动用。冻结期限为 6 个月，6 个月的诉讼期限届满之后，人民法院没有重新办理冻结手续的，原冻结措施视为自动撤销，权利人有权自由处分冻结的款项。

4. 法律准许的其他方法。在司法实践中，人民法院还可以采取如下保全方法：（1）变卖保存价款。对季节性商品，鲜活、易腐烂变质以及其他不宜长期保存的物品，可以责令当事人

---

① 例如，《关于对诉前停止侵犯专利权行为适用法律问题的若干规定》《关于诉前停止侵犯注册商标专用权行为和保全证据适用法律问题的解释》。

及时处理，必要时，人民法院可予以变卖，由人民法院保存价款的方法予以保全。(2) 扣押证照限制转让。对不动产和特定动产（如车辆、船舶等），人民法院可以采用扣押有关财产证照并通知有关产权登记部门不予办理该项财产的转移手续的方式予以保全。(3) 人民法院对抵押物、留置物可以采取财产保全措施。查封、扣押、冻结担保物权人占有的担保财产的，一般由担保物权人保管；由人民法院保管的，质权、留置权不因采取保全措施而消灭。(4) 人民法院对债务人到期应得的收益，可以限制其支取，通知有关单位协助执行。(5) 提存。此即将价款或财物提交给人民法院暂为保存。债务人的财产不能满足保全请求，但对第三人有到期债权的，人民法院可以依债权人的申请裁定该第三人不得对本案债务人清偿。该第三人要求偿付的，由人民法院提存财物或价款。

人民法院在财产保全中采取查封、扣押财产措施时，应当妥善保管被查封、扣押的财产。为发挥财产的效用，由被保全人保管的财产，如果继续使用对该财产的价值无重大影响，可以允许被保全人继续使用。但是，由人民法院保管或者委托申请保全人或其他人保管的财产，保管人不得使用。人民法院冻结财产后，应当立即通知被冻结财产的人；财产已被查封、冻结的，不得重复查封、冻结。

在保全程序方面，《民诉法解释》第 156 条规定，财产保全的程序比照执行程序相关规定办理，即人民法院可以采取执行程序规定的执行措施和方法处理保全事宜。

七、保全措施的解除

保全措施的解除有自然解除和裁定解除之分。自然解除发生在生效的法律文书已经得到执行，以及诉前保全的申请人在法院采取保全措施后 30 日内不起诉的情形。裁定解除是人民法院以作出裁定的方式解除保全措施的行为。根据《民事诉讼法》第 104 条、《民诉法解释》第 166 条的规定，出现下列情形之一的，人民法院应当及时作出裁定，解除财产保全措施：(1) 保全错误的；(2) 申请人撤回保全申请的；(3) 申请人的起诉或者诉讼请求被生效裁判驳回的；(4) 财产纠纷案件被申请人提供担保的。

八、保全错误的赔偿责任

保全申请有错误的，申请人应当赔偿被申请人因保全所遭受的损失。这既是对被申请人合法权益的保障，又是对申请人滥用权利的制裁。这一关于保全错误的损失赔偿规定是针对当事人及利害关系人申请而言的。实践中，人民法院依职权主动采取保全措施也可能发生错误，从而给被保全财产的公民、法人或其他组织造成损失。在此情形下，由人民法院依法予以赔偿。

第二节　先予执行

一、先予执行的概念和意义

先予执行，是指人民法院在作出判决之前，裁定一方当事人先履行一定义务的制度。在通常情况下，执行必须以生效的判决作为依据，即要等到判决生效以后才能执行，以实现债权人的权利。但是案件的审判是需要时间的，在这段时间内，对于某些案件的权利人（原告）来说，可能由于经济困难，连正常的生活也难以维持，或者生产经营无法进行。如果等到判决生效后再按判决确定的内容执行，则往往难解燃眉之急，甚至为时已晚，权利人已遭受到难以挽回的损失。

为了使权利人在诉讼期间能够维持最基本的生活，或使其生产经营活动不至于完全陷入停顿状态，有必要将执行的时间向前推移，移至法院作出终审判决之前。这就是先予执行制度。先予执行的意义在于能够解决当事人生活、生产经营上的燃眉之急，使满足原告诉讼请求的判决在最终确定前实现其内容。

二、先予执行的适用范围

先予执行只适用于某些特定类别的案件，根据《民事诉讼法》第106条的规定，这些案件范围包括以下内容。

1. 追索赡养费、扶养费、抚育费、抚恤金、医疗费用的案件。这几类民事案件都直接涉及申请人的正常生活与及时治疗。先予执行有利于保护申请人的合法权益，保障诉讼顺利进行。

2. 追索劳动报酬的案件。这类案件与权利人的生活和工作有密切联系，需要先予执行。

3. 因情况紧急需要先予执行的案件。除上述几类案件外，是否可以采取先予执行由人民法院根据案件的具体情况而定。《民诉法解释》第170条对《民事诉讼法》第106条规定的“情况紧急”进行了具体解释，主要包括以下几种情形：(1) 需要立即停止侵害、排除妨碍的；(2) 需要立即制止某项行为的；(3) 追索恢复生产、经营急需的保险理赔费的；(4) 需要立即返还社会保险金、社会救助资金的；(5) 若不立即返还款项，将严重影响权利人的生活和生产经营。

三、先予执行的条件

根据《民事诉讼法》第107条第1款的规定，人民法院裁定先予执行，必须同时具备以下条件。

1. 当事人之间权利义务关系明确。这是指在民事法律关系中，原告与被告之间的权利义务是十分明确和肯定的，谁是权利人，谁为义务人以及各自应享有什么权利，承担何种具体义务也是十分清楚的。常见的如赡养关系、抚养关系等。

2. 不先予执行，将严重影响申请人的生活或生产经营的。比如丧失劳动能力又无经济来源的老人靠子女给付赡养费维持生活，在人民法院作出生效判决前，如果不裁定先予执行，原告就无法维持正常生活。再比如申请人的生产经营活动主要依赖对方提供一定条件或履行一定义务才能够进行，在人民法院判决前，如果不裁定先予执行，将导致原告的生产经营活动无法继续进行。

3. 被申请人有履行能力。先予执行制度的设置是出于人道主义考虑，目的是解决原告的燃眉之急，保证其能够维持当前的生存。如果被告自身也存在生活困难，没有能力给付，即使人民法院作出先予执行裁定，也无法履行。如果强制执行，则对对方当事人而言是非人道的。

四、先予执行的程序

根据《民事诉讼法》第106条的规定，先予执行根据当事人的申请开始，人民法院不能主动采取先予执行措施。当事人应在起诉的同时或法院受理案件后判决作出之前提出申请。申请一般应采用书面形式，载明先予执行的请求、理由和根据，并说明对方当事人有履行能力的具体情况。如果以口头形式申请的，人民法院应当记录在卷，并由当事人签字或盖章。

法院在接到申请后，应审查当事人申请的案件是否属于先予执行的范围，是否符合先予执行的条件，以及是否应当要求申请人提供担保。由申请人提供担保的目的在于平衡和保护被申请人的利益，避免因申请人的申请错误而使被申请人遭受不应有的财产损失。至于是否需要申请人提供担保，可以视案件的具体情况由法院自由裁量。一般情况下，追索赡养费、扶养费、抚育费、抚恤金和劳动报酬的案件，不必责令申请人提供担保。对于其他案件，如果法院认为有必要的，可以责令申请人提供担保。申请人不能提供有效担保的，法院将驳回其申请。

五、先予执行的裁定

人民法院对当事人先予执行的申请，经审查符合法定条件的，应当及时作出先予执行的裁定。先予执行应当限于当事人诉讼请求的范围。对不符合法定条件的申请，则应裁定驳回。裁定一般采用书面形式。先予执行裁定一经送达即发生法律效力。该效力一直持续到法院对案件作出的判决生效。

当事人对保全或者先予执行裁定不服的，可以自收到裁定书之日起5日内向作出裁定的人民法院申请复议。复议期间不停止裁定的执行。人民法院应当在收到复议申请后10日内审查。裁定正确的，驳回当事人的申请；裁定不当的，变更或者撤销原裁定。

六、先予执行错误的补救

《民事诉讼法》第107条第2款规定："申请人败诉的，应当赔偿被申请人因先予执行遭受的财产损失。"人民法院裁定先予执行后，经审理，判决申请人败诉的，申请人不仅应当将因先予执行取得的财产和收益返还给被申请人，而且要对被申请人因先予执行所遭受的经济损失予以赔偿。申请人拒不返还的，人民法院可以根据民事诉讼法有关执行回转的规定强制执行。

第三节　对妨害民事诉讼的强制措施

一、对妨害民事诉讼的强制措施的概念

对妨害民事诉讼的强制措施，是人民法院为保障诉讼程序的顺利进行，对实施妨害民事诉讼行为人采取的强制性手段。

对妨害民事诉讼的强制措施具有如下特征。

1. 人民法院依职权决定采取强制措施。只要出现了妨害民事诉讼的行为，人民法院就应当采取强制性的排除措施，不以当事人的申请为前提。

2. 适用对象是所有实施了妨害诉讼行为的人，既包括当事人及其他诉讼参与人，也包括案外人。

3. 对妨害民事诉讼的强制措施适用于民事诉讼的全过程，既可以在审判阶段适用，也可以在执行阶段适用。

4. 实施强制措施的目的在于排除妨害民事诉讼的障碍，保证诉讼活动的顺利进行，因此，当妨害诉讼行为被有效排除时，法院可以提前解除强制措施。比如，法院决定对妨害诉讼行为人采取拘留15日的强制措施，如果被拘留人在被拘留后真诚悔改，保证不再妨害诉讼的，人

民法院可以在15日期限届满前解除拘留。

学界对于对妨害民事诉讼的强制措施的性质存在不同看法，代表性的观点有以下三种：(1) 强制教育说。该说认为，对妨碍民事诉讼的强制措施，是人民法院的职务行为，它对妨害民事诉讼的行为人来说，既具有对其违法行为进行处罚的性质，也包含了对违法行为人进行强制性教育的意义。它通过对妨害民事诉讼的行为人的处罚，教育其遵守诉讼秩序，履行法定义务，认识和改正妨害诉讼的错误，并保证不再实施妨害诉讼的行为。(2) 司法行政手段说。该说认为，对妨碍民事诉讼的强制措施，就是人民法院对妨害民事诉讼的人所采取的一种强制性的司法行政制裁手段，是人民法院的一种司法行政行为。(3) 制裁手段说。该说认为，对妨害民事诉讼的强制措施，是对严重妨碍诉讼活动的行为的制裁手段，其中，妨害诉讼行为情节轻微的，采用训诫、责令具结悔过等方式对行为人进行批评教育；对情节严重的，则可以采用罚款、拘留等较为严厉的方式进行制裁。但是，这种制裁性质不属于实体法上的制裁，而是程序法上的制裁。

我们认为，强制教育是对妨害诉讼行为的强制措施的性质之一，并不能完全概括其基本特征。作为民事诉讼法上的一项制度，用司法行政手段来说明其性质显然没有说服力。人民法院毕竟是司法机关而不是行政机关，被强制人不服法院作出的采取强制措施的决定也不能提起行政诉讼。对妨害民事诉讼的强制措施也不同于法律制裁。二者的区别首先是目的上的：法律制裁是行为人违反实体法的后果，即法律责任，如拘役、罚金等刑罚，行政拘留、罚款等行政处罚等，其目的在于惩罚实施了违法行为的人。对妨害民事诉讼行为采取的强制措施目的在于排除妨害诉讼的行为，其功能定位在于维护正常的诉讼秩序，保障诉讼的顺利进行。与此相适应，在妨害诉讼行为被排除之后，其使命即告完成，也就不再有继续采用的必要，因此可以提前解除。同时，它也不同于刑事诉讼法上的拘留、逮捕、取保候审、监视居住等强制措施，后者是为了保证侦查的顺利进行、预防犯罪嫌疑人逃避侦查而采取的限制其人身自由的措施，其功能定位上具有预防性特点，二者在适用对象上也是不同的。因此，对妨害诉讼行为的强制措施在性质上属于诉讼中的保障程序，是程序规则的组成部分。尽管其在手段上带有一定的惩罚性、强行性特征，但不具有法律制裁的性质。

二、对妨害民事诉讼行为课以强制措施的意义

在民事诉讼法中规定对妨害民事诉讼行为课以强制措施，具有多方面的作用和意义，具体体现为如下几点。

1. 维护诉讼秩序，保障人民法院正常行使审判权。在民事诉讼中，人民法院行使审判权处理案件，必须有法定的程序和良好的诉讼秩序，这是顺利完成审判任务的基本条件。但是，在审判实践中，一些诉讼参与人和少数旁听人员无视法庭纪律，无理取闹，破坏诉讼秩序，如证人作伪证、哄闹法庭等，严重阻挠和干扰了人民法院对案件的正常审判。只有对这些无视法律尊严、不遵守法庭秩序，妨害民事诉讼的行为人采取一定的强制措施，才能排除妨害，保证审判工作的顺利开展和民事诉讼任务的完成。

2. 保障当事人和其他诉讼参与人充分行使诉讼权利。妨害民事诉讼的行为，不仅直接干扰了诉讼活动的正常进行，而且会影响到当事人和其他诉讼参与人对诉讼权利的充分行使，使他们的合法权益受到侵害，甚至还可能危及他们的人身安全，如威胁、侮辱、殴打证人和诉讼参与人等。因此，人民法院必须依法对妨害民事诉讼的行为人采取必要的强制措施，以保障当事人和其他诉讼参与人能够充分行使诉讼权利，确保他们的合法权益在诉讼过程中免受侵害，或者即使受到侵害也能得到及时的制止和排除。

3. 教育公民自觉遵守法律，维护法庭尊严。依法对妨害民事诉讼的行为人采取必要的强制措施，不仅可以使行为人本人受到深刻的教育，而且对公众也具有普遍的教育意义和警示作用。

三、妨害民事诉讼行为的构成

所谓妨害民事诉讼的行为，是指当事人、其他诉讼参与人或案外人在民事诉讼过程中故意实施的扰乱民事诉讼秩序，阻碍民事诉讼正常进行的行为。正确认定妨害民事诉讼行为是准确适用强制措施的前提条件，因此，必须掌握妨害民事诉讼行为的构成要件。这些要件如下。

1. 行为人实施了妨害民事诉讼的具体行为。只有对民事诉讼的顺利进行造成了妨害的行为，才可能构成妨害民事诉讼的行为，如果仅有妨害民事诉讼的意图，没有具体实施的行为，或者开始实施后又自动中止，且尚未造成妨害诉讼的实际后果的，则不能视为妨害民事诉讼的行为。妨害民事诉讼的具体行为，其表现形式包括作为和不作为两种。作为是指行为人积极实施了某种妨害民事诉讼的行为，如提供伪证，指使、贿买他人作伪证，变卖已被查封、扣押的财产。行为人拒绝实施法律规定的应当实施的行为，如拒绝协助执行等，即为不作为。

2. 行为人有实施妨害民事诉讼行为的故意。这是构成妨害民事诉讼行为的主观要件。所谓故意，是指行为人明知自己实施的行为会妨害民事诉讼秩序，而希望或者放任这种情形的发生。行为人主观上存在着明显的妨害民事诉讼的目的，如当事人以暴力的方法阻止证人出庭作证。如果某一行为的实施不是基于行为人的故意，而是出于他的过失，则不能将这一行为认定为妨害民事诉讼的行为，即使这一行为在客观上可能会给诉讼的正常进行造成一定程度的影响。

3. 行为发生在诉讼过程中。妨害民事诉讼行为以扰乱、阻碍民事诉讼的正常进行为目的，因此妨害民事诉讼的行为必须是发生在一定诉讼期间的行为。所谓诉讼过程中，包括审判过程和执行过程；既可能发生在法庭内，也可能发生在法庭外。如果行为人的行为是在诉讼程序终结后实施的，则不构成妨害民事诉讼行为。如构成其他违法行为的，应由其他机关依照有关法律、法规处理。

四、妨害民事诉讼行为的种类

根据我国《民事诉讼法》和相关司法解释的规定，妨害民事诉讼行为的具体种类如下。

1. 必须到庭的被告或被告，经两次传票传唤，无正当理由拒不到庭。所谓无正当理由，通常是指客观上并不存在不可抗力、意外事件等使前述被告无法到庭的特殊情况。此外，如果必须到庭的被告是给国家、集体或他人造成损害的未成年人，则其法定代理人经两次传票传唤，无正当理由拒不到庭的，也同样构成妨害民事诉讼的行为。

2. 违反法庭规则，扰乱法庭秩序的行为。如未经许可在庭审时录音、录像，未经准许以移动通信等方式现场转播审判活动；不公开审理时强行进入法庭旁听等；哄闹、冲击法庭，侮辱、威胁、殴打审判人员等行为。如果违反法庭规则，情节严重，已经触犯刑法构成了犯罪，则不仅应当适用强制措施加以排除，而且应依法追究刑事责任。

3. 伪造、毁灭重要证据，妨碍人民法院审理案件。伪造证据，指行为人为掩盖事实本来面目而故意以弄虚作假的方式制造根本就不存在的证据；毁灭重要证据，是指行为人将现有的能够证明案件事实的证据销毁。所谓重要证据是指对案件事实具有重要证明作用的证据，是证明案件事实不可缺少的证据。

4. 以暴力、威胁、贿买方法阻止证人作证，或者指使、贿买、胁迫他人作证。这里包括两方面的行为：一是以暴力、殴打、拘禁、恐吓、金钱引诱等方式阻止本案证人向法庭提供证言；二是以强迫、逼使、金钱引诱、要挟等方式使不是本案证人的人作证，或让本案证人作虚假证明。

5. 隐藏、转移、变卖、毁损已被查封、扣押的财产或者已被清点并责令其保管的财产，转移已被冻结的财产。这种行为是针对已由人民法院采取财产保全或其他限制处分权的执行措施的财产所为的，它将对生效裁判的执行构成妨碍。

6. 对司法工作人员、诉讼参加人、证人、翻译人员、鉴定人、勘验人、协助执行人进行侮辱、诽谤、诬陷、殴打或者打击报复。这些行为直接指向正在执行职务的司法工作人员及有关人员，阻碍司法工作人员执行职务和诉讼参与人行使诉讼权利，干扰和破坏了诉讼程序，使审判和执行活动无法进行。

7. 以暴力、威胁或者其他方法阻碍司法工作人员执行职务。司法工作人员，是指审判人员、执行人员、书记员、司法警察以及法院内的法医工作人员等。此外，在由人民检察院按照审判监督程序提出抗诉并派员出席法庭的再审案件中，出庭的检察人员也属于司法人员。《民诉法解释》第 187 条列举了以下几种阻碍司法工作人员执行职务构成妨害诉讼的行为：(1) 在人民法院哄闹、滞留，不听从司法工作人员劝阻的；(2) 故意毁损、抢夺人民法院法律文书、查封标志的；(3) 哄闹、冲击执行公务现场，围困、扣押执行或者协助执行公务人员的；(4) 毁损、抢夺、扣留案件材料、执行公务车辆、其他执行公务器械、执行公务人员服装和执行公务证件的；(5) 以暴力、威胁或者其他方法阻碍司法工作人员查询、查封、扣押、冻结、划拨、拍卖、变卖财产的；(6) 以暴力、威胁或者其他方法阻碍司法工作人员执行职务的其他行为。

8. 拒不履行人民法院已经发生法律效力的判决、裁定行为。这是在执行程序中发生的妨害民事诉讼的行为。人民法院制作的生效法律文书，对当事人具有强制性，当事人应当履行。对生效判决、裁定有能力履行而故意拒不履行的行为就是妨害民事诉讼的行为。《民诉法解释》第 188 条规定了几种典型的拒不履行人民法院已经发生法律效力的判决、裁定的行为：(1) 在法律文书发生法律效力后隐藏、转移、变卖、毁损财产或者无偿转让财产、以明显不合理的价格交易财产、放弃到期债权、无偿为他人提供担保等，致使人民法院无法执行的；(2) 隐藏、转移、毁损或者未经人民法院允许处分已向人民法院提供担保的财产的；(3) 违反人民法院限制高消费令进行消费的；(4) 有履行能力而拒不按照人民法院执行通知履行生效法律文书确定的义务的；(5) 有义务协助执行的个人接到人民法院协助执行通知书后，拒不协助执行的。

9. 有义务协助调查、执行的单位和个人拒不履行协助义务。这些行为包括：(1) 有关单位拒绝或者妨害人民法院调查取证。依法调查取证是人民法院一项重要的诉讼活动，有关单位有义务给予配合，不得拒绝，更不得人为设置障碍，否则便构成妨害民事诉讼行为。(2) 有关单位接到人民法院协助执行通知书后，拒不协助查询、扣押、冻结、划拨、变价财产。(3) 有关单位接到人民法院协助执行通知书后，拒不协助扣留被执行人的收入，办理有关财产权证照转移手续，转交有关票证、证照或其他财产。例如，房管部门拒不办理私房产权过户手续，交通管理部门拒不转交驾驶证，等等。(4) 其他拒绝协助执行的行为。例如，擅自转移已被人民法院冻结的存款，或擅自解冻的；以暴力、威胁或者其他方法阻碍司法工作人员查询、冻结、划拨银行存款的；接到人民法院协助执行通知后，给当事人通风报信，协助其转移、隐匿财产的。

10. 采取非法拘禁他人或者非法私自扣押他人财产方式追索债务。债务人逾期不偿还债务，人民法院可以依法采取强制执行措施。除人民法院外的其他任何单位和个人，如果为追索债务，绑架、扣押人质，私自扣押债务人的财产，均构成妨害民事诉讼的行为。

11. 执行工作中的妨害行为。妨害执行的行为主要有以下种类：（1）隐藏、转移、变卖、毁损向人民法院提供执行担保的财产的；（2）案外人与被执行人恶意串通转移被执行人的财产的；（3）故意撕毁人民法院执行公告、封条的；（4）伪造、隐藏、毁灭有关被执行人履行能力的重要证据，妨碍人民法院查明被执行人财产状况的；（5）指使、贿买、胁迫他人对被执行人的财产状况和履行能力问题作伪证的；（6）妨碍人民法院依法搜查的；（7）以暴力、胁迫或其他方法妨碍或抗拒执行的；（8）哄闹、冲击执行现场的；（9）对人民法院工作人员或协助执行人员进行侮辱、诽谤、诬陷、围攻、威胁、殴打或者打击报复的；（10）毁损、抢夺执行案件材料、执行公务车辆、其他执行器械、执行人员服装和执行公务证件的。

12. 当事人之间恶意串通，企图通过诉讼、调解方式侵害他人合法权益的行为。这针对的是当事人双方恶意串通，利用诉讼谋取不正当利益或损害他人合法权益的行为。

13. 被执行人与他人恶意串通，通过诉讼、仲裁、调解等方式逃避履行法律文书确定的义务的行为。这是2012年修法时新增的规定，旨在制裁恶意诉讼行为。

14. 诉讼参与人或者其他人妨害诉讼的行为。《民诉法解释》第189条列举了一些诉讼参与人、协助执行人、案外人构成妨害诉讼的行为：（1）冒充他人提起诉讼或者参加诉讼的；（2）证人签署保证书后作虚假证言，妨碍人民法院审理案件的；（3）伪造、隐藏、毁灭或者拒绝交出有关被执行人履行能力的重要证据，妨碍人民法院查明被执行人财产状况的；（4）擅自解冻已被人民法院冻结的财产的；（5）接到人民法院协助执行通知书后，给当事人通风报信，协助其转移、隐匿财产的；（6）未经准许进行录音、录像、摄影，或者未经准许以移动通信等方式现场转播审判活动，扰乱法庭秩序，妨害审判活动进行的。《民诉法解释》第176条规定，有前款规定情形的，人民法院可以暂扣诉讼参与人或者其他人进行录音、录像、摄影、传播审判活动的器材，并责令其删除有关内容；拒不删除的，人民法院可以采取必要手段强制删除。

五、强制措施的种类及适用

《民事诉讼法》规定，人民法院可以根据不同的妨害民事诉讼行为的情节轻重以及特定的条件，采取不同的强制措施。《民事诉讼法》规定了拘传、训诫、责令退出法庭、罚款和拘留五种强制措施。对妨害民事诉讼的行为采取强制措施，是排除诉讼障碍的一种有效方法。为了确保适用强制措施的合法性，人民法院必须按照法律规定的条件和程序进行。

（一）拘传

拘传，又称强制到庭，是指人民法院对必须到庭的被告，派出司法警察强制其到庭参加诉讼的措施。采取拘传措施应具备下列条件。

1. 被拘传的对象必须是法律规定或人民法院认为必须到庭的被告或原告。必须到庭的被告，是指负有赡养、抚育、扶养义务和不到庭就无法查清案情的被告。对必须到庭才能查清案件基本事实的原告，经两次传票传唤，无正当理由拒不到庭的，人民法院也可以适用拘传。若被告提起反诉，本诉的原告变成了反诉的被告，如果反诉的被告是必须到庭的，可以对其适用拘传。此外，给国家、集体或他人造成损害的未成年人的法定代理人，如其必须到庭，经两次传票传唤无正当理由拒不到庭的，也可以适用拘传。

2. 必须经过两次传票传唤。人民法院必须依照诉讼文书的送达方式，将传票两次送达被告，传唤其出庭。如果采用打电话、捎口信等简易方式传唤被告，被告不到庭的，不能拘传被告。

3. 被告无正当理由拒不到庭，即必须到庭的被告不到庭参加诉讼没有正当理由。因遇不可抗拒的自然灾害，或被告因生病等健康原因不能到庭的，即可以认为是不能到庭的正当理由。人民法院应审查被告不到庭的原因，无正当理由，便可以适用拘传。

根据最高人民法院《关于人民法院执行工作若干问题的规定（试行）》的规定，人民法院可以对拒不接受人民法院传唤的被执行人采取拘传手段。对被执行人进行拘传，应当符合下列条件：(1) 拘传的对象是被执行人或者被执行人的法定代表人；(2) 被拘传的人是必须到人民法院接受询问的被执行人；(3) 人民法院已经向被执行人发出两次传票传唤其接受询问；(4) 被执行人无正当理由拒不到场的。

人民法院采取拘传措施的程序如下：先由合议庭或独任审判员提出，然后报院长批准，经批准后填写拘传票。拘传票写明被拘传人的姓名、性别、住所、工作单位、拘传理由、应到庭的时间和具体地点。由制作拘传票的单位和负责人签名，交司法警察执行。司法警察在拘传时，应向被拘传人出示拘传票，再次责令其立即到庭，并说明拒不到庭的法律后果，如果被拘传人经批评教育仍拒绝不到庭的，可以使用戒具强制其到庭。

对被执行人采取拘传方式进行调查询问，应当拘传至人民法院；在受诉法院辖区外采取拘传措施时，应当将被拘传人拘传至当地法院，当地法院应当予以协助。由于拘传不同于拘留，最高人民法院《关于人民法院执行工作若干问题的规定（试行）》规定，对被拘传人的调查询问不得超过24小时，调查询问后不得限制被拘传人的人身自由。

（二）训诫

训诫，是指人民法院对妨害民事诉讼情节较轻的人，以口头形式给予批评教育，指出其行为的违法性并责令其改正、不得再犯的措施。

适用训诫，一般是当庭进行。人民法院采取训诫措施的程序是：经合议庭或独任审判员决定，由审判长或独任审判员以口头方式指出行为人的错误事实、性质及危害后果，并当庭对妨害者提出具体要求，责令其立即改正。训诫的内容应记入笔录，由被训诫者签名。

（三）责令退出法庭

责令退出法庭，是指人民法院对于违反法庭规则、扰乱法庭秩序的行为人，由司法警察依法强制其退出法庭的措施。

人民法院采取责令退出法庭的程序如下：对妨害者进行批评教育，即对其训诫，经训诫仍不改正，经合议庭或独任审判员决定，由审判长或独任审判员口头宣布，责令其退出法庭。行为人如不自动退出法庭，可由司法警察强制其退出法庭。并将训诫内容、被责令者姓名、违反法庭规则的事实和危害后果记入笔录。

（四）罚款

罚款，是指人民法院依法强制实施了妨害民事诉讼行为的人，交纳一定现金的措施。这是一种带有惩罚性的强制措施。

罚款是一种比较严厉的强制措施，对妨害民事诉讼行为人的罚款数额，应根据妨害行为的具体情节及所造成的危害后果来决定。对个人的罚款金额，为人民币10万元以下。对单位的罚款金额，为人民币5万元以上100万元以下。人民法院采取罚款措施的程序是：由合议庭或独任审判员提出意见，制作罚款决定书，报人民法院院长批准。被罚款人不服罚款决定的，可以向上一级人民法院申请复议一次，复议期间不停止决定的执行。

《民事诉讼法》第114条规定，有义务协助调查、执行的单位有下列行为之一的，人民法院除责令其履行协助义务外，并可予以罚款：（1）有关单位拒绝或者妨碍人民法院调查取证的；（2）有关单位接到人民法院协助执行通知书后，拒不协助查询、扣押、冻结、划拨、变价财产的；（3）有关单位接到人民法院协助执行通知书后，拒不协助扣留被执行人的收入、办理有关财产权证照转移手续、转交有关票证、证照或者其他财产的；（4）其他拒绝协助执行的。《民诉法解释》第192条认定以下行为构成《民事诉讼法》第114条规定的“其他拒绝协助执行”的行为：（1）允许被执行人高消费的；（2）允许被执行人出境的；（3）拒不停止办理有关财产权证照转移手续、权属变更登记、规划审批等手续的；（4）以需要内部请示、内部审批，有内部规定等为由拖延办理的。

人民法院对有上述行为之一的单位，可以对其主要负责人或者直接责任人员予以罚款；对仍不履行协助义务的，可以予以拘留；并可以向监察机关或者有关机关提出予以纪律处分的司法建议。

（五）拘留

拘留，是指人民法院对实施妨害民事诉讼行为的人所采取的在一定期间内限制其人身自由的强制措施。拘留是强制措施中最严厉的一种，它涉及公民的人身自由等基本人权问题，因此适用时必须慎重。只有对极少数严重妨害民事诉讼的行为人，经反复教育仍坚持错误的，才能适用。根据《民事诉讼法》的规定，拘留的期限不得超过15日。

人民法院采取拘留措施的程序如下：由合议庭或独任审判员提出意见，报人民法院院长批准，然后制作拘留决定书。然后才能实施拘留。在紧急情况下也可以先实施拘留措施。《民诉法解释》第181条规定：“因哄闹、冲击法庭，用暴力、威胁等方法抗拒执行公务等紧急情况，必须立即采取拘留措施的，可在拘留后，立即报告院长补办批准手续。院长认为拘留不当的，应当解除拘留。”

对住所地不在本辖区内的人采取拘留措施的。应当委托被拘留人所在地人民法院协助执行。《民诉法解释》第179条规定：“被拘留人不在本辖区的，作出拘留决定的人民法院应当派员到被拘留人所在地的人民法院，请该院协助执行，受委托的人民法院应当及时派员协助执行。被拘留人申请复议或者在拘留期间承认并改正错误，需要提前解除拘留的，受委托人民法院应当向委托人民法院转达或者提出建议，由委托人民法院审查决定。”

在执行拘留时，执行人员应向被拘留人出示并当场宣读拘留决定书。被拘留人对决定不服的，可以向上一级人民法院申请复议一次。复议期间不停止执行。为保障被拘留人的人权，《民诉法解释》第180条还规定：“人民法院对被拘留人采取拘留措施后，应当在二十四小时内通知其家属；确实无法按时通知或者通知不到的，应当记录在案。”

在宣布拘留决定后，对被拘留人仍应坚持说服教育。被拘留人当场认错悔过的，报院长决定，可暂缓拘留或解除拘留。在执行拘留时，由司法警察将拘留决定书连同被拘留人一并送交当地公安机关看管。被拘留人在拘留期间认错悔改的，可以责令具结悔过，提前解除拘留。提前解除扣留，应报经院长批准，并制作提前解除拘留决定书，交由负责看管的公安机关执行。

罚款、拘留两种措施可以单独适用，也可以合并适用。合并适用时应注意：对同一妨害民事诉讼行为的罚款、拘留不得连续适用。但如果发生了新的妨害民事诉讼的行为，人民法院可以重新予以罚款、拘留。

被罚款、拘留的人不服罚款、拘留决定申请复议的，应当自收到决定书之日起3日内提出。上级人民法院应在收到复议申请后5日内作出决定，并将复议结果通知下级人民法院和当事人。上级人民法院复议时认为强制措施不当，应当制作决定书，撤销或变更下级人民法院的拘留、罚款决定。情况紧急的，可以在口头通知后3日内发出决定书。

第四节　期　间

一、期间的概念和意义

期间，是指人民法院、当事人和其他诉讼参与人进行或完成某种诉讼行为的期限和日期。民事诉讼法规定的人民法院审查当事人起诉的期限、当事人提起管辖权异议的期间、被告提出反诉的期间、当事人提起上诉的期间、法院审理案件的审限等，均为诉讼上的期间。

诉讼期间有狭义与广义之分，狭义的期间仅指期限；广义的期间，包括期日和期限两种，所谓期日，是指人民法院、当事人及其他诉讼参与人会合进行诉讼行为的日期，如开庭审理日、宣判日等。我国《民事诉讼法》对期日未作具体规定，在审判实践中，多由人民法院根据案件审理的具体情况和法定期间的规定予以指定。

民事诉讼是解决民事争议的过程，为了实现公正和效率的统一，这一过程既需要时间保障，又需要时间限制。时间是民事诉讼进展过程的标志，是设计民事诉讼其他制度时必须考虑的一个因素。正因为如此，我国《民事诉讼法》设专章规定期间制度，具有重要的意义。

1. 期间制度有助于及时保护当事人和其他诉讼参与人的合法权益。一方面，诉讼期间的规定意味着对当事人及其他诉讼参与人实施和完成诉讼行为提供了时间上的保障，他们可以在合理的、可预期的时间内调查收集证据、整理诉讼文书，充分利用一切诉讼手段，最大限度地维护自己的合法权益。另一方面，诉讼期间的规定有利于保证民事纠纷得到及时解决，从而使当事人及其他诉讼参与人的合法权益得以维护。

2. 期间制度有助于提高民事诉讼效率、节约诉讼资源和减少当事人的讼累。效率和公正一样，是民事诉讼追求的价值目标。诉讼期间的规定，从法院的角度看，可以促使其适时进行审判活动，防止诉讼拖延，从而节省办案支出；从当事人和其他诉讼参与人的角度看，可以促使他们按时参加诉讼活动，及时行使诉讼权利、履行诉讼义务，更好地保护自身的合法权益。此外，从某种意义上说，收集证据越及时，可信度就越高，纠纷存续的时间越短，越有利于彻底解决。总之，诉讼期间的规定客观上提高了审判效率，避免民事法律关系长期处于不确定状态给当事人带来损害，也避免这一状态给整个社会带来不稳定因素。

3. 期间制度有助于维护诉讼活动的严肃性和法律的权威性。诉讼活动是一种严肃的活动，它必须严格遵循民事诉讼法所规定的一系列原则、规则和制度。诉讼期间的规定，意味着对法院、当事人和其他诉讼参与人的诉讼活动提出了时间上的要求。如果当事人的诉讼行为不能在法定的期间内完成，就有可能不发生相应的法律效力。这就从时间上维护了诉讼活动的严肃性和法律的权威性。

二、期间的种类

根据我国《民事诉讼法》第 82 条的规定，民事诉讼的期间包括法定期间和指定期间两种。

（一）法定期间

法定期间是民事诉讼法明确规定的诉讼期间，即民事诉讼法明文规定人民法院、当事人及其他诉讼参与人进行或完成某项诉讼行为所遵守的时间。我国民事诉讼法中规定的立案期间、管辖权异议期间、上诉期间、申请再审的期间、申请作出除权判决的期间、申请执行的期间等，都属于法定期间。法定期间通常因某种法定事实的发生而开始，如立案的期间是在原告向人民法院提起诉讼后才开始的；上诉的期间是在一审判决、裁定送达之后才开始的。

法定期间具有如下特征：（1）明确性。法定期间的长短，法律条文中均有明确的规定。比如第三人提起撤销之诉的期间、当事人对生效的民事裁判申请再审的期间均为 6 个月；当事人对一审民事判决不服提起上诉的期间为 15 日，对人民法院作出的民事裁定不服提起上诉的期间为 10 日；等等。（2）不可变更性。法定期间除了法律另有规定外，人民法院不得依当事人的申请，或者依职权予以变更。正因为如此，法定期间又称不变期间。比如，公示催告申请人向人民法院申请作出除权判决的期间为 1 年。这里的 1 年不是诉讼时效，而是不可变期间，因此不适用诉讼时效中止、中断、延长的规定。

法律规定的可以变更的法定期间只限于案件审理期间。《民事诉讼法》第 149 条规定，人民法院适用普通程序审理的案件的审限为 6 个月。有特殊情况需要延长的，由本院院长批准，可以延长 6 个月；还需要延长的，报请上级人民法院批准。该法第 176 条规定，上诉案件的审理期限为 3 个月，有特殊情况需要延长的，由本院院长批准可以适当延长。《民诉法解释》129 条规定，对申请再审案件的审查期限为 3 个月。有特殊情况需要延长的，由本院院长批准可以适当延长。

（二）指定期间

指定期间是指人民法院根据审理案件的具体情况，依职权决定当事人以及其他诉讼参与人实施某种诉讼行为的期间。审判实践中，法院在诉讼中指定当事人补正起诉状的期限、指定被执行人履行生效法律文书所确定的义务的期限、指定鉴定人完成鉴定的期间等均属于指定期间的范畴。指定期间是法定期间的有益补充。民事诉讼法对一些比较重要的诉讼行为实施的期间作了明确规定，但由于诉讼活动的复杂性，它不可能对一切诉讼行为的期间都作出明确规定，因而，赋予法院在诉讼中根据案件的具体情况，灵活确定某些诉讼行为实施期间的权力就显得十分必要。

与法定期间相比，指定期间有如下特点：（1）灵活性。指定期间使法院有权根据案件审理的具体情况以及诉讼当事人和其他诉讼参与人的客观状况，自主决定实施某种诉讼行为的期间，具有较强的灵活性和针对性。（2）可变性。指定期间的长短和延展，不是绝对的。人民法院在指定期间后，如果遇有特殊情况，当事人或其他诉讼参与人不能在指定的期间内完成规定的诉讼行为时，他们可以申请延长，人民法院可以根据实际情况撤销原来指定的期间而重新指定。因此，指定期间又称可变期间。指定期间虽然允许改变，但这并不意味着法院可以随心所欲地任意指定期间或任意撤销、变更指定期间，在一般情况下，指定期间一经确定就不应任意改变，否则，既有损于法院公正司法的权威性和严肃性，又可能造成法院、双方当事人和其他诉讼参与人人力、物力和财力的浪费。如果遇有特殊情况，需要变更指定期间，必须将变更的理由和变更后的期间，及时用书面形式通知当事人和其他诉讼参与人，以保证诉讼的顺利进行。（3）从属性。指定期间从属于法定期间，人民法院指定的期间必须在法定期间的范围内进行，例如，根据《民事诉讼法》第 135 条的规定，一审民事案件按普通程序审理的期限是 6 个月，人民法院在审理过程中指定的举证时限等期间，都应当在 6 个月的范围之内。

三、期间的计算

我国《民事诉讼法》第 82 条第 2 款至第 4 款对诉讼期间的计算方法作了明确的规定。

1. 期间以时、日、月、年计算，期间开始的时和日不计算在期间之内

民事诉讼中以日计算的各种期间均从次日起算。例如，根据《民事诉讼法》第 164 条的规

定，当事人不服一审判决的，有权在判决送达之日起的15日内提起上诉，这15日的上诉期间，应从判决书送达的次日起计算。期间以“时”计算时，开始的“时”也不计算在内。例如，《民事诉讼法》第100条第3款规定，对情况紧急的财产保全的申请，法院接受申请后必须在48小时内作出裁定。对这48小时的计算，不应将法院接受申请的这一小时计算在内，而应从法院接受申请之后的下一个小时开始计算。

2. 期间届满的最后一日是节假日的，以节假日后的第一日为期间届满的日期

期间届满的最后一日是节假日的，最后一日不能计算在期间内，应将节假日扣除，以节假日后的第一日为期间届满的日期。如期间届满的最后一日是星期日，则期间届满日应当是下一周的星期一。这里所说的节假日，是指国家统一规定的节假日，如元旦、春节、清明节、劳动节、端午节、中秋节、国庆节等，但不包括专为某一类人规定的节假日、某些民间节日或单位自己规定的假日，如儿童节、妇女节、元宵节以及单位庆典日等。

3. 期间不包括在途时间，诉讼文书在期满前交邮的，不算过期

所谓“在途时间”，是指人民法院邮寄送达诉讼文书，或者当事人邮寄诉讼文书在旅途中所用去的时间。如2015年4月10日为某案件上诉期间届满的日期，当事人或其法定代理人只要在该日期邮局停止业务的时间之前寄出上诉状，不论法院何时收到该邮件，都应视为在上诉期内提起了上诉。确定诉讼文书是否在期间届满前交邮，不是以诉讼文书到达地邮局邮戳上的时间为标准，而是以诉讼文书寄出地邮局邮戳上的时间为标准。

4. 审理期间的计算应当扣除公告期间、当事人和解期间、鉴定或审计期间

人民法院审理案件的期间，经常出现需要发出公告、当事人自行和解、当事人申请鉴定或审计等情形。根据《民诉法解释》第129条的规定，公告期间、当事人和解期间等不计入再审案件的审查期限。

四、期间的耽误和顺延

期间的耽误，是指当事人或其他诉讼参与人在法定或指定的期间内，没有完成应为的某项诉讼行为。期间耽误的法律后果一般是丧失了再为该项诉讼行为的权利，如一审判决送达后，当事人未在15日的法定期间内提起上诉的，则丧失上诉权，判决即发生法律效力。

当事人因主观上的故意或过失而未在一定期间完成应为的诉讼行为的，应由其承担丧失某种诉讼权利的不利后果。但是，现实生活中，有一些期间的耽误是因为出现了当事人的主观意志所无法支配的客观事由或其他正当事由。在这种情况下，仍让当事人承担丧失某种诉讼权利的不利后果，对当事人而言是极不公平的。为了充分维护当事人的合法权益，民事诉讼法对后一种情形下的期间耽误规定了“顺延”的补救办法。

《民事诉讼法》第83条规定：“当事人因不可抗拒的事由或者其他正当理由而耽误期限的，在障碍消除后的十日内，可以申请顺延期限，是否准许，由人民法院决定。”根据这一规定，期间因某种原因被耽误的，当事人为获得期间的顺延，并在顺延的期间内完成某项诉讼行为，必须符合一定的条件。

1. 申请的主体限于当事人。只有当事人才有权提出申请顺延期限，其他诉讼参与人无权提出申请。

2. 申请的理由必须是出现了不可抗拒的事由或者其他正当事由。所谓不可抗拒的事由，是指当事人主观上无法预测，客观上无法避免和克服的事实，如突然发生地震、洪水或战争等。所谓其他正当理由，是指除不可抗拒事由以外的不应归责于当事人的客观情况，如当事人突然患重病无法行动，家中发生意外事故使其不得分身等。

3. 申请的时间限于障碍消除后的10日内。这里的10日为不变期间，逾期则丧失申请顺延的权利。

期间耽误后，当事人应当以书面形式向法院提出顺延申请，法院经审查认为确实存在法律规定的正当理由的，应准许顺延；如果不存在正当理由，则应裁定驳回当事人的申请。法院经审理准许顺延期限的，具体顺延期限的长短，因法定期间与指定期间而有所不同。对法定期间的顺延，一般是将实际耽误的期间补足；如果被耽误的是指定期间，其顺延期限的长短由法院根据具体情况决定。

第五节　送　达

一、送达的概念和特点

送达，是指人民法院依照法定的程序和方式，将诉讼文书送交给当事人和其他诉讼参与人的行为。送达是民事诉讼法中的一项重要制度，在民事诉讼中具有十分重要的意义。首先，依法送达法律文书或诉讼文书，可以使当事人及其他诉讼参与人及时了解送达文书中的内容，为行使诉讼权利和履行诉讼义务做好准备。送达是当事人诉讼权利保障的重要程序规则。其次，依法送达法律文书，也为法院推进诉讼进程提供了正当性的前提，还可以保障诉讼程序得以正常、有序地运行。如传票一经送达，受传唤的被告就有到庭的义务；如果是必须到庭的被告，经两次传票传唤，无正当理由拒不到庭的，人民法院可以适用拘传，强制其到庭。最后，送达是法律文书发生法律效力的前提。法院的调解书、裁定书、判决书、决定书，都是在送达当事人后才发生法律效力。

送达是人民法院进行的一项重要的诉讼行为，具有以下特点。

1. 送达的主体是人民法院。送达是法院向当事人和其他诉讼参与人实施的诉讼行为。具体送达人可能是代表法院执行送达职务的书记员、司法警察或专职的送达工作人员。如果主审人民法院委托其他法院送达的，主审人民法院仍是实质上的送达行为主体，受委托的人民法院则是形式上的送达行为主体，它的送达行为应看作是委托的人民法院的送达行为。

2. 受送达人主要是当事人和其他诉讼参与人。实践中，协助执行人、其他案外人也可以成为受送达人。可见，送达体现的是人民法院和当事人及其他诉讼参与人之间的法律关系，它只能在特定的主体之间进行。当事人及其他诉讼参与人相互之间递交诉讼文书或向法院递交诉讼文书，以及法院之间递交诉讼文书的行为，都不能称为送达，不适用《民事诉讼法》关于送达的规定。

3. 送达的对象是各类诉讼文书，包括起诉状副本、答辩状副本、上诉状副本、传票、通知书、判决书、裁定书、调解书、决定书、支付令等。

4. 送达必须按照法律规定的程序和方式进行。《民事诉讼法》对送达的方式和程序作了具体的规定，实施送达行为时必须照此办理，否则，便不能产生送达的法律效力。

二、送达的效力

送达的效力，是指诉讼文书送达给受送达人后所产生的法律后果。诉讼文书的内容不同，送达后产生的法律后果也不同，有的诉讼文书只产生程序上的效力，如传唤当事人出庭的传票；有的诉讼文书送达后既产生程序上的效力，又产生实体上的效力，如判决书、调解书。总体而言，送达的效力表现在以下两个方面。

1. 程序上的效力。程序上的效力是指诉讼文书送达后所产生的民事诉讼程序上的法律后果。如起诉状副本送达被告后，被告就应该应诉，还有权提出答辩状。传唤当事人出庭的传票送达后，当事人就有出庭的义务。如果经传票传唤，原告无正当理由拒不到庭的，将按撤诉处理。被告提出反诉的，人民法院还可以缺席判决。被告无正当理由拒不到庭，如其属于必须到庭，并两次传票传唤的，可以适用拘传；如不属于必须到庭，法院可以缺席判决；等等。

2. 实体上的效力。实体上的效力是指诉讼文书送达后所产生的实体权利义务方面的法律后果。例如，人民法院送达调解书，经双方当事人签收即发生法律效力。当事人不履行调解协议的，另一方当事人可以调解书为执行依据向人民法院申请强制执行。

三、送达的方式

根据《民事诉讼法》及《民诉法解释》的规定，人民法院送达诉讼文书的方式有以下七种。

（一）直接送达

直接送达，又称交付送达，是指人民法院指派专人将诉讼文书直接送交受送达人本人的送达方式。直接送达是最基本的送达方式，能够直接送达的都应当直接送达。

受送达人是公民的，应当由公民本人签收。公民本人不在的，可交给他的同住成年家属签收。但是在离婚案件中，如果受送达人不在时，不宜由对方当事人或在该纠纷中与受送达人处于对立关系的同住成年家属签收，因为他们之间有某种利害关系。受送达人是法人或者其他组织的，应当由法人的法定代表人、其他组织的主要负责人或者该法人、组织的办公室、收发室、值班室等负责收件的人签收。受送达人有诉讼代理人的，人民法院既可以向受送达人送达，也可以向其诉讼代理人送达。受送达人已向人民法院指定代收人的，送交代收人签收。

调解书应当直接送达当事人本人，本人因故不能签收时，可由其指定的代收人签收。

视为直接送达的情形。《民诉法解释》第 131 条规定，人民法院可以通知当事人到人民法院领取诉讼文书。当事人到达人民法院，拒绝签署送达回证的，视为送达。审判人员、书记员应当在送达回证上注明送达情况并签名。人民法院可以在当事人住所地以外向当事人直接送达诉讼文书。当事人拒绝签署送达回证的，采用拍照、录像等方式记录送达过程即视为送达。审判人员、书记员应当在送达回证上注明送达情况并签名。《民诉法解释》第 141 条规定，人民法院在定期宣判时，当事人拒不签收判决书、裁定书的，应视为送达，并在宣判笔录中记明。

受送达人在送达回证上签收的日期，以及受送达人同住的成年家属、法人或者其他组织负责收件的人、诉讼代理人或者代收人在送达回证上签收的日期为送达日期。

（二）留置送达

留置送达，是指在受送达人拒绝接收送达的文书时，送达人依法将诉讼文书留在受送达人的住所，即视为送达的方式。在诉讼实践中，有些受送达人或其同住成年家属可能借故拒绝签收诉讼文书，从而使诉讼程序无法正常进行。针对这种情况，民事诉讼法专门规定了留置送达这种强制性的送达方式。留置送达与直接送达具有同等的法律效力。

留置送达适用于下列三种情况：（1）受送达人或者其同住的成年家属拒绝接收诉讼文书的。（2）法人的法定代表人、其他组织的主要负责人或者办公室、收发室、值班室等负责收件的人拒绝签收或者盖章的。《民诉法解释》第 130 条规定："向法人或者其他组织送达诉讼文书，应当由法人的法定代表人、该组织的主要负责人或者办公室、收发室、值班室等负责收件的人签收或者盖章，拒绝签收或者盖章的，适用留置送达。”《民事诉讼法》第 86 条规定的“有关基层组织和所在单位的代表”，可以是受送达人住所地的居民委员会、村民委员会的工作人员以及受送达人所在单位的工作人员。(3) 受送达人指定代收人或有诉讼代理人的，该代收人或诉讼代理人拒绝接收送达的诉讼文书的。

必须指出的是，调解书不适用留置送达。因为当事人拒绝接收调解书就意味着对调解协议的反悔。根据《民事诉讼法》第 97 条的规定，调解书经双方当事人签收后才发生法律效力。该法第 99 条还规定，调解书送达前一方反悔的，人民法院应当及时判决。因此，《民诉法解释》第 133 条规定：“调解书应当直接送达当事人本人，不适用留置送达。”当事人本人因故不能签收的，可由其指定的代收人签收。

人民法院适用留置送达时，还必须针对不同情形履行法律规定的程序，这样才能产生送达的法律后果。比如，在受送达人或其同住的成年家属拒绝接收诉讼文书时，送达人应当邀请有关基层组织或者其所在单位的代表到场，说明情况，在送达回证上记明拒收事由和日期，由送达人、见证人签名或者盖章，然后把诉讼文书留在受送达人的住所，即产生送达的法律效力。如果送达现场没有合适的见证人的，送达人也可以把诉讼文书留在受送达人的住所，并采用拍照、录像等方式记录送达过程，由此产生送达的效力。再比如，有关基层组织或其所在单位的代表及其他见证人不愿意在送达回证上签字或盖章的，由送达人在送达回证上记明情况，把送达文书留在受送达人住所，即视为送达。

（三）电子送达

电子送达即人民法院采用传真、电子邮件、移动通信等即时收悉的特定系统作为媒介送达法律文书的方式。《民事诉讼法》第 87 条规定，经受送达人同意，人民法院可以采用传真、电子邮件等能够确认其收悉的方式送达诉讼文书。《民诉法解释》第 135 条规定，电子送达还可以采用移动通信（如微信、微博等）即时收悉系统媒介进行送达。

采用电子送达应以当事人同意为前提。为避免当事人对电子送达方式提出异议，《民诉法解释》第 136 条规定：“受送达人同意采用电子方式送达的，应当在送达地址确认书中予以确认。”采用这种送达方式时，以传真、电子文件等到达受送达人特定系统的日期为送达日期。

根据《民事诉讼法》第 87 条的规定，适宜通过电子送达方式送达的法律文书的范围，在国内民事诉讼中，限于起诉状或答辩状副本、开庭传票、通知等一般诉讼文书。判决书、裁定书、调解书不适用电子送达。但在涉外民事诉讼中，判决书、裁定书、调解书也可以适用电子送达方式送达。根据《民事诉讼法》第 267 条第 7 项的规定，人民法院对在我国领域内没有住所的当事人送达诉讼文书，可以采用传真、电子邮件等能够确认受送达人收悉的方式送达方式。

《民事诉讼法》第 87 条第 2 款规定的到达受送达人特定系统的日期，为人民法院对应系统显示发送成功的日期，但受送达人证明到达其特定系统的日期与人民法院对应系统显示发送成功的日期不一致的，以受送达人证明到达其特定系统的日期为准。

（四）委托送达

委托送达，是指法院直接送达诉讼文书有困难的，委托受送达人所在地人民法院代为递交诉讼文书的一种送达方式。委托送达与直接送达具有同等效力。

委托其他法院代为送达的，委托法院应出具委托函，并附需送达的诉讼文书和送达回证，以受送达人在送达回证上签收的日期为送达日期。

（五）邮寄送达

邮寄送达，是指法院通过邮局将诉讼文书挂号寄交受送达人的送达方式。同委托送达一样，邮寄送达也是在受送达人住所距离法院较远，直接送达有困难时，才能适用的一种送达方式。

法院在采用邮寄送达时，应附有送达回证。挂号信回执上注明的收件日期与送达回证上注明的收件日期不一致的，或者送达回证没有寄回的，以挂号信回执上注明的收件日期为送达日期。

（六）转交送达

转交送达，是指人民法院将诉讼文书送交受送达人所在单位代收后，再由该单位转交给受送达人的送达方式。转交送达是在受送达人身份比较特殊，不宜或不便采用直接送达的情况下所适用的一种送达方式。

根据《民事诉讼法》第 89、90 条的规定，转交送达有下列三种情况：（1）受送达人是军人的，通过其所在部队团以上单位的政治机关转交；（2）受送达人被监禁的，通过其所在监所转交；（3）受送达人被采取强制性教育措施的，通过其所在强制性教育机构转交。

代为转交的机关、单位收到诉讼文书后，必须立即将其交受送达人签收，受送达人在送达回证上的签收日期，为送达日期。

（七）公告送达

公告送达，是指在受送达人下落不明或者用其他法定方式无法送达的，人民法院通过公告将诉讼文书有关内容告知受送达人，公告期满，即视为送达的方式。根据民事诉讼法的相关规定，公告送达必须符合下列要求。

1. 公告方式。法院采取公告送达，既可以在法院的公告栏、受送达人住所地张贴公告，也可以在报纸、信息网络等媒体上刊登公告。法律对公告方式有特殊要求的，应按要求的方式进行公告。《民诉法解释》第 138 条第 2 款规定："人民法院在受送达人住所地张贴公告的，应当采取拍照、录像等方式记录张贴过程。"

2. 公告内容。公告送达起诉状或者上诉状副本的，应当说明起诉或者上诉要点，受送达人答辩期限及逾期不答辩的法律后果；公告送达传票，应当说明出庭的时间和地点及逾期不出庭的法律后果；公告送达判决书、裁定书的，应当说明裁判主要内容，当事人有权上诉的，还应当说明上诉权利、上诉期限和上诉的人民法院。

3. 公告记录。人民法院应当在案卷中说明公告送达的原因和经过。

4. 公告期间。公告送达的期间为 60 日。根据《民事诉讼法》第 92 条的规定，公告送达自发出公告之日起经过 60 日视为送达。

5. 不适用公告送达的情形。《民诉法解释》第 140 条规定："适用简易程序的案件，不适用公告送达。"

四、送达回证

送达回证，是指人民法院制作的用以说明受送达人收到人民法院所送达的诉讼文书的凭证。《民事诉讼法》第 84 条规定："送达诉讼文书必须有送达回证，由受送达人在送达回证上记明收到日期，签名或盖章。受送达人在送达回证上的签收日期为送达日期。"送达回证的内容包括：实施送达的法院的名称，受送达人的姓名（名称）、职务、住所地或经常居住地，应送达文书的名称和案件编号，送达方式，送达人和受送达人的签名或盖章，签收日期等。

第六节　诉讼费用

一、诉讼费用的概念和意义

诉讼费用，是指当事人进行民事诉讼及相关活动依法应当交纳的费用。

1989 年 6 月 29 日最高人民法院审判委员会正式通过了《人民法院诉讼收费办法》；1991 年颁布的《民事诉讼法》在第十一章专章规定了诉讼费用制度，但该章只有一个条文，即第 107 条。该条对诉讼费用作了原则性规定，同时说明“收取诉讼费用的办法另行制定”。但是在以后近十年的时间里，并没有新的收费办法出台，因此，1989 年最高人民法院的《人民法院诉讼收费办法》一直得到沿用。1999 年 6 月 19 日最高人民法院审判委员会通过了《人民法院诉讼收费办法补充规定》；2000 年 7 月 28 日最高人民法院颁布《关于对经济确有困难的当事人予以司法救助的规定》。这两个规定都是对《人民法院诉讼收费办法》的补充，对原有的收费制度基本没有改变。2006 年 12 月 19 日，国务院颁布了《诉讼费用交纳办法》，于 2007 年 4 月 1 日起实施。《诉讼费用交纳办法》是目前我国诉讼费用制度的主要法律依据。《民诉法解释》对诉讼费用也有补充规定。

相对于其他解决纠纷的方式而言，通过司法途径解决纠纷的成本是最高的。国家为了维持司法机构的正常运作，需要投入大量的人力、物力。为解决当事人私权利的争议而支付的成本完全由国家承担，实际上就是由全社会纳税人的贡献来满足少数人的司法消费需要，显然是不合理的。由当事人交纳一定的诉讼费用是各国司法制度的通例，构成司法成本的一部分。从这个角度说，征收诉讼费用有如下意义。

1. 减少国家财政开支。民事案件是公民、法人和其他组织之间的民事权益之争，大多属于财产争议。人民法院为解决这些纠纷，必须支出一定的费用。当事人为了自身的利益进行诉讼，让国家负担其诉讼开支，显然是不合理的。向当事人收取合理的诉讼费用，既可约束当事人的违法行为，又可以减少国家财政开支。

2. 约束当事人依法行使诉讼权利。收取诉讼费用，既可以促使原告在起诉前认真审视诉讼的必要性以及诉讼成本，慎重对待起诉，防止滥用诉权，也可以引导当事人尽可能通过和解或民间调解等途径解决纠纷，有利于多元化纠纷解决机制的形成。

3. 对民事违法行为的经济制裁。诉讼费用负担的基本原则是由败诉方承担。败诉方通常就是违反法律、不履行义务，给对方当事人造成一定损失或侵犯了对方当事人合法权益的当事人。法律规定由败诉方承担诉讼费用，实质上是对违法行为的一种制裁，加大了民事违法的成本。

此外，在当今世界各国法院审判民事案件都收取诉讼费用的情况下，对外国人、无国籍人或外国的企业和其他组织在我国进行民事诉讼收取诉讼费用，是涉外民事诉讼同等原则和对等原则的体现。《诉讼费用交纳办法》第 5 条规定：“外国人、无国籍人、外国企业或者组织在人民法院进行诉讼，适用本办法。外国法院对中华人民共和国公民、法人或者其他组织，与其本国公民、法人或者其他组织在诉讼费用交纳上实行差别对待的，按照对等原则处理。”

二、诉讼费用的种类

《民事诉讼法》第 118 条规定：“当事人进行民事诉讼，应当按照规定交纳案件受理费。财产案件除交纳案件受理费外，并按照规定交纳其他诉讼费用。当事人交纳诉讼费用确有困难的，可以按照规定向人民法院申请缓交、减交或者免交。”诉讼费用包括案件受理费、申请费和其他诉讼费用。

1. 案件受理费

除法律另有规定外，民事案件原则上都要征收案件受理费。案件受理费包括第一审案件受理费、第二审案件受理费和再审案件受理费。案件受理费根据案件性质又分为非财产案件受理费和财产案件受理费。非财产案件受理费，是指当事人因人身权利或人身非财产权益的争议提起诉讼，应该交纳的费用。财产案件受理费，是指当事人因财产权益争议提起诉讼，应该交纳的费用。前者如离婚、收养等案件；后者如合同纠纷、侵权赔偿等案件。案件性质不同，案件受理费的征收方法也不相同。非财产案件受理费按件征收。

《民诉法解释》第 194 条规定，诉讼标的是同一种类、当事人一方人数众多在起诉时人数尚未确定的案件，当事人在起诉时不预交案件受理费，结案后按照诉讼标的额由败诉方交纳。

2. 申请费

申请费，是指当事人依法申请人民法院强制执行或非讼事项应当交纳的费用。

当事人依法向人民法院申请下列事项，应当交纳申请费：(1) 申请执行人民法院发生法律效力的判决、裁定、调解书，仲裁机构依法作出的裁决和调解书，公证机构依法赋予强制执行效力的债权文书；(2) 申请保全措施；(3) 申请支付令；(4) 申请公示催告；(5) 申请撤销仲裁裁决或者认定仲裁协议效力；(6) 申请破产；(7) 申请海事强制令、共同海损理算、设立海事赔偿责任限制基金、海事债权登记、船舶优先权催告；(8) 申请承认和执行外国法院判决、裁定和国外仲裁机构裁决。

根据《民诉法解释》第 195 条的规定，当事人按照督促程序申请支付令的，支付令失效后如果直接转入诉讼程序，债权人应当按照《诉讼费用交纳办法》补交案件受理费。支付令被撤销后，债权人另行起诉的，按照《诉讼费用交纳办法》交纳诉讼费用。

3. 其他诉讼费用

其他诉讼费用，是指在诉讼过程中，证人、鉴定人、翻译人员、理算人员在人民法院指定日期出庭发生的交通费、住宿费、生活费和误工补贴等。

当事人复制案件卷宗材料和法律文书导致的费用不属于诉讼费用，当事人应当按实际成本向人民法院交纳工本费。

三、诉讼费用交纳标准

（一）案件受理费的交纳标准

1. 财产案件根据诉讼请求的金额或者价额，按照下列比例分段累计交纳：

(1) 不超过 1 万元的，每件交纳 50 元；

(2) 超过 1 万元至 10 万元的部分，按照 2.5%交纳；

(3) 超过 10 万元至 20 万元的部分，按照 2%交纳；

(4) 超过 20 万元至 50 万元的部分，按照 1.5%交纳；

(5) 超过 50 万元至 100 万元的部分，按照 1%交纳；

(6) 超过 100 万元至 200 万元的部分，按照 0.9%交纳；

(7) 超过 200 万元至 500 万元的部分，按照 0.8%交纳；

(8) 超过 500 万元至 1 000 万元的部分，按照 0.7%交纳；

(9) 超过 1 000 万元至 2 000 万元的部分，按照 0.6%交纳；

（10）超过 2 000 万元的部分，按照 0.5%交纳。

破产程序中有关债务人的民事诉讼案件，按照财产案件标准交纳诉讼费，但劳动争议案件除外。

一个案件中既有财产性诉讼请求，又有非财产性诉讼请求的，按照财产性诉讼请求的标准交纳诉讼费。有多个财产性诉讼请求的，合并计算交纳诉讼费；诉讼请求中有多个非财产性诉讼请求的，按一件交纳诉讼费。

此外，《民诉法解释》第 197、198 条还对特定类型诉讼标的额难以计算的案件的受理费交纳标准作出规定：（1）诉讼标的物是证券的，按照证券交易规则并根据当事人起诉之日前最后一个交易日的收盘价、当日的市场价或者其载明的金额计算诉讼标的金额。（2）诉讼标的物是房屋、土地、林木、车辆、船舶、文物等特定物或者知识产权，起诉时价值难以确定的，人民法院应当向原告释明主张过高或者过低的诉讼风险，以原告主张的价值确定诉讼标的金额。

2. 非财产案件按照下列标准交纳。

（1）离婚案件每件交纳 50 元至 300 元。涉及财产分割，财产总额不超过 20 万元的，不另行交纳；超过 20 万元的部分，按照 0.5%交纳。

（2）侵害姓名权、名称权、肖像权、名誉权、荣誉权以及其他人格权的案件，每件交纳 100 元至 500 元。涉及损害赔偿，赔偿金额不超过 5 万元的，不另行交纳；超过 5 万元至 10 万元的部分，按照 1%交纳；超过 10 万元的部分，按照 0.5%交纳。

（3）其他非财产案件每件交纳 50 元至 100 元。

3. 知识产权民事案件，没有争议金额或者价额的，每件交纳 500 元至 1 000 元；有争议金额或者价额的，按照财产案件的标准交纳。

4. 劳动争议案件每件交纳 10 元。

5. 当事人提出案件管辖权异议，异议不成立的，每件交纳 50 元至 100 元。

（二）申请费的交纳标准

申请费应按下列标准征收。

1. 申请执行案件，执行金额或者价额在 1 万元以下的，每件交纳 50 元；超过 1 万元至 50 万元的部分，按 0.5%交纳；超过 50 万元的部分，按 0.1%交纳。拍卖、变卖担保财产的裁定作出后，人民法院强制执行的，按照执行金额收取执行申请费。

2. 申请财产保全措施，保全财产的金额或者价额在 1 000 元以下的，每件交纳 30 元；超过 1 000 元至 10 万元的部分，按 1%交纳；超过 10 万元的部分，按 0.5%交纳。

3. 按照督促程序申请支付令的，每件交纳申请费 100 元。

4. 依照公示催告程序申请公示催告的，每件交纳申请费 100 元。

5. 海事海商案件，申请扣押船舶的，每件交纳 100 元至 500 元；申请债权登记的，每件交纳 500 元；申请留置货物、燃料的，每件交纳 500 元；申请船东责任限制的，按申请限制数额的 0.1%交纳，但最低不少于 500 元。

（三）诉讼费交纳标准的特殊规定

根据《诉讼费用交纳办法》的规定，以下情形的诉讼费用减半交纳。

1. 以调解方式结案或者当事人申请撤诉的，减半交纳案件受理费。

2. 适用简易程序审理的案件减半交纳案件受理费。《民诉法解释》第 199 条规定，适用简易程序审理的案件转为普通程序的，原告自接到人民法院交纳诉讼费用通知之日起 7 日内补交案件受理费。原告无正当理由未按期足额补交的，按撤诉处理，已经收取的诉讼费用退还一半。

3. 对财产案件提起上诉的，按照不服一审判决部分的上诉请求数额交纳案件受理费。

4. 被告提起反诉、有独立请求权的第三人提出与本案有关的诉讼请求，人民法院决定合并审理的，分别减半交纳案件受理费。

《民诉法解释》第 206 条规定，人民法院决定减半收取案件受理费的，只能减半一次。

四、诉讼费用的交纳

（一）诉讼费用的预交

案件受理费由原告、有独立请求权的第三人、上诉人预交。被告提起反诉被法院受理的，反诉案件的受理费由被告预交。

预交诉讼费是主动进行诉讼的一方当事人的义务。不履行该义务的会产生不利的程序后果。当事人在规定的期限内不预交诉讼费，又不申请缓交，或者申请缓交未被人民法院准许的，人民法院对其诉讼按撤诉处理。

根据《诉讼费用交纳办法》的规定，下列案件当事人可以不预交诉讼费用或申请费：(1) 追索劳动报酬的案件，待案件审结时，由败诉方负担；(2) 申请执行案件，执行申请费在执行后由被执行方交纳；(3) 申请破产还债的案件，破产申请费在清算后从破产财产中拨付。

《民诉法解释》第 207 条规定，判决生效后，胜诉方预交但不应负担的诉讼费用，人民法院应当退还，由败诉方向人民法院交纳，但胜诉方自愿承担或者同意败诉方直接向其支付的除外。

（二）诉讼费用负担方式

1. 败诉方负担。诉讼费用由败诉的当事人负担。这是我国诉讼费用负担的一般原则，也是世界各国诉讼费用负担的普遍原则。因为民事案件的发生，多是由于败诉的当事人不履行义务，违反法律规定造成的，当然应该由败诉的当事人负担诉讼费用。共同诉讼当事人败诉的，由人民法院根据他们各自对诉讼标的的利害关系，决定各自应负担的金额；其中专为自己利益的诉讼行为所支出的费用，由该当事人负担。《民诉法解释》第 203 条规定：“承担连带责任的当事人败诉的，应当共同负担诉讼费用。”第 204 条规定：“实现担保物权案件，人民法院裁定拍卖、变卖担保财产的，申请费由债务人、担保人负担；人民法院裁定驳回申请的，申请费由申请人负担。”

第二审人民法院驳回上诉，维持原判的案件，诉讼费用由上诉人负担。双方当事人都上诉的，由双方负担。

律师费不属于诉讼费用，因而不适用败诉方负担的原则。但应注意的是，最高人民法院的司法解释对侵犯著作权、商标专用权民事纠纷案件的律师费用作了特别规定。根据最高人民法院 2002 年 10 月 12 日通过的《关于审理著作权民事纠纷案件适用法律若干问题的解释》第 26 条、《关于审理商标民事纠纷案件适用法律若干问题的解释》第 17 条，以及 2014 年 6 月 23 日通过的《关于审理利用信息网络侵害人身权益民事纠纷案件适用法律若干问题的解释》第 18 条的规定，制止侵权行为所支付的合理开支，包括权利人或者委托代理人对侵权行为进行调查、取证的合理费用。人民法院根据当事人的诉讼请求和具体案情，可以将符合国家有关部门规定的律师费用计算在赔偿范围内。

2. 当事人按比例负担。当事人部分胜诉，部分败诉的，诉讼费用由人民法院根据双方当事人责任大小，确定双方当事人按比例负担。

3. 当事人协商负担。调解解决的案件和离婚案件，诉讼费用由双方当事人协商分担。这是因为离婚案件是根据当事人双方的感情是否确已破裂进行判决的，胜诉方不一定无过错，败诉方则不一定负主要责任。调解解决的案件以当事人达成协议为基础，也不一定存在败诉方。因此，诉讼费用也可以由当事人协商决定。当事人协商不成的，由人民法院根据案件具体情况决定诉讼费用的负担。

4. 原告负担。原告撤诉的案件，由原告负担案件受理费，但应减半收取；其他诉讼费用，按实际支出收取。同理，上诉人撤回上诉的，二审案件诉讼费用由上诉人负担。

5. 不正当行为的当事人负担。由于当事人不正当的诉讼行为所导致的诉讼费用，由该当事人负担。不正当的诉讼行为，包括故意拖延诉讼、实施妨害诉讼行为、滥用诉讼权利等行为，影响诉讼程序的正常进行，导致实际支出的费用增加，给对方当事人或其他诉讼参与人造成经济损失。对这部分费用由行为人负担。《诉讼费用交纳办法》第 35 条规定，当事人在法庭调查终结后提出减少诉讼请求数额的，减少请求数额部分的案件受理费由变更诉讼请求的当事人负担。

二审诉讼费用根据一审案件诉讼费用负担原则负担。二审法院对二审案件审理后，进行改判的，根据改判结果，依一审案件诉讼费用负担的原则和方法重新确定当事人对第二审诉讼费用的负担。

再审案件不交纳诉讼费用，经再审认为原判确有错误，依法改判的案件，人民法院应当根据诉讼费用的负担原则，对诉讼费用进行改判。由于当事人的原因未能在指定期限内举证，致使案件在再审期间因提出新的证据被人民法院发回重审或者改判的，对方当事人有权要求提出新证据的一方当事人负担由此增加的旅费、误工、证人出庭作证、诉讼等合理费用以及由此扩大的直接损失。

（三）不交纳诉讼费用的案件

《诉讼费用交纳办法》规定了不需要交纳案件受理费的几类案件。

1. 依照民事诉讼法规定的特别程序审理的案件。
2. 裁定不予受理、驳回起诉、驳回上诉的案件。
3. 对不予受理、驳回起诉和管辖权异议裁定不服，提起上诉的案件。
4. 行政赔偿案件。
5. 根据审判监督程序再审的案件。但是因下列情形发生再审的案件，当事人应当交纳案件受理费：（1）当事人有新的证据，足以推翻原判决、裁定，向人民法院申请再审，人民法院经审查决定再审的案件；（2）当事人对人民法院第一审判决或者裁定未提出上诉，第一审判决、裁定或者调解书发生法律效力后又申请再审，人民法院经审查决定再审的案件。需要交纳案件受理费的再审案件，按照不服原判决部分的再审请求数额交纳案件受理费。

（四）当事人异议权

当事人不得单独对人民法院关于诉讼费用的决定提起上诉。但是，如果当事人单独对人民法院关于诉讼费用的决定有异议的，可以向作出决定的人民法院院长申请复核。复核决定应当自收到当事人申请之日起 15 日内作出。当事人对人民法院决定诉讼费用的计算有异议的，可以向作出决定的人民法院请求复核。计算确有错误的，作出决定的人民法院应当予以更正。但是，如果当事人无正当理由拒不交纳诉讼费用的，人民法院可以强制执行。

五、司法救助

（一）司法救助的概念

司法救助是指依照法律规定应当交纳诉讼费用，由于当事人经济上确有困难，无力负担或暂时无力负担诉讼费用，人民法院依法予以缓交、减交或免交的救助办法。这是一项保障经济上确有困难的当事人能充分行使诉讼权利的制度。

我国《民事诉讼法》第118条第2款规定："当事人交纳诉讼费用确有困难的，可以按照规定向人民法院申请缓交、减交或者免交。"缓交诉讼费用，是指当事人经济上确有困难，暂时无力交纳诉讼费用，向人民法院申请延缓交纳，待有能力时再交纳。减交诉讼费用，是指当事人经济上确有困难，无力全部交纳诉讼费用，经申请后，人民法院准予适当减少应交纳的诉讼费用。免交诉讼费用，是指当事人经济上确有困难，无力交纳诉讼费用，经人民法院批准不交纳诉讼费用。

司法救助一般只适用于作为当事人的自然人。

（二）诉讼费用的免交

当事人符合下列情形之一的，可以向人民法院申请免交诉讼费用：(1) 残疾人无固定生活来源的；(2) 追索赡养费、扶养费、抚育费、抚恤金的；(3) 最低生活保障对象、农村特困定期救济对象、农村五保供养对象或者领取失业保险金人员，无其他收入的；(4) 因见义勇为或者为保护社会公共利益致使自身合法权益受到损害，本人或者其近亲属请求赔偿或者补偿的；(5) 确实需要免交的其他情形。

（三）诉讼费用的减交

当事人符合下列情形之一的，可以向人民法院申请减交诉讼费用：(1) 因自然灾害等不可抗力造成生活困难，正在接受社会救济，或者家庭生产经营难以为继的；(2) 属于国家规定的优抚、安置对象的；(3) 社会福利机构和救助管理站；(4) 确实需要减交的其他情形。

人民法院准予减交诉讼费用的，减交比例不得低于30%。

（四）诉讼费用的缓交

当事人符合下列情形之一的，可以向人民法院申请缓交诉讼费用：(1) 追索社会保险金、经济补偿金的；(2) 海上事故、交通事故、医疗事故、工伤事故、产品质量事故或者其他人身伤害事故的受害人请求赔偿的；(3) 正在接受有关部门法律援助的；(4) 确实需要缓交的其他情形。

（五）司法救助的程序

当事人申请司法救助，应当在起诉或者上诉时提交书面申请、足以证明其确有经济困难的证明材料以及其他相关证明材料。因生活困难或者追索基本生活费用申请免交、减交诉讼费用的，还应当提供本人及其家庭经济状况符合当地民政、劳动保障等部门规定的公民经济困难标准的证明。

人民法院对当事人的司法救助申请应当进行审查，凡符合规定条件的，人民法院应当在决定立案之前作出准予缓交的决定。经审查不符合规定条件的，不予批准，并向当事人书面说明理由。

人民法院对一方当事人提供司法救助，对方当事人败诉的，诉讼费用由对方当事人负担；对方当事人胜诉的，可以视申请司法救助的当事人的经济状况决定其减交、免交诉讼费用。

思考与练习

1. 简述当事人申请诉前财产保全的条件。
2. 简述适用先予执行的案件范围和条件。

3. 试述妨害诉讼行为的构成要件。
4. 简述送达的法律后果。
5. 能否将律师费作为诉讼费用的一部分，由败诉方负担？

前沿问题探讨

国务院颁布的《诉讼费用交纳办法》较之此前关于诉讼费用的规定，大幅度降低了收费标准。《诉讼费用交纳办法》意图通过降低诉讼费用的收费标准，让更多的人可以利用司法制度。《诉讼费用交纳办法》还赋予物价部门对诉讼收费的监管权，旨在控制法院可能存在的乱收费现象。《诉讼费用交纳办法》的颁布引起社会各界的极大关注。

首先是“国务院是否有权制定诉讼费用收费办法”的问题。诉讼费问题属于民事诉讼法规定的内容，其制定与修改必须由全国人大或其常设机构按照立法程序进行，国务院制定《诉讼费用交纳办法》的行为的合宪性因此遭到质疑。

其次是收费标准的问题。日本学者棚濑孝雄在其《纠纷的解决与审判制度》一书中，将诉讼费称为“生产正义的成本”，包括两个部分：国家负担的“审理成本”和当事人负担的“诉讼成本”。若当事人可以无偿进行诉讼，意味着诉讼成本全部由国家负担，实际上就是由纳税人分担；若按法院的实际开支全额征收诉讼费，则意味着将国家履行公共职能的成本转移给了当事人。以上两种方式都是不合理的。合理的收费方法应当在两者之间寻求一个平衡点。《诉讼费用交纳办法》是否找到了这样的平衡点，还需要进一步的调查研究。

2015 年 3 月 11 日，中国法学会举办《诉讼费用交纳办法》专家研讨会。与会专家学者一致认为，根据经济社会发展状况和《民事诉讼法》《行政诉讼法》修正后的现实需要，及时对自 2007 年 4 月起实施的《诉讼费用交纳办法》进行修改完善，是非常必要的。

第八章 民事诉讼证据

内容提要

法院的裁判必须以事实为依据，诉讼中的事实应当是被证据所证明的事实。若没有证据，法院便无从认定案件事实。本章阐述民事诉讼证据的概念和属性、理论上的证据分类、法律上的证据种类、证据的收集和保全等问题。

第一节 证据概述

一、证据的概念

对于包括民事诉讼证据在内的诉讼证据的概念，学理上有不同的理解，存在着事实说、方法说、结果说、根据说、双重含义说等不同的观点。① 一般认为，民事诉讼证据是指能够证明民事案件真实情况的各种事实材料。

在立法和司法实践中，人们往往从不同的角度使用“证据”一词，用证据材料、定案证据、证据方法、证据资料等不同术语表述证据的不同侧面的含义。

【辨析】证据材料、定案证据、证据方法、证据资料

证据材料，是指民事诉讼当事人向法院提供的或者法院依职权收集的用来证明案件事实的各种材料。经过当事人的质证并被法院采纳为认定案件事实的依据的证据材料，称为定案证据或裁判证据。在我国《民事诉讼法》中，“证据”一词有时是指证据材料，有时则是指能够作为认定案件事实依据的定案证据。②

证据方法与证据资料的区别。证据方法与证据资料是大陆法系国家和地区证据法学中常用的两个概念。证据方法，是指在诉讼中，为了证明案件事实，可作为调查对象的人和有形物，如证人、文书、物体等。证据资料，则是指法院对各种证据方法经过调查后所获得的资料，亦即证据方法所体现和揭示的案情内容，如证人证言、鉴定意见等。在民事诉讼中，证据方法一

---

① 参见江伟主编：《证据法学》，162页，北京，法律出版社，2004；卞建林主编：《证据法学》，70页，北京，中国政法大学出版社，2000。

② 由于立法、理论和实践中已习惯于不加区分地使用“证据”一词来概称“证据材料”和“定案证据”，加之如处处予以区分将会造成行文的累赘，故本书在使用该术语时一般也不作区分，但读者在阅读时应注意区分该术语在特定语境中的不同含义。

般分为两种类型：一种是“人的证据”，又称以人为证据方法，即以人作为提供证据资料的方法，如证人、鉴定人等。另一种是“物的证据”，又称以物为证据方法，即以物作为提供证据资料的方法，如证书、勘验物等。因此，证据方法是就证人、鉴定人、文书、物体而言的，而证据资料是就对这些证据方法进行调查后所得到的证言、鉴定意见、文书内容、物体特征而言的。故有学者认为，证据一语，广义情形系指证据方法及证据资料两者，狭义情形系专指证据资料而言。①

二、证据的属性

证据的属性，是指作为诉讼证据而应当具有的性质和条件。一般认为，作为定案依据的证据具有客观性、关联性、合法性三个基本属性。

（一）客观性（真实性）

客观性又称真实性，是指证据必须是客观存在的事实，而非猜测、虚构之物，故这一属性又可称为证据的真实性。客观性包括两个方面的含义：一是证据在形式上表现为客观存在的实体，无论其具体形式是人证还是物证，都是客观存在物；二是证据的内容是对与案件有关的事实的客观记载和反映，是客观存在的事实，而不是主观想象、揣测的事实。

强调民事诉讼证据具有客观性，并不否认证据的提供、运用具有一定的主观性。在诉讼中，无论是收集证据、提供证据，还是审查核实证据、运用证据认定案件事实，都离不开人的活动，而人的这些活动又难免带有主观的成分。但这种主观性是指对证据客观性的主观认识，而不是主观随意性。在诉讼过程中，应当使人的主观认识、主观判断最大限度地接近案件的真实情况。

（二）关联性（相关性）

关联性又称相关性，是指民事诉讼证据必须与所要证明的案件事实（即待证事实）存在一定的客观联系。如果与案件事实无关，即便是客观事实，也不能作为认定案件事实的证据。证据与待证事实之间的关联性，是由事物之间相互联系的属性决定的。二者之间联系的紧密程度不同，证据的证明力就不同，即关联性越强，其证明力就越大；关联性越弱，其证明力就越小。

理解证据的关联性时，需注意以下几个问题：（1）关联性是客观存在的，而不是凭空推测的。法官对关联性的认识和判断是对证据与案件事实之间客观联系的反映，而不能是主观臆断或推测的“联系”。（2）关联性既可以是直接的联系，也可以是间接的联系。（3）关联性既可以表现为肯定的联系，也可以表现为否定的联系。前者是指证据对案件事实的存在起肯定的证明作用；后者是指证据对案件事实的存在起否定的证明作用。

【案例】甲诉乙借款到期不还，但没有“借据”之类的直接证据，乙予以否认。甲向法庭提供证据证明乙在民商事交往中和他案中经常故意违约，以证明本案中乙借款未还之违约行为的存在。在此种情形下，法官不能认定二者之间的关联性，因为乙在他案中故意违约的证据和事实，与本案中乙是否说谎、是否有违约的事实之间不具有客观联系。

（三）合法性

合法性是指证据必须按照法定程序收集和提供，必须符合法律规定的条件。合法性包括两层含义。

---

① 参见陈荣宗、林庆苗：《民事诉讼法》，6版，473页，台北，三民书局，2009。

1. 证据的调查、收集、审查、认定必须符合法定程序。一方面，当事人、诉讼代理人和法院在调查、收集证据时应符合法律的要求，不得违反法律的规定。例如，当事人不得以违反法律禁止性规定的方法收集证据（《民诉法解释》第106条）；法院收集调查证据，应由两人以上共同进行，不得由一名审判员或书记员前去调查（《民诉法解释》第97条）。另一方面，法院对证据的审查、认定，也必须符合法律的要求。例如，证据材料要被最终认定为证据，必须经过法律规定的质证程序；未经质证，无论是当事人提供的证据材料，还是法院调查收集的证据材料，都不得作为法院认定事实的依据（《民事诉讼法》第68条、《民诉法解释》第103条）。

2. 证据的形式应当合法。例如，《继承法》第17条规定："代书遗嘱应当有两个以上见证人在场见证，由其中一人代书，注明年、月、日，并由代书人、其他见证人和遗嘱人签名。"据此，代书遗嘱除了必须如实反映立遗嘱人的真实意思表示外，两个以上的见证人在场见证并在遗嘱上签名是必不可少的要件，缺少该形式要件，代书遗嘱就不能作为证据使用。

三、证据能力

证据能力，又称证据资格或证据的适格性，是指一定的事实材料作为诉讼证据的法律资格，或者说，是指证据材料能够被法院采信，作为认定案件事实的依据所应具备的法律资格。

证据能力对于诉讼证明具有重要意义。从证明的过程看，证据能力的有无是法院认定证据时首先需要解决的问题。因为从逻辑上说，事实材料只有具备证据能力，才有资格进入诉讼并发挥证明作用，才需要进一步判断其证明力的大小。

有关证据能力的规则，从规定方式来看，可以分为积极规定和消极规定两种。前者是指积极地规定证据的资格要件，即规定什么样的证据材料能够作为定案根据。后者是指消极地规定证据材料的排除，即规定不符合法定标准的事实材料不能作为定案根据。其中，排除规则是重点，一些国家的法律往往对此作了比较细致的规定，例如非法证据排除规则和传闻证据排除规则等。从各国的立法和实践来看，对于证据能力问题，法律上很少作积极的规定，而主要是就无证据能力或其能力受限制的情形加以规定。而就消极规定而言，英美法系国家较之大陆法系国家规定得更为详细、严格。

对于证据能力方面的规则，我国现行法律的规定更接近于大陆法系，而与英美法系的证据规则相去甚远。就大多数与案件事实有关的事实材料来说，获得证据能力一般不存在问题，不能取得证据能力的，仅在少数情况下才会发生。在诉讼实务中，重要的问题不是哪些事实材料有证据能力，而是哪些事实材料无证据能力，也就是说，哪些事实材料不符合法律的要求而不得作为证据提出或必须予以排除。

四、证据的证明力

证据的证明力，又称证据价值、证据力，是指证据对于案件事实的证明作用的大小（强弱）。只要某证据具有客观性并与案件待证事实之间具有关联性，就具有一定的证明力，但不同的证据，其证明力的大小却存在区别。

【辨析】证据能力与证明力的关系

这是两个相互联系又相互区别的概念。证据能力是指证据是否具有证明案件事实的资格，而证明力是指证据在多大程度上对案件事实起到证明作用。二者的联系主要表现在：作为认定案件事实的依据，证据必须既具有证据能力，又具有证明力。其实质性的区别在于：证明力强调的是证据的自然属性，取决于证据与待证事实之间的逻辑联系；证据能力强调的是证据的法律属性，取决于证据是否被法律许可用来作为证明待证事实的依据。因而证据能力的有无往往由法律事先加以规定，而证明力的大小主要由法官在诉讼中自由地作出判断。

对证据证明力大小的判断，离不开法律的规定和法官的认识活动。以证据的证明力是由法律统一作出规定还是委诸法官内心的判断为标准，在诉讼理论上可以把证据制度分为法定证据制度和自由心证证据制度。法定证据制度的重要特点是，法律预先规定证据证明力的大小以及如何对它们进行取舍、运用，不允许法官自由地加以判断和取舍。法定证据制度是建立在对法官不信任的基础上的，在诉讼制度发展史上，它对于约束法官、防止审判权的滥用、保证认定事实的统一性和适用法律的平等性起到了一定的积极作用，但这种机械的做法忽视了个案证明的特殊性，窒息了法官对案件的理性判断，使其难以根据案件的具体情况合理地运用证据来认定案件事实。自由心证证据制度的重要特点在于，对证据证明力的大小及其取舍和运用，法律不预先作出规定，而是允许法官根据“良心”和“理性”自由地加以判断，在内心形成确信，从而对案件事实作出认定。自由心证证据制度的进步意义在于，它使法官摆脱了形式主义的束缚，能够根据诉讼证明活动的具体情况去自由地审查和判断证据，对案件事实作出符合客观实际的认定。法官自由判断证据证明力的制度，遵循了诉讼证明的规律，顺应了诉讼证据本身的复杂性，已成为现代世界各国普遍实行的证据制度。但现代自由心证证据制度并不是对法定证据制度的全盘否定，而是吸收了其中的合理成分，形成了以自由心证为主、以法定证据为辅的审查判断证据证明力的制度。

对于证据证明力的审查判断，我国《民事诉讼法》没有明确规定实行自由心证制度，但在司法实践中，实际上是由法官基于审理活动获得的证据和法庭调查与辩论的全部情况，依照有关规定，形成对案件事实的确信，并据此去认定案件事实。因此可以说，我国民事审判中实际上也是贯彻自由心证制度的。这一点在《民诉法解释》第105条得到了体现，即“人民法院应当按照法定程序，全面、客观地审核证据，依照法律规定，运用逻辑推理和日常生活经验法则，对证据有无证明力和证明力大小进行判断，并公开判断的理由和结果”。

五、《关于民事诉讼证据的若干规定》

2001年12月6日，最高人民法院审判委员会第1201次会议通过《关于民事诉讼证据的若干规定》（以下简称《民事证据规定》），自2002年4月1日起施行。十九年来，人民法院在审判实践中对民事诉讼证据规则的适用积累了丰富的经验。为贯彻依法治国的要求，促进公正司法，回应社会生活发展、法律制度变革和民事诉讼实践的需要，2019年10月14日，最高人民法院审判委员会第1777次会议通过《关于修改〈关于民事诉讼证据的若干规定〉的决定》。修改后的《民事证据规定》共100条，自2020年5月1日起施行。这次修改的主要内容有以下几个方面。

1. 完善“书证提出命令”制度，扩展当事人收集证据的途径。

民事审判活动对案件事实的查明，以尽量发现真实的事实为目标，但当事人收集证据的能力不足、途径有限，是长期以来制约这一目标实现的重要原因。特别是环境侵权等特殊类型的诉讼，当事人收集证据途径不足往往会导致其承担败诉的结果，由此严重影响当事人实体权利的保障和实体公正的实现。为此，2015年《民诉法解释》第112条对“书证提出命令”作出原则性规定，修改后的《民事证据规定》在《民诉法解释》的基础上，对“书证提出命令”申请条件、审查程序、书证提出义务范围以及不遵守“书证提出命令”的后果予以规定，完善了“书证提出命令”制度。

2. 修改、完善当事人自认规则，更好地平衡当事人处分权行使和人民法院发现真实的需要。

自认是当事人基于处分权行使而实施的一种诉讼行为，具有免除对方举证责任的效力。2001年颁布的《民事证据规定》第8条对当事人自认规则作出规定，对于统一法律适用尺度、指导当事人的诉讼活动发挥了积极的作用，但仍然存在一些不够完善之处。为此，《民事证据规定》对这一制度进行了修改、补充和完善。主要体现在两方面：其一，对于诉讼代理人的自认，不再考虑诉讼代理人是否经过特别授权，除授权委托书明确排除的事项外，诉讼代理人的自认视为当事人本人的自认；其二，适当放宽当事人撤销自认的条件，对于当事人因胁迫或者重大误解作出的自认，不再要求当事人证明自认的内容与事实不符。此外，修改后的《民事证据规定》还对共同诉讼人的自认、附条件自认和限制自认作出规定。

3. 完善当事人、证人具结和鉴定人承诺制度以及当事人、证人虚假陈述和鉴定人虚假鉴定的制裁措施，推动民事诉讼诚实信用原则的落实。

诚实信用原则对于规范民事诉讼主体的行为，维护民事诉讼秩序具有重要意义。修改后的《民事证据规定》根据《民事诉讼法》的精神，在《民诉法解释》的基础上，对于当事人接受询问时的具结和证人作证时具结的方式、内容予以完善，增加了鉴定人签署承诺书的规定，以增强其内心约束；对于当事人、证人故意作虚假陈述以及鉴定人故意作虚假鉴定的行为，规定了相应的处罚措施，以促进诚实信用原则在民事诉讼中的落实。

4. 补充、完善电子数据范围的规定，明确电子数据的审查判断规则。

电子数据是2012年《民事诉讼法》增加的一种新的证据形式。2015年《民诉法解释》对电子数据的含义作了原则性、概括性规定。为解决审判实践中的操作性问题，修改后的《民事证据规定》对电子数据范围作了比较详细的规定，规定了当事人提供和人民法院调查收集、保全电子数据的要求以及电子数据审查判断规则，完善了电子数据证据规则体系。这对于统一法律适用标准，保障当事人的诉讼权利具有积极意义。

第二节 理论上的证据分类

一、本证和反证

根据证据与证明责任的关系，可以将证据分为本证和反证。本证是指对待证事实负有证明责任的一方当事人提出的、用于证明该事实的证据。反证是指对待证事实不负证明责任的一方当事人，为证明该事实不存在或不真实而提出的证据。

【案例】 甲诉称乙将其殴打致伤，要求乙赔偿。为证明这一事实，甲提供了医院病历、医药费单据、乙打人的工具等证据；乙辩称不是自己打伤了甲，并提供了其当时不在现场的证人证言。按照证明责任分配的一般规则，甲须就乙对其造成伤害的事实负责举证，故甲提供的上述证据属于本证；而乙为否认应由甲负证明责任的事实而提供的上述证据，则属于反证。

应当注意的是，区分本证与反证的标准是举证人与证明责任的关系，而与举证人在诉讼中处于原告还是被告的诉讼地位无关。原告和被告在诉讼中都可能提出本证，也都可能提出反证。

【案例】 甲诉称乙借款10万元未还，为证明这一事实，甲提交了乙书写的“借据”；乙承认曾经向甲借过款（有借款事实），但是以“借款已经清偿”的事实进行抗辩，并出示了甲交给他的“收据”。在此情形下，甲、乙分别提供的借据和收据，就各自所主张的事实而言都属于本证，因为按照证明责任分配规则，甲应对乙借款的事实负证明责任，而乙应就其主张的业已清偿的事实负证明责任。

反证的目的在于削弱、动摇本证的证明力。因此，在负有证明责任的一方当事人提出本证，并使事实的认定发生不利于对方当事人的变化时，对方当事人才有提出反证的必要，故反证提出的时间通常是在本证提出之后。

区分本证与反证的意义在于：(1) 二者对案件事实进行证明时所要达到的证明标准不同。(2) 有助于法院在衡量本证与反证的证明力大小的基础上，判断和认定有关的案件事实。(3) 可以明确调查证据的顺序，即在本证与反证都已提出的情况下，法官应先调查本证，如果本证的证明力很弱，明显达不到证明标准，就没有必要对反证进行调查。

二、原始证据与传来证据

按照证据的来源不同，可将证据分为原始证据与传来证据。原始证据是指直接来源于案件事实而未经中间传播环节的证据，是在案件事实发生、发展和消灭的过程中直接形成的证据，即通常所说的“第一手证据材料”。例如，物证、书证、视听资料的原件，亲自耳闻目睹过案件事实的证人所作的证言等。传来证据又称派生证据，是指从原始证据中衍生出来的证据。传来证据不是直接来源于案件事实，而是经过复制、转述等中间环节而形成的证据，是“第二手证据材料”。例如，书证的复印件、音像资料的复制品、证人转述他人所见的案件事实等。

区分原始证据和传来证据的意义在于：(1) 二者的可靠性和证明力是有差别的。一般来说，原始证据比传来证据更为可靠，具有更高的证明力。(2) 使用传来证据认定案件事实时，应当格外慎重。因为传来证据在经过中间环节时可能出现信息失真，其经过的中间环节越多，误差率越高，可靠程度越低。(3) 可运用传来证据去发现原始证据、佐证原始证据。

三、直接证据与间接证据

根据证据与待证事实之间的关系不同，可以将证据分为直接证据与间接证据。直接证据是指与待证事实具有直接联系，能够单独地直接证明待证事实的证据。例如，结婚证书能够直接证明婚姻关系的存在；合同书可以直接证明合同关系的存在；借据可以直接证明双方当事人之间的借贷关系。间接证据是指与待证事实之间具有间接联系，不能单独直接证明待证事实的证据。间接证据必须与其他证据结合起来，才能够证明待证事实。

一个证据究竟是直接证据还是间接证据，要根据它与待证事实之间的关系来确定。同一证据，对于甲事实是直接证据，对于乙事实则可能变成间接证据。

单个间接证据不能直接证明案件事实，但在寻找不到直接证据时，可以运用若干个相互关联的间接证据认定案件事实。运用间接证据证明案件事实时，一般须遵循如下证明规则：(1) 各个间接证据都必须真实可靠，且与待证事实有客观联系；(2) 间接证据与间接证据之间、间接证据与待证事实之间必须相互印证、协调一致，没有矛盾；(3) 间接证据须具备一定的数量，并构成一个完整的证据链条，由此而能推断出待证事实存在或不存在的结论。

【案例】 甲诉乙拖欠 5 万元借款。由于没有书面合同、借据等直接证据，甲向法院提出了如下证据：(1) 乙曾经向丙表示从甲处借了 5 万元，丙提供了证言；(2) 在甲主张被告借款的日期，乙的银行账户收到 5 万元的汇款，是从甲的银行账户汇出的；(3) 乙曾经向甲发过一条手机短信息，称如果再借给他 5 万元，他可以做成一笔大生意。这些证据对于甲主张的借款事实来说，就属于间接证据。在没有直接证据时，法院可以根据这些相互印证的间接证据认定借款法律事实的存在。

区分直接证据与间接证据的意义在于：(1) 便于诉讼主体认识二者与案件事实的不同联系及其证明力的大小。(2) 在无法获得直接证据而必须借助间接证据认定案件事实时，应当基于间接证据的特点，遵守有关的证明规则。(3) 在既有直接证据又有间接证据时，可以运用间接证据进一步印证直接证据，加强其证明力。

四、间接本证与间接反证

根据证据与证明责任的关系以及与待证事实之间联系的不同，可以把证据分为间接本证与间接反证。对于待证的主要事实负证明责任的当事人，因无法提出直接证据证明该事实，而提出间接证据证明间接事实，从而依据经验法则由该间接事实推定该待证的主要事实存在，此种举证称为间接本证。对方当事人为防止主要事实被推定成立的不利结果，以反证证明另外的间接事实，从而依据经验法则由间接事实推定待证的主要事实不存在，此种举证称为间接反证。[①] 前者的举证，由于当事人是负证明责任的人，故其对间接事实的举证称为间接本证；后者的举证，由于当事人对待证的主要事实不负证明责任，故其对另外的间接事实的举证称为间接反证。但是，对待证的主要事实不负证明责任的当事人，如果不是提出证据证明另外的间接事实，而是举证证明对方所主张的间接事实不存在或不真实，则该举证属于直接反证，而不是间接反证。

间接本证与间接反证旨在缓解双方当事人举证上的困难，但双方当事人对其提出的间接事实的证明均须达到让法官确信其为真实的程度，否则，法官无法根据间接事实并依照经验法则进行事实上的推定，即无法基于间接事实并依据经验法则去推定待证的主要事实是否存在。

第三节　法律上的证据种类

一、书证

（一）书证的概念与特点

书证是指用文字、符号、图案等所记载和表达的思想内容来证明案件事实的证据。例如，合同书、借据、房产证、建筑图纸等。

书证的特点在于：(1) 书证是以其所记载和表达的思想内容来对案件事实起证明作用的。该内容既可记载于纸张、皮革、布帛之上，也可铭刻在金属、器皿、木块、石块之上，但无论记载在何种物体上，都是以其表达的思想内容来证明案件事实。(2) 书证具有较强的证明力。书证具有具体、明确的思想内容，并且往往是在当事人实施民事行为的过程中形成的，记载了民事法律关系发生、变更或消灭的过程，故具有较强的证明力。(3) 书证在形式上相对固定，稳定性较强，一般不受时间的影响，易于长期保存。

（二）书证的分类

依据不同标准，可对书证作如下分类。

---

① 参见陈荣宗、林庆苗：《民事诉讼法》，6版，475～476页，台北，三民书局，2009。

1. 公文书和私文书。根据制作的主体不同，可将书证分为公文书和私文书。公文书一般是指国家机关及其公务人员在其职权范围内制作的文书，例如，结婚证、房产证、营业执照、专利证书、公证书等。除此之外，在我国，事业单位、社会团体或有关组织在其权限范围内制作的文书，也属于公文书，例如，会计师事务所出具的验资报告、医院出具的死亡证明、高等学校出具的学位证明等。私文书是指公民个人、企业制作的文书，例如，其制作的借据、收据、合同书等。

公文书是有关机关或组织在其职权范围内依法制作的书证，具有较强的证明力。《民诉法解释》第 114 条规定："国家机关或者其他依法具有社会管理职能的组织，在其职权范围内制作的文书所记载的事项推定为真实，但有相反证据足以推翻的除外。必要时，人民法院可以要求制作文书的机关或者组织对文书的真实性予以说明。"

2. 处分性书证和报道性书证。这是以书证的内容和所产生的法律效果为标准而进行的分类。处分性书证是指以设立、变更或终止一定民事法律关系为内容的书证，如合同书、书面遗嘱等。报道性书证是指所记载的内容不以产生一定的法律后果为目的，而只是报道一定的具有法律意义的事实的书证，如会议记录、日记等。

3. 普通书证与特别书证，又称一般书证和特别书证。这是以书证的制作是否必须采用特定的形式或履行特定手续为标准而进行的分类。普通书证是指只要记载了一定的事实即可，不要求必须具备特定形式或履行特定手续就能成立的书证，例如，借条、收据等。特别书证是指必须具备特定的形式或履行特定手续才能够成立的书证，例如，房产证、营业执照、需要进行公证或认证的合同书等。

二、物证

物证是指以自己存在的外形、重量、质量、规格、损坏程度等标志和特征来证明待证事实的物品和痕迹。例如，买卖合同中的标的物、所有权存在争议的物品、受到损坏的物品或受到伤害的身体等。

物证具有以下特点：(1) 物证是以实体物的属性、特征或存在状况证明案件事实。这是物证与证人证言、当事人陈述等言词证据的重要区别。(2) 物证具有较强的稳定性和可靠性。物证只要得到及时收集，用科学的方法提取、固定并妥善保存，一般具有较强的稳定性和可靠性。(3) 物证在诉讼中一般表现为间接证据。单独一个物证，往往不能直接证明案件的主要事实，而需要与其他证据结合起来，才能认定事实。

【辨析】物证与书证的区别

物证和书证的存在都表现为一定形态的物品，但二者有明显的不同：(1) 书证是以记载在一定物品上的思想内容来证明案件事实；而物证则是以其外在特征来证明案件事实。(2) 对于某些书证，法律要求必须具备特定的形式；而对于物证则没有这种特殊要求。(3) 书证的内容反映了制作人的主观思想，具有主观属性；而物证并不反映人的主观思想，具有客观属性。

需要注意的是，在某些情况下，有些实物证据既可以作为书证，也可以作为物证。这取决于它是从什么角度来证明案件事实：当以该物品上记载的内容证明案件事实时，它是书证；当以该物品的外部特征证明案件事实时，它是物证。

三、视听资料

（一）视听资料的概念与特点

视听资料是指采用先进科学技术，利用图像、音响以及电脑储存的资料等来证明待证事实的证据。视听资料包括录音资料和影像资料。对于视听资料这类证据，在国外一般将其归入书证的范畴，作为书证的一种特殊表现形式。我国《民事诉讼法》将其作为一种独立的证据形式加以规定。

视听资料是利用现代科技手段记载法律事件和法律行为的，与传统的其他证据形式相比，具有以下特点：(1) 信息量大、形象逼真。视听资料将法律行为或法律事件发生时的图像、声音等以磁、电子、光学等方式存储起来，可以记载和再现案件发生的整个过程，具有信息量大、形象逼真的特点。(2) 具有较高的准确性和证明力。视听资料是采用现代科技手段和设备记载案件事实的材料，除非伪造、变造或者操作失误，其对案件事实的反映是准确可靠的，证明力较强。(3) 视听资料的使用具有很大的方便性。视听资料这类证据的体积小、重量轻、便于保存，只要保管适当，即使经过很长时间，也能像当时一样清晰地再现案件的真实情况，因而其使用具有很大的方便性。(4) 容易被变造或伪造。视听资料是运用技术手段制作的，但也容易通过技术手段篡改或伪造，如可以通过消磁、剪辑等方式改变录音、录像带的内容。

（二）视听资料与书证的区别

视听资料和书证都是以记载的内容证明案件事实，但二者也存在明显的区别：(1) 视听资料的制作和再现需要专门的技术手段和仪器、设备；而书证的制作和再现一般无此要求。(2) 视听资料对待证事实的证明是动态的；而书证所记载的内容对待证事实的证明是静态的。

四、证人证言

（一）证人证言的概念与特点

证人证言是指证人就其所了解的案件情况，以口头或书面形式向法院所作的陈述。证人是指知晓案件事实并向法院作证的人。

证人证言具有如下特点：(1) 证人与案件事实所形成的联系是特定的，因此，证人及证人证言是不可替代的。(2) 证人证言只能是证人就其所知晓的案件事实所作的陈述，而不包括对这些事实所作的评价，也不包括对案件所涉及的法律问题发表的看法。(3) 证人证言的真实性、可靠性容易受到主客观因素的影响。

（二）证人的范围

根据《民事诉讼法》第 72 条的规定，凡是知道案件情况的单位和个人，都有义务出庭作证，但不能正确表达意思的人，不能作为证人。可见，在我国，证人的范围是十分广泛的，既可以是自然人，也可以是单位。

从上述规定来看，证人须具备如下条件：(1) 证人必须是知道案件情况的人。(2) 证人应当具有相应的作证能力，即正确感知、记忆和表达的能力。因为生理上、精神上的缺陷或者因为年幼而不能正确表达意志的人，不能作为证人。但是，待证事实与其年龄、智力状况或者精神健康状况相适应的无民事行为能力人和限制民事行为能力人，可以作为证人。

《民诉法解释》第 115 条规定："单位向人民法院提出的证明材料，应当由单位负责人及制作证明材料的人员签名或者盖章，并加盖单位印章。人民法院就单位出具的证明材料，可以向单位及制作证明材料的人员进行调查核实。必要时，可以要求制作证明材料的人员出庭作证。单位及制作证明材料的人员拒绝人民法院调查核实，或者制作证明材料的人员无正当理由拒绝出庭作证的，该证明材料不得作为认定案件事实的根据。"

应当注意的是，我国《民事诉讼法》将"单位"也列入证人的范围，这一规定是否科学，值得研究。从理论上说，证人只能限于自然人，因为证人的权利义务只有落实到自然人才有意义，如证人出庭、对证人交叉询问、承担相应的法律后果等。而“单位”是不能感知案件事实和进行陈述的，其既不能出庭，也不能接受双方当事人的质证和法官的询问，从这个意义上说，单位作为证人是不合适的。

（三）证人的权利和义务

1. 证人的权利

证人享有如下权利：（1）使用本民族语言文字作证的权利。（2）审阅证言和要求对其补充、更正的权利。（3）费用补偿权。证人因出庭作证而支出的交通费、住宿费、就餐费等合理费用，有权要求获得补偿，并有权要求获得误工补贴。上述费用由败诉一方当事人负担。当事人申请证人作证的，由该当事人先行垫付，人民法院在准许申请时，应当通知申请人预缴证人出庭作证费用；当事人没有申请，人民法院通知证人作证的，由人民法院先行垫付。上述交通、住宿、就餐等必要费用，按照机关事业单位工作人员差旅费用和补贴标准计算；误工损失按照国家上年度职工日平均工资标准计算。（4）获得保护权。证人因为作证而使自己的人身、财产安全受到威胁或损害的，有权要求法院予以保护。

2. 证人的义务

证人负有如下义务：（1）出庭作证的义务。证人只有出席法庭，接受双方当事人的质证和法院的询问，才便于审查证人证言的真实性、可靠性和证明力，因此各国民事诉讼法都把出庭作证规定为证人的义务。《民事诉讼法》第72条对此作了明确规定，即：“凡是知道案件情况的单位和个人，都有义务出庭作证。”在诉讼中，当事人申请证人出庭作证的，应当在举证期限届满前提出；符合《民诉法解释》第96条第1款规定情形的，人民法院可以依职权通知证人出庭作证；未经人民法院通知，证人不得出庭作证，但双方当事人同意并经人民法院准许的除外。应当注意的是，根据《民事诉讼法》和司法解释的规定，证人的出庭义务有下列例外：其一，证人具有下列情形之一的，经人民法院许可，可以通过书面证言、视听传输技术或者视听资料等方式作证：因健康原因不能出庭的；因路途遥远，交通不便不能出庭的；因自然灾害等不可抗力不能出庭的；其他有正当理由不能出庭的。其二，证人在人民法院组织双方当事人交换证据时出席陈述证言的，可视为出庭作证。除了上述情形之外，证人未出庭所提供的证言，其证据能力和证明力将受到一定的影响，即无正当理由未出庭作证的证人证言，不能单独作为认定案件事实的依据（《民事证据规定》第68条）。（2）如实作证的义务。证人无论是出庭作证还是提交书面证言或视听资料或者通过双向视听传输技术手段作证，都负有如实作证的义务。人民法院在证人出庭作证前，应当告知其如实作证的义务以及作伪证的法律后果，并责令其签署保证书，但无民事行为能力人和限制民事行为能力人除外；保证书应当载明据实陈述、如有虚假陈述愿意接受处罚等内容。证人拒绝签署保证书的，不得作证，并自行承担相关费用（《民诉法解释》第119、120条）。（3）遵守法庭纪律和诉讼秩序的义务。

《民事证据规定》对证人作证作了如下规定：人民法院应当要求证人出庭作证，接受审判人员和当事人的询问。证人在审理前的准备阶段或者人民法院调查、询问等双方当事人在场时陈述证言的，视为出庭作证。双方当事人同意证人以其他方式作证并经人民法院准许的，证人可以不出庭作证。当事人申请证人出庭作证的，应当在举证期限届满前向人民法院提交申请书。申请书应当载明证人的姓名、职业、住所、联系方式，作证的主要内容，作证内容与待证事实的关联性，以及证人出庭作证的必要性。人民法院准许证人出庭作证申请的，应当向证人送达通知书并告知双方当事人。通知书中应当载明证人作证的时间、地点，作证的事项、要求以及作伪证的法律后果等内容。当事人申请证人出庭作证的事项与待证事实无关，或者没有通知证人出庭作证必要的，人民法院不予准许当事人的申请。人民法院应当要求证人在作证之前签署保证书，并在法庭上宣读保证书的内容。但无民事行为能力人和限制民事行为能力人作为证人的除外。证人确有正当理由不能宣读保证书的，由书记员代为宣读并进行说明。

与证人的出庭义务相联系的一个问题是，在证人不愿意出庭或拒绝出庭的情况下，能否强制其出庭作证？能否对其予以一定的制裁？《民事诉讼法》对此未作规定。在理论探讨上，有人主张立法上应当规定强制出庭的义务，但也有持反对意见的，认为不应当规定强制出庭的义务。

如果立法上规定强制证人履行出庭作证的义务，则有必要对证人豁免权作出相应的配套规定。证人豁免权，又称证人特权、作证豁免权、拒绝作证特权，是指在某些情况下，证人享有拒绝提供证言的权利。其目的在于保护证人的合法权益以及保护某些重要的社会关系，不致为查明本案事实而使证人的合法权益及相关的社会关系受到损害。从有关国家的规定来看，证人有权拒绝作证的情形包括以下几种：(1) 因与当事人有某种亲属关系；(2) 因某种财产上的利益；(3) 因陈述的内容而有可能使其受到刑事追究；(4) 因职务上或业务上的要求。

五、当事人陈述

当事人陈述是指当事人就与本案有关的事实情况向法院所作的陈述。从广义上说，在民事诉讼中，当事人向法院所作的陈述，包含多方面的内容，例如，关于诉讼请求的陈述、关于支持其诉讼请求或反驳诉讼请求所依据的事实的陈述、关于与案件有关的其他事实的陈述、关于书证或物证等证据及其来源的陈述、关于应如何适用法律的陈述等。在上述内容中，只有当事人关于案件事实的陈述，才属于诉讼证据的范畴。①

当事人陈述的事实可分为两种情况，一是陈述对自己有利的事实，二是陈述对自己不利的事实，包括承认对方主张的对自己不利的事实和主动陈述对自己不利的事实。对于第一种陈述，需要结合本案的其他证据，审查确定能否作为认定案件事实的证据。对于第二种陈述，诉讼理论上往往称之为“自认”。自认具有免除对方证明责任的效力，可以直接作为定案的依据。

当事人陈述的显著特点是真实性与虚假性往往并存，特别是对自己有利的事实的陈述尤其如此。一方面，由于当事人是民事法律关系的实际参加者，他们对案件事实的了解比他人更为清楚，故而有可能向法院提供案件的真实情况。另一方面，由于当事人与诉讼结果有直接的利害关系，彼此之间的利益又具有对立性，为了获得胜诉，有可能作虚假陈述。因此，对于当事人陈述的证据效力的认定，应当特别慎重。《民事诉讼法》第 75 条规定：人民法院对当事人的陈述，应当结合本案的其他证据，审查确定能否作为认定事实的根据。在审判实践中，当事人对自己的主张，只有本人陈述而不能提出其他相关证据的，法院对其主张不予支持，但对方当事人认可的除外。

《民事证据规定》第 63～66 条对当事人陈述作了如下规定：当事人应当就案件事实作真实、完整的陈述。当事人的陈述与此前陈述不一致的，人民法院应当责令其说明理由，并结合当事人的诉讼能力、证据和案件具体情况进行审查认定。当事人故意作虚假陈述妨碍人民法院审理的，人民法院应当根据情节，依照《民事诉讼法》第 111 条的规定进行处罚。人民法院认为有必要的，可以要求当事人本人到场，就案件的有关事实接受询问。人民法院要求当事人到场接受询问的，应当通知当事人询问的时间、地点、拒不到场的后果等内容。人民法院应当在询问前责令当事人签署保证书并宣读保证书的内容。保证书应当载明保证据实陈述，绝无隐

① 在德国、日本等大陆法系国家或地区，当事人陈述一般是作为一种补充性的证据。在英美法系国家，当事人是作为证人看待的。

瞒、歪曲、增减，如有虚假陈述应当接受处罚等内容。当事人应当在保证书上签名、捺印。当事人有正当理由不能宣读保证书的，由书记员宣读并进行说明。当事人无正当理由拒不到场、拒不签署或宣读保证书或者拒不接受询问的，人民法院应当综合案件情况，判断待证事实的真伪。待证事实无其他证据证明的，人民法院应当作出不利于该当事人的认定。

六、鉴定意见

（一）鉴定意见的概念

鉴定意见是指鉴定人运用自己的专门知识和技能，对民事案件的某些专门性问题进行分析、鉴别后所作出的书面意见，例如，医学鉴定、产品质量鉴定、技术鉴定、文书鉴定、工程质量鉴定、会计鉴定等。

（二）鉴定人与证人的区别

在英美法系国家的证据法中，鉴定人属于证人的范畴，称专家证人，而其他证人则称普通证人。大陆法系国家则将鉴定人与证人区别开来，证人证言和鉴定意见属于两种不同的证据。我国民事诉讼立法与理论对二者亦明确加以区分。其区别表现在以下方面。

1. 是否需要专业知识不同。鉴定人必须具有特定的专业知识，他所作的鉴定意见是对某个专门性问题所作的分析和评价；而证人则不需要具有特定的专业知识，只需将案件事实陈述出来即可。

2. 资格限制不同。法律对鉴定人规定了严格的资格限制；而对证人则没有严格的资格限制。

3. 能否更换不同。鉴定人是根据需要而指派和聘请的，可以选择和替换；而证人是由案件本身所决定的，不能选择和替换。

4. 是否适用回避制度不同。鉴定人如果与本案有利害关系，应当回避；而证人不适用回避的规定。

（三）鉴定人与专家辅助人的区别

专家辅助人，是指由当事人聘请，帮助当事人向审判人员说明案件事实中的专门性问题，并协助当事人对案件中的专门性问题进行质证的人。2001 年发布的《民事证据规定》第 61 条就专家辅助人制度作了规定。该制度在审判实务中取得了良好效果。在总结实践经验的基础上，2012 年修改的《民事诉讼法》从立法层面正式确立了这一制度，其第 79 条明确规定："当事人可以申请人民法院通知有专门知识的人出庭，就鉴定人作出的鉴定意见或者专业问题提出意见。"《民诉法解释》第 122、123 条进一步规定："当事人可以依照民事诉讼法第七十九条的规定，在举证期限届满前申请一至二名具有专门知识的人出庭，代表当事人对鉴定意见进行质证，或者对案件事实所涉及的专业问题提出意见。具有专门知识的人在法庭上就专业问题提出的意见，视为当事人的陈述。人民法院准许当事人申请的，相关费用由提出申请的当事人负担。""人民法院可以对出庭的具有专门知识的人进行询问。经法庭准许，当事人可以对出庭的具有专门知识的人进行询问，当事人各自申请的具有专门知识的人可以就案件中的有关问题进行对质。具有专门知识的人不得参与专业问题之外的法庭审理活动。"

【辨析】专家辅助人与鉴定人

专家辅助人与鉴定人的主要区别如下：(1) 产生的方式不同。专家辅助人由当事人提出申请并经法院准许，通常由双方当事人各自聘请自己的专家辅助人；而鉴定人一般是由双方协商确定，协商不成的，由法院指定。(2) 作用不同。鉴定人的作用在于运用专业知识、技能对专门性问题进行分析、鉴别，提供鉴定意见。该鉴定意见属于《民事诉讼法》第63条第1款规定的证据种类之一。专家辅助人的作用在于帮助当事人对一些专门性问题进行解释、说明或者协助其进行质证。专家辅助人的意见并不是独立的证据种类，而是视为当事人的陈述。[①]

（四）鉴定的程序

1. 鉴定程序的启动

根据《民事诉讼法》第76条的规定，鉴定程序的启动方式有两种：一种是当事人申请启动，即当事人可以就查明事实的专门性问题向人民法院申请鉴定。另一种是法院依职权启动，即当事人未申请鉴定，人民法院对专门性问题认为需要鉴定的，应当委托具备资格的鉴定人进行鉴定。就这两种方式的关系而言，应当遵循当事人申请鉴定为主、法院主动委托鉴定为辅的原则。这是因为，鉴定意见属于证据的一种，申请鉴定是当事人履行其举证责任的内容，在其需要运用鉴定意见证明自己提出的事实主张时，理应申请鉴定。

根据《民诉法解释》第121条的规定，当事人申请鉴定，可以在举证期限届满前提出。申请鉴定的事项与待证事实无关联，或者对证明待证事实无意义的，人民法院不予准许。当事人未申请鉴定，而人民法院认为需要鉴定且符合《民诉法解释》第96条规定的依职权调查收集证据条件的，人民法院应当依职权委托鉴定，在询问当事人的意见后，指定具备相应资格的鉴定人。此外，根据《民事证据规定》第31条第2款的规定，对需要鉴定的待证事实负有举证责任的当事人，在人民法院指定期间内无正当理由不提出鉴定申请或者不预交鉴定费用，或者拒不提供相关材料，致使待证事实无法查明的，应当承担举证不能的法律后果。

2. 鉴定人的确定

鉴定人的确定有协商和指定两种方式，即当事人申请鉴定的，由双方当事人协商确定具备资格的鉴定人；协商不成的，由人民法院指定；人民法院依职权委托鉴定的，则由人民法院指定鉴定人。

为了规范司法鉴定工作，全国人大常委会于2005年2月28日通过了《关于司法鉴定管理问题的决定》（以下简称《鉴定决定》，2015年修正），规定对从事司法鉴定业务的鉴定人和鉴定机构实行登记管理制度，由国务院司法行政部门主管全国鉴定人和鉴定机构的登记管理工作，省级人民政府司法行政部门依照《鉴定决定》的规定，负责对鉴定人和鉴定机构的登记、名册编制和公告。为此，司法部于2005年9月29日公布了《司法鉴定人登记管理办法》和《司法鉴定机构登记管理办法》，并于2007年8月7日颁布了《司法鉴定程序通则》（2016年修订），对鉴定人和鉴定机构的登记、管理、鉴定程序等问题作出了详细规定。

根据《鉴定决定》，人民法院和司法行政部门不得设立鉴定机构；侦查机关根据侦查工作的需要设立的鉴定机构，不得面向社会接受委托从事司法鉴定业务。各鉴定机构之间没有隶属关系；鉴定机构接受委托从事司法鉴定业务，不受地域范围的限制。鉴定人应当在一个鉴定机构中从事司法鉴定业务。

3. 鉴定书的制作

司法鉴定实行鉴定人负责的制度。鉴定人应当独立进行鉴定，对鉴定意见负责并依法制作鉴定书。多人参加的鉴定，对鉴定意见有不同意见的，应当注明。鉴定书的制作应当符合要

---

① 有学者认为，专家辅助人制度具有以下价值功能：（1）弥补现行鉴定制度的不足，保障当事人履行举证责任；（2）解决庭审时的质证虚化，发挥质证的实质功效；（3）帮助法官解决专门性问题，为认定证据奠定基础；（4）充实当事人的诉讼权利，均衡双方的诉讼力量。此外，专家辅助人还有助于消除当事人对鉴定意见或其他专家意见的疑虑，并能对个案形成监督。参见李学军、朱梦妮：《专家辅助人制度研析》，载《法学家》，2015（1）。

求。人民法院对鉴定人出具的鉴定书，应当审查是否具有下列内容：（1）委托法院的名称；（2）委托鉴定的内容、要求；（3）鉴定材料；（4）鉴定所依据的原理、方法；（5）对鉴定过程的说明；（6）鉴定意见；（7）承诺书。鉴定书应当由鉴定人签名或者盖章，并附鉴定人的相应资格证明。委托机构鉴定的，鉴定书应当由鉴定机构盖章，并由从事鉴定的人员签名。

4. 申请重新鉴定

申请重新鉴定可分为两种情况。第一种情况：当事人对法院委托的鉴定部门作出的鉴定意见有异议而申请重新鉴定，提出证据证明存在下列情形之一的，法院应予准许：（1）鉴定机构或者鉴定人员不具备相关的鉴定资格的；（2）鉴定程序严重违法的；（3）鉴定意见明显依据不足的；（4）经过质证认定不能作为证据使用的其他情形。对有缺陷的鉴定意见，可以通过补充鉴定、重新质证或者补充质证等方法解决的，不予重新鉴定。第二种情况：一方当事人自行委托有关部门作出的鉴定意见，另一方当事人有证据足以反驳并申请重新鉴定的，法院应予准许。

（五）鉴定人的权利义务

鉴定人的主要权利如下：（1）有权了解进行鉴定所需要的案件材料，必要时可以询问当事人、证人。（2）鉴定人因出庭发生的交通费、住宿费、生活费和误工补贴，有权要求获得补偿。

鉴定人的主要义务如下：（1）提出书面鉴定意见的义务。鉴定人经过鉴定后，不管鉴定结果如何，都应当依法提出书面鉴定意见，并在鉴定书上签名或者盖章。（2）出庭作证的义务。在2012年之前，司法实践中鉴定人出庭作证的比率较低，往往使当事人无法对鉴定意见进行质证。这种状况违背了正当程序的原理，也不利于法院对鉴定意见作出准确的认定。2012年修法时增设的第78条强化了鉴定人的出庭义务：一是明确规定了鉴定人出庭作证的两种情形，即当事人对鉴定意见有异议或者人民法院认为鉴定人有必要出庭的，鉴定人应当出庭作证。二是规定了鉴定人不出庭作证的法律后果，即经人民法院通知，鉴定人拒不出庭作证的，鉴定意见不得作为认定事实的根据；支付鉴定费用的当事人可以要求返还鉴定费用。

根据《民事证据规定》第33条、第34条、第37条的规定，在鉴定开始之前，人民法院应当要求鉴定人签署承诺书。承诺书中应当载明鉴定人保证客观、公正、诚实地进行鉴定，保证出庭作证，如作虚假鉴定应当承担法律责任等内容。鉴定人故意作虚假鉴定的，人民法院应当责令其退还鉴定费用，并根据情节，依照《民事诉讼法》第111条的规定进行处罚。人民法院应当组织当事人对鉴定材料进行质证。未经质证的材料，不得作为鉴定的根据。经人民法院准许，鉴定人可以调取证据、勘验物证和现场、询问当事人或者证人。人民法院收到鉴定书后，应当及时将副本送交当事人。当事人对鉴定书的内容有异议的，应当在人民法院指定期间内以书面方式提出。对于当事人的异议，人民法院应当要求鉴定人作出解释、说明或者补充。人民法院认为有必要的，可以要求鉴定人对当事人未提出异议的内容进行解释、说明或者补充。

七、勘验笔录

勘验笔录是指为了查明案件事实，法院对与案件有关的物证或者现场进行勘查、检验后制作的笔录。勘验笔录既是一种独立的证据，也是一种固定和保全证据的方法。

人民法院认为有必要的，可以根据当事人的申请或者依职权对物证或者现场进行勘验。勘验时，勘验人必须出示人民法院的证件，并邀请当地基层组织和当事人所在单位派人参加。当事人或者当事人的成年家属应当到场，拒不到场的，不影响勘验的进行。有关单位和个人根据人民法院的通知，有义务保护现场，协助勘验工作。勘验时应当保护他人的隐私和尊严。为更好地完成勘验工作，人民法院可以要求鉴定人参与勘验；必要时，可以要求鉴定人在勘验中进行鉴定。人民法院对物证或者现场进行勘验时，应当制作笔录，记录勘验的时间、地点、勘验人、在场人、勘验的经过、结果，由勘验人、在场人签名或者盖章。对于绘制的现场图应当注明绘制的时间、方位、测绘人姓名、身份等内容。

八、电子数据

电子数据是指通过电子邮件、电子数据交换、网上聊天记录、博客、微博客、手机短信、电子签名、域名等形成或者存储在电子介质中的信息。为适应社会经济、科技发展及司法实践的现实需要，2004 年颁布的《电子签名法》第 7 条规定：“数据电文不得仅因为其是以电子、光学、磁或者类似手段生成、发送、接收或者储存的而被拒绝作为证据使用。”这是我国首次从立法上确认了电子证据的法律效力。

关于电子数据属于何种形式的证据问题，理论上存在视听资料说、书证说、物证说、鉴定意见说、混合证据说、独立的证据种类说等不同观点。[①] 在 2012 年《民事诉讼法》修改的讨论过程中对这一问题也存在争议，但最终立法机关采纳了最后一种意见，将电子数据证据作为一种独立的证据类型加以规定。其主要理由在于，电子数据证据具有其他各类证据所不具备的独特的表现形式，该证据在调查收集、质证、认定等环节均有其特殊性，不宜将其归入书证、物证、视听资料、证人证言、当事人陈述、鉴定意见、勘验笔录这七类证据中的任何一类或者分别划入这七类证据之中。

值得注意的是，随着现代科技的发展，录音资料和影像资料往往可能存储在电子介质中，从而产生此类证据应当界定为视听资料证据还是电子数据证据的疑问，为解决这一问题，《民诉法解释》第 116 条第 3 款规定：“存储在电子介质中的录音资料和影像资料，适用电子数据的规定。”

还应注意的是，《民事诉讼法》将“电子数据”作为一种独立的证据类型加以规定，涉及如何与《合同法》《电子签名法》相关规定的协调问题。1999 年颁布的《合同法》第 11 条规定：“书面形式是指合同书、信件和数据电文（包括电报、电传、传真、电子数据交换和电子邮件）等可以有形地表现所载内容的形式。”可见，《合同法》第 11 条系将“数据电文”列入书面合同的范畴，故“数据电文”这类电子数据证据似乎是被作为书证对待的。而《电子签名法》亦将“电子签名”“数据电文”列入书面文书的范畴（《电子签名法》第 2、3、4 条），因而也是将其作为书证对待的。对此，《民事证据规定》明确规定，关于书证的规定适用于视听资料、电子数据；存储在电子计算机等电子介质中的视听资料，适用电子数据的规定。

电子数据包括下列信息、电子文件：（1）网页、博客、微博客等网络平台发布的信息；（2）手机短信、电子邮件、即时通信、通讯群组等网络应用服务的通信信息；（3）用户注册信息、身份认证信息、电子交易记录、通信记录、登录日志等信息；（4）文档、图片、音频、视频、数字证书、计算机程序等电子文件；（5）其他以数字化形式存储、处理、传输的能够证明案件事实的信息。

人民法院对于电子数据的真实性，应当结合下列因素予以综合判断：（1）电子数据的生成、存储、传输所依赖的计算机系统的硬件、软件环境是否完整、可靠；（2）电子数据的生成、存储、传输所依赖的计算机系统的硬件、软件环境是否处于正常运行状态，或者不处于正

---

① 参见何家弘主编：《电子证据法研究》，17～30 页，北京，法律出版社，2002。

常运行状态时对电子数据的生成、存储、传输是否有影响；(3) 电子数据的生成、存储、传输所依赖的计算机系统的硬件、软件环境是否具备有效防止出错的监测、核查手段；(4) 电子数据是否被完整地保存、传输、提取，保存、传输、提取的方法是否可靠；(5) 电子数据是否在正常的往来活动中形成和存储；(6) 保存、传输、提取电子数据的主体是否适当；(7) 影响电子数据完整性和可靠性的其他因素。人民法院认为有必要的，可以通过鉴定或者勘验等方法，审查判断电子数据的真实性。

电子数据存在下列情形的，人民法院可以确认其真实性，但有足以反驳的相反证据的除外：(1) 由当事人提交或者保管的于己不利的电子数据；(2) 由记录和保存电子数据的中立第三方平台提供或者确认的；(3) 在正常业务活动中形成的；(4) 以档案管理方式保管的；(5) 以当事人约定的方式保存、传输、提取的。电子数据的内容经公证机关公证的，人民法院应当确认其真实性，但有相反证据足以推翻的除外。

第四节　证据的收集和保全

一、证据的收集

(一) 当事人收集、提供证据与法院调查收集证据的关系

现代各国的民事诉讼法在收集和提供证据问题上，大都采取当事人提出主义（辩论主义），由当事人负收集和提供证据之责，而法院一般不主动依职权调查收集证据。但对于法律规定的少数案件和事项，则采取职权探知主义，法院可以主动收集证据，不受当事人提供证据的约束。

我国在过去相当长的时期内，民事诉讼立法和实践中比较强调法院的调查取证，实行当事人提供证据与法院调查取证相结合的方针。1982 年的《民事诉讼法（试行）》的规定即突出地体现了这一点。该法第 56 条一方面规定当事人对自己提出的主张，有责任提供证据，另一方面又要求人民法院应当按照法定程序，全面地、客观地收集和调查证据。实践中法院也十分注重主动调查取证工作。这种偏重法院调查收集证据的做法在当时虽然具有一定的合理性，但也带来了诸如弱化当事人的举证责任、法官先入为主、有碍司法公正等负面效应。为此，1991 年的《民事诉讼法》贯彻“谁主张，谁举证”的精神，明确规定提供证据的责任主要应当由当事人承担，不再要求人民法院全面地收集、调查证据，并规定法院在诉讼证明中的主要任务是全面地、客观地审查核实证据。只有在当事人及其诉讼代理人因客观原因不能自行收集证据或者人民法院出于审理案件的需要认为有必要调查取证时，人民法院才予以调查收集。《民事证据规定》《民诉法解释》等司法解释对当事人收集、提供证据与法院调查收集证据的关系进一步作出了界定。

(二) 当事人收集、提供证据

在民事诉讼中，当事人是收集和提供证据的主要主体，绝大多数证据都应当由其负责收集并向法院提供。收集证据时，应当遵守法定程序，不得以侵犯他人合法权益、违反法律禁止性规定或者违反公序良俗的方法收集证据。当事人向人民法院提供证据时，应当提供原件或者原物。如需自己保存证据原件、原物或者提供原件、原物确有困难的，可以提供经人民法院核对无异的复制件或者复制品。根据《民诉法解释》第 111 条的规定，“提交书证原件确有困难”具体包括下列情形：(1) 书证原件遗失、灭失或者毁损的；(2) 原件在对方当事人控制之下，

经合法通知提交而拒不提交的；（3）原件在他人控制之下，而其有权不提交的；（4）原件因篇幅或者体积过大而不便提交的；（5）承担举证证明责任的当事人通过申请人民法院调查收集或者其他方式无法获得书证原件的。对上述情形，人民法院应当结合其他证据和案件具体情况，审查判断书证复制品等能否作为认定案件事实的根据。

如果当事人向人民法院提供的证据系在我国领域外形成的，该证据应当经所在国公证机关予以证明，并经我国驻该国使领馆予以认证，或者履行我国与该所在国订立的有关条约中规定的证明手续。当事人向人民法院提供的证据是在我国香港、澳门、台湾地区形成的，应当履行相关的证明手续。当事人向人民法院提供外文书证或者外文说明资料的，应当附有中文译本。

在向法院提交证据时，当事人应当对其提交的证据材料逐一分类编号，对证据材料的来源、证明对象和内容作简要说明，签名盖章，注明提交日期，并依照对方当事人的人数提出副本。人民法院收到当事人提交的证据材料，应当出具收据，注明证据的名称、份数和页数以及收到的时间，由经办人签名或者盖章。

（三）法院调查收集证据

根据《民事诉讼法》第 64 条第 2 款的规定，在如下两种情形下，人民法院应当调查收集证据。

1. 当事人及其诉讼代理人因客观原因不能自行收集的证据。根据《民诉法解释》第 94 条的规定，这类证据包括：（1）证据由国家有关部门保存，当事人及其诉讼代理人无权查阅调取的；（2）涉及国家秘密、商业秘密或者个人隐私的；（3）当事人及其诉讼代理人因客观原因不能自行收集的其他证据。可见，在上述当事人难以自行调查收集证据的情形下，其享有申请法院调查收集证据的权利。

对于上述证据，当事人及其诉讼代理人可以在举证期限届满前书面申请人民法院调查收集。申请书应当载明被调查人的姓名或者单位名称、住所地等基本情况、所要调查收集的证据的内容、需要由人民法院调查收集证据的原因及其要证明的事实。当事人申请调查收集的证据，与待证事实无关联、对证明待证事实无意义或者其他无调查收集必要的，人民法院不予准许。人民法院对当事人及其诉讼代理人的申请不予准许的，应当向当事人或其诉讼代理人送达通知书。当事人及其诉讼代理人可以在收到通知书的次日起 3 日内向受理申请的人民法院书面申请复议一次。人民法院应当在收到复议申请之日起 5 日内作出答复。

2. 人民法院认为审理案件需要的证据。根据《民诉法解释》第 96 条的规定，这类证据包括：（1）涉及可能损害国家利益、社会公共利益的；（2）涉及身份关系的；（3）涉及《民事诉讼法》第 55 条规定诉讼的；（4）当事人有恶意串通损害他人合法权益可能的；（5）涉及依职权追加当事人、中止诉讼、终结诉讼、回避等程序性事项的。上述证据，人民法院应当依职权调查收集。对于上述证据之外的其他情形，人民法院调查收集证据，应当依照当事人的申请进行。

人民法院调查收集证据，应当由 2 人以上共同进行。调查材料应由调查人、被调查人、记录人签名、捺印或者盖章。对当事人及有关单位和个人提交的证据，法院应当出具收据。调查人员调查收集的书证，可以是原件，也可以是经核对无误的副本或者复制件；物证应当是原物，但被调查人提供原物确有困难的，可以提供复制品或者照片；计算机数据或者录音、录像等视听资料，应当是原始载体，但被调查人提供原始载体确有困难的，可以提供复制件。提供书证的副本或复制件、物证的复制品或照片、视听资料的复制件的，调查人员应当在调查笔录中说明来源和取证情况。

（四）文书提出命令

文书提出命令，是指当有关书证（也称“文书”）由对方当事人或者第三人持有时，负有举证责任的一方当事人可以申请法院向持有人发布命令，责令其提交该书证的制度。在民事诉讼中，书证所具有的证明力极为重要，因此对于不愿意提出该书证的对方当事人或者第三人，法院可以通过文书提出命令使其提出所持有的书证。文书提出命令制度是当事人收集证据的重要手段，故各国民事诉讼法一般对此制度均予以明确规定。从大陆法系国家和地区的立法例来看，负有文书提出义务的当事人不遵从法院发出的文书提出命令时，不仅法院可以将对方当事人（文书提出命令的申请人）所主张的文书记载内容视为真实，而且当对方当事人（文书提出命令的申请人）就该文书的记载提出了具体的主张且显然难以通过其他证据来证明该文书内容应证明的事实时，法院可以将对方当事人提出的有关该事实的主张本身拟制为真实。负有文书提出义务的第三人不遵从法院发出的文书提出命令时，法院可以对其处以罚款等制裁。①

我国《民事诉讼法》对文书提出命令制度没有明确规定，《民诉法解释》第 112 条确立了这一制度。该条第 1 款规定当事人可以申请法院向对方当事人发出文书提出命令，即“书证在对方当事人控制之下的，承担举证证明责任的当事人可以在举证期限届满前书面申请人民法院责令对方当事人提交”。第 2 款则规定了其法律后果，即“申请理由成立的，人民法院应当责令对方当事人提交，因提交书证所产生的费用，由申请人负担。对方当事人无正当理由拒不提交的，人民法院可以认定申请人所主张的书证内容为真实”。这一制度的确立对于提升当事人收集证据的能力，保护其合法权益，以及保证人民法院准确认定案件事实、及时审理民事案件，具有非常重要的意义。但与域外立法例相比较而言，该条文仍然存在如下可以进一步完善之处：一是它虽然规定了文书提出命令制度，但并未对文书提出义务的范围特别是被申请人有权拒绝文书提出命令的特殊情形（例如因该文书的提出而会使被申请人受到刑事追究）作出明确规定。二是对方当事人违反文书提出命令时，虽然“可以认定申请人所主张的书证内容为真实”之法律后果，但并未进而规定一定条件下可以直接认定该文书应证明的事实主张为真实之法律后果。三是它只是针对当事人规定了文书提出命令制度，而对于针对第三人的文书提出命令却没有规定。

《民事证据规定》第 45～48 条进一步完善了“文书提出命令”制度，作了如下具体的规定：申请人民法院责令对方当事人提交书证的，申请书应当载明所申请提交的书证名称或者内容、需要以该书证证明的事实及事实的重要性、对方当事人控制该书证的根据以及应当提交该书证的理由。对方当事人否认控制书证的，人民法院应当根据法律规定、习惯等因素，结合案件的事实、证据，对于书证是否在对方当事人控制之下的事实作出综合判断。人民法院对当事人提交书证的申请进行审查时，应当听取对方当事人的意见，必要时可以要求双方当事人提供证据、进行辩论。当事人申请提交的书证不明确、书证对于待证事实的证明无必要、待证事实对于裁判结果无实质性影响、书证未在对方当事人控制之下或者不符合《民事证据规定》第 47 条情形的，人民法院不予准许。当事人申请理由成立的，人民法院应当作出裁定，责令对方当事人提交书证；理由不成立的，通知申请人。有下列情形的，控制书证的当事人应当提交书证：（1）控制书证的当事人在诉讼中曾经引用过的书证；（2）为对方当事人的利益制作的书证；（3）对方当事人依照法律规定有权查阅、获取的书证；（4）账簿、记账原始凭证；（5）人民法院认为应当提交书证的其他情形。上述所列书证，涉及国家秘密、商业秘密、当事人或第

① 参见［日］新堂幸司：《新民事诉讼法》，林剑锋译，416～424 页，北京，法律出版社，2008；杨建华：《民事诉讼法要论》，279～283 页，北京，北京大学出版社，2013。

三人的隐私，或者存在法律规定应当保密的情形的，提交后不得公开质证。控制书证的当事人无正当理由拒不提交书证的，人民法院可以认定对方当事人所主张的书证内容为真实。控制书证的当事人存在《民诉法解释》第113条规定情形的，人民法院可以认定对方当事人主张以该书证证明的事实为真实。

二、举证时限与证据交换

（一）举证时限

举证时限，是指民事诉讼当事人向法院提交证据的时间限制。关于当事人向法院提交证据是否有时间限制的问题，存在“证据随时提出主义”和“证据适时提出主义”的区别。“证据随时提出主义”虽然充分考虑了提出证据的一方当事人的权益保护，但也存在一些弊端：其一，由于当事人可以随时可提出证据，因而案件争点不能尽早确定、开庭时间延长、开庭次数增加，影响了诉讼效率并增加了诉讼成本。其二，证据可以随时提出，可能成为一方当事人进行“证据突袭”的手段，使对方当事人措手不及，无法有效地进行质证。其三，随时可提出证据，也有损于程序的安定性和生效裁判的稳定性。“证据适时提出主义”则要求当事人应当在诉讼进行中的适当时期向法院提交证据，以便促进庭审的集中化和提高诉讼效率。举证时限作为贯彻“证据适时提出主义”的一项重要制度，要求当事人在法院指定或者当事人协商确定的期限内提交证据，逾期提出证据的，则可能承担对其不利的法律后果。

1. 举证时限的确定方式

根据《民事诉讼法》第65条的规定，当事人对自己提出的主张应当及时提供证据。人民法院根据当事人的主张和案件审理情况，确定当事人应当提供的证据及其期限。但是，对于举证时限的具体确定方式，该条文并未予以明确规定，而依照《民诉法解释》第99条的规定，举证时限的确定方式有如下两种：(1) 法院指定，即人民法院根据当事人的主张和案件审理情况，指定当事人向法院提交证据的期限。(2) 当事人协商确定，即举证期限可以由当事人协商一致，并经人民法院准许。允许双方当事人协商确定举证期限，充分尊重了当事人的意愿，是当事人程序选择权的重要体现。人民法院一般应准许当事人商定的举证期限，除非该期限太长而可能导致诉讼迟延。无论是法院指定还是当事人协商确定，人民法院均应当在审理前的准备阶段确定当事人的举证期限。

2. 各类程序中举证时限的确定

(1) 适用普通程序审理案件的举证期限。对于适用第一审普通程序审理的案件，根据《民诉法解释》第99条第2款的规定，人民法院确定举证期限，不得少于15日。举证期限届满后，当事人对已经提供的证据，申请提供反驳证据或者对证据来源、形式等方面的瑕疵进行补正的，人民法院可以酌情再次确定举证期限，该期限不受上述“不得少于15日”的限制。

(2) 适用简易程序审理案件的举证期限。根据《民诉法解释》第266条的规定，适用简易程序审理的案件，举证期限由人民法院确定，也可以由当事人协商一致并经人民法院准许，但不得超过15日。人民法院应当将举证期限和开庭日期告知双方当事人，并向当事人说明逾期举证以及拒不到庭的法律后果，由双方当事人在笔录和开庭传票的送达回证上签名或者捺印。当事人双方均表示不需要举证期限的，人民法院可以立即开庭审理或者确定开庭日期。

(3) 审理小额诉讼案件的举证期限。根据《民诉法解释》第277条的规定，小额诉讼案件的举证期限由人民法院确定，也可以由当事人协商一致并经人民法院准许，但一般不超过7日。当事人到庭后表示不需要举证期限的，人民法院可立即开庭审理。

(4) 二审程序中新的证据的举证期限。根据《民诉法解释》第99条第2款的规定，第二审程序中当事人申请提供新的证据的，人民法院确定举证期限，不得少于10日。举证期限届满后，当事人对已经提供的证据，申请提供反驳证据或者对证据来源、形式等方面的瑕疵进行补正的，人民法院可以酌情再次确定举证期限，该期限不受上述“不得少于10日”的限制。

3. 举证时限的延长

当事人在举证期限内提供证据确有困难的，可以向人民法院申请延长期限，人民法院根据当事人的申请，可适当延长该期限（《民事诉讼法》第65条）。当事人申请延长举证期限的，应当在举证期限届满前向人民法院提出书面申请。申请理由成立的，人民法院应当准许，适当延长举证期限，并通知其他当事人。延长的举证期限适用于其他当事人。申请理由不成立的，人民法院不予准许，并通知申请人（《民诉法解释》第100条）。

《民事证据规定》第51条规定：“举证期限可以由当事人协商，并经人民法院准许。人民法院指定举证期限的，适用第一审普通程序审理的案件不得少于十五日，当事人提供新的证据的第二审案件不得少于十日。适用简易程序审理的案件不得超过十五日，小额诉讼案件的举证期限一般不得超过七日。举证期限届满后，当事人提供反驳证据或者对已经提供的证据的来源、形式等方面的瑕疵进行补正的，人民法院可以酌情再次确定举证期限，该期限不受前款规定的期间限制。”

根据《民事证据规定》第55条的规定，以下情形的举证期限按照如下方式确定：（1）当事人依照《民事诉讼法》第127条的规定提出管辖权异议的，举证期限中止，自驳回管辖权异议的裁定生效之日起恢复计算；（2）追加当事人、有独立请求权的第三人参加诉讼或者无独立请求权的第三人经人民法院通知参加诉讼的，人民法院应当为新参加诉讼的当事人确定举证期限，该举证期限适用于其他当事人；（3）发回重审的案件，第一审法院可以结合案件具体情况和发回重审的原因，酌情确定举证期限；（4）当事人增加、变更诉讼请求或者提出反诉的，人民法院应当根据案件具体情况重新确定举证期限；（5）公告送达的，举证期限自公告期届满之次日起计算。

4. 逾期举证的法律后果

举证时限确定后，当事人应当在该期限内举证，否则将承担相应的法律后果。对于逾期举证的法律后果，2001年颁布的《民事证据规定》第34条曾经作了较为严苛的规定，即当事人在举证期限内不提交证据材料的，视为放弃举证权利；对于当事人逾期提交的证据材料，人民法院审理时不组织质证，但对方当事人同意质证的除外。由于未经质证的证据，不能作为认定案件事实的依据，所以对于当事人逾期提交的证据材料，除非对方当事人同意质证，否则不能作为证据使用。此种后果，学界称之为逾期举证时的“证据失权”效果，其对于提高诉讼效率而言虽然有一定的合理性，但理论界和实务部门很多人认为该后果过于严厉，给发现案件真实来了一定的负面作用，可能不利于实体公正的实现。[①] 有鉴于此，2012年《民事诉讼法》第65条之规定缓和了逾期举证的法律后果，不是简单地对逾期提供的证据予以排除，而是规定“当事人逾期提供证据的，人民法院应当责令其说明理由；拒不说明理由或者理由不成立的，人民法院根据不同情形可以不予采纳该证据，或者采纳该证据但予以训诫、罚款”。

《民诉法解释》第101、102条则针对不同情形，对这一规则作了如下细化规定：（1）当事人逾期提供证据的，人民法院应当责令其说明理由，必要时可以要求其提供相应的证据。

① 参见肖建华主编：《民事证据法理念与实践》，202～215页，北京，法律出版社，2005；李浩：《举证时限制度的困境与出路——追问证据失权的正义性》，载《中国法学》，2005（3）；齐树洁：《〈民事证据规定〉的困境及其启示》，载《证据科学》，2009（2）。

(2) 当事人因客观原因逾期提供证据，或者对方当事人对逾期提供证据未提出异议的，视为未逾期。此种情形下，人民法院对当事人逾期提供的证据应当予以采纳，且不应当对该当事人予以训诫、罚款。(3) 当事人因故意或者重大过失逾期提供的证据，人民法院不予采纳。但该证据与案件基本事实有关的，人民法院应当采纳，并依照《民事诉讼法》第 65 条、第 115 条第 1 款的规定予以训诫、罚款。(4) 当事人非因故意或者重大过失逾期提供的证据，人民法院应当采纳，并对当事人予以训诫。(5) 当事人一方要求另一方赔偿因逾期提供证据致使其增加的交通、住宿、就餐、误工、证人出庭作证等必要费用的，人民法院可予以支持。此外，根据《民事诉讼法》第 65 条第 2 款的规定，还存在如下情形：人民法院责令当事人说明逾期提供证据的理由而当事人拒不说明的，人民法院根据不同情形可以不予采纳该证据，或者采纳该证据但予以训诫、罚款。当事人以《民事诉讼法》第 200 条第 1 项规定的"有新的证据，足以推翻原判决、裁定"的事由申请再审时，人民法院应当责令再审申请人说明其逾期提供该证据的理由；拒不说明理由或者理由不成立的，依照《民事诉讼法》第 65 条第 2 款和《民诉法解释》第 102 条的规定处理（《民诉法解释》第 387 条）。总之，当事人逾期提供证据的，人民法院在处理时，应当根据案件的具体情况，充分考虑该证据在案件中的作用、当事人主观上是否有过错、逾期提供证据造成的损害等因素分别作出处理。

《民事证据规定》第 59 条规定："人民法院对逾期提供证据的当事人处以罚款的，可以结合当事人逾期提供证据的主观过错程度、导致诉讼迟延的情况、诉讼标的金额等因素，确定罚款数额。"

5. 关于"新的证据"

《民事诉讼法》第 139 条第 1 款规定："当事人在法庭上可以提出新的证据。"根据"证据适时提出主义"的要求，此处"新的证据"，通常是指"新发现的证据"[①] 或"新形成的证据"，而非"新提交的证据"。当事人在法庭上提出新的证据的，人民法院应当依照《民事诉讼法》第 65 条第 2 款的规定和《民诉法解释》的相关规定处理。

根据《民事诉讼法》第 200 条第 1 项的规定，当事人可基于"有新的证据，足以推翻原判决、裁定"的事由申请再审。此项再审事由是指再审申请人提供的新的证据，能够证明原判决、裁定认定基本事实或者裁判结果错误。依据《民诉法解释》第 388 条的规定，该项再审事由中的"新的证据"，是指以下情形：(1) 在原审庭审结束前已经存在，因客观原因于庭审结束后才发现的；(2) 在原审庭审结束前已经发现，但因客观原因无法取得或者在规定的期限内不能提供的；(3) 在原审庭审结束后形成，无法据此另行提起诉讼的；(4) 再审申请人提交的证据在原审中已经提供，原审人民法院未组织质证且未作为裁判根据的（但原审人民法院依照《民事诉讼法》第 65 条规定不予采纳的除外）。

（二）证据交换

证据交换制度，是指开庭审理之前，双方当事人在法院审判人员的主持下，彼此交换已方所持有的证据的制度。证据交换是审前准备程序的重要内容，《民事诉讼法》第 133 条第 4 项对此明确规定："需要开庭审理的，通过要求当事人交换证据等方式，明确争议焦点。"有关司法解释对证据交换的程序作了具体安排。实行证据交换的意义在于：(1) 使当事人能够相互了解对方所持有的证据，防止对方进行证据突袭，以便实现诉讼公正。(2) 尽快确定双方当事人

---

① 在英美法系国家证据法或诉讼法中，大多规定了"fresh evidence"（即"新的证据"）制度，同时将其限定于"newly discovered evidence"（即"新发现的证据"），并通过判例设定了严格的适用条件。参见齐树洁主编：《英国民事司法改革》，422 页，北京，北京大学出版社，2005。

的争议焦点，为开庭审理的顺利进行做好准备，以便提高诉讼效率。

需要进行证据交换的情形有两种：(1) 当事人申请证据交换的，法院可以组织当事人在开庭审理前交换证据。(2) 法院对于证据较多或者复杂疑难的案件，应当组织当事人在答辩期届满后、开庭审理前交换证据。在具体方式上，既可以采取单独组织证据交换的程序，也可以在庭前会议中组织证据交换。

证据交换的时间应在开庭审理之前。具体的时间可以由当事人协商一致并经法院认可，也可以由法院指定。法院组织当事人交换证据的，交换证据之日举证期限届满。当事人申请延期举证经法院准许的，证据交换日相应顺延。当事人收到对方交换的证据后提出反驳并提出新证据的，法院应当通知当事人在指定的时间进行交换。

证据交换应当在审判人员的主持下进行。在证据交换的过程中，审判人员对当事人无异议的事实、证据应当记录在卷；对有异议的证据，按照需要证明的事实分类记录在卷，并记载异议的理由。通过证据交换，确定双方当事人争议的主要问题。证据交换一般不超过两次。但重大、疑难和案情特别复杂的案件，法院认为确有必要再次进行证据交换的除外。

三、证据保全

证据保全是指在证据有可能灭失或以后难以取得的情况下，法院根据诉讼参加人或利害关系人的申请或者依职权采取措施，对证据加以固定和保护的制度。

证据保全包括诉讼中的证据保全和诉前证据保全。1991 年的《民事诉讼法》仅仅规定了诉讼中的证据保全制度，诉讼开始前的证据保全只能向公证机关提出申请，并由公证机关采取。此后有关法律和司法解释对特定类型的案件规定了诉前证据保全制度，例如《著作权法》《商标法》等法律。2012 年《民事诉讼法》修改时，增设诉前证据保全制度。《民事诉讼法》第 81 条规定："在证据可能灭失或者以后难以取得的情况下，当事人可以在诉讼过程中向人民法院申请保全证据，人民法院也可以主动采取保全措施。因情况紧急，在证据可能灭失或者以后难以取得的情况下，利害关系人可以在提起诉讼或者申请仲裁前向证据所在地、被申请人住所地或者对案件有管辖权的人民法院申请保全证据。证据保全的其他程序，参照适用本法第九章保全的有关规定。"

诉讼中的证据保全既可以根据当事人的申请而采取，也可以由法院依职权主动采取。在诉讼中，当事人向法院申请保全证据的，可以在举证期限届满前书面提出。诉前证据保全只能根据利害关系人的申请采取。

法院在进行证据保全时，可以要求当事人或者诉讼代理人到场。证据保全的方法，需要根据不同证据的特点采取，即应当根据物证、书证、证人证言等证据的具体情况，采取查封、扣押、拍照、录像、复制、鉴定、勘验、制作笔录等不同的保全方法。在采取保全措施时，对法律、司法解释没有明文规定的事项，可参照有关财产保全的规定。证据保全可能对他人造成损失的，人民法院应当责令申请人提供相应的担保。

思考与练习

1. 如何理解间接本证与间接反证？
2. 简述证据能力与证明力的关系。
3. 我国有无必要确立强制证人出庭作证的制度？
4. 如何完善我国举证时限制度？

5. 甲（男）与乙（女）系夫妻关系，甲与丙（女）存在婚外情。乙欲起诉离婚并请求赔偿。为收集证据，乙在自家卧室秘密安装了一个摄像头，然后谎称单位要派自己到外地出差10天。在乙借故离开的期间，甲与丙同居的事实被拍摄下来。乙取得该证据后向法院提起诉讼。问：(1) 该证据属于法律规定的哪种类型的证据？(2) 对于乙主张的导致离婚的原因事实而言，该证据是否属于直接证据？是否属于本证？是否属于原始证据？

前沿问题探讨

1. 随着科学的发展和技术的进步，心理测试技术（俗称测谎技术）逐渐应用于民事诉讼实践。对于测谎所得的结论能否作为证据使用的问题，理论上存在较大的争议，实践中法院的做法也不统一。例如，某法院审结的一起交通事故人身损害赔偿纠纷案中，因缺乏直接证据，法官建议双方测谎，但被告拒绝，法院一审判决被告负事故全部责任。而在另一欠款纠纷案件中，原告主张被告欠款2万元，并提供了“欠条”，被告则辩称已付清款项，因自己无法举证，申请法院对两人进行测谎。测试结论认为，原告说谎。但法院最终没有认定测谎结论的效力，而是判决被告应归还欠款。如果将测谎结论作为证据，涉及其应当归入何种证据形式的问题。而测谎结论本身的准确性也受到很多人的怀疑，因为它不仅受到被测谎人其他心理因素的影响，而且对测谎人员的依赖性很强，并非任何人使用测谎仪都可以得到准确的结果。因此，将测谎结论作为证据使用，仍有必要谨慎为之。

2. 一些法院在进行审判方式改革时，推行“调查令制度”，即由法院向当事人的代理律师签发调查令，律师凭该调查令向有关单位收集涉案证据材料的制度。这种“调查令制度”对于缓解当事人调查取证的困难、强化其举证能力具有一定的作用。但是，“调查令制度”的推行实际上也存在一些问题。例如，该项改革举措并没有明确的法律依据，因而其合法性是存在疑问的；又如，调查令的法律性质是模糊不清的，难以界定其是法院的职权还是律师的调查取证权。此外，调查令仅仅签发给诉讼代理律师，因而其对当事人收集证据的保障很有限。其实，对于一方当事人从对方当事人或案外人那里获得有关本案的证据的问题，国外有比较成熟的类似制度即文书提出命令制度可资借鉴。因此，结合我国的实际，加强比较法方面的研究很有必要。

第九章
民事诉讼证明

内容提要

在民事诉讼中，对于有争议的事实问题，当事人应当提供证据加以证明。只有经过法定的、科学的诉讼证明活动，才能够正确地认定事实和适用法律。本章论述民事诉讼中证明的概念、证明的要素、证明对象、证明责任、证明标准以及证据的审核与认定等问题。

第一节　证明概述

一、证明的概念与特征

（一）证明的概念

在民事诉讼中，证明是指当事人和法院依法运用证据确定案件事实的活动。除了法定的例外情形，民事诉讼当事人必须运用证据向法院证明案件事实发生、发展和演变的过程，以便使法院相信该事实存在或不存在，为裁判奠定事实基础。

（二）证明的特征

1. 证明的主体主要是当事人。证明的主体受证明责任的影响和支配。在民事诉讼中，证明责任是由当事人来承担的，因而当事人即是证明的主体。

2. 民事诉讼中的证明主要是一种他向性证明。证明包括自向性证明和他向性证明两种状态。前者是指证明者为了解决某一特定问题而寻找证据进行的求证，以便自己在内心形成确信；后者是指向他人证明，说服他人接受自己的观点或意见。在诉讼活动中，自向性证明和他向性证明都是存在的，但在不同的诉讼制度下，这两种证明的地位和作用有所不同。就现代民事诉讼而言，绝大多数国家和地区的民事诉讼法贯彻当事人主义，由当事人负主张责任和证明责任，因此民事诉讼中的证明主要是他向性证明。

3. 证明的目的是证实诉讼中的争议事实，说服审理案件的法官，追求有利于己的诉讼结果。

4. 证明具有严格的程序性和规范性。民事诉讼证明作为司法证明的一种，与司法外证明的重要区别在于，其必须在法定的时间、空间，依法律规定的程序进行，因而具有严格的程序性和规范性的特点。

5. 证明的手段限于具有证据能力的证据。诉讼证明的手段仅限于对案件真实情况具有证明意义的证据，即它是运用已知的事实材料去证明案件的待证事实。这一点不同于司法外的证明，后者在某些情形下不一定依赖证据，例如思维的抽象推演和逻辑演算也可能是在进行证明。

【辨析】证明与释明

民事诉讼证明制度和理论中，存在着“证明”和“释明”的区别。这是以其是否需要使法官的心证达到确信为标准所进行的分类。当事人提出证据，使法官就其主张的事实，产生强固的心证，相信其确实如此的，称为证明。当事人提出证据，使法官就其主张的事实，产生薄弱的心证，相信其大概如此者，称为释明。① 换句话说，证明是指用充足的证据让法官确信待证事实为真的过程，而释明是指让法官根据有限的证据大致相信待证事实为真的过程。因此，证明与释明虽然都是诉讼中的证实行为，但其影响法官心证形成的程度有所不同。民事诉讼中，往往将一些程序性的事项作为“释明”的对象，而不是“证明”的对象，但这并不意味着立法上不重视程序性问题，而是考虑到简易而迅速处理程序问题的需要，以便促进诉讼迅速进行，避免诉讼延误。我国民事诉讼立法没有明确区分这两个概念，以往很多民事诉讼法学教材也没有对其予以区分，而是统称为“证明”。

二、证明的要素

证明的要素是指构成完整的一个证明活动应具备的基本因素。一般说来，诉讼证明由证明主体、证明对象、证明方法、证明责任、证明标准和证明程序等要素构成。

1. 证明主体。证明主体是指负责完成证明活动的人。在民事诉讼中，当事人和法官是证明活动的从事者和接受者，当事人是证明的主体，而法官是接受证明的主体。只有在少数例外情形下，法官才会充当证明的主体。

2. 证明对象。证明对象又称证明的客体、要证事实、待证事实，是指有必要提供证据加以证明的事实。

3. 证明方法。证明方法又称证明手段，是指用什么来对案件事实进行证明。在证据裁判主义下，证实案件事实的主要方法或手段就是证据。

4. 证明责任。当事人负有责任提供证据对特定的案件事实进行证明，并且在经过一定的证明活动后，如果该事实仍然处于真伪不明时，则需要承担不利的法律后果，此即证明责任问题。证明责任为当事人进行证明活动施加了内在的压力，同时也为其举出证据证明案件事实提供了实质性的动力。

5. 证明标准。证明标准是指证明应达到的程度。对待证事实的证明只有达到证明标准时，法院才能对该事实予以认定。

6. 证明程序。证明程序又称证明的环节、证明的阶段，是指运用证据完成证明活动的过程。一般来说，证明程序包括证据的收集程序、提供和展示程序、审核与认定程序等。其中，证据的审核与认定程序对于诉讼证明的结果具有决定性的意义。

第二节　证明对象

一、证明对象的概念

证明对象，也称待证事实、要证事实、证明客体、证明标的，是指需要证明主体运用证据

① 参见陈荣宗、林庆苗：《民事诉讼法》，6版，474页，台北，三民书局，2009。

予以证明的对案件的解决有法律意义的事实。证明对象的确定，是诉讼证明的起点。但在具体的诉讼中，并非所有的案件事实都需要作为证明对象。

一般而言，成为证明对象须符合以下条件：（1）该事实对于正确处理本案具有法律意义。换言之，该事实应当是对于正确适用民事实体法和民事诉讼法具有意义的案件事实。（2）双方当事人对该事实存在争议。（3）该事实不属于诉讼上免于证明的事实。

二、证明对象的范围

证明对象的范围因对“证明”这一概念采广义的理解还是狭义的理解而有所不同。如采狭义的理解，则仅限于当事人争议的实体法律事实；如采广义的理解（即包括狭义的“证明”和“释明”），则除了实体法律事实外，还包括“释明”的对象，例如有关的程序法律事实等。此处是指广义的证明对象的范围。

（一）实体法律事实

实体法律事实是指引起民事法律关系发生、变更或消灭的事实。例如，合同的签订、变更和履行的事实，实施侵权行为的事实，导致夫妻双方感情破裂的事实，等等。当事人对有关的实体法律事实发生争议时，该事实即应当作为证明对象。在民事诉讼中，实体法律事实对解决民事纠纷具有实质意义，通常构成诉讼争执的焦点，所以是证明对象的重点部分和主要部分。

作为证明对象的实体法律事实，一般可分为以下三个层次。

1. 主要事实。主要事实是指关于法规构成要件的事实，即由民事实体法规范规定的作为形成特定民事权利义务关系基本要素的事实，故又称要件事实。例如，基于侵权行为而请求损害赔偿时，关于被告实施了侵权行为、给原告造成损害后果、侵权行为与损害后果之间具有因果关系等事实，就是该侵权损害赔偿请求的主要事实。又例如，基于买卖合同主张付款请求权时，关于标的物的所有权已转移给买受人、买受人负有付款义务等事实，就是该请求权得以成立的主要事实。

2. 间接事实。间接事实是指借助于经验法则、理论原理能够推断主要事实存在与否的事实。在诉讼实践中，有时很难获得足够的证据来直接证明主要事实是否存在，而需要通过证据证实与该主要事实有关的另一些事实，并根据这些事实来推断主要事实。这些据以推断主要事实存在与否的事实，就属于间接事实。

3. 辅助事实。辅助事实又称补助事实，是指对证据能力和证据的可信性有影响的事实。例如，能证明证人是否一贯撒谎或者证明证人是当事人的朋友、配偶的事实等。

（二）程序法律事实

程序法律事实是指对解决诉讼程序问题具有法律意义的事实，也即能够引起诉讼法律关系发生、变更、消灭等效果的事实。虽然程序法律事实一般不直接涉及实体问题，但如不予以证明，就会影响诉讼程序的顺利进行。程序法律事实大多数属于法院应依职权调查的事项，当事人即使没有主张，法院也应主动予以查明。例如，本案当事人是否适格、法院对该纠纷是否有审判的权限、当事人是否有诉讼能力、诉讼代理人是否有代理权、回避的原因、是否存在适用强制措施的法定情形、诉讼期间的计算等。但也有一些程序法律事实，需要当事人向法院主张后，才需要予以查明，如关于存在仲裁协议或诉讼管辖协议的事实、关于耽误期间有正当理由的事实等。

（三）法院所不知的地方性法规、民事习惯、外国法律

法官应当知悉本国的法律，故本国法律一般不作为诉讼中的证明对象，但是地方性法规和

民事习惯以及外国法律，法官可能无法尽知，因而有时需要将其作为证明对象。

（四）经验法则

经验法则是指人类以经验归纳所获得的有关事物因果关系或性质状态的法则或知识。众所周知的经验法则无须证明，但若运用专门性经验法则并且为一般人所不知时，则有必要加以证明。

关于证据事实是否应当作为证明对象的问题，在我国民事诉讼法学和证据法学中存在着争论。肯定说认为，证据事实应当作为证明对象。理由是：证据必须查证属实，才能作为认定事实的依据，而查证属实的过程就是证明的过程。否定说认为，证据属于证明手段，不应当将证据事实列入证明对象的范围。理由是：证据与其所要证明的案件事实是证明手段与证明对象的关系，二者之间的界限十分清楚，把证据事实也说成是证明对象，必然会造成二者关系的混淆，致使证明理论的混乱化；立法上要求证据必须查证属实，并不意味着处在查证属实之中或之前的证据，便是证明对象，而只是说明，证据只有查证属实，才能作为证明和确定案件事实的手段，否则即不具有作为证明手段的资格。本书倾向于不把证据列入证明对象的范围。

三、无须证明的事实

无须证明的事实又称免证事实，是指法律规定不需要举证证明的事实。根据《民诉法解释》第92、93条和《民事证据规定》第10条的规定，无须证明的事实包括如下几类。

（一）诉讼上自认的事实

诉讼上自认的事实，又称诉讼上的自认或裁判上的自认，或者直接简称自认，是指在诉讼过程中，一方当事人对另一方当事人所主张的案件事实，承认其为真实。诉讼上的自认包括自认的构成要件、分类、效力、撤回等内容。

1. 诉讼上自认的构成要件

（1）自认的对象是案件事实。自认是指一方当事人对于另一方当事人主张的案件事实加以承认，因而其对象是案件事实。对方当事人关于法律的解释和适用的陈述，不能成为自认的对象，因为，如何解释和适用法律，是法官职权范围内的事，而当事人对法律的认同不能拘束法院。

【辨析】自认与认诺

所谓认诺，是指被告对原告的诉讼请求的承认。尽管认诺也会发生作为诉讼请求根据的事实无须证明的效果，但二者存在如下区别：其一，对象不同。此点已如上述。其二，自认的主体可以是双方当事人；而认诺的主体仅限于被告。其三，自认的效果是免除对方对该事实的举证责任，但自认者不一定败诉，因为其在自认的同时可能提出新的抗辩事实；而认诺的后果则是导致法院根据认诺作出被告败诉的判决。其四，自认的主要理论基础是辩论主义（辩论原则）；而认诺的主要理论基础是处分权主义（处分原则）。

关于作为自认对象的案件事实，是仅限于主要事实（要件事实），还是既包括主要事实也包括间接事实和辅助事实的问题，司法解释并未予以明确。《民诉法解释》第92条第1款仅作如下规定："一方当事人在法庭审理中，或者在起诉状、答辩状、代理词等书面材料中，对于已不利的事实明确表示承认的，另一方当事人无需举证证明"。对于这一问题，大陆法系民事诉讼法学的主流观点认为，自认的对象应仅限于主要事实，对于间接事实或辅助事实的承认，不发生自认的效力。[①] 我国也有学者认为，间接事实一般不能成为自认的对象，辅助事实也不

① 参见陈荣宗、林庆苗：《民事诉讼法》，6版，481页，台北，三民书局，2009。

能成为自认的对象，因为如果承认间接事实、辅助事实也能够成为自认的对象，就会与法院有权通过自由心证来认定事实的原则相抵触。①

（2）自认必须是与对方当事人所主张的案件事实相一致的陈述。这种相一致的事实陈述，既可以是针对部分事实作相一致的陈述，也可以是就全部事实作相一致的陈述。关于“与对方主张的事实相一致”的理解，通说认为，只要当事人进行援用即可，而在时间上不论两种主张或陈述的先后关系。也就是说，无论是在对方先进行主张之后再作出自认，还是自己先进行了某种不利于己的陈述，而后对方当事人予以援引，都是符合“一致性”要件的，都能够成立诉讼上的自认。后一种情形在诉讼理论中被称为“先行自认”。

（3）自认应当是在诉讼过程中向法院所作的陈述。所谓“诉讼过程中”，根据《民诉法解释》第92条第1款的规定，是指“在法庭审理中，或者在起诉状、答辩状、代理词等书面材料中”。一方当事人如果是在诉讼程序之外对另一方当事人主张的事实作相一致的陈述，只能是诉讼外的自认，不具有诉讼上自认的法律效力。另外，在诉讼过程中所作的自认，还应当是向法院作出的，如果不是向法院作出的，也不能发生自认的法律效力。修改后的《民事证据规定》对“诉讼过程中”作了较为宽泛的解释，其第3条规定：“在诉讼过程中，一方当事人陈述的于己不利的事实，或者对于己不利的事实明确表示承认的，另一方当事人无需举证证明。在证据交换、询问、调查过程中，或者在起诉状、答辩状、代理词等书面材料中，当事人明确承认于己不利的事实的，适用前款规定。”

（4）自认仅适用于有关财产关系的事实陈述，而不适用于涉及身份关系等特定事项的事实陈述。身份关系主要是指婚姻关系、父母子女关系等。人的身份关系一般涉及社会公共利益的维护，属于法律的强制性规定，故不适用自认的规定。根据《民事证据规定》第8条的规定，对于涉及可能损害国家利益、社会公共利益的事实，涉及身份关系的事实，涉及《民事诉讼法》第55条规定诉讼的事实，当事人有恶意串通损害他人合法权益可能的事实以及涉及依职权追加当事人、中止诉讼、终结诉讼、回避等程序性事项的事实，不适用有关自认的规定。

（5）自认是一种于己不利的陈述。关于这一要件，大陆法系国家和地区民事诉讼立法中虽然大多未予明确规定，但其理论和实践中的主流观点认为，自认是一种于己不利的陈述，即自认系当事人针对于己不利的事实所作的承认。我国《民诉法解释》第92条第1款明确规定了这一要件。关于何谓“于己不利的陈述”，在理论上有两种解释方法：1）“败诉可能性说”。该说认为，只要法院基于该陈述事实作出的判决会导致陈述者败诉（部分败诉或全部败诉），即属于陈述者（自认者）作出的“于己不利的陈述”。2）“证明责任说”。该说认为，所谓于己不利的陈述，是指自认方当事人对对方当事人负有证明责任的事实作出的陈述②，具体而言，在辩论主义的前提下，承认对方当事人应负证明责任的事实，该构成要件事实即因而确定，此“不利益”显而易见，因而当事人就该事实为承认之陈述，即为自认。③ 就我国而言，从《民诉法解释》第92条第1款的表述来看，应采取上述第二种解释方法。

【案例】丁某向银行借款50万元，约定借期4个月，莫某为丁某提供连带保证。借款到期后，丁某未还款，莫某亦未履行保证责任，银行遂向法院起诉，要求丁某偿还本息，莫某承担连带偿还责任。庭审时，丁某经合法传唤拒不到庭，而莫某辩称：此款系我所借，但目前资金

---

① 参见江伟主编：《民事诉讼法》，5版，175页，北京，高等教育出版社，2016。

② 参见［日］高桥宏志：《民事诉讼法——制度与理论的深层分析》，林剑锋译，388页，北京，法律出版社，2003。

③ 参见雷万来等：《诉讼上自认之法理及其效力》，载《民事诉讼法之研讨（九）》，136页，台北，三民书局，2000。

紧张，请求分期给付，并请求驳回原告对丁某的诉讼请求。①

莫某的上述陈述是否属于诉讼中的自认？莫某的陈述虽然属于对自己不利的事实陈述，且是在诉讼中向法院为之，但其陈述并非与对方当事人所主张的案件事实相一致的陈述，故不属于诉讼上自认。

2. 诉讼上自认的分类

(1) 完全的自认与附加限制的自认。这是以当事人的自认是否附加有限制为标准而进行的分类。完全的自认是指一方对另一方所主张的事实全部予以自认；附加限制的自认是指一方承认对方所主张的事实时附加有一定的限制条件。附加限制的自认主要有两种情况：其一，一方在承认对方所主张的事实时，附加独立的攻击或防御方法。例如，被告依原告的主张，自认有借款事实，但同时又主张已经清偿，其已经清偿的主张即为附加的独立防御方法。其二，一方对于他方所主张的事实，承认其中一部分而争执其他部分。例如，原告主张被告曾借款 6 万元，被告只承认曾借款 5 万元。对于附加限制的自认如何认定的问题，有关司法解释参考域外立法例，赋予法官一定的自由裁量权。《民事证据规定》第 7 条规定："一方当事人对于另一方当事人主张的于己不利的事实有所限制或者附加条件予以承认的，由人民法院综合案件情况决定是否构成自认。"

(2) 明示的自认与默示的自认。这是以当事人是否作出明确的意思表示为标准而进行的分类。明示的自认是指当事人一方对另一方所主张的事实，以口头或书面的形式明确表示承认；默示的自认又称拟制的自认或准自认，是指当事人一方对另一方所主张的事实，既未明确表示承认，也未予以否认，而法律规定应视为自认的情况。多数国家的民事诉讼法对这两种方式均作了规定。我国《民事证据规定》第 4 条也对默示自认作了规定："一方当事人对于另一方当事人主张的于己不利的事实既不承认也不否认，经审判人员说明并询问后，其仍然不明确表示肯定或者否定的，视为对该事实的承认。"

(3) 当事人自认与诉讼代理人自认。根据自认主体的不同，可以将自认分为当事人自认与诉讼代理人自认。前者是指由当事人本人作出的自认，后者是指由诉讼代理人所作的自认。法定诉讼代理人自然有权代理当事人作出自认。委托诉讼代理人也可以代理当事人作出自认，但是，如果经当事人或其法定代理人当场撤销或更正的，则不发生自认的效力。关于委托诉讼代理人的自认，《民事证据规定》第 5 条规定："当事人委托诉讼代理人参加诉讼的，除授权委托书明确排除的事项外，诉讼代理人的自认视为当事人的自认。当事人在场对诉讼代理人的自认明确否认的，不视为自认。"

3. 诉讼上自认的效力

(1) 对当事人的效力。一方面，诉讼上的自认具有免除对方当事人举证责任的效力，即主张该事实的对方当事人无须举证证明该事实。另一方面，作出自认的一方当事人也应受其自认的拘束，除法律规定的情形外，不得任意地予以撤回。

(2) 对法院的效力。诉讼上的自认一般应具有拘束法院的效力，法院应当对自认的事实予以认定，并将其作为裁判的基础。

(3) 自认效力的限制。诉讼上的自认具有拘束当事人和法院的效力，但这种拘束力并非绝对的。根据《民诉法解释》第 92 条的规定，在下列几种情形下，不适用自认的规定：第一，涉及人的身份关系的事实。第二，涉及国家利益、社会公共利益的事实。第三，其他应当由人民法院依职权调查的事实。例如，就当事人适格等诉讼要件事项加以自认的，不产生自认的效

① 案例来源：李斯武、薛专：《保证人当庭承认是实际借款人不属自认》，载《人民法院报》，2003-12-01。

力，法院仍应依职权进行调查，不受当事人自认的约束。第四，自认的事实与人民法院查明的事实不符的。此时，如果仍然坚持自认的约束力，要求法院应当认定自认的事实并据之作出裁判，则与法官自由心证原则相矛盾。另外，从理论上讲，在下述情况下，亦不适用自认的规定：其一，共同诉讼人中一人所作的自认，显然属于不利于共同诉讼人整体时，不产生自认的效力。但如事先得到特别授权或者在事后得到追认，则应该承认其效力。对此，《民事证据规定》第 6 条规定："普通共同诉讼中，共同诉讼人中一人或者数人作出的自认，对作出自认的当事人发生效力。必要共同诉讼中，共同诉讼人中一人或者数人作出自认而其他共同诉讼人予以否认的，不发生自认的效力。其他共同诉讼人既不承认也不否认，经审判人员说明并询问后仍然不明确表示意见的，视为全体共同诉讼人的自认。"其二，自认的事实，与众所周知的事实或其他为法院应予司法认知的事实相反，或根本为不可能的事实，则应认定自认无效，因为法院的裁判，不应以明显不真实或虚构的自认事实为基础。

4. 诉讼上自认的撤回

通常情况下，当事人在诉讼中作出自认后，不允许再随意撤回。因为，如果允许自认者可以随意撤回自认，则不仅会增加法院认定事实的负担，而且可能使对方当事人难以顺利地组织攻击防御，同时，还可能破坏诉讼程序的安定和造成诉讼的迟延。但作为例外，在当事人具有充分、正当的理由时，则应允许其撤回自认。对此，《民事证据规定》第 9 条规定："有下列情形之一，当事人在法庭辩论终结前撤销自认的，人民法院应当准许：（1）经对方当事人同意的；（2）自认是在受胁迫或者重大误解情况下作出的。人民法院准许当事人撤销自认的，应当作出口头或者书面裁定。"《民诉法解释》第 229 条规定："当事人在庭审中对其在审理前的准备阶段认可的事实和证据提出不同意见的，人民法院应当责令其说明理由。必要时，可以责令其提供相应证据。人民法院应当结合当事人的诉讼能力、证据和案件的具体情况进行审查。理由成立的，可以列入争议焦点进行审理。"

（二）自然规律及定理、定律

自然规律及定理、定律具有客观性和必然性，其真实性与正确性已经过科学证明，所以应当作为免证事实。自然规律及定理、定律作为免证事实，有些是众所周知的，因而与下述"众所周知的事实"这类免证事实具有重合性，但有些并不是众所周知的，而是从事特定领域的专业人员才知晓的。无论是否具有公知性，自然规律及定理、定律在诉讼中都免于证明。由于自然规律及定理、定律已经过反复的科学验证，因而其免于证明的效力具有不可反驳性。在诉讼中，当事人的自认、证人证言、专家意见等与其不一致时，法院应当认定自然规律及定理、定律的效力，而排斥其他证据。

（三）众所周知的事实

众所周知的事实，是指一定区域内一般人都知道的事实，包括众所周知的自然现象、常识、一般性经验、习俗以及政治、经济、文化方面的重大事件等。众所周知的事实不必证明，是因为该事实为当地的人普遍知晓，审理案件的法官作为当地社区的成员，也知道这一事实。应当注意的是，众所周知的事实是指一般人所公知的事实，而不是以每一个人均知悉该事实为必要条件。

众所周知的事实在诉讼法理论上属于司法认知的事实，其效力是免除主张该事实的当事人的举证责任。但是，众所周知的事实作为免证事实并不是绝对的，当事人有相反证据足以反驳时，该事实即不再作为免证事实。

（四）推定的事实

推定的事实，是指根据法律的规定或者经验法则，从已知事实中所推断出的另一事实。其中，作为推论前提的已知事实，一般称为“基础事实”或“前提事实”；依据推定所得出的结果事实，一般称为“结论事实”或“推定事实”；作为沟通基础事实与结论事实之桥梁的推论关系，既可以是法律规则也可以是经验规则。

1. 推定的分类

（1）法律上的推定。法律上的推定，是指法律明确规定，应当基于某一已知事实的存在而认定另一事实的存在。例如，《民法总则》第 46 条关于失踪人死亡的推定，最高人民法院《关于贯彻执行〈中华人民共和国继承法〉若干问题的意见》第 2 条关于相互有继承关系的几个人在同一事件中死亡的时间顺序的推定，《著作权法》第 11 条关于作者的推定等。

（2）事实上的推定。事实上的推定，是指法院根据已知的客观事实和日常生活经验法则，推断出另一事实的存在。例如，虽然主张存在契约关系的当事人不能证明契约缔结的事实，但依据契约履行的事实，法院足以推定契约关系的存在。此时，不允许另一方当事人随意否认契约关系的存在。法院根据已知的事实推断出另一事实的真伪，主要有下列情形：其一，两事实间有因果关系；其二，两事实间有主从关系；其三，两事实间互不相容。[①]

2. 推定的效力

推定具有免除主张推定事实的当事人举证责任的法律效力。在理解这一效力时应当注意：第一，当作为推定事实的前提事实处于不明状态时，主张推定事实的当事人虽然不必证明推定事实，但需要对前提事实的存在进行证明。第二，推定事实并不都是不可争议的事实。无论是法律上的推定还是事实上的推定，都允许当事人提出相反的证据反驳推定事实。当事人提出相反的证据足以反驳推定事实时，推定事实将重新成为证明的对象。

从证明对象的角度来看，推定的事实可以作为无须证明的事实，但从事实认定的角度看，推定实际上是一种非常重要的事实认定方法，同时也是一项涉及证明责任分配的重要规则。例如，法律上的推定，实际上是将证明不存在推定事实的证明责任分配给对方当事人，该当事人如果不能证明不存在推定事实，就要承担不利的法律后果。

【辨析】推定与拟制

拟制是指立法者根据客观需要，将甲事实等同于乙事实，并赋予其与乙事实相同的法律效果。在立法上，拟制通常借助“视为”这一术语来表达。例如，《民法总则》第 18 条第 2 款规定：“十六周岁以上的未成年人，以自己的劳动收入为主要生活来源的，视为完全民事行为能力人。”《合同法》第 45 条第 2 款规定：“当事人为自己的利益不正当地阻止条件成就的，视为条件已成就；不正当地促成条件成就的，视为条件不成就。”拟制与推定的区别在于：（1）属于不同的立法技术。拟制是一种法律上的等价技术，即将甲事实等同于乙事实，使二者具有相同的法律效果；而推定是一种由甲事实推断出乙事实的推论关系，根据这种推论关系，尽管两种彼此不同的事实可以产生相同的法律效果，但这两种事实却并不因此具有等同的性质。（2）法律效力不同。拟制确立的是一种法律上的等价关系，法律所拟制的事实，不允许通过相反的证据加以反驳、推翻；而在推定的情形下，允许以相反的证据将推定的事实予以反驳、推翻。（3）对证明责任的影响不同。拟制不影响证明责任的分配；而推定则与证明责任的分配有着密切的联系。

（五）预决的事实

预决的事实，是指已为人民法院发生法律效力的裁判所确认的事实或者已为仲裁机构的生效裁决所确认的事实。如果该事实成为其后的案件需要认定的事实，则无须证明，即对于其后

① 参见陈荣宗、林庆苗：《民事诉讼法》，6 版，485 页，台北，三民书局，2009。

案件的有关事实的认定具有预决的效力。承认生效裁判和生效仲裁裁决具有预决效力的意义在于：一是可以防止法院在不同的案件判决中对同一事实作出前后矛盾的认定；二是可以避免对已为生效裁判或生效仲裁裁决所认定的事实再次进行证明，从而节约诉讼成本，提高诉讼效率。

预决的事实虽无须举证证明，但当事人主张该事实已为生效裁判或生效仲裁裁决确认时，一般应当对该事实已经过生效裁判或生效仲裁裁决的确认这一事实承担证明责任。该当事人应当提供上述生效的法律文书，无正当理由不能提供的，应当就该事实承担举证责任。[①] 此外，当事人有相反的证据足以推翻生效裁判或生效仲裁裁决所确认的事实的，对方当事人仍需就该裁判确认的事实承担举证责任。

《民诉法解释》第93条规定，已为人民法院发生法律效力的裁判所确认的事实或者已为仲裁机构的生效裁决所确认的事实，当事人无须举证证明。据此似乎可以认为，凡是经人民法院发生法律效力的裁判所确认的事实或者已被仲裁机构的生效裁决所确认的事实，在后来的诉讼中，都应作为免证事实的范围。其实不然。这一规定在理论上尚有进一步探讨的余地，在立法上有进一步细化的必要。我们认为，生效裁判或生效仲裁裁决对后诉的案件事实是否具有预决的效力，应当具体情况具体分析，而不应一概而论。首先，判决（或仲裁裁决）的既判力的客观范围一般仅限于判决的主文，而不包括判决的理由，因而判决主文中认定的事实应对后诉具有预决的效力，但判决理由中的判断一般不应具有预决的效力。其次，判决（或仲裁裁决）的既判力的主观范围一般是特定的，不属于该范围内的主体，不受该判决的既判力的约束，因而如果前诉判决的既判力约束的主体与后诉的主体相同，则前诉判决主文中认定的事实应对后诉具有预决的效力。否则，如果前诉判决的既判力约束的主体与后诉的主体不相同，则前诉判决主文中认定的事实对后诉一般不应具有预决的效力。最后，由于刑事、民事诉讼程序的本质不同，且其证明标准也不同，因而刑事判决认定的事实对民事诉讼的预决效力问题，也应具体分析，区别对待。刑事判决分有罪判决与无罪判决。有罪判决中认定的犯罪事实，对于后续的民事损害赔偿诉讼具有预决的效力。认定不存在犯罪事实、被告人不构成犯罪的无罪判决，一般对民事诉讼也具有预决效力。但是，由于案件事实不清、证据不足，不能认定被告人有罪，而作出证据不足、指控的犯罪不能成立的无罪判决，则对民事诉讼不应具有预决效力。因为，刑事诉讼与民事诉讼的证明标准不同，被告人在刑事诉讼中因证据不足被认定为无罪，不等于在民事诉讼中也一定被认定为侵权行为不能成立而无责。[②]

【案例】2005年12月，中越公司在上海甲法院起诉秋林公司及其股东之一的远海公司，要求秋林公司支付欠款，并要求远海公司在出资不到位的范围内承担连带支付责任。由于秋林公司已经歇业，庭审中的争议焦点便集中在远海公司是否已经足额出资这一问题上。中越公司为了证明远海公司存在出资不实的情况，向法庭提交了秋林公司验资期间的银行对账单，这些对账单显示，秋林公司曾经在验资期间将人民币500万元转出。由于公告送达以及当事人申请调查取证等原因，案件在甲法院的第二次庭审被安排在2007年9月。2006年6月，远海公司在山东乙法院起诉秋林公司，要求确认其对秋林公司的出资已经到位。乙法院于2007年1月作出判决，确认远海公司对秋林公司的出资已经到位。[③]

---

① 参见最高人民法院民事审判第一庭编：《民事诉讼证据司法解释的理解与适用》，87页，北京，中国法制出版社，2002。

② 参见江伟主编：《民事诉讼法》，3版，176页，北京，高等教育出版社，2007。

③ 案例来源：王永亮：《前诉生效裁判确认的事实是否对后诉具有当然的拘束力》，载《人民法院报》，2008-01-31。

本案中，乙法院确认远海公司对秋林公司的出资已经到位的事实对甲法院审理的中越公司诉秋林公司、远海公司的案件并不具有预决的效力。因为，乙法院所作判决的既判力的主观范围并不包括中越公司。而且，远海公司在乙法院的起诉，明显具有滥用诉权和滥用既判力制度、企图规避甲法院裁判的嫌疑，如承认乙法院就该事实的认定具有预决效力，将不利于中越公司合法权益的保护。

（六）公证证明的事实

公证证明的事实，是指已为有效公证文书所证明的事实。《民事诉讼法》第 69 条规定："经过法定程序公证证明的法律事实和文书，人民法院应当作为认定事实的根据。但有相反证据足以推翻公证证明的除外。"根据这一规定，当事人主张的事实如经过公证证明，便成为无须证明的事实。《民诉法解释》第 93 条亦明确将公证证明的事实列入免证事实的范围。但是，公证证明的事实无须证明不是绝对的，如对方当事人有相反的证据足以推翻公证证明，则不能免除当事人的举证责任。

需要注意的是，根据《民诉法解释》第 93 条第 2 款的规定，对于众所周知的事实和推定的事实，如当事人有相反证据足以反驳的，则对方仍须举证证明，而对于已为生效裁判或生效仲裁裁决确认的事实或者已为有效公证文书所证明的事实，则规定的是"有相反证据足以推翻的"，才要求其仍须举证证明。因此，就相反证据之证明度而言，后者的要求更高，即后者要求"足以推翻"，而前者只要求"足以反驳"即可。

第三节　证明责任

一、证明责任的含义与特征

（一）证明责任的含义

民事诉讼中的证明责任，又称举证责任。对于证明责任的含义，理论上主要有三种界定，即行为责任说、双重含义说、危险负担说，反映了我国不同时期对证明责任问题的理解，也表明了对这一问题的认识的不断深化。在我国，目前理论上有很多人主张危险负担说，但在诉讼实践中，主要是按双重含义说来理解证明责任的。

1. 行为责任说。行为责任说认为，证明责任是指在诉讼中，当事人对于自己主张的事实，负有提供证据以证明其真实性的责任。这种界定没有涉及当该事实最终处于真伪不明状态时应当如何处理的问题。由于这种观点是从当事人提供证据行为的角度来界定证明责任的，故可称为"行为责任说"。1982 年的《民事诉讼法（试行）》颁行前后的一段时间，我国出版的民事诉讼法学教材一般都是从行为责任的角度给证明责任下定义的。

2. 双重含义说。双重含义说认为，证明责任包括行为意义上的证明责任和结果意义上的证明责任两层含义。前者又称形式上的证明责任、主观的证明责任、提供证据的责任，是指对于诉讼中的待证事实，应当由谁提出证据加以证明的责任。后者又称实质上的举证责任、客观的举证责任、说服责任，是指当待证事实的存在与否最终处于真伪不明状态时，应当由谁承担因此而产生的不利法律后果的责任。该说是目前我国司法实践中的主流观点，也是《民事证据规定》等司法解释予以肯定的一种界定。《民诉法解释》第 90 条则明确对证明责任的两个层面的含义进行了规定：当事人对自己提出的诉讼请求所依据的事实或者反驳对方诉讼请求所依据的事实，应当提供证据加以证明，但法律另有规定的除外（第 1 款）。在作出判决前，当事人未能提供证据或者证据不足以证明其事实主张的，由负有举证证明责任的当事人承担不利的后果（第2款）。为了涵盖这两个层面的含义，《民诉法解释》第90条、第91条、第108条等条款中使用了“举证证明责任”这一概念。

3. 危险负担说。该说又称风险负担说、败诉风险说、结果责任说，认为证明责任是指案件事实真伪不明时当事人一方所承担的败诉风险。从其含义的界定看，危险负担说与上述双重含义说中的结果意义上的证明责任实际上是一致的，但将双重含义说中的行为意义上的证明责任（即提供证据的责任）排除在“证明责任”的含义之外，认为“证明责任”与提供证据的责任是两个不同的概念，应当加以区别，而不能混淆。

在理论和实践中，人们在使用“证明责任（或举证责任）”这一概念时，有时是从行为意义的角度即提供证据的角度使用的，有时是从结果意义的角度或者说是从危险负担的角度来理解的，有时则包含这两层含义。因此，需要根据具体情况来理解“证明责任”在特定场合的真正含义。

（二）证明责任的特征

结果意义上的证明责任体现了证明责任制度的本质，对于当事人提供证据的行为和诉讼的结果具有决定性的影响，因而在诉讼证明中具有极为重要的地位和意义。从结果意义的角度来看，证明责任具有如下特征。

1. 证明责任是当事人在待证事实真伪不明时所承担的一种不利诉讼后果的风险，同时也是法院在事实真伪不明时的一种裁判规范。

2. 证明责任是法律抽象规定的责任规范，不会因为具体诉讼的不同或当事人的态度不同而发生变化。

3. 对于同一事实，证明责任只能由一方当事人负担，而不能同时由双方当事人负担。

4. 法院在诉讼中不承担证明责任。尽管在有些情形下，法院也要依职权调查收集证据和运用自己收集的证据，但在待证事实真伪不明时，不存在由法院承担证明责任的问题。

二、两种意义上的证明责任的关系

按照双重含义说，当事人为了避免败诉的风险，负有提供证据证明其事实主张的责任，如果该事实最终处于真伪不明状态，则当事人要承担由此产生的不利法律后果。从诉讼理论上来看，行为意义上的证明责任与结果意义上的证明责任之间既有联系也有区别。①

（一）两种意义上的证明责任的联系

1. 它们都是证明责任的组成部分，是从不同层次上来理解证明责任的。

2. 承担结果意义上证明责任的可能性的存在，是当事人必须履行行为意义上证明责任的原因。

3. 当案件发生争议时，负担结果责任的一方当事人在诉讼中总是首先负担着提供证据的责任，并且在证据不足时，负担着补充证据的责任。

4. 在一定情形下，当事人是否掌握或控制必要的证据，是否有能力承担提供证据的责任，直接影响到结果责任的分配。

（二）两种意义上的证明责任的区别

行为意义上的证明责任与结果意义上的证明责任的区别主要表现在以下方面。

① 参见李浩：《民事证明责任研究》，22～35页，北京，法律出版社，2003。

1. 涉及的领域不同。前者涉及的是诉讼过程中的事实认定问题，要解决的问题是，对于特定的争议事实，应当由谁提供证据予以证明。后者涉及的是法律适用问题，解决的是在事实真伪不明时，法官如何适用法律的问题。

2. 承担责任的原因不同。前者产生于双方当事人为避免败诉而竞相说服法官的必要性。后者是因为在待证事实真伪不明时法官也必须作出裁判。

3. 责任发生的时间不同。前者主要存在于起诉至开庭前的各诉讼阶段。后者发生在诉讼中的较后阶段，通常是诉讼终结前的法庭评议阶段。

4. 诉讼过程中是否会发生转移不同。前者是一种动态的责任，在证明过程中会随举证的必要而转移。后者按照法律规定确定由某一方当事人承担后，始终固定于该方当事人。

5. 能否在双方当事人之间预先分配不同。有无举证的必要，须视诉讼中的实际情况而定，因而一般无法对前者预先分配。后者一般是根据预先设定的标准在双方当事人之间进行合理的分配。

6. 能否由代理人代为承担不同。前者可以由诉讼代理人全部或部分地代为承担。后者只能由当事人本人承担。

【辨析】证明责任与主张责任

主张责任是指当事人为了获得对自己有利的裁判，需要向法院主张对自己有利的案件事实。一般来说，当事人的主张责任与证明责任具有一致性。关于二者的关系，从表面上看，似乎是主张责任发生在先，证明责任发生在后，即原告在提起诉讼时或被告在答辩时，就须提出一定的事实主张，然后才产生提供证据的责任，最后在事实真伪不明时才承担不利法律后果的证明责任。但从实质上看，结果意义上的证明责任规范先于主张责任而存在。正是因为事先存在着该证明责任规范，才使当事人不得不负担主张责任，并使其知道哪些事实应当在诉讼中加以主张并提供证据加以证明。不仅如此，证明责任的分配规则还决定了主张责任的分配。

三、证明责任分配的学说

证明责任的分配，又称证明责任的分担、举证责任的分配（分担），是指按照一定的标准，将事实真伪不明时承受不利裁判后果的风险，预先在双方当事人之间进行分配，使各方当事人分别负担一些事实真伪不明的风险。

证明责任分配的核心问题在于应当按照什么标准来分配证明责任，以便使其分配的结果既符合公平、正义的要求，又能使纠纷得到较为迅速的解决。关于证明责任的分配标准，长期以来存在着争论。传统学说有待证事实分类说、法规分类说、法律要件分类说，其中以法律要件分类说为通说，并被应用于司法实践。20 世纪 60 年代之后，德国学者又提出了危险领域说、盖然性说、损害归属说等新的学说，企图取代或修正法律要件分类说，但仍没有动摇法律要件分类说的通说地位。

法律要件分类说主张，应根据实体法所规定的法律要件事实的不同类别来分配证明责任。该说总的分配规则是：主张存在权利或其他法律效果的当事人，应当对该权利或法律效果的发生所必须具备的要件事实负证明责任。

法律要件分类说中又有几种不同的观点。其中最具有代表性的是德国的罗森贝克（Rosenberg）提出的“规范说”。罗森贝克将民事实体法规范分为两大对立的规范：一是权利发生规范，即能够引起某一实体权利发生的规范。这类规范又称基本规范、请求权规范、通常规范。二是与权利发生规范对立的规范，其中又可分为以下三种规范：（1）权利妨碍规范，是指在权利欲发生之时，便与之对抗，使之不得发生的规范，例如关于当事人主张受欺诈、胁迫而使民事行为无效或可撤销的规范等。（2）权利消灭规范，是指权利发生之后，能够引起权利消灭的规范，例如关于债务已履行（清偿）、抵销、债务免除的规范等。（3）权利排除规范，又称权利受制规范，是指权利发生之后，在权利人行使权利之时发生对抗作用，而将该权利排除的规范，例如消灭时效等。在对实体法规范作上述分类的基础上，罗森贝克提出的分配证明责任的标准是：凡主张权利存在的人，应当对权利发生的法律要件事实负证明责任；否认权利存在的当事人，应当就权利妨碍、权利消灭或权利受制的法律要件事实负证明责任。

法律要件分类说在德国、日本等大陆法系国家和地区一直处于通说的地位，对我国民事诉讼中证明责任分配的立法、理论和实践也产生了深刻的影响。

四、我国民事诉讼中证明责任的分配

对于证明责任的分配问题，《民法总则》《合同法》《著作权法》《侵权责任法》等实体法中的有关条款以及有关的司法解释就特定情形下应如何进行分配作出了明确规定。但是，实体法中明文规定证明责任分配的毕竟是少数，在多数情况下仍然需要运用一定的分配标准，去确定应当由哪一方当事人对特定的案件事实负证明责任。为便于公平、合理地分配案件事实的证明责任，《民事诉讼法》及有关司法解释对证明责任分配的原则或者说一般标准进行了界定，并明确规定了一些特别的分配规则。

（一）证明责任分配的一般规定

1. “谁主张，谁举证”原则与证明责任的分配

《民事诉讼法》第 64 条第 1 款规定：“当事人对自己提出的主张，有责任提供证据。”在相当长的一段时间里，这一规定被认为是我国民事诉讼证明责任分配的原则，实践中常将其简称为“谁主张，谁举证”原则。依此观点，民事诉讼证明责任分配的标准是：原告、被告、第三人对于自己提出的主张，应当举证证明。

但是，进一步的理论研究表明，“谁主张，谁举证”原则并不能很好地解决我国民事诉讼证明责任的分配问题。这是因为：第一，这一标准只是确立了行为意义上的证明责任，并未确立结果意义上的证明责任，没有解决要件事实真伪不明时法官如何作出裁判、由谁承受不利裁判后果的问题。第二，这一标准过于笼统，在实践中往往是难以操作的。特别是对于同一个需要证明的问题，一方主张了一些肯定性的事实，另一方主张了一些否定性的事实，此时究竟应当由哪一方承担证明责任呢？依照“谁主张，谁举证”原则，可能难以作出准确的判断。

2. 《民诉法解释》对证明责任分配的一般规定

由于法律要件分类说较之其他证明责任分配的学说更具合理性和可操作性，所以将法律要件分类说作为我国民事诉讼证明责任分配的一般标准，并在某些特别情形下参照其他学说对证明责任的分配予以局部的修正或调整，已经成为我国民事诉讼法学界的主流观点。有鉴于此，《民诉法解释》以这一理论为基础，在第 91 条规定：“人民法院应当依照下列原则确定举证证明责任的承担，但法律另有规定的除外：（一）主张法律关系存在的当事人，应当对产生该法律关系的基本事实承担举证证明责任；（二）主张法律关系变更、消灭或者权利受到妨害的当事人，应当对该法律关系变更、消灭或者权利受到妨害的基本事实承担举证证明责任。”其中，所谓“主张法律关系存在”，也就是主张应当适用产生该法律关系的实体法规范，通常表现为产生实体权利的规范，这是民法中的基本规范，主张者应当对适用该规范所必须具备的基本事实（亦即要件事实）负责举证；主张法律关系变更、消灭或者权利受到妨害的，即主张应当适用可以使法律关系变更、消灭或者权利受到妨害的实体法规范，相应的，主张者应当对这类实体法规范之适用时必须具备的基本事实负责举证。

（二）某些侵权案件证明责任分配的特别规定

对于某些侵权案件中特定事实的证明责任分配问题，有关法律和司法解释作了特别规定，主要有以下内容。

1. 因新产品制造方法发明专利引起的专利侵权诉讼，由制造同样产品的单位或者个人对其产品制造方法不同于专利方法承担举证责任。

2. 高度危险作业致人损害的侵权诉讼，由加害人就受害人故意造成损害的事实承担举证责任。对此，《侵权责任法》第70～73条、第75条、第76条针对不同情形作了具体规定：(1) 民用核设施发生核事故造成他人损害的，由民用核设施的经营者对损害是因战争等情形或者受害人故意造成的事实承担举证责任。(2) 民用航空器造成他人损害的，由民用航空器的经营者就损害是因受害人故意造成的事实承担举证责任。(3) 占有或者使用易燃、易爆、剧毒、放射性等高度危险物造成他人损害的，由占有人或者使用人就损害是因受害人故意或者不可抗力造成的事实以及被侵权人对损害的发生有重大过失的事实承担举证责任。(4) 从事高空、高压、地下挖掘活动或者使用高速轨道运输工具造成他人损害的，由经营者就损害是因受害人故意或者不可抗力造成的事实以及被侵权人对损害的发生有过失的事实承担举证责任。(5) 非法占有高度危险物造成他人损害的，由非法占有人承担侵权责任。所有人、管理人应当对防止他人非法占有尽到高度注意义务的事实承担举证责任，否则与非法占有人承担连带责任。(6) 未经许可进入高度危险活动区域或者高度危险物存放区域受到损害的，由管理人就其已经采取安全措施并尽到警示义务的事实承担举证责任。

3. 因环境污染引起的损害赔偿诉讼，由加害人就法律规定的免责事由及其行为与损害结果之间不存在因果关系承担举证责任。

4. 建筑物或者其他设施以及建筑物上的搁置物、悬挂物发生倒塌、脱落、坠落致人损害的侵权诉讼，由所有人或者管理人对其无过错承担举证责任。《侵权责任法》则规定应当针对以下不同情形进行处理：(1) 建筑物、构筑物或者其他设施及其搁置物、悬挂物发生脱落、坠落造成他人损害的诉讼，由所有人、管理人或者使用人就其无过错承担举证责任。(2) 建筑物、构筑物或者其他设施倒塌造成他人损害的，由建设单位与施工单位承担连带责任。此种情形实行的是严格责任即无过错责任，受害人只需证明倒塌事实、损害事实、因果关系即可。(3) 从建筑物中抛掷物品或者从建筑物上坠落的物品造成他人损害，难以确定具体侵权人的，由可能加害的建筑物使用人就自己不是侵权人承担举证责任。(4) 堆放物倒塌造成他人损害的诉讼，由堆放人就自己无过错承担举证责任。(5) 因林木折断造成他人损害的诉讼，由林木的所有人或者管理人就自己无过错承担举证责任。(6) 因窨井等地下设施造成他人损害而提起的诉讼，由管理人就其已尽到管理职责的事实承担举证责任。

5. 饲养动物致人损害的侵权诉讼，由动物饲养人或者管理人就受害人故意或者重大过失造成损害承担举证责任。

6. 因缺陷产品致人损害的侵权诉讼，由产品的生产者就法律规定的免责事由承担举证责任。

7. 因共同危险行为致人损害的侵权诉讼，由实施危险行为的人就其行为与损害结果之间不存在因果关系承担举证责任。按照《侵权责任法》第10条的规定，危险行为人之一即使能够证明自己的行为与损害后果之间不存在因果关系，也不足以免责，只有举证证明是谁的行为造成了实际损害，才可以免责。

在理解上述侵权案件证明责任的分配规则时，需要了解和注意证据理论中的一个重要概念，即“证明责任的倒置”问题。所谓证明责任的倒置，是指对于依照法律要件分类说本来应当由主张权利的一方当事人负责举证的法律要件事实，改由否认权利的另一方当事人就该事实的不存在负证明责任。因此，证明责任的倒置是针对法律要件分类说而言的，没有法律要件分类说，也就不存在证明责任倒置这一概念。证明责任的倒置主要发生于某些特殊类型的侵权诉讼中，例如上述第1、3、4、7类案件中，对于某些事实的证明责任实行倒置，主要是针对因果关系、过错这两个要件事实。

【案例】某日，孙某被一条狗咬伤右腿，花费医疗费5 000元。事发后的第五天，孙某找到刘某，称自己被刘某家的狗咬伤并要求赔偿。刘某表示对自家狗是否伤人的事并不知情，但在派出所的调解下，愿意赔偿900元。孙某不同意此调解方案，并将刘某诉至法院，要求其赔偿医药费、误工费、交通费等共计1万余元。在法庭上，刘某一口咬定不是自己家的狗咬伤了孙某，因为据孙某形容伤人的狗是一条灰色狼狗，而自己饲养的是一条黄色柴狗。

本案中，关于孙某是否被刘某的狗咬伤的事实，应当由谁负证明责任？是否存在证明责任倒置的情形？饲养的动物致人损害的侵权诉讼，受害人需要就何人实施了侵权行为、损害、因果关系等要件事实负责举证。本案中，被狗咬伤的原告孙某因没有证据证明伤人的狗确为被告饲养或管理，应承担举证不能的法律后果，故法院判决驳回其诉讼请求。可见，本案中并不存在证明责任倒置的问题。

第四节　证明标准

一、证明标准的概念和意义

证明标准，又称证明要求，是指运用证据证明待证事实所应达到的程度或尺度。在诉讼证明中，证明主体对待证事实的证明达到了证明标准时，法院就应当对待证事实予以认定；达不到证明标准时，就说明待证事实未被证明或者仍处于真伪不明的状态。

证明标准对于诉讼证明活动具有重要意义，主要表现在：(1) 对当事人来说，证明标准可以帮助其正确地进行利益衡量，决定是否提起诉讼或反诉以及是否将诉讼进行下去。(2) 对法院来说，证明标准是审判人员决定具体事实能否认定的行为准则，即如果当事人提供的证据对待证事实的证明达到了证明标准，则对该事实予以认定，反之则不予认定。

【辨析】证明标准与证明责任的关系

两者之间具有紧密的联系。证明责任要解决的问题是，特定的待证事实应当由谁提供证据加以证明；证明标准要解决的问题则是，就该特定的待证事实，当事人应当提供多少证据加以证明。故证明标准是在证明责任的基础上产生的概念，没有真正意义上的证明责任制度，便没有真正意义上的证明标准制度。在诉讼中，当事人提供的证据达到了证明标准，即说明其已履行完毕证明责任，这意味着其不会因为该待证事实的证明问题而遭受诉讼中的不利益；反之，如果未能达到证明标准，则表明其证明责任没能履行完毕，这意味着其可能因为该待证事实的证明问题而遭受诉讼中的不利益。

二、民事诉讼与刑事诉讼的证明标准的比较

从各国的诉讼理论和立法规定来看，民事诉讼与刑事诉讼的证明标准是存在区别的。在英美法系国家，刑事案件一般适用“排除合理怀疑”（beyond reasonable doubt）的证明标准，即证明标准的最低限度是控诉方必须将所指控的犯罪证明到排除一切合理怀疑的程度。民事诉讼

中的证明标准则是“盖然性的优势”（preponderance of probability），或称“优势证据”（preponderance of evidence），即证明某一事实存在的证据的分量和证明力比否定该事实存在的证据更有说服力、更具有可靠性时，法官即应对该证据及其所证明的案件事实予以确认。因此，民事诉讼的证明标准低于刑事诉讼的证明标准。

大陆法系国家的证据制度强调法官的自由心证，在证明标准上要求法官达到“内心确信”。所谓内心确信，是指要求法官在内心确信该事实是存在的。由于刑事诉讼与民事诉讼的性质不同，因而在实践中，对于刑事犯罪事实所需达到的内心确信的程度，往往要大于对民事案件事实的内心确信的程度。

民事诉讼与刑事诉讼中之所以确立不同的证明标准，主要理由在于二者所要解决的案件的性质不同。刑事诉讼所要解决的问题是被告人的行为是否构成了犯罪以及应当如何进行处罚。由于被告人是否有罪以及罪行轻重，涉及该公民的基本人身权利，甚至涉及生命权，关系到人权保障的基本内容，其后果和影响极为重大，因而，对于案件事实的证明程度，就应当达到最高的标准。而民事诉讼所要解决的问题则是当事人之间的民事权利义务纠纷，这种民事纠纷一般只涉及私人的财产权利和某些人身权利，而与生命权、人身自由权的关系不大，故可以确立比刑事案件稍低的证明标准。

三、我国民事诉讼的证明标准

我国在过去相当长的时期内实行一元化的证明标准，即三大诉讼法中实行的证明标准都是“案件事实清楚，证据确实、充分”。在理论上，一般将其称为“客观真实”标准。这种一元化的“客观真实”证明标准，要求将所有案件的结论都建立在经确实、充分的证据证明和还原的“客观真实”基础之上，其出发点无疑是好的，也是任何诉讼制度应当追求的最高理想。但是将“客观真实”这一诉讼证明的最高理想作为民事诉讼的证明标准却未必合适，而且，不考虑民事诉讼与刑事诉讼的区别，规定二者都适用同样的证明标准也未必科学和合理。近年来学者们对此进行了广泛的探讨，提出了诸多批评和建议。

在进行理论探讨和总结审判经验的基础上，《民诉法解释》第 108、109 条针对不同情形分别规定了其证明标准，从而建立了以“高度盖然性”为主、由多个证明标准构成的证明标准体系。

（一）“高度盖然性”的证明标准

根据《民诉法解释》的规定，普通民事案件实行“高度盖然性”的证明标准。所谓“高度盖然性”的证明标准，是指法院基于对证明待证事实的证据的审查判断之结果，并结合其他相关事实，认为待证事实的存在具有高度可能性的，即应当依法对该事实予以认定。《民诉法解释》第 108 条第 1 款明确规定了这一证明标准：“对负有举证证明责任的当事人提供的证据，人民法院经审查并结合相关事实，确信待证事实的存在具有高度可能性的，应当认定该事实存在。”这一证明标准，是在现有证据对待证事实的证明无法达到完全还原“客观真实”的情况下，基于对事物发展的盖然性规律的科学认识所确立的认定案件事实的证明规则。它要求人民法院只有确信待证事实的存在具有“高度可能性”，才能认定该事实存在，在达不到“高度可能性”的确信程度时，则应当认定该事实不存在，这一规定有助于尽量减少案件事实认定错误的可能性。《民诉法解释》第 108 条第 2 款关于待证事实真伪不明时的处理，亦体现了这一证明标准的适用：“对一方当事人为反驳负有举证证明责任的当事人所主张事实而提供的证据，人民法院经审查并结合相关事实，认为待证事实真伪不明的，应当认定该事实不存在。”上述证明标准并不要求人民法院对待证事实达到绝对确信的程度，从而有利于权利人更容易获得司法救济，并可提高诉讼效率。

在理解和适用上述“高度盖然性”证明标准时，需要注意以下几点：第一，“高度盖然性”证明标准是最低限度的证明标准，是对法官内心确信上的最低限度的要求。法官不能以此为借口，放弃对其他证据的认真审查和判断，从而达到更强的内心确信，尽可能地接近客观真实。[①] 第二，“高度盖然性”证明标准是适用于普通类型的案件事实的证明标准，而不适用于所有的案件。为维护人类基本伦理价值和维护社会公益，对于涉及人的身份关系的案件等，应当适用更高的证明标准，表现在，这类案件中不适用自认规则，法院对当事人自认的事实仍可以要求当事人举证证明。第三，无论对方是否提出反证，均应适用“高度盖然性”证明标准。也就是说，在对方提出了反证时，人民法院固然需要考量双方提出的证据，并依照“高度盖然性”标准对负证明责任的一方当事人所主张的事实进行认定；在对方并未提出任何相反证据时，人民法院也不能直接认定负证明责任的一方当事人所主张的事实（对方自认时除外），仍然应当审核其所提出的证据并结合其他相关事实，按“高度盖然性”证明标准对待证事实进行认定。第四，适用该证明标准认定证据和案件事实时，法官应当公开心证的理由和结果，特别是应当在裁判文书中充分阐述和说明采纳证据和认定事实的理由。

（二）“排除合理怀疑”的证明标准

《民诉法解释》第 109 条针对某些特殊案件规定了较之“高度盖然性”证明标准更为严格的“排除合理怀疑”证明标准。该条规定：“当事人对欺诈、胁迫、恶意串通事实的证明，以及对口头遗嘱或者赠与事实的证明，人民法院确信该待证事实存在的可能性能够排除合理怀疑的，应当认定该事实存在。”据此，负证明责任的当事人对于本条所规定的事实的证明，应当使法官确信该事实存在的可能性能够排除合理怀疑。

（三）其他证明标准

除了上述两类证明标准外，《民诉法解释》第 108 条第 3 款规定：“法律对于待证事实所应达到的证明标准另有规定的，从其规定。”据此，在司法实践中，人民法院在认定某些特定的待证事实时，可能还需要适用其他证明标准。

第五节　证据的审核与认定

一、证据的审核与认定的概念

证据的审核与认定，是指法官依照法定程序对当事人提供或者法院调查收集的证据材料进行审查核实和分析研究，以鉴别其真实性、关联性、合法性，从而确定其能否作为认定本案事实的证据以及其证明力大小的诉讼活动。

按照法律规定和诉讼原理，人民法院应当以证据能够证明的案件事实为根据依法作出裁判（《民事证据规定》第 85 条），而证据的审核与认定则是人民法院查明案件事实和认定案件事实的必要手段。

---

① 参见李国光主编：《最高人民法院〈关于民事诉讼证据的若干规定〉的理解与适用》，467 页，北京，中国法制出版社，2002。

二、审核与认定证据的一般规定

（一）法官依法独立审查判断证据的原则

对于证据的审查判断，现代各国既强调法官的自由判断，也强调应遵循法律的规定。《民诉法解释》第 105 条在借鉴其他国家的有益经验的基础上，确立了人民法院依法独立审查判断证据的原则，即“人民法院应当按照法定程序，全面、客观地审核证据，依照法律规定，运用逻辑推理和日常生活经验法则，对证据有无证明力和证明力大小进行判断，并公开判断的理由和结果”。这一规定包括以下几个要点。

1. 法官审查判断证据应当依法进行。在审查判断证据时，法官既要遵守法定的程序，也要遵循法律规定的各种证据规则。

2. 遵循法官职业道德。法官具有良好的职业道德，对于确保司法公正、维护国家法治尊严至关重要。为此，最高人民法院于 2001 年 10 月 18 日发布了《法官职业道德基本准则》(2010 年 12 月 6 日修订)，对法官的职业道德标准作出了规定。在证据的审查判断过程中，同样要求法官应遵循职业道德的要求。

3. 运用逻辑推理和日常生活经验。法官应当通晓法律思维逻辑的一般规律，熟知日常生活经验，只有如此才能肩负准确判断证据、认定事实和适用法律的使命。

4. 独立（即自由）地进行证据判断。法官应当依法独立审查判断证据，但法官行使该项审判权限时，要受到法律所规定的一系列条件的制约。

5. 判断证据的理由和结果应予公开。只有如此才便于当事人了解法官是如何判断证据和认定事实的，其判断证据的结果才能获得当事人的信任。也只有将法官审查判断证据的心证公开，才能真正树立司法的权威。法官判断和认定证据的心证公开，最重要的方式是通过判决书公开判决的理由。

【案例】 高某与白某早先合伙经营石材生意，后双方发生矛盾，高某要求退伙，白某便给高某打了一张 3 万余元的欠条，约定 2004 年 5 月还钱。届时，高某拿着欠条找白某要账。白某仍对双方的矛盾耿耿于怀，本来就不情愿还钱，当他拿到欠条一看，意外发现欠条上的还款日期写的竟是“20004 年 5 月”。这下白某有了“理由”，借口还款期未到，拒绝还钱。高某无奈，只得将白某诉至法院。法院经审理后认为，“20004 年”的写法是当事人的一时笔误，还款期限要等上 18000 年显然不合情理，遂判决白某必须在一定期限内归还全部欠款。

对于本案中欠条这一证据的审核认定，法官实际上运用了逻辑推理和日常生活经验。约定债务人 20004 年还债，让债权人等 18000 年，显然不合常理，与日常生活经验相悖。

（二）对各个证据进行具体分析

根据《民事证据规定》第 87 条的规定，审判人员对单一证据可以从下列方面进行审核认定：(1) 证据是否为原件、原物，复印件、复制品与原件、原物是否相符。(2) 证据与本案事实是否相关。(3) 证据的形式、来源是否符合法律规定。(4) 证据的内容是否真实。(5) 证人或者提供证据的人与当事人有无利害关系。

一方当事人提出的下列证据，对方当事人提出异议但没有足以反驳的相反证据的，人民法院应当确认其证明力：(1) 书证原件或者与书证原件核对无误的复印件、照片、副本、节录本；(2) 物证原物或者与物证原物核对无误的复制件、照片、录像资料等；(3) 有其他证据佐证并以合法手段取得的、无疑点的视听资料或者与视听资料核对无误的复制件；(4) 一方当事人申请人民法院依照法定程序制作的对物证或者现场的勘验笔录。

（三）对全部证据进行综合分析

在对单个证据进行审查的基础上，审判人员应当综合全部证据，进行审查判断并据此认定案件事实。按照《民事证据规定》第88条的规定，对案件的全部证据，审判人员应当从各证据与案件事实的关联程度、各证据之间的联系等方面进行综合审查判断，以便排除证据间的疑问和矛盾，最终确定各个证据有无证据能力以及证明力的大小。

三、审核、认定证据的具体规则

在我国民事诉讼法的理论研究和司法实务中，通常使用“客观性”“关联性”“合法性”等概念来阐述证据的基本属性。《民事诉讼法》和有关司法解释总结审判实践经验，规定了一些审核、认定证据的具体规则。

（一）证人资格规则

《民事诉讼法》第72条第2款规定：不能正确表达意思的人，不能作证。《民事证据规定》第67条规定：“不能正确表达意思的人，不能作为证人。待证事实与其年龄、智力状况或者精神健康状况相适应的无民事行为能力人和限制民事行为能力人，可以作为证人。”据此，不能正确表达意思的人对案件事实所作的“证言”，不具有证据能力。

（二）非法证据排除规则

非法证据排除规则是从否定的角度对合法性规则所作的界定，是指除了法定例外情形，法官不得将非法证据作为认定案件事实的依据，应当将其予以排除。从广义上说，非法证据的情形主要有以下几种：(1) 不符合法定证据形式；(2) 不符合法定来源；(3) 取证的程序和手段违法。[①] 这一规则在理论上引起广泛讨论。在实务中较难处理的是第三种情形，即非法取得的证据能否被采纳为裁判的依据。对于非法取得的证据，英美法系国家一般严格予以排除，不得作为证据使用；大陆法系国家则一般允许法官根据取证行为的具体情况加以裁量，以便决定是否予以排除。

在民事诉讼中，非法证据主要是指当事人及其诉讼代理人以非法的方式、手段所收集的证据。对于该类证据材料能否作为证据被采信的问题，我国理论界存在着意见分歧，有的主张只要该材料的内容具有客观性和关联性，能够反映案件的真实情况，就应当将其作为证据使用；有的则主张因其取证手段不合法而应予以排除。

我国《民事诉讼法》未明确规定非法证据应否排除的问题，但司法实践中很早就有相关案例了。最高人民法院1995年3月6日《关于未经对方当事人同意私自录制其谈话取得的资料不能作为证据使用的批复》（现已废止）指出：“证据的取得必须合法，只有经过合法途径取得的证据才能作为定案的根据。未经过对方当事人同意私自录制其谈话，系不合法行为，以这种手段取得的录音资料，不能作为证据使用。”该批复确立了一条证据规则，即未经对方同意私自录制的录音资料，不具有证据能力。然而，从审判实践的效果来看，绝对排除这类证据材料的证据能力，给当事人举证造成了极大困难，带来了影响实体公正的实现、不利于保护合法的民事权益、放纵了违法行为人等负面效应。为此，2001年颁布的《民事证据规定》第68条重新界定了非法证据排除规则，即“以侵害他人合法权益或者违反法律禁止性规定的方法取得的证据，不能作为认定案件事实的依据”。不过，这一条款在适用中存在一些问题，特别是对“以侵害他人合法权益”的方法取得的证据都应当予以排除，而不考虑其“侵害他人合法权益”

① 参见杨宇冠：《非法证据排除规则研究》，5页，北京，中国人民公安大学出版社，2002。

的程度大小，这显然不利于充分保障当事人的证明权，因此，《民诉法解释》第 106 条将该规则修改为"对以严重侵害他人合法权益、违反法律禁止性规定或者严重违背公序良俗的方法形成或者获取的证据，不得作为认定案件事实的根据"。尽管如此，由于民事诉讼中非法证据的排除是一个非常复杂的问题，因而如何准确地理解和适用这一规则，需要在理论上进一步探讨，并在实践中积累审判经验，形成具有指导性的案例。

（三）证据须经过质证的规则

《民诉法解释》第 103 条规定："证据应当在法庭上出示，由当事人互相质证。未经当事人质证的证据，不得作为认定案件事实的根据。当事人在审理前的准备阶段认可的证据，经审判人员在庭审中说明后，视为质证过的证据。涉及国家秘密、商业秘密、个人隐私或者法律规定应当保密的证据，不得公开质证。"因此，无论是书证、物证、视听资料，还是证人证言、鉴定结论等，除了例外情形，所有证据材料都应当经过双方当事人的质证，没有经过质证，就不具有证据能力。《民事诉讼法》第 200 条将"原判决、裁定认定事实的主要证据未经质证"，作为当事人申请再审的法定事由之一。

（四）调解或和解中对事实的认可不得作为对其不利的证据的规则

《民诉法解释》第 107 条规定："在诉讼中，当事人为达成调解协议或者和解协议作出妥协而认可的事实，不得在后续的诉讼中作为对其不利的根据，但法律另有规定或者当事人均同意的除外。"

（五）证据能力受限制的规则

某些证据材料，只有符合一定的条件时（例如得到其他证据的佐证），才具有证据能力，否则不能作为认定事实的依据，因而其证据能力是受到一定限制的。[①]《民事证据规定》第 90 条规定：下列证据不能单独作为认定案件事实的根据：（1）当事人的陈述；（2）无民事行为能力人或者限制民事行为能力人所作的与其年龄、智力状况或者精神健康状况不相当的证言；（3）与一方当事人或者其代理人有利害关系的证人陈述的证言；（4）存有疑点的视听资料、电子数据；（5）无法与原件、原物核对的复制件、复制品。根据该规定，如果没有其他证据，上述单个证据即不具有证据能力，不能作为认定案件事实的依据。

（六）最佳证据规则

最佳证据规则，是指原始证据应优先于派生证据被提供和被采用。相对于派生证据，原始证据的真实性较高，证明力较大，正是在此种意义上，原始证据被称为最佳证据。根据该规则，当事人应当提供原始证据，法官应当采用原始证据来认定事实。不过，有如下理由之一的，可以提供和采用派生证据：（1）原始证据灭失或丢失，不能或难以找到的；（2）原始证据被对方当事人或第三人所掌控，当事人无法提供的；（3）原始证据不能移动或体大笨重，不能或不易提交到法庭上的。

我国法律和司法解释中也有关于最佳证据规则的规定。例如，《民事诉讼法》第 70 条第 1 款规定："书证应当提交原件。物证应当提交原物。提交原件或者原物确有困难的，可以提交复制品、照片、副本、节录本。"根据《民诉法解释》第 111 条的规定，"提交书证原件确有困

① 证据能力受限制的规则在诉讼理论上也可被称为补强证据规则，即只有存在其他证据佐证的情况下，被佐证的证据才能作为认定事实的根据。补强证据规则，是指某一证据不能单独作为认定案件事实的根据，只有在其他证据予以佐证补充的情况下，才能作为定案根据。设置补强证据规则的立法意图在于，对那些在质量上缺乏应有的证明价值的单一证据，需要从数量上加以补强，从而与被补强的证据材料相结合，共同证明案件事实，防止对案件事实的错误认定。

难”包括以下情形：(1) 书证原件遗失、灭失或者毁损的；(2) 原件在对方当事人控制之下，经合法通知提交而拒不提交的；(3) 原件在他人控制之下，而其有权不提交的；(4) 原件因篇幅或者体积过大而不便提交的；(5) 承担举证证明责任的当事人通过申请人民法院调查收集或者其他方式无法获得书证原件的。对于以上情形，人民法院应当结合其他证据和案件具体情况，审查判断书证复制品能否作为认定案件事实的根据。

修改后的《民事证据规定》第11条规定：“当事人向人民法院提供证据，应当提供原件或者原物。如需自己保存证据原件、原物或者提供原件、原物确有困难的，可以提供经人民法院核对无异的复制件或者复制品。”第21条规定：“人民法院调查收集的书证，可以是原件，也可以是经核对无误的副本或者复制件。是副本或者复制件的，应当在调查笔录中说明来源和取证情况。”第22条规定：“人民法院调查收集的物证应当是原物。被调查人提供原物确有困难的，可以提供复制品或者影像资料。提供复制品或者影像资料的，应当在调查笔录中说明取证情况。”第23条规定：“人民法院调查收集视听资料、电子数据，应当要求被调查人提供原始载体。提供原始载体确有困难的，可以提供复制件。提供复制件的，人民法院应当在调查笔录中说明其来源和制作经过。人民法院对视听资料、电子数据采取证据保全措施的，适用前款规定。”

据此，当事人提供证据材料，应当以提供原件或原物为原则，以提交复制品或复印件为例外。在我国，最佳证据规则的适用范围不限于书证，还包括其他证据种类，这与英美法系各国证据法的最佳证据规则仅适用于书证有所不同。

（七）举证妨碍规则

举证妨碍，又称证明妨碍，是指不负举证责任的当事人，故意或过失地以作为或不作为的方式，将证据灭失、隐匿或妨碍其利用，使负举证责任的当事人因无法利用该证据而无法尽其举证责任时，法院可根据案件审理情况，在事实认定上，作出对负举证责任的当事人有利的认定。《民事证据规定》第95条的规定即体现了举证妨碍规则的要求：“一方当事人控制证据无正当理由拒不提交，对待证事实负有举证责任的当事人主张该证据的内容不利于控制人的，人民法院可以认定该主张成立。”《民诉法解释》第112条第2款的规定（书证持有人不遵从文书提出命令时，法院可认定申请人所主张的书证内容为真实），也是举证妨碍规则的体现。持有书证的当事人以妨碍对方当事人使用为目的，毁灭有关书证或者实施其他致使书证不能使用行为的，人民法院可以依法对其予以罚款、拘留之规定（《民诉法解释》第113条），则是对举证妨碍行为人的一种处罚措施。

确立举证妨碍规则，是为了更好地保护当事人的合法权益，实现实体公正。诉讼实践中，有时证据持有人持有对自己不利的证据，且该证据所要证明的事实又属于对方应负证明责任的事实，在此情形下，证据持有人为避免败诉，很可能不愿将该证据提交给法院。而该证据不提交给法院，争议的待证事实便无法得到充分的证明，对方当事人的实体权益因而不能得到保护，所以，在有证据证明一方当事人持有证据无正当理由拒不提供时，适用举证妨碍规则就很有必要。

思考与练习

1. 证明与释明在适用上有何不同？
2. 如何理解民事诉讼中的免证事实？
3. 如何合理地在当事人之间分配证明责任？

4. 有无必要对民事诉讼和刑事诉讼设定不同的证明标准？

5. 请运用利益衡量方法，分析非法证据排除规则的合理界限。

6. 某日，某临街小百货店的老板张某准备回家，刚迈出店门，突然被一个东西砸中头部而倒地昏迷。“肇事者”是从楼上掉下来的一只圆盘大小的乌龟。张某的小百货店在小区的一楼，上面的2到7层是居民住宅，乌龟是住在上面的某户居民在阳台上饲养的，并从上面掉了下来。张妻拿着乌龟从2楼找到7楼让邻居认领，但是无人承认自己饲养过乌龟。张妻遂诉至法院，要求2楼至7楼24户居民共同赔偿损失。问：本案属于何种性质的侵权行为？如何在当事人之间进行证明责任的分配？

7. 王某夫妇及其儿子租住某粮油公司粮库。某日，粮油公司未采取安全防范措施即对粮库中的仓储小麦施用磷化铝进行熏蒸。当天王妻及儿子在家，两人先后产生呕吐现象，病情渐有加重，后送医院经数小时抢救，治疗无效，两人先后死亡。当地公安局进行病理检验后，认定为有毒物质中毒死亡。刑警部门作出调查结论：排除他人投毒或误食有毒食品导致死亡的可能性，二人系磷化氢中毒死亡的可能性较大。死者家属为求得赔偿将粮油公司诉至法院。问：本案应如何分配证明责任？

前沿问题探讨

1.《民诉法解释》第109条规定，对于欺诈、胁迫、恶意串通的事实以及口头遗嘱或赠与事实的证明，应当达到排除合理怀疑的程度。有学者对此提出了批评，认为该规定显然混淆了民事诉讼证明标准与刑事诉讼证明标准的区别，既没有法律上的根据，也缺乏理论上的充分论证，在实务操作中将产生诸多弊端。① 由于《民诉法解释》的颁行时日尚短，该规定的利弊得失还难以判断，有待于今后在总结审判实践经验的基础上，对这一问题予以进一步研讨。

2. 非法证据应否排除的问题，突出地反映了查明案件事实真相、保护当事人的实体权利与保护对方当事人或其他人的有关权益以及程序公正之间的冲突。对于非法证据应否排除以及在何种程度上予以排除，往往是一种两难的价值判断和利益考量。考虑到民事诉讼和刑事诉讼的区别，民事诉讼中的非法证据排除问题不宜简单地套用刑事诉讼中的有关规则。就我国的实际情况来说，当事人及其代理人缺乏合法有效的取证手段，其收集证据的权利未能得到充分的保障，证据收集制度与非法证据排除规则难以实现良好的对接。因而，在理论探讨和实务操作中，应充分关注这一现状，合理界定证据的合法性以及非法证据排除规则的适用范围。

① 参见江伟、肖建国主编：《民事诉讼法》，8版，222页，北京，中国人民大学出版社，2018。

第十章 第一审普通程序

内容提要

作为人民法院审理第一审民事案件通常适用的程序，普通程序最完整地体现了民事诉讼程序的基本结构，并因此成为其他各种诉讼程序的基础。这一程序集中展示了诉讼程序的全过程，包括起诉与受理、审理前的准备、开庭审理、判决与裁定等。

第一节　普通程序概述

一、普通程序的概念

普通程序是第一审人民法院审理诉讼案件通常适用的程序。作为法院审理诉讼案件最基本的程序，它在整个民事诉讼程序中占有十分重要的地位。从立法上看，它位居民事诉讼众多程序之首，条文最多，内容最为复杂，最完整地体现了民事诉讼程序的基本结构，并因此成为其他各种诉讼程序的基础。从理论上看，民事诉讼法学总则部分的主要理论问题无不与普通程序的理论相关，其他程序的理论问题也都与普通程序的理论相关。从审判实践上看，由于普通程序的规定较为完整，民事诉讼法的基本原则和诉讼制度能够在普通程序中得到充分的体现，因而它能够保证人民法院查明案件事实，正确处理民事纠纷，有效地保障当事人行使诉讼权利，维护合法权益。

普通程序将民事诉讼其他各程序共同适用的原则、程序制度集中地加以规定，不仅为法院审理第一审诉讼案件，而且为其他诉讼程序的运行机制提供了必要的依据。普通程序实际上起着各种诉讼程序通则的作用。因此，在民事诉讼法中规定系统、完备的普通程序是各国的通例。

二、普通程序的特点

普通程序与其他诉讼程序相比，具有以下特点。

1. 程序的完整性。在民事诉讼各审判程序中，普通程序是最系统、最完整的程序。在体系上，普通程序包括了当事人起诉、人民法院受理、审理前准备，开庭审理、裁判等各个法定诉讼阶段，每一个诉讼阶段按顺序相衔接，反映了审判活动和诉讼活动的基本规律。在内容上，普通程序对各个诉讼环节的具体内容均作出了明确规定，并且对一些附属程序也作了规定，用以解决诉讼中的特殊事项，如撤诉、缺席判决、诉讼中止和诉讼终结等。

2. 相对的独立性。法院适用普通程序审理民事案件时，除贯彻民事诉讼法总则部分的基本原则、基本制度外，不需要适用其他诉讼程序的规定，不依赖于简易程序、第二审程序、审判监督程序或特别程序的规定。

3. 广泛的适用性。首先，普通程序适用于我国各级各类人民法院审理诉讼案件。中级以上的人民法院和专门人民法院审理第一审民事案件，必须适用普通程序；基层人民法院除审理简单的民事案件适用简易程序外，审理其他案件时也必须适用普通程序。其次，由于普通程序完整、系统，其已成为民事诉讼程序的基础，广泛适用于人民法院审理简单民事案件、上诉和再审的案件。例如，法院适用简易程序时，对于简易程序中没有规定的事项应适用普通程序的有关规定；法院审理上诉案件时，对于第二审程序没有规定的事项应适用普通程序的有关规定。审判监督程序则是针对审理再审案件的特点所作出的特别规定，它本身并没有独立的审判程序，具体的诉讼程序仍是适用第一审程序或第二审程序，适用第一审程序审理时，必须适用普通程序。

三、普通程序的意义

普通程序与其他诉讼程序相比，具有以下意义。

1. 普通程序的完备有利于实现公正和高效的诉讼目标。普通程序在第一审程序中处于重要地位。在第一审程序中如果能够充分保障当事人的程序权利，能够满足实现程序公正的最低限度要求，就可以赢得当事人对程序的信赖，吸收诉讼过程中的不满情绪。即使是受到诉讼结果不利影响的人也会因为受到了应有的尊重而对判决本身产生认同，从而使纠纷得到真正的解决，减少上诉案件的数量。在整个诉讼程序中，第一审程序如果能够充分保障当事人的诉讼权利，限制法官恣意，必然会降低案件的上诉率，同时避免再审程序的频繁启动，有利于节约司法资源，从而实现程序效益。

2. 完备的普通程序对其他诉讼程序起到总则作用和保障作用。普通程序不需要借助其他的诉讼程序而可以单独适用，这是因为普通程序对诉讼程序的各个诉讼阶段的内容都作了具体规定，而且对特殊情况处理也作了明确的规范。这些规定在其他诉讼程序没有规定的情况下也可以适用，换言之，其他诉讼程序只需根据其本身的特点和要求对不同于普通程序的事项作出补充和变更，而对于需要适用但在普通程序中已经规定的即不需再作出规定。其他诉讼程序应当处理而又没有具体特别规定的事项，适用普通程序中的规定。这就体现了普通程序对其他诉讼程序的总则作用和保障作用。

第二节　起诉与受理

一、起诉

（一）起诉的概念

起诉，是指公民、法人和其他组织认为自己所享有的或者依法管理、支配的合法权益受到侵害，或者与他人发生争议，而以自己的名义向人民法院提出诉讼请求，要求人民法院行使审判权予以裁判的诉讼行为。

起诉的概念和诉权的性质密切相关。在不同的诉权学说下，起诉的概念也是不同的。起诉是当事人行使诉权的具体体现，起诉权是当事人诉权在特定诉讼阶段的具体表现形式。因此，起诉的目的是要引起诉讼程序的开始，从而使自己被侵犯的合法权益置于人民法院的司法保护之下。起诉既是当事人保护自己的合法权益的诉讼行为，也是启动民事诉讼程序的重要条件。民事诉讼实行“不告不理”的原则，“没有原告就没有法官”。没有当事人的起诉，法院不能主动审理民事案件。但是，当事人的起诉并不必然引起诉讼程序的开始，人民法院对于当事人的起诉应当进行形式要件的审查，认为符合法定起诉条件的，即依法予以登记受理；认为不符合起诉条件的，则依法不予受理。

（二）起诉的条件

根据我国《民事诉讼法》第119条的规定，起诉必须同时符合下列四个条件。

1. 原告是与本案有直接利害关系的公民、法人和其他组织。所谓“与本案有直接利害关系”，是指请求人民法院保护的民事权益必须是属于自己享有的，或者是依法由自己管理、支配的。原告的起诉根据有两种情形：第一，原告为保护自己的实体民事权利，提起诉讼；第二，原告并非实体权利主体，但他对于该民事权益享有管理权或者支配权，也可认定与本案有直接利害关系而成为案件的原告，这种情况也被称为“法定诉讼担当”①。

2. 有明确的被告。明确的被告，是指原告指控其侵犯了自己合法权益或者与自己发生了民事争议的相对一方当事人必须明确、具体。原则上，民事诉讼程序中必须具有双方当事人，如果缺少一方诉讼则无法进行，法院也无法提供司法保护。至于“明确”，是指人民法院可以根据原告的起诉将被告特定化、唯一化。《民诉法解释》第209条对“明确的被告”所做的解释是：原告提供被告的姓名或者名称、住所等信息具体明确，足以使被告与他人相区别的，可以认定为有明确的被告。司法实践中，被告如果是自然人，需明确的内容应当包括被告姓名、性别、年龄、民族、职业、工作单位和住所；如果被告是法人、其他组织的，需明确的内容包括其名称、住所和法定代表人或者主要负责人的姓名、职务。起诉状列写被告信息不足以认定明确的被告的，人民法院可以告知原告补正。原告补正后仍不能确定明确的被告的，裁定不予受理。

3. 有具体的诉讼请求和事实、理由。具体的诉讼请求，即原告请求人民法院予以保护的民事权益的具体内容，是原告在诉讼中提出的实体权利请求。事实和理由主要是指法律关系发生、变更、消灭的事实，民事权益受到侵犯或者与他人发生争议的事实，请求所依据的法律规定，等等。

4. 属于人民法院受理民事诉讼的范围和受诉人民法院管辖。原告提起的诉讼，必须属于人民法院受理民事诉讼的范围，换言之，属于人民法院的主管范围，否则人民法院不得对其行使审判权。在原告提起的诉讼属于人民法院受理范围前提下，受诉人民法院必须对该案具有管辖权，否则原告的起诉也不符合起诉的条件。

以上四个条件，起诉时必须同时具备，缺少其中任何一个条件，人民法院就不能受理。②

---

① 肖建华：《民事诉讼当事人研究》，134页，北京，中国政法大学出版社，2002。

② 有学者认为，我国《民事诉讼法》将“与本案有直接利害关系”作为原告适格的条件，既不符合当事人适格理论，也与我国的司法实践相冲突，缩小了适格原告的范围。为此，建议以原告具有诉的利益来取代“直接利害关系”。诉的利益是指当民事权益受到侵害或与他人发生民事争议时，需要运用民事诉讼予以救济的必要性和实效性。必要性是指纠纷有无必要通过民事诉讼的方式加以解决。如果当事人之间的争议不属于民事权利义务的争议，就没有必要以民事诉讼的方式解决。实效性是指法院能否通过民事诉讼实际解决纠纷。即使某些争议属于民事争议范围，但法院作出判决并不能实际解决争议时，该诉不具有诉的利益。只有具有诉的利益的案件才能通过民事诉讼方式加以解决，否则，法院应驳回原告的起诉。因此，原告具有诉的利益便成为起诉的一个条件。参见江伟等：《〈中华人民共和国民事诉讼法〉修改建议稿（第三稿）及立法理由》，237页，北京，人民法院出版社，2005。

（三）起诉的方式和起诉状的内容

《民事诉讼法》第120条规定：起诉应当向人民法院递交起诉状，并按照被告人数提出副本。书写起诉状确有困难的，可以口头起诉，由人民法院记入笔录，并告知对方当事人。可见，起诉应以书面方式为原则，即原告应向人民法院递交起诉状，但如果公民书写起诉状确有困难的，允许其口头起诉，由人民法院记入笔录，并告知对方当事人。口头起诉作为书面起诉的例外或补充形式，是附条件的，即必须是在原告书写起诉状确有困难的情况下方可采用。根据我国《民事诉讼法》第121条的规定，起诉状应当包括以下主要内容。

1. 当事人的基本情况。当事人是公民的，应写明其姓名、性别、年龄、民族、职业、工作单位、住所和联系方式；当事人是法人或其他组织的，应写明其名称、住所和法定代表人或主要负责人的姓名、职务、联系方式。

2. 诉讼请求和所依据的事实与理由。这部分是起诉状的实质内容，也是原告起诉必须具备的法定要件。诉讼请求是指原告向人民法院提起的实体权利主张，原告应当具体写明，其向人民法院提出的具体诉讼请求是什么，请求人民法院保护哪些权利，要求对方当事人履行什么义务。同时在起诉状中，原告应当列出有哪些具体的事实和理由来支持自己的请求。

3. 证据和证据来源，证人姓名和住所。原告在起诉状中，应当提供能够证明案件事实和自己主张的各种证据以及证据的来源，以支持自己提出的诉讼请求。原告对于因客观原因无法提供的证据，应向人民法院提供证据的来源，同时也可以申请人民法院调查收集。

原告在起诉状中有谩骂和人身攻击之辞的，人民法院应当告知其修改后提起诉讼。

二、受理

（一）受理的概念和意义

受理，是指人民法院依据法律规定对起诉进行审查，对符合起诉条件的予以立案，从而启动民事诉讼程序的行为。

起诉和受理是两种不同性质的行为。起诉是当事人基于诉权在特定的起诉受理阶段实施的具体诉讼行为，而受理是人民法院基于审判权实施的职权行为。只有当原告的起诉行为与人民法院的受理行为相结合时，诉讼程序才能正式启动。起诉与受理的规定实际上是诉权与审判权相互配置关系的反映，这两种不同性质的行为形成了对应关系。一方面，民事诉讼程序的进行都需要这两种行为的结合，没有原告的起诉，就没有法院的受理；但仅有原告的起诉，没有法院的受理，民事诉讼程序仍然无法进行。另一方面，如果应当受理的起诉没有被受理，不仅当事人的诉权因此会受到损害，其合法权益也得不到应有的司法保护；如果不应受理的起诉得到受理，则将使法院的裁判失去正确的根据，导致司法资源的浪费。

（二）审查起诉和受理立案

受理的程序包括两个环节：一是审查起诉；二是受理立案。

人民法院接到原告的起诉后，应及时依法进行审查。审查应当从实质和形式两个方面进行：首先，审查原告的起诉是否符合《民事诉讼法》规定的四个实质条件。其次，要审查原告的起诉的手续是否完备，包括起诉状的法定内容是否都具备，原告是否按被告的人数提交了起诉状副本。对于起诉状的内容有欠缺、起诉的手续不完备的，人民法院应限期由当事人补正。

根据《民事诉讼法》第123条的规定，人民法院应当保障当事人依照法律规定享有的起诉权利。在收到当事人的起诉状或口头起诉后，对符合起诉条件的起诉，应当在7日内立案并通知当事人；认为不符合起诉条件的，应当在7日内作出不予受理的裁定。原告对不予受理的裁定不服的，可以向上一级人民法院提起上诉。《民诉法解释》第208条规定："人民法院接到当事人提交的民事起诉状时，对符合民事诉讼法第一百一十九条的规定，且不属于第一百二十四条规定情形的，应当登记立案；对当场不能判定是否符合起诉条件的，应当接收起诉材料，并出具注明收到日期的书面凭证。需要补充必要相关材料的，人民法院应当及时告知当事人。在补齐相关材料后，应当在七日内决定是否立案。立案后发现不符合起诉条件或者属于民事诉讼法第一百二十四条规定情形的，裁定驳回起诉。"

2012年修法时，增设关于先行调解的规定。根据《民事诉讼法》和相关司法解释的规定，对当事人起诉到人民法院的民事纠纷，适宜调解的，应当先行调解，但当事人拒绝调解的除外。对当事人起诉到人民法院的适宜调解的案件，登记立案前，人民法院可以委派特邀调解组织、特邀调解员进行调解。委派调解达成协议的，当事人可以依法申请司法确认。当事人明确拒绝调解的，人民法院应当依法登记立案。登记立案后或者在审理过程中，人民法院认为适宜调解的案件，经当事人同意，可以委托给特邀调解组织、特邀调解员或者由人民法院专职调解员进行调解。委托调解达成协议的，经法官审查后依法出具调解书。

【改革动态】从立案审查制到立案登记制

随着我国社会经济的发展，民事主体对于通过诉讼解决纠纷的要求日益强烈，2012年的《民事诉讼法》中规定的起诉条件的"高阶化"已经难以适应解决民事纠纷的实际需要。党的十八届四中全会要求："改革法院案件受理制度，变立案审查制为立案登记制，对人民法院依法应该受理的案件，做到有案必立、有诉必理，保障当事人诉权。"为贯彻落实中央决定的精神，切实解决人民群众强烈的"立案难"的问题，充分发挥人民法院化解社会矛盾的作用，《民诉法解释》第208条作出了相应的规定。2015年4月15日，最高人民法院公布《关于人民法院登记立案若干问题的规定》。该规定自2015年5月1日起施行。

（三）受理的法律后果

原告的起诉经法院受理，即为起诉成立，由此产生法律上的效力。起诉成立后，产生以下效力。

1. 民事诉讼程序正式启动。人民法院可以对当事人之间发生争议的民事实体法律关系行使审判权。通过原告起诉和人民法院受理行为，人民法院针对具体案件可以行使审判权，保障当事人的诉权。

2. 民事诉讼法律关系形成。人民法院受理案件后，双方当事人分别取得了原告和被告的诉讼主体地位，并依法享有或承担各自不同的诉讼权利和诉讼义务。原告和人民法院之间、被告和人民法院之间诉讼法律关系正式产生，人民法院同当事人作为诉讼法律关系的主体，都必须受民事诉讼法律规范的调整和约束。

3. 非经法定程序不得解除诉讼。诉讼系属形成后，诉讼程序应当严格依据法律规定的程序进行，除非出现法律规定的特殊情形人民法院裁定中止和终结诉讼，当事人和人民法院不得随意解除诉讼。

4. 诉讼时效中断。诉讼时效因当事人提起诉讼而中断。人民法院受理当事人起诉的，诉讼时效重新计算；人民法院裁定不予受理的，从不予受理的裁定生效之日起，诉讼时效连续计算，但从当事人起诉到人民法院不予受理的裁定生效之间的时间应从诉讼时效期间扣除。

此外，起诉成立还产生管辖恒定、当事人恒定、诉讼标的恒定、准许被告反诉等效力。

（四）不予受理的案件及其处理

根据《民事诉讼法》第124条以及最高人民法院《民诉法解释》的有关规定，当事人的起诉如果属于下列情形之一的，人民法院不予受理，并作出相应的处理。

1. 依照行政诉讼法的规定，属于行政诉讼受案范围的，告知原告提起行政诉讼。

2. 依照法律规定，双方当事人达成书面仲裁协议申请仲裁、不得向人民法院起诉的，告知原告向仲裁机构申请仲裁。根据《民诉法解释》第215条的规定，当事人在书面合同中订有仲裁条款，或者在发生纠纷后达成书面仲裁协议，一方向人民法院起诉的，人民法院应当告知原告向仲裁机构申请仲裁，其坚持起诉的，裁定不予受理，但仲裁条款或者仲裁协议不成立、无效、失效、内容不明确无法执行的除外。《民诉法解释》第216条规定，在人民法院首次开庭前，被告以有书面仲裁协议为由对受理民事案件提出异议的，人民法院应当进行审查。经审查符合下列情形之一的，人民法院应当裁定驳回起诉：（1）仲裁机构或者人民法院已经确认仲裁协议有效的；（2）当事人没有在仲裁庭首次开庭前对仲裁协议的效力提出异议的；（3）仲裁协议符合《仲裁法》第16条规定且不具有《仲裁法》第17条规定情形的。

3. 依照法律规定，应当由其他机关处理的争议，告知原告向有关机关申请解决。例如企业内部因工资、福利、奖励、处分等事项引发的争议，历次政治运动遗留下来的属于落实政策的纠纷，农村中划分责任田的纠纷等，应告知原告向法律规定的机关申请解决。

4. 对不属于本院管辖的案件，告知原告向有管辖权的人民法院起诉。《民诉法解释》第211条规定，对本院没有管辖权的案件，告知原告向有管辖权的人民法院起诉；原告坚持起诉的，裁定不予受理；立案后发现本院没有管辖权的，应当将案件移送有管辖权的人民法院。

5. 对判决、裁定、调解书已经发生法律效力的案件，当事人又起诉的，告知原告申请再审，但人民法院准许撤诉的裁定除外。依据“一事不再理”原则，判决、裁定一旦发生法律效力，就具有既判力，法律不允许当事人以同一诉讼标的、同一理由再行起诉，只能申请再审或者提出申诉。当事人撤诉或人民法院按撤诉处理后，当事人以同一诉讼请求再次起诉的，人民法院则应予受理。

6. 依照法律规定，在一定期限内不得起诉的案件，在不得起诉的期限内起诉的，不予受理。例如，《婚姻法》第34条规定：“女方在怀孕期间、分娩后一年内或中止妊娠后六个月内，男方不得提出离婚。”如果男方在此期间提出离婚，人民法院不予受理。

7. 判决不准离婚及调解和好的离婚案件，判决、调解维持收养关系的案件，没有新情况、新理由，原告在6个月内又起诉的，不予受理。根据《民诉法解释》第214条第2款的规定，原告撤诉或者按撤诉处理的离婚案件，没有新情况、新理由，6个月内又起诉的，比照《民事诉讼法》第124条第7项的规定不予受理。

根据《民诉法解释》的规定，以下案件法院应予受理，并妥善处理。

（1）裁定不予受理、驳回起诉的案件，原告再次起诉，符合起诉条件且不属于《民事诉讼法》第124条规定情形的，人民法院应予受理。

（2）夫妻一方下落不明，另一方诉至人民法院，只要求离婚，不申请宣告下落不明人失踪或者死亡的案件，人民法院应当受理，对下落不明人公告送达诉讼文书。

（3）赡养费、扶养费、抚育费案件，裁判发生法律效力后，因新情况、新理由，一方当事人再行起诉要求增加或者减少费用的，人民法院应作为新案受理。

（4）当事人超过诉讼时效期间起诉的，人民法院应予受理。受理后对方当事人提出诉讼时效抗辩，人民法院经审理认为抗辩事由成立的，判决驳回原告的诉讼请求。

第三节　审理前的准备

一、审理前准备的意义

审理前的准备是第一审普通程序中的重要组成部分，它对于保护当事人充分行使诉讼权利，及时化解纠纷，保证法院更好地发挥庭审功能，提高诉讼效率，实现诉讼公正，均具有十分重要的意义。

审理前的准备，是指人民法院受理案件以后到开庭审理之前，为保证庭审工作顺利进行，而由审判人员进行的一系列准备活动的总称。审理前准备是统一的诉讼程序中的一个相对独立的诉讼阶段，有其相应的诉讼法律后果，因而不能简单地等同于审判辅助工作。这个阶段的主要任务是为开庭审理的顺利进行做准备，所有法定的具体准备工作都是围绕保证开庭审理顺利进行而开展的。做好庭审前的准备工作有利于双方当事人明确争执焦点，证据交换使诉讼结果更多地建立在案件事实基础上，而不是当事人的诉讼技巧上。做好开庭前的各项准备工作，也有利于人民法院庭审中针对争议焦点集中审理，保障案件判决的正确性，同时提高诉讼效率。

一般而言，审前准备程序的功能应包括以下几点：(1) 明确争点。此即双方当事人在庭前形成、明确并固定争执的焦点，以保障庭审围绕争点进行。(2) 交换并固定证据。其目的在于保证双方当事人开庭审理时的攻击、防御能够建立在公平对抗的基础上，并保证法庭能够最大限度地发现真实。(3) 促进当事人和解。近年来，随着我国民事司法改革的不断深入，审前准备程序越来越受到重视，正在逐步完善。2012 年修法时，在总结审判实践经验的基础上，对审前准备程序作了补充和完善。《民事诉讼法》第 133 条规定："人民法院对受理的案件，分别情形，予以处理：（一）当事人没有争议，符合督促程序规定条件的，可以转入督促程序；（二）开庭前可以调解的，采取调解方式及时解决纠纷；（三）根据案件情况，确定适用简易程序或者普通程序；（四）需要开庭审理的，通过要求当事人交换证据等方式，明确争议焦点。"《民诉法解释》第 224、225 条增设庭前会议制度。

二、审理前准备的主要内容

根据《民事诉讼法》第 125 条至第 133 条的规定，审理前的准备工作有以下几项。

（一）在法定期间内送达诉讼文书

通过此项工作，双方当事人在开庭前相互了解对方的主张，针对对方的主张进行准备活动，在充分行使诉讼权利的基础上，有效维护自己的合法权益。对于受诉人民法院而言，有助于了解双方争议焦点，为庭审集中进行做准备，保证庭审效果，提高程序效率。

人民法院受理案件，即应向原告送达受理通知书，并向原告告知其诉讼权利和诉讼义务。在立案之日起 5 日内应将起诉状副本发送被告，原告口头起诉的案件，也应在立案后 5 日内将记有口头起诉内容的笔录的抄件发送被告，并同时告知被告的诉讼权利和诉讼义务以及答辩的期限，以便于被告能够有效地行使答辩权，做好应诉准备。

被告提交答辩状的期限为收到起诉状副本后的 15 日内。根据目前我国有关法律的规定，被告在此期限内不提交答辩状的，不影响被告在以后的诉讼阶段中答辩，也不影响人民法院对案件的审理。

（二）告知当事人诉讼权利义务和合议庭组成人员

告知当事人诉讼权利义务是审理前准备阶段一项重要的工作。人民法院应当在向原告送达受理案件通知书，向被告送达应诉通知书时分别向原告、被告告知诉讼权利和诉讼义务。

法院按普通程序审理案件，应当组成由审判员或者审判员和人民陪审员组成的合议庭。合议庭组成后，应在3日内将合议庭组成人员的姓名及有关情况通知当事人。其目的在于便利当事人同审判人员取得联系，也便于当事人及时决定是否提出回避申请。

（三）审核诉讼材料，调查收集必要的证据

这个阶段审核的诉讼材料主要是原告的起诉状及其有关的证明材料和被告的答辩状及其证明材料。审判人员审阅诉讼材料，目的是了解原告的诉讼请求和理由以及被告的答辩及理由，明确双方争执的焦点。

人民法院收集、调查必要的证据，可根据案情直接调查，也可以委托外地人民法院调查。根据《民事诉讼法》第131条的规定，受诉人民法院委托外地人民法院调查，必须提出明确的调查事项和要求，受托人民法院在收到委托书后，应当在30日内完成调查，因故不能完成的，也应在30日内函告委托人民法院。

（四）对专门性问题需要鉴定的，应交由有关部门鉴定

当事人申请鉴定经法院同意后，由双方当事人协商确定有鉴定资格的鉴定机构、鉴定人员，协商不成的，由法院指定。

当事人对法院委托的鉴定部门作出的鉴定结论有异议申请重新鉴定，提出证据证明存在下列情形之一的，法院应予准许：（1）鉴定机构或者鉴定人员不具备相关的鉴定资格的；（2）鉴定程序严重违法的；（3）鉴定结论明显依据不足的；（4）经过质证认定不能作为证据使用的其他情形。对有缺陷的鉴定结论，可以通过补充鉴定、重新质证或者补充质证等方法解决的，不予重新鉴定。

（五）确定举证期限

举证期限属于指定期限，由法院根据案件审理的具体情况依职权确定。法院指定举证期限，应当充分考虑案件的复杂程度、当事人调查收集证据的能力、所需时间、当事人的具体情况以及法院的工作安排。

1. 举证期限的确定

根据《民诉法解释》第99条的规定，人民法院应当在审理前的准备阶段确定当事人的举证期限。举证期限可以由当事人协商，并经人民法院准许。第一审普通程序案件不得少于15日。

举证期限届满后，当事人对已经提供的证据，申请提供反驳证据或者对证据来源、形式等方面的瑕疵进行补正的，人民法院可以酌情再次确定举证期限，该期限不受前款规定的限制。

2. 申请延长举证期限

根据《民诉法解释》第100条的规定，当事人申请延长举证期限的，应当在举证期限届满前向人民法院提出书面申请。申请理由成立的，人民法院应当准许，适当延长举证期限，并通知其他当事人。延长的举证期限适用于其他当事人。申请理由不成立的，人民法院不予准许，并通知申请人。

（六）组织当事人进行证据交换

人民法院可以在答辩期届满后，通过组织证据交换、召集庭前会议等方式，做好审理前的准备。

审前程序的主要功能在于固定诉讼请求、确定争点、促进当事人和解，从而使争议在审前得到解决。在庭审前组织当事人交换证据，有利于实现程序公正，保障当事人对案件的了解权，使案件的解决更多地建立在事实基础上；同时，庭前交换证据确定了庭审的重点，提高了庭审效益。通过当事人庭前和解，使纠纷在审前得以解决，节约司法资源和当事人的投入。

组织当事人进行证据交换，并不是必经阶段，必须是在当事人申请或者有必要的情况下进行。证据交换的时间可以由当事人协商一致并经人民法院认可，也可以由人民法院指定。

证据交换应当在审判人员的主持下进行。在证据交换的过程中，审判人员对当事人无异议的事实、证据应当记录在卷；对有异议的证据，按照需要证明的事实分类记录在卷，并记载异议的理由。通过证据交换，确定双方当事人争议的主要问题。当事人收到对方的证据后有反驳证据需要提交的，人民法院应当再次组织证据交换。

（七）追加当事人，通知第三人参加诉讼

必须共同进行诉讼的当事人没有参加诉讼的，应当通知其参加诉讼，追加为共同诉讼人。追加当事人有两种情况，一是基于当事人的申请而追加，二是人民法院依职权追加。当事人申请追加的，人民法院应当进行审查：申请没有理由的，驳回其申请；申请有理由的，人民法院应当及时书面通知被追加的当事人参加诉讼。具体可分为两种情况：(1) 追加的当事人是共同原告时，如果原告明确表示放弃实体权利的，可以不予追加，如果其既不愿意参加诉讼，又不放弃实体权利，仍应追加为共同原告。(2) 追加共同被告时，一经通知，被追加的人即成为本案的被告，被追加的被告不来参加诉讼的，不影响人民法院的审理，对于必须到庭的被告，人民法院可依法采取强制措施，强制其到庭。

三、其他准备工作

根据有关规定和司法实践，人民法院或当事人的下列准备工作，也应在这一阶段进行：

1. 预收诉讼费用

法院立案后，如原告经再次通知仍不预交诉讼费用，或者申请减、缓、免交诉讼费用未获法院批准仍不预交者，法院应裁定按自动撤诉处理。

2. 移送案件、提出和处理管辖权的异议

法院立案后发现本院没有管辖权时，应当将案件移送有管辖权的法院。被告对管辖权有异议的，应在收到起诉状副本后 15 日内，向受诉法院提出异议，法院裁定驳回异议的，被告可在 10 日内对裁定提起上诉。

3. 当事人增加或变更诉讼请求、提起反诉

根据《民事诉讼法》的规定，原告起诉后有权增加或变更诉讼请求，被告有权提起反诉，为了使法院能够将增加的或变更的诉讼请求和反诉合并审理，正确地确定开庭审理的内容和范围，上述行为应当在这一阶段进行。

《民诉法解释》第 221 条规定：基于同一事实发生的纠纷，当事人分别向同一人民法院起诉的，人民法院可以合并审理。第 222 条规定：原告在起诉状中直接列写第三人的，视为其申请人民法院追加该第三人参加诉讼。是否通知第三人参加诉讼，由人民法院审查决定。

四、庭前会议

在我国民事诉讼实践中，复杂、疑难民事案件的审前程序主要是通过庭前会议形式完成的。所谓庭前会议，是指为明确当事人之间的争议焦点，为开庭审理做好准备，而由合议庭召

集双方当事人、诉讼代理人到庭，对庭审中的相关问题进行必要沟通的准备，而召开的庭前会议。

《民诉法解释》第225条规定："根据案件具体情况，庭前会议可以包括下列内容：（一）明确原告的诉讼请求和被告的答辩意见；（二）审查处理当事人增加、变更诉讼请求的申请和提出的反诉，以及第三人提出的与本案有关的诉讼请求；（三）根据当事人的申请决定调查收集证据，委托鉴定，要求当事人提供证据，进行勘验，进行证据保全；（四）组织交换证据；（五）归纳争议焦点；（六）进行调解。"

法院应当根据当事人的诉讼请求、答辩意见以及证据交换的情况，归纳争议焦点，并就归纳的争议焦点征求当事人的意见。

第四节　开庭审理

一、开庭审理的概念

开庭审理，是指人民法院在当事人和其他诉讼参与人的参加下，依照法定程序和形式，在法庭上对民事案件进行审理和裁判的诉讼活动。

开庭审理是第一审普通程序的必经阶段，在这一阶段不但各项主要原则和制度得到最大限度的体现，而且程序逐渐展开并形成最终实体结果。开庭审理是民事诉讼的中心环节，是普通程序的一个最基本、最主要的诉讼阶段，也是人民法院行使审判权和当事人行使诉讼权利的最集中、最重要的阶段。所有诉讼法律关系的主体都必须到庭，在人民法院的主持下围绕着查明案件事实和正确适用法律进行诉讼活动。

二、开庭审理的程序

根据《民事诉讼法》的规定，开庭审理的程序由下列阶段组成：开庭准备、审理开始、法庭调查、法庭辩论、合议庭评议、宣告判决。

（一）开庭准备

开庭准备阶段是开庭审理的最初阶段，是为了保障开庭实体审理的顺利，人民法院在开庭进行实体审理之前进行准备活动的阶段，它不同于"审理前的准备"。在开庭准备阶段，人民法院应当完成以下几项工作。

1. 告知当事人和其他诉讼参与人出庭日期。人民法院确定开庭日期后，应当在开庭3日前告知当事人和其他诉讼参与人，告知当事人用传票，告知其他诉讼参与人用通知书。

2. 决定案件是否公开审理。公开审理的，发布开庭审理公告。公开审理的案件，应当公告当事人的姓名、案由和开庭审理的时间、地点。

3. 书记员查点出庭人员、宣布法庭纪律。正式开庭前，书记员应对出席法庭的当事人和其他诉讼参与人是否到庭进行清点，并向合议庭报告清点情况。然后由书记员向当事人和其他诉讼参与人以及旁听群众宣布法庭纪律，要求出席法庭的全体人员遵守法庭纪律，维护诉讼秩序，保证庭审活动的顺利进行。

（二）审理开始

合议庭进入法庭后，首先由审判长宣布开庭，然后核对当事人，宣布案由，宣布审判人员、书记员名单，告知当事人有关的诉讼权利义务，询问当事人是否提出回避申请，当事人提出回避申请的，由人民法院依法作出处理，对于回避申请明显没有理由，属于故意延迟诉讼的，直接驳回；对于回避申请有合法理由的，审判长可以宣布延期审理，有关人员决定是否回避。

（三）法庭调查

法庭调查，是普通程序中的重要阶段，是指人民法院依照法定程序，在法庭上向当事人和其他诉讼参与人调查案情，通过当事人举证、质证的活动审查核实各种证据的活动。

法庭调查是对案件进行实体审理的重要阶段。法庭调查的主要任务是：通过双方当事人陈述、举证、质证以及人民法院审查、核实、认定证据，全面揭示案情，为法庭辩论奠定基础。根据《民事诉讼法》第 138 条的规定，法庭调查按下列顺序进行。

1. 当事人陈述。先由原告陈述自己的主张以及证据，然后由被告陈述自己答辩的主张以及证据。有第三人参加诉讼的，应由第三人陈述自己提起诉讼或参加诉讼的理由以及证据。通过当事人的陈述，了解案件发生、发展全过程，了解双方当事人的主张及争执的焦点，明确双方当事人各自的理由及有关的证据。

法庭调查的重点是双方当事人争议的事实，因而当事人、第三人应围绕争议的事实进行陈述。在当事人陈述结束后，审判长应当归纳总结本案争议的焦点，并征求当事人的意见。

2. 证人作证。证人作证前，审判人员应告知证人的权利和义务，告知证人要如实作证，否则应承担法律责任。证人有义务就其所知道的案件情况作客观、真实的陈述，当事人和诉讼代理人可以在审判长同意的情况下对证人进行发问，审判长也可以对证人发问；证人确有困难不能出庭的，所提供的书面证言应当庭宣读。对于未出庭的证人的证言，应当允许当事人质证。

3. 出示书证、物证、视听资料和电子数据。无论是当事人提供的还是人民法院依法收集的书证、物证、视听资料和电子数据，都应当庭宣读、出示和播放，并允许当事人当庭质证，以辨别真伪。人民法院依当事人申请收集的书证、物证、视听资料和电子数据，作为提出申请的一方当事人提供的证据。对于人民法院依据职权收集的证据，如书证、物证、视听资料和电子数据，应当在庭审时出示，听取当事人的意见，并可就调查收集该证据的情况予以说明。

4. 宣读鉴定意见。对案件的有关专门性问题进行科学鉴定的，应当宣读鉴定意见。鉴定人出席法庭的，应向法庭说明鉴定的方法和过程，以及鉴定结论的科学依据。审判长可以对鉴定人提问，当事人经法庭许可，也可以向鉴定人质询。对于鉴定人确因特殊原因无法出庭的，经人民法院准许，可以书面答复当事人的质询。鉴定意见有疑问或几个鉴定意见之间有矛盾的，人民法院可以决定重新鉴定，当事人也有权请求重新鉴定，但是否准许，由人民法院决定。

5. 宣读勘验笔录。人民法院对现场或物证进行勘验时所作的勘验笔录，应当在法庭调查时宣读。拍摄的照片或绘图，也应在法庭出示。当事人经法庭许可，可以向勘验人发问，当事人还有权要求重新勘验，但是否准许，由人民法院决定。

人民法院根据当事人申请调查收集的证据，审判人员对调查收集证据的情况进行说明后，由提出申请的当事人与对方当事人、第三人进行质证。人民法院依职权调查收集的证据，由审判人员对调查收集证据的情况进行说明后，听取当事人的意见。

法院调查结束之前，审判长应当询问双方当事人有无新的证据提出，原告的诉讼请求或者被告的反诉请求有无变化。当事人要求提供新的证据，或者人民法院认为需要补充调查、收集证据或通知新的证人到庭，以及需要重新鉴定、勘验的，可以宣布延期审理。如果法庭调查的任务完成，由审判长宣布法庭调查结束。

质证是法庭调查中的一项重要活动。当庭质证，是指在法官的主持下，由当事人对在法庭上出示的各种证据材料及证人证言等进行对质核实的活动。根据《民事诉讼法》第 68 条的规定，证据应当在法庭上出示，并由当事人互相质证。

修改后的《民事证据规定》第 60 条规定，当事人在审理前的准备阶段或者人民法院调查、询问过程中发表过质证意见的证据，可视为质证过的证据。当事人要求以书面方式发表质证意见，人民法院在听取对方当事人意见后认为有必要的，可以准许。人民法院应当及时将书面质证意见送交对方当事人。

在法庭调查中应注意把握以下问题：(1) 经过庭审质证的证据能够当即认定的，应当当即认定；当即不能认定的，可以休庭合议后再予以认定；合议之后认为需要继续举证或者进行鉴定、勘验等工作的，可以在下次开庭质证后认定。(2) 一方当事人要求补充证据或者申请重新鉴定、勘验，法院认为有必要的可以准许。补充的证据或者重新进行鉴定、勘验的结论，必须再次开庭质证。(3) 法庭决定再次开庭的，审判长或者独任审判员对本次开庭情况应当进行小结，指出庭审已经确认的证据，并指明下次开庭调查的重点。(4) 法庭调查结束前，审判长或者独任审判员应当就法庭调查认定的事实和当事人争议的问题进行总结归纳。

（四）法庭辩论

民事诉讼当事人享有辩论权。法庭辩论是指双方当事人及其诉讼代理人在法庭上就有争议的事实和法律问题，进行辩驳和论证，以维护其合法权益的活动。

法庭辩论是在法庭调查的基础上进行的，其主要任务在于，通过双方当事人及其诉讼代理人的口头辩论和质证，进一步查明案件事实，分清是非责任，对双方有争议的事实问题和法律问题各自陈述自己的主张，驳斥对方的主张，从而为人民法院正确适用法律打下基础。法庭辩论的内容应紧紧围绕法庭调查中提出的问题进行。当事人应当在事实和证据的基础上相互辩论，遵守法庭秩序，服从法庭指挥，以保证法庭辩论的顺利进行。

在法庭辩论过程中，人民法院应充分调动双方当事人的积极性，保障双方当事人平等地行使辩论权，并对双方的辩论进行正确的引导，对不适当的辩论行为及时制止，以保证辩论能够围绕本案的事实问题和法律问题进行。

《民事证据规定》第 53 条规定："诉讼过程中，当事人主张的法律关系性质或者民事行为效力与人民法院根据案件事实作出的认定不一致的，人民法院应当将法律关系性质或者民事行为效力作为焦点问题进行审理。但法律关系性质对裁判理由及结果没有影响，或者有关问题已经当事人充分辩论的除外。存在前款情形，当事人根据法庭审理情况变更诉讼请求的，人民法院应当准许并可以根据案件的具体情况重新指定举证期限。"

根据《民事诉讼法》第 141 条的规定，法庭辩论应按下列顺序进行。

1. 原告及其诉讼代理人发言。原告及其诉讼代理人发言，重点是论证自己的主张，反驳被告的主张。因此其发言应当有针对性，应针对被告主张的事实和理由进行驳斥，并运用相关证据来证明自己的主张成立。

2. 被告及其诉讼代理人答辩。被告及其诉讼代理人的答辩，应针对原告的发言进行辩解和驳斥，论证自己反驳的事实和理由。被告提出反诉的，还应对反诉请求所依据的事实和根据进行论证。

3. 第三人及其诉讼代理人发言或答辩。有独立请求权的第三人及其代理人的发言，相当于原告及其诉讼代理人的发言，而且，除了要陈述自己的主张以外，还要针对本案双方当事人的观点进行驳斥。无独立请求权的第三人在诉讼中依附于当事人一方，因而其发言为所依附的一方当事人的补充。

4. 互相辩论。互相辩论原则上按原告方、被告方、第三人的顺序进行。当事人、第三人应就有争论的问题一一展开辩论。辩论一定要紧紧围绕本案的事实争议、法律争议进行，做到有的放矢，审判人员也应为此提供保障。

法庭辩论可以根据需要采取一轮或多轮。在第一轮法庭辩论结束后，审判长应当询问当事人是否还有需要补充的意见。当事人在第一轮没有陈述的意见可以继续补充，审判长应当允许，但要提醒当事人不可重复。法庭辩论时，审判人员不得对案件性质、是非责任发表意见，不得与当事人辩论。进行法庭辩论终结时，由审判长按原告、被告、第三人及其诉讼代理人的顺序，依次征询他们的最后意见，听取其最后陈述。《民诉法解释》第230条规定："人民法院根据案件具体情况并征得当事人同意，可以将法庭调查和法庭辩论合并进行。"

法庭辩论终结后，法院应当依法作出判决。判决前能够调解的，还可以进行调解，调解不成的，应当及时判决。因此，判决作出以前，对于能够进行调解的，法院还可以进行调解，调解不成的，合议庭应当宣布休庭，进入评议阶段。调解应当依据自愿、合法的原则进行。当事人愿意以调解的方式结案，调解协议的内容应基于当事人的合意而达成，同时不得违反法律的强制性规定。

（五）合议庭评议

法庭辩论终结后，当事人不愿意调解或者调解不成的，合议庭应当休庭进行评议。合议庭评议，是指在法庭辩论结束后，合议庭成员以法庭调查和法庭辩论的内容为基础，认定案件事实，分清是非责任，适用实体法对案件作出结论的活动。评议中发现案件事实尚未查清，需要当事人补充证据或者由受诉人民法院自行调查收集证据的，可以决定延期审理，由审判长在继续开庭时宣布延期审理的理由和时间，同时规定当事人提供补充证据的期限。合议庭评议案件，应当秘密进行，由审判长主持，评议案件时，实行少数服从多数的原则，书记员应详细记录评议的内容，对评议中的不同意见，书记员应如实记录。合议庭笔录由合议庭成员签名。

（六）宣告判决

宣告判决，是指人民法院将经过合议作出的民事判决，向当事人、诉讼参与人以及社会公开宣告的活动。根据《民事诉讼法》第148条的规定，公开宣告判决有两种方式：(1) 当庭宣判，即在合议庭合议后立即宣告判决主文。人民法院当庭公开宣判的，应当在10日内发送判决书。(2) 定期宣判，即在开庭审理日后的某个日期公开宣告判决。凡定期宣判的，人民法院在宣判后立即发给判决书。

宣告判决的内容，一般而言包括认定的事实、适用法律、判决的结果和理由以及诉讼费用的负担。除此之外，还必须告知当事人上诉权利、上诉期限和上诉法院，以便于其行使上诉权。对于离婚案件宣告离婚判决的，还必须告知当事人在判决发生效力之前不得另行结婚。

三、开庭审理笔录

开庭审理笔录又称法庭笔录，是指书记员对开庭审理全过程所作的记录。法庭笔录是对整个开庭审理活动的如实记载，它将案件事实和有关证据记录下来，为人民法院处理案件以及上级人民法院审理上诉案件，提供了重要的文字资料。法庭笔录是人民法院重要的诉讼文书。

根据《民事诉讼法》第147条的规定，法庭笔录应当庭宣读，也可告知当事人和其他诉讼参与人当庭或在5日内阅读。当事人或其他诉讼参与人认为对自己的陈述记录有遗漏或差错的，有权申请补正。如果人民法院不予补正，应当将申请记录在案。阅读或向其宣读法庭笔录后，当事人和其他诉讼参与人应当在法庭笔录上签名或盖章。拒绝签名或盖章的，人民法院应当将情况记录在卷。

四、案件审理期限

审理期限，是指法院办理民事案件的法定时间限制。1991 年制定《民事诉讼法》时，为提高审判效率，促使当事人及时实施诉讼行为，确立了这一制度。根据《民事诉讼法》第 149 条的规定，人民法院适用普通程序审理的案件，应当在立案之日起 6 个月内审结。有特殊情况需要延长的，由本院院长批准，可以延长 6 个月；还需要延长的，报请上级人民法院批准。在法定的审理期间内，延期审理期间、中止审理期间、鉴定期间、处理管辖权争议期间、当事人申请和解期间、延长调解期间以及向上级法院请示时间，都应当从法定的审结期限内扣除。

五、延期审理

延期审理，是指人民法院在开庭审理案件时，由于出现了法律规定的特殊情况，开庭审理无法进行，由人民法院另定日期进行开庭审理的制度。

开庭审理应当是按阶段连续进行的，但如果出现某些特殊情况，就会使开庭审理实际上无法进行，在这种情况下，人民法院应将开庭审理的日期推延。根据《民事诉讼法》第 146 条的规定，有下列情形之一的，应当延期审理。

（一）必须到庭的当事人和其他诉讼参与人有正当理由没有到庭的

开庭审理应当在当事人和其他诉讼参与人的参加下进行，如果必须到庭的当事人和其他诉讼参与人没有到庭，势必会影响开庭审理的正常进行，因此当事人和其他诉讼参与人除非有正当理由，均应到庭参加诉讼，否则人民法院应依法作出处理。但如果是因为正当理由而没有到庭，人民法院可以延期审理。所谓正当理由，是指当事人无法克服、不能避免的客观上的原因。

（二）当事人临时提出回避申请的

在开庭审理过程中，当事人临时提出回避申请的，人民法院应当及时进行审查，当事人的申请无理的，驳回其申请，开庭审理继续进行；人民法院一时无法查清不能作出决定的，开庭审理就不能继续进行，应作出延期审理的决定。

（三）需要通知新的证人到庭，调取新的证据，重新鉴定、勘验，或者需要补充调查的

在开庭审理过程中，如果当事人提出了新的证人和新的证据，人民法院需要通知新的证人，调取新的证据，或者人民法院认为应当重新鉴定、勘验，或者需要补充调查的，开庭审理就不能继续进行。在这种情况下，人民法院应当决定延期审理。

（四）其他需要延期的情形

这是一种灵活性的规定，如果出现其他致使开庭审理无法进行，需要延期审理的情形，由人民法院根据案件的具体情况决定适用。

人民法院决定延期审理的，应当作出裁定，并当庭宣布，以便于当事人及其他诉讼参与人能按时参加延期后的审理。延期审理的裁定一经宣布，立即发生法律效力。

六、撤诉

（一）撤诉的概念

民事诉讼中的撤诉，又称诉的撤回，是指当事人将已成立之诉予以撤销，不再要求法院对

案件进行审理，从而结束正在进行的诉讼程序的行为。

撤诉是当事人行使程序处分权的具体形式，是当事人行使处分权或程序选择权的一种行为。撤诉行为本身不针对实体问题，因此不会导致人民法院对实体问题的解决，各国民事诉讼法普遍赋予原告在不损害被告合法利益的范围内行使自己的撤诉权利。当然，撤诉权利的行使除应满足撤诉要件外，还要经过法院的准许才会发生法律效果，因此它是一项相对受限制的诉讼权利。

撤诉也是一种结案方式，原告以及与其诉讼地位相当的当事人可以在一定的条件下，通过撤诉来排除法院对案件的诉讼系属。撤诉的结果是撤销已经成立的诉讼，不再要求法院审理，从而终结本案诉讼程序。诉讼一经撤销，法院便不能对该案继续行使审判权，诉讼法律关系亦因之消灭。

（二）撤诉的种类

民事诉讼法规定的撤诉，可以依不同的标准划分为不同的种类。

1. 根据撤诉是否由当事人提出，可以将撤诉分为当事人申请撤诉和按撤诉处理。申请撤诉是指当事人主动申请撤销自己提起的诉讼，是对自己诉讼权利的积极处分；按撤诉处理是指人民法院根据法律规定，针对当事人的某些行为，对案件比照当事人申请撤诉的规定按撤诉处理，这可视为当事人对自己诉讼权利的消极处分。

2. 根据撤诉的主体不同，可以将撤诉分为原告撤回起诉、被告撤回反诉、有独立请求权的第三人撤回参加之诉。

3. 根据撤诉提起的时间不同，可以将撤诉分为撤回起诉和撤回上诉。撤回起诉和撤回上诉分别发生在第一审程序和第二审程序中，分别产生终结第一审程序和终结第二审程序的法律效果。

（三）申请撤诉的条件

申请撤诉是原告所享有的一项诉讼权利，其行使对对方当事人乃至诉讼程序均产生一定的影响。根据《民事诉讼法》第145条及相关法理，当事人申请撤诉必须符合以下条件。

1. 申请撤诉必须由当事人向受诉法院提出撤诉申请。申请撤诉是当事人享有的一项重要的诉讼权利，如果没有当事人的申请，法院不得依职权作出撤诉的裁定。

2. 申请撤诉必须出于当事人的自愿，即申请撤诉是自己真实的意思表示，而不是受他人威胁、欺骗的结果。申请撤诉的行为必须由当事人本人或其法定代理人以及经过特别授权的委托代理人实施。

3. 撤诉的申请应当在法院受理案件以后，判决宣告以前提出。

4. 撤诉的目的必须正当，即不得损害国家、集体或他人的合法权益，不得规避法律，否则法院将对其进行必要的干预。《民诉法解释》第238条规定："当事人申请撤诉或者依法可以按撤诉处理的案件，如果当事人有违反法律的行为需要依法处理的，人民法院可以不准许撤诉或者不按撤诉处理。法庭辩论终结后原告申请撤诉，被告不同意的，人民法院可以不予准许。"

对于当事人的撤诉申请，人民法院应当从以上四个方面进行审查并作出决定，认为符合条件的，裁定准许撤诉；不符合条件的，裁定驳回申请，诉讼继续进行。

《民诉法解释》第238条的规定体现了对被告处分权的尊重。许多国家的民事诉讼法规定，在被告作出答辩后，撤诉需经被告的同意。这既是民事诉讼当事人诉讼权利平等原则的体现，也是民事诉讼处分原则的要求。其理由在于，被告也享有参加诉讼并追求胜诉的权利。原告起诉后，被告为反驳原告的诉讼请求而参加诉讼也会付出诉讼成本，并对诉讼结果具有期待利益。假如原告为避免败诉而撤诉无须经过被告的同意，则被告的诉讼损失就无法弥补，其诉讼利益亦无法得到有效的保护，而且可能因原告的再次起诉而付出更多的诉讼成本。

在第二审程序中，原告能否申请撤回起诉？对这一问题，学界和司法界向来存有争议。最高人民法院在起草新民事诉讼法司法解释时，采用了肯定说。①《民诉法解释》第338条规定："在第二审程序中，原审原告申请撤回起诉，经其他当事人同意，且不损害国家利益、社会公共利益、他人合法权益的，人民法院可以准许。准许撤诉的，应当一并裁定撤销一审裁判。原审原告在第二审程序中撤回起诉后重复起诉的，人民法院不予受理。"

（四）按撤诉处理

按撤诉处理是指人民法院根据法律规定，针对当事人的某些行为，对案件比照当事人申请撤诉的规定按撤诉处理。

根据《民事诉讼法》和《民诉法解释》的规定，在民事诉讼中，按撤诉处理包括以下几种情况。

1. 原告经传票传唤，无正当理由拒不到庭的，或者未经法庭许可中途退庭的，法院视其为撤诉。

2. 无民事行为能力的当事人的法定代理人，经传票传唤无正当理由拒不到庭，属于原告方的，比照规定按撤诉处理。

3. 有独立请求权的第三人经人民法院传票传唤，无正当理由拒不到庭的，或者未经法庭许可中途退庭的，比照规定按撤诉处理。

4. 原告在诉讼费用预交期内未预交诉讼费用。《民诉法解释》第213条规定：原告应当预交而未预交案件受理费，人民法院应当通知其预交，通知后仍不预交或者申请减、缓、免未获批准而仍不预交的，裁定按撤诉处理。

（五）撤诉的法律效果

撤诉的法律效果，是指人民法院裁定准许撤诉或视为撤诉后所产生的法律效力。这包括以下三个方面。

1. 导致诉讼程序终结。对当事人来说，不能再请求法院按原诉讼程序继续审理此案；对法院来说，也无须再对案件进行审理并作出裁判。撤诉是法院结案的方式之一。原告撤诉的情况下，反诉程序不受影响，继续进行。人民法院准许本诉原告撤诉的，应当对反诉继续审理；被告申请撤回反诉的，人民法院应予准许。有独立请求权的第三人参加诉讼后，原告申请撤诉，人民法院在准许原告撤诉后，有独立请求权的第三人作为另案原告，原案原告、被告作为另案被告，诉讼继续进行（《民诉法解释》第237条）。

2. 撤诉后视为当事人没有起诉。撤诉被法院准许后，诉讼就视为自始没有发生，诉讼系属发生了溯及性的消灭。《民诉法解释》第214条规定，原告撤诉或者人民法院按撤诉处理后，原告以同一诉讼请求再次起诉的，人民法院应予受理。原告撤诉或法院按撤诉处理后，之所以原告还可以起诉，是因为原告的撤诉只表明其处分了自己的诉讼权利，并未处分其实体权利，法院也没有对有关的实体权利义务关系予以认定。因此，原则上原告撤诉后可以另行提起诉讼，但不排除例外情况下禁止原告再行起诉。

3. 诉讼时效期间重新开始。原告撤诉被法院准许，自法院裁定准许撤诉之日起，诉讼时效重新起算。

① 参见沈德咏主编：《最高人民法院民事诉讼法司法解释理解与适用》，891～894页，北京，人民法院出版社，2015。

【辨析】第一审程序中撤回起诉与第二审程序中撤回起诉

撤回起诉的基本原理适用于任何审级，只是在第二审程序中撤回起诉的制度设计上更多地考量各方利益权衡及诉讼效益原则。具体表现如下：其一，第一审中撤回起诉仅为原告对自身权利的处分，而案件经过第一审人民法院的审理和裁判，进入第二审程序后，势必对有关当事人的权利义务产生影响，若相关当事人只能对原告的起诉、撤诉被动接受而无任何异议的权利，双方权益显然有所失衡，故在第二审程序中原审原告申请撤回起诉，应经其他当事人同意。其二，第一审程序中人民法院准许原告撤回起诉仅就该申请作出裁定即可，在第二审程序中，法院则需一并裁定撤销一审裁判。其三，第一审程序中原告撤诉后可以再行起诉，而在第二审程序中，由于第一审法院已经作出了裁判，若允许当事人自由地撤诉而使该判决无效，进而使此前所有程序归于无效，无疑有悖诉讼效益原则，故在尊重当事人撤诉自由的前提下，亦应对其撤诉的再诉权利作出必要的限制。原审原告在第二审程序中撤回起诉后重复起诉的，人民法院不予受理。[①]

七、缺席判决

（一）缺席判决的概念

缺席判决，是指在一方当事人经传票传唤，无正当理由拒不到庭，或者未经许可中途退庭的情况下，人民法院依法作出的判决。缺席判决是相对于对席判决而言的，缺席判决作出的判决和对席判决作出的判决具有同样的效力。

缺席判决是保障法庭审理正常进行的一项制度，其目的在于防止和处理一方当事人不到庭情况的发生，维护人民法院的审判权威，保证诉讼的顺利进行，保护对方当事人的合法权益。

人民法院本应在双方当事人及诉讼参与人的参加下，在双方当事人充分辩论的基础上对案件进行审理并作出判决，如果在诉讼中一方当事人拒不出庭或者未经法庭许可中途退庭，就会影响诉讼的顺利进行，这是缺席判决制度的法理基础。

（二）缺席判决的条件

根据《民事诉讼法》第 144、145 条以及《民诉法解释》第 241 条的规定，缺席判决适用于下列几种情形。

1. 原告经人民法院传票传唤，无正当理由拒不到庭，或者未经法庭许可中途退庭，被告反诉的。如果被告不提出反诉，应依法对原告作撤诉处理，但如果被告提出反诉，原告应作为反诉的被告到庭应诉，否则人民法院应对其作缺席判决。

2. 原告、无诉讼行为能力的原告的法定代理人、有独立请求权的第三人申请撤诉，人民法院裁定不准撤诉后，经传票传唤，无正当理由拒不到庭，或者未经法庭许可中途退庭的。人民法院裁定不准撤诉，诉讼程序应当继续进行，上述当事人及其诉讼代理人拒不参加诉讼的，可对其作出缺席判决。

3. 被告、无诉讼行为能力的被告的法定代理人经人民法院传票传唤，无正当理由拒不到庭，或者未经法庭许可中途退庭，又不适用拘传规定的。

八、诉讼中止和诉讼终结

（一）诉讼中止

诉讼中止，是指在诉讼进行过程中，因出现了法定情形从而使本案诉讼活动难以继续进行

① 参见沈德咏主编：《最高人民法院民事诉讼法司法解释理解与适用》，896 页，北京，人民法院出版社，2015。

时，人民法院裁定暂停本案诉讼程序，待法定的原因消失后，再行恢复诉讼程序的制度。

原告起诉经法院立案受理之后，民事诉讼程序即告启动。一般而言，民事诉讼程序一经开始，即应该依照法律规定的程序连续进行下去，直至作出最终判决，或者作出调解书。但在一些特殊情况下，诉讼程序因为法定情形的出现无法继续进行下去，因此，民事诉讼法针对这种情形确立了诉讼中止制度。

根据《民事诉讼法》第 150 条的规定，有下列情形之一的，人民法院应裁定中止诉讼：(1) 一方当事人死亡，需要等待继承人表明是否参加诉讼的。(2) 一方当事人丧失诉讼行为能力，尚未确定法定代理人的。(3) 作为一方当事人的法人或其他组织终止，尚未确定权利义务承受人的。(4) 一方当事人因不可抗拒的事由，不能参加诉讼的。(5) 本案必须以另一案的审理结果为依据，而另一案尚未审结的。(6) 其他应当中止诉讼的情形。

《民诉法解释》第 246 条规定，裁定中止诉讼的原因消除，恢复诉讼程序时，不必撤销原裁定，从人民法院通知或者准许当事人双方继续进行诉讼时起，中止诉讼的裁定即失去效力。

（二）诉讼终结

诉讼终结，是指在诉讼进行中，出现了法定情形，使诉讼无法进行或者没有必要进行，由人民法院裁定结束诉讼程序的制度。根据《民事诉讼法》第 151 条的规定，有下列情形之一的，应当终结诉讼：(1) 原告死亡，没有继承人，或者继承人放弃诉讼权利的。(2) 被告死亡，没有遗产，也没有应当承担义务的人的。(3) 离婚案件一方当事人死亡的。(4) 追索赡养费、抚养费、抚育费以及解除收养关系案件的一方当事人死亡的。

第五节　法院裁判

一、民事判决

（一）民事判决的概念和种类

民事判决，是人民法院在诉讼中所作出的裁判的一种类型，指人民法院在民事案件和非讼案件审理程序终结时对案件的实体问题作出的权威性判定。

根据不同标准，民事判决可作如下分类。

1. 根据判决所裁决的诉的不同种类或不同性质，可以分为给付判决、确认判决和变更判决。

给付判决是在认定原告请求权存在的基础上，判令对方履行义务的判决。确认判决是单纯确认当事人之间法律关系存在或不存在的判决。变更判决是变动当事人之间既存法律关系的判决。

2. 根据判决是否为当事人双方出庭之后作出的，可分为对席判决和缺席判决。

对席判决是在双方当事人都出庭进行诉讼后所作出的判决。缺席判决是一方当事人没有出庭进行诉讼所作出的判决。民事诉讼以当事人双方对席进行诉讼为原则，人民法院在当事人一方缺席时作出的判决就是一种例外情况。

3. 根据判决作出的时间不同，判决可以分为原判决和补充判决（又称追加判决）。

原判决是指人民法院在案件审理终结时最初作出的判决。在原判决主文不明确、漏判诉讼请求的情况下，法院有必要对原判决加以补充。补充的内容仍然以判决的形式作出，这种判决就是补充判决。补充判决只能对当事人已经起诉、法院业已审理、只是在判决中遗漏的事实进行补充，对于审理中遗漏未审的诉讼请求，不得以补充判决的形式作出修正，一般应发回重审，或进行再审。

4. 根据判决的内容是否涉及民事权益争议，可以分为诉讼判决和非讼判决。

法院对有民事权利义务争议的案件，适用审判程序作出的判决即为民事诉讼判决，法院作出的绝大部分判决都是诉讼判决。人民法院对某些不直接涉及民事权利义务争议的案件，根据特别程序审理后作出的判决，即为非讼判决。

5. 根据是否是对案件所有需判决事项所作出的判决，可分为全部判决和部分判决。

全部判决，是指当案件辩论终结时法院对所有应判定的事项一并作出终局裁判的判决。部分判决，是指在诉讼过程中，法院对可分的权利义务或实体请求的一部分所作出的判决。通常是诉讼请求合并审理的情况下作出部分判决。在我国，民事诉讼实践很少有作出部分判决的，大多数情况是一并作出全部判决。

判决还有多种划分和分类方法，如根据判决是否已经生效，分为生效判决和未生效判决；根据诉讼程序的不同，可分为一审判决、二审判决和再审判决；根据是否满足原告的诉讼请求，可分为胜诉判决和败诉判决。

（二）民事判决的内容

判决书应当写明判决结果和作出该判决的理由。民事判决一般应包括以下内容。

1. 诉讼参加人的基本情况。判决书应当写明诉讼参加人的基本情况，即当事人及诉讼代理人的姓名、性别、年龄、民族、籍贯、所在单位、职业、住所等，有第三人的，应写明第三人的上述情况。当事人为法人或非法人团体的，应当写明法人或非法人团体的基本情况。除此之外，还必须写明法人或非法人团体代表人或负责人的基本情况。

2. 案由、诉讼请求、争议的事实和理由。案由是指案件的性质，能够准确反映案件争议和焦点。最高人民法院制定的《民事案件案由规定》（2007 年 10 月 29 日通过，2011 年 2 月 18 日修改），将民事案件案由扩充为十大部分 43 类 424 种。诉讼请求既包括原告的诉讼请求，也包括被告的反诉请求和有独立请求权第三人提出的诉讼请求。争议的事实和理由，是指双方当事人各自对案件所认识的争议事实和理由。

3. 判决认定的事实和理由、适用的法律和理由。判决的结论是在正确认定案件事实的前提下作出的，所以，判决的一个重要内容就是对案件事实的认定。判决理由是有关法院依据所认定的事实和法律根据，针对当事人的诉讼请求引出判决结论的过程的表述。

4. 判决结论。判决结论是判决的主文部分。判决的结论是法院经过审理后对当事人诉讼请求或上诉请求的答复。判决结论既可能是全部或部分支持当事人的诉讼请求，也有可能是全部或部分否定（驳回）当事人的诉讼请求。

5. 诉讼费用的负担。法院在案件审理终结后还应根据案件审理的具体情况，按照诉讼费用负担的原则对诉讼费用的负担作出裁判。

6. 上诉期间和上诉法院。除了最高人民法院作出的一审判决和适用特别程序审理作出的判决外，地方各级人民法院作出的一审判决均为可以上诉的判决，因此，在制作这些判决时，必须写明上诉的有效期间和相应的上诉法院，以便当事人行使上诉权。

二、既判力

（一）既判力的概念

法院判决处于不得通过上诉来变更或撤销的状态，称为判决的确定。具有确定力的判决，即确定判决。确定判决系大陆法系中的概念，我国称其为生效判决。在我国，确定判决主要有地方各级法院超过上诉期的一审判决、地方法院的二审判决、最高人民法院的一审判决和二审判决。法院判决的确定力包括形式确定力和实质确定力。形式确定力是指判决所具有的不得以上诉来变更或撤销的效力。而实质确定力，即既判力，是指确定判决对诉讼标的之判断对法院和当事人等所产生的约束力。我国《民事诉讼法》第155条规定："最高人民法院的判决、裁定，以及依法不准上诉或超过上诉期没有上诉的判决、裁定，是发生法律效力的判决、裁定。"第175条规定："第二审人民法院的判决、裁定，是终审的判决、裁定。"在这两个法条中，固然没有明示的"既判力"一词，但结合既判力的理论思考，它们无疑是我国民事判决的既判力的法律依据。因为，所谓"发生法律效力的判决"或"终审的判决"，从立法精神来看，具有一个显著的特点，即具有确定性。①

既判力的学说源于罗马法，近代德国、日本、法国等国的民事诉讼法中均采纳了此概念。在英美法系，也有与既判力概念相近的概念，即"res judicata"。据《布莱克法律词典》的解释，"res judicata"是指"已判决的事项，其效力规则是具有完全事物管辖权的法院作出的终局判决对当事人及其利害关系人的权利具有决定作用，同时该判决绝对地阻止他们就同一请求和诉因再行起诉"。该词典还指出，既判力的适用包括三个基本的条件：(1) 存在一个决定争点的决定；(2) 存在一个关于双方权利义务关系的最终判决；(3) 主张既判力的主体必须是原诉的当事人或者是与当事人存在直接利害关系的人。② 由于英美法系的"res judicata"制度与大陆法系的既判力制度极为接近，因而有学者直接将其译为既判力。

既判力的约束力，主要体现在以下两个方面：(1) 从当事人的角度来说，即当事人对既判的案件不得再为争执。在制度上体现为，禁止当事人等再行起诉（包括反诉），即一事不二讼；若当事人等再行起诉（包括反诉），则法院一事不再理。此即既判力的消极效果或消极作用（又称"禁止反复"的作用）。(2) 从法院的角度来说，即法院在处理后诉时应受前诉确定判决的拘束。在制度上体现为，法院应以前诉确定判决对诉讼标的之判断为基础，来处理后诉，不得作出相异的判决。此即既判力的积极效果或积极作用（又称"禁止矛盾"的作用）。既判力是否发生约束力，属于法院的职权调查事项。

（二）既判力的客观范围

既判力的客观范围，即确定判决中哪些判断事项具有既判力。一些国家的民事诉讼法规定，原则上，既判力的客观范围仅限于判决主文。所谓判决主文，是指判决中对诉讼标的之判断部分，即判决结论部分。换言之，既判力的客观范围，即诉的诉讼标的。既判力的客观范围之所以是诉的诉讼标的，主要是因为诉讼标的是诉的质的规定性，是当事人请求诉讼救济的实体事项。③

确定判决对判决理由的判断，原则上没有既判力。各国立法之所以未规定判决理由的既判

---

① 由江伟教授主持的《民事诉讼法》专家修改建议稿（第三稿）第321条提出了既判力的原则："除法律另有规定外，判决生效后，当事人不得在以后的诉讼中提出与本案诉讼标的相矛盾的主张，人民法院也不得在以后的诉讼中作出与之相矛盾的判决。对主张抵销的请求的裁判，以主张抵销的数额为限，发生前款规定的效力。"第322条规定了既判力的主体范围："生效判决对下列人发生效力：（一）当事人；（二）当事人的承继人；（三）为当事人或其承继人占有诉讼标的物的人；（四）为他人而成为原告或被告的生效判决，对于该他人具有既判力；（五）公益诉讼、股东代表诉讼中未参加诉讼的利害关系人；（六）对世判决中的任何人。"参见江伟等：《〈中华人民共和国民事诉讼法〉修改建议稿（第三稿）及立法理由》，54～55页，北京，人民法院出版社，2005。

② See *Black's Law Dictionary*, 8th edition, edited by Bryan A. Garner, West, a Thomson Business, 2004, pp. 1336 - 1337.

③ 参见汤维建主编：《民事诉讼法学原理与案例教程》，50页，北京，中国人民大学出版社，2006。

力，其主要原因有三：一是判决理由只是法院对诉讼标的判断的前提和手段，并非判决的对象，未经当事人作为争点在诉讼中认真加以辩论，为了避免对未经当事人认真对待的请求作出判断而造成突然袭击，不能认可判决理由具有既判力；二是如果允许法院对当事人没有经过认真争执的争点作出的判断产生既判力，当事人就丧失了在此后其他诉讼中就未经争执的争点展开争执的可能，而且不能提出与被作出判断的争点相矛盾的主张；三是判决理由不具有既判力，法院可以在后诉中迅速且有效地进行诉讼指挥。①

（三）既判力的主观范围

既判力的主观范围，是指既判力作用的主体范围。既判力的主观范围原则上只限于当事人之间。这是因为：(1) 在审判对象方面，民事判决的对象是当事人之间争议的诉讼标的，所以判决的效力也应作用于当事人之间。(2) 在程序保障方面，判决是法院在当事人双方参与程序后作出的，判决的既判力及于当事人是理所当然的。如果将既判力扩大适用于没有参与诉讼、没有获得程序保障的第三人，显然是不公平的。

但是，既判力的相对性原理并不是绝对的，在一定条件下，判决的既判力也可以扩张至当事人以外的第三人：(1) 具有对世效力的确定判决，其既判力不仅及于当事人双方，而且及于第三人。这属于既判力向不特定的第三人扩张。例如，广泛效力的形成判决和确认婚姻无效、确认收养无效等确认判决的既判力向不特定的第三人扩张。(2) 在某些情况下，既判力扩张到当事人以外的特定第三人，主要包括：其一，法定的当事人变更中，退出诉讼的原当事人。其二，本案最后辩论终结后，当事人的承继人。这里的承继人，是指诉讼辩论终结后，承继当事人实体权利义务的人。承继人包括两种：一是一般承继人，即作为当事人的自然人死亡、法人和其他组织消灭或合并后，承担当事人实体权利义务的人；二是特定承继人，即因特定法律行为（如债权债务转移）等而承担当事人实体权利义务的人。其三，法律规定的对他人实体权利义务或者财产拥有管理权或处分权的人，如破产管理人、遗产管理人、遗嘱执行人、代位权人等。其四，诉讼担当时，实体权利义务的归属人。

（四）既判力的时间界限（标准时）

既判力标准时的意义在于，在时间界限上明确确定判决在何时所确定的权利义务对后诉的关于权利义务的主张有拘束力。原则上，确定判决的既判力标准时为辩论终结之时，即判决所判定的是当时的法律状态，在此以后所发生的事实或权利义务关系变动的事实，均不受既判力之拘束。

【辨析】既判力与一事不再理的关系

一事不再理中的“事”，即“诉”或“案件”之义。一事不再理的效力包括：(1) 诉讼系属效力，即对于已经起诉或正在诉讼中的案件，当事人不得再行起诉，若再行起诉法院则不予受理；(2) 既判力的消极效果，即对于已经作出确定判决的案件，当事人不得再行起诉，若再行起诉法院则不予受理。

既判力与一事不再理的重合效力在于既判力的消极效果。但是，一事不再理的诉讼系属效力不为既判力所包含，既判力的积极效果则为一事不再理所没有。

三、民事裁定

民事裁定，是指人民法院对民事诉讼和执行程序中的程序问题以及个别实体问题所作出的

① 参见江伟主编：《民事诉讼法学原理》，290页，北京，中国人民大学出版社，1999。

权威性判定。程序问题是指不直接涉及实体权利义务的问题，例如，中止诉讼或终结诉讼的裁定等。民事裁定主要用于解决程序问题，在个别情况下也可能涉及对实体问题的处理，例如关于财产保全、先予执行的裁定。民事裁定是人民法院保障诉讼程序正常进行，实现诉讼目的的重要手段和方法。

【辨析】民事裁定与民事判决的区别

(1) 处理的对象不同。民事裁定主要用于对程序问题的处理；民事判决则用于对实体问题的处理。(2) 适用的阶段不同。民事裁定既可在诉讼阶段适用，也可在执行阶段适用；判决只有在诉讼阶段才能适用，并且绝大多数在诉讼结束时适用。(3) 上诉的期间不同。不服民事裁定的上诉期间为 10 日；不服判决的上诉期间为 15 日。(4) 形式不同。民事裁定既可用书面的形式，又可用口头的形式；判决一般采用书面的形式作出。

根据《民事诉讼法》第 154 条的规定，民事裁定适用于下列事项：(1) 不予受理；(2) 对管辖权有异议；(3) 驳回起诉；(4) 保全和先予执行；(5) 准许或不准许撤诉；(6) 中止或终结诉讼；(7) 补正判决书中的笔误；(8) 中止或终结执行；(9) 撤销或不予执行仲裁裁决；(10) 不予执行公证机关赋予强制执行效力的债权文书；(11) 其他需要裁定解决的事项。

民事裁定作出后，制作裁定书的，由审判人员、书记员署名，并加盖人民法院印章；口头裁定的，由书记员记入笔录。对于不予受理、对管辖权有异议及驳回起诉的裁定，当事人不服的，可以上诉。其他裁定一经送达，即为生效。对于财产保全和先予执行的裁定，当事人不服，可以申请复议一次，但复议期间不停止裁定的执行。

生效的裁定与生效的判决具有同样的法律效力，对当事人、人民法院及有关单位和个人都有法律上的约束力，非依法定程序，任何机关和个人无权改变。

四、民事决定

民事决定，是指人民法院为保证民事诉讼活动的顺利进行，对诉讼程序中发生的特殊事项所作的判定。民事决定不同于民事判决和民事裁定，它既不解决诉讼中的实体问题，也不解决诉讼中的程序问题，只适用于解决诉讼中遇到的一些特殊事项，如回避问题、妨害民事诉讼问题等。对于这些事项，如不及时处理，会直接影响诉讼的正常进行。

根据我国《民事诉讼法》的规定，民事决定适用于以下情况：(1) 对妨害民事诉讼行为采取强制措施；(2) 对当事人申请回避问题的处理；(3) 对当事人申请顺延诉讼期间是否准许的处理；(4) 对缓、减、免交诉讼费用申请的处理；(5) 对案件是否再审的处理。

民事决定既可以采用书面的形式，也可以采用口头的形式。法律规定必须采用书面形式的，必须制作决定书，如罚款、拘留的决定；法律未作形式要求的，可以采用书面的形式，也可以采用口头的形式，但应记入笔录。

民事决定一经作出或送达，立即发生法律效力，必须立即执行。当事人不服的，不能上诉，但对回避决定、罚款决定及拘留决定不服的，当事人可以申请复议一次。复议期间，不停止决定的执行。

思考与练习

1. 简述起诉成立的效力。
2. 如何构建我国民事诉讼审前程序？
3. 简述民事诉讼中的撤诉制度。

4. 简述民事诉讼中的缺席判决制度。
5. 简述民事判决的既判力。

前沿问题探讨

中共中央十八届四中全会提出："推进以审判为中心的诉讼制度改革。"为此，需要在审判程序中贯彻以下诉讼原则：(1) 开庭审理采行言词审理原则，民事诉讼中当事人提供证据、进行辩论，都应当在法官面前才能发生效力，否则不得作为判决的基础。(2) 开庭审理采取直接审理主义，承办案件的法官应当以自己认识所得的证据作为裁判基础，这意味着法官要直接参与当事人的辩论及调查证据，否则不得参与作出判决。(3) 开庭审理以公开为原则，以不公开审理为例外。公开审理原则要求法院在开庭审理和判决宣告时允许当事人之外的人员在场旁听，以保障民事裁判的透明、公平，使社会知晓法院审理案件的情况，同时对证人和鉴定人等其他诉讼参与人形成心理上的约束，促使他们如实陈述和作证。

第十一章 简易程序与小额程序

内容提要

当事人价值追求的多元化、纠纷类型的多样性、司法资源的有限性等因素决定了民事诉讼程序应当具有多元性。简易程序和小额程序有利于提高诉讼效率，促进司法资源的有效利用，实现司法制度的目的。本章阐述简易程序与小额程序的概念、意义、适用范围以及相关司法解释的具体规定。

第一节 简易程序概述

一、简易程序的概念和意义

简易程序（summary procedure），是指基层人民法院及其派出法庭审理简单的民事案件所适用的一种简便易行的诉讼程序。作为第一审程序中与普通程序并列的一个独立的诉讼程序，简易程序与普通程序既有区别，又有联系。两者的区别在于：简易程序简化了普通程序审理上的某些步骤和环节（例如起诉、受理、审理等），因而有利于迅速地解决纠纷，节约当事人和法院的诉讼成本；而普通程序则相对完整、系统，对程序的要求比较严格。简易程序适用于基层法院及其派出法庭审理简单的民事案件，普通程序则适用于除简单民事案件以外的一切民事案件，是各级法院审理第一审民事案件所适用的审判程序。二者的联系表现在，普通程序是简易程序的基础，而简易程序则是普通程序的简化。法院适用简易程序审理案件时，对简易程序中未规定的事项，应当适用普通程序的规定。应当注意的是，简易程序不是附属于普通程序而存在的，它与普通程序一样，是一种独立的诉讼程序。适用简易程序审理案件与适用普通程序审理案件，法院的裁判具有同等的法律效力。

简易程序是一种便民的诉讼程序。许多国家的民事诉讼法都规定了这一程序，目的在于以简便的诉讼程序适应解决简单民事案件的客观需要。例如，日本《民事诉讼法》第七章“关于简易法院诉讼程序的特则”规定：“在简易法院，应根据简易的程序迅速地解决纠纷”，并作出了具体的简化程序的规定，如：“诉讼，可以以口头提起”；“提起诉讼以明确纠纷的要点代替请求的原因即可”；“当事人双方可以随意到法院出庭，就诉讼进行口头辩论，在此种情况下，提起诉讼以口头陈述进行”；等等。又如，法国第一审诉讼程序分为大审法院诉讼程序和小审法院诉讼程序。小审法院诉讼程序一般分为三种：普通程序、支付命令程序、消费者破产程序。从小审法院普通程序的特点来看，它实际上是一种简易程序。①

从各国民事诉讼程序的发展来看，其有一个从简到繁，又从繁到简的历史过程。随着立法技术的进步，特别是出于保护当事人利益，规范法院自由裁量行为的需要，诉讼程序逐渐系统和完整，但也不可避免地带来了程序上烦琐的问题。19 世纪中叶，一些国家开始简化民事诉讼程序。20 世纪 60 年代以来，诉讼的数量和新的诉讼类型与日俱增，传统的司法审判制度无法满足新的社会要求。各国为适应社会的发展变化，都积极地进行司法改革，把简易、便利、快捷、低廉作为改革民事诉讼程序的基本目标，简易程序因而受到各国的普遍重视。

程序相称是构建多元化的民事诉讼程序的基本原理，据此，程序的设计应当与案件的性质、争议的金额、争议事项的复杂程度等因素相适应，由此使案件得到妥当的处理。在审判实践中，民事案件种类繁多。根据案件的繁简程度及影响程度的不同，可以将它们大致区分为简单的民事案件和重大、复杂的民事案件两类。对于简单的民事案件来说，适用普通程序审理在法律上并无不当，但是，却因此浪费了司法资源，导致诉讼成本过高。因此，应当将案件根据难易程度进行繁简分流，为不同的纠纷配置不同的程序加以解决。而且，在现代社会，公正和效益是民事诉讼追求的两大基本价值目标。设置简易程序，正是兼顾诉讼公正与诉讼效益的正确思路，也是各国在巨大的案件压力下寻求程序保障的一条共同的途径。② 此外，通过简化诉讼程序，可以减少当事人人力、物力和时间的投入，因而有利于保障每一个普通公民都能利用司法制度维护自己的权利。

在我国，简易程序一直被视为人民司法工作的优良传统和成功经验的总结，是我国民事诉讼法“两便”原则（即便利当事人进行诉讼和便利人民法院审理案件）的体现。我国幅员辽阔，经济发展不平衡，至今仍有许多地区交通不便，经济较为落后，给群众进行诉讼造成了一定困难。适用简易程序审理简单的民事案件，可以有效地为当事人减少诉讼往返之劳，节省人力、物力和时间，及时解决当事人之间的民事纠纷，并可避免矛盾进一步激化。据统计，基层法院的数量约占全国法院总数的 80%；基层法院审判案件的数量约占全国法院审理案件总数的 90%以上；在基层法院审理的一审民商事案件中，简易程序适用率达到 80%以上。简易程序以简化的诉讼程序适应了解决简单民事案件的客观需要，使一大批简单民事案件得到了及时的处理，从而提高了法院的办案效率，缓解了案件压力。

我国 1991 年《民事诉讼法》对简易程序做了原则性的规定。由于法律的规定过于简略，不能适应社会发展和审判实践的需要；民事案件激增的巨大压力，更凸显了诉讼需求的扩张性与司法资源的有限性之间的矛盾，也对传统民事审判方式和现行民事审判制度提出了挑战。2003 年 9 月 10 日，最高人民法院发布了《关于适用简易程序审理民事案件的若干规定》（以下简称《简易程序规定》），为完善我国民事简易程序迈出重要的一步。2012 年立法机关修改《民事诉讼法》时，对简易程序作了修正，修正的内容包括扩大简易程序的适用范围，强调保障当事人陈述意见的权利，对小额案件实行一审终审等。《民诉法解释》对简易程序的适用作出具体的规定。

二、简易程序的适用范围

《民事诉讼法》第 157 条规定，基层人民法院和它派出的法庭审理事实清楚、权利义务关

① 小审法院普通程序的特点包括：第一，适用独任制；第二，不适用强制律师制；第三，不规定当事人有提出准备书的义务，原则上采用口头方式整理争点；第四，强调和解。参见张卫平、陈刚编著：《法国民事诉讼法导论》，242～243 页，北京，中国政法大学出版社，1997。

② 参见江伟、傅郁林：《民事审判制度中亟待解决的问题》，载《法学杂志》，1999（6）。

系明确、争议不大的简单的民事案件，适用简易程序。基层人民法院和它派出的法庭审理上述规定以外的民事案件，当事人双方也可以约定适用简易程序。据此，简易程序的适用范围包括以下三方面的内容。

（一）适用简易程序的法院

适用简易程序的法院，仅限于基层法院和它的派出法庭。中级以上的法院审理第一审民事案件，只能适用普通程序。

基层法院的派出法庭，是指基层法院根据地区、人口和案件情况，在区、乡、镇常设的人民法庭以及为审理具体案件而临时派出的审判组织。人民法庭是基层法院的组成部分，其审判活动以及所作出的判决、裁定与基层法院的审判活动及其作出的判决、裁定具有同等效力。

（二）法定适用简易程序的案件

适用简易程序的案件有两类，一类是事实清楚、权利义务关系明确、争议不大的简单民事案件，这是适用简易程序的案件的法定标准；另一类是当事人约定适用简易程序的案件。

根据《民诉法解释》第256条的规定，所谓“事实清楚”，是指当事人对争议的事实陈述基本一致，并能提供相应的证据，无须人民法院调查收集证据即可查明事实；“权利义务关系明确”是指能明确区分谁是责任的承担者，谁是权利的享有者；“争议不大”是指当事人对案件的是非、责任承担以及诉讼标的争执无原则上的分歧。

为了防止在审判实践中随意扩大简易程序的适用范围，还应注意以下几点。

1. 起诉时被告下落不明的案件，不得适用简易程序审理。

2. 适用简易程序审理的案件，在审理过程中发现案情复杂，需要转为普通程序审理的，可以转为普通程序，由合议庭进行审理；但是，已经按照普通程序审理的案件，在开庭后不得转为简易程序审理。

3. 发回重审的案件、当事人一方人数众多的案件、适用审判监督程序再审的案件以及涉及国家利益、社会公共利益的案件，不得适用简易程序审理。

4. 第三人起诉请求改变或者撤销生效判决、裁定、调解书的案件，不得适用简易程序审理，而应适用《民诉法解释》第十四部分所规定的“第三人撤销之诉”的程序。

（三）约定适用简易程序的案件

对于法定适用简易程序审理以外的一审民事案件，当事人双方也可以约定适用简易程序。对此应注意以下几点。

1. 对于应由中级以上人民法院审理的一审民事案件、再审或发回重审案件、应当适用特别程序审理的民事案件，当事人不得选择适用简易程序审理。

2. 约定适用简易程序需要双方当事人的合意。未经双方当事人的一致同意，法院不得依职权将普通程序转为简易程序。

3. 当事人达成合意后，应当在开庭前以书面或口头方式提出。口头提出的，应当记入笔录，由双方当事人签名或者捺印确认。

4. 诉讼代理人同意选择适用简易程序审理案件，应当得到当事人的特别授权。

就目前对简易程序适用范围的规定来看，尚存在一定的不足，主要在于以“事实清楚、权利义务关系明确、争议不大”作为适用范围的标准，过于原则和抽象，不便于实际操作，实践中各地做法也很不一致。在这一方面，我国台湾地区“民事诉讼法”的规定值得我们研究和借鉴。

我国台湾地区“民事诉讼法”第427条对适用简易程序的案件范围作出了规定，它采用了以下三种标准：（1）依诉讼标的金额或价额。第427条第1项明文规定：关于财产权之诉讼，其标的之金额或价额在新台币50万元以下者，适用简易程序。采用诉讼标的额这一标准，明确而便于操作。(2) 依争议案件的性质。第427条第2项列举了10类案件，“不问其标的金额或价额，一律适用简易程序”。即：1) 因建筑物或其他工作物定期租赁或定期借贷关系而发生的诉讼；2) 雇佣人与受雇人间因雇佣契约而发生的诉讼；3) 旅客与旅馆主人、饮食店主人或运送人间，因食宿、运送费或因寄存行李、财物而发生的诉讼；4) 因请求保护占有而发生的诉讼；5) 因定不动产的界限或设置界标而发生的诉讼；6) 本于票据有所请求而发生的诉讼；7) 本于合会[①]有所请求而发生的诉讼；8) 因请求利息、红利、租金、赡养费、退职金或其他定期给付而发生的诉讼；9) 因动产租赁或使用借贷关系而发生的诉讼；10) 因第1款至第3款、第6款至第9款所定请求的保证关系而发生的诉讼。(3) 依当事人合意。第427条第3项明文规定：“不合于前两项规定之诉讼，得以当事人之合意，适用简易程序。”即当事人可以以合意选择适用简易程序。

由此可见，我国台湾地区“民事诉讼法”对适用简易程序的案件范围的规定，是以诉讼标的额为主要标准，辅之以依案件性质加以列举和依当事人合意加以适用的方式。这样既有明确的标准，便于法院实际操作，又体现了对当事人意愿的尊重，是较为科学和全面的。

在考察了其他国家及我国台湾地区的民事诉讼制度之后，许多学者建议：(1) 借鉴国际上通行的做法，以诉讼标的额作为主要的划分标准。在确定数额标准时，还应遵循两个原则：一是在立法上，较大幅度地扩大简易程序的适用范围；二是根据不同地区的经济发展水平，确定不同地区简易案件的受理标准。(2) 明确列举几类适用简易程序的特殊案件。(3) 规定当事人可以以合意方式选择适用简易程序。[②]

第二节　简易程序的具体规定

一、《民事诉讼法》的规定

简易程序的根本特征在于简便易行。《民事诉讼法》对简易程序作出了一些简化的规定，包括以下几个方面。

（一）起诉方式

简易程序的起诉方式简便。《民事诉讼法》第158条第1款规定，对简单的民事案件，原告可以口头起诉。法院应当将原告起诉的内容记录在案，通知被告，被告可以口头答辩。口头起诉的方式便于原告（特别是欠缺法律知识的原告）及时行使诉权，保护自己的合法权益。

（二）受理案件的程序

简易程序受理案件的程序简便。《民事诉讼法》第158条第2款规定，适用简易程序审理的案件，当事人双方可以同时到基层法院或者它派出的法庭请求解决纠纷。基层法院或它派出的法庭可以当即审理，也可以另定日期审理。而适用普通程序审理案件时，则必须按照法定的程序和方式审查起诉、受理案件。

---

① 我国台湾地区“民法”第709条之一规定：“称合会者，谓由会首邀集二人以上为会员，互约交付会款及标取合会金之契约。其仅由会首与会员为约定者，亦成立合会。”

② 参见章武生：《简易、小额诉讼程序与替代性程序之重塑》，载《法学研究》，2000 (4)。上述第三点建议已为2012年修改的《民事诉讼法》所采纳。

（三）传唤当事人和证人的方式

简易程序传唤当事人和证人的方式简便。《民事诉讼法》第159条规定，审理简单的民事案件，可以用简便的方式随时传唤当事人和证人。简便方式是指采用捎口信、电话、短信、传真、电子邮件等方式。法院可以根据案件的具体情况，灵活处理。

（四）审判组织

简易程序实行独任制。《民事诉讼法》第160条规定，按照简易程序审理的民事案件，由审判员一人独任审判。但是，为了保证办案质量，必须由书记员担任记录工作，而不能由审判员自审自记。适用简易程序审理案件，在审理过程中，如发现案情复杂，需要转为普通程序审理的，可以转为普通程序，由合议庭进行审理，并及时通知双方当事人。

（五）开庭审理的程序

简易程序开庭审理的程序简便。《民事诉讼法》第160条规定，适用简易程序审理案件，在开庭审理时，不受《民事诉讼法》第136条、第138条、第141条的限制。也就是说，在开庭审理前，无须在开庭3日前通知当事人和其他诉讼参与人；公开审理的，也无须公告当事人姓名、案由和开庭的时间、地点。在开庭审理时，不严格区分法庭调查和法庭辩论两大步骤，也不受法庭调查、法庭辩论先后次序的限制，法官可以根据案件审理的需要灵活掌握，可以合并进行，也可以穿插进行。法院适用简易程序审理案件，可不受法律和司法解释中某些规定的限制，但应保障当事人陈述意见的权利。

（六）案件的审理期限

简易程序案件的审理期限较短。《民事诉讼法》第161条规定，人民法院适用简易程序审理案件，应当在立案之日起3个月内审结。《民诉法解释》第258条规定：“适用简易程序审理的案件，审理期限到期后，双方当事人同意继续适用简易程序的，由本院院长批准，可以延长审理期限。延长后的审理期限累计不得超过六个月。”

二、简易程序的程序保障

民事案件繁简分流的目的在于以合乎理性的规范缓解司法资源与诉讼需求的冲突，从而使不同的案件获得不同程度的程序保障。提高审判效率、降低诉讼成本都必须建立在保障当事人各项诉讼权利的基础上。人民法院适用简易程序审理民事案件，应当保障当事人主张权利、提供证据和进行辩论的权利，在充分听取双方当事人意见的基础上，根据案件的事实作出判断。为此，法院应当注重审理的规范化，杜绝程序的随意性，防止以牺牲公正换取效率的不当做法。

（一）尊重当事人的处分权和意思自治

程序选择权是当事人在民事诉讼中就程序性事项达成合意后共同处分自己诉讼权利的一种权能。它以双方当事人形成的诉讼契约为基础，以处分自己依法享有的诉讼权利为内容。根据司法解释的规定，普通程序中的当事人在自愿一致的基础上可选择适用简易程序。当事人双方均表示不需要举证期限、答辩期间的，人民法院可以立即开庭审理或者确定开庭日期。当事人双方一致同意简化裁判文书的，法院在制作裁判文书时对认定事实或判决理由部分可以适当简化。适用简易程序审理的案件，审理期限到期后，双方当事人同意继续适用简易程序的，由法院批准后，可以延长审理期限。当事人双方可就开庭方式向人民法院提出申请，由人民法院决定是否准许。经当事人双方同意，可以采用视听传输技术等方式开庭。

（二）简易程序向普通程序的转化

人民法院发现案情复杂，需要转为普通程序审理的，应当在审理期限届满前作出裁定并将合议庭组成人员及相关事项书面通知双方当事人。当事人就案件适用简易程序提出异议，人民法院经审查，异议成立的，裁定转为普通程序；异议不成立的，口头告知当事人，并记入笔录。转为普通程序的，人民法院应当将合议庭组成人员及相关事项以书面形式通知双方当事人。转为普通程序前，双方当事人已确认的事实，可以不再进行举证、质证。案件转为普通程序审理的，审理期限自人民法院立案之日计算。

（三）诉讼程序的简化

原告本人（自然人，不包括法人或其他组织）不能书写起诉状，如原告是文盲、半文盲或肢体残疾，委托他人代写起诉状确有困难的，可以口头起诉；双方当事人到庭后，被告同意口头答辩的，法院可以当即开庭审理。人民法院可以采取捎口信、电话、短信、传真、电子邮件等简便方式传唤双方当事人、通知证人和送达裁判文书以外的诉讼文书。但应注意的是，以简便方式送达的开庭通知，未经当事人确认或者没有其他证据证明当事人已经收到的，人民法院不得缺席判决。适用简易程序案件的举证期限由人民法院确定，也可以由当事人协商一致并经人民法院准许，但不得超过 15 日。被告要求书面答辩的，人民法院可在征得其同意的基础上，合理确定答辩期间。当事人对案件事实无争议的，审判人员可以在听取当事人就适用法律方面的辩论意见后径行裁判；适用简易程序的民事案件以一次开庭审结为原则，一般应当庭宣判。2012 年修改后的民事诉讼法规定，对于适用简易程序的案件，法院可以采用简便方式进行审理，这就为今后基层人民法院在司法实践中的积极探索提供了法律依据。

（四）调解的强化

对于婚姻家庭纠纷和继承纠纷、劳务合同纠纷、交通事故和工伤事故引起的权利义务关系较为明确的损害赔偿纠纷、宅基地和相邻关系纠纷、合伙协议纠纷、诉讼标的额较小的纠纷等案件，法院在开庭审理时应当先行调解，但是根据案件的性质和当事人的实际情况不能调解或者显然没有调解必要的除外。调解达成协议并经审判人员审核后，双方当事人同意该调解协议经双方签名或者捺印生效的，该调解协议自双方签名或者捺印之日起发生法律效力，调解协议生效后法院还应制作调解书以作为执行依据。

（五）送达方式的改进

针对实践中简易程序送达难的问题，《简易程序规定》对送达作了具体的规定，包括送达地址的书面确认制度、送达地址的推定、送达的推定以及留置送达的简化等。

（六）证据规则的变通

适用简易程序案件的举证期限由人民法院确定，也可以由当事人协商一致并经人民法院准许，但不得超过 15 日。被告要求书面答辩的，人民法院可在征得其同意的基础上，合理确定答辩期间。人民法院应当将举证期限和开庭日期告知双方当事人，并向当事人说明逾期举证以及拒不到庭的法律后果，由双方当事人在笔录和开庭传票的送达回证上签名或者捺印。当事人双方均表示不需要举证期限、答辩期间的，人民法院可以立即开庭审理或者确定开庭日期。

（七）庭审记录的规范

根据《简易程序规定》第 24 条的规定，书记员应当将适用简易程序审理民事案件的全部活动记入笔录。对于下列事项，还应当详细记载：审判人员关于当事人诉讼权利义务的告知、争议焦点的概括、证据的认定和裁判的宣告等重大事项；当事人申请回避、自认、撤诉、和解等重大事项；当事人当庭陈述的与其诉讼权利直接相关的其他事项。

（八）裁判文书的简化

适用简易程序审理的案件，有下列情形之一的，人民法院在制作判决书、裁定书、调解书时，对认定事实或者裁判理由部分可以适当简化：当事人达成调解协议并需要制作民事调解书的；一方当事人明确表示承认对方全部或者部分诉讼请求的；涉及商业秘密、个人隐私的案件，当事人一方要求简化裁判文书中的相关内容，人民法院认为理由正当的；当事人双方同意简化裁判文书的。

（九）法官诉讼指挥权与释明义务的明确

对没有委托律师、基层法律服务工作者代理诉讼的当事人，人民法院在庭审过程中可以对回避、自认、举证证明责任等相关内容向其作必要的解释或者说明，并在庭审过程中适当提示当事人正确行使诉讼权利、履行诉讼义务。应当强调的是，审判人员既要提示和指导当事人进行正常的诉讼活动，又要保证其提示和指导的适当性。《民诉法解释》中关于法官指挥诉讼和行使释明权的规定符合非讼化审理的要求，也与民事诉讼制度改革的潮流相吻合。

第三节　小额程序简述

一、小额程序的含义

在许多国家和地区的第一审民事诉讼程序中，除了普通程序和简易程序以外，还设有一种小额程序。所谓小额程序（small claims procedure），是指基层法院的小额法庭或专门的小额法院审理数额较小的案件所适用的专门程序。

在现实生活中，除了一般的简单民事案件以外，还存在着大量争议标的额较小的民事纠纷，小额程序就是专门为这类纠纷而设立的。小额程序作为一种新型的程序，它所追求的是不需要法律技巧的简易和效率，而且比简易程序更为简便、快捷、灵活，能够更迅速地审结案件，节约当事人和法院的诉讼成本。小额程序还有利于实现司法的大众化，使小额纠纷的当事人能够"接近正义"（access to justice），获得法律救济。近年来，在巨大的案件压力下，各国传统的诉讼机制已经显得力不从心。因此，许多国家设立了小额程序，以方便当事人进行诉讼，提高审判效率，节省司法资源。

二、各国和地区关于小额程序的规定

从立法体例上看，大多数国家和地区分别规定小额程序与简易程序，或制定专门的小额裁判法。例如，韩国于 1973 年制定了专门的《小额案件审判法》。[①] 日本将创设小额程序作为民事诉讼改革的重点，在新《民事诉讼法》（1996 年修订，自 1998 年 1 月 1 日起施行）第六编中增加了"关于小额诉讼的特则"。我国台湾地区 1999 年修订"民事诉讼法"时，在第二编"第一审程序"中增设了第四章"小额诉讼程序"。关于请求给付金钱或其他代替物或有价证券之诉讼，其标的金额或价额在新台币 10 万元以下者，适用小额程序。此外，还有一些国家和地区虽然没有制定专门的小额裁判法，但在简易程序中对小额案件作了更为简易化的特别规定。

在美国，各州小额法院受理的案件类型及讼争金额虽有所不同，但一般受理 5 000 美元以下的损害赔偿、债务、租赁等案件。在 20 世纪 70 年代后，为了减轻当事人的负担，美国在建

① 在韩国，小额案件是指起诉时标的额为 2 000 万韩元以下的请求给付一定数额的金钱、其他替代物或有价证券的第一审民事案件。2012 年，韩国各地法院受理第一审民事案件共 1 044 928 件，其中小额案件 739 842 件，占全部民事案件的 70.8%。参见谢鹏远：《韩国小额诉讼制度现况及对我国的启示》，载《河南财经政法大学学报》，2014（5）。

立小额审判制度方面进行了多种改革，例如在夜间或休息日开庭，把小额诉讼法庭建立在社区内，开展免费法律咨询等，地方法院的法官轮流到小额诉讼法庭担任法官，采用简易程序，只收取 10 至 20 美元的费用，当庭解决纠纷。美国通过小额诉讼法庭的简易审判，大幅度降低了当事人的诉讼成本，为当事人提供了及时和有效的司法救济，同时也通过基层司法的积极活动，有力地维护了整个司法系统的地位和权威。[①]

日本于 1996 年完成了《民事诉讼法》的全面修改，其中最引人注目的内容是增加了小额裁判制度，专编规定了小额诉讼程序。根据其规定，在简易裁判所，诉讼标的在 60 万日元以下的争议经当事人申请可采用小额诉讼程序，通过禁止反诉、一次审理结案、简化证据调查及证人询问、禁止上诉等措施，标的较小的纠纷也能及时得到司法救济，而不致使当事人因成本和效率方面的因素感到得不偿失。[②]

根据德国《法院组织法》的规定，地方法院（又译初级法院）属于最低一级的法院，作为小额法庭处理涉讼金额 5 000 欧元以下的民事争议案件。地方法院由 1 名独任法官审理案件，当事人不必聘请律师（在地方法院的上一级法院和更高级的法院，律师代理诉讼是强制性的规定），涉讼金额在 600 欧元以下的案件一般不允许上诉。由于地方法院的数量很多，因而当事人很容易接近法院，并且能够简单迅速地解决争议。

从机构的设置上看，主要有两种方式：一种方式是设立专门的小额法庭（或小额法院），例如，英国早在 1973 年就设立了专门的小额法庭，美国大部分州设立了小额法院。另一种方式是利用现有的简易法院（或简易庭）的设置，由这些法院的法官审理小额民事纠纷。例如，日本《民事诉讼法》第 368 条规定，在简易法院内可以请求依据小额诉讼审理及判决。又如，我国台湾地区“民事诉讼法”第 436 条之二十三规定，小额诉讼案件由地方法院简易庭独任法官审理。

从各国和地区的具体规定来看，小额程序主要有以下特征。

1. 以低成本和高效率为价值取向。小额程序以追求效率为根本原则，是在平衡诉讼的两大基本价值，即公平和效益之后，选择效率和效益优先的结果。通过小额程序，经过一次十几分钟到数小时的审理，可以一劳永逸地解决纠纷。法院在处理小额纠纷时，也尽量将诉讼成本降低到最低限度。例如，我国台湾地区“民事诉讼法”第 436 条之十四规定，“调查证据所需时间、费用与当事人之请求显不相当者”，“法院得不调查证据，而审酌一切情况，认定事实，为公平之裁判”。

2. 诉讼请求一般只限于债权债务纠纷，而且不能超过法律规定的最高限额。各国和地区根据自身经济发展状况规定了不同的数额标准，并彻底贯彻了小额性。例如，英国于 1973 年设立了低廉、简易的小额程序，处理 3 000 英镑以下的小额消费争议和人身伤害赔偿案件，1998 年新《民事诉讼规则》将这一标准提高到 5 000 英镑（后增至 1 万英镑）。在我国香港特别行政区，小额程序适用于标的金额为港币 5 万元以下的案件。在我国澳门特别行政区，小额程序适用于标的金额为澳门币 10 万元以下的案件。有些国家和地区还作了限制起诉的规定。例如，日本《民事诉讼法》规定，当事人在一年内向同一简易法院申请小额诉讼不得超过 10 次。我国香港地区《小额钱债审裁处条例》规定，当事人不得为使其纠纷在该审裁处解决，而

① 参见范愉：《非诉讼纠纷解决机制》，144 页，北京，中国人民大学出版社，2000。

② 参见白绿铉编译：《日本新民事诉讼法》，23～24 页，北京，中国法制出版社，2000。

将大笔的请求额分割为若干小笔的请求额。[1] 这是为了防止小额程序变为一些向一般市民发放贷款、贩卖货物的金融企业或公司催讨债务的工具。

3. 程序简便、灵活。它表现在诉讼过程的每一个环节，以我国台湾地区“民事诉讼法”的规定为例：起诉时，当事人可以使用法院统一印制的表格式诉状；法院可以在夜间、星期日或其他休息日开庭；使用统一印制的判决书，并且只需要记载要点，无须详细阐述理由；等等。

此外，各国和地区一般还作了以下一些规定。

(1) 原则上一次开庭审结。小额诉讼的目的是简便、迅速地解决纠纷，因此一般要求通过一次开庭审结案件。例如，日本《民事诉讼法》第 370 条第 1 款规定：“小额诉讼，除特别的情况之外，应当在最初进行口头辩论的期日内终了审理。”

(2) 注重调解。小额诉讼一般采取调解与审判一体化，在审理过程中法官可以通过谈话的方式，让原、被告直接对话，积极促成当事人的和解。法官在听取双方当事人的主张之后，往往会在他们争执不下时，直接提出赔偿建议。还有一些国家和地区采取调解前置主义，规定在起诉前应经法院调解。

(3) 允许缺席判决。例如，我国台湾地区“民事诉讼法”第 436 条之二十四规定，在言词辩论期日，如当事人一方不到场，法院即可依职权作出缺席判决。

(4) 采取一审终审制，限制上诉。为避免因上诉而耗费更多的时间和金钱，各国小额程序大多采取一审终审制。例如，日本《民事诉讼法》第 377 条规定：“对于小额诉讼的终局判决，不得提起控诉。”

4. 法官享有较大的职权。程序的简易化程度总是与法官的职权行使程度成正比的。为了提高效率，法官必定要运用职权使程序相对灵活，以加快诉讼的进程。因此，小额程序与普通程序和简易程序相比，法官往往更为主动地介入诉讼，而当事人双方的对抗则受到一定的限制，例如，鼓励当事人本人进行诉讼甚至禁止律师代理小额诉讼案件，不适用严格的证据规定，限制交叉询问，法官积极促进当事人和解等，以缩短诉讼周期，节约人力、物力和时间。[2]

从以上规定中可以看出，小额程序比一般的简易程序更为简便和灵活，更加方便当事人进行诉讼，有利于更迅速地解决争议，节约诉讼成本，使民众能够得到简便的、有程序保障的司法服务。从形式和性质上看，小额程序仍属于一种民事诉讼程序，原则上由职业法官主持审判，因而与诉讼外纠纷解决方式存在着明确的区别。这种程序本身仍属于法院诉讼活动的组成部分，目的在于为民众提供一种低成本的、简便的司法救济。然而，近年来在实际运作中，有些国家的小额程序逐渐开始与非诉讼程序接近与融合，二者的区别已经趋于模糊，从而加大了小额程序与普通程序的背离。

三、我国小额诉讼的程序规则

（一）新《民事诉讼法》关于小额诉讼的规定

在我国近年的审判实践中，某些法院的简易程序改革措施已经呈现出小额诉讼的特点。《人民法院第二个五年改革纲要（2004—2008）》提出，要探索建立小额诉讼制度，提高诉讼效

---

① 小额钱债审裁处（Small Claims Tribunal）是我国香港特区专门审理小额案件的法庭。参见齐树洁主编：《台港澳民事诉讼制度》，2 版，233 页，厦门，厦门大学出版社，2014。

② 例如，英国《民事诉讼规则》第 27.8 条规定：小额程序不适用严格的证据规则（the strict rules of evidence do not apply）；法院可限制交叉询问（the court may limit cross-examination）。

率。然而，小额诉讼要求更为灵活的审判方式和一审终审的审判制度，这与我国法律的规定不相吻合。因此，建立小额诉讼程序必须以《民事诉讼法》的修改为条件。2011 年 3 月，为配合《民事诉讼法》的修改，最高人民法院部署在 90 个基层法院开展小额速裁试点工作并取得了有益的经验。

2012 年修改后的《民事诉讼法》第 162 条规定："基层人民法院和它派出的法庭审理符合本法第一百五十七条第一款规定的简单的民事案件，标的额为各省、自治区、直辖市上年度就业人员年平均工资百分之三十以下的，实行一审终审。"从条文结构上看，立法者将小额诉讼程序在简易程序中予以特别规定，并未将小额诉讼程序视为一种独立于简易程序的诉讼程序。我们认为，为彰显小额诉讼程序简便、快捷解决纠纷的价值和功能，有必要在总结 2011 年以来各地试点经验的基础上，根据小额诉讼程序的特殊原理，借鉴外国立法例，通过司法解释制定专门适用于小额诉讼程序的诉讼规则。

（二）《民诉法解释》有关小额诉讼的规定

1. 明确界定适用小额诉讼程序审理的案件种类。根据《民诉法解释》第 274 条的规定，下列金钱给付的案件，适用小额诉讼程序审理：（1）买卖合同、借款合同、租赁合同纠纷；（2）身份关系清楚，仅在给付的数额、时间、方式上存在争议的赡养费、抚育费、扶养费纠纷；（3）责任明确，仅在给付的数额、时间、方式上存在争议的交通事故损害赔偿和其他人身损害赔偿纠纷；（4）供用水、电、气、热力合同纠纷；（5）银行卡纠纷；（6）劳动关系清楚，仅在劳动报酬、工伤医疗费、经济补偿金或者赔偿金给付数额、时间、方式上存在争议的劳动合同纠纷；（7）劳务关系清楚，仅在劳务报酬给付数额、时间、方式上存在争议的劳务合同纠纷；（8）物业、电信等服务合同纠纷；（9）其他金钱给付纠纷。

2. 明确规定不适用小额诉讼程序的案件种类：《民诉法解释》第 275 条规定，下列案件，不适用小额诉讼程序审理：（1）人身关系、财产确权纠纷；（2）涉外民事纠纷；（3）知识产权纠纷；（4）需要评估、鉴定或者对诉前评估、鉴定结果有异议的纠纷；（5）其他不宜适用一审终审的纠纷。

3. 法院对小额诉讼的释明义务及当事人的异议权。人民法院受理小额诉讼案件，应当向当事人告知该类案件的审判组织、一审终审、审理期限、诉讼费用交纳标准等相关事项。当事人对小额诉讼案件提出管辖异议的，人民法院应当作出裁定。裁定一经作出即生效。当事人对按照小额诉讼案件审理有异议的，应当在开庭前提出。人民法院经审查，异议成立的，适用简易程序的其他规定审理；异议不成立的，告知当事人，并记入笔录。

4. 举证期限和答辩期限的特别规定。小额诉讼案件的举证期限由人民法院确定，也可以由当事人协商一致并经人民法院准许，但一般不超过 7 日。被告要求书面答辩的，人民法院可以在征得其同意的基础上合理确定答辩期间，但最长不得超过 15 日。当事人到庭后表示不需要举证期限和答辩期间的，人民法院可立即开庭审理。

5. 诉的变更、追加、反诉的限制。小额诉讼程序案件诉讼标的额小，案件内容单纯，需要诉讼的简便快速进行。在小额诉讼程序中，当事人为诉的变更、追加或提起反诉，会导致诉的复杂化，从而使小额诉讼的适用条件丧失。为此，应当对当事人的诉的变更、追加及提起反诉的权利进行限制。由于我国尚未设立独立的小额诉讼程序，因而，《民诉法解释》第 280 条规定："因当事人申请增加或者变更诉讼请求、提出反诉、追加当事人等，致使案件不符合小额诉讼案件条件的，应当适用简易程序的其他规定审理。前款规定案件，应当适用普通程序审理的，裁定转为普通程序。适用简易程序的其他规定或者普通程序审理前，双方当事人已确认的事实，可以不再进行举证、质证。"

6. 判决书的简化。在简易程序规定判决书简化的基础上，在小额诉讼程序中，判决书应当进一步简化。小额诉讼的判决书原则上仅记载判决的主文，无须记载事实及理由，法院也无须口头对当事人说明裁判的事实与理由。《民诉法解释》第282条规定："小额诉讼案件的裁判文书可以简化，主要记载当事人基本信息、诉讼请求、裁判主文等内容。"

7. 小额诉讼的救济途径。《民诉法解释》第426条规定："对小额诉讼案件的判决、裁定，当事人以民事诉讼法第二百条规定的事由向原审人民法院申请再审的，人民法院应当受理。申请再审事由成立的，应当裁定再审，组成合议庭进行审理。作出的再审判决、裁定，当事人不得上诉。当事人以不应按小额诉讼案件审理为由向原审人民法院申请再审的，人民法院应当受理。理由成立的，应当裁定再审，组成合议庭审理。作出的再审判决、裁定，当事人可以上诉。"

思考与练习

1. 简述简易程序的适用范围。
2. 简述简易程序的基本特征。
3. 如何构建我国小额诉讼程序的规则？

前沿问题探讨

小额诉讼是许多国家和地区为解决小额纠纷而设立的一种特殊的诉讼程序。我国《民事诉讼法》将小额诉讼规定在简易程序中，未能体现小额案件的审理特点，违背了"不同类型纠纷适用不同程序"的法理。目前，对于小额诉讼程序的性质（它是诉讼程序还是非诉讼程序），它与简易程序的关系如何协调，是否允许律师代理小额诉讼案件，小额诉讼是否必须查明案情，对小额诉讼的判决错误如何认定及救济等问题，在理论界和实务界都存在着不同见解。这些问题对于小额案件的适用影响极大，有待于在总结司法实践经验的基础上进一步深入探讨。

第十二章 第二审程序

内容提要

由于实行两审终审制，因而我国的民事诉讼第二审程序既是上诉程序又是终审程序。作为一种裁判瑕疵的救济程序，第二审程序对于纠正法院裁判的错误、保障当事人的合法权益、维护法律的统一性、保障司法的正当性具有重要意义。本章阐述第二审程序的概念、性质、意义，上诉的提起与受理，上诉案件的审理及裁判。

第一节 第二审程序概述

一、第二审程序的概念

我国民事诉讼实行两审终审制。当事人不服第一审法院作出的未生效裁判，有权提起上诉，从而引起第二审程序的发生。因此，第二审程序既是上诉审程序，又是终审程序。第二审法院所作的判决为终审判决，一经宣判或送达，即发生法律效力，当事人不得再提起上诉。第二审程序是指民事诉讼当事人不服地方各级法院未生效的第一审裁判，在法定期限内向上一级法院提起上诉，上一级法院对案件进行审理所适用的程序。

【辨析】第二审程序与第一审程序

第二审程序与第一审程序同属于审判程序。从某种意义上说，第一审程序是第二审程序的前提与基础，第二审程序是第一审程序的继续与发展。二者的主要区别如下：(1) 程序发生的原因不同。第一审程序的发生，是基于当事人的起诉权和法院的管辖权；第二审程序的发生，是基于当事人的上诉权和上级法院的审判监督权。(2) 审理对象不同。第一审程序以原告的起诉状和被告的答辩状为基点，展开对案件事实的审理；第二审程序则以第一审裁判为基点，对上诉请求的有关事实和适用法律进行审查。(3) 审判任务不同。第一审程序的任务主要是通过对案件的审理，查明事实，确认当事人之间的民事权利义务关系；第二审程序不仅要确认当事人之间的民事权利义务关系，而且担负监督检查下级法院审判工作的任务。

上诉作为一种司法上的救济方法，具有以下几个特点：(1) 上诉是当事人的一种诉讼行为，其目的在于引起上诉审程序的发生。(2) 上诉的对象是未生效（或曰未确定）的民事裁判。(3) 上诉的内容是请求上级法院审查下级法院的裁判，并撤销或变更该裁判。(4) 相对于起诉和初审而言，法律对上诉行为和上诉审程序有一些特别的限制。(5) 在实行三审终审制的国家和地区，上诉可分为第一次上诉（又称第二审上诉或控诉）和第二次上诉（又称第三审上诉或上告)，分别适用不同的规则。一般而言，当事人提起第三审上诉应当提出申请，在获得许可后方可进行；第三审法院通常只审查法律问题，而不审查事实问题。

关于第二审程序的性质，有以下三种不同的学说。

一是复审制说。该学说认为，第二审是对案件的重新审理，它与第一审无关，第一审中的一切诉讼资料于第二审无效，第二审法院应重新收集、调查诉讼资料，并在此基础上作出裁判。

二是续审制说。该学说认为，第二审是第一审的继续和发展，当事人在第一审中提出的诉讼资料，于第二审仍然有效；当事人在第一审没有提出，或虽然提出但未经审理的诉讼资料，可以在第二审中提出。

三是事后审制说。该学说认为，第二审只能以当事人在第一审中提出的诉讼资料为依据，不允许当事人在第二审中提出新的诉讼资料；第二审只能就第一审适用法律是否恰当进行审查，而不审查第一审法院所认定的事实。

目前世界上大多数国家的第二审程序采用续审制，但对当事人在第二审程序中提出的新证据是否加以限制则有不同的规定。大多数大陆法系国家原则上允许向上诉法院提出新证据，少数大陆法系国家则对向上诉法院提出新证据加以限制，如德国、意大利。德国自 2002 年 1 月 1 日起施行的新《民事诉讼法》，对于当事人在第二审中提出新证据予以更加严格的限制。修正前的《民事诉讼法》原则上允许当事人在第二审中提出新的攻击或防御方法（包括事实与证据)，只要法官依自由心证，认为不致拖延诉讼的终结，或者当事人非因过失而逾期时，即准其提出（第 528 条)。根据修正后的《民事诉讼法》第 531 条的规定，因当事人过失而未于第一审提出的攻击或防御方法，当事人在第二审中不得提出。据此，新法对第二审中提出新证据的限制比旧法的更为严格，只要当事人因过失未于第一审提出即已失权，不必考虑是否有延滞诉讼的可能性。[①]

英国判例法对于在上诉审中提出新的证据（fresh evidence）逐渐予以限制，其中最具代表性的是通过 1954 年的 Ladd v. Marshall 案所形成的“Ladd v. Marshall 规则”。根据该规则，在上诉审中，只有当新证据符合下列情形时才可以被接受：(a) 该证据在下级法院的听审中虽经合理的努力仍难以获得；(b) 该证据将很有可能对案件结果产生重大的影响；(c) 该证据具有明显的可信性。[②] 这样做的目的主要是督促当事人在一审中尽可能地提出全部证据，防止当事人有意将争点留到上诉审，以期获得证据突袭的效果。在美国，上诉法院不会考虑新的证据，当事人在上诉中不会提出新的证据，不会传召证人作证。上诉法院通常遵循一审法院作出的事实认定。[③] 美国《联邦民事诉讼规则》第 52 条第 1 款规定：“对法院的事实认定，无论基于口头或书面证据，除非有明显错误，都不应被撤销。应当重视给予初审法院判定证人可信度的机会。”

二、第二审程序的意义

作为一种对错误判决的救济途径，上诉制度古已有之，历史悠久。据史料记载，我国在西周时期就建立了上诉制度。[④] 在现代社会，上诉制度是司法制度的重要构成部分，担负着多样化的司法功能。一般认为，上诉制度的功能包括吸收不满、纠正事实错误、促进法律适用的统

---

① 参见姜炳俊：《2002 年德国民事诉讼法改革——上诉制度》，载《月旦法学教室》，2002 年创刊号。

② See Charles Plant (ed), *Blackstone's Civil Practice*, Blackstone Press Limited, 2001, p. 786.

③ 参见汤维建主编：《美国民事诉讼规则》，359 页，北京，中国检察出版社，2003。

④ 参见李交发：《中国诉讼法史》，184 页，北京，中国检察出版社，2002。

一以及巩固司法体系的合法性等，并且需要在不同的价值目标之间进行平衡与取舍。[①] 在我国两审终审的司法体制下，第二审程序具有纠正错误裁判、保障司法公正等方面的功能。

1. 有利于保护当事人的合法权益。通过第二审程序，当事人对第一审裁判认定事实及适用法律的错误提出意见，并可再次向人民法院陈述自己的请求，要求人民法院对第一审裁判是否正确进行审查，以维护自己的合法权益。

2. 有利于上级人民法院监督和检查下级人民法院的审判事务。上级人民法院通过对上诉案件的审理和对第一审裁判的审查，可以发现下级人民法院审判事务中的问题，加强审判监督，保证人民法院正确行使审判权。

3. 有利于维护国家法律的统一适用。上级人民法院通过第二审程序，维持正确的第一审裁判，纠正错误的第一审裁判，有助于严肃执法，维护司法权威和国家法律的统一适用，并可在一定程度上促进法律的发展。

三、外国三审终审制的借鉴意义

当代各国的诉讼制度受其历史传统影响，在审级结构上存在诸多差异，大体上可分为以英、美为代表的“上诉制”，以法、意为代表的“撤销制”和以德、奥为代表的“更审制”三种类型。这些模式源头各异，却最终都形成了三级审判的司法结构。这种殊途同归的演进过程蕴含了审级制度建构的一些共同原理。当代典型的司法结构是由三个审级构成的司法金字塔。塔底很宽，由数量众多的一审法院组成，对初审案件进行全面的事实审查并在此基础上适用法律；相对宽阔的塔腰由多个中级上诉法院构成，以审查事实问题和法律问题的方式监督一审司法权，同时受终审法院的监督；位于金字塔顶部的是独一无二的最高法院，它通过对部分上诉案件中的法律事项行使许可上诉管辖权，以此实现制约下级司法权并维护法律适用的统一的功能。[②]

我国在20世纪50年代初曾实行过有条件的三审终审制。1954年公布的《中华人民共和国人民法院组织法》确立了四级两审终审制，此后沿用至今。几十年来的司法实践表明，现行两审终审制在便利人民诉讼、便利法院审判的同时，也存在如下一些不足：由于少了一个复审程序，上诉审的功能难以充分发挥；终审法院的审级较低，对于保证审判质量和统一法律适用均有不利的影响；对上诉的不加限制和二审程序构造的不明确，造成了诸多弊端。

最高人民法院的调研报告指出，从法院的系统设置、审判管理、职能分工等多方面看，两审终审制不利于充分发挥四级法院的整体功能，实现四级法院各自不同的价值目标。其主要缺陷如下：(1) 上诉条件过于宽泛导致诉讼资源的不必要浪费。(2) 终审法院级别过低，难以保证司法的统一性。(3) 两审终审使上诉审的纠错功能明显降低。(4) 民事诉讼管辖原则导致地方保护主义干扰严重。(5) 民事诉讼审理对象缺少专门的法律审查程序。(6) 以审判监督制度弥补二审的不足导致“终审不终”[③]。近年来，不少学者主张，我国应借鉴外国民事上诉制度，以两审终审制为基础，以有条件的一审终审和三审终审为必要的补充，对诉讼金额和审理对象的限制进行合理控制，使审级制度能够适应民事诉讼多层次的需要。[④]

---

① 根据英国学者Stuart Sime的解释，这种矛盾是在鼓励判决的终局性与纠正判决的错误之间求得平衡（balance between encouraging finality and correcting mistakes）。See Stuart Sime, *A Practical Approach to Civil Procedure*, Blackstone Press Limited, 2000, p. 489.

② 参见江伟主编：《中国民事审判改革研究》，305页，北京，中国政法大学出版社，2003。

③ 最高人民法院民事诉讼法调研小组编：《民事诉讼程序改革报告》，175～179页，北京，法律出版社，2003。

④ 参见齐树洁：《构建我国三审终审制的基本思路》，载《法学家》，2004（3）；章武生：《民事司法现代化的探索》，470页，北京，中国人民公安大学出版社，2005。

第二节　上诉的提起与受理

一、上诉的概念

上诉是指当事人不服第一审法院所作的尚未生效的裁判，在法定期限内声明不服，要求上级法院撤销或变更该裁判的诉讼行为。上诉作为当事人的重要诉讼权利之一，是对于一审错误裁判的一种救济手段。当事人不服第一审法院所作的裁判，除法律另有规定的以外，均可在法定期限内向上一级法院提起上诉。

【辨析】上诉与起诉的联系与区别

上诉与起诉都是当事人请求法院通过审理和裁判，保护自己民事权益的诉讼行为，其区别在于：(1) 起诉的发生是因为当事人之间存在民事权利义务关系的争议，一方当事人请求法院予以司法保护；上诉的发生是因为当事人（一方或双方）不服第一审法院所作出的未生效的民事裁判，请求上级法院予以审查，撤销或变更该裁判。(2) 起诉应遵守诉讼时效；上诉应遵守上诉期限。(3) 起诉应当向有管辖权的法院提出；上诉应当向作出第一审裁判的法院的上一级法院提出。(4) 起诉如符合法定条件，即引起第一审程序的发生；上诉如符合法定条件，即引起第二审程序的发生。

由于实行三审终审制以及不同的法律传统等原因，西方国家对上诉有不同的分类。例如，德国、日本的民事诉讼法将上诉分为两类：(1) 对判决的上诉。包括为重新审查案件事实和法律适用而提起的上诉，即控诉；只就法律适用问题提起的上诉，即上告。所谓控诉，亦称首次上诉，是指上诉人请求第二审法院对下级法院的终局判决认定事实和适用法律两个方面重新审查的诉讼行为。所谓上告，亦称二次上诉，是指上告人请求第三审法院对控诉审法院的终局判决中适用法律的错误进行审查的诉讼行为。(2) 对裁定的上诉。对裁定的上诉被称为抗告，并设立专门的抗告程序。美国法将"上诉"分为"基于权利的上诉"（appeal by right，通常指第一次上诉）和"基于申请的上诉"（appeal by application，通常指第二次上诉，即向最高法院的上诉）。前者在提起前无须首先取得许可，后者在提起前必须首先获得上诉审法院的许可。

二、提起上诉的条件

根据我国《民事诉讼法》的规定，提起上诉应具备以下条件。

1. 提起上诉的主体必须合格。根据《民事诉讼法》的规定及最高人民法院的司法解释，第一审程序中的原告、被告、共同诉讼人、有独立请求权的第三人，由于对诉讼标的具有实体上的权利或义务而享有上诉权，可以作为上诉人。经第一审法院判决承担民事责任的无独立请求权的第三人因对诉讼标的负有义务而享有上诉权。双方当事人和第三人都提出上诉的，均为上诉人。无民事行为能力、限制民事行为能力人的法定代理人，可以代理当事人提起上诉。委托代理人代为提起上诉，必须经过当事人的特别授权。

上诉案件的当事人死亡或者终止的，法院应依法通知其权利义务承继者参加诉讼。在第二审程序中，作为当事人的法人或其他组织分立的，法院可以直接将分立后的法人或其他组织列为共同诉讼人；合并的，将合并后的法人或其他组织列为当事人。

被上诉人一般是上诉人在第一审程序中的对方当事人。必要共同诉讼人中的一人或部分人提出上诉的，按下列情况分别处理：(1) 该上诉仅对与对方当事人之间权利义务分担有意见，不涉及其他共同诉讼人利益的，对方当事人为被上诉人，未上诉的同一方当事人依原审诉讼地位列明；（2）该上诉仅对共同诉讼人之间权利义务分担有意见，不涉及对方当事人利益的，未上诉的同一方当事人为被上诉人，对方当事人依原审诉讼地位列明；（3）该上诉对双方当事人之间以及共同诉讼人之间权利义务承担有意见的，未提出上诉的其他当事人均为被上诉人。

2. 提起上诉的客体必须是依法允许上诉的裁判，即必须是未生效的一审裁判，包括地方各级人民法院的第一审民事判决，不予受理起诉（或破产申请）、驳回起诉和对管辖权异议的裁定；地方各级人民法院对上一级人民法院发回重审的案件进行审理后所作的判决和驳回起诉的裁定；地方各级人民法院按照第一审程序再审所作的判决和驳回起诉的裁定。

对于下列民事裁判，当事人不得提出上诉：最高人民法院的判决和裁定；第二审人民法院的判决和裁定；人民法院按照第二审程序进行再审所作的判决和裁定；基层人民法院按照特别程序、督促程序、公示催告程序、小额诉讼程序审理案件所作的判决和裁定。

3. 必须在法定的期限内上诉。当事人提起上诉，必须在法律规定的期限内进行，超过上诉期限的，当事人就丧失上诉权。《民事诉讼法》第 164 条规定："当事人不服地方人民法院第一审判决的，有权在判决书送达之日起十五日内向上一级人民法院提起上诉。当事人不服地方人民法院第一审裁定的，有权在裁定书送达之日起十日内向上一级人民法院提起上诉。"上诉期届满，当事人没有提出上诉的，第一审裁判发生法律效力。①

4. 必须递交上诉状。上诉不能采用口头方式，必须向人民法院提交上诉状。上诉状是上诉人表示不服第一审法院的裁判，要求第二审法院撤销或变更第一审裁判的诉讼文书。在一审宣判时，当事人虽口头表示上诉，但在上诉期限内未递交上诉状的，视为未提出上诉。上诉状应写明当事人的姓名、原审人民法院名称、案件的编号和案由、上诉的请求和理由。

提起上诉只有同时具备以上四个条件，上诉才能成立，才能引起第二审程序的发生。此外，当事人还应依法交纳上诉案件诉讼费用。② 当事人虽然递交了上诉状，但是未在指定的期限内缴纳上诉费的，按自动撤回上诉处理。

上诉成立后，产生如下效力：（1）阻碍第一审裁判的生效；（2）将案件由第一审法院移至第二审法院。对裁判之一部的上诉，其效力及于该裁判之全部。

三、上诉的受理

根据《民事诉讼法》第 166、167 条，上诉的受理应依以下程序进行。

1. 通过原审法院提交上诉状。当事人提起上诉，原则上应通过原审法院提出上诉状，并按照对方当事人的人数提出上诉状副本。这样既便于当事人提出上诉，又便于原审法院进行审查，如有不符之处，可以及时给当事人指出，通知其补正。但如果当事人不愿意通过原审法院提交上诉状，而直接向第二审法院上诉的，第二审法院应当接受，并应当在 5 日内将上诉状发

---

① 许多国家的民事诉讼法规定了"舍弃上诉权"的制度。例如，在德国，当事人舍弃上诉权后即不得再提起上诉；在双方当事人都舍弃的情况下，判决即发生形式既判力。参见［德］奥特马·尧厄尼希：《民事诉讼法》，周翠译，371 页，北京，法律出版社，2003。我国民事诉讼法没有"舍弃上诉权"的制度，因此，当事人在一审法院宣判时表明"不上诉"的，仍然可以在上诉期限内提起上诉；即使双方当事人都表示"不上诉"，也必须等待上诉期限届满，而且双方当事人均未提起上诉时，一审判决才发生法律效力。

② 有学者指出，除了上述条件外，当事人不服判决而提起上诉，还必须以该判决对于当事人是不利益的作为理由。这种不利益是指判决主文（即法院对于诉讼标的或诉讼请求的判断）的不利益，当事人有通过上诉除去此种不利益的必要，即上诉人对于上诉存有利益。参见邵明：《民事诉讼法理研究》，327～329 页，北京，中国人民大学出版社，2004。

交原审法院。

2. 原审法院在收到上诉状后，应当在5日内将上诉状副本送达对方当事人，并告知其在15日内提出答辩状。法院收到答辩状后，应在5日内将答辩状副本送达上诉人。被上诉人在法定期限内不提出答辩状，不影响第二审法院的审理。

3. 原审法院收到上诉状、答辩状后，应当在5日内连同全部案卷和证据，报送第二审法院。第二审法院开始对上诉案件进行审理。

四、上诉的撤回

上诉的撤回，是指上诉人在上诉之后，第二审判决宣告前，向第二审人民法院申请撤回其上诉的诉讼行为。

撤回上诉与撤回起诉一样，是当事人的一项诉讼权利，当事人可以依法行使。《民事诉讼法》第173条规定："第二审人民法院判决宣告前，上诉人申请撤回上诉的，是否准许，由第二审人民法院裁定。"《民诉法解释》第337条规定："在第二审程序中，当事人申请撤回上诉，人民法院经审查认为一审判决确有错误，或者当事人之间恶意串通损害国家利益、社会公共利益、他人合法权益的，不应准许。"

第二审人民法院裁定准许上诉人撤回上诉后，第二审程序即告终结；但与撤回起诉不同，第二审人民法院作出的准予撤回上诉的裁定，是终审裁定，因此，上诉人撤回上诉后，即使其上诉期间尚未届满，也不得再行上诉。

【辨析】撤回上诉与撤回起诉的不同

《民诉法解释》增设第二审中当事人撤回起诉制度（第338条）。据此，当事人撤回起诉可能发生在第一审程序中，也可能发生在第二审程序中。撤回上诉与撤回起诉不仅名称有别，在实质上亦有所不同：其一，主体不同。撤回上诉的主体为在法定期限内提起上诉的上诉人，可为原审原告，亦可为原审被告，而狭义的撤回起诉在第一审程序中只能由诉讼发起者原告提起，在第二审程序中只能由原审原告提起。其二，撤回后产生的法律效果不同。撤回起诉使诉讼系属整体发生消灭，将导致诉讼程序的终结，即便在第二审程序中撤回起诉，第一审裁判也将因此失效。而撤回上诉则仅仅导致第二审的系属溯及性地发生消灭，即第二审程序终结，原审裁判生效。其三，当事人的权利处分有所不同。撤回起诉仅表明当事人处分其自身的诉讼权利，而并非放弃其实体权利，因此，原告撤回起诉后通常被视为自始未起诉（诉讼系属视为自始不存在），他仍有权再次提起诉讼。但在第二审程序中，出于诉讼效益原则的考虑，司法解释作出了"撤回起诉后禁止再诉"的规定。然而上诉人撤回上诉后，通说认为该上诉人即丧失了上诉权，即使其上诉期间尚未届满，亦不得再行上诉。①

第三节 上诉案件的审理

《民事诉讼法》第174条规定："第二审人民法院审理上诉案件，除依照本章规定外，适用第一审普通程序。"据此，第二审法院审理上诉案件，第二审程序中有规定的，优先适用该规定，第二审程序中没有规定的，适用第一审普通程序。

① 参见沈德咏主编：《最高人民法院民事诉讼法司法解释理解与适用》，895页，北京，人民法院出版社，2015。

一、上诉案件的审理范围

《民事诉讼法》第168条规定："第二审人民法院应当对上诉请求的有关事实和适用法律进行审查。"按照"不告不理"的原则，第二审人民法院对上诉案件的审理范围限于当事人上诉请求的有关事实，以及与当事人上诉请求有关的法律适用情况。因此，对在一审中已作出认定的事实和裁判的事项，如果当事人双方未提出异议，没有要求二审法院审查与处理的，二审法院对非上诉部分不再审理。最高人民法院《民诉法解释》第323条规定："第二审人民法院应当围绕当事人的上诉请求进行审理。当事人没有提出请求的，不予审理，但一审判决违反法律禁止性规定，或者损害国家利益、社会公共利益、他人合法权益的除外。"

二、上诉案件的审理方式

第二审人民法院对上诉案件，应当依法组成合议庭，需要对原证据重新审查或者当事人提出新的事实、证据或者理由的，应当开庭审理。对事实清楚、适用法律正确和事实清楚，只是定性错误或者适用法律错误的案件，经过阅卷和调查、询问当事人，可以径行裁判。所谓径行裁判，是指合议庭通过阅卷、调查、询问当事人，在全部事实核对清楚后，认为不需要开庭审理的，可以直接作出裁判。

《民诉法解释》第333条规定：第二审人民法院对下列上诉案件，可以不开庭审理：(1) 不服不予受理、管辖权异议和驳回起诉裁定的；(2) 当事人提出的上诉请求明显不能成立的；(3) 原判决、裁定认定事实清楚，但适用法律错误的；(4) 原判决严重违反法定程序，需要发回重审的。

值得注意的是，我国民事诉讼法规定的"不开庭审理"同一些西方国家民事诉讼法规定的"书面审理"是不相同的。所谓书面审理，是指不开庭，不调查，不询问当事人、证人，只通过审查一审案卷材料即作出裁判的审理方式。而对于不开庭审理的案件，审判人员必须与当事人见面，亲自听取当事人陈述，并询问当事人。

第二审人民法院审理上诉案件，既可以在本院进行，也可以在案件发生地或者原审人民法院所在地进行。《民诉法解释》第324条规定："开庭审理的上诉案件，第二审人民法院可以依照民事诉讼法第一百三十三条第四项规定进行审理前的准备。"

有学者认为，开庭审理和口头辩论有利于体现程序的复杂性，使当事人形成案件经过慎重考虑的感觉并因此信服裁判结果，还能够为当事人提供进一步声明主张和宣泄不满的机会，从而强化程序的公正性。因此，第二审程序原则上实行开庭审理是非常必要的。①

当事人在第一审程序中实施的诉讼行为，在第二审程序中对该当事人仍具有拘束力。当事人推翻其在第一审程序中实施的诉讼行为时，人民法院应当责令其说明理由；理由不成立的，不予支持。此即"禁反言"规则在第二审程序中的体现。

三、上诉案件的调解

《民事诉讼法》第172条规定："第二审人民法院审理上诉案件，可以进行调解。调解达成协议，应当制作调解书，由审判人员、书记员署名，加盖人民法院印章。调解书送达后，原审人民法院的判决即视为撤销。"

---

① 参见杨荣馨主编：《民事诉讼原理》，465～466页，北京，法律出版社，2003。

调解贯穿于民事审判的全过程，第一审人民法院审理一审案件可以进行调解，第二审人民法院审理上诉案件也可以进行调解。但应注意的是，第二审法院的调解书中不能出现“撤销一审判决”的字样。《民诉法解释》第 339 条规定：“当事人在第二审程序中达成和解协议的，人民法院可以根据当事人的请求，对双方达成的和解协议进行审查并制作调解书送达当事人；因和解而申请撤诉，经审查符合撤诉条件的，人民法院应予准许。”①

四、上诉案件的审理期限

为保证上诉案件的及时审理，法律对上诉案件的审理期限作了明确的规定。《民事诉讼法》第 176 条规定：人民法院审理对判决的上诉案件，应当在第二审立案之日起 3 个月内审结。有特殊情况需要延长的，由本院院长批准。人民法院审理对裁定的上诉案件，应当在第二审立案之日起 30 日内作出终审裁定。

第四节　上诉案件的裁判

第二审人民法院对上诉案件进行审理后，应当分别不同情况，作出如下裁判。

一、驳回上诉，维持原判

第二审人民法院对上诉案件经过审理，认为原判决、裁定认定事实清楚，适用法律正确的，应依法以判决、裁定方式驳回上诉，维持原判。即确认一审法院的判决是正确合法的，当事人上诉的请求和理由不能成立，依法不予支持。

《民诉法解释》第 334 条规定：“原判决、裁定认定事实或者适用法律虽有瑕疵，但裁判结果正确的，第二审人民法院可以在判决、裁定中纠正瑕疵后，依照民事诉讼法第一百七十条第一款第一项规定予以维持。”

二、依法改判

第二审人民法院对上诉案件经过审理，对以下两种情形，可依法予以改判：（1）原判决、裁定认定事实错误或者适用法律错误的，以判决、裁定方式依法改判、撤销或者变更；（2）原判决认定基本事实不清的，查清事实后改判。②

三、撤销原判，发回重审

第二审人民法院对上诉案件经过审理，对于以下情形应依法撤销原判，发回重审。

1. 原判决认定基本事实不清。对于此种情形，既可由二审法院查清事实后予以改判，也

---

① 2011 年 12 月 20 日，最高人民法院发布指导性案例“吴梅诉四川省眉山西城纸业有限公司买卖合同纠纷案”。该案例指出：二审期间当事人达成和解未经法院制作调解书的，属诉讼外和解，比照适用民事诉讼法关于执行和解的规定。当事人达成和解申请撤诉后，一方当事人不履行或不完全履行和解协议的，当事人可以申请法院强制执行一审生效判决。参见何国强：《论民事诉讼二审中和解协议的性质——最高人民法院 2 号指导性案例评析》，载《北方法学》，2012（4）。

② 《民诉法解释》第 335 条规定：“民事诉讼法第一百七十条第一款第三项规定的基本事实，是指用以确定当事人主体资格、案件性质、民事权利义务等对原判决、裁定的结果有实质性影响的事实。”

可以撤销原判决，发回重审。至于其具体标准应如何划分，法律则无明确规定。从审判实践看，该项规定较难把握，而且由于对“发回”没有次数的限制，容易造成混乱，也使一些案件的审理期限大大超过法定的审限。我们认为，可以考虑将此种情况统一归入依法改判的范畴，这样既符合二审的审判职能，也使上诉案件的裁判标准更为明确。最高人民法院 2002 年 7 月 31 日公布的《关于人民法院对民事案件发回重审和指令再审有关问题的规定》曾明确指出：第二审人民法院根据《民事诉讼法》第 153 条第 1 款第 3 项的规定将案件发回原审人民法院重审的，对同一案件，只能发回重审一次。第一审人民法院重审后，第二审人民法院认为原判决认定事实仍有错误，或者原判决认定事实不清、证据不足的，应当查清事实后依法改判。① 《民事诉讼法》第 170 条第 2 款规定：原审人民法院对发回重审的案件作出判决后，当事人提起上诉的，第二审人民法院不得再次发回重审。

2. 原判决严重违反法定程序的。《民事诉讼法》第 170 条第 1 款第 4 项规定：“原判决遗漏当事人或者违法缺席判决等严重违反法定程序的，裁定撤销原判决，发回原审人民法院重审。”根据《民诉法解释》第 325 条的规定，下列情形，可以认定为《民事诉讼法》第 170 条第 1 款第 4 项规定的严重违反法定程序：（1）审判组织的组成不合法的；（2）应当回避的审判人员未回避的；（3）无诉讼行为能力人未经法定代理人代为诉讼的；（4）违法剥夺当事人辩论权利的。

3. 对当事人在一审中已经提出的诉讼请求，原审法院未作审理、判决，经二审法院调解，不能达成调解协议的。

4. 必须参加诉讼的当事人或者有独立请求权的第三人，在一审中未参加诉讼，在二审中参加诉讼，经二审法院调解，不能达成调解协议的。

5. 一审判决不准离婚的案件，上诉后，第二审人民法院认为应当判决离婚的，经二审法院调解，不能达成调解协议的。《民诉法解释》第 329 条规定：“一审判决不准离婚的案件，上诉后，第二审人民法院认为应当判决离婚的，可以根据当事人自愿的原则，与子女抚养、财产问题一并调解；调解不成的，发回重审。双方当事人同意由第二审人民法院一并审理的，第二审人民法院可以一并裁判。”

对发回重审的案件，原审法院应当按照第一审程序另行组成合议庭。原审法院对发回重审案件所作的判决，属于第一审判决，当事人不服的，有权提起上诉。

《民诉法解释》第 328 条规定：“在第二审程序中，原审原告增加独立的诉讼请求或者原审被告提出反诉的，第二审人民法院可以根据当事人自愿的原则就新增加的诉讼请求或者反诉进行调解；调解不成的，告知当事人另行起诉。双方当事人同意由第二审人民法院一并审理的，第二审人民法院可以一并裁判。”

人民法院依照第二审程序审理的案件，经审查认为依法不应由法院受理的，可以由第二审法院直接裁定撤销原判，驳回起诉。

人民法院依照第二审程序审理案件，认为第一审人民法院受理案件违反专属管辖规定的，应当裁定撤销原裁判并移送有管辖权的人民法院。

【案例】某建筑队与某饮料厂签订一份合同，由建筑队为饮料厂盖厂房，双方约定工程造

① 据统计，2002 年全国各级法院共审结各类二审案件 47 万件，其中，维持原判 26 万件，占二审案件总数的 55%，比 1998 年提高 4 个百分点；改判和发回重审 12 万件，占 25%，比 1998 年下降近 5 个百分点。参见《1998—2002 年人民法院审判工作和队伍建设情况》，载《人民法院报》，2003-03-12，B3 版。上述一升一降的对比，一方面表明一审案件审判质量的提高，另一方面也反映了二审法院司法理念的某种转变。

价800万元。2009年4月工程竣工，经检验工程质量合格，饮料厂予以接受，并向建筑队支付了700万元，剩余100万元未付。建筑队为追索饮料厂拖欠的100万元工程款，于2010年8月诉至法院。一审法院判决被告败诉。饮料厂不服，提起上诉，并在上诉过程中提出反诉，称建筑队在施工过程中曾向饮料厂借用了40万块砖用于建筑队的其他工程，要求建筑队返还40万块砖或相应的款项。二审法院应如何处理？

本案中，由于原审被告在二审中提出了反诉，根据最高人民法院的司法解释，二审法院可以根据当事人自愿的原则就反诉进行调解，调解不成的，告知当事人另行起诉。若双方当事人同意由第二审人民法院一并审理的，第二审人民法院可以一并裁判。

四、对不服裁定上诉的处理

《民事诉讼法》第171条规定："第二审人民法院对不服第一审人民法院裁定的上诉案件的处理，一律使用裁定。"第二审法院对不服第一审法院裁定的上诉，经过审查，认为原裁定认定事实清楚，适用法律正确的，可以裁定驳回上诉，维持原裁定。第二审法院查明第一审法院作出的不予受理裁定有错误的，应当在撤销原裁定的同时，指令第一审法院立案受理；查明第一审法院作出的驳回起诉裁定有错误的，应在撤销原裁定的同时，指令第一审法院进行审理。此外，对第一审法院所作的对管辖权有异议的裁定，如认为有错误，第二审法院应当在撤销原裁定的终审裁定中写明有管辖权的法院，并根据不同情况作出处理：指令第一审法院审理，或指令其将案件移送有管辖权的法院，或将案件提归本院审理。①

《民诉法解释》第341条规定："人民法院审理对裁定的上诉案件，应当在第二审立案之日起三十日内作出终审裁定。有特殊情况需要延长审限的，由本院院长批准。"

思考与练习

1. 试述第二审程序的性质。
2. 如何完善我国的第二审程序？
3. 试述当事人提起上诉的条件。
4. 如何确定上诉的审理范围？

前沿问题探讨

鉴于我国两审终审制的结构性缺陷以及该制度同我国的国情相结合产生的诸多问题，有必要借鉴现代法治国家的通行做法，在完善我国第二审程序的基础上，构建适合我国国情的第三审上诉程序。对此，首要的问题是如何对第三审进行合理的限制。上诉制度的功能包括公共目的与私人目的两个层面。如果说第二审程序的功能侧重于私人目的，那么第三审的功能就应当侧重（甚至是局限于）于公共目的，即法律适用的统一与司法权威的维护。为此，应当规定当事人只能就法律问题向第三审法院提起上诉。但是，如何区分事实问题和法律问题呢？

事实是指实际发生的事情、事件及通常存在的有形物体或外观，具有确实的绝对的真实性，而非仅为一种推测或见解。事实必须是实情，而非虚构或谬误的。法律是原则，事实是已

① 参见江伟主编：《民事诉讼法》，6版，330页，北京，中国人民大学出版社，2013。

发生的事。法律是设想的（conceived），事实是现实的（actual）。法律是关于责任的规则，事实则用来说明规则是如何被遵守或被违反的。在诉讼中，法官应当知道法律，而“事实”需要通过证据加以证明。事实问题和法律问题之间存在实际区别，是不可否认的。但是，由于事实问题与法律问题之间具有某种流动性，因而很难找到一个明确的标准予以严格区分。如果不能将案件中的争议事项区分为事实问题和法律问题，就难以适用法律审程序，三审终审制也就无从建立。

第十三章
再审程序

内容提要

再审程序是为保证法院裁判的公正性而设立的一种“补救”程序。在我国，启动再审的主体包括人民法院、人民检察院和当事人；法律对再审的条件、程序和裁判等事项作了原则性的规定。本章论述再审程序的基本原理和制度。

第一节　再审程序概述

一、再审程序的概念

再审程序，是指法院对已经发生法律效力的民事裁判、调解协议发现确有错误，依法再次进行审理所适用的程序。

法院对具体案件所作出的判决生效后将会产生终局性的效力。关于判决的终局性效力，一般认为具有以下几方面的内容：一是判决的拘束力，是指在诉讼的最后阶段，法院必须基于已形成的诉讼资料作出权威性的判断，该判断一旦生效，则作出该判断结论的人即法院便受此拘束，除非有特殊理由，否则不得任意加以变更或取消。二是判决的确定力，是指当事人不能以上诉方式请求推翻或变更判决，也不能就判决决定的法律关系另行起诉，也不得在其他诉讼中就同一法律关系提出与本案诉讼相矛盾的主张，同时禁止处理后一事件的法院作出与前裁判相矛盾的判决的约束力。这是一次性纠纷解决的要求，也是“一事不再理”原则的体现。三是执行力，即生效判决具有可依法请求法院强制实现的效力。① 再审程序的制度设计以追求结果正确为宗旨，但可能因此影响生效裁判的终局性效力。这实际上是隐含于裁判中之二律背反的价值要求所致。“在判决被确定后，如仅仅因为判断不当或发现新的证据就承认当事人的不服声明，则诉讼是无止境的；但是另一方面，从作出正确、公正的裁判的理想来说，不管有什么样的瑕疵一律不准撤销已确定的判决，也是不合理的。于是，法律规定在判决里有特别重大并且对当事人也有严重的瑕疵时，应准许再审。”② 因此，在维护生效裁判的终局性效力的同时，适度考虑案件的再审是必要的。

再审程序正是为了补救已经生效裁判及调解协议的错误而设立的一项程序制度。在通常情

---

① 参见刘荣军：《程序保障的理论视角》，278～279 页，北京，法律出版社，1999。

② ［日］兼子一、竹下守夫：《民事诉讼法》，白绿铉译，249 页，北京，法律出版社，1995。

况下，裁判一旦生效，就必须维护其稳定性和权威性，当事人不得再对该裁判确认的实体法律关系进行争议，法院也不得随意撤销或者变更该裁判。但是，即使法官十分谨慎地进行审理和判决，也难以避免在认定事实和适用法律方面发生某些错误，这就使某些裁判已经发生法律效力的案件有必要再次进入诉讼程序。再审制度正是在裁判的稳定性、权威性与裁判的正确性、公正性之间寻求平衡的结果。它的确立，体现了法治社会既要维护司法权威，又要追求裁判公正的价值取向。为消除生效裁判中的错误，民事诉讼法设立再审程序予以补救。因此，再审程序并不是每一个案件所必经的，只是在发现生效裁判有错误的情况下，才需要适用该程序进行再审。

再审程序是民事诉讼程序制度中不可缺少的一个组成部分，各国民事诉讼法大多对再审程序作了规定，但称谓有所不同，实施与获得补救的途径和程序也有所不同。多数国家的民事诉讼法将纠正生效裁判之程序称为“再审程序”，其发生以当事人的诉权为基础，由当事人提起再审之诉。社会主义国家的民事诉讼法多将纠正生效裁判之程序称为“审判监督程序”，并以审判监督权为基础，由法定机关、组织和人员提起再审或由法定机关、组织和人员及当事人共同提起再审。我国1982年的《民事诉讼法》规定，只有人民法院有权按照审判监督程序提起再审。1991年《民事诉讼法》增设了检察机关抗诉提起再审及当事人申请再审，但仍将其称为“审判监督程序”。我们认为，人民法院决定再审及人民检察院抗诉再审是基于审判监督权而发生的，而当事人申请再审则是基于当事人的诉权，如果仍将再审定位于审判监督，将审判监督程序等同于再审程序，就忽略了当事人申请再审的重要意义。“民事诉讼的过程乃是在法院主持之下双方当事人平等对抗和自由妥协的过程，通常无须国家的干预。作为裁判者的法院实施过多的干预，则会形成强职权主义的诉讼模式，导致诸多弊端。作为法律监督机关的检察院实施过多的干预，同样会破坏民事诉讼中双方当事人之间的平衡态，淡化平等对抗和自由妥协的氛围，与民事诉讼自身的规律性相悖。”① 当事人对民事权利享有处分权，在认为裁判确实有错的情况下，自会及时提请法院纠正；法律对申请再审的期限作了明确的规定，以利于民事权利义务关系的稳定。因此，再审应以当事人申请为主，以人民法院和人民检察院的审判监督为辅，在当事人申请再审无法改变错误的生效裁判或者当事人没有申请再审但生效裁判确实损害了国家、集体及他人利益的情况下，由人民法院及人民检察院依法行使审判监督权，维护国家、集体或他人的利益。据此，将改正生效裁判错误之程序定位于“再审程序”而非“审判监督程序”，将更为准确。

在现代社会，人们推崇司法权威进而尊重司法既判之效力；与此同时，人们凭借申诉权排斥非正当地获得既判力的裁判，从而确保既判力的司法权威始终朝着符合现代人权理念的方向发展。基于申诉权的现代再审程序，其实质是为了更好地维护既判力原则。但是，这种方式只具有补充的意义，只能是例外而有限的。有学者认为，为完善我国的再审制度，必须处理好“实事求是、有错必纠原则”，“程序安定性”，“裁判的终局性”，“司法权威性”以及“当事人处分权”之间的相互关系。② 长期以来，由于民事诉讼法规定的再审程序规则过于简略，在司法实践中产生了一些问题，一方面造成当事人申请再审权难以实现，产生了“申诉难”的问题，另一方面对法院、检察院两家再审启动权缺乏必要的、有效的制约，造成一些案件反复再

① 陈桂明：《诉讼公正与程序保障——民事诉讼程序之优化》，148页，北京，中国法制出版社，1996。

② 参见虞政平：《再审程序有限性的思考》，载《人民法院报》，2001-09-20，第3版；常怡、唐力：《重构民事再审程序须考虑的五个关系》，载《人民法院报》，2001-07-13，第3版；齐树洁：《再审程序的完善与既判力之维护》，载《法学家》，2007（6）。

审，这既浪费了国家及当事人的人力、物力，又使法院生效裁判的稳定性遭受了极大的损害。这些问题的存在虽然有多方面的原因，但制度设计本身的缺陷却是本源性的。法律界人士对此展开了热烈的讨论，取得了一定的成果。通过构建民事再审之诉改革现行再审制度，以诉权的形式确保当事人的合理再审需求，并有效地控制申诉泛滥的局面，已经成为学界的共识。

二、再审程序的特点

我国民事诉讼中的再审程序具有以下特点。

1. 再审程序不具有审级性质，它不是民事案件审理所必经的，而是一种特殊的补救程序，其目的在于纠正生效裁判的错误。

2. 再审程序的发生不是由于当事人的起诉或上诉，而是由于具有监督权的机关发动或者当事人的申请而开始的。

3. 再审程序的审理重点不在于查明事实，分清是非，确认民事权利义务关系，而在于发现并纠正已生效的民事裁判的错误。

4. 再审程序的审理对象是已经发生法律效力的裁判和调解协议，包括最高人民法院的裁判、已过上诉期而未提起上诉的一审裁判、二审法院的终审裁判及生效的调解协议。

从一定意义上说，再审程序与上诉审程序设立的目的有某些相同之处，二者都具有消除和纠正已形成的裁判中错误的积极作用。再审程序的特殊价值在于：第一，它是为纠正生效裁判的错误而设立的特殊程序，体现了法院审理民事案件的负责精神，也是对合法民事权益的更完善的保护。第二，它为发现并纠正生效裁判的错误提供了多种手段和途径，不仅当事人可以申请再审，而且各级人民法院对本院或下级法院的生效裁判，认为有错误的，都可以提出再审，人民检察院也可通过行使法律监督权，对有关法院所作的有错误的生效裁判提出抗诉，从而引起再审的发生。第三，再审程序的设立是对两审终审制的一种必要的补充。许多国家对民事案件的审理实行三审终审制，相对而言，三审终审制较之两审终审制有更多的纠错机遇。我国实行两审终审制，且终审法院的层级偏低，设立再审程序用以救济生效裁判的错误是必要的。

但是，“实事求是、有错必纠”这一原则在民事诉讼领域中的适用，受制于以下几个因素：(1) 民事纠纷解决的时限性。民事诉讼活动是对已经经过的事件进行证明并作出判断的一个过程。严格依照法定程序彻底完整地重现案件“原貌”固然是一种最为理想的状态，但是，诉讼要受到一定的时间、空间、证明方法、主体的认识能力、解决成本等多方面因素的限制，不可能无止境地去探求某一具体案件的“客观真实”，否则民事权利义务关系会长久地处于一种不确定的状态，会严重地危及整个社会的稳定与发展。(2) 法院的民事判决是基于在一定的时间内、一定的场合里所形成的诉讼资料的基础上所作的判断。这种作为法官对案件作出最终判断基础的诉讼资料的形成，应具有程序（过程）的约束力，除非存在重大瑕疵，否则不能随意动摇。(3) 对于诉讼成本的考虑。在诉讼中，不但当事人要投入相当的人力、物力，法院（国家）也会有大量的投入。由于受制于证明手段、主体认识能力等多方面因素的影响，法院对案件事实的认定具有一定的相对性。若按照“实事求是、有错必纠”原则的要求来探求案件的“客观真实”，必将会造成已经进行过的诉讼程序被重复多次地进行，使法院、当事人以及其他诉讼参与人已经实施的诉讼行为和经过的诉讼程序，可能会因此而毫无意义。因此，基于对诉讼时限、诉讼成本、认识手段及主体认识能力的考虑，民事诉讼再审程序的指导原则应当从“有错必纠”转变为“依法纠错”。

【辨析】再审与上诉审、重审的区别

就其目的而言，再审的设立与上诉审、重审有共同之处，三者都是为了纠正裁判的错误，保证裁判的正确性和公正性而设立的，但也存在根本的区别。

再审与上诉审的区别：(1) 性质不同。上诉审和再审虽然都是纠错程序，但上诉审属于两审终审的审级结构内的纠错程序，而再审是审级结构之外独立的纠错程序。(2) 审理对象不同。上诉审的审理对象是地方各级法院未生效的一审判决、裁定；再审的审理对象是生效的判决、裁定和调解书。(3) 提起主体不同。上诉审的提起主体是不服第一审裁判的当事人，包括原被告、共同诉讼人、有独立请求权第三人和被确定需承担实体责任的无独立请求权第三人；再审的提起主体不仅包括当事人，还包括人民法院和人民检察院。

再审与重审的区别：重审，是对案件的重新审理，即当事人不服第一审裁判（包括按第一审程序再审后作出的裁判），提起上诉后，第二审人民法院经过审理，认为一审裁判确实有错误，又不宜直接改判的，就裁定撤销原裁判，发回一审人民法院，由一审人民法院按照一审程序另行组成合议庭，对案件进行重新审理，也就是利用第一审程序纠正裁判错误，属于正常审级结构内的程序；而再审是对案件的再次审理，即对裁判和调解书已经生效的案件，利用新的程序再次审理，以纠正裁判的错误，属于正常审级结构外的程序。

第二节　再审程序的发生

根据《民事诉讼法》的规定，我国民事再审程序的启动有三种途径，即当事人申请再审、人民法院决定再审和人民检察院抗诉及检察建议引起再审发动再审。

一、当事人申请再审

当事人申请再审，是指当事人对已经发生法律效力的裁判和调解协议，认为有错误而向原审人民法院或者上一级人民法院申请再次审理的行为。

当事人申请再审是法院发现生效裁判错误的主要途径，因而是再审程序发生的主要原因。《民事诉讼法（试行）》赋予当事人对生效裁判有申诉的权利，体现了法律对公民民主权利的保障。但申诉并不必然引起再审，只是为人民法院决定再审提供一种可能，是否再审，需由审判委员会讨论决定。而现行《民事诉讼法》将公民的申诉权具体化为民事诉讼当事人的申请再审权，并规定了若干条件，这就使申请再审真正成为当事人的一项诉讼权利，既得到司法的保障又受到法律的约束。

（一）当事人申请再审的条件

根据《民事诉讼法》的规定，当事人申请再审必须符合以下条件。

1. 申请再审的主体必须是原审案件的当事人。《民诉法解释》第 375 条规定："当事人死亡或者终止的，其权利义务承继者可以根据民事诉讼法第一百九十九条、第二百零一条的规定申请再审。判决、调解书生效后，当事人将判决、调解书确认的债权转让，债权受让人对该判决、调解书不服申请再审的，人民法院不予受理。"最高人民法院"法释［2011］2 号"批复指出："判决生效后当事人将判决确认的债权转让，债权受让人对该判决不服提出再审申请的，因其不具有再审申请人主体资格，人民法院应依法不予受理。"该批复的主要目的在于维护生效裁判的既判力，保护原审诉讼中对方当事人的诉讼信赖利益。

必须共同进行诉讼的当事人因不能归责于本人或者其诉讼代理人的事由未参加诉讼的，可以根据《民事诉讼法》第 200 条第 8 项的规定，自知道或者应当知道之日起 6 个月内申请再审，但符合《民诉法解释》第 423 条规定情形的除外。人民法院因前款规定的当事人申请而裁定再审，按照第一审程序再审的，应当追加其为当事人，作出新的判决、裁定；按照第二审程序再审，经调解不能达成协议的，应当撤销原判决、裁定，发回重审，重审时应追加其为当事人。

根据《民事诉讼法》第427条的规定，案外人对驳回其执行异议的裁定不服，认为原判决、裁定、调解书内容错误损害其民事权益的，可以自执行异议裁定送达之日起6个月内，向作出原判决、裁定、调解书的人民法院申请再审。

2. 申请再审的对象必须是法律准予申请再审的生效裁判和调解协议。法律对当事人申请再审的裁判作了一定的限制，《民事诉讼法》第202条规定："当事人对已经发生法律效力的解除婚姻关系的判决、调解书，不得申请再审。"人民法院作出的解除婚姻关系的判决一旦发生法律效力，男女双方之间基于婚姻关系而形成的人身关系就消灭了，双方均可以与他人建立婚姻关系。此后，当事人不得再就是否应当解除婚姻关系申请再审。这是因为，如果一方或者双方已经依法与他人结婚，一旦进行再审并对案件予以改判，就会危及后一个合法的婚姻，形成无法解决的矛盾。当然，在这种案件中，当事人不得申请再审的事项仅限于解除婚姻关系部分，当事人就离婚案件中的财产分割问题申请再审的，如果涉及判决中已经分割的财产，人民法院对于符合条件的申请，应当立案审理；如果涉及判决中未作处理的夫妻共同财产，应当告知当事人另行起诉。

【案例】张某与刘某结婚多年，因感情不和，张某向法院起诉要求与刘某离婚。经一、二审人民法院的审理，判决准予离婚。在离婚判决生效两年后，刘某找到一份证据，证明当时张某向法院提交的证明夫妻感情破裂的重要证据是伪造的，于是向法院申请再审。

本案中，刘某因发现了新的证据而申请再审，尽管这一申请符合法律规定的再审事由，但是，对于已生效的解除婚姻关系的判决，不能作为再审的对象，因此，刘某不得就离婚判决申请再审。

根据《民诉法解释》第380、381条的规定，适用特别程序、督促程序、公示催告程序、破产程序等非讼程序审理的案件，当事人不得申请再审。当事人认为发生法律效力的不予受理、驳回起诉的裁定错误的，可以申请再审。

3. 申请再审必须符合法定的情形。《民事诉讼法》第200条规定，当事人对判决、裁定申请再审的，必须符合以下情形之一：（1）有新的证据，足以推翻原判决、裁定的；（2）原判决、裁定认定的基本事实缺乏证据证明的；（3）原判决、裁定认定事实的主要证据是伪造的；（4）原判决、裁定认定事实的主要证据未经质证的；（5）对审理案件需要的主要证据，当事人因客观原因不能自行收集，书面申请人民法院调查收集，人民法院未调查收集的；（6）原判决、裁定适用法律确有错误的；（7）审判组织的组成不合法或者依法应当回避的审判人员没有回避的；（8）无诉讼行为能力人未经法定代理人代为诉讼或者应当参加诉讼的当事人，因不能归责于本人或者其诉讼代理人的事由，未参加诉讼的；（9）违反法律规定，剥夺当事人辩论权利的；（10）未经传票传唤，缺席判决的；（11）原判决、裁定遗漏或者超出诉讼请求的；（12）据以作出原判决、裁定的法律文书被撤销或者变更的；（13）审判人员在审理该案件时有贪污受贿、徇私舞弊、枉法裁判行为的。有关司法解释对上述法定再审事由作了具体的界定。

依据"证据适时提出主义"的原理，民事诉讼中"新的证据"通常是指原审庭审结束后新发现的证据。当事人在再审程序中提供新的证据的，应当在申请再审时提出。《民诉法解释》第387条规定："再审申请人提供的新的证据，能够证明原判决、裁定认定基本事实或者裁判结果错误的，应当认定为民事诉讼法第二百条第一项规定的情形。对于符合前款规定的证据，人民法院应当责令再审申请人说明其逾期提供该证据的理由；拒不说明理由或者理由不成立的，依照民事诉讼法第六十五条第二款和本解释第一百零二条的规定处理。”第 388 条规定：“再审申请人证明其提交的新的证据符合下列情形之一的，可以认定逾期提供证据的理由成立：（一）在原审庭审结束前已经存在，因客观原因于庭审结束后才发现的；（二）在原审庭审结束前已经发现，但因客观原因无法取得或者在规定的期限内不能提供的；（三）在原审庭审结束后形成，无法据此另行提起诉讼的。再审申请人提交的证据在原审中已经提供，原审人民法院未组织质证且未作为裁判根据的，视为逾期提供证据的理由成立，但原审人民法院依照民事诉讼法第六十五条规定不予采纳的除外。”在审判实践中，再审程序中“新的证据”一般是指新发现的、新取得的、新形成的、未经质证且未作为裁判根据的证据，但原审法院依据《民事诉讼法》第 65 条之规定不予采纳的除外。[①]

《民诉法解释》第 389 条规定：“当事人对原判决、裁定认定事实的主要证据在原审中拒绝发表质证意见或者质证中未对证据发表质证意见的，不属于民事诉讼法第二百条第四项规定的未经质证的情形。”还应注意的是，当事人在审理前的准备阶段或者人民法院调查、询问过程中发表过质证意见的证据，视为质证过的证据（《民事证据规定》第 60 条第 1 款）。

《民诉法解释》第 390 条规定：“有下列情形之一，导致判决、裁定结果错误的，应当认定为民事诉讼法第二百条第六项规定的原判决、裁定适用法律确有错误：（一）适用的法律与案件性质明显不符的；（二）确定民事责任明显违背当事人约定或者法律规定的；（三）适用已经失效或者尚未施行的法律的；（四）违反法律溯及力规定的；（五）违反法律适用规则的；（六）明显违背立法原意的。”

《民诉法解释》第 391 条规定：“原审开庭过程中有下列情形之一的，应当认定为民事诉讼法第二百条第九项规定的剥夺当事人辩论权利：（一）不允许当事人发表辩论意见的；（二）应当开庭审理而未开庭审理的；（三）违反法律规定送达起诉状副本或者上诉状副本，致使当事人无法行使辩论权利的；（四）违法剥夺当事人辩论权利的其他情形。”

《民诉法解释》第 392 条规定：“民事诉讼法第二百条第十一项规定的诉讼请求，包括一审诉讼请求、二审上诉请求，但当事人未对一审判决、裁定遗漏或者超出诉讼请求提起上诉的除外。”

《民诉法解释》第 393 条规定：“民事诉讼法第二百条第十二项规定的法律文书包括：（一）发生法律效力的判决书、裁定书、调解书；（二）发生法律效力的仲裁裁决书；（三）具有强制执行效力的公证债权文书。”

《民诉法解释》第 394 条规定：“民事诉讼法第二百条第十三项规定的审判人员审理该案件时有贪污受贿、徇私舞弊、枉法裁判行为，是指已经由生效刑事法律文书或者纪律处分决定所确认的行为。”

《民事诉讼法》第 201 条规定：“当事人对已经发生法律效力的调解书，提出证据证明调解违反自愿原则或者调解协议的内容违反法律的，可以申请再审。经人民法院审查属实的，应当再审。”

4. 必须在判决、裁定及调解书生效后 6 个月内提出；有《民事诉讼法》第 200 条第 1 项、第 3 项、第 12 项、第 13 项规定情形的，应当自知道或者应当知道之日起 6 个月内提出再审申请。这是对当事人申请再审的时间限制，其目的在于促使当事人及时行使申请再审的权利，维护民事法律关系的稳定性。申请再审期间不适用中止、中断和延长的规定。

5. 应当向有管辖权的人民法院申请再审。根据《民事诉讼法》第 199 条的规定，当事人申

① 参见丁义平：《通向再审之路——最高人民法院民商事再审疑难实务》，88 页，北京，法律出版社，2018。

请再审，可以向上一级人民法院提出。当事人一方人数众多或者当事人双方为公民的案件，也可以向原审人民法院申请再审。明确规定申请再审的管辖法院，一方面有利于当事人行使再审申请权，另一方面有利于明确人民法院的职责，防止法院之间互相推诿而损害当事人的合法权益。

同时具备以上五个条件的，当事人申请再审，法院应当受理。

《民诉法解释》第383条规定："当事人申请再审，有下列情形之一的，人民法院不予受理：(一）再审申请被驳回后再次提出申请的；(二）对再审判决、裁定提出申请的；(三）在人民检察院对当事人的申请作出不予提出再审检察建议或者抗诉决定后又提出申请的。前款第一项、第二项规定情形，人民法院应当告知当事人可以向人民检察院申请再审检察建议或者抗诉，但因人民检察院提出再审检察建议或者抗诉而再审作出的判决、裁定除外。"

（二）当事人申请再审的程序

《民事诉讼法》第199条规定："当事人对已经发生法律效力的判决、裁定，认为有错误的，可以向上一级人民法院申请再审……当事人申请再审的，不停止判决、裁定的执行。"当事人申请再审时，应当向法院提交再审申请书。《民诉法解释》第377条规定："当事人申请再审，应当提交下列材料：(一）再审申请书，并按照被申请人和原审其他当事人的人数提交副本；(二）再审申请人是自然人的，应当提交身份证明；再审申请人是法人或者其他组织的，应当提交营业执照、组织机构代码证书、法定代表人或者主要负责人身份证明书。委托他人代为申请的，应当提交授权委托书和代理人身份证明；（三）原审判决书、裁定书、调解书；(四）反映案件基本事实的主要证据及其他材料。前款第二项、第三项、第四项规定的材料可以是与原件核对无异的复印件。"

再审申请书应当记明下列事项：(1）再审申请人与被申请人及原审其他当事人的基本信息；(2）原审人民法院的名称，原审裁判文书案号；(3）具体的再审请求；(4）申请再审的法定情形及具体事实、理由。再审申请书应当明确申请再审的人民法院，并由再审申请人签名、捺印或者盖章。

（三）法院对再审申请的审查

人民法院应当自收到再审申请书之日起5日内将再审申请书副本发送对方当事人。对方当事人应当自收到再审申请书副本之日起15日内提交书面意见；不提交书面意见的，不影响人民法院审查。人民法院可以要求申请人和对方当事人补充有关材料，询问有关事项。人民法院应当自收到再审申请书之日起3个月内审查，如果认为当事人主张的再审事由成立，且符合《民事诉讼法》和《民诉法解释》规定的申请再审条件的，应当裁定再审；如果认为当事人主张的再审事由不成立，或者当事人申请再审超过法定申请再审期限、超出法定再审事由范围等不符合民事诉讼法和本解释规定的申请再审条件的，应当裁定驳回再审申请。

人民法院根据审查案件的需要决定是否询问当事人。新的证据可能推翻原判决、裁定的，人民法院应当询问当事人。

审查再审申请期间，被申请人及原审其他当事人依法提出再审申请的，人民法院应当将其列为再审申请人，对其再审事由一并审查，审查期限重新计算。经审查，其中一方再审申请人主张的再审事由成立的，应当裁定再审。各方再审申请人主张的再审事由均不成立的，一并裁定驳回再审申请。

审查再审申请期间，再审申请人申请人民法院委托鉴定、勘验的，人民法院不予准许。

审查再审申请期间，再审申请人撤回再审申请的，是否准许，由人民法院裁定。再审申请人经传票传唤，无正当理由拒不接受询问的，可以按撤回再审申请处理。

人民法院准许撤回再审申请或者按撤回再审申请处理后，再审申请人再次申请再审的，不予受理，但有《民事诉讼法》第 200 条第 1 项、第 3 项、第 12 项、第 13 项规定的情形，自知道或者应当知道之日起 6 个月内提出的除外。

再审申请审查期间，有下列情形之一的，人民法院裁定终结审查：(1) 再审申请人死亡或者终止，无权利义务承继者或者权利义务承继者声明放弃再审申请的；(2) 在给付之诉中，负有给付义务的被申请人死亡或者终止，无可供执行的财产，也没有应当承担义务的人的；(3) 当事人达成和解协议且已履行完毕的，但当事人在和解协议中声明不放弃申请再审权利的除外；(4) 他人未经授权以当事人名义申请再审的；(5) 原审或者上一级人民法院已经裁定再审的；(6) 有《民诉法解释》第 383 条第 1 款规定情形的。

二、人民法院决定再审

根据人民法院组织法和民事诉讼法的规定，各级人民法院院长和审判委员会对本院的审判工作、最高人民法院对地方各级人民法院的审判工作、上级人民法院对下级人民法院的审判工作具有审判监督权。以这一权力为依据，在发现有关法院生效裁判有错的情况下，可以依法提起再审。

根据《民事诉讼法》第 198 条的规定，人民法院应按以下程序提起再审。

1. 各级人民法院院长对本院已经发生法律效力的判决、裁定，发现确有错误的，应当将案件提交审判委员会讨论，决定是否再审。这是人民法院发动再审的主要途径。各级法院对于本院审结的案件都有定期检查的制度，通过检查或其他渠道发现已生效的裁判有错误的，应由院长提交审判委员会讨论决定是否再审。

2. 最高人民法院对地方各级人民法院已经发生法律效力的判决、裁定，发现确有错误的，有权提审或指令下级法院再审。最高人民法院是国家的最高审判机关，对地方各级法院的审判工作有审判监督权，发现地方各级法院的生效裁判有错误的，可以提审，即责令地方各级法院将案件交由最高人民法院进行再审，地方各级法院应将案件所有卷宗材料一并上报。最高人民法院也可以指令下级法院再审，下级法院接到指令后，应当进行再审，并将审判结果上报最高人民法院。

3. 上级人民法院对下级人民法院已经发生法律效力的判决、裁定，发现确有错误的，有权提审或指令下级法院再审。

由第二审人民法院判决、裁定的案件，上级人民法院需要指令再审的，应当指令第二审人民法院再审。

三、人民检察院抗诉及检察建议引起再审

2012 年修法涉及诸多方面，其中一项重要内容即加强人民检察院对民事诉讼及民事执行的法律监督，具体表现在扩大了监督范围，增加了监督方式，强化了监督手段。

人民检察院的民事抗诉，是指人民检察院对人民法院已经发生法律效力的民事判决、裁定，发现确有错误，或者发现调解书损害国家、社会公共利益的，依照法定程序要求人民法院对案件进行再次审理的诉讼行为。人民检察院是国家的法律监督机关，依法对民事诉讼活动具有法律监督权，抗诉正是人民检察院基于法律监督权而进行的职权行为。《民事诉讼法》第 14 条规定，人民检察院有权对民事诉讼实行法律监督。从民事审判实践来看，人民检察院对民事

审判活动的法律监督，过去主要是通过对生效的法院裁判提出抗诉的方式进行的。近年来，民事诉讼监督逐渐从以往偏重对生效裁判的一元化监督格局转变为对生效裁判监督和对审判人员违法行为监督、执行活动监督全面发展的多元化监督格局。据统计，2014 年 1 月至 11 月，全国检察机关对民事行政生效裁判提出抗诉 3 469 件，抗诉案件再审改变率为 73.7%；提出再审检察建议 4 099 件，采纳率为 59.3%；对审判程序中的违法行为提出检察建议 15 122 件，采纳率为 83.1%；对执行活动中的违法情形提出检察建议 22 700 件，采纳率为 83.9%。①

人民检察院主要通过以下几种途径发现人民法院裁判的错误：第一，当事人或者其他利害关系人申请监督②；第二，国家权力机关或者其他机关转办；第三，上级人民检察院交办；第四，人民检察院自行发现。对于以上来源的民事案件，由有抗诉权或者有提请抗诉权的人民检察院立案，审查并确定是否提出抗诉。

（一）民事抗诉的条件

1. 判决、裁定、调解书已经发生法律效力。民事诉讼中的检察监督是一种事后监督，对于尚未生效的民事判决、裁定、调解书，人民检察院不能提出抗诉。

2. 具备法定的事由。为了确保人民法院依法独立行使审判权，维护司法制度的权威性，民事抗诉应受一定范围的限制。

（二）民事抗诉的提出

根据《人民检察院民事诉讼监督规则》（最高人民检察院 2013 年 11 月 18 日发布）的规定，人民检察院经过审查，认为案件符合法律规定的抗诉条件的，向人民法院提出抗诉；不符合抗诉条件的，作出不抗诉决定；符合检察建议条件且确有必要的，向人民法院或者有关单位提出检察建议。其中，对于下级人民法院已经发生法律效力的判决、裁定，经审查符合抗诉条件的，应当由检察长批准或者由检察委员会决定，向同级人民法院提出抗诉。地方各级人民检察院对同级人民法院已经发生法律效力的判决、裁定，经审查认为符合抗诉条件，提请上一级人民检察院抗诉的，应当制作“提请抗诉报告书”，并将审判卷宗、检察卷宗报上级人民检察院，上级人民检察院应当在 3 个月内审查终结，并依法作出抗诉或者不抗诉的决定。

根据《民事诉讼法》第 208 条的规定，民事抗诉应通过以下途径提出：（1）最高人民检察院对各级人民法院已经发生法律效力的判决、裁定，发现有《民事诉讼法》第 200 条规定的情形之一的，或者发现调解书损害国家利益、社会公共利益的，应当依法提出抗诉；（2）上级人民检察院对下级人民法院已经发生法律效力的判决、裁定，发现有《民事诉讼法》第 200 条规定的情形之一的，或者发现调解书损害国家利益、社会公共利益的，应当依法提出抗诉；（3）地方各级人民检察院对同级人民法院的生效裁判，发现有《民事诉讼法》第 200 条规定的情形之一的，或者发现调解书损害国家利益、社会公共利益的，可以向同级人民法院提出检察建议，并报上级人民检察院备案；也可以提请上级人民检察院向同级人民法院提出抗诉。各级人民检察院对审判监督程序以外的其他审判程序中审判人员的违法行为，有权向同级人民法院提出检察建议。

人民检察院发现本院抗诉不当的，应当由检察长或者检察委员会决定撤回抗诉；上级人民检察院发现下级人民检察院抗诉不当的，有权撤销下级人民检察院的抗诉决定。人民检察院决

---

① 参见颜良伟：《从一元到多元：民行检察呈现新格局》，载《检察日报》，2015-02-08，第 1 版。

② 当事人在一审判决后未提出上诉，申请抗诉时应说明未提出上诉的正当理由；没有正当理由的，人民检察院不予受理。《人民检察院民事诉讼监督规则》第 32 条对此种情形的处理作了具体规定。2018 年 9 月 15 日，最高人民检察院发出通知，停止执行上述第 32 条规定。

定撤回抗诉，应当制作“撤回抗诉决定书”，送达同级人民法院，通知当事人，并报送上一级人民检察院；下级人民检察院接到上级人民检察院的“撤销抗诉决定书”，应当制作“撤回抗诉决定书”，送达同级人民法院，通知当事人，并报送上一级人民检察院。

为了理顺检察监督与当事人申请再审的关系，《民事诉讼法》第 209 条规定：“有下列情形之一的，当事人可以向人民检察院申请检察建议或者抗诉：（一）人民法院驳回再审申请的；（二）人民法院逾期未对再审申请作出裁定的；（三）再审判决、裁定有明显错误的。人民检察院对当事人的申请应当在三个月内进行审查，作出提出或者不予提出检察建议或者抗诉的决定。当事人不得再次向人民检察院申请检察建议或者抗诉。”

为了保障人民检察院依法行使法律监督权，《民事诉讼法》第 210 条规定：“人民检察院因履行法律监督职责提出检察建议或者抗诉的需要，可以向当事人或者案外人核实有关情况。”

（三）民事抗诉的方式与程序

人民检察院决定对人民法院的裁判提出抗诉的，应当制作抗诉书，并将抗诉书提交给人民法院。对于人民检察院提出抗诉的案件，接受抗诉的人民法院应当自收到抗诉书之日起 30 日内作出再审的裁定。如果该案件具有《民事诉讼法》第 200 条第 1 款第 1 项至第 5 项规定情形之一的，可以交下一级人民法院再审，但经该下一级人民法院再审的除外。

人民检察院对已经发生法律效力的判决以及不予受理、驳回起诉的裁定依法提出抗诉的，人民法院应予受理，但适用特别程序、督促程序、公示催告程序、破产程序以及解除婚姻关系的判决、裁定等不适用审判监督程序的判决、裁定除外。人民检察院依照《民事诉讼法》第 209 条第 1 款第 3 项规定对有明显错误的再审判决、裁定提出抗诉或者再审检察建议的，人民法院应予受理。

《民诉法解释》第 417 条规定：“人民检察院依当事人的申请对生效判决、裁定提出抗诉，符合下列条件的，人民法院应当在三十日内裁定再审：（一）抗诉书和原审当事人申请书及相关证据材料已经提交；（二）抗诉对象为依照民事诉讼法和本解释规定可以进行再审的判决、裁定；（三）抗诉书列明该判决、裁定有民事诉讼法第二百零八条第一款规定情形；（四）符合民事诉讼法第二百零九条第一款第一项、第二项规定情形。不符合前款规定的，人民法院可以建议人民检察院予以补正或者撤回；不予补正或者撤回的，人民法院可以裁定不予受理。”

《民诉法解释》第 418 条规定：“当事人的再审申请被上级人民法院裁定驳回后，人民检察院对原判决、裁定、调解书提出抗诉，抗诉事由符合民事诉讼法第二百条第一项至第五项规定情形之一的，受理抗诉的人民法院可以交由下一级人民法院再审。”

人民法院审理抗诉案件时，应当在开庭 3 日前通知人民检察院派员出庭。人民检察院接到出庭通知后，应当按照通知的时间、地点派员出庭支持抗诉。检察人员出庭的任务如下：宣读抗诉书；参加法庭调查；说明抗诉的根据和理由；对法院审判活动是否合法实行监督。人民检察院因履行法律监督职责向当事人或者案外人调查核实的情况，应当向法庭提交并予以说明，由双方当事人进行质证。

（四）再审检察建议

根据《民事诉讼法》第 208 条第 2 款的规定，地方各级人民检察院有权向同级人民法院提出再审检察建议。《民诉法解释》第 416 条规定：“地方各级人民检察院依当事人的申请对生效判决、裁定向同级人民法院提出再审检察建议，符合下列条件的，应予受理：（一）再审检察建议书和原审当事人申请书及相关证据材料已经提交；（二）建议再审的对象为依照民事诉讼法和本解释规定可以进行再审的判决、裁定；（三）再审检察建议书列明该判决、裁定有民事诉讼法第二百零八条第二款规定情形；（四）符合民事诉讼法第二百零九条第一款第一项、第二项规定情形；（五）再审检察建议经该人民检察院检察委员会讨论决定。不符合前款规定的，人民法院可以建议人民检察院予以补正或者撤回；不予补正或者撤回的，应当函告人民检察院不予受理。”人民法院收到再审检察建议后，应当组成合议庭，在 3 个月内进行审查，发现原判决、裁定、调解书确有错误，需要再审的，依照《民事诉讼法》第 198 条规定裁定再审，并通知当事人；经审查，决定不予再审的，应当书面回复人民检察院。

第三节　再审案件的审理

一、裁定中止原裁判的执行

根据《民事诉讼法》第 206 条的规定，按照审判监督程序决定再审的案件，裁定中止原判决、裁定、调解书的执行，但追索赡养费、扶养费、抚育费、抚恤金、医疗费用、劳动报酬等案件，可以不中止执行。人民法院决定对案件进行再审之后，之所以要裁定中止原判决的执行，主要是为了防止继续执行有错误的判决，给国家、集体、社会公共利益或者他人的合法权益造成更大的损害。为了及时救济弱势群体，对于某些特定类型的案件可不中止执行。

二、组成合议庭

依照再审程序审理案件时，一律实行合议制。原来实行独任制审理的案件，在再审时，应组成合议庭进行审理。如果再审是由原审人民法院进行的，还应另行组成合议庭，原合议庭成员或独任审判员，不得参加再审合议庭，以保证案件的公正审理。

三、分别适用一、二审程序审理

人民法院进行再审的案件，如果生效裁判是由第一审法院作出的，按照第一审程序审理，所作的判决、裁定，当事人不服的，可以上诉，对小额诉讼案件的判决进行再审的除外。如果生效的裁判是由第二审法院作出的，按照第二审程序审理，所作的判决、裁定，是发生法律效力的判决、裁定。上级人民法院提审的案件一律按照第二审程序审理，所作的判决、裁定是发生法律效力的判决、裁定，当事人不得上诉。

《民诉法解释》第 403 条规定：“人民法院审理再审案件应当组成合议庭开庭审理，但按照第二审程序审理，有特殊情况或者双方当事人已经通过其他方式充分表达意见，且书面同意不开庭审理的除外。符合缺席判决条件的，可以缺席判决。”

一审原告在再审审理程序中申请撤回起诉，经其他当事人同意，且不损害国家利益、社会公共利益、他人合法权益的，人民法院可以准许。裁定准许撤诉的，应当一并撤销原判决。一审原告在再审审理程序中撤回起诉后重复起诉的，人民法院不予受理。

当事人提交新的证据致使再审改判，因再审申请人或者申请检察监督当事人的过错未能在原审程序中及时举证，被申请人等当事人请求补偿其增加的交通、住宿、就餐、误工等必要费用的，人民法院应予以支持。

部分当事人到庭并达成调解协议，其他当事人未作出书面表示的，人民法院应当在判决中对该事实作出表述；调解协议内容不违反法律规定，且不损害其他当事人合法权益的，可以在判决主文中予以确认。

人民法院开庭审理再审案件，应当按照下列情形分别进行：(1) 因当事人申请再审的，先由再审申请人陈述再审请求及理由，后由被申请人答辩、其他原审当事人发表意见；(2) 因抗诉再审的，先由抗诉机关宣读抗诉书，再由申请抗诉的当事人陈述，后由被申请人答辩、其他原审当事人发表意见；(3) 人民法院依职权再审，有申诉人的，先由申诉人陈述再审请求及理由，后由被申诉人答辩、其他原审当事人发表意见；(4) 人民法院依职权再审，没有申诉人的，先由原审原告或者原审上诉人陈述，后由原审其他当事人发表意见。对上述第 1 项至第 3 项情形，人民法院应当要求当事人明确其再审请求。

法院决定再审或提审的案件，审结后，在新的判决、裁定中应确定是否撤销、改变或者维持原判决、裁定；再审时可以进行调解，经调解达成协议的，调解书送达后，原判决、裁定即视为撤销。

人民法院对调解书裁定再审后，按照下列情形分别处理：(1) 当事人提出的调解违反自愿原则的事由不成立，且调解书的内容不违反法律强制性规定的，裁定驳回再审申请；(2) 人民检察院抗诉或者再审检察建议所主张的损害国家利益、社会公共利益的理由不成立的，裁定终结再审程序。

《民事诉讼法》对二审的审理范围作了规定，但对再审的审理范围没有规定。应当如何确定再审的审理范围呢？我们认为，人民法院决定再审与人民检察院抗诉引起再审是基于审判监督权而发生的，为此应全面审查原审裁判在认定事实与适用法律上是否有错误，在审理范围上也就不应受到限制。而当事人申请再审是基于当事人依法行使其诉讼权利，法院应尊重当事人的处分权，即可以比照《民事诉讼法》第 168 条关于二审审理范围的规定，只对再审请求的有关事实和适用法律进行审查。《民诉法解释》第 405 条规定："人民法院审理再审案件应当围绕再审请求进行。当事人的再审请求超出原审诉讼请求的，不予审理；符合另案诉讼条件的，告知当事人可以另行起诉。被申请人及原审其他当事人在庭审辩论结束前提出的再审请求，符合民事诉讼法第二百零五条规定的，人民法院应当一并审理。人民法院经再审，发现已经发生法律效力的判决、裁定损害国家利益、社会公共利益、他人合法权益的，应当一并审理。"

再审审理期间，有下列情形之一的，人民法院可以裁定终结再审程序：(1) 再审申请人在再审期间撤回再审请求，人民法院准许的；(2) 再审申请人经传票传唤，无正当理由拒不到庭的，或者未经法庭许可中途退庭，按撤回再审请求处理的；(3) 人民检察院撤回抗诉的；(4) 有《民诉法解释》第 402 条第 1 项至第 4 项规定情形的。因人民检察院提出抗诉裁定再审的案件，申请抗诉的当事人有前款规定的情形，且不损害国家利益、社会公共利益或者他人合法权益的，人民法院应当裁定终结再审程序。再审程序终结后，人民法院裁定中止执行的原生效判决自动恢复执行。

人民法院经再审审理认为，原判决、裁定认定事实清楚、适用法律正确的，应予维持；原判决、裁定认定事实、适用法律虽有瑕疵，但裁判结果正确的，应当在再审判决、裁定中纠正瑕疵后予以维持。原判决、裁定认定事实、适用法律错误，导致裁判结果错误的，应当依法改判、撤销或者变更。

按照第二审程序再审的案件，人民法院经审理认为不符合《民事诉讼法》规定的起诉条件或者符合《民事诉讼法》第 124 条规定不予受理情形的，应当裁定撤销一、二审判决，驳回起诉。

四、未参加诉讼的当事人或案外人申请再审的特别规定

为维护被遗漏的必要共同诉讼人申请再审的权利以及案外人申请再审的权利，保护其合法

权益，《民诉法解释》作出如下特别规定。

第 422 条规定：“必须共同进行诉讼的当事人因不能归责于本人或者其诉讼代理人的事由未参加诉讼的，可以根据民事诉讼法第二百条第八项规定，自知道或者应当知道之日起六个月内申请再审，但符合本解释第四百二十三条规定情形的除外。人民法院因前款规定的当事人申请而裁定再审，按照第一审程序再审的，应当追加其为当事人，作出新的判决、裁定；按照第二审程序再审，经调解不能达成协议的，应当撤销原判决、裁定，发回重审，重审时应追加其为当事人。”

第 423 条规定：“根据民事诉讼法第二百二十七条规定，案外人对驳回其执行异议的裁定不服，认为原判决、裁定、调解书内容错误损害其民事权益的，可以自执行异议裁定送达之日起六个月内，向作出原判决、裁定、调解书的人民法院申请再审。”

第 424 条规定：“根据民事诉讼法第二百二十七条规定，人民法院裁定再审后，案外人属于必要的共同诉讼当事人的，依照本解释第四百二十二条第二款规定处理。案外人不是必要的共同诉讼当事人的，人民法院仅审理原判决、裁定、调解书对其民事权益造成损害的内容。经审理，再审请求成立的，撤销或者改变原判决、裁定、调解书；再审请求不成立的，维持原判决、裁定、调解书。”

五、再审案件的审理次数及审限

如果再审可以无期限、无次数限制地发动，势必影响生效裁判的稳定性，因此，有必要对再审案件的审理次数和期限作出限制。

各级人民法院对本院已经发生法律效力的民事判决、裁定，不论以何种方式启动审判监督程序的，一般只能再审一次。对于下级人民法院已经再审过的民事案件，上一级人民法院认为需要再审的，应当依法提审。提审的人民法院对该案件只能再审一次。人民检察院按照审判监督程序提起抗诉的民事案件，一般应当由作出生效裁判的人民法院再审；作出生效裁判的人民法院已经再审过的，由上一级人民法院提审，或者指令该法院的其他同级人民法院再审。各级人民法院院长发现本院发生法律效力的再审裁判确有错误依法必须改判的，应当提出书面意见请示上一级人民法院，并附全部案卷。上一级人民法院一般应当提审，也可以指令该法院的其他同级人民法院再审。

再审案件按照第一审程序或第二审程序审理的，应当分别适用第一审程序或第二审程序的审限，审限自决定再审的次日起计算。最高人民法院或上级人民法院决定提审的，审限自裁定提审的次日起计算，指令再审的，自下级人民法院接到指令再审的裁定的次日起计算。

思考与练习

1. 如何理解再审程序的指导思想从“有错必纠”转变为“依法纠错”?

2. 如何进一步完善当事人申请再审的制度?

3. 如何认定申请再审事由中的“新的证据”?

4. 甲诉乙财产所有权纠纷一案，经 A 县人民法院一审和 B 市中级人民法院二审的审理，判决财产归甲所有。二审判决生效后，乙找到了可以证明该项财产的所有权属于自己的新证据。据此，乙向 C 省高级人民法院申请再审。C 省高级人民法院认为当事人的申请符合法律规定，决定再审。在审理中，C 省高级人民法院发现原审遗漏了必须参加诉讼的当事人丙。问：法院应当如何处理此案?

前沿问题探讨

在强调维护生效裁判的终局性效力的同时，适度考虑案件的再审是必要的。但是，如果过分强调裁判的正确性、公正性而忽视判决的终局性，则诉讼会无休止地进行下去，社会所赖以存在和发展的稳定秩序会被瓦解；而过于注重裁判终局性的考虑，无论存在什么错误都不予再审纠正，又势必会威胁到司法的公正性，使人们对司法产生“专断”的疑虑。完善审判监督程序的目的不仅在于解决“申诉难”，还在于解决生效判决的既判力受到严重冲击而缺乏终局性的问题。正确理解和处理再审与既判力的关系，是完善再审制度必须解决的问题。

从长远来看，再审程序的完善应当围绕再审之诉的构建而展开。解决“申诉难”不应单纯寄希望于扩大再审事由的范围，而应当从源头上把关，即着力于完善诉讼程序，尤其应当充实和强化一审程序，实现审判重心下移，提高审判质量，从而抑制再审案件的数量，树立司法权威。在此基础上，实现再审提起方式从职权主义向当事人主义的转型，只有这样，才能标本兼治地解决“申诉难”问题。

第十四章 特别程序

内容提要

特别程序是人民法院审理非民事权益争议案件所适用的特殊审判程序的总称。这一组程序由若干独立的程序组成，包括选民资格案件程序、宣告公民失踪程序、宣告公民死亡程序、民事行为能力认定程序、认定财产无主程序、确认调解协议程序和实现担保物权程序。

第一节 特别程序概述

一、特别程序的概念

特别程序，是人民法院审理非民事权益争议案件所适用的审判程序的总称。它是一组相对独立的审判程序，由若干个具体的程序组成，包括选民资格案件程序、宣告公民失踪程序、宣告公民死亡程序、认定公民无民事行为能力程序、认定公民限制民事行为能力程序和认定财产无主程序。各自有其独立的内容，适用于不同的案件，彼此之间没有联系，也不能混合适用。

从世界各国的民事诉讼立法来看，一般都设有特别程序（或称非讼事件程序），但在适用范围方面存在较大的差异。特别程序适用的范围通常包括宣告失踪、宣告死亡、认定公民民事行为能力受限或无民事行为能力（禁治产宣告或监护宣告）、认定财产无主等案件。此外，有些国家还将丧失不记名凭证的复权（公示催告程序）、对遗嘱文件的验证、对死者或无行为能力人财产的管理、婚姻关系、亲子关系等案件也纳入特别程序的适用范围。

二、特别程序的特点

特别程序不同于审判一般案件的诉讼程序，它具有自己的特殊性和独立性。与普通程序相比，特别程序具有下列特点。

第一，适用特别程序审理的案件不涉及民事权利义务争议。适用特别程序审理的案件包括选民资格案件和非讼案件。非讼案件是不涉及民事权利义务争议，由利害关系人请求法院认定某种法律事实是否存在的案件。宣告公民失踪、死亡，认定公民民事行为能力状况、认定财产无主状态等案件均属于非讼案件。选民资格案件是确认某个公民的选民资格是否存在，涉及该公民的选举权与被选举权等政治权利问题，而宣告公民失踪等非讼案件是确认某种法律事实是否存在，均不是解决民事权利义务争议。这是特别程序的本质特征。

第二，特别程序中不存在对立的双方当事人。由于不存在民事权利义务争议，因而特别程序法律关系中不存在原告、被告等对立的双方当事人，只有申请人。而且申请人不一定与本案有直接的利害关系。

第三，特别程序不适用普通程序的一般原则和基本制度的有关规定，如当事人诉讼地位平等原则、辩论原则、处分权原则、调解制度、两审终审制度、审判监督程序等。特别程序一律实行一审终审。判决书一经送达，即发生法律效力，申请人或起诉人不得提起上诉。在判决发生法律效力以后，如果出现了新情况、新事实，人民法院可以根据有关人员的申请撤销原判决，作出新判决，不适用再审程序。

此外，案件利害关系人只能向基层人民法院申请适用特别程序，不用缴纳诉讼费。特别程序的审限一般较短，通常在立案之日起 30 日，或者公告期满后 30 日内审结。有特殊情况需要延长的，由审理该案的法院院长批准，可以延长 30 日。但审理选民资格案件，必须在选举日前审结。

第二节　选民资格案件程序

选民资格案件，是指公民对选举委员会公布的选民资格名单有不同意见，向选举委员会申诉后，对选举委员会就其申诉所作的决定仍然不服，而向人民法院提起诉讼的案件。

选举权和被选举权是宪法赋予公民的一项基本政治权利，是公民参与国家事务管理的重要基础。根据我国《宪法》和《选举法》的相关规定，年满 18 周岁的公民，除依法被剥夺政治权利的人外，都有选举权和被选举权。精神病人虽然有选举权，但对不能行使这一权利的精神病人，不列入选民名单。为了确保公民享有选举权和被选举权，根据《选举法》的规定，在选举开始前，选举委员会应当对具有选举资格的公民进行登记，并制作选民名单，在选举日的 20 日以前公布，以接受群众的监督。只有列入选民名单的公民才能参加选举，实际行使选举权和被选举权。选民登记是一项复杂的工作，由于人口流动、年龄变化、政治权利是否被剥夺的状况改变等原因，选民名单可能发生错误。这导致有选举权的公民没有被列入选民名单，或者没有选举权的公民被列入选民名单。选民资格案件适用的特别程序就是为纠正选民名单的错误，保障公民合法的政治权利而设立的。

一、选民资格案件的起诉与受理

1. 起诉人可以是对选民名单有不同意见的任何公民。选民资格案件的起诉人不同于普通诉讼程序的原告。按通常诉讼程序提起诉讼的原告，必须与争议诉讼标的有直接利害关系，而选民资格案件的起诉人，不一定与争议的选举关系有直接利害关系。起诉人既可以是为了自己的选民资格提起诉讼，也可能是涉及其他人的选举资格问题。中华人民共和国的任何公民，只要具有诉讼权利能力和诉讼行为能力，对公民的选民名单有意见，都可以作为起诉人依法提起诉讼。

2. 起诉前需向选举委员会申诉，对选举委员会的申诉处理不服才能向人民法院起诉。这是选民资格案件的前置程序。没有经过选举委员会对申诉的处理直接向人民法院起诉的，人民法院应当告知起诉人先向选举委员会申诉。起诉人坚持起诉的，法院裁定不予受理。

3. 起诉人必须在选举日 5 日以前提起诉讼，以保证人民法院有足够的时间审理并作出判断。这是起诉人行使起诉权的法定的不变期间。

4. 起诉必须向有管辖权的人民法院提起。选区所在地基层人民法院对此类案件有管辖权。

二、选民资格案件的审理

1. 审判组织。根据《民事诉讼法》第178条的规定，人民法院审理选民资格案件应当由审判员组成合议庭。

2. 审理与判决。人民法院受理选民资格案件后，应当指定开庭审理日期，通知起诉人，选举委员会的代表和有关公民必须参加诉讼。所谓有关公民，是指案件涉及其选民资格的公民。经过法庭调查和法庭辩论，最后征询选举委员会的代表、有关公民和起诉人的意见后，由合议庭进行评议，作出判决。

3. 送达。人民法院的判决书是对选民资格案件的终局判决，应当在选举日前送达给选举委员会和起诉人；涉及有关公民的，还应通知有关公民。人民法院审理选民资格案件，时间性强，审限很短，必须在法律规定的期限内审结案件，并把判决书送达给有关各方，便于有选举权的公民在选举日到来时，能够行使庄严的权利，防止没有选举权的公民窃取神圣的权利。

第三节　宣告公民失踪程序

【案例】某日晚10时许，南京市大桥公园的武警战士发现一位女青年在大桥上徘徊，意欲轻生，即进行劝阻并将其送至附近的公安派出所。经过民警的耐心疏导，该女子告知自己是某大学学生，名叫唐某。随后，该所民警将唐某安排到附近的旅馆休息，并电话告知校方。第二天上午，某大学派车去派出所接唐某，但唐某已从居住的旅馆出走，不知去向。学校随即发动全校师生员工在南京市四处寻找，并在报刊上刊登寻人启事，但均无结果。3年后，唐某的父亲向人民法院申请宣告唐某失踪。该院受理后发出寻找唐某的公告，3个月后唐某仍然下落不明。法院依法作出判决，宣告唐某失踪。

宣告公民失踪案件，是指公民离开其住所地，下落不明满一定期限，经利害关系人申请，人民法院依法宣告该公民为失踪人的案件。

在现实生活中，公民因某种原因离开住所地后与亲人失去联系的情况是存在的。如果长时间失去联系，可能造成民事权利义务关系的不确定状态，其个人的财产和其他民事权利也可能因此长期没有人管理，受到侵害也没有人进行保护。民法中设立了宣告失踪的法律制度，目的在于通过将长期下落不明的公民宣告为失踪人，保护失踪人和与失踪人有利害关系的人的合法权益。

一、宣告失踪案件的申请与受理

1. 申请公民失踪应当满足《民法总则》关于宣告公民失踪的条件。根据《民法总则》第40条的规定，自然人下落不明满2年的，利害关系人可以申请宣告他为失踪人。所谓下落不明，是指公民离开自己的住所或经常居住地，去向不明，杳无音讯。经利害关系人申请，人民法院审查属实后，应当依法宣告该公民失踪。下落不明持续的时间从公民最后离开住所或经常居住地之日起算。下落不明时断时续的，从最后下落不明之日起算；在战争期间下落不明的，从战争结束之日起算。2年期间的计算，不论在哪一种情况下，从开始之日至届满之日都要保持连续性，不能把时断时续的时间累积计算。

2. 由该公民的利害关系人提出申请。所谓公民的利害关系人是指该公民的配偶、父母、成年子女或者与其关系密切的其他近亲属，还包括该公民所在的单位、债权人等与该公民有民事权利义务关系的人。上述利害关系人对于申请公民失踪没有顺序限制。人民法院在无人提出申请时，不能依职权主动宣告某个公民为失踪人。根据《民诉法解释》第346条，符合法律规定的多个利害关系人提出宣告失踪申请的，列为共同申请人。

3. 须向有管辖权的人民法院提出申请。利害关系人申请宣告公民失踪，必须向下落不明人住所地的基层人民法院提出申请。

4. 必须提出书面申请。申请人须向人民法院提交申请书。申请书应当写明公民失踪的事实、下落不明的时间和宣告失踪的请求。同时，还应提交公安机关或者其他有关机关出具的关于该公民下落不明的书面证明。

受理人民法院收到利害关系人的申请后，应当进行审查。对于不符合宣告失踪条件的，或者申请人不具有申请资格的，法院应当裁定不予受理。对于属于其他法院管辖的案件，应当告知申请人向有管辖权的人民法院提出申请。对于申请人未能按规定提交申请文件的，应告知申请人予以补正，待申请文件齐全后再予以受理。

经审查，认为申请符合法定条件的，人民法院应当立案受理。

二、宣告失踪案件的审理

1. 发出寻找下落不明人的公告

人民法院受理申请后，应当发出寻找下落不明人的公告。公告应记明下列事项：(1) 申请人的姓名、住所。(2) 下落不明人的姓名、年龄、性别、职业、相貌特征。(3) 该公民失去音讯的最后时间。(4) 公告期间以及公告期满的后果。(5) 被申请人应当在规定期间内向受理法院申报其具体地址及其联系方式。否则，被申请人将被宣告失踪。(6) 凡知悉被申请人生存现状的人，应当在公告期间内将其所知道情况向受理法院报告。

宣告失踪案件的法院公告期间为3个月，从发出公告之次日起算。

2. 案件处理方式

公告期间，法院查明该公民的确切的下落和信息，或者该公民出现，有了音讯的，人民法院应当作出驳回申请的判决。

在人民法院作出判决前，申请人撤回申请的，人民法院应当裁定终结案件，但其他符合法律规定的利害关系人加入程序要求继续审理的除外。

公告期届满，该公民仍然下落不明，确认申请宣告该公民失踪的事实存在的，法院应当作出宣告该公民为失踪人的判决。

驳回申请的判决、终结案件的裁定和宣告失踪的判决，一经送达立即发生法律效力。

三、失踪人财产的管理

1. 指定代管人

根据《民诉法解释》第343条的规定，宣告失踪案件，人民法院可以根据申请人的请求，清理下落不明人的财产，并指定案件审理期间的财产管理人。公告期满后，人民法院判决宣告失踪的，应当同时依照法律的有关规定指定失踪人的财产代管人。《民法总则》第42条规定："失踪人的财产由其配偶、成年子女、父母或者其他愿意担任财产代管人的人代管。代管有争议，没有前款规定的人，或者前款规定的人无代管能力的，由人民法院指定的人代管。"本条规定的财产代管人同时存在，对行使代管职责有争议，或者没有上述规定的代管人，或者虽有上述规定的代管人，但无能力行使代管职责的，或者不宜为代管人的，人民法院应当根据有利于保护失踪人财产的原则，为失踪人指定财产代管人。

2. 代管人权利与义务

代管人的权利如下：管理和保护失踪人的全部财产；遇有失踪人的财产被侵犯的情形，有权向人民法院提起诉讼，请求排除侵害，依法保护；造成损害的，有权请求赔偿。失踪人对他人享有债权的，代管人可以请求债务人还债，也可以作为原告向人民法院提起诉讼。

代管人的义务如下：妥善管理失踪人的财产，并在失踪人财产范围内代替失踪人履行有关义务。失踪人所欠的税款，代管人应从代管财产中清偿。失踪人应当支付的其他费用，包括赡养费、扶养费、抚育费和因代管财产所需要的管理费等必要的费用。代管人拒绝支付所欠税款、债务和其他费用，税务机关和债权人可以以代管人为被告向人民法院提起诉讼。

代管人不履行职责或者侵犯失踪人合法的财产权益的，失踪人的其他利害关系人可以向人民法院请求代管人赔偿损失，承担相应的责任，也可以向人民法院请求变更财产代管人，对该诉讼请求应按普通程序进行审理。代管人认为自己无力履行代管职责时，可以向人民法院提出申请，要求变更财产代管人，该申请由宣告该公民失踪的人民法院受理，按特别程序审理。

3. 代管人变更

关于代管人变更的程序，《民诉法解释》第 344 条规定："失踪人的财产代管人经人民法院指定后，代管人申请变更代管的，比照民事诉讼法特别程序的有关规定进行审理。申请理由成立的，裁定撤销申请人的代管人身份，同时另行指定财产代管人；申请理由不成立的，裁定驳回申请。失踪人的其他利害关系人申请变更代管的，人民法院应当告知其以原指定的代管人为被告起诉，并按普通程序进行审理。"

四、宣告失踪判决的撤销

人民法院宣告公民失踪的判决，是根据在一定期间内该公民下落不明的事实所作的法律上的判定。宣告判决之后，如果该公民重新出现，下落不明的事实已不复存在，不能继续维持法院的判决、保持其宣告失踪的效力而影响该公民的权利。该公民本人或者他的利害关系人有权向作出宣告失踪判决的人民法院提出申请，请求撤销原判决，以恢复该公民失踪前的事实和法律状态。人民法院审查属实后，应当作出新判决，撤销原判决。原判决撤销后，财产代管人的职责终止，无权再代管财产，并对原代管的财产进行清理，将代管的财产及其收益返还给该公民。代管人可以要求失踪人支付因代管而支出的合理费用。

第四节　宣告公民死亡程序

【案例】1994 年 2 月 18 日，王某的丈夫杨某某去日本工作。原定工作期限是 2 年。然而，2 年后杨某某并没有回来，继续留在日本打工。2001 年 11 月，王某向法院提出申请，要求与杨某某离婚。法院因为她不能提供杨某某在日本的住址，决定不予受理。经过四处咨询，王某打听到，要想解除这段婚姻只能宣告对方死亡。于是王某就向法院提出了宣告杨某某死亡的申请。王某到杨某某所在单位开具了单位开除证明，又到派出所开具了杨某某户籍注销的证明。王某将这些证明提交给法院，法院刊登了死亡公告。一年后，法院作出了宣告杨某某死亡的判决。

然而，判决生效10天后，杨某某就回国了。他说他们夫妻之间一直保持联系，他还于2000年8月29日寄了220万日元给王某，因此王某申请宣告自己死亡是恶意行为。

2003年6月27日，杨某某向法院提出了撤销死亡判决的申请。一周后，法院撤销了对杨某某的宣告死亡判决。但是，王某已经在2003年3月10日与别人登记结婚了。2003年，杨某某向法院提起了诉讼，起诉王某重婚。法院认为，王某在明知杨某某生存的情况下，宣告对方死亡属于恶意行为，并在知道杨某某已经回国的情况下，与他人结婚，已经构成了重婚罪。认定王某第二次婚姻无效。判处王某有期徒刑6个月，缓期2年执行。①

宣告死亡案件，是指公民下落不明状态持续一定期间，达到法定期限，经利害关系人申请，人民法院宣告该公民死亡的案件。宣告公民死亡是法律上的一种推定死亡，是自然死亡的对称。

宣告失踪并不能改变利害关系人与失踪人的法律关系。尽管设置失踪人财产代管人可以解决部分权利实现和义务履行问题，但仍然有些法律关系问题可能因公民长期处于失踪状态而不能得到解决，比如婚姻关系、劳动关系等。民法上设立宣告死亡制度的目的在于结束因为公民长期下落不明而导致某些法律关系处于不稳定状态，保护该公民及其利害关系人的合法权益。

一、宣告死亡案件的申请与受理

1. 申请公民死亡应当满足民法关于宣告公民死亡的条件。公民下落不明达法定期限的，利害关系人可以申请宣告他为死亡人。按照我国《民法总则》的有关规定，可以申请宣告公民死亡需要满足的公民下落不明满的期限一般为4年。如果是因意外事故下落不明的，期限为2年。如果因意外事故下落不明，经公安机关证明该公民不可能生还的，可以不受上述期限的限制。

2. 由该公民的利害关系人提出申请。有权申请宣告公民死亡的利害关系人的顺序如下：(1) 配偶；(2) 父母、子女；(3) 兄弟姐妹、祖父母、外祖父母、孙子女、外孙子女；(4) 其他有民事权利义务关系的人，例如债权人、保险合同受益人、受遗赠人等。不同顺序的利害关系人有的申请宣告死亡，有的申请宣告失踪的，人民法院应当按照前一顺序人的意见办理。根据《民诉法解释》第346条的规定，符合法律规定的多个利害关系人提出宣告死亡申请的，列为共同申请人。

3. 须向有管辖权的人民法院提出申请。利害关系人申请宣告公民死亡，必须向下落不明人住所地的基层人民法院提出申请。

4. 必须提出书面申请。申请人须向人民法院提交申请书。申请书应当写明申请人与被申请人的基本情况和关系、被申请人下落不明的事实、下落不明的时间和宣告死亡的请求。同时，还应提交公安机关或者其他有关机关出具的关于该公民下落不明或不可能生存的书面证明。如果该公民已经被法院宣告为失踪人，申请人还应当提交法院宣告失踪的判决书。

人民法院收到利害关系人的申请后，应当进行审查。对于不符合宣告死亡条件的，或者申请人不具有申请资格的，法院应当裁定不予受理。对于属于其他法院管辖的案件，应当告知申请人向有管辖权的人民法院提出申请。对于申请人未能按规定提交申请文件的，应告知申请人予以补正，待申请文件齐全后再予以受理。

经审查，认为申请符合法定条件的，人民法院应当立案受理。

---

① 案例来源：中央电视台《今日说法》，2005-03-28。

二、宣告死亡案件的审理

1. 发出寻找下落不明人的公告

人民法院受理申请后，应当发出寻找下落不明人的公告。公告应记明下列事项：(1) 申请人的姓名、住所。(2) 下落不明人的姓名、年龄、性别、职业、相貌特征。(3) 该公民失去音讯的最后时间。(4) 公告期间以及公告期满的后果。(5) 被申请人应当在规定期间内向受理法院申报其具体地址及其联系方式。否则，被申请人将被宣告死亡。(6) 凡知悉被申请人生存现状的人，应当在公告期间内将其所知道情况向受理法院报告。

宣告死亡案件的法院公告期间为 1 年；因意外事故下落不明，经有关机关证明其不可能生存的，公告期间为 3 个月，从发出公告之次日起算。根据《民诉法解释》第 345 条的规定，人民法院判决宣告公民失踪后，利害关系人向人民法院申请宣告失踪人死亡，从失踪的次日起满 4 年的，人民法院应当受理。宣告失踪的判决即是该公民失踪的证明。审理中仍应依照《民事诉讼法》第 185 条的规定进行公告。

2. 案件审理期间下落不明人财产的管理

《民诉法解释》第 343 条规定，宣告死亡案件，人民法院可以根据申请人的请求，清理下落不明人的财产，并指定案件审理期间的财产管理人。

3. 案件处理方式

公告期间，法院查明该公民的确切的下落和信息，或者该公民出现，有了音讯的，人民法院应当作出驳回申请的判决。

根据《民诉法解释》第 348 条的规定，人民法院受理宣告死亡案件后，作出判决前，申请人撤回申请的，人民法院应当裁定终结案件，但其他符合法律规定的利害关系人加入程序要求继续审理的除外。

公告期届满，该公民仍然下落不明，确认申请宣告该公民死亡的事实存在的，法院应当作出宣告该公民死亡的判决。

驳回申请的判决、终结案件裁定和宣告死亡的判决，一经送达立即发生法律效力。

4. 宣告死亡的法律后果

公民被宣告死亡和自然死亡的法律后果基本相同。该公民的民事权利能力因宣告死亡而终止。原有的婚姻关系随之消灭，继承因宣告死亡而开始。宣告死亡结束了该公民以自己的住所或经常居住地为活动中心所发生的民事法律关系。但宣告死亡和自然死亡毕竟不同，如果该公民在异地生存，并不影响他的民事活动的效力。

三、宣告死亡判决的撤销

宣告死亡，是人民法院根据法律规定推定下落不明人为死亡，但事实是否死亡，仍然无法确定。因此，法院宣告某公民死亡后，下落不明人可能重新出现或者确知其所在地。此时，该公民本人或利害关系人可以向作出宣告判决的人民法院提出申请，请求撤销原判决，作出新判决。

人民法院撤销宣告死亡的判决后，该公民因死亡宣告而消灭的人身关系，有条件恢复的，可以恢复；原配偶在公民被宣告死亡期间，尚未再婚的，夫妻关系从撤销宣告死亡判决之日起自行恢复；如果原配偶再婚后又离婚或再婚后其配偶死亡的，其夫妻关系不能自行恢复。

被宣告死亡人在被宣告死亡期间，其子女如为他人收养，宣告死亡判决撤销后，不能以子女收养未经其同意为理由，单方面宣布收养关系无效。但收养人和被收养人同意解除收养关系的除外。

被宣告死亡之人的财产在宣告期间被他人取得的，宣告死亡判决撤销后，该公民有权请求返还；依照继承法取得该公民财产的个人或组织，应当返还原物，原物不存在的，给予适当的补偿。利害关系人隐瞒真实情况，使他人被宣告死亡而取得财产的，该利害关系人除返还原物及孳息外，还应赔偿所造成的损失。

宣告死亡是法律上推定的死亡，它和被宣告死亡之人自然死亡的时间，有的是一致的，有的并不一致。被宣告死亡的时间和该公民自然死亡的时间不一致的，被宣告死亡人在其生存地所为的法律行为应属有效；该法律行为的效力与被宣告死亡之所引起的法律后果有抵触的，则以其实施的法律行为为准。

第五节　民事行为能力认定程序

公民民事行为能力认定案件，是指法院根据利害关系人的申请，认定公民为无行为能力人或限制行为能力人的案件。

民事行为能力是民事主体通过自己的行为行使民事权利、履行民事义务的能力。根据我国《民法总则》的规定，民事行为能力分为完全民事行为能力、限制行为民事能力和无民事行为能力三种。通常情况下，民事主体的民事行为能力是根据年龄来判断的。凡年满 18 周岁，或者年满 16 周岁不满 18 周岁，以自己的劳动收入为主要生活来源的公民，具有完全民事行为能力；8 周岁以上的未成年人是限制民事行为能力人，可以进行与他的年龄、智力相适应的民事活动，其他民事活动由他的法定代理人代理，或者征得他的法定代理人的同意；不满 8 周岁的未成年人是无民事行为能力人，由他的法定代理人代理民事活动。此外，《民法总则》还规定，不能辨认自己行为的精神病人是无民事行为能力人，由他的法定代理人代理民事活动。不能完全辨认自己行为的精神病人是限制民事行为能力人，可以进行与他的精神健康状况相适应的民事活动；其他民事活动由他的法定代理人代理，或者征得他的法定代理人的同意。相对于年龄的明确性而言，对一个成年人的精神健康状态的认定需要用专业知识来诊断，而且，一个本来精神健康的人可能因为患病或者其他原因而成为精神病患者。更重要的是，对一个人的精神健康和民事行为能力问题作出判断涉及人权保障等重要的问题，因此，需要通过法律设立专门的程序来处理。

一、认定公民行为能力案件的申请和受理

1. 申请。认定精神病人为无民事行为能力或限制民事行为能力案件，须由精神病人的近亲属或者其他利害关系人向人民法院提出书面申请。《民法总则》第 24 条第 1 款规定：“不能辨认或者不能完全辨认自己行为的成年人，其利害关系人或者有关组织，可以向人民法院申请认定该成年人为无民事行为能力人或者限制民事行为能力人。”《民事诉讼法》第 187 条第 1 款规定：“申请认定公民无民事行为能力或者限制民事行为能力，由其近亲属或者其他利害关系人向该公民住所地基层人民法院提出。”这两部法律规定的实际精神是一致的，并无宽窄之分。精神病人的近亲属包括配偶、父母、子女、兄弟姐妹、祖父母、外祖父母、孙子女、外孙子女。精神病人的其他利害关系人，比照《民法总则》第 27 条的规定，是指精神病人的近亲属以外的与精神人关系密切的其他亲属、朋友愿意承担监护责任，经精神病人的所在单位或住所

地居民委员会、村民委员会同意的。此外，还包括精神病人的所在单位或者住所地的居民委员会、村民委员会或者民政部门。这两种利害关系人同时存在时，由近亲属行使申请权；没有近亲属的，由与精神病人的关系密切的其他亲属、朋友并经精神病人的所在单位或者住所地居民委员会、村民委员会同意的人行使申请权。

申请人必须以书面形式提出申请。申请书应当写明：申请人的姓名、性别、年龄、住址，与认定为无民事行为能力或者限制民事行为能力人的关系；被申请认定为无民事行为能力或者限制民事行为能力人的姓名、性别、年龄、住所，该公民无民事行为能力或者限制民事行为能力的事实和根据。

2. 管辖法院。认定公民民事行为能力案件由该公民住所地的基层人民法院管辖。该公民的经常居住地与住所地不一致的，可以由经常居住地的基层人民法院管辖。

3. 受理与不予受理。人民法院接受申请人的申请，经审定认为申请不合法或者精神病人不具备认定为无民事行为能力或者限制民事行为能力条件的，裁定驳回申请；申请手续完备，符合认定为无民事行为能力或者限制民事行为能力条件的，予以受理。

4. 受理的后果。《民诉法解释》第 349 条规定："在诉讼中，当事人的利害关系人提出该当事人患有精神病，要求宣告该当事人无民事行为能力或者限制民事行为能力的，应由利害关系人向人民法院提出申请，由受诉人民法院按照特别程序立案审理，原诉讼中止。"

二、审理程序

1. 为该公民确定代理人。《民事诉讼法》第 189 条规定："人民法院审理认定公民无民事行为能力或者限制民事行为能力的案件，应当由该公民的近亲属为代理人，但申请人除外。近亲属互相推诿的，由人民法院指定其中一人为代理人。"当公民被申请认定为无民事行为或者限制民事行为能力的，应由申请人以外的近亲属作为他的代理人。这是因为申请人的申请与该公民本人有利害冲突，由申请人以外的近亲属代理该公民出席法庭实施诉讼行为，有利于维护该公民的合法权益。近亲属互相推诿，不愿做代理人的，由人民法院指定其中一人为代理人。代理人只是在案件审理中，代理本人为诉讼行为，并不是该公民的当然监护人；该公民一旦经人民法院判决为无民事行为能力或者限制民事行为能力时，其监护人依法另行确定。《民诉法解释》第 352 条规定："申请认定公民无民事行为能力或者限制民事行为能力的案件，被申请人没有近亲属的，人民法院可以指定其他亲属为代理人。被申请人没有亲属的，人民法院可以指定经被申请人所在单位或者住所地的居民委员会、村民委员会同意，且愿意担任代理人的关系密切的朋友为代理人。没有前款规定的代理人的，由被申请人所在单位或者住所地的居民委员会、村民委员会或者民政部门担任代理人。代理人可以是一人，也可以是同一顺序中的两人。"

在确定代理人时，该公民健康状况许可的，人民法院还应当询问本人的意见。本人不能到庭的，审判人员应就地询问，把申请书的内容告知本人，征询本人的意见。

2. 进行鉴定。认定公民无民事行为能力或者限制民事行为能力，需要对该公民的心神状态作科学的认定。精神病人心神失常的程度必须借助科学鉴定，才能作出正确的结论，仅凭一般的常识往往难以作出正确的判断。《民事诉讼法》第 188 条规定："人民法院受理申请后，必要时应当对被请求认定为无民事行为能力或者限制民事行为能力的公民进行鉴定。申请人已提供鉴定意见的，应当对鉴定意见进行审查。"鉴定应由法定部门进行，没有法定部门的，由人民法院指定的鉴定部门鉴定。申请人提出的鉴定结论，经审查认为有问题的，可以交法定鉴定部门或者指定鉴定部门重新鉴定。

3. 作出判决。人民法院通过审理，查清精神病人的实际情况后，认为该公民并未丧失民事行为能力，申请没有事实根据的，应当作出判决，驳回申请；认为该公民完全丧失民事行为能力或部分丧失民事行为能力，申请有事实根据的，应当作出判决，认定该公民为无民事行为能力人或者限制民事行为能力人。

人民法院认定公民为无民事行为能力或者限制民事行为能力的判决为终审判决，不得提起上诉。

4. 指定监护人。认定公民无民事行为能力或者限制民事行为能力的判决发生法律效力后，人民法院应当为该公民指定监护人。依照《民法总则》第 28 条、第 32 条的规定，由下列人员或组织担任监护人：(1) 配偶；(2) 父母、子女；(3) 其他近亲属；(4) 其他愿意担任监护人的个人或者组织，但是须经被监护人住所地的居民委员会、村民委员会或者民政部门同意。没有依法具有监护资格的人的，监护人由民政部门担任，也可以由具备履行监护职责条件的被监护人住所地的居民委员会、村民委员会担任。

有监护资格的人员对于担任监护人有争议的，由该公民的所在单位或者住所地的居民委员会在近亲属中指定，并以书面或者口头通知被指定人。从通知之日起被指定人应当履行指定职责。《民诉法解释》第 351 条规定："被指定的监护人不服指定的，应当在接到通知之日起三十日内向人民法院提出异议。经审理，认为指定并无不当的，裁定驳回异议；指定不当的，判决撤销指定，同时另行指定监护人。判决书应送达异议人、原指定单位及判决指定的监护人。"

监护人的职责如下：保护被监护人的人身、财产和其他合法权益；管理被监护人的财产，照顾被监护人的生活，对被监护人进行管理教育，代理被监护人进行民事活动；当被监护人的财产与他人发生争议或者受侵害时，应当代理被监护人进行诉讼。

监护人不履行职责或者侵害被监护人合法权益的，应当承担责任；给被监护人造成财产损失的，应当赔偿损失。《民法总则》规定的其他有监护资格的人员或者单位向人民法院起诉，请求监护人履行监护职责或者变更监护关系的，按特别程序审理；请求监护人承担民事责任的，按通常诉讼程序审理。既请求监护人承担民事责任，又请求变更监护关系的，应当分别审理，即请求承担民事责任部分，按通常诉讼程序审理；请求变更监护关系部分，按特别程序审理。

三、原判决的撤销与民事行为能力的恢复

精神病人被人民法院判决认定为无民事行为能力人或者限制民事行为能力人后，经过治疗病情痊愈，心神恢复健康，能够清醒地处理自己的事务，判断行为的后果的，为了维护该公民的合法权益，保障该公民正常参加民事、经济流转，参加社会、经济和文化生活，当认定该公民无民事行为能力或者限制民事行为能力的原因消灭，事实不复存在时，应当及时撤销原来的判决。该公民本人或者利害关系人可以向人民法院提出申请，由法院作出新判决，撤销原判决，从法律上恢复该公民的行为能力。监护人的监护权因原判决的撤销而停止行使。

第六节　认定财产无主程序

根据申请人的申请，人民法院作出判决，认定所有人不明或者所有人不存在的财产为无主财产的案件，称为认定财产无主案件。

作为社会财富，财产只有被合理地使用和收益才能发挥其应有的价值。如果财产的主体不明或者已经消失，或者是遗失物、漂流物、埋藏物等所有权主体不明，财产处于无人管理状

态，任其闲置灭失，会造成不应有的损失或引发社会纠纷。为物尽其用，法律规定了认定财产无主的程序，认定确属无主财产的，可以收为国家、集体所有，既可以有效利用该财物，也可以避免因所有权不明而引发的争议。

一、认定财产无主案件的申请与受理

申请人民法院认定财产无主，应当具备以下条件。

1. 被认定的无主财产，以有形财产为限，无形财产或者精神财富不属于认定无主财产的范围。

2. 财产所有人确已消失或者不知谁是财产所有人的，权利的归属悬而未决，需要从法律上解决权利的归属问题。

在司法实践中，认定财产无主的情形主要有以下几种：(1) 财产所有人已不存在或者谁是所有人无法确定的。(2) 所有人不明的埋藏物和隐藏物。(3) 拾得的遗失物、漂流物、失散的饲养动物，经公安机关或有关单位公告满 1 年无人认领的。(4) 无人继承的财产，即被继承人死亡后，没有继承人或者全体继承人放弃或者丧失继承权的，其财产因无人继承而变成无主财产。

3. 财产的所有人不明或失去所有人的状态须持续一定期间，不满法定期间的，即使所有人已消失或不明的，也不能申请认定为无主财产。

4. 须由申请人提出书面申请，人民法院审理认定。人民法院不得以职权认定财产无主。公民、法人或者其他组织都有资格作为申请人。任何公民、法人或不具备法人条件的其他组织发现财产没有所有人或所有人不明的，都有权提出申请，请求人民法院认定财产无主。人民法院不得在无人申请的情况下，依职权认定财产无主。申请人提出的申请书应当写明如下事项：申请人的姓名（名称）、住所，财产的种类、数量、形状、所在地以及请求认定财产无主的根据。

5. 认定财产无主的案件，由财产所在地的基层人民法院管辖。

二、审理程序

1. 人民法院接受申请后，应当进行审查，认为申请不符合条件，或者财产有主的，裁定驳回申请；申请符合条件的，立案受理。

2. 发布财产认领公告。人民法院受理申请后，经审查核实财产的所有人已消失或者不明，应当发出财产认领公告。公告应当写明申请人的姓名（名称）、住所，财产的种类、数量、形状，公告期间以及寻找财产所有人认领财产的意旨。公告期间有人对财产提出请求，人民法院应裁定终结特别程序，告知申请人按照普通程序另行起诉。

3. 作出判决。公告满 1 年无人认领财产的，人民法院应当作出判决，认定财产无主，根据财产的不同情况，收归国家或者集体所有。判决一经宣告，立即发生法律效力，任何单位或个人不得提起上诉。无主财产被他人占有使用的，法院应责令非法占有人交出财产，拒不交出的，强制执行。

三、认定财产无主判决的撤销

判决认定财产无主后，原财产所有人或者他的继承人出现的，应当撤销判决，保护原财产所有人或者他的继承人的权利。根据《民事诉讼法》第 193 条的规定，判决认定财产无主后，原财产所有人或者继承人出现，在《民法总则》规定的诉讼时效期间可以对财产提出请求，人民法院审查属实后，应当作出新判决，撤销原判决。原财产所有人或者其继承人请求撤销法院判决有期限限制，该期间与诉讼时效相同，即 2 年，从知道或者应当知道人民法院判决认定财产无主之日起算。超过诉讼时效期间，原财产所有人或者继承人请求返还财产的，法律不予保护。原判决撤销后，财产由其原所有人或者合法继承人认领，占有财产的单位应当返还原物。原物不存在或返还确有困难的，应当按原财产的实际价值返还价金。

第七节　确认调解协议程序

确认调解协议程序，是指当事人对经人民调解委员会等调解组织调解达成的协议，依法申请人民法院予以确认，从而赋予该调解协议强制执行力的程序。

以调解方式解决民间纠纷，在我国有悠久的历史，并一向得到国家的鼓励。当前我国社会处于转型时期，社会矛盾多发且日益复杂，仅仅依靠司法机关和诉讼途径无法应对解决社会纠纷的需要。然而，由于长期以来社会自治能力的衰退，社会解纷能力低下，大量纠纷涌向法院，所以司法不堪重负。立法者和司法者都认识到，应当逐步培育社会自我解决纠纷的能力，充分发挥社会力量解决纠纷的作用。人民调解的作用由此再次得到重视。经人民调解达成协议后，当事人大多能够自觉履行，但也存在不能即时履行或当事人反悔的情况。为了加强人民调解制度，发挥其对于解决纠纷的积极作用，全国人大常委会于 2010 年制定了《人民调解法》。该法规定：经人民调解委员会调解达成调解协议后，双方当人认为有必要的，可以自调解协议生效之日起 30 日内共同向人民法院申请司法确认。人民法院应当及时对调解协议进行审查，依法确认调解协议的效力。这对推动人民调解的恢复与发展具有重要意义。但是，在修改前的《民事诉讼法》中并没有相应的程序，以至于实践中的调解协议确认缺乏法律依据和统一的规范。最高人民法院于 2011 年 3 月公布《关于人民调解协议司法确认程序的若干规定》，对调解协议司法确认案件的管辖法院、申请程序和审查程序做了规定。2012 年修法时将该制度纳入新《民事诉讼法》，作为“特别程序”中的一种。

一、确认调解协议案件的适用范围

《民事诉讼法》第 194 条规定：“申请司法确认调解协议，由双方当事人依照人民调解法等法律，自调解协议生效之日起三十日内，共同向调解组织所在地基层人民法院提出。”

由于民事纠纷“调解优先”原则的提倡，多元化的纠纷解决机制正在形成。就诉讼外调解而言，除人民调解委员会的调解外，还有公安机关的治安调解，交警的交通事故赔偿调解，残联、妇联、消协、工会等社会团体的调解，医疗纠纷调处委员会等专业调解组织的调解，商会的商事调解等。可以申请司法确认的调解协议，主要是指根据《人民调解法》的规定，在人民调解委员会主持下形成的调解协议。按照《人民调解法》的规定，人民调解委员会包括由村民委员会、居民委员会设立的调解委员会，也包括乡镇、街道以及社会团体或者其他组织根据需要参照《人民调解法》有关规定设立的人民调解委员会。

《民事诉讼法》的该项规定具有开放性。只要有法律依据，其他调解组织主持下达成的调解协议也可以申请司法确认。这样规定既考虑了我国民间纠纷的特点和人民调解工作的实际情况，也为不断拓宽该程序的适用范围预留了空间。

二、确认调解协议案件的程序

1. 申请。司法确认并非调解协议生效的必经程序。该程序的启动以当事人申请为前提。根据《人民调解法》的规定，调解当事人达成书面调解协议的，经各方当事人签名、盖章或者按指印，并由人民调解员签名、加盖人民调解委员会印章，调解协议即发生效力。口头的调解协议自当事人达成协议之日起生效。在调解协议生效后，如果双方当事人认为没有进行司法确认的必要，比如调解协议即时履行完毕，或者调解协议的内容不涉及民事给付内容的，即不必进入确认程序。在申请时，双方当事人应当共同提出申请。一方当事人提出申请，另一方当事人表示同意的，可以视为共同提申请。

《民诉法解释》第 355 条规定："当事人申请司法确认调解协议，可以采用书面形式或者口头形式。当事人口头申请的，人民法院应当记入笔录，并由当事人签名、捺印或者盖章。"

当事人申请司法确认调解协议时，应当向人民法院提交调解协议、调解组织主持调解的证明，以及与调解协议相关的财产权利证明等材料，并提供双方当事人的身份、住所、联系方式等基本信息。当事人未提交上述材料的，人民法院应当要求当事人限期补交。

2. 申请司法确认的期限。按照《民事诉讼法》的规定，当事人应当自调解协议生效之日起 30 日内提出申请。该期间属于除斥期间。

3. 管辖法院。当事人应当向调解组织所在地的基层人民法院申请确认，以方便法院的审查、认定。《民诉法解释》第 353 条规定："申请司法确认调解协议的，双方当事人应当本人或者由符合民事诉讼法第五十八条规定的代理人向调解组织所在地基层人民法院或者人民法庭提出申请。"第 354 条规定："两个以上调解组织参与调解的，各调解组织所在地基层人民法院均有管辖权。双方当事人可以共同向其中一个调解组织所在地基层人民法院提出申请；双方当事人共同向两个以上调解组织所在地基层人民法院提出申请的，由最先立案的人民法院管辖。"

4. 不予受理的情形。当事人申请司法确认调解协议，有下列情形之一的，人民法院裁定不予受理：（1）不属于人民法院受理范围的；（2）不属于收到申请的人民法院管辖的；（3）申请确认婚姻关系、亲子关系、收养关系等身份关系无效、有效或者解除的；（4）涉及适用其他特别程序、公示催告程序、破产程序审理的；（5）调解协议内容涉及物权、知识产权确权的。人民法院受理申请后，发现有上述不予受理情形的，应当裁定驳回当事人的申请。

5. 对调解协议的审查。审查调解协议是否符合法律规定，主要包括以下方面：（1）当事人是否自愿选择调解方式解决纠纷；（2）调解协议的内容是否违反法律禁止性规定或损害社会公共利益；（3）调解协议内容是否符合当事人真实意思表示。

为保障当事人的程序权利，人民法院审查相关情况时，应当通知双方当事人共同到场对案件进行核实。人民法院经审查，认为当事人的陈述或者提供的证明材料不充分、不完备或者有疑义的，可以要求当事人限期补充陈述或者补充证明材料。必要时，人民法院可以向调解组织核实有关情况。

6. 司法确认程序的撤回。确认调解协议的裁定作出前，当事人撤回申请的，人民法院可以裁定准许。当事人无正当理由未在限期内补充陈述、补充证明材料或者拒不接受询问的，人民法院可以按撤回申请处理。

7. 司法确认案件的处理。人民法院受理调解协议司法确认的申请后，应当对调解协议进行审查，经审查作出如下两种处理：一是调解协议符合法律规定，裁定调解协议有效。二是调解协议不符合法律规定的，裁定驳回申请。根据《民诉法解释》第 360 条的规定，调解协议有下列情形之一的，人民法院应当裁定驳回申请：（1）违反法律强制性规定的；（2）损害国家利益、社会公共利益、他人合法权益的；（3）违背公序良俗的；（4）违反自愿原则的；（5）内容不明确的；（6）其他不能进行司法确认的情形。

三、司法确认的效力及其救济

人民法院确认调解协议效力的裁定自送达双方当事人后发生法律效力，一方当事人拒绝履行或者未全部履行调解协议所约定的义务，对方当事人可以向人民法院申请强制执行。

当事人以经司法确认的调解协议申请强制执行的，有执行管辖权的法院可以是作出裁定的基层人民法院，也可以是被执行财产所在地的基层人民法院。

人民法院裁定确认调解协议，但当事人认为有错误的，如双方当事人没有同时到庭、违反自愿原则、法官有徇私舞弊行为等，可以按照审判监督程序申请再审。

人民法院裁定驳回申请的，当事人可以再次通过人民调解变更原调解协议或者达成新的调解协议，也可以向人民法院提起诉讼，通过诉讼途径解决他们间的纠纷。

第八节　实现担保物权程序

实现担保物权程序，是指债务人不能履行债务时，担保物权人请求人民法院通过法定程序将担保标的物拍卖、变卖等方式，使其债权得到优先受偿的程序。

关于担保物权的实现方式，法律规定有一个变化过程。1995 年制定的《担保法》规定，债务人实现担保物权的方式主要是与债务人协商，达成协议后通过拍卖、变卖等方式优先受偿；协议不成的，抵押权人可以向人民法院提起诉讼。随着市场经济的发展和固定资产投资规模的增长，商事主体日益要求快速实现担保物权。常见的情形是在工程建设合同履行中，债务人长期拖欠工程款且数额巨大，不仅影响工程建设进度和投资效益，也造成拖欠工人工资、损害劳动者的利益的后果。为了解决拖欠工程款的问题，1999 年制定的《合同法》第 286 条规定，发包人未按照约定支付价款的，承包人可以与发包人协议将该工程折价，也可以申请人民法院将该工程依法拍卖。这是法律赋予担保物权执行力的第一步。在 2007 年制定《物权法》时，这一规则再次得到了确认。《物权法》第 195 条第 2 款规定，抵押权人与抵押人未就抵押权实现方式达成协议的，抵押权人可以请求人民法院拍卖、变卖抵押财产。第 220 条、第 237 条规定，债务人可以请求人民法院拍卖、变卖质物或留置财产。据此，《物权法》明确赋予担保物权强制执行力，这就需要制定相应的程序规则。

一、实现担保物权案件的申请与受理

根据《民事诉讼法》和《物权法》等有关法律的规定，有权申请人民法院实现担保物权的人包括两类。

1. 担保物权人。《民事诉讼法》第 196 条规定的担保物权人，包括抵押权人、质权人、留置权人。其中，需要申请法院实现其担保物权的通常是抵押权人。抵押权是不转移标的物占有的担保物权，抵押物通常是不动产。当债务人不履行债务时，抵押权人不能直接将标的物拍卖、变卖，一般需要申请人民法院实现抵押权。而质物和被留置的财产通常是动产，由质权人、留置权人占有，多数情况下不需要通过人民法院就能实现其担保物权。

2. 其他有权请求实现担保物权的人。此即根据《物权法》等实体法律规定可以请求法院

实现担保物权的其他主体，包括抵押人、出质人、财产被留置的债务人或者所有权人等。例如，担保物权人已控制质物或持续占有留置财产，并且符合行使质权、留置权的条件却怠于行使该权利，因市场波动导致质物、留置财产价格下跌，或因质物、留置财产存在自然损耗或毁损、灭失的可能时，可能造成债务人的重大损失。因此，应当赋予其他有关人士申请法院强制实现担保物权的权利。《物权法》第 220 条第 1 款规定，出质人可以请求质权人在债务履行期届满后及时行使质权；质权人不行使的，出质人可以请求人民法院拍卖、变卖质押财产。该法第 237 条规定，债务人可以请求留置权人在债务履行期届满后行使留置权；留置权人不行使的，债务人可以请求人民法院拍卖、变卖留置财产。因此，债务人也可以成为实现担保物权案件的申请人。

当事人申请实现担保物权，应当提交下列材料：(1) 申请书。申请书应当记明申请人、被申请人的姓名或者名称、联系方式等基本信息，具体的请求和事实、理由。(2) 证明担保物权存在的材料，包括主合同、担保合同、抵押登记证明或者他项权利证书，权利质权的权利凭证或者质权出质登记证明等。(3) 证明实现担保物权条件成就的材料。(4) 担保财产现状的说明。(5) 人民法院认为需要提交的其他材料。

根据《民诉法解释》第 365 条的规定，被担保的债权既有物的担保又有人的担保，当事人对实现担保物权的顺序有约定，实现担保物权的申请违反该约定的，人民法院裁定不予受理；没有约定或者约定不明的，人民法院应当受理。

如果人民法院审查申请时发现，同一财产上设立多个担保物权，登记在先的担保物权尚未实现的，不影响后顺位的担保物权人向人民法院申请实现担保物权。

二、实现担保物权案件的管辖法院

当事人申请实现担保物权，应当向担保财产所在地或者担保物权登记地基层人民法院提出。对于抵押权、留置权，由担保财产所在地法院管辖实现担保物权的案件，便于担保财产的查封、扣押和拍卖、变卖。对于担保财产以财产权利形式出现的情形而言，如以股权、注册商标专用权、专利权、著作权等知识产权中的财产权、应收账款等设立的权利质权，应由担保物权登记地基层人民法院管辖。

根据《民诉法解释》的规定，实现票据、仓单、提单等有权利凭证的权利质权案件，可以由权利凭证持有人住所地人民法院管辖；无权利凭证的权利质权，由出质登记地人民法院管辖。实现担保物权案件属于海事法院等专门人民法院管辖的，由专门人民法院管辖。同一债权的担保物有多个且所在地不同，申请人分别向有管辖权的人民法院申请实现担保物权的，人民法院应当依法受理。

三、实现担保物权案件的审查与裁定

1. 审查前准备工作

人民法院受理申请后，人民法院受理申请后，应当在 5 日内向被申请人送达申请书副本、异议权利告知书等文书。被申请人有异议的，应当在收到人民法院通知后的 5 日内向人民法院提出，同时说明理由并提供相应的证据材料。

2. 审查组织形式

根据《民诉法解释》第 369 条的规定，实现担保物权案件可以由审判员一人独任审查。担保财产标的额超过基层人民法院管辖范围的，应当组成合议庭进行审查。

3. 审查方式与内容

人民法院审查实现担保物权案件，可以询问申请人、被申请人、利害关系人，必要时可以依职权调查相关事实。

人民法院应当就主合同的效力、期限、履行情况，担保物权是否有效设立、担保财产的范围、被担保的债权范围、被担保的债权是否已届清偿期等担保物权实现的条件，以及是否损害他人合法权益等内容进行审查。

被申请人或者利害关系人提出异议的，人民法院应当一并审查。

4. 处理方式

人民法院审查后，分别情形，作出裁定。

（1）裁定拍卖、变卖担保财产。人民法院主要依据《物权法》《合同法》等实体法律的规定，审查申请人的申请是否具备实现担保物权的条件，如债务是否确实发生、债务数额有无异议、担保物权是否生效、债务人的债务到期有无履行等。法院认为符合法定条件的，作出民事裁定，依法进行拍卖或变卖。拍卖可以由人民法院主持进行，也可以委托商业拍卖机构进行拍卖。担保标的物不适合拍卖的，可以交由商业部门收购或者代为出售。为了最大限度地保障当事人的合法权益，体现担保物权实现程序的公正性，变卖担保财产应当参照市场价格。

（2）就无争议部分裁定准许拍卖、变卖担保财产。经审查，人民法院发现当事人对实现担保物权有部分实质性争议的，人民法院可以就无争议部分裁定准许拍卖、变卖担保财产。

（3）裁定驳回申请。人民法院经审查，发现当事人对实现担保物权有实质性争议的，如双方对债务是否存在或债务履行存在争议，或对抵押合同或者抵押权的效力存在争议等，实现担保物权的条件尚不具备的，应作出裁定，驳回申请。申请被人民法院裁定驳回的，当事人可以向人民法院提起诉讼，通过普通程序解决相关争议。

思考与练习

1. 简述特别程序的特点。
2. 简述宣告公民死亡案件的程序。
3. 简述特别程序的完善。

前沿问题探讨

1. 关于特别程序，理论界讨论的主要问题是特别程序的体系。当前立法的思路是按照案件的性质来划分，根据案件是否属于民事权益争议，分为普通程序和特别程序两大类。特别程序是法院审理非民事争议案件的程序，包括选民资格案、宣告失踪或死亡案、认定公民行为能力案、认定财产无主案等。但是，这样的分类是不彻底的。公示催告程序也属于非讼程序，却未被纳入特别程序的范畴。由于立法上使用的“特别程序”概念的模糊性与不准确，因而其成为有关特别程序理论研究的障碍。此外，劳动争议诉讼以及被称为“人事诉讼”的离婚诉讼、亲子关系诉讼、收养关系诉讼等，由于存在人的身份关系而在诉讼原则、程序规则等方面需要有特别规定，在国外立法上都被当作特别程序专门加以规定，这在我国立法上还是空白。因此，对特别程序的概念、体系等基本理论问题还需要深入研究，在此基础上完善我国的特别程序立法。

2. 从理论上讲，诉讼案件与非讼案件的性质及特点不同，决定了法院审理两类案件的目的、原则、程序和方式等也应当有所不同。在大陆法系国家民事诉讼理论中，基于诉讼案件与非讼案件的区分，形成了诉讼法理与非讼法理的二元分离适用论和诉讼法理与非讼法理的交错适用论。在立法上，大陆法系国家的非讼程序也有一些共同的原则和规则，如实行职权探知原则、职权进行原则、书面审理为主兼言词审理原则、不公开审理原则，采用与通常诉讼不同的证明标准等。我国《民事诉讼法》虽然对非讼程序的特殊规则作了一些规定，但具体程序制度还不够完备，不便操作。加强对非讼程序的理论和立法的研究，是进一步完善我国非讼程序立法的重要前提和基础。

第十五章
督促程序

内容提要

督促程序是人民法院根据债权人的申请，向债务人发出支付令，督促债务人履行义务的程序。作为一种略式程序，督促程序省略了普通程序中的实质审理环节，只要符合法律规定的条件，法院即可根据债权人的申请发出支付令。如果被申请人在限期内既不提出异议，又不履行义务的，债权人可以依据支付令向人民法院申请执行。

第一节　督促程序概述

一、督促程序的概念

督促程序是指人民法院根据债权人的申请，向债务人发出支付令，如果债务人不在法定期间内提出异议，该支付令即具有强制执行力的程序。督促程序主要适用于债权债务关系明确，双方没有争议，只是债务人怠于履行债务的案件；其目的在于为债权人实现债权提供一条便捷的途径。许多国家和地区的民事诉讼法规定了督促程序。1991 年，我国《民事诉讼法》在借鉴德国、日本等大陆法系国家立法经验的基础上，设立了督促程序。

二、督促程序的特征

督促程序不是普通程序的简化，而是一种略式程序，即省略了普通程序中实质审理环节的一种简略诉讼程序。[①] 法院适用督促程序审理案件时，并不对案件进行实质审查，不必传唤债务人到庭，也不召集双方当事人举证、质证、辩论。法院只是对债权人提出的请求和理由、证据材料进行书面审查，而且是形式审查。法院发出支付令后，如果债务人没有对支付令提出书面异议，该支付令即发生法律效力。支付令一旦生效，就相当于普通程序确定判决的效力，当事人不可提起上诉，债权人可以依据支付令申请强制执行。如果债务人对支付令提出书面异议，法院不必进行实质审查，只要债务人的异议符合法定的形式要件，即可裁定终结督促程序，支付令自行失效。支付令失效后，转入诉讼程序。

---

① 参见王强义：《民事诉讼特别程序研究》，218～220 页，北京，中国政法大学出版社，1993；江伟主编：《民事诉讼法》，4 版，425 页，北京，高等教育出版社，2013。

【辨析】督促程序的性质

一些教科书认为，督促程序是一种非讼程序。其当事人之间不存在实体上的债权债务纠纷，或者假定债务人对债权人的请求没有争议；督促程序也不要求当事人双方都参与程序，法院也不必开庭审理，当事人没有直接进行对抗，不适用诉讼程序上的辩论原则。因此，督促程序并不解决当事人之间的债务纠纷，具有非讼程序的特点。这实际上是对督促程序的误读。督促程序的目的就在于解决债权债务纠纷，为债权人实现债权提供司法救济。经督促程序发生效力的支付令具有确定当事人的债权债务关系的效果，而且可以作为执行依据，当事人不得再就同一债权债务关系提起诉讼。可见，支付令与法院经普通程序作出的判决一样具有既判力和执行力。因此，督促程序在本质上是一种诉讼程序。债权人的申请和债务人的异议就是根据当事人平等原则、辩论原则和处分原则设立的诉讼程序，只是相对于普通程序而言，当事人在这些程序环节中行使程序权利的时间较短，方式比较简单，法院审查的方式仅限于形式审查而已。

作为一种略式诉讼程序，督促程序具有诉讼程序简单、诉讼周期短、诉讼费用低廉等特点①，因而是一种快捷、便利的司法救济途径。《海事诉讼特别程序法》规定了海事督促程序，《民诉法解释》和《关于适用督促程序若干问题的规定》（2001 年发布、2008 年调整，以下简称《督促程序规定》）等司法解释就督促程序作了具体规范。

三、督促程序的意义

督促程序在民事诉讼法律体系中具有重要的意义。

1. 有助于民事诉讼公平和效率价值的实现。诉讼公正与诉讼效率是现代民事诉讼所追求的价值目标，而督促程序通过独特的制度构造实现了民事诉讼的这一价值。督促程序的公正性主要体现在：其一，督促程序的适用范围和适用条件的明确限定，使督促程序所解决的是简易且无争议的案件，有利于债权人合法债权的保护，进而有助于实现实体公正。其二，支付令生效的一个重要前提条件是债务人没有异议，法律赋予债务人对支付令的异议权，使债务人获得与债权人相同的法律对待，确保了法律天平的不偏不倚。督促程序的效率性是由其非讼性和简捷性来保证实现的。在遵行公正性的前提下，与通常争讼程序相比，督促程序更加突出和强调其效率性，以期降低当事人的诉讼成本和国家司法资源的投入。

2. 有助于当事人接近司法或寻求司法保护。这主要体现在：其一，督促程序有助于公正、及时地实现诉讼目的，消除了程序的复杂给当事人带来的理解上的困难，从而为当事人提供了一种廉价和亲善的司法救济途径。其二，对于法律关系明确、争议不大的涉及债权债务关系的案件，当事人既可以选择诉讼程序进行解决，也可以选择更为简便的督促程序进行解决，客观上为纠纷的当事人提供了更多的解决纠纷的渠道。其三，在特定时间内，将督促程序所节约的审判资源，用于对更多案件的解决，这样不仅实现审判资源的优化配置，而且通过简易化的程序使一般国民普遍能够得到具体的有程序保障的司法服务。

3. 有助于完善民事诉讼程序体系。根据案件的性质和繁简而设置相应的程序，这种做法已为各国民事诉讼立法所普遍接受。民事诉讼程序的多元化和专门化是有效解决纠纷的必然要求。督促程序适应民事诉讼程序发展的趋势，有助于根据争议的性质和繁简程度分流案件，提高司法效率。

① 《诉讼费用交纳办法》规定，申请支付令的案件，申请费比照财产案件受理费标准的 1/3 交纳。

第二节　督促程序的申请与受理

【案例】宏展公司于2013年6月向当地工商银行贷款50万元，约定同年12月偿还。还款期限届满后，工商银行向宏展公司发出催还贷款通知单，宏展公司称没有能力还款。2014年4月21日，工商银行向法院申请支付令，要求宏展公司偿还欠款本息。法院受理后，于2014年4月24日向宏展公司发出了支付令。公司收到支付令后未提出书面异议，亦未偿还欠款。5月15日，工商银行以支付令为根据向法院申请强制执行。

一、申请的条件

根据《民事诉讼法》第214条和《民诉法解释》第429条的规定，债权人向法院申请支付令应当符合下列条件。

1. 督促程序仅适用于债权人请求债务人给付金钱、有价证券的给付之诉。根据《民事诉讼法》第214条的规定，督促程序仅适用于债权人请求债务人给付金钱、有价证券的案件。首先，督促程序仅适用于给付之诉。纯粹的确认之诉或形成之诉不能适用督促程序。其次，督促程序仅适用于标的物为金钱、有价证券的诉讼。金钱即作为流通手段和支付手段的货币，包括人民币和正在流通使用的其他国家的货币。有价证券是指汇票、本票、支票以及股票、债券、国库券、可转让的存款单等有价证券。民事诉讼法之所以将督促程序的诉讼标的物限定为金钱与有价证券，是因为金钱和有价证券是种类物，可以用等值的货币和有价证券替代，而且计算单位和标准完全市场化，在特定时间内的数额基本确定，其价值比其他请求更容易确定，符合督促程序快速确定债权债务关系、简便易行地实现债权的要求。

此外，根据我国《劳动合同法》（2007年6月29日颁布，自2008年1月1日起施行，2012年修正）第30条的规定，用人单位拖欠或者未足额支付劳动报酬的，劳动者可以依法向当地人民法院申请支付令，人民法院应当依法发出支付令。

2. 请求给付的金钱或者有价证券的债权已到期且数额确定。督促程序制度设计的前提之一是：债权债务关系明确，不存在债权实现的障碍。债权到期和数额确定是这个前提条件具备的标志。如果债权尚未到期或者数额不能确定，法院的支付令发出以后，债务人往往会以未到履行义务的期限为由提出异议，或者就应当履行债务的具体数额与债权人发生争议，导致督促程序终结，从而达不到督促程序的目的。

3. 债权人和债务人之间没有其他债务纠纷。即债权人和债务人之间没有对待给付义务。对待给付，是指债权人与债务人之间互负给付义务，只有一方给付之后，另一方才进行给付，或者双方必须同时履行。如果双方之间存在对待给付义务，法院的支付令发出以后，债务人往往会以债权人没有履行相应的义务为由，对支付令提出异议，导致督促程序终结。

4. 支付令能够送达债务人。督促程序是建立在不突破程序保障的底线基础上的一种便捷程序。支付令能够送达成为督促程序正当性的重要保障。若债务人下落不明或者居住在国外，视为支付令不能送达。如果债务人下落不明，需要对支付令进行公告，或者由于债务人居住在国外，送达需要通过域外送达的途径予以送达，即不符合督促程序的基本要求。一方面，因为送达时间较长，使督促程序简便、迅速实现债权的目的落空，另一方面，公告送达等特殊送达方式不能保证债务人能够看到支付令，不能保障其异议权的有效行使，不符合程序保障的要求。因此，债务人不在我国境内的，或者虽在我国境内但下落不明的，不适用督促程序。但是，如果债务人是外国人、无国籍人、外国企业或者组织，在中国领域内有住所、代表机构或者分支机构并能够送达支付令的，债权人可以申请支付令。

5. 收到申请书的人民法院有管辖权。

6. 债权人未向人民法院申请诉前保全。这是因为，按照《民事诉讼法》的规定，当事人申请诉前保全的，应当在人民法院采取保全措施后30天内，按照普通程序提起诉讼。当事人申请诉前保全视为选择通过普通诉讼程序处理纠纷，不得同时再按照督促程序申请支付令。

债权人在符合上述条件的情况下，可以按照督促程序申请人民法院发出支付令。值得注意的是，督促程序并不具有排他性，相对于普通程序或简易程序也没有优先适用性。按照通常诉讼程序提起诉讼还是申请支付令属于当事人的程序选择权决定的范围。

二、申请程序

1. 债权人申请支付令应当提交申请书

申请书是债权人向人民法院提出通过督促程序发布支付令的书面请求。《民事诉讼法》第214条第2款规定："申请书应当写明请求给付金钱或者有价证券的数量和所根据的事实、证据。"根据这一规定以及诉讼中所使用文书的一般格式要求，申请书应包括以下几个部分。

(1) 文书名称。在文书的上部正中写"申请书"。

(2) 当事人的情况。分别写明申请人和被申请人的基本情况。当事人是公民的，应写明姓名、性别、年龄、民族、籍贯、职业和住址等；当事人是单位的，应写明名称、地址和法定代表人。当事人如有诉讼代理人，应写明其姓名、年龄、职务、住址、与被代理人的关系等。律师担任代理人的，只需写明律师姓名和所在的律师事务所。

(3) 请求给付金钱或者有价证券的数量和所根据的事实、证据。写明请求给付的物的名称和数量、债权债务关系的法律事实、请求给付的理由；还应说明当事人双方不存在相互给付的义务，支付令能够送达债务人。

为了便于法院审查，申请人在提交申请书的同时，应当附带提交能够证明债权存在且符合申请支付令条件的资料，如合同、借据等。

2. 债权人应当向有管辖权的法院提出申请

债权人申请支付令，由债务人住所地的基层人民法院管辖。具体来讲，被申请的债务人是公民的，由债务人住所地人民法院管辖；债务人住所地与经常居住地不一致的，由经常居住地人民法院管辖。被申请的债务人是法人或者其他组织的，由其主要营业地或者主要办事机构所在地人民法院管辖。《民诉法解释》第427条规定，两个以上人民法院都有管辖权的，债权人可以向其中一个基层人民法院申请支付令。债权人向两个以上有管辖权的基层人民法院申请支付令的，由最先立案的人民法院管辖。

督促程序没有级别管辖问题，申请支付令的案件只能由基层人民法院受理，不受当事人债权金额的限制。

三、受理

人民法院在收到债权人请求发出支付令的申请后，应当对如下事项进行审查。

1. 当事人是否适格。人民法院首先要审查申请人是否具有申请支付令的资格。适格的申请人是所申请支付令的债权债务关系的债权人。任何人不能为他人的债权提出申请。其次，人民法院要审查申请人是否具有诉讼行为能力：如果他没有诉讼行为能力，应当由他的法定代理人申请；如果申请人是法人或者其他组织，应当提交营业执照复印件和法定代表人身份证明书。

2. 申请人的申请是否符合申请支付令的法定条件。人民法院应当审查申请人的请求是否是金钱或者有价证券；所请求给付的金钱或者有价证券是否已到期且数额确定；债权人和债务人之间有无其他债务纠纷；支付令能否送达债务人。缺少任何一项条件，人民法院都不能受理。

3. 申请人的申请是否符合法定程序。这主要是审查申请人是否提交了申请书以及本院对该申请是否有管辖权。如果经审查，申请人已经提交了申请书并且该申请属于本法院管辖，应当予以受理；如果经审查，申请人所提交的申请书内容有欠缺，应当通知申请补正；如果经审查，本院对该申请没有管辖权，就应当告知申请人向有管辖权的人民法院提出申请。

人民法院收到债权人的支付令申请书后，认为申请书不符合要求的，可以通知债权人限期补正。人民法院应当自收到补正材料之日起5日内通知债权人是否受理。申请不符合民诉法规定的条件的，人民法院应当在收到支付令申请书后5日内通知债权人不予受理。

四、审理程序

法院受理支付令申请后的审查不同于普通诉讼程序中的审理。通常诉讼中的审理是实质性的，并不限于书面审查，更不限于对原告起诉材料的审查，而是采取多种方式调查纠纷发生过程及其事实，如询问双方当事人，询问证人，进行鉴定、勘验等，根据调查和双方辩论的结果，分清是非曲直。督促程序中受理后的审查只是形式审查，一般限于债权人所提供的书面材料，甚至无须审查这些材料的可靠程度。只要从形式上认为债权债务关系明确、合法即可。《民诉法解释》第430条规定，人民法院受理申请后，由审判员一人进行审查。

人民法院审查债权人提供的事实、证据后，对于债权债务关系明确、合法的，应当自受理之日起15日内向债务人发出支付令；经审查申请不符合民诉法规定的受理条件的，应当在15日内裁定驳回申请，该裁定不得上诉。经审查，有下列情形之一的，裁定驳回申请：（1）申请人不具备当事人资格的；（2）给付金钱或者有价证券的证明文件没有约定逾期给付利息或者违约金、赔偿金，债权人坚持要求给付利息或者违约金、赔偿金的；（3）要求给付的金钱或者有价证券属于违法所得的；（4）要求给付的金钱或者有价证券尚未到期或者数额不确定的。

第三节　支付令

支付令，是指在督促程序中由人民法院发布的，限令债务人履行支付义务的法律文书。人民法院对于申请人提出的支付令申请，经审查符合法定条件的，即应依法发出支付令。

一、支付令的内容

支付令应当具备以下内容：（1）债权人、债务人姓名或名称等基本情况。债权人和债务人是公民的，应当写明姓名、性别、年龄、职业、工作单位和住址。债权人和债务人是法人的，应当写明名称及法定代表人或者主要负责人的姓名、职务、地址等。（2）债务人应当给付的金钱、有价证券的种类、数量。（3）清偿债务或者提出异议的期限。具体来讲，要写明债务人应当自收到支付令之日起15日内清偿债务，或者向人民法院提出书面异议。（4）债务人在法定期间不提出异议的法律后果。

支付令在列明上述内容以后，由审判员、书记员署名，并加盖人民法院印章。人民法院应当及时将支付令送达给债权人和债务人。债务人拒绝接收的，人民法院可以留置送达。在送达给债务人以后，人民法院还应将支付令送达债务人的日期告知债权人，以便债权人明确申请强制执行的日期。

二、支付令异议

支付令异议，也称债务人异议，是指债务人在收到支付令以后的法定期间内，就支付令所载明的给付义务向法院表明不同意见的诉讼行为。

支付令的异议是督促程序中，债务人最为重要的程序保障环节。支付令异议的成立条件有两点：(1) 提出异议的时间。债务人应当自收到支付令之日起 15 日内提出异议。(2) 提出异议的形式。债务人提出异议应当以书面方式进行。债务人的异议直接关系到支付令的效力，所以应以书面为之，口头异议不发生法律效果。

债务人的异议应当是实质性的，即对于当事人之间权利义务关系的内容提出不同意见，比如认为债务没有到期、债务数额不正确、因债权人有对待给付义务而主张抵销等。根据《民诉法解释》第 438 条的规定，债务人对债权债务关系没有异议，但提出以下意见的，均不能构成对支付令的异议，不影响支付令的效力：(1) 仅表示无履行债务的能力的。(2) 对清偿期限提出不同意见（主要是指要求延期履行）的。(3) 对清偿方式提出不同意见（主要是指要求分期履行）的。

由于法律不认可债务人的口头异议，债务人口头拒绝接受支付令的意思表示不具有法律效力。人民法院向债务人本人送达支付令时，债务人拒绝接收的，可以留置送达。

只要债务人在法定期间提出书面异议，支付令异议即可成立。人民法院对债务人的异议只进行形式审查，而无须审查异议是否有理由和证据证明。人民法院不能对债务人异议进行实体审查，这是民事诉讼法上的当事人权利平等原则的要求。对债务人异议的形式审查与对债权人的申请的形式审查相对应，是对双方当事人的权利进行平等保障的表现。如果对债权人的申请仅作形式审查而对债务人异议作实质审查，要求债务人举证证明自己的异议是有理由的，必然加重债务人的诉讼义务，对债务人而言显然是不公平的。

根据《民诉法解释》第 437 条的规定，人民法院经形式审查，认为债务人异议有下列情形之一的，应当认定异议成立，裁定终结督促程序：(1) 属于不予受理申请情形的；(2) 具有应当裁定驳回申请情形的；(3) 属于应当裁定终结督促程序情形的；(4) 人民法院对是否符合发出支付令条件产生合理怀疑的。人民法院裁定终结督促程序的，支付令自行失效。

债务人在人民法院作出终结裁定或驳回异议裁定之前，可以请求撤回异议。《民诉法解释》第 439 条规定，债务人请求撤回异议的，应当裁定准许。债务人对撤回异议反悔的，人民法院不予支持。

人民法院裁定终结督促程序的，应当通知债权人。

三、督促程序与诉讼程序的衔接

督促程序因债务人异议而终结的，直接转入诉讼程序，但申请支付令的一方当事人不同意提起诉讼的除外。申请支付令的一方当事人不同意提起诉讼的，应当自收到终结督促程序裁定之日起 7 日内向受理申请的人民法院提出。申请支付令的一方当事人不同意提起诉讼的，不影响其向其他有管辖权的人民法院提起诉讼。

支付令失效后，申请支付令的一方当事人自收到终结督促程序裁定之日起 7 日内未向受理申请的人民法院表明不同意提起诉讼的，视为向受理申请的人民法院起诉。债权人提出支付令申请的时间，即为向人民法院起诉的时间。

四、支付令的效力

支付令自送达之日起对被申请人产生约束力，被申请人必须在法定限期内清偿债务，或者向人民法院提出书面异议。被申请人在限期内不提出异议，又不履行义务的，支付令即发生法律效力。《民诉法解释》第 433 条规定，债务人未在法定期间提出书面异议，而是向其他人民法院起诉的，不影响支付令的效力。债务人超过法定期间提出异议的，视为未提出异议。

生效的支付令具有同生效判决相同的法律效力，即具有拘束力、既判力和执行力。

1. 支付令的拘束力表现为：生效的支付令确认了民事权利、义务，当事人应当按照支付令载明的内容实现权利、履行义务。

2. 支付令的既判力表现为：支付令生效后，当事人不得再就同一债权债务关系提起诉讼；人民法院非经法定程序不得变更或者撤销支付令，也不得受理当事人对同一案件的起诉。《督促程序规定》第 11 条规定，人民法院院长对于本院已发生法律效力的支付令，发现确有错误，认为需要撤销的，应当提交审判委员会讨论决定后，裁定撤销支付令，驳回债权人的申请。

3. 支付令的执行力表现为：生效的支付令可以成为执行依据，债务人不履行支付令载明的义务的，债权人可以请求人民法院予以强制执行。

支付令效力范围原则上及于申请人（债权人）和被申请人（债务人）。《民诉法解释》第 434 条至第 436 条就特殊情况下支付令效力范围作了规定：（1）债权人基于同一债权债务关系，在同一支付令申请中向债务人提出多项支付请求，债务人仅就其中一项或者几项请求提出异议的，不影响其他各项请求的效力。（2）债权人基于同一债权债务关系，就可分之债向多个债务人提出支付请求，多个债务人中的一人或者几人提出异议的，不影响其他请求的效力。（3）对设有担保的债务的主债务人发出的支付令，对担保人没有拘束力。债权人就担保关系单独提起诉讼的，支付令自人民法院受理案件之日起失效。

五、督促程序终结与救济程序

督促程序的终结，是指在督促程序中，因为法律规定的情况或者某种特殊原因而导致督促程序结束。

督促程序的终结有自然终结和裁定终结两种情况。

1. 自然终结。债务人在收到支付令后，在法定期间内没有提出异议，并且主动清偿了债务的，督促程序自然终结。

2. 裁定终结。督促程序的裁定终结是在法定情形下，人民法院以裁定方式终结督促程序的处理。有下列情形之一的，人民法院应当裁定终结督促程序，已发出支付令的，支付令自行失效：（1）在法院发出支付令前，申请人撤回申请的；（2）债务人提出支付令异议，经审查符合法定条件的，法院裁定终结督促程序；（3）人民法院受理支付令申请后，债权人就同一债权债务关系又提起诉讼的；（4）人民法院发出支付令之日起 30 日内无法送达债务人的；（5）债务人收到支付令前，债权人撤回申请的。

《民诉法解释》第 443 条规定了督促程序的救济程序。根据该条规定，人民法院院长发现本院已经发生法律效力的支付令确有错误，认为需要撤销的，应当提交本院审判委员会讨论。审判委员会决定应当撤销的，应当作出裁定撤销支付令，驳回债权人的申请。

思考与练习

1. 试述督促程序的性质与特征。
2. 债权人申请支付令应当具备哪些条件？
3. 债务人对支付令提出异议应当具备哪些条件？

前沿问题探讨

督促程序被裁定终结以后，是否直接转为普通诉讼程序，各国立法有不同的规定。在德国、日本等国家，督促程序非正常终结以后便自动转为普通诉讼程序，其程序效力溯及自督促程序开始之时，并视申请支付令的行为为起诉。比如日本《民事诉讼法》第 442 条规定，债务人对支付令提出符合条件的异议时，债权人申请支付令的行为视为起诉，督促程序转为普通程序。申请支付令的费用作为诉讼费用的一部分。法国《民事诉讼法》第 1408 条规定，债权人可以在请求支付令的诉状中要求，如果债务人提出异议，案件应立即移送给有管辖权的法院。德国《民事诉讼法》第 696 条第 1 款规定，债务人提出异议后，若一方当事人申请进行诉讼程序，法院应将案件移送给相关法院，诉讼案件视为自申请督促程序之日起已经发生诉讼系属。我国 1991 年《民事诉讼法》未设立督促程序与普通诉讼程序之间的衔接程序，督促程序终结后不能直接转入普通诉讼程序，只有当事人另行起诉才导致普通诉讼程序的开始。实践中，债务人对支付令提出异议导致督促程序终结的概率很高，这不但使债权人利用督促程序快速实现债权的愿望落空，而且因此耽误了时间，浪费了精力，增加了诉讼成本。此外，由于支付令没有财产保全的功能，一些债务人滥用异议权，乘机转移、藏匿财产，造成日后执行困难。这些问题引起司法机关和学界的关注，提出了一些完善相关制度的建议。2012 年修改《民事诉讼法》时，立法机关借鉴外国立法例，规定“支付令失效的，转入诉讼程序，但申请支付令的一方当事人不同意提起诉讼的除外”。

第十六章
公示催告程序

内容提要

公示催告程序是人民法院以公示方式催告不明的利害关系人申报权利，如无人主张权利即依法作出除权判决，宣告票据无效的程序。当事人申请公示催告应当符合法律规定的条件。法院在发出公示催告的同时向支付人发出止付通知。公告期间，有人持票据申报权利的，公示催告程序终结。公告期限届满，无人申报权利的，经申请人申请，人民法院作出除权判决，宣告票据无效。

第一节　公示催告程序概述

一、公示催告程序及其意义

公示催告程序，是指人民法院以公示方式催告不明的利害关系人申报权利，如无人主张权利即依法作出除权判决，宣告票据无效的程序。公示催告程序的目的在于通过公告程序寻找灭失的票据，并在寻找无果的情况下宣告灭失的票据作废，从而恢复权利人票据上的权利。

公示催告程序适用的范围主要在票据法中予以规定。我国《票据法》调整汇票、本票、支票从签发到承兑的一系列民事法律行为。该法第 15 条规定：票据丧失，失票人可以及时通知票据的付款人挂失止付，但是，未记载付款人或者无法确定付款人及其代理付款人的票据除外。收到挂失止付通知的付款人，应当暂停支付。失票人应当在通知挂失止付后 3 日内，也可以在票据丧失后，依法向人民法院申请公示催告，或者向人民法院提起诉讼。除了《票据法》规定的汇票、本票、支票之外，提单、仓单和股票也属于广义的票据。

票据是发票人依照法律规定发行的，由发票人自行支付或发票人委托他人支付的有价证券。占有票据，是行使和实现票据权利的前提，票据持有人丧失票据，即丧失了行使和实现票据权利的依据。票据是记载权利的凭证，是以无条件支付一定金额为基本效力的有价证券，具有不记名、文义性、无因性等特点。享有票据上的权利依赖于对票据的占有，谁持有票据，谁就可以主张票据上记载的权利。一旦票据因被盗、遗失或者其他原因灭失，票据持有人丧失对票据的实际占有，便无法向负有支付义务的人主张权利。支付人见票付款，不问持票人取得票据的原因。非法持有票据的人向支付人主张权利也可以得到兑现。这是出于保护善意取得票据的人的权利的需要，也是保证票据的正常流通和交易秩序的稳定的需要。在《民事诉讼法》设立公示催告程序前，一旦发生票据灭失情形，票据权利人只能向银行申请挂失，银行可以在规定的时间内冻结票据，停止支付。但银行挂失不能对抗善意第三人，而且超过了规定的期限后，银行不能拒绝向持票人支付。另一种补救方式是失主在电视、电台、报刊和互联网等公共媒体声明遗失的票据作废。声明作废仅是声明人单方意思表示，没有法律效力，不能在声明人与被告知者之间建立法律上的权利义务关系。公示催告程序就是为解决票据灭失引发的票据效力问题而设立的专门司法程序。《民事诉讼法》规定公示催告程序的意义在于及时保护因某种原因丧失票据的原持有人的正当权益。同时，通过公示催告程序调整票据丧失后的票据权利义务关系，也有利于保护其他合法取得票据的人的正当权益，这对于维护票据的正常流通、保障经济秩序的稳定和交易安全均有积极作用。

二、公示催告程序的特点

与普通程序、简易程序相比较，公示催告程序具有以下特点。

1. 公示催告程序属于非讼程序。申请人申请公示催告，不是因为与他人发生权利义务的争议而要求通过审判解决争议，而是因为票据被盗、遗失或灭失，要求确认这一事实，并实现票据上的权利。如果在公示催告过程中出现了对票据主张权利的人，即与申请人有争议的对方，则人民法院必须终结公示催告程序。

2. 公示催告程序只能适用于特定范围内的事项。只有在可以背书转让的票据被盗、遗失或灭失后，票据的最后持有人才可以申请公示催告；不能背书转让的票据被盗、遗失或灭失的，票据的最后持有人不能申请公示催告；因票据的伪造、变造、更改或涂销等原因引起的问题也不能适用公示催告程序解决。

3. 对公示催告案件适用特殊的审理方式审理。公示催告案件的审理方式的特殊性主要表现在两个方面：一是人民法院以公告方式来确定票据利害关系人是否存在，而不进行实体上的审理。二是公示催告程序的进行具有阶段性，分为公示催告和除权判决两个阶段。

4. 公示催告程序中所作出的判决具有除权性，即能够消除票据权利或者其他事项所记载的权利，从而保护申请人的权利。

三、公示催告程序的适用范围

公示催告程序的适用范围在各个国家民事诉讼法中的规定不一致，德国的公示催告程序适用范围比较广泛，主要包括宣告死亡、排除土地所有人、排除船舶所有人、排除抵押债权人、排除暂先登记权人、排除遗产债权人、排除公共财产债权人、排除船舶债权人和宣告证券无效的公示催告。大多数国家的民事诉讼法都规定了宣告票证无效的公示催告程序。

我国《民事诉讼法》第218条规定："按照规定可以背书转让的票据持有人，因票据被盗、遗失或者灭失，可以向票据支付地的基层人民法院申请公示催告。依照法律规定可以申请公示催告的其他事项，适用本章规定。"根据该规定，公示催告程序适用于以下事项。

1. 可以背书转让的票据灭失

背书，是持票人以背书方式将票据权利转让给他人的单方要式行为，即票据转让只需让与人一方的意思表示就发生效力，但让与人必须依法定方式作成背书并交付票据。票据背书的方式，分为正式背书和略式背书。正式背书，是由持票人记载受让人的姓名，背书的年、月、日及背书人的签名。略式背书，是指持票人在票据背面不记载受让人的姓名和背书日期，只有背书人（持票人）的签名。这种背书也称"不记名背书"或"空白背书"。可以适用公示催告程序的可以背书转让的票据包括汇票、本票和支票三种。

汇票是发票人委托他人在指定日期向收款人即持票人无条件支付一定金额的票据。汇票分为银行汇票和商业汇票两种，均为记名式票据，在一般情况下，可以背书转让。持票人丧失允许转让的汇票，可以申请公示催告。

本票，仅指银行本票。银行本票，是指申请人将款项交存银行，由银行签发给其凭以办理转账结算或支取现金的票据。银行本票分为定额本票和不定额本票，一律为记名式票据，允许背书转让。

支票是发票人签发，委托银行或其他金融机构在见票时无条件支付一定金额给收款人或者持票人的票据。支票分为转账支票和现金支票两种，其中转账支票可以背书转让，现金支票不能背书转让。

2. 其他法律规定的可以公示催告的事项

（1）记名股票。《公司法》第 143 条规定，记名股票被盗、遗失或者灭失，股东可以依照《民事诉讼法》规定的公示催告程序，请求人民法院宣告该股票失效。

（2）提单等提货凭证。《海事诉讼特别程序法》第 100 条规定，提单等提货凭证持有人，因提货凭证失控或者灭失，可以向货物所在地海事法院申请公示催告。提单等提货凭证的流转要比票据的流转复杂得多，其失控或者灭失前的最后持有人的涉及面较为广泛，既可能是托运人，也可能是收货人，还可能是银行、邮递公司、托运人或收货人的代理人等。就银行来说，包括开证行、通知行和议付行等。因此，所谓“提货凭证持有人”，应解释为在提单流转中已经支付对价取得提单后又失去控制的人。所谓“失控”可解释为“失去控制”，既包含了因“被盗、遗失”所造成的对提货凭证支配权的丧失，也包含了因电子数据交换系统故障、电脑“黑客”侵袭以及操作密码遗忘、丢失等所造成的对电子提货凭证支配权的丧失等情形。①

第二节　公示催告的申请与审理

【案例】某服装厂从某棉麻公司购买了一批价值 10 万元的布料，签发了一张付款人为工商银行 K 市分行、票面金额为 10 万元的现金支票。出票后第三天，棉麻公司的会计不慎遗失公文包，前述现金支票一并遗失。棉麻公司立即向工商银行 K 市分行所在地基层人民法院申请公示催告。人民法院受理后，向银行发出止付通知，并在次日发出公告，要求利害关系人在 30 日内申报权利。因无人申报权利，30 日后，法院根据棉麻公司的申请，作出除权判决，宣告该票据无效，并在当地报纸上公告了判决内容。5 个月后，秦某来到法院，声称前述现金支票在其手中，由于在公示催告期间在外地出差遇上了车祸，住院 4 个多月，未能申报权利。法院告知其按普通程序提起诉讼，主张权利。

一、申请公示催告的条件

根据《民事诉讼法》第 218 条的规定，申请公示催告必须具备以下条件。

1. 申请主体必须是依法可以背书转让的票据的持有人。民诉法规定的“票据持有人”是指票据被盗、遗失、灭失前的最后持有人，即记名票据中的权利人或者依票据上的手续取得无记名票据的票据占有人。票据在被盗、遗失或者灭失前的最后持有人，可能是原始持有人，也

① 参见吴勇奇：《浅议海事公示催告程序》，载《人民法院报》，2001-04-23。

可能是原始持有人转让票据的受让人，即从原始持有人处通过转让而取得票据，并依票据请求付款人付款的人。

2. 申请原因必须是可以背书转让的票据被盗、遗失或灭失。于除此之外的原因，不能申请公示催告。如因票据被伪造、变造、更改或涂销等原因，票据付款人拒绝付款的，持票人就不能申请公示催告。

3. 必须是利害关系人处于不明状态。在公示催告程序中利害关系人处于不明状态，是申请公示催告的前提条件之一。公示催告程序不是审判程序，不解决民事权利义务争议，自然也不解决票据权利义务纠纷。如果与票据上的权利有利害关系的人是明确的，说明存在有关票据权利的争议，该争议可通过一般诉讼程序解决，不适用公示催告程序。同时，公示催告的目的之一就是确认有无利害关系人。既然利害关系人已经明确，再进行公示催告也就没有意义了。利害关系人处于不明状态，是指利害关系人有无不明或无法确认。如果只是暂时地址不明或下落不明，则仍应认为有明确的利害关系人，可依一般诉讼程序进行民事诉讼，以公告方式送达诉讼文书，而不能适用公示催告。

4. 必须向有管辖权的法院提出申请。票据的最后持有人申请公示催告的，应向票据支付地的基层人民法院提出。票据支付地，是指票据上载明的付款地；票据上未载明付款地的，票据付款人的住所地或主要营业地为付款地。由票据支付地的基层人民法院受理公示催告案件，便于人民法院审理，也便于利害关系人申报权利。

二、公示催告申请的审查和受理

（一）申请

公示催告的申请，应当由享有申请权的持票人向人民法院请求以公示催告的方式确认自己的票据被盗、遗失或灭失的事实，以维护和实现其票据上的权利。公示催告程序依申请人申请而开始，人民法院不能依职权启动公示催告程序。

公示催告的申请人，应以书面方式向人民法院提出申请。申请书的内容应当写明：(1) 票面金额，即票据上记载的付款人应当支付的金钱数额；(2) 出票人，即签发票据的人；(3) 持票人，即丧失票据前的最后票据持有人，包括记名票据中的权利人和依票据上的手续取得票据的无记名票据的占有人；(4) 背书人，即在票据上记明应记事项从而转让票据权利的人；(5) 申请的理由和事实，以及付款人、收款人、银行账号和票据被盗、遗失、灭失的经过。

公示催告申请人可以撤回申请，申请人在公示催告期间申请撤回的，人民法院应当裁定终结公示催告程序。

（二）受理

人民法院收到公示催告的申请，应当立即进行审查，并决定是否受理：认为申请符合法定条件的，予以受理；认为申请不符合受理条件的，应在7日内裁定驳回申请。

人民法院对公示催告申请的审查内容包括：(1) 对申请主体资格的审查，即审查申请人是否为享有请求权的票据持有人。(2) 审查申请公示催告的理由是否属于法律规定的可以背书转让的票据被盗、遗失、灭失。(3) 当事人提供的事实和证据是否与申请请求相符。比如申请人因票据丧失申请公示催告的，人民法院应结合票据存根、丧失票据的复印件、出票人关于签发票据的证明、申请人合法取得票据的证明、银行挂失止付通知书、报案证明等证据，决定是否受理。(4) 当事人的申请是否属于本法院管辖。

（三）止付通知

人民法院决定受理公示催告申请后，应依职权发出止付通知，通知支付人立即停止支付。

支付人收到人民法院停止支付的通知后，应当立即停止支付，否则应承担因支付引起的法律后果。由于票据上的权利是占有票据即可行使和实现，如果不发出止付通知，支付人见到票据后即应当无条件支付票据金额。可见，停止支付的通知具有财产保全的性质。因而，采取止付措施，应当符合民事诉讼法关于财产保全的规定，例如可以责令申请人提供担保，止付只能限于请求的范围等。但止付通知也有不同于一般财产保全的特点：首先，它不需要申请人专门提出申请，而是法院受理公示催告案件的一种职权行为。其次，止付通知在被申请人提供担保的情况下也不应解除，其效力始于送达、终于公示催告程序终结。最后，止付通知不允许当事人申请复议。

根据《民诉法解释》第456条的规定，人民法院通知支付人停止支付，应当符合有关财产保全的规定。支付人收到停止支付通知后拒不止付的，法院可依照民事诉讼法有关排除妨害民事诉讼行为的规定采取强制措施。在判决生效后，支付人仍应承担付款义务。

（四）公告

人民法院决定受理申请，除发出止付通知外，还应在3日内发出公告，催促利害关系人申报权利。公告期间不得少于60日，且公示催告期间届满日不得早于票据付款日后15日。

人民法院的公告应写明如下内容：（1）公示催告申请人的姓名或者名称；（2）票据的种类、号码、票面金额、出票人、背书人、持票人、付款期限等事项以及其他可以申请公示催告的权利凭证的种类、号码、权利范围、权利人、义务人、行权日期等事项；（3）申报权利的期间；（4）在公示催告期间转让票据等权利凭证，利害关系人不申报的法律后果。

为保证公告的“公开告示”的效果，公告应张贴于人民法院公告栏内，并在有关报纸或其他宣传媒介上刊登；人民法院所在地有证券交易所的，还应当将公告张贴于证券交易所。《民诉法解释》第448条规定：“公告应当在有关报纸或者其他媒体上刊登，并于同日公布于人民法院公告栏内。人民法院所在地有证券交易所的，还应当同日在该交易所公布。”

（五）申报权利

申报权利是指利害关系人在公示催告期间内向人民法院申报自己权利的行为。申报权利是利害关系人维护自己合法权益的一种手段。人民法院发出公告的目的就在于催促利害关系人申报权利，客观上起到寻找票据的作用。

申报权利应当符合以下条件：（1）申报权利的人，必须是公示催告程序中的利害关系人，即票据的实际占有人。对于利害关系人申报权利的，人民法院应通知其向法院出示票据，并通知公示催告申请人在指定的日期查看该票据。申报人出示的票据，必须和申请人申请公示催告的票据一致，申报才能成立。申请人申请公示催告的票据与利害关系人出示的票据不一致的，人民法院应当裁定驳回利害关系人的申报。（2）利害关系人应在公示催告期间申报权利。利害关系人申报权利，应在公示催告期间内进行。如果利害关系人因故未在公示催告期间内申报权利，也可以在除权判决作出之前申报权利。

在公示催告期间，人民法院收到利害关系人的申报后，应通知其向法院出示票据，并通知公示催告申请人在指定的期间查看该票据。公示催告申请人申请公示催告的票据与利害关系人出示的票据不一致的，应当裁定驳回利害关系人的申报。经审查符合申报条件的，应当裁定终结公示催告程序，并通知申请人和支付人。利害关系人在申报期届满后、除权判决作出之前申报权利的，人民法院经审查认为符合申报条件的，同样应裁定终结公示催告程序。对此裁定不得上诉。

人民法院裁定终结公示催告程序后，申请公示催告人和申报人都可以向有管辖权的人民法院提起诉讼。

第三节　除权判决

一、除权判决的作出

除权判决，是指人民法院在公示催告期届满无人申报权利，或者申报被驳回的情况下，依申请人的请求所作的宣告票据无效的判决。

根据《民事诉讼法》第222条的规定，人民法院作出除权判决的程序如下。

1. 公示催告期间届满无人申报权利，或者虽然有人申报权利但被驳回。无论是否有利害关系人，只要在公示催告期间内或者除权判决作出之前没有人申报权利，或者申报被驳回就符合法院作出除权判决的条件。

2. 申请人在法定期限内提出申请。人民法院的除权判决，必须根据公示催告申请人的申请才能作出，人民法院不能依职权主动作出除权判决。公示催告申请人应自申报权利期间届满的次日起3个月内申请人民法院作出判决。逾期不申请判决会导致公示催告程序的终结。

3. 除权判决自公告之日起发生法律效力。除权判决不确认票据关系人之间的权利、义务，只解决票据是否有效的问题。除权判决有以下效力。

（1）票据失去效力。除权判决作出后，被申请公示催告的票据成为无效票据，不再代表任何权利，票据丧失后取得票据的人因此而丧失票据上的权利，即使善意取得票据的人也不能行使票据上的权利。

（2）公示催告申请人有权行使票据上的权利。人民法院作出除权判决后，应当公告，并通知支付人。除权判决生效后，虽不持有票据的公示催告申请人有权依据除权判决向付款人请求付款，付款人不得拒绝支付。

4. 公示催告程序实行一审终审，除权判决作出后，当事人不能上诉。

二、除权判决的救济

在公示催告期间内，票据权利人可能会因为某种正当理由没有及时申请权利。对于除权判决，权利人既不能提起上诉，也不能提起再审之诉。为了对公示催告期间内因为某种正当理由没有及时申请权利的票据权利人提供救济，《民事诉讼法》第223条规定："利害关系人因正当理由不能在作出判决前向人民法院申报的，自知道或者应当知道判决公告之日起一年内，可以向作出判决的人民法院起诉。"利害关系人向人民法院起诉的，应当具备以下条件：（1）利害关系人在人民法院作出除权判决前没有向人民法院申报权利。（2）利害关系人没有申报权利具有正当理由。（3）利害关系人必须在知道或者应当知道判决公告之日起1年内起诉。根据《民诉法解释》第127条的规定，《民事诉讼法》第223条规定的1年为不变期间，不适用诉讼时效中止、中断、延长的规定。（4）利害关系人只能向作出除权判决的人民法院起诉。

《民诉法解释》第460条对《民事诉讼法》第223条规定的"正当理由"作了具体的界定：（1）因发生意外事件或者不可抗力致使利害关系人无法知道公告事实的；（2）利害关系人因被限制人身自由而无法知道公告事实，或者虽然知道公告事实，但无法自己或者委托他人代为申报权利的；（3）不属于法定申请公示催告情形的；（4）未予公告或者未按法定方式公告的；（5）其他导致利害关系人在判决作出前未能向人民法院申报权利的客观事由。

利害关系人请求人民法院撤销除权判决的，人民法院应当将申请人列为被告。

利害关系人向人民法院起诉的，人民法院可按票据纠纷适用普通程序审理。

利害关系人仅诉请确认其为合法持票人的，人民法院应当在裁判文书中写明，确认利害关系人为票据权利人的判决作出后，除权判决即被撤销。

思考与练习

1. 简述申请公示催告应当具备的条件。
2. 简述法院作出除权判决应当具备的条件。
3. 简述除权判决的效力。

前沿问题探讨

对于利害关系人因正当理由没有在公告期间向法院申报权利的，我国民事诉讼法规定的救济途径是通过普通程序予以处理。对此有学者指出，如果法院经过诉讼程序判决利害关系人享有票据权利，势必与除权判决的内容相抵触。法律没有就撤销除权判决作出规定，这就意味着对于同一事项可能存在相互矛盾的两个判决，从而有损司法权威，也不利于当事人之间纠纷的解决。此外，对于法院在审查申报权利人的申报时违反程序的行为，当事人也没有救济的途径。

德国、日本等国家为利害关系人所提供的法律救济手段，是提起“撤销除权判决之诉”。这种撤销之诉的性质为形成之诉，其原告为除权判决效力所及的利害关系人，被告则限于除权判决的申请人，诉讼标的是除权判决是否应当撤销。同时，为保障除权判决的既判力，德、日民事诉讼法规定了提起撤销除权判决之诉的法定理由，主要有以下几种：(1) 法律不许为公示催告程序的；(2) 未为公示催告的公告或不依法定方式为公告的；(3) 不遵守公示催告的公告期间的；(4) 为除权判决的法官应回避而未回避的；(5) 对于已经申报的请求或权利没有依据法律在判决上考虑其申报的；(6) 有法定的再审理由或具备根据犯罪行为提起回复原状之诉的要件。德、日民事诉讼法还规定了提起撤销除权判决之诉的期限。

第十七章 执行程序总论

内容提要

执行程序是强制债务人履行判决、裁定等生效法律文书所确定的内容，维护债权人权益的程序，因而是一种实现生效法律文书所确定权利义务的保障性程序。本章为执行程序总论，包括执行的基本原则、执行主体、执行标的、执行依据、执行管辖、执行担保、暂缓执行、执行和解、执行救济等内容。

第一节 执行程序概述

一、执行的概念和特征

从广义上讲，执行可分为民事执行、刑事执行和行政执行。本书所称“执行”，专指民事执行，即特定的国家机关运用国家强制力强制债务人履行生效民事法律文书所确定的义务，以实现债权人民事权利的活动。民事执行具有以下特征。

1. 民事执行由特定的国家机关进行。在我国，人民法院是法定的民事执行机关。

2. 民事执行须以有效的执行根据为前提。

3. 民事执行以债务人不履行义务、债权人提出申请为条件。法律文书一般规定了一定期间让债务人履行义务，在此期间内，如果债务人自觉履行义务，就无须执行机关采取强制性的措施，故民事执行须以债务人拒不履行义务为条件。由于民事执行是一种实现私权的法律程序，债权人对该私权具有处分权，故民事执行一般须经债权人提出申请。①

4. 民事执行具有强制性。民事执行的实质是国家机关运用国家强制力（即强制执行权）强制义务人履行生效法律文书确定的义务，因而强制性是民事执行的重要特征。

【辨析】执行与履行的区别

履行是指债务人主动完成法律文书所确定的义务的活动；执行则是指债务人拒绝履行法律文书确定的义务时，由人民法院的执行机构依法定程序强制其完成义务的活动。因此，履行是债务人承担义务的行为，而执行是指法院的职权行为；履行一般并无法定的程序要求，而执行必须严格依法定程序进行。

---

① 应当注意的是，《民事诉讼法》规定了移送执行制度，即人民法院的审判机构可以依职权将生效的法律文书移送执行机构执行。但这属于特殊情形，并非启动执行程序的常态。

二、执行程序的概念与立法例

（一）执行程序的概念

执行程序是指执行机构在执行当事人、协助执行人及其他有关人员的参加下，根据已经发生效力的法律文书，采取执行措施，迫使债务人履行义务，实现债权人权利的法定程序。规范执行程序的法律，称为民事执行法或强制执行法。

执行程序是以民事执行权为基础的法定程序。民事执行权是国家权力的一种，它是国家为禁止私力救济而赋予执行机构以实现生效法律文书的权力。一般认为，民事执行权包括执行裁判权和执行实施权两个方面。前者是裁断执行过程中发生的争议的权力，后者是采取执行措施、迫使债务人履行义务的权力。执行机构之所以能采取强制性的执行措施迫使债务人履行义务，就是因为它具有民事执行权。

（二）执行程序的立法例

从世界范围来看，各国和地区有关民事执行程序的立法主要有三种体例。

1. 制定单行法，即采取民事执行程序单独立法的体例。奥地利、瑞典、日本、韩国、法国、俄罗斯以及我国台湾地区等采取这种体例。

2. 并入民事诉讼法典，即采取民事执行程序与民事审判程序混合立法的体例。德国、意大利、西班牙等国将执行程序规定在民事诉讼法典之中，作为民事诉讼法典的一编。

3. 规定于其他法律之中，即采取民事执行程序与其他法典混合立法的体例。例如，瑞士将执行程序规定在破产法中。美国的情况比较复杂：各州都有关于强制执行的法律，但名称各不相同；在联邦立法层面，破产法、公平收债程序法等法律中都有执行程序的规定。[①] 在英国，20 世纪 90 年代的民事司法改革之前，民事执行程序一直由法院法和法院规则予以规范。然而该执行体制的实际效果并不理想，于是，英国在民事司法改革的整体框架下对执行制度进行大刀阔斧的改革。2002 年英国《民事诉讼规则》修订时增补了大量关于强制执行的规定，确立了统一的新执行方式。[②]

我国现行民事执行立法采取执行程序与审判程序混合立法的模式，将执行程序规定在《民事诉讼法》之中。由于《民事诉讼法》有关执行程序的条文较少，不能满足实践的需要，最高人民法院先后制定了一系列的司法解释，作为执行程序的补充规范，例如 1998 年制定的《关于人民法院执行工作若干问题的规定（试行）》（2008 年调整，以下简称《执行规定》）、2008 年制定的《关于适用〈中华人民共和国民事诉讼法〉执行程序若干问题的解释》（以下简称《执行程序解释》）以及 2018 年制定的《关于人民法院办理仲裁裁决执行案件若干问题的规定》等。

鉴于执行程序与审判程序存在重要区别以及我国目前执行程序立法与实践中存在的种种不足，很多人主张我国应当改变现行的执行程序与审判程序混合立法的模式，制定独立的民事执行法（或称强制执行法）。

三、执行程序与审判程序的关系

（一）执行程序与审判程序的联系

1. 执行程序和审判程序都是解决民事纠纷的法定程序，都属于民事程序法的范畴，其宗

① 参见齐树洁主编：《美国司法制度》，2 版，363～364 页，厦门，厦门大学出版社，2010。

② 参见齐树洁：《英国强制执行制度改革》，载《中国人大》，2009（12）。

旨都是保护当事人的合法权益，维护社会经济秩序，保障法律的正确实施。

2. 通过民事诉讼解决纠纷时，审判程序是执行程序的前提和基础，执行程序是审判程序的保障和后盾。

3. 在一些原则、制度和程序问题上，二者有某些相同之处。如审判程序和执行程序都适用当事人处分原则、同等原则与对等原则；有关当事人能力、送达、回避以及对妨害民事诉讼的强制措施等问题，二者的规定是相同或相通的。

4. 审判程序与执行程序在特定情形下存在交叉。主要表现为：在审判程序中作出的保全裁定或先予执行裁定的执行要适用执行程序的有关规定；执行程序中有关案外人异议之诉和执行异议程序，要适用审判程序的有关规定处理。

（二）执行程序与审判程序的区别

1. 二者的任务与作用不同。审判程序的任务与作用是查明事实，分清是非，对当事人之间争议的民事权利义务关系作出裁判；执行程序的任务与作用是实现已经发生效力的法律文书的内容，使应当受到保护的民事权益付诸实现。

2. 二者的适用范围不同。经过审判程序作出的民事判决、裁定、调解书和支付令虽然是执行的主要依据，但执行依据并不仅限于此，还包括其他应当由人民法院予以强制执行的法律文书。

3. 二者的诉讼构造不同。审判程序呈现等腰三角形结构，双方当事人对立辩论和质证，法院居中裁判；而执行程序呈现线形结构，主要体现为执行机关对被执行人的强制执行关系。

4. 二者的程序内容不同。执行程序是由多种执行方式和执行措施构成的单一程序；而审判程序则是由适应不同性质案件的多种程序构成的复合程序，它既包括审理诉讼案件的第一审程序、第二审程序、再审程序，也包括审理非讼案件的特别程序、公示催告程序、督促程序、破产程序等。

5. 二者的权力基础不同。审判程序是以民事审判权为基础建立的，执行程序是以民事执行权为基础建立的；民事审判权在性质上属于司法权，而对于民事执行权，虽然多数人认为其性质属于“司法权”，但其中的执行实施权实际上具有一定的“行政权”的性质。

6. 二者的价值取向不同。民事审判以公平地解决双方的纷争为基点，在价值取向上以追求程序公正和实体公正为基本使命；民事执行以迅速、及时、不间断地实现法律文书中所确定的债权为己任，在价值取向上强调效率优先。

四、执行的分类

（一）终局执行与保全执行

这是根据执行效果所作的分类。终局执行是指使债权人的债权获得实现（满足）的执行，故亦称满足执行，例如依据生效的给付判决所为的执行。保全执行是指维持债务人的财产现状，以保全将来终局执行的执行，例如财产保全裁定的执行。对于保全执行，除有特别规定外[①]，一般仅可以为查封、扣押、冻结等行为，而不能对其作出处分。

（二）金钱执行与非金钱执行

这是依执行依据所载债权的性质不同所作的分类。金钱执行是指为实现执行依据中所确定

① 例如，《民诉法解释》第153条规定：人民法院对季节性商品、鲜活、易腐烂变质以及其他不宜长期保存的物品采取保全措施时，可以责令当事人及时处理，由人民法院保存价款；必要时，人民法院可予以变卖，保存价款。

的金钱债权而进行的执行。非金钱执行是指为实现非金钱债权而进行的执行，包括物之交付的执行和完成行为的执行。

（三）对物执行与对人执行

这是依执行标的的不同所作的分类。对物执行是指以债务人的财产为执行标的。对人执行是指以债务人的身体、名誉或自由等为执行标的，从心理上迫使其履行债务。现代社会强调个人的人格应受到充分的尊重，故民事执行以对物执行为原则，对人执行仅为辅助对物执行的特殊方法，属于例外规定。

（四）直接执行、间接执行与替代执行

这是以执行方法为标准进行的分类。直接执行是指依执行机关的执行行为而直接实现民事权利内容的执行。例如，对债务人的财产予以查封、扣押、拍卖，并以所得价款满足债权人的债权。间接执行是指执行机关不直接以强制力实现债权人的权利，而是对债务人课以一定的不利后果，以迫使其自行履行债务的执行。例如，对债务人予以罚款或拘留。替代执行是指执行机关令第三人代债务人履行债务，而由债务人负担费用的执行。

（五）一般执行与个别执行

这是依执行所涉及的债务人的财产范围为标准而进行的划分。一般执行是指全体债权人就债务人的全部财产所进行的执行。一般执行仅于债务人的财产不足清偿全部债权时，才可以进行，例如依破产程序还债。个别执行是指为满足或保全债权人的个别债权，而对债务人的财产所进行的执行。

第二节　执行的基本原则

执行的基本原则是指在执行程序中起指导作用的基本准则，也即执行法院、执行当事人和其他执行参与人应当遵循的基本行为准则。对于执行程序中应包括哪些基本原则的问题，《民事诉讼法》没有明确的规定，理论上有不同的认识。概而言之，学者们归纳的基本原则包括：(1) 人民法院独立行使强制执行权原则；(2) 执行分权原则；(3) 准职权主义原则；(4) 执行合法原则；(5) 迅速及时原则；(6) 执行适度原则（即全面保护当事人利益原则）；(7) 执行标的有限原则；(8) 申请执行与依职权执行并用原则；(9) 强制执行与说服教育相结合的原则；(10) 协助执行原则（法院执行与协助执行相结合的原则）；(11) 正确处理执行工作与社会安定关系的原则；(12) 执行当事人地位不平等原则；等等。这些总结对于指导我国民事执行立法和司法、促进执行理论的发展具有重要意义，但对于其中的某些“基本原则”，有学者认为其性质或者是某种具体规定，或者是政策性的要求，不宜称为民事执行的“基本原则”①。

根据我国《民事诉讼法》的有关规定，结合执行理论和实践，我们认为民事执行的基本原则主要有以下几项。

一、依法执行原则

依法执行原则，是指民事执行活动必须以生效的法律文书为依据，依照法定程序和方式进

① 江伟主编：《民事诉讼法》，3版，423页，北京，高等教育出版社，2007。

行。这一原则有以下三个方面的含义与要求。

1. 执行必须以生效的法律文书为根据。没有据以执行的生效法律文书，执行程序不能开始和进行。

2. 执行程序的启动必须严格依据法定的方式。除了少数案件人民法院可依职权主动执行以外，其他案件均须依申请开始，而且权利人的申请必须符合法律规定的条件。

3. 执行必须严格依法定的程序和步骤进行。执行程序开始后，执行机构必须严格依照法律规定的程序、步骤实施执行。例如，必须严格依照法律规定的程序采取法律规定的执行措施；采取强制执行措施时，执行员应当出示证件；执行完毕后，应当将执行情况制作笔录，由在场的有关人员签名或者盖章；没有法定的情形或者非依法定的程序不得停止执行；延缓、中止、终结执行的，必须符合法律的规定等。

二、全面保护当事人合法权益原则

全面保护当事人合法权益原则，是指民事执行在强制实现申请执行人（债权人）权利的同时，也应注意对被执行人（债务人）合法权益的保护。这一原则包括两个方面的含义。

1. 切实保障债权人的合法权益。执行的任务在于迫使债务人履行义务，实现债权人的权利，因此，保护债权人的合法权益是执行的出发点与基本目的。

2. 保护债务人的合法权益。迫使债务人履行义务，实现债权人的权利，并不等于可以置债务人的合法权益于不顾。执行程序中，债务人合法权益的保护主要体现在：（1）在对被执行人的财产强制执行时，执行的数额不得超出生效法律文书所确定的范围。（2）在采取执行措施时，应当保留被执行人及其所扶养家属的生活必须费用和生活必需品。（3）在采取查封、扣押、强制迁出房屋或者退出土地等强制措施时，应当通知被执行人或者他的成年家属到场，以免损害被执行人的合法权益。（4）在拍卖、变卖被执行人的财产时，应当严格依照有关规定进行，不能贱价出售。（5）对不同类别的财产实施执行时，应当注意执行顺序的合理性，尽量减少因执行给债务人带来不必要的损害。

三、及时执行原则

及时执行原则，是指在民事执行中，应当尽量缩短办案周期，及时采取执行措施，尽可能迅速地促使和强制债务人履行债务，以实现债权人的权益。这一原则在执行程序中的主要表现如下：（1）人民法院对债权人的执行申请或审判人员移送执行的案件，应当及时审查，认为符合有关规定的，应当及时立案，开始执行。（2）在执行的各个阶段，人民法院的各项执行行为应在法定的期限内尽快进行和完成，不能久拖不决。（3）当事人应当在执行时效期间内请求执行，否则人民法院可能因债务人提出时效抗辩而不予执行。

四、穷尽执行措施原则

穷尽执行措施原则，是指为了实现生效法律文书确定的内容，人民法院应当穷尽法律规定的各种执行方法和措施，促使和强制被执行人履行义务。据此，人民法院应当针对不同情形，对被执行人的财产采取调查、查封、扣押、冻结、拍卖、变卖等执行行为，并在用尽法律规定的执行措施而仍不能满足债权人的权利时，才能暂停执行。暂停执行后，债权人发现被执行人有其他财产的，可以随时请求人民法院恢复执行。

第三节　执行程序的一般规定

一、执行主体

执行主体，是指在执行程序中，根据执行法律规范享有权利和承担义务，能够引起执行法律关系发生、变更或消灭的组织和个人，包括执行机构、执行当事人和执行参与人。

（一）执行机构

执行机构，又称执行机关、执行组织，是指行使国家赋予的强制执行权，专门从事执行工作，履行执行职责的机关。

对于执行机构的设置，大多数国家采取的是审执分立的形式，即审判机构与执行机构分立，审判机构只负责审判，执行机构只负责执行。在我国，执行机构是设立在人民法院内部、负责执行工作的执行庭或执行局，它是与审判机构平行的职能机构，由此表明我国采取审执分立的形式设置执行机构。《民事诉讼法》第228条第3款就此明确规定："人民法院根据需要可以设立执行机构。"根据《执行规定》等司法解释的规定，审执分立存在如下例外情况：(1) 人民法庭审结的案件，一般由人民法庭负责执行，但复杂、疑难的案件或被执行人不在本辖区的案件，由执行机构负责执行。(2) 人民法院在审理民事、行政案件中作出的财产保全和先予执行裁定，由审理案件的审判庭负责执行。

（二）执行当事人

1. 执行当事人的含义

执行当事人，是指在执行程序中依照执行依据所确定的债权人和债务人。其中，依执行依据享有给付请求权的一方，被称为债权人或执行债权人；依执行依据负有给付义务的一方，被称为债务人或执行债务人、被执行人。由于绝大多数执行程序是基于债权人的申请而开始的，故我国立法和实践中一般将执行中的债权人和债务人分别称为申请执行人和被执行人。

2. 执行当事人的变更与追加

执行当事人的变更与追加，是指在执行程序中，由于法定情形的出现，案外人承受执行当事人的地位，享有申请执行人的权利或承担被执行人的义务。为保障债权人的合法权益得到实现，《民事诉讼法》和有关司法解释对执行当事人特别是被执行人的变更和追加的情形作了具体规定。2016年11月7日，最高人民法院发布《关于民事执行中变更、追加当事人若干问题的规定》。

(1) 执行债权人的变更

执行债权人的变更主要有以下两种情况：第一，作为债权人的公民死亡，其继承人可以申请执行而成为执行债权人。第二，作为债权人的法人或其他组织终止、合并、分立，继受其权利的法人或其他组织可以申请执行而成为执行债权人。

(2) 被执行人的变更与追加

被执行人的变更与追加主要有以下情形。

第一，当事人死亡。作为被执行人的公民死亡，其遗产继承人没有放弃继承的，人民法院可以裁定变更被执行人，由该继承人在遗产的范围内偿还债务。继承人放弃继承的，人民法院可以直接执行被执行人的遗产。

第二，法人或其他组织终止。作为被执行人的法人或者其他组织终止的，由其权利义务承受人履行义务。在执行过程中，作为一方当事人的法人或其他组织终止，尚未确定权利义务承受人的，人民法院应当依法裁定中止执行，待权利义务承受人确定后再恢复执行。

第三，法人或其他组织分立、合并。作为被执行人的法人或者其他组织分立、合并的，人民法院可以裁定变更后的法人或者其他组织为被执行人；被注销的，如果依有关实体法的规定有权利义务承受人的，可以裁定该权利义务承受人为被执行人。

第四，法人或其他组织的名称变更。在执行中，作为被执行人的法人或者其他组织的名称变更的，人民法院可以裁定变更后的法人或者其他组织为被执行人。

第五，对其他组织承担法定义务的主体。其他组织在执行中不能履行法律文书确定的义务的，人民法院可以裁定执行对该组织依法承担义务的法人或者公民个人的财产。

第六，开办单位。被执行人无财产清偿债务，如果其开办单位对其开办时投入的注册资金不实或抽逃注册资金，可以裁定变更或追加其开办单位为被执行人，在注册资金不实或抽逃注册资金的范围内，对申请执行人承担责任。被执行人被撤销、注销或歇业后，上级主管部门或开办单位无偿接受被执行人的财产，致使被执行人无遗留财产清偿债务或遗留财产不足清偿的，可以裁定由上级主管部门或开办单位在所接受的财产范围内承担责任。但是，被执行人的开办单位已经在注册资金范围内或接受财产的范围内向其他债权人承担了全部责任的，人民法院不得裁定开办单位重复承担责任。

【案例】被执行人甲公司的原注册资金为人民币 1 300 万元，由乙公司、李某、王某、华某共同出资。2014 年 4 月 30 日，甲公司增加注册资金至人民币 2 700 万元，其中乙公司与华某的出资未变更，李某的出资增加了 1 200 万元，王某的出资增加了 200 万元，但作为李某、王某增加出资中的实物出资部分即 8 辆车（价值 250 万元）和 2 套房产（价值 100 万元）并未登记到甲公司名下。2014 年 12 月 20 日，李某、王某在未将其对甲公司出资补足的情况下，将其对甲公司的股权转让给丙公司。现甲公司无财产清偿对丁公司所负的债务。在本案中，由于李某、王某对甲公司的出资不实，依据《执行规定》第 80 条的规定，应当在注册资金不实的范围内，对申请执行人承担责任。申请执行人丁公司可向法院申请追加甲公司的原股东李某、王某为本案被执行人。

第七，第三人为债务人履行义务提供担保。分两种情况：其一，在执行程序中，第三人为被执行人履行义务提供担保的，当被执行人逾期仍不履行时，人民法院可以追加担保人为被执行人。其二，在审理案件期间，第三人为债务人提供担保，人民法院据此未对债务人的财产采取保全措施或解除保全措施，案件审结后如果债务人无财产可供执行或其财产不足清偿债务时，人民法院有权裁定执行担保人在担保责任范围内的财产。

第八，对债务人的债务人的执行。被执行人不能清偿债务，但对本案以外的第三人享有到期债权的，人民法院可以作出冻结该债权的裁定，并通知该第三人向申请执行人履行。如该第三人在指定的期限内不提出异议又不履行的，执行法院有权裁定对其强制执行。

第九，对妨碍民事执行的案外人的执行。负有协助执行义务的案外人妨碍民事执行的行为使生效法律文书无法执行的，人民法院可以裁定该案外人为被执行人，在一定范围内对申请执行人承担责任，如《执行规定》第 33 条、第 37 条、第 56 条规定的情形。

执行过程中，依据上述情形需要裁定变更或追加被执行主体的，由执行法院的执行机构办理。

（三）执行参与人

执行参与人是指人民法院和执行当事人以外的参与执行工作的组织和个人，包括协助执行人、执行见证人、执行代理人等。

协助执行人，是指在执行程序中，按照人民法院的协助执行通知书配合执行机构进行执行活动的单位和个人。例如，协助查询、冻结、划拨存款的银行等金融机构，协助扣留、提取被执行人收入的单位，协助办理房产手续的房地产管理部门等。

执行见证人，是指在执行程序中，人民法院采取某些执行措施时，到场亲自对执行活动进行观察和监督，证实执行情况的人。例如，《民事诉讼法》第245条、第250条中所规定的被执行人的成年家属、被执行人的法定代表人或主要负责人、被执行人的工作单位或者财产所在地的基层组织指派参加执行活动的人等。

执行代理人，是指依照法律规定或者执行当事人的委托，为维护执行当事人的合法权益，以被代理人（即执行当事人）的名义参加执行活动的人。

二、执行标的

（一）执行标的的概念

执行标的，也称执行对象、执行客体，是指执行机构的强制执行行为所指向的对象。原则上法院执行仅针对债务人的财产或行为进行，但有些国家或地区的执行立法和理论认为，在特定情形下债务人的身体或自由也可以作为执行标的。

【辨析】执行标的与诉讼标的、执行标的物的区别

诉讼标的一般是指当事人发生争议的、要求法院予以裁判的民事权利义务关系，而执行标的是强制执行行为的对象。执行标的物则是指以“物”的形态体现出来的执行标的，是执行标的的一种，但执行标的不仅包括执行标的物，还包括财产权利和行为等。

（二）执行标的的范围

关于我国民事执行中执行标的的范围，理论和实践中一般将其限定为财产和行为，人的身体或自由不能作为执行标的。①

1. 财产

（1）从表现形式上看，财产包括物和财产权利两个方面。

1）物。依其是否有一定形状，可将物分为有体物与无体物。有体物依其可否移动又可分为动产和不动产。无体物主要包括两类：一是自然界存在的没有一定形状的物，如空气、电、热等。这一类无体物随着科学技术的发展，可以成为执行的标的。二是近现代以来法律所认可的知识和信息产品意义上的无体物，例如商业秘密、专利技术、计算机信息以及与网络相伴而生的电子货币、电子图书等。这一类无体物本身往往不能作为强制执行的标的，但债务人对其拥有的财产权利可以作为执行标的。

2）财产权利。财产权利又称无形财产权，是指被执行人所享有的不以实物形态存在的与财产有关的权利，如土地使用权、专利权、注册商标专用权、著作权、股权、债权等。作为执行标的的财产权利，必须具有财产价值和可转让性，并且必须是被执行人享有的财产权利。

（2）豁免执行的财产。被执行人的财产，原则上均可强制执行，但基于保障被执行人的生

① 最高人民法院执行办公室1999年10月15日《关于人身可否强制执行问题的复函》指出：武汉市青山区人民法院〔1996〕青民初字第101号民事判决书已经发生法律效力，依法应予执行。但必须注意执行方法，不得强制执行王斌的人身。可通过当地妇联、村委会等组织在做好养父母的说服教育工作的基础上，让生母刘满枝将孩子领回。对非法干预执行的人员，可酌情对其采取强制措施。请福建高院予以协助执行。该复函再次强调人的身体不能作为执行标的，但在执行理论研究中，一些学者认为在特定情形下人身或人的自由可以作为执行标的。对于该问题的争论，参见肖建国主编：《民事执行法》，104～106页，北京，中国人民大学出版社，2014。

存、维护社会公益或第三人权益等方面的考虑，对于被执行人的特定财产，法律规定不得采取执行措施。此即执行财产的豁免。主要包括以下类型的财产。

第一，被执行人及其所扶养家属生活所必需的衣服、家具、炊具、餐具及其他家庭生活必需的物品。

被执行人及其所扶养家属生活所必需的居住房屋，虽然属于生活必需品的范围，但考虑到其价值较大，如一概不允许执行，可能影响申请执行人债权的实现，故为兼顾执行当事人双方的实体权益，最高人民法院《关于人民法院执行设定抵押的房屋的规定》（以下简称《抵押房屋执行规定》）和《关于人民法院民事执行中查封、扣押、冻结财产的规定》（以下简称《查封规定》）等司法解释按其是否设定了抵押而分别作出了规定：一是设定有抵押时，人民法院可以查封，并可以根据抵押权人的申请，依法拍卖、变卖或者抵债。但在裁定拍卖、变卖或者抵债后，应当给予被执行人 6 个月的宽限期。在此期限内，被执行人应当主动腾空房屋，人民法院不得强制被执行人及其所扶养家属迁出该房屋。上述宽限期届满后，被执行人仍未迁出的，人民法院可以作出强制迁出裁定，并按照《民事诉讼法》第 250 条的规定执行。强制迁出时，被执行人无法自行解决居住问题的，经人民法院审查属实，可以由申请执行人为被执行人及其所扶养家属提供临时住房。二是没有设定抵押时，人民法院可以查封，但不得拍卖、变卖或者抵债。不过，对于超过被执行人及其所扶养家属生活所必需的房屋，人民法院根据申请执行人的申请，在保障被执行人及其所扶养家属最低生活标准所必需的居住房屋后，可予以执行。

第二，被执行人及其所扶养家属所必需的生活费用。“必需的生活费用”是指维持其基本生活所必不可少的费用。当地有最低生活保障标准的，必需的生活费用依照该标准确定。

第三，被执行人及其所扶养家属完成义务教育所必需的物品，如书桌、书本、学习用具等。

第四，未公开的发明或者未发表的著作。

第五，被执行人及其所扶养家属用于身体缺陷所必需的辅助工具、医疗物品。

第六，被执行人所得的勋章及其他荣誉表彰的物品。

第七，根据《中华人民共和国缔结条约程序法》，以中华人民共和国、中华人民共和国政府或者中华人民共和国政府部门名义同外国、国际组织缔结的条约、协定和其他具有条约、协定性质的文件中规定免于查封、扣押、冻结的财产。

第八，法律或者司法解释规定的其他不得查封、扣押、冻结的财产。例如，被执行人为金融机构的，对其交存在人民银行的存款准备金和备付金不得冻结和扣划，对其营业场所不得查封。又例如，禁止流通物不得执行，包括矿藏、水流等国家专有物，武器、弹药、毒品、淫秽书画等。

【案例】乙因甲未履行生效判决确定的 20 万元债务而向法院申请执行，但甲无财产可供执行。法院拟将案件中止执行时，甲遭遇车祸死亡，甲唯一的亲人——其女儿获得死亡赔偿金、丧葬费、精神抚慰金等共计 47 万元。乙得知后，请求法院变更被执行人为甲的女儿，并在其接受的 47 万元的范围内承担清偿责任。

本案中，能否将被执行人甲变更为甲的女儿，关键在于上述 47 万元的死亡赔偿金等的归属认定。如将其作为甲的遗产，则可以对该财产予以执行；但如果其不属于甲的遗产，则不能对之执行，从而也就不能变更被执行人为甲的女儿。从现行法律规定和民法理论来看，死亡赔偿金、丧葬费、精神抚慰金等的赔偿对象是死者的近亲属，而不是死者，故不能对该财产予以执行。

2. 行为

行为请求权的执行属于非金钱债权执行的一种。行为作为执行标的，仅限于执行依据中规定债务人应当实施或者不得实施一定行为的案件。根据执行依据确定的债务人的行为义务是积极的还是消极的，可以将行为分为作为和不作为，前者是指债务人必须实施一定的行为，如赔礼道歉，排除妨害、继续履行合同、拆除违章建筑等；后者是指债务人不得实施一定的行为或者必须容忍债权人实施一定的行为，例如停止侵害等。根据执行依据确定的债务人的行为是否可由他人代替完成，可以将行为分为可替代的行为与不可替代的行为两种。行为的种类不同，执行机构采取的执行措施、执行方法也不尽相同。

三、执行依据

（一）执行依据的概念与特征

执行依据，又称执行根据、执行名义，是指当事人据以申请执行和人民法院据以采取执行措施的生效法律文书。有效的执行依据的存在，是开始执行程序的必要条件。

执行依据具有以下法律特征：(1) 执行依据必须是已经生效的法律文书。(2) 执行依据必须具有给付内容。(3) 执行依据须指明债权人和债务人。(4) 执行依据应当属于人民法院可以强制执行的法律文书。

（二）执行依据的种类

根据法律文书制作的主体不同，执行依据可分为以下两大类。

1. 人民法院制作的法律文书

(1) 发生法律效力的判决、裁定。人民法院制作的发生法律效力的、具有给付内容的民事判决、裁定以及刑事附带民事判决、裁定，是最常见的民事执行依据。

(2) 发生法律效力的民事调解书、支付令。

(3) 民事制裁决定书。人民法院在审理民事案件的过程中，对于特定的民事案件，除判决义务人承担民事责任外，还可依法对其予以一定的民事制裁。人民法院据此作出的民事制裁决定书，属于执行依据的一种。例如，《民法通则》第 49 条规定，企业法人具有该条规定的六种情形之一的，除法人承担责任外，对法定代表人可以给予行政处分、罚款。该条所规定的“罚款”，即属于民事制裁。

【案例】某超市出售假五粮液酒，顾客徐某发现后要求退货，但遭到该超市的拒绝，徐某即诉至法院。经某检验中心检验，确认徐某所购的酒为假五粮液酒。法院审理后依法判令该超市双倍返还徐某购物款、检测费等共 4 590 元。同时，法院另行制作了民事制裁决定书，对该酒予以收缴销毁。该民事制裁决定书即属于执行依据，应由审判庭移送执行机构执行。

(4) 经人民法院裁定承认其效力的外国法院作出的判决、裁定，以及国外仲裁机构作出的仲裁裁决。此类案件的执行，必须同时包括两个方面的执行依据：一是生效的外国法院判决、裁定或国外仲裁裁决，二是我国法院作出的承认并同意协助执行的裁定。

2. 法律规定由人民法院执行的其他机构制作的法律文书

(1) 我国仲裁机构作出的仲裁裁决书、调解书。

(2) 公证机构制作的依法赋予强制执行效力的债权文书。

(3) 法律规定由人民法院执行的其他法律文书。这是一项弹性条款，目的在于适应民事执行立法和实践不断发展的需要。今后如果有新的法律明确规定应由人民法院执行的其他生效法律文书，则该生效法律文书也是人民法院执行的根据。

应当注意的是，《民事诉讼法》第 224 条还规定了“刑事判决、裁定中的财产部分”的执行，《执行规定》第 2 条则不采此表述，而仅规定了刑事附带民事判决、裁定、调解书的执行。

至于刑事判决、裁定中的罚金、没收财产的执行，属于刑罚的执行，而非民事执行。此外，《执行规定》第2条规定的执行依据还包括行政判决、裁定、调解书，以及依法应由人民法院执行的行政处罚决定、行政处理决定。我们认为，如对“执行”采广义的理解，这些法律文书都属于执行依据，但如将“执行”限定为“民事执行”，则执行依据不包括这些法律文书。

随着海峡两岸民事、经济、文化等交流的日益扩大，两岸互涉民事案件的数量逐年增多。为了保障海峡两岸当事人的合法权益，更好地适应海峡两岸关系和平发展的新形势，最高人民法院于2015年6月29日发布《关于认可和执行台湾地区法院民事判决的规定》。根据这一司法解释文件，台湾地区法院民事判决的当事人可以根据该规定，作为申请人向人民法院申请认可和执行台湾地区有关法院民事判决。该规定所称台湾地区法院民事判决，包括台湾地区法院作出的生效民事判决、裁定、和解笔录、调解笔录、支付命令等。申请认可台湾地区法院在刑事案件中作出的有关民事损害赔偿的生效判决、裁定、和解笔录的，适用该规定。申请认可由台湾地区乡镇市调解委员会等出具并经台湾地区法院核定，与台湾地区法院生效民事判决具有同等效力的调解文书的，参照适用该规定。经人民法院裁定认可的台湾地区法院民事判决，与人民法院作出的生效判决具有同等效力。

为了解决香港回归祖国后内地与香港相互承认与执行仲裁裁决的问题，最高人民法院经与香港特别行政区代表协商一致后，于1999年6月18日通过《关于内地与香港特别行政区相互执行仲裁裁决的安排》。根据这一司法解释文件，在香港特区作出的仲裁裁决，一方当事人不履行仲裁裁决的，另一方当事人可以向被申请人住所地或者财产所在地的中级人民法院申请执行。

2006年2月13日，最高人民法院通过《内地与澳门特别行政区关于相互认可和执行民商事判决的安排》。根据这一司法解释文件，内地人民法院和澳门特区法院相互认可和执行对方的民商事案件的判决。内地有权受理认可和执行判决申请的法院为被申请人住所地、经常居住地或者财产所在地的中级人民法院。澳门特区有权受理认可判决申请的法院为中级法院，有权执行的法院为初级法院。

2007年9月17日，最高人民法院、澳门特别行政区通过《关于内地与澳门特别行政区相互认可和执行仲裁裁决的安排》。根据这一司法解释文件，内地人民法院人认可和执行澳门特区仲裁机构及仲裁员按照澳门特区仲裁法规作出的民商事仲裁裁决。澳门特区法院认可和执行内地仲裁机构依据《仲裁法》在内地作出的民商事仲裁裁决。

四、执行管辖

执行管辖，是指各级人民法院之间以及同级的各个人民法院之间，受理执行案件和处理执行事务的分工和权限。

（一）级别管辖

级别管辖，是指不同级别的法院之间受理执行案件的分工与权限。根据《民事诉讼法》第224条和《执行规定》第10条的规定，人民法院作出的生效判决、裁定、调解书的执行，由第一审人民法院或者与第一审人民法院同级的被执行的财产所在地人民法院管辖，因此，就执行人民法院的生效判决、裁定、调解书而言，执行管辖中的级别管辖与案件的审判管辖有密切的联系，审判管辖的法院的级别越高，执行管辖的法院的级别也越高。其他机构作出的生效法律文书的执行，其级别管辖参照各地法院受理诉讼案件的级别管辖的规定确定。这是确定执行案件级别管辖的一般性规定。除此之外，还有如下特别规定。

1. 基层人民法院执行管辖的特别规定。（1）在国内仲裁过程中，当事人申请保全，经仲裁机构提交人民法院的，由被申请人住所地、被申请保全的财产所在地或对案件有管辖权的基层人民法院裁定并执行；申请证据保全的，由证据所在地、被申请人住所地或对案件有管辖权的基层人民法院裁定并执行。(2) 发生法律效力的支付令，由基层人民法院负责执行。(3) 上级人民法院指定基层人民法院管辖的情形。

2. 中级人民法院执行管辖的特别规定。(1) 我国涉外仲裁机构作出的仲裁裁决，由债务人住所地或被执行的财产所在地的中级人民法院管辖。(2) 在涉外仲裁过程中，当事人申请财产保全，经仲裁机构提交人民法院的，由被申请人住所地或被申请保全的财产所在地的中级人民法院裁定并执行；申请证据保全的，由证据所在地的中级人民法院裁定并执行。(3) 人民法院裁定承认其效力的外国法院作出的判决、裁定，以及国外仲裁机构作出的仲裁裁决。(4) 经人民法院认可的我国台湾、香港、澳门地区仲裁裁决及法院判决。(5) 上级人民法院指定中级人民法院管辖的情形。

3. 审理民事案件过程中作出的财产保全和先予执行裁定的执行管辖的特别规定。根据《执行规定》第 3 条，此类裁定由审理案件的审判庭负责执行。因此，此类裁定的执行实际上是由作出该裁定的法院管辖，而不适用由第一审法院或者与第一审法院同级的被执行的财产所在地法院负责执行的一般规定。

（二）地域管辖

地域管辖，是指同一级别的人民法院受理执行案件的分工与权限。《民事诉讼法》第 224 条规定，发生法律效力的民事判决、裁定、调解书，由第一审人民法院或者与第一审人民法院同级的被执行的财产所在地人民法院执行，从而确定了该类法律文书之执行的地域管辖法院。法律规定由人民法院执行的其他法律文书，如仲裁裁决书、公证机关依法赋予强制执行效力的债权文书等，由被执行人住所地或者被执行的财产所在地人民法院执行。另据《民诉法解释》第 462 条的规定，发生法律效力的实现担保物权裁定、确认调解协议裁定、支付令，由作出裁定、支付令的人民法院或者与其同级的被执行财产所在地的人民法院执行。认定财产无主的判决，由作出判决的人民法院将无主财产收归国家或者集体所有。

（三）共同管辖

两个以上的人民法院对同一执行案件都有管辖权的，称为共同管辖。对于共同管辖案件，当事人可以向其中一个人民法院申请执行；当事人向两个以上人民法院申请执行的，由最先立案的人民法院管辖。

（四）执行管辖争议

人民法院之间因执行管辖权发生争议的，由双方协商解决；协商解决不成的，报请双方共同的上级人民法院指定管辖。

（五）管辖权的转移

基层人民法院和中级人民法院管辖的执行案件，因特殊情况需要由上级法院执行的，可以报请上级法院执行；高级人民法院对下级人民法院管辖的执行案件，在特殊情形下可以裁定提级执行。[①] 这就是执行案件管辖权的转移。

五、执行担保

（一）执行担保的概念与条件

执行担保，是指在执行程序中，被执行人向人民法院提供担保并经申请执行人同意，法院

① 参见最高人民法院 2000 年 1 月 14 日发布的《关于高级人民法院统一管理执行工作若干问题的规定》第 9 条。

据此决定暂缓执行的制度。2018年2月22日，最高人民法院发布《关于执行担保若干问题的规定》。

执行担保的成立应具备以下条件：（1）被执行人向人民法院提出申请。申请一般应当以书面的形式提出，并说明理由。公司为被执行人提供执行担保的，应当提交符合《公司法》规定的公司章程、董事会或股东大会决议。（2）经申请执行人同意。执行担保因直接涉及申请执行人的权利，意味着其权利不能立即实现，故执行担保须以申请执行人同意为条件。（3）有确定的、足额的财产担保或有担保能力的保证人。具体而言，可以由被执行人或者他人提供财产担保，也可以由他人提供保证。担保人应当具有代为履行或者代为承担赔偿责任的能力。他人提供执行保证的，应当向执行法院出具保证书，并将保证书副本送交申请执行人。被执行人或者他人提供财产担保的，应当参照物权法、担保法的有关规定办理相应手续。（4）由人民法院决定暂缓执行的期限。执行担保的成立须经人民法院的审查、认可，由人民法院决定暂缓执行及暂缓执行的期限。决定暂缓执行的期限时，如果担保是有期限的，则暂缓执行的期限应与担保期限一致，但最长不得超过1年；如没有担保期限，则由人民法院根据案件情况决定暂缓执行的期限。

（二）执行担保的效力

1. 执行担保成立后，暂停原生效法律文书的执行。但是，在暂缓执行期间，被执行人或担保人对担保的财产有转移、隐藏、变卖、毁损等行为的，人民法院可以恢复强制执行。

2. 被执行人应当按照暂缓执行决定书中确定的期限履行生效法律文书确定的义务。

3. 被执行人在人民法院决定暂缓执行的期限届满后仍不履行义务的，人民法院可以直接执行担保财产，或者裁定执行担保人的财产，但执行担保人的财产以担保人应当履行义务部分的财产为限。

【案例】经营餐厅的王某拖欠某啤酒公司10万元货款，经法院判决后，王某仍未在规定期限内清偿欠款。啤酒公司申请法院执行，法院依法对王某餐厅的财产予以查封。王某为不影响经营，请朋友余某为其提供担保。余某以其所有的一辆帕萨特轿车为王某的债务提供抵押担保，得到申请执行人的同意，案件因此而暂缓执行。但暂缓执行的期限届满后王某仍未履行义务。在此情形下，法院即可裁定执行余某提供的担保财产，以清偿王某所欠款项。

六、暂缓执行

暂缓执行，是指在执行程序中，人民法院依申请或依职权决定在一定期限内暂时停止执行措施。只有在法律有特别规定的情形下，人民法院才能决定暂缓执行。《民事诉讼法》第231条、《执行规定》第130条和第133～135条以及最高人民法院2002年发布的《关于正确适用暂缓执行措施若干问题的规定》，对适用暂缓执行的情形、程序等问题作了明确规定。

（一）暂缓执行的适用情形

1. 被执行人提供担保。

2. 上级人民法院决定暂缓执行。（1）上级法院发现下级法院在执行中作出的裁定、决定、通知或具体执行行为不当或有错误的，应当及时指令下级法院纠正，并可以通知有关法院暂缓执行。（2）上级法院在监督、指导、协调下级法院执行案件中，发现据以执行的生效法律文书确有错误的，应当书面通知下级法院暂缓执行，并按照审判监督程序处理。（3）上级法院在申诉案件复查期间，决定对生效法律文书暂缓执行的，有关审判庭应当将暂缓执行的通知抄送执行机构。（4）上级人民法院已经受理执行争议案件并正在处理的。

3. 人民法院发现据以执行的生效法律文书确有错误，并正在按照审判监督程序进行审查的。

4. 当事人或者其他利害关系人申请暂缓执行。有下列情形之一的，经当事人或者其他利害关系人申请，人民法院可以决定暂缓执行：（1）执行措施或者执行程序违反法律规定的；（2）执行标的物存在权属争议的；（3）被执行人对申请执行人享有抵销权的。人民法院据此决定暂缓执行的，应当同时责令申请暂缓执行的当事人或者其他利害关系人在指定的期限内提供相应的担保。

（二）暂缓执行的期限

暂缓执行的期间不得超过 3 个月。因特殊事由需要延长的，可以适当延长，延长的期限不得超过 3 个月。暂缓执行的期限从执行法院作出暂缓执行决定之日起计算。暂缓执行的决定由上级人民法院作出的，从执行法院收到暂缓执行决定之日起计算。

（三）恢复执行的情形

1. 暂缓执行期限届满后，人民法院应当立即恢复执行。当然，在暂缓执行期间或者暂缓执行期限届满之时，被执行人履行了法律文书确定的义务的，则应结束执行程序，不存在恢复执行问题。

2. 暂缓执行期限届满前，据以决定暂缓执行的事由消灭的，如果该暂缓执行的决定是由执行法院作出的，执行法院应当立即作出恢复执行的决定；如果该暂缓执行的决定是由执行法院的上级人民法院作出的，执行法院应当将该暂缓执行事由消灭的情况及时报告上级人民法院，该上级人民法院应当在收到报告后 10 日内审查核实并作出恢复执行的决定。

3. 因执行担保而决定暂缓执行的，被执行人或担保人对担保的财产在暂缓执行期间有转移、隐藏、变卖、毁损等行为时，人民法院可以恢复强制执行。

七、执行和解

（一）执行和解的概念

执行和解，是指在执行程序中，双方当事人在自愿协商、互谅互让的基础上，就如何履行生效法律文书确定的内容达成协议，从而结束执行程序的制度。《民事诉讼法》第 230 条对此作了规定。

执行和解是执行当事人行使处分权的表现。从其效果上看，虽然执行和解往往会改变生效法律文书确定的部分内容，债权人的权利保护可能有所“折扣”，但它有利于实现债权人的民事权益，并可以减轻债务人的债务负担，从而有利于增进当事人双方的理解和信任，促进社会的和谐、稳定；同时，和解协议的达成和履行，可以减轻人民法院的执行负担，降低执行成本，节约司法资源。实践证明，执行和解是解决“执行难”的有效方式之一。

（二）执行和解的成立条件

执行和解必须符合以下条件：（1）达成执行和解协议必须是出于双方当事人的自愿。（2）执行和解协议的内容必须符合法律规定。（3）执行和解当事人必须具有完全民事行为能力。（4）执行和解必须在执行过程中进行。（5）执行和解应遵守法定程序。

（三）执行和解的内容和效力

1. 执行和解的内容

执行和解协议可以对如何履行生效法律文书的内容进行约定，其内容一般包括：（1）变更履行义务的主体。可以由第三人代为承担被执行人的债务。（2）变更执行的标的物及其数额。

(3) 变更履行期限。(4) 变更履行债务的方式。例如将物的交付变更为金钱给付、约定以物抵债或以劳务抵债等方式履行义务等。

2. 执行和解的效力

(1) 中止或终结执行程序。申请执行人与被执行人达成和解协议后请求中止执行或者撤回执行申请的，人民法院可以裁定中止执行或者终结执行。如果该和解协议已履行完毕，则执行程序终结，人民法院应当按执行结案处理。

(2) 和解协议没有强制执行力。申请执行人因受欺诈、胁迫与被执行人达成和解协议，或者债务人不履行和解协议的，债权人不能依和解协议申请强制执行，而只能申请恢复执行原生效的法律文书。恢复执行原生效法律文书时，和解协议已履行的部分应当扣除。和解协议已经履行完毕的，人民法院不予恢复执行。申请恢复执行原生效法律文书，适用《民事诉讼法》第239条申请执行期间的规定。申请执行期间因达成执行中的和解协议而中断，其期间自和解协议约定履行期限的最后一日起重新计算。

(3) 执行和解协议具有可诉性。被执行人一方不履行执行和解协议的，申请执行人可以申请恢复执行原生效法律文书，也可以就履行执行和解协议向执行法院提起诉讼。当事人、利害关系人认为执行和解协议无效或者应予撤销的，可以向执行法院提起诉讼。执行和解协议被确认无效或者撤销后，申请执行人可以据此申请恢复执行。

第四节　执行救济

一、执行救济概述

执行救济，是指当事人或利害关系人的权益，因法院的执行行为违法或不当而受到侵害时，请求法院采取保护和补救措施的制度。根据执行理论及各国和地区的执行制度，执行救济可分为程序上的救济、实体上的救济和特殊的救济方法。

程序上的救济，一般称“执行异议”，是指当事人或利害关系人认为执行的措施、方法或其他行为违反了执行程序的有关规定，而请求执行法院采取补救或者排除妨害措施的救济制度。

实体上的救济，是指债务人或利害关系人基于实体上的法律关系，请求排除不当的强制执行。实体上的救济实际上是指执行异议之诉，包括债务人异议之诉和案外人异议之诉。前者是指债务人对于执行依据所载的债权请求，主张有足以排除法院强制执行的事由，而请求法院作出该执行依据不得执行的判决。例如，债权人申请强制执行，而被执行人主张有业已清偿、提存、抵销、免除等消灭债权人请求的事由，或者主张自己非执行依据的效力所及等，即可提出债务人异议之诉。后者又称第三人异议之诉，是指案外人认为其就执行标的物有足以排除强制执行的权利，而请求法院作出该特定标的物不得执行的判决。例如，案外人认为对执行标的物享有所有权，即可提出执行异议之诉。

特殊的救济方法，是指对于特殊执行程序所设的特别救济方法。例如，我国台湾地区“强制执行法”规定的参与分配程序中对分配表的异议、债权人对执行根据之执行力所及的第三人提起的许可执行之诉等。

我国《民事诉讼法》分别在第225条和第227条就违法执行行为之执行异议与案外人对执行标的的异议及异议之诉作了规定，并在第233条规定了执行回转之特殊救济程序，《民诉法解释》第511、512条则对分配方案的异议程序作了规定。①

为了规范人民法院办理执行异议和复议案件，维护当事人、利害关系人和案外人的合法权益，最高人民法院于2015年5月5日公布《关于人民法院办理执行异议和复议案件若干问题的规定》。该规定自公布之日起施行。

二、对违法执行行为的执行异议

执行实践中，由于各种原因，难免会出现执行人员违反法律规定、违法或不当实施执行行为的现象，《民事诉讼法》明确赋予当事人和利害关系人对违法执行行为提出异议的权利，并规定了对异议的处理程序。

《民事诉讼法》第225条规定："当事人、利害关系人认为执行行为违反法律规定的，可以向负责执行的人民法院提出书面异议。当事人、利害关系人提出书面异议的，人民法院应当自收到书面异议之日起十五日内审查，理由成立的，裁定撤销或者改正；理由不成立的，裁定驳回。当事人、利害关系人对裁定不服的，可以自裁定送达之日起十日内向上一级人民法院申请复议。"此条是针对执行行为违法而给当事人、利害关系人提供救济的规定，实际上就是强制执行理论上所说的"程序上的执行救济"，类似于大陆法系国家和地区的执行立法与理论中的"执行异议"制度。

（1）异议的主体。可以提出执行异议的主体包括执行当事人和利害关系人。所谓"利害关系人"，是指执行当事人以外，其法律上的权益因执行行为而受到侵害的公民、法人或其他组织。

（2）异议的事由。异议的事由是法院执行行为违法。执行行为在实践中的具体表现纷繁复杂、形式多样，是否违反法律的规定和能否提出异议要结合具体情况判断。一般来讲，在下列情形下当事人或利害关系人可提出执行异议：其一，执行法院所采取的执行措施、执行方法违法。其二，执行法院在强制执行时没有遵守法定的程序。其三，对执行法院作出的裁定、命令不服。

（3）异议的程序。当事人、利害关系人认为执行行为违反法律规定而提出异议的，应当以书面形式向负责执行的人民法院提出。人民法院应当自收到当事人或利害关系人的书面异议之日起15日内审查并在此期限内作出裁定，理由成立的，裁定撤销或者改正；理由不成立的，裁定驳回。当事人、利害关系人对裁定不服的，可以自裁定送达之日起10日内向上一级人民法院申请复议。根据《执行程序解释》第6～9条的规定，当事人、利害关系人申请复议的，应当采取书面形式；该书面材料，可以通过执行法院转交，也可以直接向执行法院的上一级人民法院提交。执行法院收到复议申请后，应当在5日内将复议所需的案卷材料报送上一级人民法院；上一级人民法院收到复议申请后，应当通知执行法院在5日内报送复议所需的案卷材料。上一级人民法院对当事人、利害关系人的复议申请，应当组成合议庭进行审查，且应当自收到复议申请之日起30日内审查完毕，并作出裁定。有特殊情况需要延长的，经本院院长批准，可以延长，延长的期限不得超过30日。

（4）异议的效力。执行异议审查和复议期间，不停止执行。被执行人、利害关系人提供充分、有效的担保请求停止相应处分措施的，人民法院可以准许；申请执行人提供充分、有效的担保请求继续执行的，应当继续执行。

① 关于分配方案的异议程序，将在本书第十八章第三节进行介绍。

三、案外人对执行标的的异议与执行异议之诉

执行过程中，可能出现将案外人的财产作为被执行人的财产查封、扣押、冻结以及其他侵害案外人实体权益的情况，此时，显然有必要为案外人提供相应的救济程序，允许其提出异议。此类异议乃案外人对执行标的提出的异议，实际上是一种实体权利义务争议。对于此类争议，其他国家和地区比较常见的做法是设立案外人异议之诉，通过诉讼程序处理。我国《民事诉讼法》第227条规定："执行过程中，案外人对执行标的提出书面异议的，人民法院应当自收到书面异议之日起十五日内审查，理由成立的，裁定中止对该标的的执行；理由不成立的，裁定驳回。案外人、当事人对裁定不服，认为原判决、裁定错误的，依照审判监督程序办理；与原判决、裁定无关的，可以自裁定送达之日起十五日内向人民法院提起诉讼。"该规定的要点在于，在案外人对执行标的提出异议时，将执行机构的审查作为前置程序，先由执行机构进行审查并作出裁定，对执行机构的处理不服的，案外人才能提起诉讼或者对该案件依审判监督程序处理；同时，在当事人对执行机构作出的裁定不服时，亦允许其提起诉讼。为便于这一程序机制的实施，《执行程序解释》和《民诉法解释》对其作了进一步的规定。

（一）案外人的异议程序

1. 异议的主体与形式。提出异议的主体应当是案外人，即应当是执行当事人以外的、非执行依据效力所及的公民、法人或其他组织。异议应当采用书面形式。

2. 异议的事由。《执行程序解释》第15条将异议的事由界定为"案外人对执行标的主张所有权或者有其他足以阻止执行标的转让、交付的实体权利"，因此，案外人异议的事由，应当是对执行标的主张实体权利，并以此为基础主张法院的执行侵害了其实体法上的权利，请求法院停止对该标的的执行。多数情况下，案外人系对执行标的主张所有权而提出异议，但案外人异议所主张的实体权利并不限于所有权。案外人对执行标的享有建设用地使用权、宅基地使用权、地役权等用益物权，或者享有质权、留置权等担保物权，或者享有占有权、使用权等实体权利时，如果因强制执行而使其权利受到损害或妨碍，均可提出案外人异议。

3. 异议的期限。案外人对执行标的提出异议的，应当在该执行标的执行程序终结前提出。

4. 对异议的审查与处理。对于案外人对执行标的提出的书面异议，人民法院应当自收到异议之日起15日内审查，经审查，按照下列情形分别处理：(1) 案外人对执行标的不享有足以排除强制执行的权益的，裁定驳回其异议；(2) 案外人对执行标的享有足以排除强制执行的权益的，裁定中止执行。驳回案外人执行异议裁定送达案外人之日起15日内，人民法院不得对执行标的进行处分。另据《执行程序解释》第16条，案外人异议审查期间，人民法院不得对执行标的进行处分。案外人向人民法院提供充分、有效的担保请求解除对异议标的的查封、扣押、冻结的，人民法院可以准许；申请执行人提供充分、有效的担保请求继续执行的，应当继续执行。因案外人提供担保解除查封、扣押、冻结有错误，致使该标的无法执行的，人民法院可以直接执行担保财产；申请执行人提供担保请求继续执行有错误，给对方造成损失的，应当予以赔偿。

（二）案外人对裁定不服时的救济

案外人主张对执行标的享有实体权利，向法院提出异议但被驳回时，其进一步的救济程序可分为两种情况。

1. 认为原判决、裁定错误的，按照审判监督程序办理。这里的“原判决、裁定”是指作为执行依据的生效法律文书。在案外人异议程序中，案外人认为原判决、裁定错误，需要通过审判监督程序处理的执行依据通常是交付特定物的法律文书。

根据《民诉法解释》第423、424条的规定，案外人对驳回其执行异议的裁定不服，认为原判决、裁定、调解书内容错误损害其民事权益的，可以自执行异议裁定送达之日起6个月内，向作出原判决、裁定、调解书的人民法院申请再审。人民法院裁定再审后，案外人属于必要的共同诉讼当事人的，依照《民诉法解释》第422条第2款规定处理，即：按照第一审程序再审的，应当追加其为当事人，作出新的判决、裁定；按照第二审程序再审，经调解不能达成协议的，应当撤销原判决、裁定，发回重审，重审时应追加其为当事人。案外人不是必要的共同诉讼当事人的，人民法院仅审理原判决、裁定、调解书对其民事权益造成损害的内容。经审理，再审请求成立的，撤销或者改变原判决、裁定、调解书；再审请求不成立的，维持原判决、裁定、调解书。

2. 异议与原判决、裁定无关的，案外人可以自裁定送达之日起15日内提起诉讼。所谓“与原判决、裁定无关”，是指案外人提出异议所针对的标的物不是判决、裁定指定执行的标的物，而是法院在执行中自行采取执行措施所针对的标的物。案外人对此类执行标的的异议不涉及判决、裁定本身的对错问题，仅涉及对执行标的本身的实体权利争议。如法院驳回案外人对此类执行标的的异议，则其可依法提起诉讼，此即案外人执行异议之诉，通过审判程序来最终确定该执行标的的权利归属。

（三）当事人对裁定不服时的救济

案外人提出异议后，执行法院经审查认为案外人异议理由成立的，应裁定中止对该标的的执行，对该裁定，当事人不服的，也有如下两种救济途径：第一，认为原判决、裁定错误的，依照审判监督程序办理。第二，异议与原判决、裁定无关的，可以自裁定送达之日起15日内向人民法院提起诉讼，此即当事人执行异议之诉。

（四）执行异议之诉

1. 执行异议之诉的类型和管辖

根据《民诉法解释》的规定，执行异议之诉包括两种类型。一是案外人执行异议之诉，即案外人对执行标的提出异议而执行法院裁定驳回其异议时，案外人依法提起的排除对执行标的之执行的诉讼。二是申请执行人执行异议之诉，即执行法院基于案外人的执行异议申请而裁定中止执行时，申请执行人依法提起的请求判令对该执行标的继续执行的诉讼。被执行人无权依照《民事诉讼法》第227条的规定提起执行异议之诉。申请执行人对中止执行裁定未提起执行异议之诉，被执行人提起执行异议之诉的，人民法院告知其另行起诉。

案外人、当事人对执行异议裁定不服而提起执行异议之诉的，由执行法院管辖。

2. 执行异议之诉的特别要件

案外人提起执行异议之诉，除应当符合《民事诉讼法》第119条的规定外，还应当具备下列条件：（1）案外人的执行异议申请已经被人民法院裁定驳回；（2）有明确的排除对执行标的的执行的诉讼请求，且诉讼请求与原判决、裁定无关；（3）自执行异议裁定送达之日起15日内提起。人民法院应当在收到起诉状之日起15日内决定是否立案。

申请执行人提起执行异议之诉，除应当符合《民事诉讼法》第119条的规定外，还应当具备下列条件：（1）依案外人执行异议申请，人民法院裁定中止执行；（2）有明确的对执行标的的继续执行的诉讼请求，且诉讼请求与原判决、裁定无关；（3）自执行异议裁定送达之日起15日内提起。人民法院应当在收到起诉状之日起15日内决定是否立案。

3. 执行异议之诉的当事人

案外人提起执行异议之诉的，以申请执行人为被告。被执行人反对案外人异议的，被执行人为共同被告；被执行人不反对案外人异议的，可以列被执行人为第三人。

申请执行人提起执行异议之诉的，以案外人为被告。被执行人反对申请执行人主张的，以案外人和被执行人为共同被告；被执行人不反对申请执行人主张的，可以列被执行人为第三人。

4. 执行异议之诉的审判

（1）审理程序。人民法院审理执行异议之诉案件，适用普通程序。

（2）证明责任。案外人或者申请执行人提起执行异议之诉的，案外人应当就其对执行标的享有足以排除强制执行的民事权益承担举证证明责任。

（3）裁判。对案外人提起的执行异议之诉，人民法院经审理，按照下列情形分别处理：1）案外人就执行标的享有足以排除强制执行的民事权益的，判决不得执行该执行标的；2）案外人就执行标的不享有足以排除强制执行的民事权益的，判决驳回诉讼请求。案外人同时提出确认其权利的诉讼请求的，人民法院可以在判决中一并作出裁判。

对申请执行人提起的执行异议之诉，人民法院经审理，按照下列情形分别处理：1）案外人就执行标的不享有足以排除强制执行的民事权益的，判决准许执行该执行标的；2）案外人就执行标的享有足以排除强制执行的民事权益的，判决驳回诉讼请求。

对案外人执行异议之诉，人民法院判决不得对执行标的执行的，执行异议裁定失效。对申请执行人执行异议之诉，人民法院判决准许对该执行标的执行的，执行异议裁定失效，执行法院可以根据申请执行人的申请或者依职权恢复执行。

5. 执行异议之诉对执行程序的影响

案外人执行异议之诉审理期间，人民法院不得对执行标的进行处分。申请执行人请求人民法院继续执行并提供相应担保的，人民法院可以准许。

人民法院对执行标的裁定中止执行后，申请执行人在法律规定的期间内未提起执行异议之诉的，人民法院应当自起诉期限届满之日起 7 日内解除对该执行标的采取的执行措施。

6. 对恶意提出执行异议或异议之诉的处理

被执行人与案外人恶意串通，通过执行异议、执行异议之诉妨害执行的，人民法院应当依照《民事诉讼法》第 113 条的规定处理，即应当根据情节轻重对其予以罚款、拘留，构成犯罪的，依法追究刑事责任。申请执行人因此受到损害的，可以提起诉讼要求被执行人、案外人赔偿。

四、执行回转

执行回转，是指在执行过程中或执行完毕后，由于据以执行的法律文书被人民法院或其他有关机构依法撤销或变更，执行法院对已被执行的财产重新采取执行措施，使财产权利恢复到执行程序开始前的状态的一种救济制度。

在司法实践中，发生执行回转的原因主要有以下几种：其一，人民法院制作的判决、裁定、调解书、支付令执行完毕后，又被本院或上级人民法院依审判监督程序进行再审后而撤销或变更。其二，人民法院制作的先予执行裁定，在执行完毕后，又被本院的生效判决或二审人民法院的终审判决撤销。其三，法律规定由人民法院执行的其他机关制作的法律文书执行完毕后，该法律文书被有关机关依法撤销。

根据《民事诉讼法》第 233 条和《执行规定》第 109 条的规定，适用执行回转须具备下列条件：第一，原执行依据正在执行或已执行完毕。此即原法律文书已被人民法院全部或部分执行完毕。第二，据以执行的法律文书被撤销或变更，并作出了新的法律文书。第三，须作出执行回转的裁定。据以执行的原生效法律文书被撤销或变更后，原执行法院应当依照新的生效法律文书，作出执行回转的裁定。第四，执行回转只能适用于原申请执行人取得财产的情况。《民事诉讼法》第233条规定返还财产的主体为"取得财产的人"，《执行规定》第109条则将其限缩解释为"原申请执行人"，其目的是维护法院拍卖程序的权威性，保护善意第三人的利益。因为通过法院拍卖程序而拍得执行标的物的人也是"取得财产的人"，如果让其交还拍得物，显然违反了拍卖的权威性，也损害了拍卖活动中竞买人的权利。因此，将返还财产之人限定为"原申请执行人"，由其返还执行标的物或价款是合理的。

据以执行的法律文书被依法撤销或变更的，原执行机构应当依据当事人申请或者依职权，按照新的生效法律文书，作出执行回转的裁定，责令原申请执行人返还已取得的财产及其孳息。拒绝返还的，强制执行。在进行执行回转时，如已执行的标的物系特定物，应当退还原物；不能退还原物的，可以折价抵偿。

思考与练习

1. 简述民事执行程序单独立法的必要性。
2. 民事执行应遵循哪些基本原则？
3. 试比较民法上的担保、调解担保和执行担保的异同。
4. 简述执行救济制度。
5. 如何理解"人民检察院有权对民事执行活动实行法律监督"？
6. 甲以自己居住的房屋作抵押从某银行借款30万元，后因甲不能按时归还借款，银行持生效判决申请法院对该房屋予以查封并依法拍卖。甲以该房屋系其和所扶养家属的生活必需的居住房屋为由，不同意法院对该房屋进行查封、拍卖且拒不迁出该房屋。问：法院能否强制甲迁出房屋并对该房屋予以查封、拍卖？

前沿问题探讨

1. 关于执行标的的范围，存在争议的主要问题是人身是否可以作为执行标的。从现代社会强调人身权利的保护和尊重个人的人格尊严的法律价值观念出发，对以人身作为执行标的予以严格限制是有道理的，但从保护债权人合法权益和维护法院裁判的权威性的角度来说，对人身作为执行标的予以绝对禁止则又有所不妥。从各国的执行理论、立法和实践来看，虽然不允许以对人身的执行来替代对财产或行为的执行，但却普遍允许将其作为间接执行的措施（或称保障性的执行措施），如对被执行人予以拘传、拘留、限制出境或监禁等，以促使其履行金钱给付或行为给付的义务。我国相关法律虽然不承认对人身的执行措施，但允许以妨害执行为由对人身采取强制措施，这实际上只是认识问题的角度不同而已，并不能否定以人身对象作为间接执行措施对象的实质。

2. 对于执行异议之诉的问题，从大陆法系国家和地区的立法和理论来看，有案外人异议之诉和债务人异议之诉的区别，二者均是基于案外人或债务人主张有足以排除法院强制执行的实体法上的事由而提起。法律要求此类实体法上的事由的处理须以诉讼的方式进行，体现了执行实施权与执行裁判权相分离的原理，也体现了对当事人的程序保障权的重视。我国《民事诉讼法》第227条虽规定了案外人异议之诉，但该异议之诉的提起须以执行机构先进行审查并作出裁定为前提。此种处理方式旨在通过前置程序先行解决一部分案外人异议问题，以减少诉讼程序的适用，节约司法资源，提高执行效率。但实践中能否达到这一立法目的则存在疑问，因为对于一些案件而言，该前置程序的适用可能会使救济途径更为复杂、执行更为拖延。此外，对于债务人异议之诉的问题，民事诉讼法并未作出规定。因此，对于如何合理地设计执行异议之诉制度的问题，仍有必要作进一步的思考和论证。

第十八章 执行程序分论

内容提要

执行程序一般因债权人的申请而开始，至执行完毕或因其他特殊原因而结束。执行过程中，人民法院应当根据执行标的的不同而依法采取不同的执行措施。在有多个申请执行人时，有可能产生执行竞合和参与分配问题。

第一节 执行程序的进行

一、执行程序的启动

执行程序一般因当事人的申请而启动，少数情况下则由审判组织直接移送执行。

（一）申请执行

申请执行，是指生效法律文书确定的权利人在义务人拒不履行义务时，请求人民法院予以强制执行。生效法律文书确认和保护的民事权利，仍然属于当事人所享有的可自行处分的私权，故在义务人拒不履行义务时，是否申请执行，原则上应当由权利人自己决定，也即应当以申请执行作为执行开始的一般原则。申请执行须符合以下条件。

1. 必须有执行依据。此即申请执行时，必须以生效的具有给付内容的法律文书作为执行根据。《民诉法解释》第463条规定："当事人申请人民法院执行的生效法律文书应当具备下列条件：（一）权利义务主体明确；（二）给付内容明确。法律文书确定继续履行合同的，应当明确继续履行的具体内容。"

2. 申请人适格。此即申请执行的主体，必须是生效法律文书确定的权利人或其继承人、权利承受人。

3. 债务人逾期不履行或者拒绝履行法律文书确定的义务。

4. 应向有管辖权的人民法院提出申请。

5. 应提交必要的文件和证件。根据《执行规定》第20条的规定，当事人申请执行时，应当向人民法院提交下列文件和证件：(1) 申请执行书。申请执行人书写申请执行书确有困难的，可以口头提出申请。(2) 生效法律文书副本。(3) 申请执行人的身份证明。(4) 继承人或权利承受人申请执行的，应当提交继承或者承受权利的证明文件。(5) 其他应当提交的文件或证件。例如，委托代理人代为申请执行的，应当向执行法院提交经委托人签字或盖章的授权委托书。

人民法院对于当事人的执行申请应当依法进行审查，对于符合法定条件的，应当在7日内予以立案；对于不符合法定条件的，应当在7日内裁定不予受理。人民法院应当在立案后7日内确定承办人。

关于执行时效是否作为申请执行的条件，在过去相当长的时间内，由于理论和实务中认识上的偏差，将其性质界定为法定诉讼期间，故认为债权人申请执行时，必须在执行时效内提出申请，否则人民法院不予受理和执行。但是，执行时效的确切含义应当是指执行依据所载的债权人请求权之消灭时效，也即人民法院对执行依据所载的债权人的请求权予以强制执行保护的期限，而不是债权人申请执行时必须遵守的期间，故执行时效不应当作为申请执行的条件。① 对于执行时效，《民事诉讼法》第239条规定："申请执行的期间为二年。申请执行时效的中止、中断，适用法律有关诉讼时效中止、中断的规定。前款规定的期间，从法律文书规定履行期间的最后一日起计算；法律文书规定分期履行的，从规定的每次履行期间的最后一日起计算；法律文书未规定履行期间的，从法律文书生效之日起计算。"生效法律文书规定债务人负有不作为义务的，申请执行时效期间从债务人违反不作为义务之日起计算（《执行程序解释》第29条）。为防止将执行时效的性质误认为诉讼上的期间制度，《民诉法解释》第483条进一步明确了其实体上的时效之性质，规定："申请执行人超过申请执行时效期间向人民法院申请强制执行的，人民法院应予受理。被执行人对申请执行时效期间提出异议，人民法院经审查异议成立的，裁定不予执行。被执行人履行全部或者部分义务后，又以不知道申请执行时效期间届满为由请求执行回转的，人民法院不予支持。"关于执行时效中止、中断的事由，《执行程序解释》第27条规定："在申请执行时效期间的最后六个月内，因不可抗力或者其他障碍不能行使请求权的，申请执行时效中止。从中止时效的原因消除之日起，申请执行时效期间继续计算。"第28条规定："申请执行时效因申请执行、当事人双方达成和解协议、当事人一方提出履行要求或者同意履行义务而中断。从中断时起，申请执行时效期间重新计算。"

（二）移送执行

移送执行，是指人民法院制作的法律文书生效后，承办该案的审判组织依职权直接将案件交付执行机构，从而开始执行程序的制度。移送执行只适用于法律有特别规定的情形，属于执行启动方式的例外性规定。

根据《执行规定》第19条的规定，需要移送执行的案件有三种：（1）发生法律效力的具有给付赡养费、扶养费、抚育费内容的法律文书。（2）民事制裁决定书。（3）刑事附带民事判决、裁定、调解书。

二、执行准备和执行时间

（一）执行准备

1. 发出执行通知

根据《民事诉讼法》第240条、《民诉法解释》第482条的规定，人民法院应当在收到申请执行书或者移交执行书后10日内发出执行通知。执行通知中除应责令被执行人履行法律文书确定的义务外，还应通知其承担《民事诉讼法》第253条规定的迟延履行利息或者迟延履行金。

执行员在发出执行通知书的同时，根据具体情况，可以立即采取强制执行措施。被执行人

① 参见刘学在：《论执行时效制度之理解误区及其矫正》，载《北方法学》，2014（4）。

未按执行通知书指定的期间履行生效法律文书确定的义务的，应当及时采取执行措施。在执行通知书指定的期限内，被执行人转移、隐匿、变卖、毁损财产的，应当立即采取执行措施。

2. 查明被执行人的财产状况

除了少数案件之外，民事执行的内容和目的是执行财产，故设法找到被执行人的财产是执行的必要前提。查明被执行人财产的方法主要有以下几种。

（1）申请执行人提供线索

一般而言，申请执行人为实现自己的权利，会尽力调查、了解被执行人的财产状况并告知法院。《执行规定》第28条明确要求，申请执行人应当向人民法院提供其所了解的被执行人的财产状况或线索。

（2）法院调查

人民法院有权查询被执行人的身份信息与财产信息，掌握相关信息的单位和个人必须按照协助执行通知书办理。对调查所需的材料，人民法院可以进行复制、抄录或拍照，但应当依法保密。为查明被执行人的财产状况和履行义务的能力，可以传唤被执行人或被执行人的法定代表人或负责人到人民法院接受询问。对必须接受调查询问的被执行人、被执行人的法定代表人、负责人或者实际控制人，经依法传唤无正当理由拒不到场的，人民法院可以拘传其到场。人民法院应当及时对被拘传人进行调查询问，调查询问的时间不得超过8小时；情况复杂，依法可能采取拘留措施的，调查询问的时间不得超过24小时。人民法院在本辖区以外采取拘传措施时，可以将被拘传人拘传到当地人民法院，当地人民法院应予协助。

最高人民法院2006年12月23日发布的《关于人民法院办理执行案件若干期限的规定》（以下简称《执行期限规定》）第5条、第6条对通知申请人提供线索和法院调查的期限作了规定，主要包括：1）案件承办人应当在收到案件材料后3日内通知申请执行人提供被执行人财产状况或财产线索。2）申请执行人提供了明确、具体的财产状况或财产线索的，承办人应当在申请执行人提供财产状况或财产线索后5日内进行查证、核实。情况紧急的，应当立即予以核查。3）申请执行人无法提供被执行人的财产状况或财产线索，或者提供财产状况或财产线索确有困难，需要人民法院进行调查的，承办人应当在申请执行人提出调查申请后10日内启动调查程序。4）根据案件具体情况，承办人一般应当在1个月内完成对被执行人收入、银行存款、有价证券、不动产、车辆、机器设备、知识产权、对外投资权益及收益、到期债权等资产状况的调查。

（3）令被执行人申报

被执行人应如实向人民法院报告其财产状况，这是被执行人在执行程序中的基本义务之一。1998年的《执行规定》第28条规定："被执行人必须如实向人民法院报告其财产状况。"但是，由于立法上没有明确予以规定，特别是没有惩罚性的规定，被执行人拒不申报或者进行虚假申报时，法院找不到进行制裁的法律依据，大大影响了该制度充分发挥作用。2007年，立法机关修改《民事诉讼法》时，增设如下规定：被执行人未按执行通知履行法律文书确定的义务，应当报告当前以及收到执行通知之日前一年的财产情况。被执行人拒绝报告或者虚假报告的，人民法院可以根据情节轻重对被执行人或者其法定代理人、有关单位的主要负责人或者直接责任人员予以罚款、拘留。

《执行程序解释》第32条规定，被执行人依照《民事诉讼法》第241条（原为第217条，2012年修正后为第241条）的规定，应当书面报告下列财产情况：1）收入、银行存款、现金、有价证券；2）土地使用权、房屋等不动产；3）交通运输工具、机器设备、产品、原材料等动产；4）债权、股权、投资权益、基金、知识产权等财产性权利；5）其他应当报告的财产。被执行人自收到执行通知之日前一年至当前财产发生变动的，应当对该变动情况进行报告。被执行人在报告财产期间履行全部债务的，人民法院应当裁定终结报告程序。

被执行人财产申报制度在立法上的正式建立，特别是对于违反申报义务之人可适用罚款、拘留等强制措施的规定，有望为解决实践中"被执行人的财产难寻"的困境发挥重要作用。

（4）搜查

被执行人拒绝按人民法院的要求提供其有关财产状况的证据材料的，人民法院可以根据《民事诉讼法》第 248 条的规定进行搜查。

除了上述方法之外，实践中一些法院还在积极探索查明被执行人财产状况的其他方法。例如，一些法院对某些执行案件采取悬赏举报的方法，鼓励案外人及公众对被执行人的财产进行举报；有的法院则明文规定了举报奖励制度。

（二）执行时间

执行时间是指执行机构实施执行行为的具体时间。为了保障被执行人的休息权，一些国家对于执行时间作了一定的限制。例如，法国《民事诉讼法》第 508 条规定："每日 6 时之前、21 时之后以及节假日或者停工休息日，不得为任何判决执行；必要情况下，依据法官之许可，仍可执行判决。"日本《民事执行法》第 8 条规定："在星期日及其他假日期间，或下午 7 时至次日上午 7 时之间，执行官等人进入他人住宅执行职务时，须经执行法院的批准。"可见，在节假日或夜间，执行是受到一定限制的，如确有必要执行，必须依法履行批准程序。

我国《民事诉讼法》没有对执行时间作出限制。实践中，法院的执行活动虽然主要是在工作时间内进行，但在节假日或夜间开展执行活动的情况也较为常见，为保障《宪法》所规定的公民享有的休息权，法律有必要对执行时间作出适当限制。

三、委托执行与协助执行

（一）委托执行

委托执行是指被执行人或者被执行的财产在外地时，受理执行案件的人民法院依法委托当地人民法院代为执行的制度。委托执行体现了人民法院之间的协作关系，目的是通过人民法院之间的相互协作，提高执行的效率与效益，使当事人的合法权益得到及时、充分的保护。《民事诉讼法》第 229 条以及最高人民法院 2011 年 5 月 3 日发布的《关于委托执行若干问题的规定》（以下简称《委托执行规定》）对此制度作了规定。

1. 委托执行的条件

委托执行应当符合下列条件：（1）执行法院应进行财产调查，以了解被执行人的财产状况。（2）经调查发现被执行人在本辖区内已无财产可供执行。（3）被执行人在其他省、自治区、直辖市内有可供执行财产。（4）应当将案件委托异地的同级人民法院执行。此即委托执行应当以执行标的物所在地或者执行行为实施地的同级人民法院为受托执行法院。有两处以上财产在异地的，可以委托主要财产所在地的人民法院执行。被执行人是现役军人或者军事单位的，可以委托对其有管辖权的军事法院执行。执行标的物是船舶的，可以委托有管辖权的海事法院执行。

2. 委托执行的案件范围

《民事诉讼法》第 229 条规定："被执行人或者被执行的财产在外地的，可以委托当地人民法院代为执行。"但为了提高执行效率，加强委托执行的效果，以及为了避免委托法院"甩包袱"，将难以执行的案件委托出去，推卸责任，《委托执行规定》对委托执行的案件范围进行了限定：一是该司法解释所指的应当委托执行的案件，限于需要跨省、自治区、直辖市辖区执行的案件；二是委托执行以被执行人在其他省、自治区、直辖市内有可供执行财产为前提，如果仅是被执行人的住所地在异地，并未发现有可供执行的财产，则执行法院不得办理委托执行。按照《委托执行规定》的要求，被执行人在本辖区内已无财产可供执行，且在其他省、自治区、直辖市内有可供执行财产的，应当委托执行，但对于下列例外情形，可以异地执行：执行案件中有三个以上被执行人或者三处以上被执行财产在本省、自治区、直辖市辖区以外，且分属不同异地的，执行法院根据案件具体情况，报经高级人民法院批准后可以异地执行。另需注意的是，委托异地法院协助查询、冻结、查封、调查或者送达法律文书等有关事项的，属于“事项委托”，而不属于委托执行的案件，受托法院不作为委托执行案件立案办理，但应当积极予以协助。

3. 委托执行的程序

委托执行应按照以下程序进行：（1）委托法院出具委托执行函和有关文件。委托执行案件应当由委托法院直接向受托法院办理委托手续，并层报各自所在的高级人民法院备案。（2）受托法院予以立案。受托法院收到委托执行函后，应当在7日内予以立案，并及时将立案通知书通过委托法院送达申请执行人，同时将指定的承办人、联系电话等书面告知委托法院。委托法院收到上述通知书后，应当在7日内书面通知申请执行人案件已经委托执行，并告知申请执行人可以直接与受托法院联系执行相关事宜。案件委托执行后，受托法院应当依法立案，委托法院应当在收到受托法院的立案通知书后作委托结案处理。（3）受托法院实施执行。受托法院应当在收到委托执行手续后15日内开始执行，执行完毕后，应当将执行结果及时函复委托法院；在30日内如果还未执行完毕，也应当将执行情况函告委托法院。受托法院自收到委托函件之日起15日内不执行的，委托法院可以请求受托法院的上级法院指令受托法院执行。受托法院未能在6个月内将受托案件执结的，申请执行人有权请求受托法院的上一级法院提级执行或者指定执行，上一级法院应当立案审查，发现受托法院无正当理由不予执行的，应当限期执行或者作出裁定提级执行或者指定执行。

（二）协助执行

依照我国法律和司法解释的规定，执行制度中的协助执行包括法院相互之间的协助和有关单位或个人对法院的执行的协助。因此，协助执行的概念可归纳为：受理执行案件的人民法院通知有关单位、个人或者请求有关人民法院协助执行生效法律文书所确定内容的法律制度。

1. 人民法院之间的协助执行

司法实践中，由于各种原因，委托执行的效果并不理想，故被执行人或被执行的财产在外地时，很多法院的执行人员直接到当地予以执行，此种行为称为异地执行。由于异地执行也存在诸多不便，客观上需要当地法院提供必要的协助。

法院之间的协助执行不同于委托执行。协助执行中，执行法院以自己的名义采取执行措施，实施执行行为，当地法院并不是执行法院，而只是起配合、支持、帮助等辅助作用的法院；而在委托执行中，受委托的当地法院是执行法院，以自己的名义采取执行措施，实施执行行为。

执行法院到异地办理执行案件时，应当主动请求当地法院协助执行，同时应出具协助执行公函、介绍信，出示执行公务证，并可以主动介绍案情和准备采取的执行方案，同时阐明要求协助的内容。

对于执行法院的协助执行请求，当地法院应当积极配合，积极办理，协同排除障碍，保证执行人员的人身安全和执行装备、执行标的物不受侵害。

2. 有关单位和个人的协助执行

有关单位和个人对人民法院的执行工作予以协助，是实践中极为常见的执行活动。这类协助执行的行为，对于债权人权益的保护和实现具有极为重要的意义。为此，《民事诉讼法》等法律和有关司法解释对有关单位和个人的协助执行问题作了许多具体的规定，包括登记机关协助登记，金融机构协助查询、冻结、划拨存款，用人单位协助扣留、提取收入，标的物持有人协助交付标的物，接受投资的企业协助冻结投资权益或股权或者协助扣留、提取股息或红利收益，行政主管机关提供协助等。

四、不予执行、执行中止、执行终结

（一）不予执行

不予执行，是指对于当事人就某些法律文书所提出的执行申请，法院在进行审查时，或者在执行过程中，因法定事由的出现，依法作出裁定，不予执行该法律文书并结束执行程序的制度。

1. 对仲裁裁决的不予执行

根据《民事诉讼法》第237条的规定，对于当事人申请执行的仲裁裁决，被申请人提出证据证明仲裁裁决有下列情形之一的，经人民法院组成合议庭审查核实后，裁定不予执行：（1）当事人在合同中没有订有仲裁条款或者事后没有达成书面仲裁协议的；（2）裁决的事项不属于仲裁协议的范围或者仲裁机构无权仲裁的；（3）仲裁庭的组成或者仲裁的程序违反法定程序的；（4）裁决所依据的证据是伪造的；（5）对方当事人向仲裁机构隐瞒了足以影响公正裁决的证据的；（6）仲裁员在仲裁该案时有贪污受贿、徇私舞弊、枉法裁决行为的。此外，如果人民法院认定执行该裁决违背社会公共利益的，应当依职权裁定不予执行，无须被申请人提出申请。仲裁机构裁决的事项，部分有上述情形的，人民法院应当裁定对该部分不予执行。应当不予执行部分与其他部分不可分的，人民法院应当裁定不予执行仲裁裁决。

不予执行仲裁裁决的裁定书应当送达双方当事人和仲裁机构。当事人在收到该裁定书后，可以重新达成书面仲裁协议申请仲裁，也可以向人民法院起诉。人民法院裁定不予执行仲裁裁决后，当事人对该裁定提出执行异议或者复议的，人民法院不予受理。

在执行中，被执行人通过仲裁程序将人民法院查封、扣押、冻结的财产确权或者分割给案外人的，不影响人民法院执行程序的进行。案外人不服的，可以根据《民事诉讼法》第227条的规定提出异议。

2018年2月22日，最高人民法院公布《关于人民法院办理仲裁裁决执行案件若干问题的规定》（自2018年3月1日起施行）。

2. 对公证债权文书的不予执行

根据《民事诉讼法》第238条的规定，作为执行根据的公证债权文书确有错误的，人民法院应当裁定不予执行，并将裁定书送达双方当事人和公证机关。

根据《民诉法解释》第480条的规定，有下列情形之一的，可以认定为公证债权文书确有错误：（1）公证债权文书属于不得赋予强制执行效力的债权文书的；（2）被执行人一方未亲自或者未委托代理人到场公证等严重违反法律规定的公证程序的；（3）公证债权文书的内容与事实不符或者违反法律强制性规定的；（4）公证债权文书未载明被执行人不履行义务或者不完全履行义务时同意接受强制执行的。人民法院认定执行该公证债权文书违背社会公共利益的，亦应当裁定不予执行。公证债权文书被裁定不予执行后，当事人、公证事项的利害关系人可以就债权争议提起诉讼。

当事人请求不予执行仲裁裁决或者公证债权文书的，应当在执行终结前向执行法院提出。

3. 不予执行外国法院的判决、裁定

当事人向人民法院申请承认和执行外国法院的判决、裁定，如果该判决、裁定违反了我国法律的基本原则或者国家主权、安全、社会公共利益的，则不予承认和执行。

应当注意的是，不予执行制度一般不适用于人民法院制作的法律文书的执行案件。[①] 在执行过程中，如果发现人民法院制作的法律文书确有错误的，应按照下列方式处理：执行人员在执行本院的判决、裁定和调解书时，发现确有错误的，应当提出书面意见，报请院长审查处理。在执行上级法院的判决、裁定和调解书时，发现确有错误的，可以提出书面意见，经院长批准后，函请上级法院审查处理。上述两种情况，经过审查后，认为确有错误的，可以依据审判监督程序进行再审。

（二）执行中止

在执行程序中，由于出现某种法定情形而暂时停止执行程序，待该情形消失后再恢复执行程序的制度，称为执行中止。

1. 执行中止的适用情形

根据《民事诉讼法》第256条及相关司法解释的规定，有下列情形之一的，人民法院应裁定中止执行：(1) 申请人表示可以延期执行。(2) 案外人对执行标的提出确有理由的异议。(3) 作为一方当事人的公民死亡，需要等待继承人继承权利或者承担义务。(4) 作为一方当事人的法人或者其他组织终止，尚未确定权利义务承受人的。(5) 按照审判监督程序决定再审。按照审判监督程序决定再审的案件，其有可能作出改判，为防止给被执行人造成不必要的损害，应裁定中止原判决的执行。(6) 人民法院认为应当中止执行的其他情形。

根据《执行规定》第102条和《民诉法解释》第466、513条的规定，需要中止执行的其他情形主要有以下几种：第一，人民法院已受理以被执行人为债务人的破产申请的；第二，被执行人确无财产可供执行的；第三，执行的标的物是其他法院或仲裁机构正在审理的案件争议标的物，需要等待该案件审理完毕确定权属的；第四，一方当事人申请执行仲裁裁决，另一方当事人申请撤销仲裁裁决的；第五，仲裁裁决的被申请执行人依据《民事诉讼法》第237条第2款的规定向人民法院提出不予执行请求，并提供适当担保的；第六，申请执行人与被执行人达成和解协议后请求中止执行的；第七，在执行中，作为被执行人的企业法人符合《企业破产法》第2条第1款[②]规定情形的，执行法院经申请执行人之一或者被执行人同意，应当裁定中止对该被执行人的执行，将执行案件相关材料移送被执行人住所地人民法院。

2. 执行中止的效力

需要中止执行时，人民法院应当作出书面裁定。裁定书送达双方当事人后，立即发生法律效力。其效力主要体现在以下方面。

(1) 人民法院应当暂停执行活动。暂停本案的执行活动可分为本案整个执行程序的中止和个别执行行为的中止两种情况。对于上述多数中止执行的原因，应当中止本案整个执行程序。但对于某些情形，则需要根据不同情况决定是中止整个执行程序还是中止个别执行行为。例如，对于案外人对执行标的提出确有理由的异议的情形，如果案外人提出异议的执行标的物是

---

① 例外情形：《民诉法解释》第483条中使用了“不予执行”的表述。该条规定：“申请执行人超过申请执行时效期间向人民法院申请强制执行的，人民法院应予受理。被执行人对申请执行时效期间提出异议，人民法院经审查异议成立的，裁定不予执行。”

② 《企业破产法》第2条第1款规定：“企业法人不能清偿到期债务，并且资产不足以清偿全部债务或者明显缺乏清偿能力的，依照本法规定清理债务。”

法律文书指定交付的特定物，经审查认为异议成立而裁定中止执行的，其效果是中止整个执行程序；如果提出异议的执行标的物不属于生效法律文书指定交付的特定物，经审查认为异议成立而裁定中止执行的，则应当是中止对该标的物的个别执行行为，其他执行行为不应中止。

（2）执行程序的当事人及其他参与人不得改变中止执行前的财产状况和事实状态。如申请执行人不得擅自采取行动向被执行人追索债务；被执行人不得自行处分已经被查封、扣押的财产；协助执行人不得推卸协助法院执行的义务等。

（3）中止执行的原因消除后应恢复执行。中止执行的原因消失后，执行法院可以根据当事人的申请或依职权恢复执行。恢复执行应当书面通知当事人。

（三）执行终结

执行终结，是指在执行过程中，由于出现法律规定的事由，使执行程序没有必要继续进行或者不可能继续进行，从而依法结束执行程序的制度。

根据《民事诉讼法》第 257 条和最高人民法院 2014 年 12 月 17 日发布的《关于执行案件立案、结案若干问题的意见》第 17 条的规定，有下列情形之一的，人民法院可以以“终结执行”方式结案：（1）申请人撤销申请或者是当事人双方达成执行和解协议，申请执行人撤回执行申请的；（2）据以执行的法律文书被撤销的；（3）作为被执行人的公民死亡，无遗产可供执行，又无义务承担人的；（4）追索赡养费、扶养费、抚育费案件的权利人死亡的；（5）作为被执行人的公民因生活困难无力偿还借款，无收入来源，又丧失劳动能力的；（6）作为被执行人的企业法人或其他组织被撤销、注销、吊销营业执照或者歇业、终止后既无财产可供执行，又无义务承受人，也没有能够依法追加变更执行主体的；（7）依照《刑法》第 53 条规定免除罚金的；（8）被执行人被人民法院裁定宣告破产的；（9）行政执行标的灭失的；（10）案件被上级人民法院裁定提级执行的；（11）案件被上级人民法院裁定指定由其他法院执行的；（12）按照最高人民法院《委托执行规定》，办理了委托执行手续，且收到受托法院立案通知书的；（13）人民法院认为应当终结执行的其他情形。

上述情形除第（10）项、第（11）项、第（12）项情形外，需要终结执行的，人民法院应当制作裁定书，送达当事人。裁定书送达当事人后立即生效。因撤销申请而终结执行后，当事人在《民事诉讼法》第 239 条规定的申请执行时效期间内再次申请执行的，人民法院应当受理。另据《民诉法解释》第 519 条的规定，经过财产调查未发现可供执行的财产，在申请执行人签字确认或者执行法院组成合议庭审查核实并经院长批准后，可以裁定终结本次执行程序。但终结本次执行后，申请执行人发现被执行人有可供执行财产的，可以再次申请执行；再次申请不受申请执行时效期间的限制。

在执行终结 6 个月内，被执行人或者其他人对已执行的标的有妨害行为的，人民法院可以依申请排除妨害，并可以依照《民事诉讼法》第 111 条进行处罚。因妨害行为给执行债权人或者其他人造成损失的，受害人可以另行起诉。

五、执行结案

执行结案，是指因生效法律文书确定的内容已经实现或者其他法定原因而结束执行程序。

关于执行结案的方式，最高人民法院《关于执行案件立案、结案若干问题的意见》将执行案件分为执行实施类案件和执行审查类案件。就执行实施类案件而言，除了执行财产保全裁定、恢复执行的案件外，其结案方式包括以下六种：（1）执行完毕；（2）终结本次执行程序；（3）终结执行；（4）销案；（5）不予执行；（6）驳回申请。

关于执行结案的期限，《执行期限规定》第 1 条规定，被执行人有财产可供执行的案件，一般应当在立案之日起 6 个月内执结；非诉执行案件一般应当在立案之日起 3 个月内执结。有特殊情况需延长执行期限的，应当报请本院院长或副院长批准。申请延长执行期限的，应当在期限届满前 5 日内提出。

根据《执行期限规定》第 13 条的规定，下列期间不计入办案期限：（1）公告送达执行法律文书的期间；（2）暂缓执行的期间；（3）中止执行的期间；（4）就法律适用问题向上级法院请示的期间；（5）与其他法院发生执行争议报请共同的上级法院协调处理的期间。

第二节　执行措施

执行措施，是指人民法院依法强制义务人履行生效法律文书所确定的义务的方法和手段。根据债权人权利的类型不同，可以将执行措施分为金钱债权的执行措施和非金钱债权的执行措施。其中，金钱债权的执行又可细分为对动产的执行、对不动产的执行、对其他财产权的执行等；非金钱债权的执行则可分为物的交付请求权的执行和行为请求权的执行。此外，为保证执行的顺利进行，《民事诉讼法》中还规定了搜查被执行人的财产、对妨害执行的强制措施等保障性措施。

一、金钱债权的执行

金钱债权又称金钱给付请求权，是指以给付一定数额金钱为内容的债权。为实现执行依据中所确定的债权人的金钱债权而进行的执行，称为金钱债权的执行。金钱债权的表现形式是货币，其种类是多种多样的，如人民币、外币、金银等，但在我国境内，人民币是法定的支付工具，故金钱债权一般是指要求支付人民币的债权。只有在法律或司法解释规定的特殊情形下，才可以要求支付外币。

金钱债权是实践中最常见的债权形式，金钱债权的执行则是执行工作中案件数量最多、执行任务最为繁重、所涉问题最为复杂的一部分，故各国强制执行法中的大多数条款，是关于金钱债权执行的规定。

金钱债权的执行主要适用于当事人之间具有金钱给付义务的案件的执行，但并不局限于此。某些非金钱债权的执行案件，在一定情况下也可以转化为关于金钱债权的执行。例如，对于可替代行为的执行，法院可令他人代为履行并由债务人承担费用，债务人拒不支付该费用时，则可予以强制执行，此时非金钱债权的执行即转化为金钱债权的执行。

（一）对被执行人存款等财产的执行

《民事诉讼法》第 242 条第 1 款规定：被执行人未按执行通知履行法律文书确定的义务，人民法院有权向有关单位查询被执行人的存款、债券、股票、基金份额等财产情况。人民法院有权根据不同情形扣押、冻结、划拨、变价被执行人的财产，但查询、扣押、冻结、划拨、变价的财产不得超出被执行人应当履行义务的范围。

人民法院决定冻结、划拨存款的，应当作出裁定。裁定中应写明冻结或划拨的存款数额等事项。在查询、冻结、划拨存款时，人民法院应向有关金融机构发出协助执行通知书。

有关金融机构接到人民法院的协助执行通知书后，应当立即办理，不得以任何借口拒绝、拖延或妨碍执行。查询、冻结、划拨被执行人在金融机构的存款，依照中国人民银行、最高人民法院、最高人民检察院、公安部 1993 年 12 月 11 日发布的《关于查询、冻结、扣划企业事业单位、机关、团体银行存款的通知》的规定办理。金融机构擅自解冻被人民法院冻结的款项，致冻结款项被转移的，人民法院有权责令其限期追回已转移的款项；在限期内未能追回的，应当裁定该金融机构在转移的款项范围内以自己的财产向申请执行人承担责任。

为兼顾被执行人的权益保护，《民事诉讼法》和有关司法解释对执行存款的措施作了一定限制，主要有以下几点：(1) 查询、冻结、划拨存款不得超出被执行人应当履行义务的范围。(2) 被执行人为金融机构的，对其交存在人民银行的存款准备金和备付金不得冻结和扣划，但对其在本机构、其他金融机构的存款，及其在人民银行的其他存款可以冻结、划拨，并可对被执行人的其他财产采取执行措施，但不得查封其营业场所。(3) 军队、武警部队一类保密单位开设的"特种预算存款""特种其他存款"和连队账户的存款，原则上不采取冻结或扣划等措施。但军队、武警部队的其余存款可以冻结和扣划。(4) 对于涉及社会保险机构及其下属企业的民商事案件的执行，人民法院不得查封、冻结或扣划社会保险基金；不得用社会保险基金偿还社会保险机构及其原下属企业的债务。

(二) 对被执行人收入的执行

根据《民事诉讼法》第 243 条的规定，被执行人未按执行通知履行法律文书确定的义务，人民法院有权扣留、提取被执行人应当履行义务部分的收入。但应当保留被执行人及其所扶养家属的生活必需费用。被执行人的收入，是指被执行人依法所得和依法应得的劳动收入和其他收入，主要是指金钱收入，例如工资、奖金、劳动报酬、稿酬、利息等。

人民法院扣留、提取收入时，应当作出裁定，并发出协助执行通知书，被执行人所在单位、银行、信用合作社和其他有储蓄业务的单位必须办理。有关单位收到人民法院协助执行被执行人收入的通知后，擅自向被执行人或其他人支付的，人民法院有权责令其限期追回；逾期未追回的，应当裁定其在支付的数额内向申请执行人承担责任。

【案例】 甲公司未履行归还某银行借款 100 万元的生效判决，某银行申请法院强制执行。法院对甲公司的房产（包括 8 间临街门面房）进行了查封。法院在执行中查明，甲公司因产品缺乏市场竞争力、经营方式落后等原因，目前经营困难，除被查封的房产外基本上无可供执行的有价值的财产，但其被查封的临街门面房已出租给他人使用，每年可收取租金 35 万元。在此情况下，法院可以裁定扣留、提取该项租金收入，用于偿还甲公司所欠借款。

(三) 对动产和不动产的执行

对动产和不动产的执行，是指人民法院为了满足申请执行人的金钱债权，而对被执行人所有的动产或不动产采取的民事执行措施。这里的动产主要是指除现金（货币）以外的动产。对于动产与不动产的执行措施，域外的强制执行法一般作了明确区分。在我国，对不动产的执行除依不动产的性质作某些特别规定外，其执行程序和执行措施与动产相同，具体措施包括查封、扣押、冻结①、拍卖、变卖等。《民事诉讼法》第 244～247 条、《执行规定》第 38～49 条、《查封规定》、最高人民法院《关于人民法院民事执行中拍卖、变卖财产的规定》（以下简称《拍卖规定》）等法律和司法解释对动产和不动产的执行措施作出了规定。

1. 查封与扣押

查封，一般是指人民法院对执行标的物就地封存，不准任何人转移和处分的执行措施。扣押，一般是指将执行标的物运送到有关场所加以扣留，不准被执行人占有、使用和处分的执行

① 根据《民事诉讼法》第 244 条的规定，对被执行人的财产可采取查封、扣押、冻结、拍卖、变卖等执行措施。从相关司法解释的规定来看，冻结是指针对被执行人在金融机构的存款、在有关企业中预期可得的股息或红利或者在有关企业中的投资权益或股权等所采取的禁止其支取或转移的执行措施。故冻结措施一般适用于特定的财产或财产权利，而不适用于实物形态的动产、不动产的执行。对后者主要采取查封、扣押、拍卖、变卖等执行措施。

措施。

查封与扣押的主要特点在于：（1）都是为拍卖和变卖做准备的临时性、控制性的执行措施。（2）其实质都在于限制被执行人对执行标的物的处分权。（3）一般均解除了被执行人对执行标的物的占有。[①]

【辨析】查封与扣押的区别

查封主要针对不动产或体积较大且难以移动的动产采取，一般是就地封存；扣押则主要针对体积较小或者虽然体积较大但易于移动的动产采取，一般是易地扣留。但很多国家和地区对这两个概念不作区分，例如德国、法国和日本将此处所称的“查封”“扣押”统称为“扣押”，而我国台湾地区则将其统称为“查封”。在我国的司法实践中，有时也未对查封、扣押的含义作严格的区分。

关于查封、扣押的规定主要有《民事诉讼法》第244～246条、《民诉法解释》第487条、《执行规定》第38～45条、《查封规定》、《关于依法规范人民法院执行和国土资源房地产管理部门协助执行若干问题的通知》（以下简称《房地产执行通知》）、《抵押房屋执行规定》等。

（1）查封、扣押的程序和方法

人民法院查封、扣押财产时，应当作出书面裁定。裁定书应当送达给当事人。需有关单位协助的，应当向有关单位发出协助执行通知书，连同裁定书副本一并送达有关单位。

查封、扣押动产的，人民法院可以直接控制该项财产。人民法院将查封、扣押的动产交付其他人控制的，应当在该动产上加贴封条或者采取其他足以公示查封、扣押的适当方式。查封不动产的，人民法院应当张贴封条或者公告，并可以提取保存有关财产权证照。查封、扣押、冻结已登记的不动产、特定动产及其他财产权，应当通知有关登记机关办理登记手续。

《房地产执行通知》和《查封规定》中创立了预查封的执行措施，即对被执行人享有物权期待权的尚未在登记机关进行物权登记但又履行了一定的批准或备案等登记手续的房地产所采取的控制性措施。采取预查封措施时，人民法院应当制作预查封裁定书和协助执行通知书，国土资源、房地产管理部门应当及时办理预查封登记。对尚未进行权属登记的建筑物进行预查封时，人民法院应当通知其管理人或者该建筑物的实际占有人，并在显著位置张贴公告。

人民法院查封、扣押财产时，被执行人是公民的，应当通知被执行人或者他的成年家属到场；被执行人是法人或者其他组织的，应当通知其法定代表人或者主要负责人到场。拒不到场的，不影响执行。被执行人是公民的，其工作单位或者财产所在地的基层组织应当派人参加。执行人员应当对查封、扣押的过程和结果制作笔录，并对被查封、扣押的财产造具清单。财产清单交被执行人或其成年家属一份。

（2）对查封、扣押的限制

法院实施查封、扣押时应当注意：第一，查封、扣押、冻结财产时，应当保留被执行人及其所扶养家属的生活必需品和必需的生活费用。第二，不得超范围查封、扣押、冻结。第三，不得重复查封、扣押、冻结。禁止重复查封、扣押、冻结的目的在于规范执行秩序、保护债权人的权利。

《房地产执行通知》和《查封规定》等司法解释规定了轮候查封、扣押、冻结措施。所谓轮候查封、扣押、冻结，是指对于已被人民法院查封、扣押、冻结的财产，其他人民法院可以办理等候下一轮查封、扣押、冻结的手续，以便在条件具备时能够转换为查封、扣押、冻结措

① 对于某些财产的查封，经人民法院同意，可以由被执行人继续保管或使用、收益，故在此情形下被执行人并不丧失占有。

施。允许轮候查封、扣押、冻结的理由在于，已被查封、扣押、冻结的财产，最终不一定需要执行或者在最终执行后可能还有一定余额，故为了保护其他债权人的合法权益，司法解释规定了轮候查封、扣押、冻结措施。

(3) 查封、扣押物的保管和使用

被查封、扣押的财产，一般应由人民法院自行保管；不宜由人民法院保管的，人民法院可以指定被执行人负责保管；不宜由被执行人保管的，可以委托第三人或者申请执行人保管。查封、扣押、冻结担保物权人占有的担保财产，一般应当指定该担保物权人作为保管人；该财产由人民法院保管的，质权、留置权不因转移占有而消灭。因保管人的过错造成查封、扣押的财产毁损、灭失等损失的，保管人应承担赔偿责任。

由人民法院指定被执行人保管的财产，如果继续使用对该财产的价值无重大影响，可以允许被执行人继续使用；由人民法院保管或者委托第三人、申请执行人保管的，保管人不得使用。

(4) 查封、扣押的效力

第一，对人的效力。被执行人的财产被查封、扣押后，除人民法院允许其占有、保管和使用外，被执行人丧失对该财产的占有和使用权，也丧失处分权。但该财产的所有权仍然属于被执行人，标的物发生毁损、灭失的意外风险，仍然由被执行人承担。申请执行人因查封、扣押而获得对该项财产的优先执行权，但不得优先于此前在该项财产上存在的担保物权或其他法定优先权。但是，查封、扣押没有公示的，其效力不得对抗善意第三人。

第二，对财产的效力。查封、扣押的效力及于查封、扣押物的从物和天然孳息。查封地上建筑物的效力及于该地上建筑物使用范围内的土地使用权，查封土地使用权的效力及于地上建筑物，但土地使用权与地上建筑物的所有权分属被执行人与他人的除外。查封、扣押的财产灭失或者毁损的，查封、扣押的效力及于该财产的替代物、赔偿款；人民法院应当及时作出查封、扣押该替代物、赔偿款的裁定。

第三，时间效力。根据《民诉法解释》第 487 条的规定，人民法院冻结被执行人的银行存款的期限不得超过 1 年，查封、扣押动产的期限不得超过 2 年，查封不动产、冻结其他财产权的期限不得超过 3 年。申请执行人申请延长期限的，人民法院应当在查封、扣押、冻结期限届满前办理续行查封、扣押、冻结手续，续行期限不得超过前款规定的期限。人民法院也可以依职权办理续行查封、扣押、冻结手续。查封、扣押期限届满，人民法院未办理延期手续的，查封、扣押的效力消灭。

第四，预查封的效力。预查封的效力等同于正式查封。在预查封期间，任何单位和个人不得擅自处分预查封的财产，有关部门也不得办理转让、抵押手续。土地、房屋权属在预查封期间登记在被执行人名下的，预查封登记自动转为查封登记。预查封期限届满之日，人民法院未办理预查封续封手续的，预查封的效力消灭。

第五，轮候查封、扣押的效力。执行法院的查封、扣押措施解除时，或者执行法院对该查封、扣押的财产仅做部分处理，还有剩余部分时，其他法院的轮候查封、扣押自动转为查封、扣押；有两个以上法院采取轮候查封、扣押的，登记在先的轮候查封、扣押自动生效。

(5) 查封、扣押措施的解除

有下列情形之一的，应当解除查封、扣押：第一，查封、扣押案外人财产的；第二，申请执行人撤回执行申请或者放弃债权的；第三，查封、扣押的财产流拍或者变卖不成，申请执行人和其他执行债权人又不同意接受抵债的；第四，债务已经清偿的；第五，被执行人提供担保且申请执行人同意解除查封、扣押的；第六，人民法院认为应当解除查封、扣押的其他情形。

2. 拍卖、变卖与以物抵债

查封、扣押只是限制被执行人处分财产的执行措施，为了满足债权人的请求，还需要通过变价程序将查封、扣押的财产进行处分。一般而言，限制性执行措施是处分性执行措施的前提。对被执行的财产，人民法院非经查封、扣押、冻结不得处分。但是，对银行存款等各类可以直接扣划的财产，人民法院的扣划裁定同时具有冻结的法律效力。变价的方式和措施主要有拍卖、变卖和以物抵债三种。

对于拍卖、变卖措施，《民事诉讼法》第 247 条规定：财产被查封、扣押后，执行员应当责令被执行人在指定期间履行法律文书确定的义务。被执行人逾期不履行的，人民法院应当拍卖被查封、扣押的财产；不适于拍卖或者当事人双方同意不进行拍卖的，人民法院可以委托有关单位变卖或者自行变卖。国家禁止自由买卖的物品，交有关单位按照国家规定的价格收购。《民诉法解释》第 488～493 条、《执行规定》第 46～49 条、《拍卖规定》、《房地产执行通知》等对拍卖、变卖和以物抵债的程序作了细化规定。

（1）拍卖

拍卖是指人民法院将被执行人的财产，以公开竞价的方式卖给出价最高的竞买人，并将所得价金交给债权人的执行措施。法院采取这一措施时应按照《民事诉讼法》《民诉法解释》《拍卖规定》的规定进行，并应注意以下事项。

第一，被执行人的财产被查封、扣押、冻结后，法院应当及时进行拍卖、变卖或者采取其他执行措施。财产被查封、扣押后，被执行人在人民法院指定的期间不履行义务的，人民法院应当拍卖被查封、扣押的财产；不适于拍卖或者当事人双方同意不进行拍卖的，人民法院可以委托有关单位变卖或者自行变卖。国家禁止自由买卖的物品，交有关单位按照国家规定的价格收购。人民法院在执行中需要拍卖被执行人财产的，可以由人民法院自行组织拍卖，也可以交由具备相应资质的拍卖机构拍卖。交拍卖机构拍卖的，人民法院应当对拍卖活动进行监督。

第二，拍卖的准备。主要任务包括：确定资产评估机构；确定拍卖机构；确定保留价；执行人员调查拍卖财产的权属状况、占有使用情况等；发布拍卖公告；竞买人预交保证金；通知当事人、已知的担保物权人、优先购买权人或其他优先权人、竞买人于拍卖日到场。拍卖开始前，有下列情形之一的，法院应当撤回拍卖委托：执行名义被撤销的；权利人撤回执行申请的；被执行人全部履行了执行名义确定的金钱债务的；当事人达成了执行和解协议无须拍卖财产的；案外人对拍卖财产提出确有理由的异议的；拍卖机构与竞买人恶意串通的等。被执行人在拍卖日前向法院提交足额金钱清偿债务，要求停止拍卖的，法院应当准许，但被执行人应当负担因拍卖所支出的实际费用。

第三，优先购买权人的买受。拍卖过程中，有最高应价时，优先购买权人可以表示以该最高价买受，如无更高应价，则拍归优先购买权人；如有更高应价，而优先购买权人不作表示的，则拍归该应价最高的竞买人。顺序相同的多个优先购买权人同时表示买受的，以抽签方式决定买受人。

第四，重新拍卖。拍卖成交或者以流拍的财产抵债后，买受人逾期未支付价款或者承受人逾期未补交差价而使拍卖、抵债的目的难以实现的，法院可以裁定重新拍卖。重新拍卖时，原买受人不得参加竞买。重新拍卖的价款低于原拍卖价款造成的差价、费用损失及原拍卖中的佣金，由原买受人承担。人民法院可以直接从其预交的保证金中扣除。扣除后保证金有剩余的，应当退还原买受人；保证金数额不足的，可以责令原买受人补交；拒不补交的，强制执行。

第五，再行拍卖。拍卖时无人竞买或者竞买人的最高应价低于保留价，到场的执行权利人不申请以该次拍卖所定的保留价抵债的，应在 60 日内再行拍卖。对流拍的动产只可进行一次拍卖，对流拍的不动产或者其他财产权可进行两次拍卖。

第六，拍定。拍卖成交的，法院应当作出裁定，送达买受人或者承受人。拍卖成交后，买受人应当在拍卖公告确定的期限或者法院指定的期限内将价款交付到法院或者汇入法院指定的账户。拍卖成交的，标的物所有权自拍卖成交裁定送达买受人时转移。法院裁定拍卖成交后，除有依法不能移交的情形外，应当于裁定送达后 15 日内，将拍卖的财产移交买受人或者承受人。被执行人或者第三人占有拍卖财产应当移交而拒不移交的，强制执行。拍卖财产上原有的担保物权及其他优先受偿权，因拍卖而消灭。拍卖所得价款，应当优先清偿担保物权人及其他优先受偿权人的债权，但当事人另有约定的除外。拍卖财产上原有的租赁权及其他用益物权，不因拍卖而消灭，但该权利继续存在于拍卖财产上，对在先的担保物权或者其他优先受偿权的实现有影响的，法院应当依法将其除去后进行拍卖。拍卖成交的，拍卖机构可以向买受人收取佣金。拍卖未成交或者非因拍卖机构的原因撤回拍卖委托的，拍卖机构为本次拍卖已经支出的合理费用，应当由被执行人负担。

第七，流拍后的处理。流拍后的处理方法如下：(1) 以流拍的财产抵债。拍卖时无人竞买或者竞买人的最高应价低于保留价，到场的执行权利人申请或者同意以该次拍卖所定的保留价接受拍卖财产的，应当将该财产交其抵债。有两个以上执行权利人申请以拍卖财产抵债的，由法定受偿顺位在先的权利人优先承受，受偿顺位相同的则以抽签方式决定承受人。承受人应受清偿的债权额低于抵债财产的价额的，法院应当责令其在指定的期间内补交差额。(2) 不能抵债的，解除查封、冻结，将该财产及时退还被执行人。对于第二次拍卖仍流拍的动产，法院可以将其作价交执行权利人抵债。执行权利人拒绝接受或者依法不能交付其抵债的，法院应当解除查封、扣押，并将该动产退还被执行人。对于第三次拍卖仍流拍的不动产或其他财产权，执行权利人拒绝接受或依法不能交付其抵债的，法院应于第三次拍卖终结之日起 7 日内发出变卖公告，自公告之日起 60 日内没有买受人愿意以第三次拍卖的保留价买受该财产，且执行权利人仍不表示接受该财产抵债的，应当解除查封、冻结，将该财产退还被执行人，但对该财产可以采取其他执行措施的除外。

(2) 变卖

变卖是指人民法院对于被执行人的财产，不经拍卖程序而直接以相当的、合理的价格予以出卖，并将所得价款交给申请执行人的措施。

对查封、扣押、冻结的财产，不适于拍卖或者当事人双方同意不进行拍卖的，人民法院可以委托有关单位变卖或者自行变卖。例如，金银及其制品、当地市场有公开交易价格的动产、易腐烂变质的物品、季节性商品、保管困难或者保管费用过高的物品，人民法院可以决定变卖。

变卖财产时，人民法院可以交由有关单位变卖或自行组织变卖。被执行人申请对人民法院查封的财产自行变卖的，人民法院可以准许，但应当监督其按照合理价格在指定的期限内进行，并控制变卖的价款。对变卖的财产，人民法院或其工作人员不得买受。

关于变卖财产的价格，当事人双方及有关权利人有约定的，按照其约定价格变卖；无约定价格但有市价的，变卖价格不得低于市价；无市价但价值较大、价格不易确定的，应当委托评估机构进行评估，并按照评估价格进行变卖。按照评估价格变卖不成的，可以降低价格变卖，但最低的变卖价不得低于评估价的 1/2。

(3) 以物抵债

以物抵债，是指将被执行人的财产作价后直接交给申请执行人，以折抵债务的执行措施。《民诉法解释》第 491 条规定："经申请执行人和被执行人同意，且不损害其他债权人合法权益和社会公共利益的，人民法院可以不经拍卖、变卖，直接将被执行人的财产作价交申请执行人抵偿债务。对剩余债务，被执行人应当继续清偿。”

以物抵债的适用情形主要有两种：一是经申请执行人和被执行人同意，可以不经拍卖、变卖，直接将被执行人的财产作价交申请执行人抵偿债务。二是被执行人的财产无法拍卖或变卖的，经申请执行人同意，且不损害其他债权人合法权益和社会公共利益的，人民法院可以将该项财产作价后交付申请执行人抵偿债务。

依法定程序裁定以物抵债的，标的物所有权自抵债裁定送达接受抵债物的债权人时转移。

3. 强制管理

强制管理，是指人民法院选任管理人对已被查封、扣押的被执行人的财产实施管理，以管理所得收益清偿申请执行人债权的执行措施。对于强制管理，《民诉法解释》第 492 条作出简单规定：“被执行人的财产无法拍卖或变卖的，经申请执行人同意，且不损害其他债权人合法权益和社会公共利益的，人民法院可以将该项财产作价后交付申请执行人抵偿债务，或者交付申请执行人管理；申请执行人拒绝接收或者管理的，退回被执行人。”

关于可实施强制管理的财产范围，一些国家和地区通常将其限定为不动产或船舶、航空器等特定动产，我国则未作限制。对于管理人的选定，《民诉法解释》将其限定为申请执行人，其他国家和地区则规定执行法院可以选任自然人、法人或者其他组织担任管理人。而对于如何实施强制管理的具体程序问题，现行法律和司法解释尚未予以规定。

从实践来看，强制管理措施终结的情形主要有以下几种：债权获得清偿；管理无实益，即管理所得的收益在扣除管理费用及其他必要的支出后，无剩余可能的；申请执行人撤回执行申请；被管理的财产灭失；执行依据被依法撤销等。

被执行人的财产无法拍卖或者变卖，且申请执行人拒绝接收以该项财产抵偿债务或者管理的，人民法院应当解除查封、扣押、冻结措施，将该财产退回被执行人。

（四）对其他财产权的执行

1. 对知识产权的执行

被执行人不履行生效法律文书确定的义务，人民法院有权裁定禁止被执行人转让其专利权、注册商标专用权、著作权（财产权部分）等知识产权。上述权利有登记主管部门的，应当同时向有关部门发出协助执行通知书，要求其不得办理财产权转移手续，必要时可以责令被执行人将产权或使用权证照交人民法院保存。采取上述执行措施后，被执行人仍拒不履行义务的，人民法院可以对该知识产权采取拍卖、变卖等执行措施。

2. 对股息、红利等收益的执行

对被执行人从有关企业中应得的已到期的股息或红利等收益，人民法院有权裁定禁止被执行人提取和有关企业向被执行人支付，并要求有关企业直接向申请执行人支付。对被执行人预期从有关企业中应得的股息或红利等收益，人民法院可以采取冻结措施，禁止到期后被执行人提取和有关企业向被执行人支付。到期后人民法院可从有关企业中提取，并出具提取收据。

有关企业收到人民法院发出的协助冻结通知后，擅自向被执行人支付股息或红利，造成已转移的财产无法追回的，应当在所支付的股息或红利范围内向申请执行人承担责任。

3. 对股份凭证（股票）的执行

对被执行人在股份有限公司中持有的股份凭证（股票），人民法院可以扣押，并强制被执行人按照公司法的有关规定转让，也可以直接采取拍卖、变卖的方式进行处分，或直接将股票抵偿给债权人，用于清偿被执行人的债务。

4. 对投资权益和股权的执行

对于被执行人在有限责任公司、其他法人企业中的投资权益或股权，人民法院可以采取冻结、强制转让等执行措施。冻结投资权益或股权的，应当通知有关企业不得办理被冻结投资权益或股权的转移手续，不得向被执行人支付股息或红利。被冻结的投资权益或股权，被执行人不得自行转让。

(1) 被执行人在其独资开办的法人企业中拥有的投资权益被冻结后，人民法院可以直接裁定予以转让，以转让所得清偿其对申请执行人的债务。对被执行人在有限责任公司中被冻结的投资权益或股权，人民法院可以依据《公司法》的规定，予以拍卖、变卖或以其他方式转让；不同意转让的股东，应当购买该转让的投资权益或股权，不购买的，视为同意转让，不影响执行。人民法院也可允许并监督被执行人自行转让其投资权益或股权，将转让所得收益用于清偿对申请执行人的债务。

【案例】 甲公司长期拖欠客户的货款，乙公司等债权人起诉至法院。法院审理后判决甲公司给付欠款700余万元。判决生效后，甲公司未履行义务，债权人相继向法院申请执行。法院在执行中，对被执行人的车辆等财产予以查封、拍卖，偿还了部分款项。后经调查发现，甲公司曾在丙公司出资680万元而拥有其30%的股权。在此情况下，法院可依《执行规定》第51条裁定冻结、提取甲公司在丙公司的股权收益；如仍不能清偿债务，还可依《执行规定》第53条、第54条和《公司法》的规定裁定冻结、拍卖该项股权，以满足申请执行人的执行请求。

(2) 对被执行人在中外合资、合作经营企业中的投资权益或股权，在征得合资或合作他方的同意和对外经济贸易主管机关的批准后，可以对冻结的投资权益或股权予以转让。如果被执行人除在中外合资、合作企业中的股权以外别无其他财产可供执行，其他股东又不同意转让的，可以直接强制转让被执行人的股权，但应当保护合资他方的优先购买权。

(3) 对上市公司国有股和社会法人股的执行，应当按照最高人民法院2001年9月21日公布的《关于冻结、拍卖上市公司国有股和社会法人股若干问题的规定》进行。

5. 对被执行人到期债权的执行

对被执行人到期债权的执行（又称代位执行或代位申请执行），是指被执行人对他人享有到期债权时，人民法院可以依法对该债权采取执行措施，以实现申请执行人的权利。

(1) 执行被执行人到期债权的适用条件

执行被执行人的到期债权应当符合以下条件：第一，被执行人未履行执行依据所确定的清偿义务。第二，被执行人对他人享有到期债权。[①] 第三，该他人在指定的期限内不提出异议但又不履行债务。

(2) 对被执行人到期债权的执行程序

第一，法院审查、裁定与发出履行通知。法院审查后，认为被执行人对他人享有到期债权，可以作出冻结债权的裁定，并通知该他人向申请执行人履行。履行通知必须直接送达该他人。履行通知应当包含下列内容：该他人直接向申请执行人履行其对被执行人所负的债务，不得向被执行人清偿；该他人应当在收到履行通知后的15日内向申请执行人履行债务；该他人对履行到期债权有异议的，应当在收到履行通知后的15日内向执行法院提出；该他人违背上述义务的法律后果。该他人收到人民法院要求其履行到期债务的通知后，擅自向被执行人履行，造成已向被执行人履行的财产不能追回的，除在已履行的财产范围内与被执行人承担连带

---

① 《民诉法解释》第501条和《执行规定》第61条将可以执行的被执行人的债权限定为“到期债权”，对未到期的债权不能采取执行措施，其后果可能对申请执行人不利，难以充分保障其权利的实现。

清偿责任外，可以追究其妨害执行的责任。

第二，异议程序。该他人对履行通知如果有异议，应当在收到履行通知后的15日内向执行法院提出。异议的内容应当是主张债权不存在、未到期或存在争执等情形，故该他人提出自己无履行能力或其与申请执行人无直接法律关系，不属于有效的异议。该他人对到期债权有异议，申请执行人请求对异议部分强制执行的，人民法院不予支持。

利害关系人对到期债权有异议的，人民法院应当按照《民事诉讼法》第227条的规定处理。

第三，该他人未提出异议与法院的强制执行。该他人在履行通知指定的期限内没有提出异议，又不履行的，执行法院有权裁定对其强制执行。该他人对债务部分承认、部分有异议的，可以对其承认的部分强制执行。

第四，发放履行证明。该他人按照人民法院履行通知向申请执行人履行了债务或已被强制执行后，人民法院应当出具有关证明。

（3）被执行人放弃债权的行为无效

被执行人收到人民法院的履行通知后，放弃对该他人的债权或延缓其履行期限的行为无效，法院仍可在该他人无异议又不履行的情况下予以强制执行。

（4）禁止再代位执行

在对该他人作出强制执行裁定后，该他人确无财产可供执行的，不得再就该他人所享有的到期债权强制执行。

（五）对剩余债务的继续执行

为防止被执行人逃避债务，充分保障申请执行人的权益，维护生效法律的尊严，《民事诉讼法》第254条规定了继续执行制度，即在人民法院采取冻结、划拨、查封、扣押、拍卖、变卖等执行措施后，被执行人仍不能清偿债务的，应当继续履行义务；债权人发现被执行人有其他财产的，可以随时请求人民法院执行，且不受《民事诉讼法》第239条规定的申请执行时效期间的限制。

二、非金钱债权的执行

非金钱债权的执行，是指债权人请求执行的内容不在于获得金钱，而在于满足对物的占有或者要求债务人为一定行为或不为一定行为，故又可分为物之交付请求权的执行与对行为请求权的执行。

（一）物之交付请求权的执行

物之交付请求权的执行，是指根据生效法律文书，申请执行人对被执行人享有请求其交付特定的动产或不动产的权利，法院为实现该请求权而实施的执行。

1. 交付动产的执行

被执行人拒不履行交付动产的义务时，人民法院可以通过一定的强制手段，责令和强制其交付。指定交付的动产主要表现为特定的财物或票证。根据民事诉讼法的规定，法律文书指定交付的财物或者票证，由执行员传唤双方当事人当面交付，或者由执行员转交，并由被交付人签收。执行标的物为特定物的，应当执行原物。原物被隐匿或非法转移的，人民法院有权责令其交出。原物确已毁损或者灭失的，经双方当事人同意，可以折价赔偿。双方当事人对折价赔偿不能协商一致的，人民法院应当终结执行程序。申请执行人可以另行起诉。

有关单位持有该项财物或者票证的，应当根据人民法院的协助执行通知书转交，并由被交付人签收；有关公民持有该项财物或者票证的，人民法院通知其交出。有关单位或公民拒不转交的，可以强制执行，并可依照《民事诉讼法》第114、115条的规定处理。在他人持有期间该项财物或者票证毁损、灭失的，参照《民诉法解释》第494条的规定处理，即经申请执行人与该他人双方同意，可以折价赔偿。双方对折价赔偿不能协商一致的，人民法院应当终结执行程序。申请执行人可以另行起诉。他人主张合法持有财物或者票证的，可以根据《民事诉讼法》第227条的规定提出执行异议。

有关单位或公民持有法律文书指定交付的财物或票证，在接到人民法院协助执行通知书或通知书后，协同被执行人转移财物或票证的，人民法院有权责令其限期追回；逾期未追回的，应当裁定其承担赔偿责任。

2. 交付不动产的执行

交付不动产的执行，是指执行法院强制解除被执行人对不动产的占有并将该不动产交付给申请执行人。交付不动产的执行措施，主要是强制被执行人迁出房屋或退出土地，并通知有关单位协助办理财产权证照转移手续。

采取强制迁出房屋或者强制退出土地措施时，由院长签发公告，责令被执行人在指定期间履行；被执行人逾期不履行的，由执行员强制执行。强制执行时，被执行人是公民的，应当通知被执行人或者他的成年家属到场；被执行人是法人或者其他组织的，应当通知其法定代表人或者主要负责人到场。拒不到场的，不影响执行。被执行人是公民的，其工作单位或者房屋、土地所在地的基层组织应当派人参加。执行员应当将强制执行情况记入笔录，由在场人签名或者盖章。在执行中，需要办理有关财产权证照转移手续的，人民法院可以向有关单位发出协助执行通知书，有关单位必须办理。所谓“财产权证照”，包括房产证、土地证、林权证、专利证书、商标证书、车船执照等。

强制迁出房屋时被搬出的财物，由人民法院派人运至指定处所，交给被执行人。被执行人是公民的，也可以交给他的成年家属。因拒绝接收而造成的损失，由被执行人承担。

（二）对行为请求权的执行

对行为请求权的执行，是指人民法院通过一定的强制手段，迫使债务人履行生效法律文书所指定的行为。这里所称的“行为”，包括“作为”和“不作为”两种。“作为”又可分为可替代履行的作为和不可替代履行的作为，“不作为”无可替代履行与不可替代履行之分。

对行为请求权的执行与金钱债权、物之交付请求权的执行不同，一般难以采取直接执行的方法，而往往需要采取间接执行或替代执行的方法。

1. 对可替代履行的行为的执行

对于可替代履行的行为，可以委托有关单位或他人完成，因完成该行为发生的费用由被执行人承担。被执行人拒绝负担费用时，可按照金钱债权的执行程序对其财产强制执行。根据《民诉法解释》第503、504条的规定，被执行人不履行生效法律文书确定的行为义务，该义务可由他人完成的，人民法院可以选定代履行人；法律、行政法规对履行该行为义务有资格限制的，应当从有资格的人中选定。必要时，可以通过招标的方式确定代履行人。申请执行人可以在符合条件的人中推荐代履行人，也可以申请自己代为履行，是否准许，由人民法院决定。代履行费用的数额由人民法院根据案件具体情况确定，并由被执行人在指定期限内预先支付。被执行人未预付的，人民法院可以对该费用强制执行。代履行结束后，被执行人可以查阅、复制费用清单以及主要凭证。

2. 对不可替代履行的行为的执行

不可替代履行的行为往往与被执行人的身份相关，具有很强的人身属性，例如赔礼道歉、完成约定的演出等。这类行为因其法律上或事实上的性质而不能由他人代为完成。对这类行为的执行，可采取罚款、拘留等间接强制的办法，对被执行人施加压力，迫使其履行义务。根据《民诉法解释》第505条的规定，被执行人不履行法律文书指定的行为，且该项行为只能由被执行人完成的，人民法院可以依照《民事诉讼法》第111条第1款第6项规定处理，即将其作为“拒不履行人民法院已经发生法律效力的判决、裁定的”妨害行为，予以罚款、拘留；构成犯罪的，依法追究刑事责任。被执行人在人民法院确定的履行期间内仍不履行的，人民法院可以依照《民事诉讼法》第111条第1款第6项规定再次处理。

三、保障性的执行措施

保障性的执行措施是指为辅助和配合直接实现债权人权利的基本执行措施而实施的执行措施。保障性的执行措施主要包括搜查、责令支付迟延履行利息或迟延履行金、执行威慑机制、对妨害执行的强制措施等。

（一）搜查

搜查是指被执行人隐匿财产、拒不履行生效法律文书确定的义务时，人民法院依法对被执行人的人身、住所以及其他可能隐匿财产的处所进行搜寻查找的行为。搜查的目的在于发现债务人隐匿的财产，为实施其他执行措施奠定基础。在执行中，被执行人隐匿财产、会计账簿等资料的，人民法院除可依照《民事诉讼法》第111条第1款第6项规定对其处理外，还应责令被执行人交出隐匿的财产、会计账簿等资料。被执行人拒不交出的，人民法院可以采取搜查措施。

搜查是一种严厉的执行措施，不仅关系到是否侵犯宪法赋予公民的基本权利，如人身自由权、名誉权、居住权等，而且影响到人民法院执法的严肃性，因此必须严格按照法律规定的条件和程序进行。

采取搜查措施应当具备如下条件：（1）被执行人有隐匿财产、会计账簿等资料的行为。根据《执行规定》第30条的规定，被执行人拒绝按人民法院的要求提供其有关财产状况的证据材料的，人民法院即可按照《民事诉讼法》第248条的规定进行搜查。因此，被执行人拒不报告其财产状况的，即可认为符合这一条件。（2）人民法院责令被执行人交出隐匿的财产、会计账簿等资料，而被执行人拒不交出。

适用搜查措施应当遵守以下程序：（1）法院院长签发搜查令。人民法院决定采取搜查措施，必须由院长签发搜查令，由执行员负责执行，实践中一般有司法警察参加。搜查人员应当按规定着装，并向被搜查人出示搜查令和工作证件。（2）通知有关人员到场。搜查的对象为公民的，应当通知被执行人或者其成年家属以及基层组织派员到场；搜查对象是法人或者其他组织的，应当通知法定代表人或主要负责人到场，有上级主管部门的，也应通知该主管部门有关人员到场。拒不到场的，不影响搜查的进行。除上述人员外，禁止其他无关人员进入搜查现场。（3）搜查对象包括被执行人的住所、财产隐匿地及人身。对被执行人可能存放隐匿的财物及有关证据材料的处所、箱柜等，经责令其开启而拒不配合的，人民法院可以强制开启。搜查妇女的身体，应当由女执行人员进行。（4）采取查封、扣押措施，制作查封、扣押财产清单。搜查中发现应当依法采取查封、扣押措施的财产，依照《民事诉讼法》第245条第2款和第247条规定办理。（5）制作搜查笔录。对于搜查的过程，人民法院应制作搜查笔录，由搜查人员、被搜查人及其他在场人签名、捺印或者盖章。拒绝签名、捺印或者盖章的，应当记入搜查笔录。

（二）责令支付迟延履行利息或迟延履行金

被执行人未按判决、裁定和其他法律文书指定的期间履行给付金钱义务的，应当加倍支付迟延履行期间的债务利息。迟延履行期间的利息，自判决、裁定和其他法律文书指定的履行期间届满之日起计算。根据最高人民法院2014年7月7日发布的《关于执行程序中计算迟延履行期间的债务利息适用法律若干问题的解释》的规定，按照《民事诉讼法》第253条规定加倍计算之后的迟延履行期间的债务利息，包括迟延履行期间的一般债务利息和加倍部分债务利息。迟延履行期间的一般债务利息，根据生效法律文书确定的方法计算；生效法律文书未确定给付该利息的，不予计算。加倍部分债务利息的计算方法为：加倍部分债务利息＝债务人尚未清偿的生效法律文书确定的除一般债务利息之外的金钱债务×日万分之一点七五×迟延履行期间。

被执行人未按判决、裁定和其他法律文书指定的期间履行非金钱给付义务的，无论是否已给申请执行人造成损失，都应当支付迟延履行金。已经造成损失的，双倍补偿申请执行人已经受到的损失；没有造成损失的，迟延履行金可以由人民法院根据具体案件情况决定。迟延履行金自判决、裁定和其他法律文书指定的履行期间届满之日起计算。

法院在执行通知书中，在责令被执行人于指定期间内履行生效法律文书确定义务的同时，应责令其承担迟延履行期间的债务利息或迟延履行金。

（三）执行威慑机制

实践中存在的“执行难”问题，往往是被执行人故意不履行、社会诚信制度缺失、财产监管制度不健全等诸多因素导致的“综合征”。要解决这一难题，单靠法院自身往往难以奏效，而需要各有关部门密切协作、积极配合。因此，在加强法院自身执行力度的同时，有必要建立起一套国家执行威慑机制，以促使被执行人履行义务。

所谓执行威慑机制，是指通过对被执行人涉案信息的公开和共享，国家有关职能部门和社会公众共同对被执行人进行制约，以促使其自觉履行义务并促进全社会遵法守信的执行工作机制。《民事诉讼法》第255条为这一机制的建立提供了基本的法律依据，即：“被执行人不履行法律文书确定的义务的，人民法院可以对其采取或者通知有关单位协助采取限制出境，在征信系统记录、通过媒体公布不履行义务信息以及法律规定的其他措施。”这一机制运作的基本思路是，在全国法院建立执行案件信息管理系统，将全国法院每年受理的所有执行案件的基本信息全面登录，并允许当事人、社会公众查询，然后再将该系统与金融、工商登记、房地产、交通、出入境管理等部门以及其他社会诚信体系网络相连接，逐步从法律、经济、生活、舆论等各个方面对被执行人进行制约，使其在融资、投资、经营、置产、出境、注册新公司、高消费等方面，都受到严格的审查和限制，促使其自动履行义务，以最大限度地实现债权人的债权。

在执行威慑机制中，公布失信被执行人名单信息的机制对于促使被执行人履行义务具有重要意义，为此，《民诉法解释》第518条规定：“被执行人不履行法律文书确定的义务的，人民法院除对被执行人予以处罚外，还可以根据情节将其纳入失信被执行人名单，将被执行人不履行或者不完全履行义务的信息向其所在单位、征信机构以及其他相关机构通报。”最高人民法院2013年7月16日发布的《关于公布失信被执行人名单信息的若干规定》（2017年修正）则专门规定了这一机制的程序和要求，其中第7条、第8条规定：各级人民法院应当将失信被执行人名单信息录入最高人民法院失信被执行人名单库，并通过该名单库统一向社会公布。各级人民法院可以根据各地实际情况，将失信被执行人名单通过报纸、广播、电视、网络、法院公告栏等其他方式予以公布，并可以采取新闻发布会或者其他方式对本院及辖区法院实施失信被执行人名单制度的情况定期向社会公布。人民法院应当将失信被执行人名单信息，向政府相关部门、金融监管机构、金融机构、承担行政职能的事业单位及行业协会等通报，供相关单位依照法律、法规和有关规定，在政府采购、招标投标、行政审批、政府扶持、融资信贷、市场准入、资质认定等方面，对失信被执行人予以信用惩戒。人民法院应当将失信被执行人名单信息向征信机构通报，并由征信机构在其征信系统中记录。国家工作人员、人大代表、政协委员等被纳入失信被执行人名单的，人民法院应当将失信情况通报其所在单位和相关部门。国家机关、事业单位、国有企业等被纳入失信被执行人名单的，人民法院应当将失信情况通报其上级单位、主管部门或者履行出资人职责的机构。

除了上述司法解释外，最高人民法院还单独或者与其他部门联合发布了诸多司法解释或其他法律文件，以便加大执行力度，推动执行威慑机制建设，最大限度地保护当事人的合法权益。例如，最高人民法院于 2010 年 7 月 1 日发布了《关于限制被执行人高消费的若干规定》(2015 年作了修改并更名为《关于限制被执行人高消费及有关消费的若干规定》)；2010 年 7 月 7 日与中央纪律检查委员会、最高人民检察院、公安部、监察部、司法部等 20 个中央部门联合发布了《关于建立和完善执行联动机制若干问题的意见》；2011 年 5 月 27 日发布了《关于依法制裁规避执行行为的若干意见》；2014 年 10 月 10 日与国家工商总局联合发布了《关于加强信息合作规范执行与协助执行的通知》；2014 年 10 月 24 日与中国银行业监督管理委员会联合发布了《关于人民法院与银行业金融机构开展网络执行查控和联合信用惩戒工作的意见》；2014 年 12 月 9 日与中国证券监督管理委员会联合发布了《关于加强信用信息共享及司法协助机制建设的通知》等。①

（四）对妨害执行的强制措施

对妨害执行的强制措施，是指人民法院对于妨害民事执行活动的行为人采取的制裁措施，属于对妨害民事诉讼的强制措施的范畴。对妨害执行的人依法采取强制措施，目的在于保证执行程序的顺利进行、促使被执行人履行义务、保障债权人权利的实现。

第三节　执行竞合与参与分配

一、执行竞合

（一）执行竞合的概念与构成要件

执行竞合，又称民事执行的竞合，是指在民事执行程序中，两个或两个以上的债权人同时或先后以不同的执行依据，对同一债务人的特定财产，申请法院强制执行，而各债权人的权利难以同时获得完全满足的一种竞争状态。

从广义上说，执行竞合包括民事执行之间的竞合、民事执行与财产刑之间的竞合以及民事执行与行政处罚的执行之间的竞合。其中，民事执行与财产刑（没收财产、罚金）的执行发生竞合时，民事执行一般应当优先于财产刑的执行；民事执行与罚款等行政处罚的执行发生竞合时，一般也应遵循民事执行优先的原则处理。下文所称的执行竞合，专指民事执行之间的竞合而言。

① 据统计，截至 2014 年年底，各级法院共公布失信被执行人 894 906 人次，其中自然人 776 288 名，法人及其他组织 118 618 个；累计限制 1 055 414 人次购买飞机票，限制 56 038 人次购买列车软卧车票。参见最高人民法院：《中国法院的司法公开》，17 页，北京，人民法院出版社，2015。

一般认为，执行竞合的构成要件包括：(1) 须有两个或两个以上的债权人存在。(2) 有两个或两个以上的执行依据，即债权人所持的执行依据是各自独立的执行依据，债务人具有两个或两个以上的给付义务。(3) 执行标的是同一债务人的特定财产。(4) 数个债权人同时或先后提出给付请求。

(二) 执行竞合的类型及其处理

1. 终局执行之间的竞合

数个债权人依不同的执行依据同时申请对同一债务人的特定财产予以终局执行，或者一债权人对债务人的特定财产已经开始实施终局执行，其他债权人又申请对该财产予以终局执行时，即构成终局执行之间的竞合。一般按照下列规则处理。

(1) 数个执行依据均指定交付某物。此种情形多发生于不同的生效法律文书之间存在冲突的情况之下，根据《执行规定》第126条等条款的规定，有关法院应当立即停止执行，报请共同的上级法院处理。

(2) 多个债权人的债权种类不同。根据《执行规定》第88条第2款的规定，多个债权人的债权种类不同的，基于所有权和担保物权而享有的债权，优先于金钱债权受偿。当有多个担保物权时，按照各担保物权成立的先后顺序清偿。

【案例】甲、乙对丙均享有金钱债权，甲申请对丙所有的某座房屋予以执行，且甲对该房屋享有抵押权；乙也申请对丙的该房屋执行但不享有抵押权。法院在处理此种执行竞合时，应优先满足甲的执行请求。

(3) 多个债权人的债权均为金钱债权且均无担保物权。根据《执行规定》第88条第1款，多份生效法律文书确定金钱给付内容的多个债权人分别对同一被执行人申请执行，各债权人对执行标的物均无担保物权的，按照执行法院采取执行措施的先后顺序受偿。结合《执行规定》第89～96条的规定，在具体处理时应按下列规则进行。

其一，被执行人为法人时，如被执行人的财产足以清偿或者虽然不足以清偿但无人申请破产的，按照执行法院采取执行措施的先后顺序受偿；如被执行人的财产不足以清偿全部债务，且有人申请破产的，则适用破产程序处理；如被执行人的财产不足以清偿全部债务，但被执行人未经清理或清算而撤销、注销或歇业的，应当参照适用参与分配程序的规定对各债权人的债权按比例清偿（《执行规定》第96条）。

其二，被执行人为公民或者其他组织时，如被执行人的财产足以清偿，应当按照执行法院采取执行措施的先后顺序受偿；如被执行人的财产不足以清偿，则应当适用参与分配制度予以处理。

需注意的是，多个债权人基于同一执行依据对同一被执行人申请执行时，不涉及执行竞合问题。应依照《执行规定》第88条第3款的规定处理，即一份生效法律文书确定金钱给付内容的多个债权人对同一被执行人申请执行，执行的财产不足清偿全部债务的，各债权人对执行标的物均无担保物权的，按照各债权比例受偿。此种处理规则的适用，不论被执行人是法人还是公民或其他组织。

2. 保全执行之间的竞合

保全执行之间的竞合，是指对于执行标的，多个债权人同时或先后请求保全执行。对于财产保全裁定的执行，《民事诉讼法》第103条第2款明确规定：财产已被查封、冻结的，不得重复查封、冻结。据此，多个债权人依据不同的财产保全裁定对债务人的财产予以保全执行时，应依采取执行措施的先后而定，先采取保全措施的执行，优于后采取保全措施的执行。

3. 终局执行与保全执行之间的竞合

在对执行标的实施保全执行过程中，其他债权人又请求对其予以终局执行，或者相反，在终局执行过程中，其他债权人又请求保全执行，即构成终局执行与保全执行之间的竞合。对于此种执行竞合的处理，由于《民事诉讼法》第 103 条第 2 款明确规定：“财产已被查封、冻结的，不得重复查封、冻结”，所以，如果多个债权人分别依据财产保全裁定和终局性的生效法律文书对债务人的财产予以执行时，显然应依照采取执行措施的先后而定，即采取执行措施在先的执行，优于采取执行措施在后的执行，而不论先采取执行措施的是保全执行还是终局执行。

如果一债权人已对被执行人的财产予以保全执行，则其他债权人不得对其予以终局执行。保全债权人取得终局执行依据后，可申请法院将保全执行变为终局执行，此时，各债权人之间的关系成为终局执行与终局执行的关系，发生执行竞合时，应依照上述处理终局执行竞合的有关规则解决；如果在先的保全执行措施由于某种原因（例如保全债权人败诉）被依法解除，则其他取得执行依据的债权人可依法申请对该财产采取执行措施。

若一债权人对被执行人财产的终局执行措施在先，则其他债权人不得对其予以保全执行。终局执行的债权人可在欲保全执行的债权人取得终局性的执行依据之前获得清偿，但保全债权人获得终局性的执行依据并申请终局执行，而在先的终局执行程序尚在进行当中的，则各债权人之间的关系可变为终局执行与终局执行的关系，发生执行竞合时，也应依照上述处理终局执行竞合的有关规则解决。

二、参与分配

参与分配，是指对于被执行人是公民或其他组织的执行案件，在执行过程中，申请执行人以外的其他债权人，发现被执行人的财产不足以清偿各债权人的全部债权时，可以依法申请参与执行程序，从而将执行所得在各债权人中进行公平清偿的制度。《民诉法解释》第 508～512 条以及《执行规定》第 90～96 条对这一制度作了规定。

（一）参与分配的适用条件

1. 申请参与分配的债权人应当是对该被执行人已经取得执行依据的其他债权人。但是，对人民法院查封、扣押、冻结的财产有优先权、担保物权的债权人，可以直接申请参与分配，主张优先受偿权。

2. 申请执行的债权与申请参与分配的债权须均为金钱债权。

3. 被执行人应当是公民或者其他组织。如果被执行人为企业法人，其财产不足以清偿全部债务的，可告知当事人依法申请债务人破产。但被执行人为企业法人，未经清理或清算而撤销、注销或歇业，其财产不足清偿全部债务的，应当参照参与分配程序，对各债权人的债权按比例清偿。

对于作为被执行人的企业法人，其资产不足以清偿全部债务或者明显缺乏清偿能力的，《民诉法解释》第 513～516 条规定了向破产程序转化的机制。在执行中，作为被执行人的企业法人符合《企业破产法》第 2 条第 1 款规定情形的，执行法院经申请执行人之一或者被执行人同意，应当裁定中止对该被执行人的执行，将执行案件相关材料移送被执行人住所地法院。该法院应当自收到执行案件相关材料之日起 30 日内，将是否受理破产案件的裁定告知执行法院。不予受理的，应当将相关案件材料退回执行法院。被执行人住所地法院裁定受理破产案件的，执行法院应当解除对被执行人财产的保全措施。被执行人住所地法院裁定宣告被执行人破产的，执行法院应当裁定终结对该被执行人的执行。被执行人住所地法院不受理破产案件的，执行法院应当恢复执行。当事人不同意移送破产或者被执行人住所地法院不受理破产案件的，执行法院就执行变价所得财产，在扣除执行费用及清偿优先受偿的债权后，对于普通债权，按照财产保全和执行中查封、扣押、冻结财产的先后顺序清偿。

4. 须被执行人的财产不能清偿所有债权。

5. 须在执行程序开始后，被执行人的财产执行终结前提出参与分配的申请。

【案例】 某工厂是甲、乙、丙合伙开办的不具备法人资格的企业。2006 年 10 月 20 日，A 银行根据生效判决申请法院执行该工厂的财产，以偿还其 20 万元的贷款及其利息。法院受理该申请后，B 公司根据仲裁裁决亦向该执行法院申请对该工厂予以执行，以偿还其所欠的 5 万元货款，C 公司则依据赋予强制执行效力的公证债权文书对该工厂申请执行，要求其偿还借款 6 万元。法院拟根据申请时间的先后，先满足 A 银行的债权，但 B 公司和 C 公司提出该工厂的财产不足以清偿其到期债务，主张应按债权比例平等受偿。在此期间，D 公司向法院提出，其与该工厂签订有供应加工材料的合同，且已交货，但工厂尚未付款，故要求参与分配。

对于本案的处理，如果某工厂的财产足以清偿对 A、B、C 的债务，则应按照申请执行的先后顺序受偿；如果不能清偿 A、B、C 的全部债务，则应当允许 B、C 申请参与分配，由 A、B、C 按债权比例公平受偿。但就 D 而言，由于其尚未取得执行依据，不应允许其参与分配。

（二）参与分配的程序

1. 提交参与分配的申请。申请参与分配，申请人应当提交申请书。申请书应当写明参与分配和被执行人不能清偿所有债权的事实、理由，并附有执行依据。对参与被执行人财产的具体分配，应当由首先查封、扣押或冻结的法院主持进行。如果首先查封、扣押、冻结的法院所采取的执行措施系为执行财产保全裁定，具体分配应当在该院案件审理终结后进行。

2. 作出裁定。对于其他债权人的参与分配申请，主持分配的法院应当作出是否准许的裁定。主持分配的法院接到有关执行法院转交的参与分配申请后，经审查，认为符合申请参与分配条件的，应裁定准许该其他债权人参与分配。认为不符合参与分配条件的，应驳回其申请。

3. 制作分配表并依照法定顺序进行分配。多个债权人对执行财产申请参与分配的，执行法院应当制作财产分配方案，并送达各债权人和被执行人。参与分配执行中，执行所得价款扣除执行费用，并清偿应当优先受偿的债权后，对于普通债权，原则上按照其占全部申请参与分配债权数额的比例受偿。

4. 参与分配程序结束后的继续清偿。被执行人的财产被分配给各债权人后，被执行人对其剩余债务应当继续清偿。债权人发现被执行人有其他财产的，可以随时请求人民法院执行。

（三）对分配方案的异议

债权人或者被执行人对分配方案有异议的，应当自收到分配方案之日起 15 日内向执行法院提出书面异议。债权人或者被执行人对分配方案提出书面异议的，执行法院应当通知未提出异议的债权人、被执行人。未提出异议的债权人、被执行人自收到通知之日起 15 日内未提出反对意见的，执行法院依异议人的意见对分配方案审查修正后进行分配；提出反对意见的，应当通知异议人。异议人可以自收到通知之日起 15 日内，以提出反对意见的债权人、被执行人为被告，向执行法院提起诉讼；异议人逾期未提起诉讼的，执行法院按照原分配方案进行分配。诉讼期间进行分配的，执行法院应当提存与争议债权数额相应的款项。

思考与练习

1. 如何依法查明被执行人的财产？

2. 如何认识执行中止的法律后果？

3. 比较委托执行与异地执行的优缺点。

4. 金钱债权与非金钱债权各自有哪些执行措施？应当如何适用？

5. 执行竞合与参与分配有何不同？

6. 依生效判决，甲应偿还乙欠款 80 万元，但甲未按期履行还款义务，乙遂于 2007 年 10 月 10 日向法院申请强制执行。2007 年 10 月 13 日法院作出裁定，拟对甲所有的 A 房产予以查封，并向当地房产局发出协助执行通知。在法院执行过程中，丙向法院提出异议，称其于 2007 年 9 月 20 日与甲就 A 房产签订了房屋买卖契约，房、款两清成交，已经入住该房，且于同年 10 月 5 日向房产局申请房屋产权转移登记，并提交了房产买卖的全部证件和资料，房产局也向其出具了收件单，确认申请材料齐备。问：法院能否对 A 房产予以查封？

前沿问题探讨

1. 关于民事执行中拍卖的性质，主要有三种学说：私法说、公法说和折中说。[①] 私法说认为，执行拍卖是私法行为，属于一种特殊的买卖契约，应当适用拍卖法来调整。公法说为大陆法系国家的通说。该说认为，执行拍卖属于公法上的强制处分行为或执行行为，不同于私法上的拍卖。折中说认为，执行拍卖兼有公法处分和私法买卖的双重性质和效果。学界对此尚未取得一致的认识，并因此对立法和司法产生影响。

2. 多个债权人依据不同的金钱债权执行根据，对同一债务人申请强制执行时，除了具有法定的优先权外，对于如何确定清偿的先后顺序问题，存在平等原则、优先原则、折中原则（团体优先原则）的区别。平等原则，是指不论债权人申请执行的先后，各债权人应当按照其债权额的比例平等地受偿。优先原则，是指首先对债务人财产申请执行的债权人，享有优先于其他债权人受清偿的权利。折中原则，是指以一定的期间为标准，将债权人分成不同的债权人团体，在前一期间内申请执行的债权人，优先于在后一期间内申请执行的债权人受偿；对于在同一期间内申请执行的各债权人之间，则不分前后应一律平等受偿。从理论上讲，这几种处理方式都能找到其合理性的根据，但也都存在不足之处。而从很多国家的规定来看，往往并不绝对地只采用其中的一种方式处理。具体采取何种原则作为主要的处理方式，除了取决于对公正价值的不同理解和对执行效率的不同追求外，与各国的法律传统也有很大关系。我国《民事诉讼法》对此问题未作明确规定，《执行规定》中的相关内容则可概括为以优先原则为主，并辅之以平等原则。将来制定“强制执行法”时如何进行此项制度的设计，值得学界斟酌。

---

① 参见江伟主编：《民事诉讼法专论》，497～509 页，北京，中国人民大学出版社，2005；李浩主编：《强制执行法》，322～326 页，厦门，厦门大学出版社，2005。

第十九章
涉外民事诉讼程序

内容提要

民事诉讼法针对涉外民事案件的特点，对涉外民事诉讼程序作出了特别规定。本章阐述涉外民事诉讼的概念与特征、涉外民事诉讼程序的适用范围与一般原则、管辖、期间与送达以及司法协助。

第一节 涉外民事诉讼程序概述

一、涉外民事诉讼的概念

涉外民事诉讼，是指具有涉外因素的民事诉讼。根据最高人民法院的司法解释，涉外因素包括以下三个方面。

1. 诉讼主体具有涉外因素。此即诉讼当事人一方或双方是外国人、无国籍人、外国企业和组织。它可能是中国公民、法人及其他组织与外国人、无国籍人及外国企业和组织之间的诉讼，也可能是外国人、无国籍人、外国企业和组织之间的诉讼。

2. 争议的民事法律关系具有涉外因素。这是指当事人之间争议的民事法律关系的设立、变更、终止的法律事实发生在外国。例如合同纠纷的双方当事人虽为中国法人，但争议的合同是在外国签订的。

3. 诉讼标的物具有涉外因素。此即诉讼当事人虽是我国的公民、法人或其他组织，但诉讼标的物在外国。如原被告均为中国公民，被继承人生前住所也在我国境内，当事人为继承在外国的银行存款而发生继承遗产的诉讼。

具备上述情形之一者，即为涉外民事诉讼。当然，有的涉外民事诉讼只包含一个涉外因素，有的涉外民事诉讼包含两个或两个以上的涉外因素。

还有一种广义的观点，即将“涉外”理解为包括民事诉讼某一环节或者行为需要国外进行的情形，如文书的域外送达或者判决的外国承认和执行等。

《民诉法解释》第 522 条规定：“有下列情形之一，人民法院可以认定为涉外民事案件：(一) 当事人一方或者双方是外国人、无国籍人、外国企业或者组织的；(二) 当事人一方或者双方的经常居所地在中华人民共和国领域外的；(三) 标的物在中华人民共和国领域外的；(四) 产生、变更或者消灭民事关系的法律事实发生在中华人民共和国领域外的；(五) 可以认定为涉外民事案件的其他情形。”

二、涉外民事诉讼的特征

涉外民事诉讼与国内民事诉讼在诉讼的基本构成要件上有许多相同之处，但涉外民事诉讼由于其诉讼主体、诉讼标的及诉讼标的物具有涉外因素，又使其区别于国内民事诉讼，主要表现如下。

1. 涉外民事诉讼与国家主权密切相关。在涉外民事诉讼中，不仅存在双方当事人与人民法院的民事诉讼法律关系，而且存在中国与外国的关系。这就不可避免地使国家主权成为涉外民事诉讼中的一个突出问题。在处理这类案件时，既要维护我国的司法主权，又要尊重他国的司法主权，以贯彻国际法中互相尊重主权和领土完整的原则。

2. 涉外民事诉讼在具体诉讼制度上有其特殊性。涉外民事诉讼，由于具有涉外因素且当事人在我国可能没有住所，为方便当事人进行诉讼行为或行使诉讼权利，在某些具体的诉讼制度上，如管辖、期间、送达、财产保全等，法律作出了不同于国内民事诉讼的特别规定。

3. 涉外民事诉讼与司法协助相联系。司法权具有严格的地域性，人民法院只能在我国领域内实施诉讼行为，不能到外国实施诉讼行为。但涉外民事诉讼中的某些诉讼行为，又可能需要外国法院的配合与协助；涉外民事诉讼的某些裁判，可能需要外国法院的承认及执行。因此，司法协助也是涉外民事诉讼中的一个重要问题。

4. 涉外民事诉讼涉及法律冲突与适用。由于各国对同一法律事项的规定有所不同，产生法律冲突时，就涉及如何确定准据法的问题，包括程序法的适用与实体法的适用，而国内民事诉讼在法律适用上不存在这些问题。

三、涉外民事诉讼程序的概念

涉外民事诉讼程序，是指人民法院受理、审理、执行具有涉外因素民事案件所适用的诉讼程序。关于涉外民事诉讼程序的法律规定（有学者称为“国际民事程序法”），各国法律均有涉及，但立法体例却不尽相同。归结起来，大致有以下三种：第一种是在民事诉讼法之外另行制定涉外民事诉讼法，两法并列，分别调整国内民事诉讼关系与涉外民事诉讼关系。此种立法体例由于会造成立法上的重复，采用者较少。第二种是以民事诉讼法作为规范涉外民事诉讼程序的一般法，在民事诉讼法之外（通常是在国际私法中）对涉外民事诉讼程序作出特别规定。采用这种立法体例的有土耳其、瑞士等国。第三种是在民事诉讼法中对涉外民事诉讼程序作出特别规定。具体而言又有两种做法：一种是根据特别规定所涉及的内容，将其分别列入有关章节中，如将有关管辖的特别规定列入管辖中，将送达、调查取证的特别规定列入送达中。德国、日本等国都采用这种立法体例。另一种是在民事诉讼法中先规定国内民事诉讼程序，然后设专门的编、章，对涉外民事诉讼中的一些特殊问题，集中加以规定。我国采用这一立法体例。

涉外民事诉讼程序的特别规定，不是与审判程序、执行程序并列的独立、完整的程序规范，它只是针对涉外民事诉讼中的一般原则、管辖、送达、期间、保全、仲裁和司法协助等问题作出的特别规定。涉外民事诉讼程序规范与一般民事诉讼程序规范的关系，是特殊与一般的关系，人民法院在审理涉外民事案件时，有特别规定的，应适用特别规定，没有特别规定的，适用民事诉讼法的一般规定。在适用特别规定时，仍应遵循总则中规定的基本原则。

四、涉外民事诉讼程序的适用范围

我国的涉外民事诉讼程序是为受理、审理、执行具有涉外因素民事案件所设立的，因此，其适用范围为涉外民事案件。

关于“民事”的概念，各国法律中并无统一的规定。这种差异主要源于各国在法律部门划分方面的不同。大陆法系国家将法律区分公法和私法两大部分，民法和商法都属于私法，但有的国家实行“民商合一”，有的国家实行“民商分立”。在英美法系各国，并不存在一个统一的“民事”法律部门，有关民商法范畴的法律关系由普通法和衡平法调整。[①] 虽然各国对于法律部门的划分存在巨大的差异，但是在国际民事司法协助制度中，无论是国内立法还是国际条约，一般都是将整个民事领域的所有事项（包括商法）规定在一个统一的制度之中。在立法方式上，有的采用“民事或商事”的提法，也有的仅提及“民事”，将商事案件也包括其中。

我国与外国缔结的民事司法协助条约对于适用范围的规定一般有两种方式，一种是在条约的名称和约文中直接使用“民事或商事”的提法，不再对之作进一步的解释；另一种是在条约的名称和约文中使用“民事”一词，并用专门的条文对民事的范围作出说明。例如，我国和波兰《关于民事和刑事司法协助的协定》专设“定义”一条，规定：“本协定中所指‘民事案件’，也包括商法、婚姻法和劳动法等范围内有关财产权益和人身权利的案件”（第 12 条）。严格地说，这并不是对“民事”一词所下的定义，而是为了避免有关缔约方由于本国法律部门划分的不同而缩小民事司法协助所应当包括的范围。

涉港、澳、台民事案件，是指当事人、争议标的物或者争议法律关系的发生、变更、消灭等方面具有涉港、澳、台因素的民事案件。涉港、澳、台民事案件不属于涉外民事案件，但又不完全等同于国内民事案件。由于历史的原因，港、澳、台地区的政治、经济、法律制度与内地不同，国家根据“一国两制”方针处理港、澳、台问题。我国已恢复对香港、澳门行使主权；海峡两岸的和平统一也已成为大势所趋。在今后较长的时期内，港、澳、台地区将保留有相对独立的立法权、司法权和终审权。因此，人民法院在审理涉及港、澳、台民事案件时，在实体法上，会遇到区际法律冲突问题，需要制定区际法律冲突规范；在程序法上，从诉讼文书的送达到判决、裁定的执行，都会遇到与涉外民事诉讼相类似的问题，因此，也需要制定相应的法律规范予以解决。为此，最高人民法院制定了一系列司法解释文件，主要有以下内容：1998 年 5 月 22 日公布的《关于人民法院认可台湾地区有关法院民事判决的规定》（现已失效）；1999 年 3 月 29 日公布的《关于内地与香港特别行政区法院相互委托送达民商事司法文书的安排》；2000 年 1 月 24 日公布的《关于内地与香港特别行政区相互执行仲裁裁决的安排》；2001 年 8 月 27 日公布的《关于内地与澳门特别行政区法院就民商事案件相互委托送达司法文书和调取证据的安排》（2019 年 12 月 30 日修正）；2006 年 3 月 21 日公布的《内地与澳门特别行政区关于相互认可和执行民商事判决的安排》；2007 年 12 月 12 日公布的《关于内地与澳门特别行政区相互认可和执行仲裁裁决的安排》；2008 年 4 月 17 日公布的《关于涉台民事诉讼文书送达的若干规定》；2009 年 3 月 9 日公布的《关于涉港澳民商事案件司法文书送达问题若干规定》；2015 年 6 月 29 日公布的《关于认可和执行台湾地区仲裁裁决的规定》；2015 年 6 月 29 日公布的《关于认可和执行台湾地区法院民事判决的规定》；2017 年 2 月 27 日公布的《关于内地与香港特别行政区法院就民商事案件相互委托提取证据的安排》；2017 年 6 月 20 日公布的《关于内地与香港特别行政区法院相互认可和执行婚姻家庭民事案件判决的安排》；2019 年 1 月 18

① 在英美普通法系各国，并没有完整的行政法体系，在司法体制上也没有建立独立的行政法院。行政裁判机构所受理的案件与普通法院所受理的民商事案件相互混杂和渗透，无法分清哪些是纯粹的行政案件，哪些是民商事案件。因而，英美等国都坚持将行政案件列入民商事范围，以避免这类案件被排除在司法协助的范围之外。参见徐宏：《国际民事司法协助》，2 版，15 页，武汉，武汉大学出版社，2006。

日公布的《关于内地与香港特别行政区法院相互认可和执行民商事案件判决的安排》。《民诉法解释》第551条规定："人民法院审理涉及香港、澳门特别行政区和台湾地区的民事诉讼案件，可以参照适用涉外民事诉讼程序的特别规定。"

第二节　涉外民事诉讼的一般原则

我国《民事诉讼法》依照民事诉讼基本原则的精神，参照国际惯例，结合涉外民事诉讼的特点，规定了进行涉外民事诉讼应遵循的一般原则。这些原则以维护国家主权为核心，是国家主权原则在民事诉讼中的具体体现。

一、国家主权原则

国家主权是一个国家的根本属性，是一国所固有并当然享有的基本权利。就其内涵分析，国家主权原则体现在对民事诉讼的绝对管辖权上，具体包括：在立法层面上，对于该国境内的所有诉讼活动和行为进行规定的权力；在守法层面上，要求外国人在该国境内进行诉讼活动要遵守内国诉讼法规范的权力；在司法层面上，对于涉及国家利益、社会利益的特殊案件排除他国管辖的本国专属管辖权的施行。[①] 从其外延分析，国家主权原则可以再细分为司法主权原则和司法豁免原则两个方面。[②] 司法主权原则是指一个国家在涉外民事诉讼中保持国家的司法独立，享有完整而独立的司法管辖权，包括：第一，内国司法机关代表国家对涉外民事纠纷的司法管辖权不容侵犯和剥夺，这是内国司法管辖权受到尊重的重要体现；第二，内国司法机关独立自主的地位不容侵犯，这是司法权至高性和独立性的根本要求，也是司法独立原则的体现；第三，司法权仅归属于内国司法机关，外国司法机关不得在内国行使司法权。[③]

国家主权原则还体现在对于内国适用的诉讼程序规范的属地性上，即诉讼所涉及的程序性规范，均适用法院地法。这既是古老的"场所支配行为"法谚的直接体现，也体现了程序性规范被视为公益性立法而系属于公法范畴的基本特征。

国家的管辖是国家对其领土和居民行使主权的具体体现。在实践中，国家管辖并非单一的概念，它包含不同的方面，具有各种不同的形式，既有属人和属地管辖之分，又有行政、立法和司法管辖之别。在不同方面和不同形式下，管辖权的内容各有不同。但不论它们之间有何区别，管辖权的根据在于国家主权，因此，司法管辖权不容置疑地应受保护和尊重。在各国的立法实践中，对于管辖权的规定，一般都兼采属人和属地管辖，并辅之以保护性管辖和普遍性管辖，尽其可能将主权范围内的纠纷纳入主权管辖之下，同时排斥外国主权在内国主权范围内的行使。但必须注意的是，司法主权的至高性和独立性并不意味着其行使的任意性，司法主权的行使受到国家义务等的制约。国际合作的需要促使各国互相妥协、让渡部分主权权力。对国家所作出的妥协、让渡承诺，内国应该坚持"有约必守"，切实履行国家义务。例如对享有豁免权的外交人员等应给予司法豁免，而不能借口主权的至高性和独立性而拒绝遵循。

---

① 参见黄进主编：《国际私法》，875页，北京，法律出版社，1999。

② 参见常怡主编：《比较民事诉讼法》，804页，北京，中国政法大学出版社，2002。

③ 参见金彭年：《国际民商事程序法》，15页，杭州，杭州大学出版社，1995。

二、适用我国民事诉讼法的原则

诉讼程序依法院所在地法，是一项国际惯例。我国《民事诉讼法》第 259 条规定："在中华人民共和国领域内进行涉外民事诉讼，适用本编规定。本编没有规定的，适用本法其他有关规定。"人民法院审理涉外民事案件，对于诉讼程序问题必须适用我国民事诉讼法。

适用我国民事诉讼法的原则主要表现在以下三个方面：第一，任何外国人、无国籍人、外国企业和组织，在我国领域内进行民事诉讼，都必须遵守我国民事诉讼法。第二，凡属我国人民法院管辖的案件，我国均有司法管辖权。对于属于我国人民法院专属管辖的案件，任何外国法院均无权审判。第三，任何外国法院的判决、裁定和外国仲裁机构的裁决，未经我国法院承认，在我国领域内不发生法律效力。

三、适用我国缔结或参加的国际条约原则

有约必守，是现代国家在国际交往中体现国家之间信任、善意和责任的准则。在国际法意义上，它又被称为条约神圣原则，得到各国的普遍承认。

我国《民事诉讼法》第 260 条规定："中华人民共和国缔结或者参加的国际条约同本法有不同规定的，适用该国际条约的规定，但中华人民共和国声明保留的条款除外。"我国政府历来信守国际条约，重视并加强与外国的司法协助关系，近年来已先后与一些国家缔结了民事司法协助条约，并参加了一些有关涉外民事诉讼的国际公约，如《承认及执行外国仲裁裁决公约》《关于向国外送达民事或商事司法文书和司法外文书公约》《关于从国外调取民事或商事证据的公约》等。这些公约、条约中有关民事诉讼的规定，如果与我国《民事诉讼法》的规定不一致的，应优先适用国际条约。但对于国际条约中我国政府声明保留的条款，人民法院不受其约束。

四、司法豁免权原则

司法豁免权，是指一个国家或国际组织派驻他国的外交代表享有的免受驻在国司法管辖的权利。《民事诉讼法》第 261 条规定："对享有外交特权与豁免的外国人、外国组织或者国际组织提起的民事诉讼，应当依照中华人民共和国有关法律和中华人民共和国缔结或者参加的国际条约的规定办理。"我国已于 1975 年 11 月 25 日加入《维也纳外交关系公约》，1979 年 7 月 3 日加入《维也纳领事关系公约》，并于 1986 年 9 月 5 日制定《外交特权与豁免条例》，1990 年 10 月 30 日制定《领事特权与豁免条例》。有关外交代表及领事官员的司法豁免问题，应按照上述公约和法律的规定办理。

享有司法豁免权的主体包括：（1）外交代表及与其共同生活的配偶和未成年子女；（2）使馆行政技术人员、领事官员和领馆行政技术人员；（3）来中国访问的外国国家元首、政府首脑、外交部部长及其他具有同等身份的官员；（4）其他依照我国参加或者缔结的国际条约享有司法豁免权的外国人、外国组织或国际组织。

根据《维也纳外交关系公约》及我国《外交特权与豁免条例》的规定，外交代表享有民事管辖豁免，但下列各项除外：（1）派遣国政府明确表示放弃民事管辖豁免（不包括对判决的执行也放弃豁免，如要放弃，必须另行作出明确表示）；（2）享有豁免权的外交代表主动提起诉讼，对与本诉直接有关的反诉不享有豁免权；（3）外交代表以私人身份进行的遗产继承诉讼；（4）外交代表因从事公务范围以外的职业或商业活动而引致的诉讼。

【案例】1996 年 3 月 6 日，江某第五次排队办理出国探亲的签证手续，恰巧又碰到前几次因手续不全拒绝为其办理签证手续的 A 国官员。当该官员再次提出江某的手续不齐全，需要补办某一证明时，江某被激怒了，双方发生激烈争吵，继而发生互殴。事件被制止后，该官员认为这一事件的发生极大地损害了他的名誉，即以损害名誉权以及自己被打伤为由起诉至人民法院，请求法院责令江某赔偿其精神损失费以及医疗费、营养费总计 5 万元。江某被法院通知应诉后，以自己也被打伤且花去医疗费共计 3 000 元为由提出反诉，要求该工作人员予以赔偿。法院受理江某提出的反诉后，该官员提出，自己是外交人员，享受司法豁免权，因此，请求免除法院对他的司法管辖权。①

从国际惯例和我国相关法律规定来看，外交代表民事司法豁免权是不完全的、有限的。本案中，A 国官员向我国人民法院起诉，从而引起被告的反诉，这属于外交代表民事司法豁免的例外情形。根据有关国际公约和我国法律的规定，该 A 国官员对反诉不享有司法豁免权。

根据《维也纳领事关系条约》及我国《领事特权与豁免条例》的规定，领事官员也享有民事管辖豁免权，但除上述外交代表不享有豁免权的（1）（2）（3）项外，在以下诉讼中，领事代表也不享有豁免权：（1）涉及未明示的派遣国代表身份所订的契约的诉讼；（2）涉及在中国境内的私有不动产的诉讼；（3）因车辆、船舶或者航空器在中国境内造成的事故涉及损害赔偿的诉讼。此外，与外交代表不同，领事官员可以被要求在司法或行政程序中到场作证，但没有义务就其执行职务所涉及的事项作证。

2005 年 10 月 25 日，第十届全国人大常委会第十八次会议通过《外国中央银行财产司法强制措施豁免法》。该法规定，我国对外国中央银行财产给予财产保全和执行的司法强制措施的豁免。但是，外国中央银行或者其所属国政府书面放弃豁免的或者指定用于财产保全和执行的财产除外。

在实践中还应注意与此相关的国家主权豁免原则，其内容包括管辖、诉讼程序以及强制执行三个方面。② 管辖豁免指的是未经一个国家的明确同意，不得在任何其他国家法院以该外国为被告或者其国家财产为诉讼标的物而提起诉讼。不过，如果涉案是基于反诉而发生的，则作为原告的国家不得主张管辖豁免。诉讼程序豁免指的是在被诉国家承诺放弃豁免，同意作为被告参加诉讼或者作为原告启动诉讼后，享有在其他诉讼程序上特别的豁免，如对其财产进行的诉讼保全，对其出庭以及举证义务不得强迫等。强制执行豁免，指的是一国同意他国法院审理涉及该国作为原告或者被告的诉讼，未经其同意不得依据当地法院判决对它实行强制执行。

五、使用我国通用语言、文字的原则

《民事诉讼法》第 262 条规定："人民法院审理涉外民事案件，应当使用中华人民共和国通用的语言、文字。当事人要求提供翻译的，可以提供，费用由当事人承担。"涉外民事诉讼使用受诉法院所在国语言、文字，是国际通行的做法，也是主权原则的体现。因此，在我国进行民事诉讼时，应使用我国通用的语言、文字，但如果外国当事人不通晓我国通用的语言、文字的，人民法院可以为其提供翻译，其费用由需要翻译的当事人承担。

六、委托中国律师代理诉讼的原则

《民事诉讼法》第 263 条规定："外国人、无国籍人、外国企业和组织在人民法院起诉、应

---

① 案例来源：王敬藩主编：《民事诉讼法教学案例》，363 页，北京，中国政法大学出版社，1999。

② 参见常怡主编：《比较民事诉讼法》，808～809 页，北京，中国政法大学出版社，2002。

诉，需要委托律师代理诉讼的，必须委托中华人民共和国的律师。”律师制度是一国司法制度的组成部分，任何一个主权国家的司法制度只能在本国领域内适用。我国在涉外民事诉讼中允许外国当事人委托律师代理诉讼，但必须委托我国的律师，正是体现我国独立行使司法权的立场。同时，我国也不排斥与外国在司法事务方面的交流与合作。截至2016年9月，已有229家外国律师事务所在北京、上海、广州、天津、大连、沈阳、杭州、厦门等城市设立代表处，从事一定范围的律师业务。①

根据国务院2001年12月22日公布的《外国律师事务所驻华代表机构管理条例》（自2002年1月1日起施行），外国律师事务所在华设立代表机构、派驻代表，应当经国务院司法行政部门许可；外国律师事务所、外国其他组织和个人不得以咨询公司或者其他名义在中国境内从事法律服务活动。根据该条例的规定，代表机构及其代表，只能从事不包括中国法律事务的五种活动：（1）向当事人提供该外国律师事务所律师已获准从事执业业务的国家的法律咨询，以及有关国际条约、国际惯例的咨询；（2）接受当事人或者中国律师事务所的委托，办理在该外国律师事务所律师已获准从事律师执业业务的国家的法律事务；（3）代表外国当事人，委托中国律师事务所办理中国法律事务；（4）通过订立合同与中国律师事务所保持长期的委托关系办理法律事务；（5）提供有关中国法律环境影响的信息。该条例还规定，代表机构不得聘用中国执业律师；聘用的辅助人员不得为当事人提供法律服务。代表机构及其代表依照条例规定从事法律服务活动，受中国法律保护。

应当指出的是，前述规定并不意味着外国人、无国籍人、外国企业和组织在人民法院起诉、应诉都必须委托中国律师，而是说，只有在需要委托律师代理诉讼时，必须委托中国的律师。如果不存在委托律师代理诉讼的必要，他们也可以委托本国公民或中国公民代理诉讼。《民诉法解释》第528、529条规定，涉外民事诉讼中的外籍当事人，可以委托本国人为诉讼代理人，也可以委托本国律师以非律师身份担任诉讼代理人；外国驻华使领馆官员，受本国公民的委托，可以以个人名义担任诉讼代理人，但在诉讼中不享有外交或者领事特权和豁免。在涉外民事诉讼中，外国驻华使领馆授权其本馆官员，在作为当事人的本国国民不在我国领域内的情况下，可以以外交代表身份为其本国国民在我国聘请中国律师或中国公民代理民事诉讼。

《民事诉讼法》第264条规定，在我国领域内没有住所的外国人、无国籍人、外国企业和组织委托我国律师或者其他人代理诉讼，从我国领域外寄交或者托交的授权委托书，应当经所在国公证机关证明，并经我国驻该国使领馆认证，或者履行我国与该所在国订立的有关条约中规定的证明手续后，才具有效力。《民诉法解释》第526、527条规定，外国人、外国企业或者组织的代表人在人民法院法官的见证下签署授权委托书，委托代理人进行民事诉讼的，人民法院应予认可。外国人、外国企业或者组织的代表人在我国境内签署授权委托书，委托代理人进行民事诉讼，经我国公证机构公证的，人民法院应予认可。

第三节 涉外民事诉讼的管辖

司法权是国家主权的重要组成部分。法院对涉外民事案件行使管辖权，直接涉及维护国家主权的问题。各国在确定涉外民事案件的管辖时，普遍实行国家主权原则，同时要求具体案件必须与本国具有某种连结因素。由于各国所强调的连结因素的不同，形成了不同的确定管辖权

① 参见《中华人民共和国司法部公告》（第166号），载《法制日报》，2016-09-05，第6版。

的原则，主要有以下三种：(1) 属地管辖原则，即以当事人的住所地、居所地和事物的存在地（如合同履行地、侵权行为发生地、争议标的物所在地）等作为行使管辖权的连结因素。(2) 属人管辖原则，即以当事人（无论是原告还是被告）的国籍作为连结因素而行使管辖权。(3) 实际控制原则，即根据法院是否能够对被告或者其财产实行直接的控制并作出有效的判决，以确定法院对于某一涉外案件是否具有管辖权。

我国民事诉讼法关于涉外民事案件管辖的特别规定，既参照了国际惯例，又充分考虑了当事人及诉讼与我国法院的实际联系，对应当由我国法院管辖的案件，我国法院绝不放弃管辖权，同时也不任意扩大我国法院的管辖权。根据我国《民事诉讼法》第二十四章的规定，涉外民事诉讼管辖包括特殊地域管辖和专属管辖。在涉外民事诉讼中，还可能遇到诉讼竞合以及管辖权冲突的问题。

一、特殊地域管辖

《民事诉讼法》第 265 条规定，因合同纠纷或者其他财产权益纠纷，对在我国领域内没有住所的被告提起的诉讼，如果合同在我国领域内签订或履行，或者诉讼标的物在我国领域内，或者被告在我国领域内有可供扣押的财产，或者被告在我国领域内设有代表机构，可以由合同签订地、合同履行地、诉讼标的物所在地、可供扣押财产所在地、侵权行为地或者代表机构所在地人民法院管辖。该条规定是专门针对被告在我国领域内没有住所的合同或其他财产纠纷案件的特殊地域管辖。上述地点与诉讼都有一定的联系，便于人民法院管辖，便于我国当事人起诉，有利于维护我国的司法管辖权。

【案例】1996 年 8 月 10 日 14 时 10 分许，美国易迅航运公司（以下简称原告）所属“易迅”轮（M/V TRADE QUICKER）与巴拿马某海运经营有限公司（以下简称被告）所属“延安”轮（M/V YANAN）在公海海面上发生碰撞，造成“易迅”轮机舱和住舱进水沉没，该轮机长随船沉没，下落不明；“延安”轮首部和左舷船尾及右舷中部船体受损。1996 年 12 月 29 日，原告获悉被告所属“延安”轮抵达中国上海，即向上海海事法院提出海事请求权保全申请，申请扣押被告所属“延安”轮，并要求被告提供 300 万美元的银行担保。上海海事法院于 1997 年 1 月 1 日依法作出裁定：(1) 准予申请人对被申请人海事请求权保全的申请。(2) 自即日起扣押被申请人所属“延安”轮。(3) 责令被申请人提供通过中国银行加保的 300 万美元的担保。同日，上海海事法院发出扣押船舶命令，将被申请人所属“延安”轮在中国天津予以扣押。1997 年 2 月 2 日，原告向上海海事法院提起诉讼，要求被告赔偿其经济损失 2 917 728 美元。[①]

本案涉及财产权益的纠纷，被告有可供扣押的财产——“延安”轮在我国领域内，事实上上海海事法院已经对其实施了扣押。根据《民事诉讼法》的规定，被扣押财产所在地的上海海事法院据此取得对本案的管辖权。

二、专属管辖

我国《民事诉讼法》第 266 条规定，因在我国履行中外合资经营企业合同、中外合作经营企业合同、中外合作勘探开发自然资源合同发生纠纷提起的诉讼，由我国人民法院管辖。该项规定为我国涉外民事诉讼的专属管辖。在我国境内成立的中外合资经营企业、中外合作经营企

① 案例来源：王敬藩主编：《民事诉讼法教学案例》，368～369 页，北京，中国政法大学出版社，1999。

业是我国的企业法人，而中外合作勘探开发自然资源合同纠纷，实质上是我国政府与外国投资者在合作勘探开发自然资源的过程中产生的纠纷，涉及我国对本国自然资源享有的永久主权，且上述三种案件的合同签订地、履行地在我国，纠纷事实存在于我国，诉讼标的物也在我国，因此，应由我国人民法院专属管辖。

《民诉法解释》第531条规定，涉外合同或者其他财产权益纠纷的当事人，可以书面协议选择被告住所地、合同履行地、合同签订地、原告住所地、标的物所在地、侵权行为地等与争议有实际联系地点的外国法院管辖。对属于我国人民法院专属管辖的案件，当事人不得以书面协议选择外国法院管辖，但协议选择仲裁的除外。

三、诉讼竞合

诉讼竞合，是指同一当事人就同一争议，基于相同的事实以及相同的诉讼目的，同时在两个以上国家的法院提起诉讼的现象，包括两种情况：(1) 当事人一方作为原告，在两个以上国家的法院提起诉讼；(2) 一方当事人作为原告在甲国法院提起诉讼，对方当事人也以原告的身份，在乙国法院提起诉讼。诉讼竞合现象的产生，与当事人的诉讼动机、诉讼行为有关，同时也是各国涉外民事诉讼管辖权扩大化的必然结果。当事人为了最大限度地维护自己的权益，必然尽力选择最有利于自己的法院起诉，而各国为了扩大本国法院对涉外案件的管辖权，通常尽量增加本国法院行使管辖权的连结因素，这就使当事人“挑选法院”(forum shopping)① 有了较大的自由。

诉讼竞合不可避免地会引起各国之间在管辖权问题上的纠纷。各国对此采取了如下几种对策：(1) 拒绝行使管辖权或中止诉讼。(2) 禁止在外国法院进行的诉讼，即由法院发出禁诉令，如果当事人违背禁令，继续在外国法院进行诉讼，即构成“藐视法庭”的行为，法院可对该当事人予以处罚。(3) 允许当事人自行选择审判法院。其做法是，既不驳回在本国进行的诉讼，也不禁止当事人在外国法院进行诉讼。其理由是，双方当事人有权选择他认为最好的法律、最好的救济和最好的程序制度。②

四、国际民事管辖权冲突及其协调

国际民事管辖权是指一国法院根据本国缔结或参加的国际条约和国内法对特定的涉外民事案件行使审判权的资格。国际民事管辖权的行使关系到国家主权和国家利益以及本国当事人利益的保护，但各国的利益是不相同的，因此，至今国际社会仍没有形成一个统一的国际民事管辖权制度，也就不可避免地会产生对同一国际民事案件多国法院主张管辖权的冲突问题。为了解决这一冲突，就有必要对国际民事管辖权予以协调，其途径一般有两种：一是缔结国际条约，规定各缔约国法院行使国际民事管辖权的原则和依据。二是通过国内立法来加以协调。如规定协议管辖制度，在可能发生国际民事管辖权冲突时，当事人可选择管辖的法院。又如根据“不方便法院”原则确定本国法院是否应行使管辖权，即对于内国法院有管辖权的涉外民事案件，如在另一国家法院起诉和受理，更能获得便利和公正的结果，内国法院经自由裁量后，可

① 英国《牛津法律词典》对 forum shopping（挑选法院）的解释如下：The practice of choosing a country in which to bring a legal case through the courts on the basis of which country's laws are the most favourable. In some instances there is a choice of jurisdiction. See Elizabeth A. Martin & Jonathan Law (eds), *Oxford Dictionary of Law*, 7th edition, Oxford University Press, 2009, p. 239。

② 参见江伟主编：《民事诉讼法学》，627页，上海，复旦大学出版社，2002。

以停止审理此案或驳回原告的起诉。[①] 现在，“不方便法院”原则已得到美国、英国、澳大利亚等普通法系国家判例法的承认，并已开始为少数大陆法系国家（如荷兰、日本等）立法所接受。[②]

《民诉法解释》第 532 条规定：“涉外民事案件同时符合下列情形的，人民法院可以裁定驳回原告的起诉，告知其向更方便的外国法院提起诉讼：（一）被告提出案件应由更方便外国法院管辖的请求，或者提出管辖异议；（二）当事人之间不存在选择中华人民共和国法院管辖的协议；（三）案件不属于中华人民共和国法院专属管辖；（四）案件不涉及中华人民共和国国家、公民、法人或者其他组织的利益；（五）案件争议的主要事实不是发生在中华人民共和国境内，且案件不适用中华人民共和国法律，人民法院审理案件在认定事实和适用法律方面存在重大困难；（六）外国法院对案件享有管辖权，且审理该案件更加方便。”这是我国司法解释文件首次明文规定“不方便法院”原则，具有重要的意义。

对于涉外民事管辖权的冲突如何解决，学者间有不同的看法。一种意见认为，在存在中外民事管辖权冲突的情况下，同一涉外民事纠纷由不同国家法院审理，往往会因适用不同的冲突规则，援用不同的国内法或实体规范而对案件作出不同的判决，这将直接影响当事人的权利义务。涉外民事纠纷由外国法院管辖，往往会给我方当事人带来诸多不便，如法律适用不公、诉讼费用昂贵、审判程序烦琐、遭受歧视待遇等。因此，对于我国和外国法院都有管辖权的涉外民事纠纷，我方当事人应尽量利用内、外国涉外民事诉讼中的有关制度，促成纠纷在我国法院就近审理，从而排除外国法院的管辖权。[③] 另一种意见认为，涉外民事诉讼管辖权的国际协调是互惠原则的要求，互惠原则要求在涉外民事诉讼中内外国相互给予一定的礼遇，管辖权的国际协调正是这种互惠的具体体现。如果在发生管辖权冲突时，内国法院总是拒绝承认外国司法管辖权的合法性，其结果必然招致外国否定内国法院管辖权的报复，即使判决确定，也难以被外国法院承认和执行。因此，只要与内国重大利益或公共秩序无关，就应尽可能地尊重外国国家司法管辖权。[④]

《民诉法解释》第 533 条规定：“中华人民共和国法院和外国法院都有管辖权的案件，一方当事人向外国法院起诉，而另一方当事人向中华人民共和国法院起诉的，人民法院可予受理。判决后，外国法院申请或者当事人请求人民法院承认和执行外国法院对本案作出的判决、裁定的，不予准许；但双方共同缔结或者参加的国际条约另有规定的除外。”该司法解释第 15 条还规定：“中国公民一方居住在国外，一方居住在国内，不论哪一方向人民法院提起离婚诉讼，国内一方住所地人民法院都有权管辖。国外一方在居住国法院起诉，国内一方向人民法院起诉的，受诉人民法院有权管辖。”可见，我国的司法解释是采纳第一种意见的，这一做法对保护我国当事人的合法权益及维护本国司法管辖权较为有利，但却忽略了国际礼让原则在解决国际民事诉讼管辖权冲突中的重要作用，且与当今国际社会的普遍做法不相一致，不利于扩大我国的对外民事交往。我们认为，在互惠原则的基础上，只要无损我国重大利益或公共秩序，应尊

① 美国《布莱克法律词典》对 forum non convenience（“不方便法院”原则）的解释如下：The doctrine that an appropriate forum-even though competent under the law-may divest itself of jurisdiction if, for the convenience of the litigants and witnesses, it appears that the action should proceed in another forum in which the action might originally have been brought. See Bryan A. Garner (ed), *Black's Law Dictionary*, West Group, 1999, p. 665。

② 参见奚晓明：《不方便法院制度的几点思考》，载《法学研究》，2002（1）。

③ 参见徐崇利：《中外民事管辖权冲突的产生及其解决方法》，载《政治与法律》，1993（5）。

④ 参见盛勇强：《涉外民事诉讼管辖权冲突的国际协调》，载《人民司法》，1993（9）；袁泉：《国际私法中的管辖权问题探讨》，载《法商研究》，1998（2）。

重与案件有密切联系国家法院的司法管辖权，而不应一味强调只要我国法院有管辖权，就不予承认外国法院的民事裁判。为此，我们建议，今后修订《民事诉讼法》时，应借鉴外国的有关合理制度，对解决国际民事管辖权的冲突作出具体的规定。

2017 年 9 月 12 日，中国驻荷兰大使吴恳代表中国政府签署了《选择法院协议公约》(Convention on Choice of Court Agreements)。该公约于 2005 年 6 月 30 日由海牙国际私法会议第二十次外交大会通过，2015 年 10 月 1 日生效。该公约保障国际民商事案件当事人排他性选择法院协议的有效性，被选择法院所作出的判决应当在缔约国得到承认和执行，这对加强国际司法合作、促进国际贸易与投资具有积极作用。据报道，我国作为海牙国际私法会议成员国，全程参与了公约谈判并发挥了积极作用。公约签署后，我国将加紧研究公约批准事宜，以期公约早日对我国生效，为我国在民商事判决承认与执行领域开展对外合作提供新的法律基础。

第四节　涉外民事诉讼的期间、送达

一、涉外民事诉讼的期间

在涉外民事诉讼中，由于当事人可能在我国没有住所，无论是人民法院送达诉讼文书或是当事人提出答辩状、上诉状，都需要较长的时间，因而，民事诉讼法对涉外民事诉讼的期间作了特别的规定。

《民事诉讼法》第 268、269 条规定，在我国领域内没有住所的被告接到起诉状副本后，提出答辩状的期限为 30 日。被告申请延期的，是否准许，由人民法院决定。在我国领域内没有住所的当事人，不服一审法院判决、裁定的上诉期限为 30 日；被上诉人提出答辩状的期限也是 30 日。当事人不能在法定期间提起上诉或者提出答辩状，申请延期的，是否准许，由人民法院决定。若当事人双方分别居住在我国领域内和领域外，对第一审人民法院判决、裁定的上诉期，居住在我国领域内的为 15 日和 10 日，居住在我国领域外的为 30 日。双方的上诉期均已届满没有上诉的，第一审人民法院的判决、裁定即发生法律效力。

【案例】赵某（男方）与焦某（女方）在北京结婚，婚后生育一女。1991 年 9 月，焦某去英国探亲，此后未回国。赵某于 1995 年 6 月 25 日向人民法院起诉，诉称焦某已取得在英国永久居住权，并已按英国法律程序办妥离婚手续的证明，因担心英国的离婚证明不被我国承认而提起离婚诉讼。法院受理案件后，即委托我国驻英国的使领馆代为向被告焦某送达诉状副本，并让原告写信通知被告到我国驻英国领事馆办理离婚认证。其后，被告向法院提交了经我国驻英国领事馆签署的“经两人同意，焦女士已按英国法律程序办妥离婚手续”的证明。法院依据此证明，并根据我国法律规定，判决原告赵某与被告焦某离婚。该判决中写明，原告的上诉期为 15 日，被告的上诉期为 30 日。①

根据我国民事诉讼法及相关司法解释，居住在我国领域内的当事人，不论其是否具有外国国籍，上诉期均为判决 15 日，裁定 10 日；居住在我国领域外的当事人，不论其是否具有外国国籍，上诉期均为 30 日。本案中，原告居住在我国领域内，因而其上诉期为 15 日；被告居住在我国领域外，因而其上诉期为 30 日。

《民事诉讼法》第 270 条规定：“人民法院审理涉外民事案件的期间，不受本法第一百四十

① 案例来源：王敬藩主编：《民事诉讼法教学案例》，376～377 页，北京，中国政法大学出版社，1999。

九条、第一百七十六条规定的限制。”由于涉外民事案件相对于国内民事案件而言，具有较为复杂、审理难度较大的特点，往往需要更长的时间，因而，法律特许它不受《民事诉讼法》第149条关于普通程序的审结期限和第176条关于第二审程序的审结期限规定的限制。但是，对涉外民事案件的审结期限如果完全没有限制，在某些情况下不利于对当事人合法权益的保护，也不符合诉讼效率的原则。因此，对这一规定的利弊得失值得重新审视。

二、涉外民事诉讼的送达

涉外民事诉讼的送达，是对在我国领域内没有住所的当事人送达诉讼文书而言的。根据《民事诉讼法》第267条的规定，人民法院可以采用以下的送达方式。

1. 依照受送达人所在国与我国缔结或者共同参加的国际条约中规定的方式送达。我国已参加了《关于向国外送达民事或商事司法文书和司法外文书公约》，还先后与法国、波兰、比利时等国家签订了司法协助协定，在向公约参加国的当事人送达诉讼文书时，可以按公约或条约的规定进行。

2. 通过外交途径送达。这种送达方式是国际公认的一种最正规的送达方式。最高人民法院、外交部、司法部1986年8月14日《关于我国法院和外国法院通过外交途径相互委托送达法律文书若干问题的通知》对这种送达方式的程序和要求作了具体的规定。其程序为：经我国各高级人民法院将应送达的诉讼文书，送交我国外交机关，然后由外交部领事司送交当事人所在国驻我国的外交机构，再由其转交给该国的外交机关，按照该国法律规定送达给当事人。但该种送达方式的手续较为烦琐，所花的时间也较长。

3. 委托我国驻外使领馆代为送达。对在我国领域内没有住所的具有中国国籍的受送达人，可以委托我国驻受送达人所在国的使领馆代为送达。这种送达方式是《维也纳领事关系公约》所认可的，我国是该公约的参加国。

4. 向有权代收的诉讼代理人送达。在我国没有住所的当事人，如有委托代理人的，且代理人有代收诉讼文书的权利，或者当事人专门委托了代收诉讼文书的代理人的，人民法院可直接向其代理人送达。

5. 向受送达人在我国领域内设立的代表机构、分支机构、业务代办人送达。受送达人在我国没有住所，但有代表机构、分支机构或业务代办人的，人民法院可向上述机构送达。

6. 邮寄送达。采用该种送达方式，必须以受送达人所在国的法律允许邮寄送达为前提。涉外邮寄送达，自邮寄之日起满3个月，送达回证没有退回，根据各种情况足以认定已经送达的，期间届满之日即视为送达。自邮寄之日起满3个月，如果未收到送达的证明文件，且根据各种情况不足以认定已经送达的，视为不能用邮寄方式送达。

7. 采用传真、电子邮件等能够确认受送达人知悉的方式送达。这是2012年修法时增设的送达方式。

8. 公告送达。采用以上方式均无法送达时，可以公告送达。自公告之日起满3个月的，视为送达。

三、《关于向国外送达民事或商事司法文书和司法外文书公约》

1991年3月2日，第七届全国人大常委会第十八次会议决定批准我国加入1965年11月15日订立于海牙的《关于向国外送达民事或商事司法文书和司法外文书公约》，并指定司法部为中央机关和有权接收外国通过领事途径转递的文书的机关。该公约于1992年1月1日对我国生效。最高人民法院、外交部、司法部于 1992 年 3 月 4 日发布关于执行该公约有关程序的通知。根据通知的规定，凡该公约的成员国有关机关请求我国法院送达民事或商事司法文书和司法外文书的，应按以下途径和程序进行。

1. 由公约缔约国驻华使馆、领事馆转送的该国法院或其他机关请求我国法院送达的民事或商事司法文书，应直接送交我国司法部，司法部转送给最高人民法院，最高人民法院交有关人民法院送达当事人。送达证明由有关法院交最高人民法院退司法部，由司法部送交该国驻华使领馆。

2. 公约成员国有权送交文书的主管当局或司法协助员可以直接把请求送达的民事或商事司法文书送交我国司法部，司法部转递最高人民法院，再由最高人民法院交有关法院送达当事人。送达证明由有关法院交最高人民法院退司法部，司法部送交该国主管当局或司法协助员。

3. 公约成员国驻华使、领馆，在不违反我国法律规定的前提下，可以直接向其在华的公民送达民事或商事司法文书。

我国法院请求外国有关机关送达民事或商事司法文书或司法外文书的，应按以下途径和程序进行。

1. 我国法院请求公约成员国向该国公民或第三国公民或无国籍人送达民事或商事司法文书，有关中级人民法院或专门人民法院应将请求书和所送司法文书送有关高级人民法院转最高人民法院，由最高人民法院送司法部转送给该国指定的中央机关；必要时，也可由最高人民法院送我国驻该国使馆转送给该国指定的中央机关。

2. 我国法院欲向在公约成员国的中国公民送达民事或商事司法文书，可委托我国驻该国的使领馆代为送达。委托书和所送司法文书应由有关中级人民法院或专门人民法院送有关高级人民法院转最高人民法院，由最高人民法院径送或经司法部转送我国驻该国使领馆送达给当事人。送达证明按原途径退有关法院。

3. 我国与公约成员国签订有司法协助协定的，按协定的规定办理。

在通常情况下，法院应当在有证据证明当事人已经收悉开庭传票或类似文件后，才可在受送达人缺席的情况下进行下一步诉讼程序，包括作出判决。但是，《关于向国外送达民事或商事司法文书和司法外文书公约》第 15 条第 2 款规定：每一缔约国均可声明，只要满足下列条件，即使未收到送达或交付的证明，法官仍可不顾第 1 款的规定作出判决：(1) 已依本公约所规定的一种方法递送文书；(2) 法官根据具体案件认为自递送文书之日起不少于 6 个月的适当期间已满；(3) 尽管为获得证明书，已通过文书发往国的主管机关尽了一切合理的努力，但仍未收到任何种类的证明书。我国根据法律的基本原则和大多数国家的做法，作出声明：在符合该款规定的各项条件的情况下，即使未收到任何送达证明，法官仍有权作出判决。

为规范涉外民事或商事案件司法文书送达，最高人民法院于 2006 年 7 月 17 日通过了《关于涉外民事或商事案件司法文书送达问题若干规定》(2008 年调整)。根据该规定，作为受送达人的自然人或者企业、其他组织的法定代表人、主要负责人在我国领域内的，人民法院可以向该自然人或者法定代表人、主要负责人送达。除受送达人在授权委托书中明确表明其诉讼代理人无权代为接收有关司法文书外，其委托的诉讼代理人为《民事诉讼法》第 267 条第 4 项规定的有权代其接受送达的诉讼代理人，人民法院可以向该诉讼代理人送达。人民法院向受送达人送达司法文书，可以送达给其在我国领域内设立的代表机构。受送达人在我国领域内有分支机构或者业务代办人的，经该受送达人授权，人民法院可以向其分支机构或者业务代办人送达。受送达人所在国与我国签订有司法协助协定，且为《关于向国外送达民事或商事司法文书和司法外文书公约》成员国的，人民法院依照司法协助协定的规定办理。受送达人所在国允许邮寄送达的，人民法院可以邮寄送达。除本规定上述送达方式外，人民決院可以通过传真、电子邮件等能够确认收悉的其他适当方式向受送达人送达。除公告送达方式外，人民法院可以同时采取多种方式向受送达人进行送达，但应根据最先实现送达的方式确定送达日期。人民法院向受送达人在我国领域内的法定代表人、主要负责人、诉讼代理人、代表机构以及有权接受送达的分支机构、业务代办人送达司法文书，可以适用留置送达的方式。受送达人未对人民法院送达的司法文书履行签收手续，但存在以下情形之一的，视为送达：（1）受送达人书面向人民法院提及了所送达司法文书的内容；（2）受送达人已经按照所送达司法文书的内容履行；（3）其他可以视为已经送达的情形。

第五节　司法协助

一、司法协助的概念

司法协助（judicial assistance），是指不同国家的法院之间，根据本国缔结或者参加的国际条约，或者根据互惠原则，互相代为一定的诉讼行为，可分为一般的司法协助和特殊的司法协助两种。

在一般情况下，一国法院的判决和仲裁机关的裁决，只在一国领域内发生效力。涉外民事案件因其具有涉外因素，一国法院在审理时，往往需要他国法院的协助，司法协助正是因此而产生的。但是，并非需要司法协助的不同国家的法院之间都能互相代为一定的诉讼行为，司法协助必须坚持国家主权和平等互利的原则，它是以国家缔结或者参加的国际条约所规定的司法协助事项或以互惠原则为根据，没有这种根据，就不存在司法协助关系。

司法协助实质上是一种不同法域之间相互提供的司法便利或者帮助，因此，互惠互利原则是落实司法协助的基础。司法权派生于国家主权，具有排他性，从而使涉外民事诉讼中，涉及外法域的司法协助必须获得该法域主管机关的认可方能得到施行，否则可能构成对他国司法主权的侵犯。

我国《民事诉讼法》第 277 条第 1 款规定："请求和提供司法协助，应当依照中华人民共和国缔结或者参加的国际条约所规定的途径进行；没有条约关系的，通过外交途径进行。"截至 2014 年 12 月，我国已先后参加了《承认及执行外国仲裁裁决公约》《关于向国外送达民事或商事司法文书和司法外文书公约》《关于从国外调取民事或商事证据的公约》等国际公约，并与波兰、法国、意大利、比利时、罗马尼亚等 35 个国家签订了民事司法协助协定（条约）。[①]有关我国法院与外国法院司法协助的事项应依照上述公约和协定的规定办理，但我国对公约声明保留的条款除外。此外，最高人民法院、外交部、司法部 1986 年联合发出《关于我国法院和外国法院通过外交途径相互委托送达法律文书若干问题的通知》；最高人民法院于 2013 年 4 月 7 日发布《关于依据国际公约和双边司法协助条约办理民商事案件司法文书送达和调查取证司法协助请求的规定》。与我国没有条约关系的，应依该规定通过外交途径进行司法协助。

二、一般司法协助

一般司法协助，是指本国法院和外国法院互相根据对方提出的请求，代为送达诉讼文书、

① 参见中华人民共和国司法部：《民商事司法协助概况》，2014 - 12 - 17。

调查取证等诉讼行为。

一般司法协助的条件如下：(1) 两国之间必须有共同缔结或者参加的有关司法协助的国际条约，或者根据互惠原则两国之间存在事实上的司法协助关系。(2) 请求协助的事项不损害被请求国的主权、安全或者社会公共利益。(3) 请求书及所附文件需附有被请求国的文字译本或者国际条约规定的其他文字文本。

1997 年 7 月 3 日，第八届全国人大常委会第二十六次会议批准我国加入《关于从国外调取民事或商事证据的公约》(自 1998 年 2 月 6 日起对我国生效)。该公约于 1970 年在海牙签订，1972 年生效，是迄今为止在民商事域外取证方面最完善的公约。截至 2015 年 11 月，已有德、美等 58 个国家批准或加入该公约。① 公约中规定了请求书取证，外交官、领事人员和特派员取证三种域外取证方式。

1. 请求书取证

请求书取证是从国外取证的最基本方式，指受理民商事案件的成员国的司法机关可以通过请求书请求证据所在成员国的司法机关代为调查和收集证据。其要求为：(1) 请求书应包含请求机关和被请求机关的名称、当事人及其代理人的姓名和地址、诉讼的性质、要取得的证据或其他要履行的司法行为、取证对象的情况及取证需使用特殊程序的要求等。请求书应使用被请求国的文字，或随附此种文字的译本。除非特别声明，不得拒绝接受法文或英文作成的请求书或所附译文。(2) 被请求国执行机关经审查符合条件的，可依本国法律规定的方式和程序进行取证，也可以按请求国的要求，依特殊方式进行。被请求国执行机关如认为请求不符合公约规定的，可以向请求国提出异议，请求国不予更正的，则不予执行。(3) 缔约国可以声明允许另一缔约国请求机关的司法人员在执行请求书时到场。

2. 外交官、领事人员取证

外交官、领事人员取证，是指一国司法机关通过该国派驻他国的外交或领事官员在其驻在国直接调取证据的一种做法。

3. 特派员取证

特派员取证是指受理诉讼的法院如需要从国外获取证据，委派专门的官员直接到外国的领土上调取证据的行为。

外交官、领事人员取证和特派员取证都涉及一国官员在另一国领土上从事司法行为的问题，与国家主权密切相关。因此，公约允许缔约国或加入国对规定该种取证方式的第二章作出全部或部分的保留。全国人大常委会在批准我国加入该公约时即作出声明，除第 15 条以外，不适用公约第二章的规定。该公约第 15 条规定，在民商事方面，缔约国的外交官或领事人员可以在另一缔约国境内其行使职权的区域内，对其所代表国家的国民就其本国法院受理的诉讼进行调查取证，但不得采取强制措施。我国《民事诉讼法》第 277 条第 2 款也规定：外国驻中华人民共和国的使领馆可以向该国公民送达文书和调查取证，但不得违反中华人民共和国的法律，并不得采取强制措施。

三、特殊司法协助

特殊司法协助，是指两国法院互相承认和执行对方发生法律效力的法院裁判和仲裁机关的裁决。其条件如下：(1) 两国之间必须有共同缔结或者参加的有关特殊司法协助的国际条约，

① 参见何其生：《比较法视野下的国际民事诉讼》，263 页，北京，高等教育出版社，2015。

或者依据互惠原则进行。(2) 不违反被请求国法律的基本原则或者国家主权、安全、社会公共利益。(3) 请求书及所附文件需附有被请求国的文字译本或者国际条约规定的其他文字文本。

（一）承认和执行外国法院裁判

由于世界各国在社会政治制度和经济制度方面的不同，在社会组织，特别是司法组织方面的差异，在法律意识上的不一致，再加上各国在经济领域的利益传统以及随之而来的对外国法院司法行为的不信任等，所有国家的国内立法和有关国际条约，在规定内国法院需承认与执行外国法院判决的同时，都规定了承认与执行外国法院判决时应予遵守的条件。综观各国立法及有关国际条约的规定，大致可以概括为如下几个方面。

1. 原判决国法院具有合格的管辖权。作出判决的法院对于其审理的案件具有管辖权，这是国际社会普遍公认的条件。但是，管辖权是一个非常复杂的问题，国家间的管辖权冲突经常发生，因此，必须解决依何国法律来确定原判决国法院的管辖权。目前对此主要有四种标准：依被请求承认与执行国的法律；依原审国的法律；依原审国和被请求承认与执行国两国的法律；依据条约的规定。大多数国家的诉讼法规定，原判决国法院的管辖权应当依承认与执行地国家的内国法来确定。

2. 诉讼程序具有必要的公正性。基于对败诉一方当事人的保护，各国立法及有关国际条约都规定，内国法院在承认与执行外国法院判决时，必须对败诉方的诉讼权利是否受到损害进行审查。这种审查主要包括：一是败诉方是否得到合法传唤，从而出庭陈述了自己的诉讼主张和行使了自己的辩护权；二是在败诉方没有诉讼行为能力时是否得到适当的代理。如果内国法院发现有关的诉讼程序中败诉一方当事人基于自身失误以外的原因，未能适当地陈述自己的主张和行使自己的辩护权，或在没有诉讼行为能力时未得到适当的代理，就可以认为该诉讼程序不具备公正性，从而拒绝承认与执行相应的判决。①

3. 外国法院判决是确定的判决。确定的判决是指由一国法院或有审判权的其他机关按照其内国法所规定的程序，对诉讼案件中的程序问题和实体问题所作的具有约束力，而且已经发生法律效力的判决或裁定。终审判决是确定判决，但是，在一定的条件下，大多数国家的立法和司法实践也承认与执行外国法院非终局性的中间判决。总之，外国法院的判决必须是已经确定的判决，这几乎是所有国家法律和有关国际公约规定的承认与执行外国法院判决的最基本的条件。

4. 外国法院的判决是合法的判决。请求承认与执行外国法院判决必须合法，也就是说，有关的外国法院判决是基于合法手段而获取的。大多数国家的立法和司法实践都强调，采用欺诈手段获得的外国法院判决不能在内国境内得到承认与执行，而且，大多数国家的法律都是基于内国法来进行识别。

5. 外国法院的判决不得与其他有关的法院判决相抵触。对于一国来说，对于相同当事人就同一争议的案件所作出的判决只能有一个，如果一国对于相同当事人之间就同一争议所进行的诉讼已经作出了生效判决，当事人之间的权利义务关系即告明确，任何一方当事人都有义务服从该判决，而不允许利用外国法院的判决加以对抗。同样，如果一国已承认了第三国法院对相同当事人之间就同一争议的案件所作出的生效判决，第三国法院的判决即在该国取得了与该国法院判决同等的效力，在此情况下，该国也不能再承认与执行其他外国法院的判决。这也是各国立法和司法实践所普遍接受的条件。

① 例如，《中华人民共和国和法兰西共和国关于民事、商事司法协助的协定》第 22 条第 4 项规定，在“败诉一方当事人未经合法传唤，因而没有出庭参加诉讼”的情况下所作出的裁判，“不予承认和执行”。

6. 原判决国法院适用了适当的准据法。这一条件强调作出判决的外国法院应当适用了被请求国冲突法规范所指定的准据法。大多数国家的法律和司法实践都要求，外国法院在特定的范围内适用内国的冲突法规范或不违反内国的有关冲突法规范。

此外，有关国家之间还应存在互惠关系，而且，外国法院的判决不得与内国的公共政策相抵触。

在我国，承认和执行外国法院裁判的一般程序如下：由当事人或所在国法院提出申请，经我国有管辖权的中级人民法院依法审查，认为符合特殊司法协助条件的，裁定承认其效力；需要执行的，发出执行令，依照我国民事诉讼法的有关规定予以执行。如果认为不符合条件，即违反我国法律的基本原则或者国家主权、安全、社会公共利益的，则不予承认和执行。

《民诉法解释》第544条规定："当事人向中华人民共和国有管辖权的中级人民法院申请承认和执行外国法院作出的发生法律效力的判决、裁定的，如果该法院所在国与中华人民共和国没有缔结或者共同参加国际条约，也没有互惠关系的，裁定驳回申请，但当事人向人民法院申请承认外国法院作出的发生法律效力的离婚判决的除外。承认和执行申请被裁定驳回的，当事人可以向人民法院起诉。"第548条规定："承认和执行外国法院作出的发生法律效力的判决、裁定或者外国仲裁裁决的案件，人民法院应当组成合议庭进行审查。人民法院应当将申请书送达被申请人。被申请人可以陈述意见。人民法院经审查作出的裁定，一经送达即发生法律效力。"

（二）承认和执行外国仲裁裁决

我国《民事诉讼法》第283条规定："国外仲裁机构的裁决，需要中华人民共和国人民法院承认和执行的，应当由当事人直接向被执行人住所地或者其财产所在地的中级人民法院申请，人民法院应当依照中华人民共和国缔结或者参加的国际条约，或者按照互惠原则办理。"对临时仲裁庭在我国领域外作出的仲裁裁决，一方当事人向人民法院申请承认和执行的，人民法院应当依照上述规定处理。

外国仲裁裁决在我国的承认和执行可分为三种情况。

1. 在《纽约公约》缔约国作出的裁决

1986年12月2日，第六届全国人大常委会第十八次会议决定我国加入《承认及执行外国仲裁裁决公约》（即1958年《纽约公约》）。我国于1987年1月22日申请加入该公约，该公约自1987年4月22日起对我国生效。

我国在加入该公约时提出互惠保留和商事保留。为了妥善地执行公约的规定，最高人民法院于1987年4月10日发出《关于执行我国加入的〈承认及执行外国仲裁裁决公约〉的通知》。该通知的主要内容如下。

（1）根据我国加入该公约所作的互惠保留声明，我国对在另一缔约国领土内作出的仲裁裁决的承认和执行适用该公约。该公约与我国民事诉讼法有不同规定的，按公约的规定办理。对于在非缔约国领土内作出的仲裁裁决，需要我国法院承认和执行的，应按我国同申请人所在国缔结的其他条约或按互惠原则办理。

（2）根据我国加入该公约时所作的商事保留声明，我国仅对按照我国法律属于契约性和非契约性商事法律关系所引起的争议适用该公约。所谓"契约性和非契约性商事法律关系"，具体是指由于合同、侵权或者根据有关法律规定而产生的经济上的权利义务关系，例如，货物买卖、财产租赁、工程承包、加工承揽、技术转让、合资经营、合作经营、勘探开发自然资源、保险、信贷、劳务、代理、咨询服务和海上、民用航空、铁路、公路的客货运输，以及产品责任、环境污染、海上事故和所有权的争议等，但不包括外国投资者与东道国政府之间的争端。[①]

（3）根据1958年《纽约公约》第4条的规定，申请我国法院承认和执行在另一缔约国领土内作出的仲裁裁决，由仲裁裁决的一方当事人提出。对于当事人的申请应由我国下列地点的中级人民法院受理：被执行人为自然人的，为其户籍所在地或者居所地；被执行人为法人的，为其主要办事机构所在地；被执行人在我国无住所、居所或者主要办事机构，但有财产在我国境内的，为其财产所在地。

（4）我国有管辖权的中级人民法院接到一方当事人请求后，应对申请及承认的外国仲裁裁决进行审查，如果认为不具有该公约第5条第1款、第2款所列的情形，应当裁定承认其效力，并依照我国民事诉讼法规定的程序执行；如果认定具有该公约第5条第2款所列情形之一的，或者根据被申请人提供的证据证明具有第5条第1款所列情形之一的，应当裁定驳回申请，拒绝承认及执行。

（5）申请我国法院承认及执行的仲裁裁决，仅限于1958年《纽约公约》对我国生效后，在另一缔约国领土内作出的仲裁裁决。该项申请应当在我国《民事诉讼法》规定的申请执行期限内提出。

2. 在与我国订有双边条约的国家作出的外国裁决

在我国与一些国家订立的双边贸易、投资保护和司法协助的条约或协定中，规定有关于相互承认与执行对方国家的仲裁裁决的条文。对于在这些国家作出的仲裁裁决，可按双边条约的规定予以承认和执行。例如，我国和土耳其1992年9月28日签订的《关于民事、商事和刑事司法协助的协定》第26条“仲裁机构裁决的承认和执行”规定：除符合本章第三节的其他规定外，符合下列条件的仲裁裁决应予承认与执行：（1）按照被请求的缔约一方的法律，该项仲裁裁决属于对契约性或非契约性商事争议作出的仲裁裁决；（2）仲裁裁决是基于当事人关于将某一特定案件或今后由某一特定法律关系所产生的案件提交仲裁机构管辖的书面仲裁协议作出的，且该项仲裁裁决是上述仲裁机构在仲裁协议中所规定的权限范围内作出的；（3）根据被请求的缔约一方的法律，提交仲裁机构管辖的协议是有效的。

3. 在与我国没有有关条约关系的其他国家作出的裁决

对于在《纽约公约》缔约国以及与我国订有双边条约国家以外的其他国家作出的仲裁裁决，需要在我国境内承认与执行的，应由当事人向我国法院提出申请，我国法院按照互惠原则办理。如果外国裁决的作出地国与我国有相互承认与执行仲裁裁决的互惠关系，并且该裁决在形式上符合我国法律的规定，裁决的执行不违反我国法律的基本原则及国家主权、安全和社会公共利益的，人民法院裁定承认其效力，发出执行令，按照我国民事诉讼法规定的程序执行。

1995年8月28日，最高人民法院发出《关于人民法院处理与涉外仲裁及外国仲裁有关问题的通知》（2008年调整），设立了报告制度，即对于下级法院准备拒绝承认和执行外国仲裁裁决的案件，应在报请最高人民法院同意后，才能作出拒绝承认和执行的裁定。根据该通知，当事人向人民法院申请承认和执行外国仲裁机构的裁决，如果人民法院认为申请承认和执行的外国裁决不符合我国参加的国际公约的规定或者不符合互惠原则的，在裁定拒绝承认和执行之前，必须报请本辖区所属高级人民法院进行审查；如果高级人民法院同意拒绝承认和执行，应

① 外国投资者与东道国政府之间的争端一般由1965年《关于解决各国和其他国家的国民之间投资争端的公约》（即《华盛顿公约》）所设解决投资争端的国际中心解决。我国已于1992年批准加入1965年《华盛顿公约》。《华盛顿公约》规定，每一缔约国都应承认依照该公约作出的裁决具有约束力，并在其领土内履行该裁决所确定的金钱上的义务，如同该裁决是该国法院的最后判决一样。

将其审查意见报最高人民法院。待最高人民法院答复后，方可裁定拒绝承认和执行。该报告制度旨在尽可能严格地把握拒绝承认和执行外国仲裁裁决的条件，避免随意拒绝承认和执行外国仲裁裁决的情形的发生。由最高人民法院对拒绝承认和执行外国仲裁裁决的案件统一把关，不仅可以统一执法的尺度，而且可以有效避免地方保护主义可能带来的干扰。

2017 年 12 月 26 日，最高人民法院发布《关于仲裁司法审查案件报核问题的有关规定》，其中第 2 条规定：各中级人民法院或者专门人民法院办理涉外涉港澳台仲裁司法审查案件，经审查拟认定仲裁协议无效，不予执行或者撤销我国内地仲裁机构的仲裁裁决，不予认可和执行香港特别行政区、澳门特别行政区、台湾地区仲裁裁决，不予承认和执行外国仲裁裁决，应当向本辖区所属高级人民法院报核；高级人民法院经审查拟同意的，应当向最高人民法院报核。待最高人民法院审核后，方可依最高人民法院的审核意见作出裁定。

从近年来的司法实践看，我国法院对外国仲裁裁决的司法监督表现出越来越宽松的态度，充分尊重当事人的意思自治，尊重当事人选择仲裁方式解决其纠纷的意愿，尽可能地承认仲裁裁决的有效性，承认和执行外国仲裁裁决，积极支持非诉讼纠纷解决机制的发展和完善。

在涉外民事诉讼中，可能还有一些具体事项需要国家间的相互协助。比如，外国法的查明、法律情报的交换、户籍文书的送交、涉外财物的归还、各种文书的证明等。在我国与外国签订的司法协助条约中，一般都涉及“交换法律情报”或关于外国法查明的内容，其目的在于准确查明案情，正确适用法律，以保护当事人的合法权益。

思考与练习

1. 简述国家主权原则在涉外民事诉讼中的体现。
2. 如何协调解决国际民事案件管辖权的冲突？
3. 简述“不方便法院”原则的意义及其适用。

前沿问题探讨

2019 年 8 月 7 日，《联合国关于调解所产生的国际和解协议公约》(United Nations Convention on International Settlement Agreements Resulting from Mediation，简称《新加坡调解公约》) 在新加坡开放签署，包括中国、美国、韩国、印度、新加坡在内的 46 个国家和地区作为首批签约方签署了这一公约。《新加坡调解公约》旨在解决国际商事调解达成的和解协议的跨境执行问题，由联合国国际贸易法委员会历时四年研究拟订，并经联合国大会会议于 2018 年 12 月审议通过。在通过该公约的决议中，联合国大会表示，调解在友好解决国际商事争议上具有独特的价值，该公约的制定将补充现行国际调解法律框架，有助于发展和谐的国际经济关系。近年来，学界对于我国是否应当加入该公约，以及加入该公约后如何与我国现行法律制度相衔接等问题展开了广泛的探讨。

参考书目

1. 毕玉谦等．民事诉讼研究及立法论证．北京：人民法院出版社，2006
2. 卞建林，谭世贵主编．证据法学．4版．北京：中国政法大学出版社，2019
3. 蔡虹．民事诉讼法．4版．北京：北京大学出版社，2016
4. 蔡彦敏．民事诉讼主体论．广州：广东人民出版社，2001
5. 常怡主编．比较民事诉讼法．北京：中国政法大学出版社，2002
6. 常怡主编．外国民事诉讼法新发展．北京：中国政法大学出版社，2009
7. 陈桂明．诉讼公正与程序保障——民事诉讼程序之优化．北京：中国法制出版社，1996
8. 范愉主编．多元化纠纷解决机制．厦门：厦门大学出版社，2005
9. 范愉．集团诉讼问题研究．北京：北京大学出版社，2005
10. 范愉．纠纷解决的理论与实践．北京：清华大学出版社，2007
11. 傅郁林．民事司法制度的功能与结构．北京：北京大学出版社，2006
12. 何家弘主编．证人制度研究．北京：人民法院出版社，2004
13. 季卫东．法治秩序的建构．北京：中国政法大学出版社，1999
14. 江必新主编．强制执行法理论与实务．北京：中国法制出版社，2014
15. 江伟主编．民事诉讼法．5版．北京：高等教育出版社，2016
16. 江伟，邵明，陈刚．民事诉权研究．北京：法律出版社，2002
17. 江伟，肖建国主编．民事诉讼法．8版．北京：中国人民大学出版社，2018
18. 江伟主编．民事诉讼法学关键问题．北京：中国人民大学出版社，2010
19. 李浩主编．强制执行法．2版．厦门：厦门大学出版社，2005
20. 李浩．民事诉讼法学．3版．北京：法律出版社，2016
21. 廖永安等．诉讼费用制度研究——以当事人诉权保护为分析视角．北京：中国政法大学出版社，2006
22. 廖中洪主编．民事诉讼改革热点问题研究综述．北京：中国检察出版社，2006
23. 林剑锋．民事判决既判力客观范围研究．厦门：厦门大学出版社，2006
24. 刘家兴，潘剑锋主编．民事诉讼法学教程．5版．北京：北京大学出版社，2017
25. 刘敏．裁判请求权研究——民事诉讼的宪法理念．北京：中国人民大学出版社，2003
26. 刘荣军．程序保障的理论视角．北京：法律出版社，1999
27. 刘学在．民事诉讼辩论原则研究．武汉：武汉大学出版社，2007
28. 卢正敏．共同诉讼研究．北京：法律出版社，2011
29. 蒲一苇．民事诉讼第三人制度研究．厦门：厦门大学出版社，2009
30. 齐树洁．民事程序法研究．北京：科学出版社，2007

31. 齐树洁．民事上诉制度研究．北京：法律出版社，2006
32. 齐树洁主编．民事诉讼法．13版．厦门：厦门大学出版社，2019
33. 齐树洁主编．民事审前程序新论．厦门：厦门大学出版社，2011
34. 齐树洁主编．台港澳民事诉讼制度．2版．厦门：厦门大学出版社，2014
35. 齐树洁主编．外国调解制度．厦门：厦门大学出版社，2018
36. 沈德咏主编．最高人民法院民事诉讼法司法解释理解与适用．北京：人民法院出版社，2015
37. 苏力．送法下乡：中国基层司法制度研究．北京：北京大学出版社，2011
38. 宋朝武主编．民事诉讼法．5版．北京：中国政法大学出版社，2018
39. 唐力．民事诉讼构造研究：以当事人与法院作用分担为中心．北京：法律出版社，2006
40. 汤维建主编．民事诉讼法学原理与案例教程．3版．北京：中国人民大学出版社，2018
41. 汤维建主编．外国民事诉讼法学研究．北京：中国人民大学出版社，2007
42. 田平安主编．民事诉讼法原理．6版．厦门：厦门大学出版社，2015
43. 王娣，傅郁林，乔欣，张晋红，蔡虹．民事诉讼法．北京：高等教育出版社，2013.
44. 王福华．民事诉讼法学．2版．北京：清华大学出版社，2015
45. 王福华．变迁社会中的群体诉讼．上海：上海世纪出版集团，2011
46. 王亚新．对抗与判定：日本民事诉讼的基本结构．北京：清华大学出版社，2002
47. 王亚新等．法律程序运作的实证分析．北京：法律出版社，2005
48. 吴英姿．法官角色与司法行为．北京：中国大百科全书出版社，2008
49. 肖建国主编．民事执行法．北京：中国人民大学出版社，2014
50. 肖建华．民事诉讼当事人研究．北京：中国政法大学出版社，2002
51. 徐宏．国际民事司法协助．2版．武汉：武汉大学出版社，2006
52. 许可．民事审判方法——要件事实引论．北京：法律出版社，2009
53. 杨荣馨主编．民事诉讼原理．北京：法律出版社，2003
54. 张斌生主编．仲裁法新论．4版．厦门：厦门大学出版社，2010
55. 张榕．事实认定中的法官自由裁量权——以民事诉讼为中心．北京：法律出版社，2010
56. 张卫平．民事诉讼法．5版．北京：法律出版社，2019
57. 张文章主编．公证制度新论．3版．厦门：厦门大学出版社，2008
58. 章武生．民事简易程序研究．北京：中国人民大学出版社，2002
59. 赵钢等．民事诉讼法．3版．武汉：武汉大学出版社，2015
60. 赵秀文主编．国际商事仲裁法．2版．北京：中国人民大学出版社，2014

图书在版编目（CIP）数据

民事诉讼法/齐树洁主编．-- 5 版．-- 北京：中国人民大学出版社，2020.7
21 世纪中国高校法学系列教材
ISBN 978-7-300-28278-7

Ⅰ.①民… Ⅱ.①齐… Ⅲ.①民事诉讼法—中国—高等学校—教材 Ⅳ.①D925.1

中国版本图书馆 CIP 数据核字（2020）第 109478 号

21 世纪中国高校法学系列教材
民事诉讼法（第五版）
主　编　齐树洁
Minshi Susongfa

出版发行	中国人民大学出版社		
社　址	北京中关村大街 31 号	**邮政编码**	100080
电　话	010－62511242（总编室）		010－62511770（质管部）
	010－82501766（邮购部）		010－62514148（门市部）
	010－62515195（发行公司）		010－62515275（盗版举报）
网　址	http：//www.crup.com.cn		
经　销	新华书店		
印　刷	北京溢漾印刷有限公司	**版　次**	2008 年 6 月第 1 版
规　格	185 mm×260 mm　16 开本		2020 年 7 月第 5 版
印　张	23.5 插页 1	**印　次**	2020 年 7 月第 1 次印刷
字　数	615 000	**定　价**	49.00 元

《　　　　　　　》※任课教师调查问卷

为了能更好地为您提供优秀的教材及良好的服务，也为了进一步提高我社法学教材出版的质量，希望您能协助我们完成本次小问卷，完成后您可以在我社网站中选择与您教学相关的 1 本教材作为今后的备选教材，我们会及时为您邮寄送达！如果您不方便邮寄，也可以申请加入我社的**法学教师 QQ 群：83961183（申请时请注明法学教师）**，然后下载本问卷填写，并发往我们指定的邮箱（cruplaw@163.com）。

邮寄地址：北京市海淀区中关村大街 31 号中国人民大学出版社 806 室收

邮　　编：100080

再次感谢您在百忙中抽出时间为我们填写这份调查问卷，您的举手之劳，将使我们获益匪浅！

基本信息及联系方式：※

姓名：______________ 性别：______________ 课程：______________

任教学校：______________________________ 院系（所）：______________

邮寄地址：______________________________ 邮编：______________

电话（办公）：______________ 手机：______________ 电子邮件：______________

调查问卷：※

1. 您认为图书的哪类特性对您使用教材最有影响力？（　　）（可多选，按重要性排序）
   A. 各级规划教材、获奖教材　　B. 知名作者教材
   C. 完善的配套资源　　D. 自编教材
   E. 行政命令
2. 在教材配套资源中，您最需要哪些？（　　）（可多选，按重要性排序）
   A. 电子教案　　B. 教学案例
   C. 教学视频　　D. 配套习题、模拟试卷
3. 您对于本书的评价如何？（　　）
   A. 该书目前仍符合教学要求，表现不错将继续采用。
   B. 该书的配套资源需要改进，才会继续使用。
   C. 该书需要在内容或实例更新再版后才能满足我的教学，才会继续使用。
   D. 该书与同类教材差距很大，不准备继续采用了。
4. 从您的教学出发，谈谈对本书的改进建议：______________________________

____

____

选题征集：如果您有好的选题或出版需求，欢迎您联系我们：

联系人：黄　强　联系电话：010-62515955

索取样书：书名：______________________________

书号：______________________________

备注：※ 为必填项。